信頼の政治理論

Political Theory of Trust

西山真司｜著｜Shinji Nishiyama

名古屋大学出版会

はじめに

「信頼」という言葉には独特の引力がある。信頼するということは、何か良いこと、望ましいことを表しているように思われる。人と人は信頼し合うべきだ、社会には信頼が溢れているべきだという主張に対して、反対する人などまずいない。他方で、信頼は意識しなくてもなんとなく達成されてしまっている、社会生活の事実であるようにも思われる。街ゆく人びと、タクシーの運転手、医者、仕事の同僚たちを少しも信頼することができなければ、普通の社会生活は困難であろう。逆に言えば、普通の社会生活を送っているかぎり、信頼はすでに存在していることになる。つまり、信頼は、望ましくもあり、あたりまえでもある。このような、規範性と事実性との同居こそが、信頼という概念のまわりに人を惹きつける磁場が形づくられる原因だと考えられる。私たちは「信頼」という言葉によって、何か社会生活の核心に触れたような感じがするのだ。

政治学において信頼という概念が浸透したのも、煎じ詰めれば同じ理由からだろう。「構造」や「国家」や「制度」といった堅苦しい言葉で表現される政治のコアな部分を、身近でありふれた社会関係から捉え返してみると同時に、そこに望ましい政治を作るための処方箋も読み込もうと言うのである。とりわけコアな政治がうまくいっていないように思われるときには、信頼概念の引力は強力なものになる。「政治のパフォーマンスは実は信頼に依拠している。われわれの社会にはより多くの信頼が必要だ」と言われれば、なるほどそうかもしれない、と納得できそうである。どんなかたちであれ信頼はすでにこの社会に存在しているものだから、望ましい政治への処方箋として考えた場合、「構造を変革すべし」よりは「より多くの信頼を」の方がハードルとして低そうでもある。

たしかに、信頼は円滑な社会生活において欠かすことのできないものだ。よって、社会生活の一部をなす政治にとっても何らかのかたちで信頼は重要である。そこに異論は出まい。しかしながら、「信頼は政治にとって重要である」という一見するとわかりやすいテーゼは何を意味しているのだろうか。その答えはまったく自明ではない。人と人が信頼し合うとなぜ政治が良くなると考えられるのか、そこで良くなっている政治とは何か、政治を信頼するとはどのようなことなのか、政治を信頼していないとどのようなことが起きるのか、信頼は心のはたらきなのか行為なのか、信頼にも種類があるのか……等々の問いかけは、際限なく挙げることができるだろう。こうした問いかけは、実際に政治学者を躓かせる。

このような状況に直面した政治学者は、「信頼」概念をどのように操作化すれば政治現象に結びつけることができるだろうか、と考え始めるかもしれない。けれども本書ではそのような方針はとらない。ここにあるのは、「信頼」が概念として十分明確に定義されていないことで生じる問題なのではなくて、そもそも「政治」をどのような性質のものとして捉えるのかという認識に関わる問題であるように思われるからだ。もし既存の政治学の語彙の範疇に「信頼」を押し込めてしまえば、信頼概念に目を向けるようになった当初の理由までも見失うことになるだろう。「信頼」はそれまで政治学の道具箱に入っていなかったからこそ魅力的だったということを忘れるべきではない。むしろ本書では、信頼という概念を起点としてこれまでの政治学のあり方を問い直し、政治現象を別様に捉える可能性を提示していきたい。

ところで、政治学における信頼への注目は、かつての政治文化論がそうであったように、一過性のブームにすぎないのではないかと疑う人もいるだろう。もちろん「信頼」や「ソーシャル・キャピタル」という概念が、政治学に定着するのか、それとも急速に忘れられていく類のものなのかを予測するのは難しい。だが、たとえ信頼論が一過性のブームにすぎなくとも、おそらく今後も「信頼」と同じ特質、つまり〝シンプルな規範性とありきたりな事実性〟をもった概念は、繰り返し政治学に登場することになるだろう。そしてその際には、現在の信頼論が通過したのと同じロジックに何度も出会うことになるはずだ。本書は、そのような信頼論以降の政治学をも見据えたうえで、「信頼」という概念から政治を見ることがもつ本来的な革新性を明確にしていくものである。

さて、本書の性格について説明しておこう。本書は、そのタイトルが示すように、「信頼の政治理論」についての本である。「信頼」と「政治理論」という言葉が表現するのは、本書の二つの焦点である。一方で本書は、信頼についての学説の展開を追っていく。政治学をはじめとする社会科学において、信頼が現象ないし概念としてどのように扱われてきたのかということに関心のある読者にとって、この本は地図のような役割を果たすはずである。他方で本書は、政治理論について、政治理論として、研究する。政治思想や政治哲学と経験的な政治分析とのあいだにどのような可能性があるかに興味がある読者に対して、本書はひとつの試論を提供することになる。もちろん、この二つの焦点が相互に関連していることは言うまでもないが、「信頼」あるいは「政治理論」のいずれかにのみ関心をもつ場合でも、以下の議論は十分な示唆をもつはずである。

本書が具体的に何をおこなおうとしているのかについては序章を読んでいただく必要があるが、最初に断っておきたいのは、本書は最初から一貫したひとつの論証として書かれているということである。つまり、この書物を構成する各部・各章は、読者が冒頭から順に読み進めていくことを前提にしている。ただし、それと同時に、各部や各章は独立したものでもあるため、目次を見て読者の好きなところから読み進めてもらってもかまわない。たとえば、しばしば耳にする「政治文化論」というものが元々どのような議論であったのかに興味のある読者は第Ⅰ部を、ソーシャル・キャピタル論の隆盛と多様化に関心のある読者は第Ⅱ部を、現象学的社会学やエスノメソドロジー、N・ルーマンの社会システム理論に関心のある読者は第Ⅲ部を、といったように。けれども、本書の――おそらくとりわけ政治学者にとっては――突飛に見えるかもしれない結論は、実際それほど突飛なものでもなく、むしろ政治学者たちがこれまで（大なり小なり異なった言葉で）構想してきたことをあと一歩だけ推し進めた、いわば学説史的な展開の一種の必然であるということは、以降の論証を冒頭から辿ってもらうことではじめて理解されるはずである。

この研究は当初意図していたよりもかなりの大部となってしまった。読者の便宜を考えれば、もっと分量を削減するべきであったとは思う。しかし、「信頼」や「ソーシャル・キャピタル」、ないしその前史としての「政治文化」といった概念群が、どのような事情を背景として政治学に導入され、それが隣接諸科学といかに密接に結びついていたのか、そしてそうした輸入と加工の過程のなかにどのような問題があり、それをいかにすれば矯正できるのか——こうした問いに取り組みつつあらたな政治理論の構築を目指す本書にとって、これが必要な分量であった。

その成否については、読者の判断に委ねることにしたい。

目次

第Ⅰ部　政治文化論の再検討

第II部　信頼論の問題構成と理論的基礎

第III部 信頼研究のためのあらたな政治理論

凡　例

一、引用文中の〔　〕は引用者による補足を示す。

一、原文を翻訳して引用する場合、原文でのイタリック等による強調には傍点を付した。引用者が傍点や傍線を付した場合はその旨を明記する。

一、引用文の翻訳にあたっては、既存の邦訳を参考にしつつ、本書の文脈に即して訳し直した場合もある。

序章　予備的考察

本書の目的は、政治学における信頼論が、どのようなアプローチおよび認識論的前提のもとで経験的に妥当な記述ないし分析をおこなうことができるかについて考察することである。こうした課題に取り組むことで、本書ではひとつの政治理論を提示したいと思う。とはいえ、本書が検討対象にしている「政治学における信頼論」は具体的に何を指しており、またここでの「政治理論」とはどのようなもので、それを提示することの意義はどこにあり、どのようにそれを導き出すことができるか等については、ある程度は事前にあきらかにしておく必要があるだろう。よって序章では、本論に入る前の予備的考察として、本書の立場や検討方法について示していくことにしたい。

政治学で信頼論を扱った文献を眺めてみると、たいてい次のような文章を目にする。「ソーシャル・キャピタルは、ここ二・三〇年のあいだに社会科学に現われた概念的な革新のうち、もっとも重要なもののひとつであろう」(Rothstein and Stolle 2008 : 293)。しかし、どのような意味でソーシャル・キャピタルや信頼といった概念が、「重要」なのだろうか。そして、それは既存の研究にどのような「革新」をもたらしたのだろうか。

ここで、信頼論の代表的な論者であるR・パットナムの『民主主義を機能させる（*Making Democracy Work*）』と『ひとりでボウリングをする（*Bowling Alone*）』という二つの著作を開いてみよう。すると、既存の政治学があまり問題としてこなかったようなトピックが取り上げられていることに気づく。それは、表題にもあるとおりのボウリング・リーグだけでなく、ほかにも、バードウォッチング・クラブ、自宅でトランプをする人びとの集まり、教会での日曜学校、ヴォランティアへの参加、職場への通勤形態、テレビの視聴時間などである。しかし、パットナムがそれらを取り上げることによって考えようとしていたのは、政治学の根幹にあるテーマのひとつ、すなわち「何が民主主義を可能にしているのか」であった。つまり、これまで政治学が十分に目配りしてこなかったところから、政治のリアリティを考えるというのが、パットナムの研究スタンスであると言える。

ところで、こうしたあまり政治的なものとは見なされていないような、日常的な場面から政治のリアリティを解明しようとした研究は、別にパットナムに限られない。もちろん、しばしば指摘されるように、信頼論と同じスタンスで政治の問題を考えようとした先行研究は、捉えようによってはプラトンやアリストテレスにまで遡ることができるだろう。けれども、パットナムと直接的につながる研究は、『民主主義を機能させる』（一九九三年）からちょうど三〇年前に発表された、G・アーモンドとS・ヴァーバによる『市民文化（*The Civic Culture*）』である。アーモンドらもやはり、ヴォランティアへの参加、職場や学校での体験、家庭生活などといった日常的な経験が、いかに人びとの政治的な態度を形成し、それが民主主義の作動にどのように影響を与えるのかについて研究しようとしたのであった。そして、そうした研究を遂行するための指針として、有名な「政治文化」という概念が設定されている。アーモンドらがおこなったことは、その国の憲法に記されているような公的な政治制度を見ることに軸足を置いていたそれまでの政治学に異議を投げかけ、政治の実際のあり方を規定するものを、その社会にいる人びとの経験の水準で捉えるという試みである。

このように見てみるとわかるように、政治学における信頼論の主たる意義は、人びとが日常的におこなっている活動のなかで、すでに政治についての何らかのリアリティが作り上げられているということを示そうとした点にある。もっとも、こうした意義自体は、これまで積み重ねられてきた信頼論の先行研究のなかでも程度の差はあれ意識されているし、また、日常的な社会生活と政治のあり方をリンクさせる研究も、特段珍しいものでもない。しかしながら、政治学における信頼論の意義をうまく活かすかたちに整理すると同時に、信頼概念が潜在的に指し示す社会理論上の帰結を考慮すれば、政治学における信頼論の研究プログラムは、既存のものとは根底的に異なるものとなるように思われる。本書でおこなう考察は、そのような研究プログラムを支えるべき認識論的な基礎づけや、そこで用いられるべき概念の組み合わせ、分析の視座等を、政治理論というかたちで提示することに向けられている。

これまでの政治学における信頼論は、(A)信頼というものが位置づく水準（たとえば、人と人とのあいだの関係、何らかの制度に対する人びとの予期等）と、(B)政治のリアルな作動の水準が、どのように両立しているかをうまく描くことができなかった。信頼論が「人びとが信頼し合えば政治は良くなる」といった素朴なテーゼに矮小化されると、世界価値観調査（World Values Survey）等の(A)の水準で集められた量的データと、(B)に関するデータとのあいだの相関関係が関心の的となるが、(A)の水準と(B)の水準のあいだになぜ何らかの関係があると想定してよいのかについて、遡って問われることがほとんどなくなる。また、仮に(A)と(B)の水準の関係が理論的に考察されるときでも、多くの場合、問題はミクロ／マクロ論にすり替えられ、ミクロ(A)とマクロ(B)をリンクさせるという、例の社会理論上の隘路にはまり込んでしまう。本書がおこなおうとしていることは、信頼論が扱わなければならない(A)と(B)の二つの水準が、どのような関係にあるのかについて理論的に整理し、政治学における信頼論の意義を損なわずに経験分析をおこなうための政治理論を提示することである。

先回りしておけば、本書の根底にある視角は次のようなものだ。そもそも信頼とは、顕在的ないし潜在的な期待のことであり、何らかの規範やルールがあてにされることである。だが、信頼という概念が指し示しているのは、人の心のはたらきのことではないし、ましてや信頼がそれ自体で行為なのではない。信頼は、時間的ないし社会的な不確実性が原理的に存在するところで、理解可能な秩序を形成する人びとの相互行為において、そしてそのようなものとしてのみ、存在している。同様に、政治のリアルな作動というのも、たとえば、人の手を借りない自動機械のようなものがどこか遠くで動いているというイメージで捉えられてはいけない。政治のリアリティも、やはりそのリアリティを形成する人びとの実践のなかでのみ存在しているのだから。よって信頼論では、(A)と(B)の水準を分断する必要はまったくない。われわれに必要なのは、人びとのつくる政治的な場面において、信頼と呼ばれるような実践の様式がどのように織り込まれているのかに注目することである。このことは、一見とても単純なことに思えるかもしれないが、しかし現在の政治学においてこうした着眼点を正当化するためには、非常に骨の折れる論証作業が必要になるだろう。それはたとえば、経験的な研究の認識論的な基盤の転換や、政治学に馴染みのないアプローチの援用にいたるまで、さまざまな水準に及ぶはずである。また、その論証を説得的なものにするためには、現行の信頼論の論理構造を明確にするとともに、そうした論理構造を形成している資源を要素レベルに分解していくことも必要になる。これらの作業を積み重ねていくことで、人びとのつくる政治のリアリティに研究対象としての価値を認めるということが、政治学においていかに革新的な着想であるかがあきらかになるであろう。

また、以上の方針のために、本書は学説史分析によって論証をおこなうことになる。ただし、その際の学説史研究は、ただ膨大な先行研究を時系列順に並べて継承関係をあきらかにするというものではなく、ある一貫した方法のもとにおこなわれる。具体的には、これまでのさまざまな議論をひとつの学説史に括ることを可能にする、主導的な問いとしての「問題構成」と、先行研究においてどのような認識論や概念・アプローチが採用されたのかに関する「理論的基礎」を分離するというのが、本書の特徴である（実際に、本書の第I部以下の各章は、いずれも問題構成と理論的基礎のいずれかに振り分けられている）。信頼論は学際的かつ多角的におこなわれている以上、政治学における信頼論が、〝政治学でありつつ〟〝政治学にこれまでなかった視角を導入する〟必要に迫られているならば、信頼論が政治学に寄与することを担保する問題構成と、政治学以外のところからの寄与を担保する理論的基礎を分離しなければならない。その両者を分離して捉えつつ、最終的にそれらが収斂する地点を探ることで、学説史研究は分析的になり得る。

以上で示したような、本書の基本的立場を敷衍するかたちで、以下この序章では、本書の分析の進め方にとって重要な概念も含め、本書の立場の概略を示しておきたい。それは、①政治学における信頼論の現状と課題をどう見るかについて、②本書が一九六〇年代の政治文化論を分析対象に含める理由について、③本書における「政治理論」がどのようなものであるかについて、④本書における分析の進め方について、である。それぞれを節に分けたうえで、順にあきらかにしていこう。

第一節　政治学における信頼論の現状と課題

本書において、信頼論と言う場合、それは「信頼（trust）」や「ソーシャル・キャピタル（social capital 社会関係資本）」といった概念を中心に展開される議論を広く指している。[1] この書の目的は政治学における信頼論を網羅的にレヴューすることではないので、以上の定義を満たす膨大な先行研究すべてに言及するつもりはない（し、それは実質的に不可能であろう）。ここで実際に扱われるのは、本書の目的にとって必要かつ十分な範囲での代表的な信頼論に限られる。また、本書は後述する理由によって、一九六〇年前後に勢力を誇ったアーモンドらの政治文化論も検討対象にするが、特に断りのない場合、信頼論とはパットナムの『民主主義を機能させる』以降の議論を指している。それを踏まえた上で、この第一節では政治学における信頼論の現状と課題がどのようなものであるかを概観していきたい。

ここ二〇年ほどのあいだに、信頼論が政治学において急速にその地歩を固めつつあることは紛れもない事実である。[2]先行研究の量に比例して、信頼論の研究スタイルもさまざまであるが、政治学における信頼論の現状には、大まかな三つの特徴を見ることができる。それは、第一に、議論が必然的に学際的な性格をもつことであり、第二に、信頼論は既存の政治学の枠組みを「補完」するものとして位置づけられており、第三に、しばしば規範的な政策論としても登場する、ということである。こうした三つの特徴は、政治学における信頼論の意義であると考えてよいだろう。しかしながら同時に、それらを突き詰めていくと、政治学における信頼論が克服しなければならない課題も見えてくる。

1 信頼論の学際性と政治学

政治学における信頼論は、その成立の経緯やその後の展開からいっても強い学際的な連携を不可欠なものとしている（cf. Rothstein 2005 : 45）。パットナムが一躍有名にした（そしてパットナムを一躍有名にした）ソーシャル・キャピタルという概念は、教育社会学の分野に由来しているし、その後の信頼論に関する重要な論文集も、ほとんどの場合狭い意味での政治学で完結していない。たとえば、政治と信頼の関係を網羅的に扱った『政治的信頼ハンドブック（*Handbook on Political Trust*）』（Zmerli and W. G. van der Meer eds. 2017）や、ラッセル・セージ財団が出している「信頼」シリーズ（Russell Sage Foundation Series on Trust）[3]、オックスフォード大学出版のハンドブック・シリーズにおける『ソーシャル・キャピタル（*The Handbook of Social Capital*）』（Castiglione, van Deth and Wolleb eds. 2008）、さらにはこれまでさまざまな媒体で発表されてきたソーシャル・キャピタル論の基本文献を集めた『ソーシャル・キャピタルの基礎（*Foundations of Social Capital*）』（Ostrom and Ahn eds. 2003）においても、社会科学における諸分野の網目の中に政治学が織り込まれていることがわかる。[4]

とはいえ強調しておかなければならないのは、政治学における信頼論の学際性は、時代的な背景や学界の一時的な動向によるものだとは言えないことである。冒頭ですでに述べたように、パットナムの『民主主義を機能させる』を抜きにして語ることができない政治学における信頼論は、狭い意味での現代政治学がこれまで扱ってこなかったような日常的な場面から政治のリアリティを描いていくことをモティーフとしている。だから、そこには必ず「政治の外側」への視角が求められる。それゆえにこそ、信頼論研究を遂行するために必要な概念や手法を、学際的に調達するという選択肢が生まれるし、また政治学以外の分野で得られた知見を参照することも可能になる。(5) むしろ、学際的であるからこそ、政治学において信頼論はその意義を主張できるのだと言った方がよいかもしれない。その意味で、学際性とは、政治学における信頼論から切り離すことのできないアイデンティティの一部となっているのである。

しかしながら、ここに困難な課題が立ち現われてくる。政治学における信頼論であるというからには、学際的であっても「政治的」でなければならない。つまり、政治学における信頼論は、政治現象を理解することや、政治の経験的／規範的な分析に何らかの意味で関わっていなければならない。たとえば、「ソーシャル・キャピタルはどのように定義されるべきか」、「人が他者を信頼するメカニズムは何か」、「ある社会の経済指標と教育水準、どちらがソーシャル・キャピタルの増減にとってクリティカルか」などといった問いは、信頼論でもおなじみのテーマである。だが、そうした問いとそれに対する取り組みが政治学にとって意味をもつと言えるのは、その問いに回答を与えることが、政治現象の理解・分析に一定の有意な差異を与えるという条件が満たされている場合のみである。ソーシャル・キャピタルをどのように定義すべきかは、その概念によって何を理解・分析しようとしているのかに依存するであろうし、人が他者を信頼するメカニズムは脳科学や発達心理学の分野からも回答することができるだろう。また、経済指標と教育水準のどちらかがソーシャル・キャピタルの増減により影響を与えることがわかったとして、そのことがどのような意味で政治学に認識利得をもたらすことになるのだろうか。もちろんそうした取り組み自体を否定したいわけではない。ただ、信頼論の学際的な性質に鑑みれば、信頼論を構成するさまざまなテーゼを政治現象に対する認識へと枠づける条件を、政治学の他のテーマよりも明確に整備しておく必要がある。

ひるがえって、政治学における信頼論の現状を見てみると、信頼論の学際性をうまく政治現象の認識に接続できていないように思われる。そのため、信頼論であればどのようなものに対しても「政治学に無関係ではない」という態度をとらざるを得なくなり、そのことが学際性というよりも、むしろ散漫な議論状況を作り出している。またその反動として、既存の政治学の枠組みに過度に固執することで、信頼論にもともと備わっていた学際的な視野の広がりが失われてしまい、研究の発展する余地を自ら奪ってしまうような信頼論も散見される。(6) こうした現状を、ある論者は次のような比喩を使って表現している。すなわち、政治学者も経済学者も社会学者も、信頼論というテーマでたしかに一緒にボウリングをしているが、「しかし別々のレーンにおいてである」(Costa and Kahn 2003 : 103)。

政治学における信頼論は、他分野の信頼論研究から何を学ぶことができるのか、また他分野に政治学としてどのような知見を提供できるのかという問いに答えることができなければならない (cf. McClain 2003)。そして、学際的に展開される信頼論が生み出すさまざまなテーゼを、どのような認識論的前提やアプローチのもとで政治現象の理解・分析へと架橋できるかについての合意が、一定程度は確保されている必要がある。つまり、政治理論が必要なのである。

2　既存の枠組みを「補完」するもの?

政治学における信頼論の第二の特徴として、信頼論が、既存の政治学において用いられてきた分析枠組みを「補完」するものとして位置づけられている、ということがある。具体的に言えば、実証主義という前提のもとに成立しているポリティカル・サイエンスの方法論に対し、信頼論は、科学的であることを放棄せずにより現実の状況に近いモデルの構築を可能にしてくれるというわけである。

政治学における信頼論は、合理的選択理論の用語で定式化するならば、公共財の供給についての集合行為問題に関係している (Ostrom 2003)。もし人びとが短期的な自己利益の充足を野放図に追求するならば、きれいな空気、牧草地、漁場、地下水といった共有資源は枯渇していき、最終的に人びととの効用も初期状態より悪くなる。そのうえ、もし人びとがお互いに信頼することができなければ、他者より先に共有資源を収奪してしまうのが「合理的」であるために——そしてそのことを全員が知っているために——人びとは先を争って共有資源の簒奪に乗り出す。さらに、公共財とは自然界に存在する共有資源のことだけではない。民主主義を機能させること、納税すること、政治的な決定を作成すること、制度の設立と維持、さらには社会秩序それ自体も公共財である。人びとが短期的な自己利益を追求して生きているのならば、民主主義への参加のために自らの時間を割くこと、他の誰も支払っていない税金をひとり真面目に支払うこと等々は、「合理的」ではない。こうして、純粋な合理的選択理論のモデルが描くのは、短期的な自己利益を追求する人びとによる、破滅的な社会である。しかし、実際には、社会はそれほど破滅的ではないし、ある程度の秩序をもって、少なくとも秩序からの逸脱がそれとわかるぐらいには、人びとは公共財の供給に協力している。そこで、集合行為問題が現実の社会において生じていないことの理由を説明するために、合理的選択のモデルには、信頼やソーシャル・キャピタルといった概念が追加される (Boix and Posner 1998 : 686)[7]。信頼やソーシャル・キャピタルは、時間によって先鋭化される未来の不確実性に抗して、あるいは見知らぬ他者とのやりとりの不確実性に抗して、人びとが公共財の供給に協力するという事態を捉えるために必要な概念である。こうした概念の導入によって、合理的選択理論には次のようなあらたな問いが開けてくる。人びとの集合行為・協調行動が可能であるのは、人びとが他者を信頼しているからか、制度や何らかの構造を信頼しているからか、それともその両方が絡み合っているのか。

現在の政治学における信頼論は、こうした問いの構造に立脚しながら、既存の政治学の枠組みを「補完」する位置づけにある。政治学が社会的ディレンマを問題化するとき、経済学の理論が市場での取引をモデル化する場合よりも、より多くの「ノイズ」、つまり人間行動の不確定な部分やゲームのルールの非‐自明性等を考慮しなければならない。信頼論を通じて政治学者は、狭義の合理的選択理論が素通りしてしまいがちなそれらのノイズに、現実の社会的ディレンマ状況を分析するための鍵を見つけ出した。そうした意味で、信頼論は、合理的選択理論の演繹的なモデルを現実の状況分析へと開いていくための重要な意義を担っていると言ってよい。

ただし、注意しなければならないのは、政治学にとっての信頼論の意義や新しさとは、あくまでも既存の政治学を「補完」するという側面に関して言われているということである。だから、多くの場合、実証主義や合理的選択理論という基本的な公準自体は、信頼論研究の前提として揺らいでいない(8)。信頼論はたしかに「合理的選択理論の第二世代」(Ostrom 2003)を切り拓いているとは言えるし、既存の枠組みを発展的に引き継ぐものであるからこそ、政治学が信頼論を積極的に受け入れることができたのも事実である。しかし、それと同時に多くの信頼論は、合理的選択理論を政治現象の理解・分析に適用する際に現われる困難もそのまま引き継いでしまっているように思われる。そのことが信頼論にとって問題となるのは、日常のありふれた場面で政治的なリアリティが作られることに着眼した、政治学における信頼論の意義を損なうことになってしまうからである。以下で、いくつかのパターンを考えてみよう。

たとえば、合理的選択理論であれば、人びとがお互いを(あるいは制度や政府を)信頼する→人びとが協調行動をとる→公共財が創出される→人びとがお互いを(あるいは制度や政府を)信頼する……、というループ状の因果関係を想定することができる。こうしたループ状の因果関係があるからこそ、ある社会における信頼やソーシャル・キャピタルの経路依存的な性質(「正のフィードバック」「負のスパイラル」)に注目が集まるわけである。これは議論として説得的であるし、また信頼が問題になる現実状況の理解としてもそのとおりだろうと思うが、しかし実のところ信頼論としては自己否定的な帰結をもたらす。どういうことかと言えば、分析の基本単位として個々の人間を想定する場合(=方法論的個人主義)、そして因果関係の同定を分析の目標とする場合、人間の協調行動を規定しているものとして、生物学的な要因（たとえば遺伝子に書き込まれた情報や脳の神経伝達プロセスなど）が発見されるかもしれないからである[9]。その場合には、社会的ディレンマもそれを「解決」するとされる信頼も、社会的なものではないと考えざるを得ない。事実、「利他的」な行動は、人間に限らず生物界一般に広く見られる現象であるのだから。だが、こうした極端な結論へと向かうことは、政治学における信頼論の問題関心とはあきらかに異なるであろう。そうだとすると、政治学における信頼論をどのように構想すれば、問題をより適切に、つまり、信頼の社会性を損なわずに捉えることができるのであろうか。

　また、合理的選択理論をベースにした信頼論では、往々にして信頼概念やソーシャル・キャピタル概念自体が理論上不要になっていく。方法論的個人主義のもとで、信頼が個人の判断や態度のことであると考えられるならば、重要なのはそうした個人の判断や態度それ自体ではなくて、それらを決定する要因の方である。先の例のようにそうした要因として生物学的なものを想定しないのであれば、諸個人の協調行動を引き出す何らかの制度や仕組みに注目しなければならない。そうなると、政治学における信頼論は、「（信頼やソーシャル・キャピタルではなく）良き制度が公共財を作る」という、政治学においてきわめて一般的な制度論へと結局は還っていくことになる（cf. Cook, Hardin and Levi 2005）。理論なりモデルなりに必要とされる概念は、少なくできるのであれば少ない方が良いので、もし信頼論が取り組もうとしていた問題にとって「信頼」や「ソーシャル・キャピタル」といった概念が冗長であれば、それを取り除いてしまえばよい。しかし、政治学における信頼論がオーソドックスな制度論に還流することで、何が見失われてしまうのかについては、もう一度考えておくべきだろう。実証主義－方法論的個人主義－合理的選択理論というセットのもとでは、制度や社会構造は諸個人の主観からは独立した客観的なルールであり、人びとの行為は外部からそうしたルールに拘束されていることになる。この場合、政治現象の正しい理解・分析は、研究者が公的制度という「政治の領域」において発見すべきものとなる。しかし、政治学における信頼論のそもそもの意義とは、制度の実際のあり方が人びとの日常的な社会関係のなかに織り込まれているという点に着目することであったはずである。そして、「信頼」や「ソーシャル・キャピタル」という概念は、そうした日常的な社会関係や人びとのあいだでのやりとりを捉えるために導入されたのであった。以上のことからすれば、制度をいかに捉えるかということも含め、既存の政治学の枠組みを「補完」するのではなく、「問い直す」作業が必要だと言えるだろう。

さらに、実証主義－方法論的個人主義－合理的選択理論という公準は、政治学における信頼論をミクロ／マクロ問題に置き換えてしまう場合もある。そのことが顕著なのは、ソーシャル・キャピタル論が市民社会論の復権として語られるときである。そこでは、市民社会における個人というミクロな単位を国家というマクロな政治現象へと媒介する概念として、信頼やソーシャル・キャピタル（あるいはそれが作り出すとされる中間団体、アソシエーション）が考えられている。社会現象をミクロ／マクロに区別することは、信頼論にとってもひとつのフォーマットとしてたしかに役立ってきた。ただし、そうしたミクロ／マクロの分断は、あくまでも科学者が分析のために採用した〝ものの見方〟であって、けっして〝物事の本質〟の表現ではないということに注意しておきたい。信頼論をミクロ／マクロ問題として定式化することは、人びとと政治現象がはじめから別々のところに存在することを前提にしてしまっている点で、かえって政治学における信頼論の意義を掘り崩してしまうおそれがあるからだ。

政治はたしかに多数の人を巻き込む大規模な出来事として現象するし、強制力を背景にした強い自己貫徹能力をもっている。その意味で、政治はマクロなのかもしれない。だが、信頼論が切り拓いた地平は、人びとの外部に客観的に存在する出来事としての政治の水準からではなく、人びとが日々作り上げている「政治のリアリティ」の水準から政治現象を理解・分析していくという方向にあったはずだ。つまり、信頼論による政治現象の理解・分析は、ミクロとマクロという研究者による恣意的な分断が成り立たない、人びとが日常的に生きている政治の世界を真面目に取り上げるというところに価値がある。そして、このような発想は当然、実証主義的な認識論のうえには成り立たない。というのも、実証主義の立場では、世界は〝物事の本質〟としてわれわれの認識の外部に存在しているとされるために、世界が日常的に、われわれの認識において構成されるという視角となじむことはないからだ。だからこそ、政治学における信頼論は、構成主義と呼ばれる立場に立脚することになる。以上のことを踏まえれば、政治学における構成主義的な議論とはどのような形態であれば可能であり、どのような意味でまともな科学的議論になり得るかという課題が、まずは取り組まれなければならない。

3 政治学の有意性と規範的な政策論

最後に、政治学における信頼論の第三の特徴として、公共政策論との結びつきの強さを挙げることができる[10]。近年では頻繁に、政治学が実証科学としての専門性を強めるにしたがって、政治学がいわゆる「物理学への羨望(physics envy)」を抱くようになり、それによって政治学研究が現実社会において果たすべき有意性(relevance)が軽視されるようになったと指摘される(cf. Flyvbjerg 2001)[11]。そうした状況にあって、信頼論やソーシャル・キャピタル論は、実証科学としても大きな成功を収める一方で、かなりの具体性と実行可能性を備えた規範的な政策提言を生み出している[12]。政治学におけるひとつの研究テーマとして、ここまで経験分析と公共政策論がうまく連動するものは珍しいと言ってよいだろう[13]。信頼論が、狭い学術的なコミュニティにとどまらず広く一般に関心がもたれているのも、信頼やソーシャル・キャピタルが価値あるもの(たとえば、良好な民主主義、経済発展、人びとの健康で文化的な生活など)を回復するための政策論的なターゲットだと考えられているからである[14]。

この点においても、再びパットナムが重要である。二〇〇〇年に上梓された『ひとりでボウリングをする』前後から、パットナムの問題関心は、経験分析と公共政策論をリンクさせるというものになっている。たとえば、パットナムのイニシアティヴによる「サワーロ・セミナー(The Saguaro Seminar)」[15]は、アメリカにおけるコミュニティの再興を目指すという明確な規範的目標のもとに設立されている[16]。これは、『民主主義を機能させる』で得られた経験的な分析結果、つまり、ソーシャル・キャピタルの土壌となる市民的コミュニティこそが良好な民主主義や経済成長を可能にするという教訓を活かすかたちで、停滞するアメリカ社会にもう一度活力を与えようとする試みである。理論的な基礎づけを明確にしつつ、多くのデータを収集・分析し、そこから現代社会の現状を描き出すと同時に、そうした現状をより良いものへと改善していく方途を探るというこうしたパットナムの姿勢は、「政治学の有意性」を積極的に示すものだと評価できるであろう（cf. Peters, Pierre and Stoker 2010）。このように、政治学における信頼論の現状は、一方で実証科学に対して「補完」というかたちで結びつきつつ、他方で規範的な公共政策論にも強固に結びついている[17]。

では、こうした現状のどこに課題があるのか。政治学における信頼論が、現実の社会に向けた政策提言へと応用されることは、政治学を有意なものにするための契機として歓迎されるべきであろう。もちろん、経験分析に規範的なバイアスがかかるのではないかという疑念や、政策提言の内容自体が有効であるかどうかなど、いろいろと難しい問題があるのはたしかである。だが、そうした問題は公共政策論一般に関係するもので、信頼論にのみ当てはまる話ではない。

政治学における信頼論にとって問題なのは、信頼やソーシャル・キャピタルにあらたな社会原理としての期待がかけられるとき、その裏返しとして、信頼やソーシャル・キャピタルによって権力なき――そ・れ・ゆ・え・に・善き――社会が実現するという希望が忍び込むことである。規範的な政策論においては、しばしば信頼やソーシャル・キャピタルが〝ソフトな〟秩序原理であるとされ、法や権力といった〝ハードな〟問題解決方法よりも望ましいものであると暗黙裡に想定されている。たとえば、信頼論が規範的な目標とすることの多い、「活力ある市民社会における草の根民主主義」「人と人とのつながりの回復による犯罪率の低下」といったフレーズがそうである。そこでは、権力がそもそも望ましくない（よく言っても「必要悪」である）という価値判断とともに、信頼やソーシャル・キャピタルによって、権力を少なくとも部分的には置き換えることができるという理論的な判断も下されている。けれども、人びとのあいだに信頼が存在するということと権力現象がトレード・オフの関係にあると想定できるのは、権力を物理的強制力と同一視した場合のみであって、しかもその権力観はもはやとっくに有効ではなくなっている。政治権力が物理的強制力を背景にしているということを忘れてはならないが、しかし人びとはたいていの場合、物理的に強制されることなく集合的な決定に関与し、その決定を実際に受け入れている。そのかぎりで問題の焦点は、「信頼か権力か」という二者択一にではなく、信頼と権力がどう関係しているかという点に置かれるべきである。信頼が何らかの意味で権力と結びつくという視座をもたないかぎり、信頼論を政治理論として論じる意義はないであろう。(18)

本書で試みるのは、こうした現状と課題に鑑みて、政治学における信頼論がどのような政治理論のもとで経験分析をおこなうべきかについて考察することである。このように述べると、「妥当な経験分析のための政治理論」を考えるよりも、「妥当な経験分析そのもの」を提示すべきだとの反論があるかもしれない。けれども、以上に素描したような政治学における信頼論の現状が抱える問題は、いちど抽象化されることによって、言い換えれば、それぞれの信頼論の背後に想定されていたそれぞれの政治理論を明るみに出すことによって、はじめて可視化されるものである。そうした作業を怠れば、いくら経験分析を重ねたとしても同じところで躓き続けることにしかならない。また、そもそも何をもって妥当とするのかに関する政治理論が共有されなければ、どのような経験分析も肝心な部分で互いにすれ違うことになるだろう。(19) 政治学における信頼論の現状は、まさにそうした事態にはまり込んでいっているように見える。

しかしながら、政治学における信頼論が、そうした政治理論についての検討をまったくおこなってこなかったわけではない。むしろ、非常に強い政治理論への志向をもった研究がなされている。ただしそれは、パットナム以降においてではなく、学説史的に信頼論の前史と見なされている一九六〇年代の政治文化論においてである。本書は、六〇年代の政治文化論も重要な検討対象に含めている。節を改めてその理由を述べておこう。

第二節　一九六〇年代の政治文化論

現在の政治学において、一九六〇年代の政治文化論は完全に過去の遺物にされている。政治文化論というテーマや、政治文化という概念自体が消え去ったわけではないが、少なくともそれは、六〇年代の政治文化論と同じではない。[20] そして、六〇年代の政治文化論の失敗を克服するものとして、あらたに信頼論／ソーシャル・キャピタル論がおこなわれている今、あえて政治文化論に立ち戻る必要はないと考えられている。

だが、一九九〇年代以降の信頼論を政治理論という観点から考察するならば、一九六〇年代の政治文化論を振り返っておく必要があると本書では考える。その理由は二つある。第一に、六〇年代型の政治文化論は、政治現象の理解・分析を妥当なものにする認識と概念の枠組みをあらたに構築していく試みのなかで生まれている。つまり、六〇年代型の政治文化論は、単に政治と文化の関係を取り扱ったトピックの総称なのではなく、はじめからひとつの政治理論として規定されていたのである。そうであるならば、六〇年代型政治文化論の失効について語る場合には、それが政治理論としてどのように失敗したのかについても明らかにしておかなければならない。このような考察を省いたままパットナム以降の信頼論を賞揚しても、われわれは六〇年代の政治文化論と同じところで行く手を阻まれる可能性があるし、現にそうなっているように筆者には思われる。第二に、六〇年代の政治文化論と九〇年代以降の信頼論とのあいだには、一般に考えられているよりも学説史的に強い連続性（ただし〝同一性〟ではない）がある。この連続性について無自覚である場合、信頼論の今後の展開も「政治文化論的なものに対する否定としての信頼論的なものに対する否定としての政治文化論的なもの……」というループにからめ取られてしまうおそれがある。[21] けれども同時に、学説史的に連続性があるということは、六〇年代の政治文化論を通過するなかで得られた成果は、そのまま九〇年代以降の信頼論を政治理論として考える際の材料として利用できることを意味する。これらの理由から、六〇年代型の政治文化論を政治理論として評価することは、信頼論にとっての政治理論のための準備作業となると言える。

本節では、以上の二つの点を敷衍するかたちで、①政治理論としての六〇年代型政治文化論、および②六〇年代型政治文化論と九〇年代以降の信頼論との連続性と差異、についてそれぞれ簡潔に述べておきたい。

1 アーモンドによる政治理論としての政治文化論

近年ではあまり認識されていないことではあるが、現代政治学における厳密な意味での「政治文化」という概念は、慣習的に使われ始めたものではなく、アーモンドがある論文のなかで作り出したものである。そして、それよりもさらに認識されていないのは、政治文化概念を作るにあたってアーモンドが参照したのが、社会学者T・パーソンズの理論であったということである。本書の第I部では、パーソンズのどのような考えが政治文化概念に引き継がれ、どのような点がパーソンズによる本来の意図とは別に誤用されたか、そしてその原因はどこにあるのか等々について検討する。われわれは、そうした検討作業を通じて、一九六〇年代の政治文化論が政治理論としてなぜ失敗しているのかをあきらかにすると同時に、そのような失敗を克服するための契機を見つけ出すことになるであろう。

したがって、本書が政治文化論を取り上げるということは、一九六〇年代の政治文化論を現代に再び甦らせる試みとして受け取られてはならない。けれども、アーモンドらが政治文化論を作るまでに果たした貢献、つまり政治理論を構築していく作業の意義自体は、その価値をいささかも失っていないように思う。とりわけ、九〇年代以降の信頼論が多くの問題を抱える現状に鑑みれば、なおさらそうである。

具体的に見てみよう。アーモンドが政治文化という概念を作り出したのは、一九五六年の「比較政治システム

(Comparative Political Systems)」という短い論文においてである(Almond 1956)。この一九五六年の論文は、短い上にかなり暫定的な部分が多いものの、政治理論を構築する作業という点では、ひとつのモデル・ケースを見事に示している。実際に、一九六〇年代型政治文化論のおおよその骨格は、この論文を下敷にしつつ、それにいくつかの補完的な論文を組み合わせることによって形成されている。では、どのような意味で、アーモンドの「比較政治システム」論文が、政治理論を構築する際のモデル・ケースだと言えるのであろうか。

それは二つの側面から示すことができる。第一に、アーモンドはある研究テーマにとって妥当な理解・分析がなされるための問いの構造を、その研究テーマを学説史的に俯瞰することで発見している。さらに第二に、アーモンドは、政治現象がいかに認識されるべきかを定式化するとともに、そうした認識を可能にするための概念セットを理論的に体系化している。こうした二つの側面は、本書が政治理論の構成要素として位置づけている、「問題構成(problematics)」と「理論的基礎」にそれぞれ対応している。本書が考える政治理論については次節で詳細に論じるが、ここではアーモンドの「比較政治システム」論文の意義を、確認できる範囲で少し掘り下げておこう。

まず、第一に、妥当な理解・分析のための問いの構造を定めたことについて。政治現象に対する従来の認識、言い換えれば政治に対する世界観を変化させようとする際に問題となるのが、認識の変化の必要性をどのように正当化するかということである。学術的な議論において、従来と同じ認識に則ったうえで既存の取り組みの限界を乗り越えようとするならば、分析手法を換えてみるなり、変数やデータのとり方を工夫してみるなりすればよい。しかし、政治現象に対する従来の認識を変化させようとするならば、まずは根本的な問いの立て方自体を改めなければならない。このとき、そこから導かれる政治現象の理解・分析が妥当であると言えるためには、あらたな問いの構造は、それまでの学説史的な経緯を再構成することによって正当化されると思われる。なぜなら、これまで立てられてきた既存のテーゼとの連続性を保ちつつ、しかし同時に現象を異なった角度から認識すべき理由を提示するためには、議論の構造自体が内的に変化したことを論証するしかないからである。歴史記述自体がそうであるように、学説史分析は既存の研究動向をひとつの流れと見なし、その内部でどのような変化の兆しが生まれ、どのようなロジックを経てそれが学説の流れを変化させるかを見ていくものである。アーモンドの場合、当時あらたな潮流として政治学を席巻しつつあった比較政治学と行動論政治学の組み合わせが、トクヴィル以来の伝統といかに重なり合う問いの構造をもっているかを示した。そしてそれが、一九六〇年代型政治文化論の問題構成となっているのである。(22) それは、抽象的に表現すれば、「政治の領域」と「その外側の領域」がいかに区別されつつ接合されているかというものであった。こうした問題構成を下敷きにすることによって、一九六〇年代の政治文化論は、政治現象の妥当な理解・分析のために必要な理論前提や概念装置を取捨選択することができている。

第二に、政治現象への認識論と概念セットを整備したことについて。一九五六年論文におけるアーモンドの最大の貢献は、上で述べた問題構成に沿った認識論とそれに必要とされる概念が、パーソンズ理論を援用することで準備されることを示した点にある。次の文章が端的にそれを示している。

> あらゆる政治システムは、政治的行為に対する特定の志向パターンの中に埋め込まれている。私はこれを政治文化として言及するのが有用だと考える。
> (Almond 1956 : 396)

この文章でアーモンドが表現しているのは、あらゆる政治現象が人びとの政治に対する主観（あるいは心理的な側面）からは切り離せないこと、そうした政治に対する主観は、「政治文化」として、政治現象それ自体や個々人の心理とは区別される独自の地位をもつこと、である。そして、こうした認識を可能にする概念セット（「システム」「行為」「志向」「文化」など）および認識論（「分析的リアリズム」(23)）は、パーソンズの構造-機能主義的なシステム理論に由来している。とはいえ実際には、これらの概念セットや認識論は、アーモンドによってパーソンズが本来意図していたものとは異なったかたちで使われていくのであるが、ともかくもアーモンドの「比較政治システム」論文が、一九六〇年代型の政治文化論にとっての出発点となる政治理論を提供したのは間違いない。

政治現象に対する理解・分析が妥当となるためのガイドラインとして、問題構成を学説史的に再構成すること。さらに、理解・分析に必要な認識論および概念ないしアプローチを理論的に基礎づけること。一九五六年の論文でアーモンドがおこなった検討をモデル・ケースとして見れば、政治理論を構築する際に必要な作業の方向性はあきらかである。こうしたことを踏まえて、本書は、アーモンドの「比較政治システム」論文が政治文化論において果たしたのと同様の貢献を、信頼論において果たしたいと思う。

ところで、「比較政治システム」論文から一〇年後、六〇年代型政治文化論は爛熟期を過ぎ、すでに多少の翳りを見せはじめていた。当時アメリカ政治学会の会長職にあったアーモンドは、「政治理論と政治学」と題する一九六六年の会長演説において、以下のように述べている。

> 今夜の論評を通じて、私は、偉大なる伝統に現代の一般理論を関連づけようと努めてきました。いいえ、より正確に言えば、私は政治理論家に向かって、私ができるよりも効果的に、過去と現在と未来を繋ぐ鎖を作り上げる仕事をするようお願い申し上げたのです。私がこうした課題に特別の重要性を与えますのは、専門分野の成長には、不可避的にアイデンティティの混乱（場合によってはアイデンティティの喪失までも）がつきものだからです。そしてまた、こうした異常なまでの速さで量的にも質的にも成長が起こるときには、混乱と軋轢がおそらく相乗されてしまうからです。（Almond 1966 : 878 = 1982 : 280）

アーモンドがここで述べているのは、政治分析が妥当であるための問題構成が、多くの先行研究（ここでは、政治文化論に代表される行動論的な研究）が蓄積されることによって見失われつつあることに対する危惧である。しかし、この状況は、六〇年代の政治文化論にのみ当てはまるわけではない。アーモンドの演説から半世紀経過した今日、六〇年代型政治文化論を乗り越えるものとしての信頼論は、「異常なまでの速さで量的にも質的にも成長が起」きており、「不可避的にアイデンティティの混乱（場合によってはアイデンティティの喪失までも）」をもたらしているように見える。だからこそパットナム以降の信頼論は、その問題構成から再び問い直していく必要がある。

2　政治文化論と信頼論の連続性と差異

実は、パットナム以降の信頼論も、一九六〇年代型の政治文化論と基本的には同じ問いの構造を形成しつつある。だからこそ、六〇年代の政治文化論と九〇年代以降の信頼論とのあいだに、学説史的な連続性を想定することができるのである。しかし、政治文化論を検討することで得られる成果を信頼論において活用するためには、その両者のあいだにある連続性と差異について、もう少し具体的に確定しておかなければならないだろう。

信頼論は政治文化論を乗り越えたのだろうか。一九九〇年代にパットナムの信頼論に注目が集まったことは、六〇年代にひとつのパラダイムを築いた政治文化論の実質的な死亡宣告ではあった。たとえば、D・レイテンも、『民主主義を機能させる』を「政治文化研究における驚くべきブレイクスルー」(Laitin 1995 : 171) と評する一方、六〇年代型の政治文化論を「市民文化論」として括ったうえで、次のように述べている。

政治学コミュニティにおける専攻選択という観点からすると、今日市民文化論について研究をおこなうことは、プトレマイオスの天文学における変則性を解こうとするような印象がある。(Laitin 1995 : 169)

レイテンの評価によれば、パットナム以降の信頼論は、六〇年代の政治文化論からコペルニクス的な転回を遂げたことになっている。[24]だが、そもそもコペルニクス的に転回が可能となるためには――天動説と地動説は正反対の発想であると同時に、惑星と太陽の運動に関する考え方であったことは共通している――、一九六〇年代の政治文化論と、パットナム以降の信頼論とのあいだに、何らかの点で断絶性があると同時に何らかの点で連続性がなければならない。たしかに信頼論は、一九六〇年代の政治文化論を作り上げていたパーソンズ的・行動論的な概念セットを一切拒否し、さらにシステム論を方法論的個人主義へと転換した。また、政治文化という概念は後景に退き、いまや合理的選択理論をベースとするソーシャル・キャピタル概念を中心に研究が蓄積されている。レイテンがコペルニクス的な転回を見たのはこうした点であろう。しかし、それらは、事態の表面に現われた差異にすぎない。政治理論の水準で検討してみると、六〇年代型政治文化論と九〇年代以降の信頼論とのあいだには、底流に強い連続性がある。その連続性をきちんと踏まえなければ、六〇年代型政治文化論の限界を乗り越える信頼論など構想できないはずである。

まず何よりも、六〇年代の政治文化論とパットナム以降の信頼論は、同じ認識論的前提のもとで、同じ問いの構造をもっている。つまり、「政治の領域」と「政治の外側の領域」がいかに区別されつつ接合されているかという問題構成を実証主義的に論理化するという姿勢は、信頼論に至っても変化していない。だが、こう述べると奇異に聞こえるかもしれない。というのも、六〇年代の政治文化論では「政治の領域」＝「政治システム」、「政治の外側の領域」＝「諸個人の心理」といった具合に、最初から問題構成は前提として定められていたが、パットナムを起点とする九〇年代以降の信頼論においては、そもそも問題構成に相当するような発想が希薄だったからである。むしろ、六〇年代型政治文化論のような〝厄介な〟問題構成を持ち込まないことで、議論や適用範囲に大幅な自由度をもつことが、信頼論のメリットともされてきた。しかしながら、パットナムの周囲で展開された多くの議論は、結果的に、信頼論においても六〇年代の政治文化論と同じ問題構成への態度表明が求められることを示しているように思われる。

第II部で詳しく述べることだが、パットナムの『民主主義を機能させる』は、イタリアの公的な州政府制度が実際にどのようにはたらくかは、その制度が置かれた市民社会のあり方に依存する、という基本的な構図を描いている。けれどもパットナムの結論は、市民社会という「政治の外側の領域」を強調するものではあるにしても、国家や政府や公的制度など「政治の領域」がもつ独自性やインパクトについてはほとんど触れていない。このことは、多くの論者から、「市民社会還元論」や「政治的なものへの視角の欠如」として批判の的にされてきた。なぜなら、パットナムの基本的な構図には賛同し得るとしても、第一義的に政治的でないもの（＝「政治の外側の領域」としての市民社会）のみによって政治現象が作られるかのように語ることは、良く言っても説得力に欠けるし、悪く言えば論理的に矛盾するからである。こうした議論動向を受けて、パットナムに続く政治学における信頼論は、基本的に、「政治の領域」と「政治の外側の領域」の相互作用を考慮するようになってきた（それは、多くの場合、国家／市民社会という図式のもとで考えられているのだが）。そうして、六〇年代型の政治文化論とはその様相を大幅に異にするとしても、結局は「政治の領域」と「政治の外側の領域」がいかに区別されつつ接合しているかという問題構成に取り組むことが、政治学における信頼論の生み出す理解・分析が妥当になる条件であることが確認されたと言えるだろう。つまり、信頼論は、六〇年代の政治文化論の構図をすべて改めたわけではなく、議論の妥当性条件としての問題構成を基本的に引き継いでいるのである。

　さらに、九〇年代以降の信頼論は、六〇年代の政治文化論から認識論的な前提も変化させていない。つまり、九〇年代以降の信頼論の多くは、自然科学（とりわけ古典的な物理学）を範とする行動論政治学としての政治文化論と同じ科学観に立脚しているのである。J・ファーは、「革命を忘れない（Remembering the Revolution）」という論文において、現代の政治学が六〇年代の行動論以降、さまざまな専門領域に分化していったとしても、行動論革命をひっくり返すような反革命は起きていない以上、政治学はいまだに「ポスト行動論」の時代を生きているのだと述べる（Farr 1995 : 220 ; see also Dryzek 2006）。実際に、信頼論においても合理的選択理論を筆頭に、行動論とは大幅に外観を異にする多くのアプローチが存在しているように見えるが、それらのうちほとんどは行動論の科学観から外れていない。六〇年代の政治文化論が行動論政治学の申し子であったということを考慮すれば、信頼論の認識論的前提も、政治文化論と同様に自然科学的な実証主義の連続線上にあると言ってよいだろう[25]。

　また、そこで用いられる中心的な概念に関しても、政治文化論と信頼論にそれほど大きな隔たりはないように思われる。しばしば政治文化概念からソーシャル・キャピタル（信頼）概念への移行は、印象論から脱却し、厳密な（＝演繹的な）議論を展開するための契機として肯定的に論じられてきた（cf. 伊藤・田中・真渕 2000 : 359）。そこでは、政治文化概念とソーシャル・キャピタル概念の断絶性が強調されているわけである。しかしながら、信頼論は政治文化論と同様に、「政治の外側の領域」を「政治の領域」へと接続していかなければならない以上、方法論的個人主義を前提としたソーシャル・キャピタル概念であっても、それをどこかで個人を超え出たものとして考えざるを得ない。あくまでも政治とは集合的で社会的な現象だからだ。そうなると結局のところ、信頼もソーシャル・キャピタルも文化的なもの——それをどう考えるかは措くとしても——へと再び接近してくる。とりわけ、ソーシャル・キャピタル論において「間主観性」[26]や「集合的記憶」[27]といった考えが言及されるようになるときがそうである。そのため、政治文化論を〝乗り越えた〟はずの信頼論においても、逆説的ながら「文化論的な転回（culturalist turn）」が語られてすらいる（Sztompka 1999）[28]。ただし、だからといって「政治文化概念の方がソーシャル・キャピタル概念よりも事の本質を正確に捉えていた」と結論するのは性急であろう。どんな概念であれ、それが使用される目的や文脈から切り離して論じることは無駄だからである。そうではなくて、われわれがここで確認しておくべきは、政治文化概念とソーシャル・キャピタル概念の出発点がそれぞれ大きく異なるとしても、突き詰めていけばそれぞれ同一線上に回帰してくる、ということである。

このように見てみただけでも、一九六〇年代の政治文化論と一九九〇年代以降の信頼論とのあいだには、強い連続性があることがわかる。本書が、第Ⅰ部で六〇年代の政治文化論を分析の対象にするのは、こうした連続性を利用して、政治文化論の展開から得られた知見を信頼論において利用するのと同時に、六〇年代の政治文化論をきちんと葬り去っておくためである。もちろんそれは、六〇年代の政治文化論がもっている価値を否定するということではない[29]。けれども、政治文化論ですでに行き当たった隘路に、その連続線上にある信頼論において再び足を踏み入れないためには、政治文化論の検討から得られる果実を選別したうえで、政治文化論的な思考を断ち切るという注意深い作業が必要になる。政治文化論と信頼論の連続性を認識していれば、六〇年代の政治文化論がすでに失効していることを素朴に前提にして、パットナム以降の議論から検討をスタートさせることはできないはずである。[30]

けれども、六〇年代の政治文化論と九〇年代以降の信頼論のあいだにあるのは、あくまでも連続性であって同一性ではない。当然のことだが、六〇年代の政治文化論と九〇年代以降の信頼論には、本書にとっても重要な差異が多く存在する。そうした差異のなかでもとりわけ注目すべきものは、政治学における信頼論の意義をいかに汲み取ることができるかということに関係している。すなわち、九〇年代以降の信頼論は、ソーシャル・キャピタルや信頼といった概念の最小単位を個人間でのやりとりに設定することによって、人びとの日常的な活動のなかで政治のリアリティが作られている（そして逆に、政治のリアリティが人びとの政治的な振舞いを規定してもいる）という視角を見失わずに済む、ということである。それに対して、六〇年代の政治文化論は、人びとの日常的な経験の重要性に十分気づいていたにもかかわらず、行動論政治学とパーソンズ理論（の誤用）によって、結果的に政治文化を人びとの実践の場から切り離してしまっていた。そこでは、政治文化は当の社会の成員である人びとによって作り上げられているにもかかわらず、その政治文化のもとで行為している当事者たちが視野に入ってこない。そのため、アーモンドとヴァーバによる『市民文化』以降の政治文化論は、再び所与の歴史状況のなかで人びとが政治について経験していることの重要性を回復することに努めねばならなかった（もっとも、そうした試みはいずれも宣言のみにとどまり、理論的に何かを獲得できたわけではなかったのだが）。九〇年代以降の信頼論が、六〇年代の政治文化論よりも広く受け入れられる素地があるとすれば、それは人びとの日常のなかに政治のリアリティを見るという姿勢が、より明確であるからだと思われる。

現在の政治学における信頼論は、一方で問題構成や認識論や理論前提を実質的に六〇年代の政治文化論から受け継いでいる。しかし他方で、信頼論においては、政治文化論に備わっていたような政治理論がいまだに明確になっていない。本書では、信頼論と政治文化論のあいだにあるこうした連続性と差異を踏まえたうえで、パットナム以降の信頼論がもつ意義を活かすことのできるような政治理論を構想したいと思う。そのための手順として、本書の第Ⅰ部では、六〇年代の政治文化論を政治理論のモデル・ケースとして扱い、六〇年代の政治文化論の限界を見極めると同時に、信頼論にとっての政治理論を考える際の教訓を引き出していく。続く第Ⅱ部では、第Ⅰ部と同じ視角から九〇年代以降の信頼論の論理構造を取り出し、そこに前提とされている政治理論をあきらかにする。そして第Ⅲ部では、第Ⅰ部と第Ⅱ部での分析結果を踏まえて、信頼論の政治現象に対する理解・分析が妥当となるための政治理論を考える。

とはいえ、本書における「政治理論」がどのようなものであり、なぜそれが必要であるか等については、本論に入る前に別途説明を要することであると思われる。それは、とりもなおさず本書が政治理論についての研究書だからでもある。次節で詳細に述べよう。

第三節　本書における政治理論の地位

すでに何度も触れてきたように、本書の目的は、信頼論による政治現象の経験的な記述ないし分析を妥当なものにする政治理論を構築することである。とはいえ、本書がどういう意味で「政治理論」という概念を用いているのかについては、これまで特に語ってこなかった。本書では、政治についての抽象的な議論をひとまとめに「政治理論」と呼びならわすこれまでの慣習を絶って、政治理論とは何かということについて、きちんと立場を示しておきたい（そのため、この節にはかなりの紙幅を割くことになる）。なぜなら、本書がひとつのまとまりをもった研究として意義をもつかどうかは、ここでいう「政治理論」に価値が認められるかどうかにかかっているからだ。

本書における政治理論の考え方を簡潔に示すとすれば、それは、政治理論が徹底して「われわれの政治に対するものの見方」であることにこだわってみようというものである。たしかにこれまでも、理論が一種の「ものの見方」であるということはしばしば言われてきたけれども、そのことの含意について深く掘り下げられることは少なかったように思う。そして、「われわれの政治に対するものの見方」であることにこだわると、これまでの経験的な政治理論とは大きく違った政治理論を構想することができる。その違いは、①「政治理論」という概念の指示対象、②経験科学の認識論的な立場、③妥当性の基準をどのように設定するか、の三つの点にあらわれている。こうした点に検討を加えることで、信頼論のように、これまで政治学が使ってきた分析の道具がうまく作用しないテーマに取り組む際、なぜ新しい政治理論が必要なのかがあきらかになるであろう。

本節では、*1*において、現在「政治理論」のイメージを支えている思考体系をある論争を題材として概観した後に、*2*で本書における政治理論が、これまでの経験的な政治理論とどのように異なるのかを検討する。最後に*3*において、政治理論が経験的な研究をどのように組織化することができるのかについて述べることにしたい。

1 科学としての政治学をめぐる論争——フライヴァーグとレイテンの事例

少し遠回りに思われるかもしれないが、政治理論とは何かについて考えるための導入として、まずは、現在の政治学において「政治理論（political theory）」と言われるものがどのようなイメージで捉えられているかを確認しておこう。というのも、本書が以下で考えていく政治理論と、政治学で一般にイメージされる「政治理論」とのあいだには、少なからず開きがあるように思われるからだ。そして、その隔たりが生まれる原因は、政治学の妥当性基準と科学性をめぐる論争のなかに見つけ出すことができる。われわれは、この論争を足がかりに、政治理論がとりわけ経験的な記述・分析にどのように関係する（べき）かということを、信頼論の現状を視野に入れつつ考えてみたい。

通常、「政治理論」という言葉でイメージされるのは、政治哲学や政治思想史や規範理論などを含んだ、互いに明確に区分することのできない領域であるように思われる。(31) 別の見方をすれば、（政治史や国際政治学などの独立性の高い下位分野を除いた）政治学において、狭い意味での「科学としての政治学（political science, いわゆる〝ポリサイ〟）」以外のどこかに「政治理論」と呼ばれる領域があるとも言える。(32) そうであるとすれば、科学としての政治学とそれ以外がどのように区別されているかを見ることによって、「政治理論」と呼ばれるものに期待されている役割を特定していくことができるであろう。

科学としての政治学とそれ以外の政治学がどのように区別されているかは、近年のいくつかの論争がそれを例証している。論争の発端は、たとえば、二〇〇〇年代初頭にアメリカ政治学界隈で話題になった「ペレストロイカ運動」(33)、B・フライヴァーグの「実践知（フロネーシス）論」(34) と方法論的多元主義の提唱、S・シュラムによる政治学の「ポスト・パラダイム化」論（Schram 2006）などである。これらはいずれも、アメリカを中心に根付いたパラダイムとしてのポリティカル・サイエンスを批判し、それに代わる政治学のあり方を模索しようとするものであった。(35) そして、そこから投げかけられるもっとも基本的な問いのひとつは、「われわれの科学に対する考え方に密接に関連している」（Monroe ed. 2005 : 2）。

では、彼らは自身が模索するオルタナティヴをアメリカ的なポリティカル・サイエンスからどのように区別しているのだろうか。たとえば、M・キーティングは、典型的なアメリカ型の政治学とヨーロッパ型の政治学を区別して、前者を「方法志向（method-driven）」、後者を「問題志向（problem-driven）」というかたちで整理している（Keating 2009 ; see also Schram 2006 : 17–22）。その整理によれば、「方法志向」とは、現実世界に対する価値的な判断は差し控え（＝価値中立性）、観察者から独立して客観的に存在する対象を、公開された推論手続きにもとづき、客観的なデータによる検証可能性に開かれたかたちで論証するものとなる。かたや、フライヴァーグに代表される「問題志向」の立場は、「偶発性（contingency）」「再帰性／相互反映性（reflexivity）」「行為者が世界を解釈し、社会科学者が彼らの解釈を解釈するという、二重の意味での解釈（interpretation in a double sense）」を考慮に置きつつ、規範的研究と経験的研究を架橋するものだということになる（Keating 2009 : 299）。キーティングにとって、「方法志向」の政治学が実証主義であるのに対し、「問題志向」の政治学は構成主義や解釈主義と親和的なものである。そして、このような志向の違いは、何をもってある知見が政治学的に有意であるとするかについての基準に違いを生む。

政治学の科学性をめぐる論争の焦点は、まさにこの点にある。そして、その焦点の裏側に、政治学における「政治理論」のイメージが見え隠れしている。

ここで再び、「科学」としてのアメリカ政治学を擁護する立場を——かなり偽悪的に——買って出るレイテンに登場してもらおう。政治学の「方法志向」から「問題志向」への転換を説くフライヴァーグに対して、レイテンは次のように反論した（Laitin 2006）。レイテンによれば、政治学は語句の正確な意味で「科学」であるし、そしてさらによりいっそう経験的な科学であることを求めなければならない。[36] 経験的な分析と規範的な実践がないまぜにされることは端的に言って望ましくなく、「問題志向」の「実践知」研究であっても、科学としての政治学の妥当性基準を踏襲しなければそれを認めることはできない。レイテンは、現実社会への規範的な介入をおこなうフライヴァーグの「実践知」研究ですら、科学的な枠組みのなかで遂行されなければ、どこまでいっても「不適切に応用された実践知」（Laitin 2006 : 42）であることを免れないと主張する。[37]

ここでのフライヴァーグとレイテンによる対立は、次のような図式のうえにあることが見て取れる。前者は、社会的世界において事実と価値を明確に区別することはできず、そのかぎりで政治学は自然科学と同じ意味での「科学」ではないので、現実社会へのフィードバックが妥当性の基準になると考えている。後者は、政治学が「科学」でなければならないとすれば、事実と価値の区別が決定的な意味をもち、ある記述・分析が妥当である程度は、経験的な事実との照応関係によって決まってくると考える。前者のフライヴァーグらの立場は、政治学の妥当性は自然科学とは別の基準で定式化されるべきだとするのに対して、後者のレイテンが危惧するのは、そうした考えが

「何でもあり（Anything goes）」の相対主義につながってしまうことである。

結局のところ、「政治理論」をめぐるイメージは、こうした政治学の科学観の延長線上で語られているように思われる。一方で、政治学を科学であると規定する立場にとっては、経験的な政治理論とは――そのようなものがあるとして――経験的な分析によって実証されるべきモデルであり、規範的な政治理論とはさしあたってポリティカル・サイエンスとは別の次元に属する政治思想や政治哲学の研究領域であるということになる。他方で、政治学は「科学」ではなく、その有意性は現実社会へのコミットメントによって担保されなければならないと考える立場は、政治理論においても経験的／規範的という区別をおこなうことはできず、そもそも政治理論の優劣を云々する基準は一律に決まらないものだと考えるだろう。要するに、フライヴァーグとレイテンが綱引きをする図式のうえでは、本書の目的である経験的な政治理論の構想には、実証分析のための一般化されたモデルを目指すか、（相対主義とは言わないまでも）ポスト・パラダイム化や方法論的多元主義を受け入れるかという、二つの可能性しかないことになる。だが、この二者択一は誤っている。本書では、経験的な政治理論について見逃されている可能性を、政治学における「科学」論争を別の角度から見ることで考えてみたい。

とはいえ先に断っておくが、こうした論争に対して本書は、経験科学としての政治学と規範的な政治理論との「コアビタシオン」（Dryzek, Honig and Phillips 2006: 7）、つまり、政治理論は「科学」の基準を満たすとともに、規範的な理念を放棄してはならないという折衷案――そのことに関してはたしかにフライヴァーグもレイテンも異論はないであろう――を処方箋として出したいわけではない。政治理論が〝車の両輪〟から成るという発想は昔から広く言われてきたが、それによって政治理論の地位が明確になることは期待できない。それは、まさにこうした「コアビタシオン」が、昔から広く言われているということ自体が如実に示しているだろう。そうではなくて本書は、フライヴァーグとレイテンによる論争がすれ違うポイントにこそ、政治理論を構想する際に考えるべき問題があると考える。

まず、レイテンは、なぜ、そしてどのような意味で自然科学と社会科学の妥当性の基準が同じである（べき）と考えるのかについて掘り下げる必要がある。おそらくレイテンの答えは「科学における相対主義を避けるため」であろうが、そうであるとしてもそれは社会的世界と自然世界とを素朴に同一視してよいことを意味しない。また、フライヴァーグも、レイテンの危惧に応答しなければならない。つまり、経験的分析と規範的な政策介入を組み合わせた「実践知」研究が、どのような妥当性の基準によって相対主義に陥ることを避け得るのか示さなければならない(38)。もちろん、社会科学が現実社会へと架橋されること自体を拒む必要はまったくない。だが、社会科学が自然科学の意味での「科学」でないのであれば、必要なのはむしろ「科学」を否定し、「現実社会への有意性（が存在しさえすれば、理論の一般性や詳細などにこだわる必要はない）」というものに逃げ込むことではなくて(39)、社会科学が妥当であるとはどういうことかをもう一度考えることだと思われる。

つまり、フライヴァーグとレイテンの両者がすれ違っていたのは、社会的世界の研究が自然科学と同じ基準によって遂行されないとしても、社会科学（ないしその下位領域としての政治学）が妥当な知見を生み出すことはいかにして可能なのか、という問題をめぐってであった。けれども二人の主張は、この論点をなぜか素通りしてしまったために、政治学が社会的世界を研究対象とすることと、政治学が経験科学であることが、あたかも二者択一の問いであるかのように論争の対立軸が作られてしまっているのである。

以上のことから、次のように言ってもよいだろう。経験的な政治理論が可能であるためには、政治学が社会的世界を研究対象とすることと、それが経験科学であることがいかにして同時に成り立つのかについて、認識論のレベルを含めつつ検討する必要がある、と。たしかに、社会科学が自然科学とは異なるタイプの経験的科学であることは本来自明であるし、認識論のレベルを反省したところで直接に新しい知見が得られるわけではない以上、そうした検討が何のためになされるべきかが疑われる向きもあるかもしれない。けれども、政治学が自明の前提としてきたものを反省することは、それが自明のものであるからこそ、政治学が知らず知らずのうちに排除してしまっていた思考法をあきらかにし、これまでとは違った研究を組織する可能性を与えてくれるように思う。(40) いまの政治学においては、〝物理学への羨望〟から政治学を法則科学へと制度化するためにではなく、そうした制度化の傾向(とそれに対する安直な拒否反応)が覆い隠してしまった別の経験科学のあり方を基礎づけるためにこそ、経験的な政治理論が必要なのである。

こうした論点を考えていくために、本節の以下では、かつての経験的な政治理論の代表的な構想のひとつであるD・イーストンの『政治体系(*The Political System*)』を検討し、本書における政治理論との差異を明確にする。そのうえで、「理論」という概念をこれまでよりも拡大することで、本書の基本的な発想を示す。そして、社会的世界における認識の問題を政治理論の重要な要素と位置づけ、本書が政治理論と言う場合に想定しているものを提示していくことにしたい。

2 世界観としての政治理論

すでに述べたように、本書では、経験的な政治理論を、「われわれの政治に対するものの見方」としてひとまず定義している。このようなタイプの政治理論は、われわれが「政治の世界」をどのようなものとして認識するかということに関係するため、それを「世界観としての政治理論」と呼びたいと思う。世界観としての政治理論は、政治理論の類型に対する名称であり、「世界観としての政治理論」という体系化された一つの理論が存在するわけではない。だが、政治理論を世界観として捉えることで初めて見えてくる可能性があるというのが、本書のひとつの重要な主張にもなっている。この項では、経験的な政治理論が、一種の「世界観(Weltanschauung)」であるということの意味を明確にすることで、これまで経験的な政治理論として考えられてきたものとの違いを示すとともに、誤解されることの多い認識論的な構成主義について一度交通整理をしておきたい。

（a）イーストンの『政治体系』における政治理論

本書第I部のポイントのひとつは、一九六〇年代の政治文化論に、強烈な政治理論への志向があったということである。そして、そうした志向を支えたのは、アメリカ政治学が行動論へと傾斜したことであった。本書が構想する政治理論は六〇年代の政治文化論とは大幅に異なるし、すでに述べたように、そもそも本書の目的のひとつは六〇年代の政治文化論を政治理論として完全に葬り去ることである。けれども、近年の信頼論が政治理論を必要とする状況と、行動論としての政治文化論が政治理論を必要とした状況には、共通する部分がある。

行動論政治学を牽引し、そして政治学において経験的な政治理論の必要性をもっとも早くもっとも明確に主張したイーストンは、経験的な政治理論を必要とする当時の政治学の状況を次のように描写した。

かなりの証拠によって支持されたもっともらしいひとつの立場があったとしても、これと同じ程度の重みを持った証拠によって支えられた全く逆の立場を対置させることもできるというのが、政治学の状況なのである。その結果、いかにもいいかげんな定義しかなされていない主語と述語からなる命題が氾濫し、細心な政治研究者たちは、矛盾する諸命題のあいだで判断に苦しみ悩むことになるのだ。（Easton 1953 [1971] : 45 = 1976 : 47）

イーストンの認識では、こうした状況を脱して政治学がディシプリン全体として進歩を遂げるためには、政治学の「一般理論」が構築されなければならない(41)。そして、たしかに現在の政治学における信頼論も、イーストンが憂慮したのと同じような状態にあるし(42)、それに対して本書は政治理論の必要性を主張しようとしてはいる。だが本書は、そもそも経験的な政治理論が何をするものであるのかについて、イーストンとはまったく異なる考えをもっている。以下で説明しよう。

イーストンは、一九五三年の『政治体系』において、政治学が統一的な見通しもないままに個別ばらばらの事実を積み上げていくことが、科学としての政治学の確立を遅らせている原因であると主張した。イーストンがこのような主張をおこなった当時は、アメリカ政治学界を中心として行動論が台頭をはじめた時期であり、多くの政治学者は各国の憲法典などに示された公式的な政治制度の字句解釈から離れて、実際に観察される政治的な事実に目を向けるようになった。イーストンはこのような傾向に不満があったわけではない。けれども彼は、事実それ自体が政治現象を説明したり理解可能なものにしたりするわけではない、ということがしばしば見失われていることに警鐘を鳴らした。行動論の目標であった「科学としての政治学」が成立するための要件こそが、さまざまな事実を何らかのかたちで秩序づけるような一般理論（a general theory）の存在であったのである（Easton 1953[1971]: 4 = 1976: 4）。

イーストンの考えた「一般理論」としての政治理論は、経験的な政治現象を抽象化したものであった。イーストンは、「社会に対する価値の権威的な配分」（Easton 1953[1971]: 129 = 1976: 135）としての政治過程をインプット／アウトプットを伴うひとつのサイクルとして捉え、その変換メカニズムをつかさどる社会生活の側面を政治システムと呼んだ。ここで言う政治システムとは、あくまでも分析のために構築された概念用具である。そのような政治システム論が「一般理論」であるのは、政治生活の諸側面を分析的に抽象化すれば、それは政治システムをめぐる図式のどこかに位置づけをもつからである。

たとえば、アメリカの外交政策について論争している二人の市民がいるとする。こうした場面は、単に二人の人がおしゃべりをしている状況であるとも描写され得るかもしれない。けれどもイーストンにとってこの場面は、「価値の権威的な配分」というメルクマールに照らせば間接的にであれ政策決定過程に関係しているわけだから、ひとつの政治状況を作り出している（Easton 1953[1971]: 192 = 1976: 199）。この二人の市民の活動は、政治過程全体に影響を与える一歩を踏み出すものである以上、政治学者はそれを政治システムへのインプットとして政治理論に位置づけることができる。『政治体系』の出版の後、およそ四〇年をかけてイーストンが取り組んだのは、以上の方針に沿って政治システム理論になるべく一般性と包括性をもたせるための作業であった[43]。そうした政治理論は、さまざまな観察者によるさまざまな政治現象の記述・分析をひとつの抽象的な図式のうえに置くことによって、たしかに政治学全体の研究に共通基盤を与えるもの（＝政治体系 political system）となるだろう。この共通基盤を提供することが、イーストンが言う意味での「一般理論」の役割だと考えることができる。(44)

こうして見てみるとわかるように、イーストンの政治理論も、「政治に対するものの見方」である。実際にイーストンは、「意識のレベルにまで高められた準拠枠こそ、われわれが理論と呼ぶものである」と述べる（Easton 1953[1971]: 53 = 1976: 56）。観察者が見ているのは〝純粋な〟事実ではなく、あくまでも「ある理論的な関心の観点からする現実（reality）の特定的な秩序づけ」でしかない（Easton 1953[1971]: 53 = 1976: 56）。経験的な政治理論の役割を、いくつかの事実命題の組み合わせとしてではなく、そもそもの観察対象を構成するものとして考える点に関しては、本書とイーストンは同じ立場にある。

（b）政治の常識的な理解と科学的な理解

けれども、イーストンの政治理論は、「（日常的な生活者も含めた）われわれの政治に対するものの見方」というよりもむしろ、「政治学者の政治に対するものの見方」であることに徹しようとするものであったと言うべきであろう。イーストンにとって、経験的に現象する社会的世界は、具体的な出来事の無秩序な連鎖であり、そのままでは合理的に理解可能なものではない。だが、そうした無秩序な社会的世界は、科学的な政治理論によってはじめて秩序だった政治現象として現われてくるというわけである。イーストンは次のように述べている。

> われわれが政治生活をより詳しく検討して、その構成要素を識別することができるためには、それに先だって、政治的であるとされる活動がどのような一般的特徴をもっているかが、ある程度知られていなければならない。ある変数がどのようなときに政治的に有意味であるかを研究者に指示する何らかの指針がなければ、社会生活はさまざまな活動からなる一貫性のない荒野にすぎないことになるであろう。（Easton 1953[1971]: 98 = 1976: 102）

ここで述べられていることは、常識的な推論で見ることのできないものを科学者に見せるのが科学的理論の役割だという意味である。さきほどの「価値の権威的な配分」というのは、まさに研究者に何が政治現象の性質であるかを教える「指針」であった。

このようなイーストンの政治理論に対する考え方は、多くの政治学者にとってそれほど違和感なく受け入れられるものであるだろう。しかしながら、ここで注意を促しておきたいのは、「政治学者の政治に対するものの見方」として政治理論を構想することが、——たとえイーストン自身がそう意図していなかったとしても——人びとが日常的に用いている常識的な推論がもつ合理性の価値を見落としてしまうことである。科学的にものを見ている場合でなくても、われわれにとって社会生活はけっして「一貫性のない荒野」などではない。だから、科学者によって何が政治現象の性質であるか秩序立てて整理される以前に、社会的世界において政治はそれ自体として秩序立って営まれているはずである。当事者には自覚がなくても、人びとは社会生活のなかのある場面では政治に適した振舞い方をしているはずだし、そうであれば人びとは日常的に秩序立てて政治を〝見ている〟。つまり、日常的な政治理論を「世界観」としてもっている。

このことを、別の角度から見てみよう。イーストンは、権力や権威が問題になっている具体的な出来事の例として、「赤信号を無視したドライバーに警察官が違反切符を手渡しているという出来事」(Easton 1953 [1971]: 54 = 1976: 57) を挙げている。この経験的な出来事もやはり、二人の人がおしゃべりをしている状況であるとも記述できたかもしれない。また、イーストンの記述は、当事者の服装や健康状態、いつ・どこでそれが起こったのか等々については無視している。では、なぜこの出来事は「赤信号を無視したドライバーに警察官が違反切符を手渡している」として記述されているのであろうか。イーストンは以下のように説明する。

私自身による記述は、私がその出来事の正確な報告よりも政治学研究の方にむしろ偏向していることを示している。そして、このようないわゆる偏向はひるがえって、私は何が政治的なものであるかについての大まかな理論にもとづいて考えていることを示している。

(Easton 1953[1971]: 54 = 1976: 57)

しかしながら、イーストンによるこうした説明は、(イーストン自身も駆使しているはずの)常識的な推論の合理性を無視してしまっているように思われる。たしかに、出来事の記述には、その他の記述の仕方やそこに記述されなかった無数のものが存在しているから、経験的な出来事を完全に記述することはできない。だが、そのことから具体的な出来事の理解可能性は原理的にランダムであるという結論が導かれるわけではない。われわれは、その都度その文脈に応じて、常識的な推論で出来事を合理的に理解しながら社会生活を営んでいる。イーストンの挙げた例が、路上で二人の人が立ち話をしている場面としてではなく、警察官による交通取り締まりの場面として記述されるのは、イーストンが政治学者で政治学的な理論によってものごとを見ているからではないだろう。当事者や科学者も含め、そこに居合わせたどのような人にとっても、「赤信号を無視したドライバーに警察官が違反切符を手渡しているという出来事」を路上でのおしゃべりとして理解することは常識的に考えて適切ではない。このことは、人びとの認識に誤解があったり、意見の不一致があったりすることを排除するものではないが、文脈に応じて日常的に出来事の適切な理解や記述が生み出されていることを否定する必要もないはずだ。人びとの政治的な実践であっても、科学的理論や、劣化した〝科学的理論のようなもの〟によってではなく、常識的な知識や推論にもとづいてそれ自体合理的に構成されている(45)。

とはいえ、以上の議論から日常的な政治理論について語ることには、次のような疑問もあるだろう。つまり、人びとの実践が常識的な推論によって合理的に構成されているということは、当の人びとが日常的な理論をもっているということとは別ではないか、と。もちろん、理論ということで、演繹的に明文化されるような知識の集合を意味しているのなら、日常的な理論が人びとの実践のなかに存在すると語ることには無理がある。人びとが普段、何らかの理論をつねに自覚的に参照しながら行為していると想定することは非現実的であるし、また、そもそもどのようにすればそうした日常的な理論を行為の文脈から分離して一般化できるのかがわからないからだ。そのことを踏まえたうえで、ここで人びとが日常的な政治理論をもっていると言うとき、何が意味されているのかということを、哲学者G・ライルの議論を手がかりにしながら応答してみたい。

まず、ライルは、ある行為を遂行するための「方法を知っていること（knowing how）」は「内容を知っていること（knowing that）」からは定義できない、と述べる（Ryle 1949 : 28–32 = 1987 : 27–33）。これまでの哲学の議論では、われわれが何かを理知的におこなっているとき、すなわち、自分のおこなっていることを理解しながらそれをおこなっているとき、われわれはその行為の内容について述べることができるはずだと前提にされてきた（そして、そこからは、われわれの知的な企画にはさらにその企画を企画する知的な過程が先行しなければならないという不合理な結論が導かれる）。そうした議論においては、ある行為の遂行に先立って、その行為は思考の上で十分に企画されていなければならないことになる。けれども、われわれはある行為を十分に理知的な仕方で遂行できるにもかかわらず、そうした行為の遂行を方法論として記述することができない場合も多い。実際にわれわれが何かを理知的におこなっているとき、われわれはひとつのことをしているのであって、けっして（行為の方法論を思い浮かべることと、その方法論にしたがって行為を遂行することという）二つのことをしているのではないのである。だから、われわれの実践の外側に、行為それ自体から独立した行為の方法論が存在すると考えることはできない。そのかぎりでは、科学において理論として認められるようなものを、人びとがもっていると言うことはできなくなる。だが、そうであったとしても、われわれの行為はでたらめになされているわけではない。われわれは、どんなささやかな行為をおこなう場合であっても、通常「理論」の役割だとされるもの、つまり、対象を適切に認識し、知識を体系化し、所与の条件から合理的に推論するといった作業をその場で同時に実行している。[46] 言い換えれば、われわれの行為は、社会生活のなかで理論を実際に用いるというかたちで生じている。

このことから、ライルは、ある人が理論をもっているということは、それを必要に応じて適用する準備ができているという状態を指しているのであって、その理論について語ることができるということを必然的に含意してはいない、と述べる（Ryle 1949：269–273＝1987：420–425）。理論について語ることができるということは、理論の本質的な部分ではなくて、科学や教育などにおいて求められる特殊な能力でしかないからだ。本書において、人びとが日常的な政治理論をもっているということの含意は、人びとによる政治的な実践がそのつどその文脈において合理的に構成されているということであり、その合理性は演繹的かつ科学的な理論においてではなく、当の実践それ自体において示されているということである。

イーストンに代表されるような経験的な政治理論についての通常の考え方は、あくまでも常識的には理解されていない（〝見えていない〟）ものを理解可能にするという意味で「政治に対するものの見方」であった。そこでは、常識的な政治理解は、科学的な政治理解によって置き換えられるべきものとしてのみ考えられている。それに対して、本書が世界観としての政治理論と呼ぶ考え方は、常識的な政治理解をおとしめるのではなく、それが世界観としてもつ合理性を積極的に評価しようとするものである。

（c）補遺　日常的な政治理論と科学的な政治理論との関係

以上をまとめると、次のようになる。日常的な政治理論が、人びとが合理的に状況を理解しながら実践を通じて政治的な秩序を作っていくための前提であるとすれば、科学的な政治理論は、科学者が政治現象を記述・分析するための前提であると言える。ところで、科学者が分析する政治現象が、日常的な政治理論にもとづいて構成されているならば、科学的な政治理論（たとえば本書の試み）は「日常的な政治理論についての理論」と考えてもよいのではないかという気になってくる。しかしながら、本書ではこの考え方をとらない。話はやや錯綜するが、その理由を以下で説明しよう。なお、この補遺については、関心がなければ読み飛ばしても支障はない。

たとえばK・マンハイムは、「世界観解釈の理論への寄与（Beiträge zur Theorie der Weltanschauungs-Interpretation）」という論文で、科学理論には至らない日常的な体験や意味付与における前理論的な要素を、いかにして再び科学的な理論（世界観解釈を行う理論）の水準で捉えることができるかについて考えている（Mannheim 1964 = 1975）。マンハイムもまた、われわれの日常的な行為や体験がそれ自体として理論的に貫かれて組織されていることを認めており、[47] そうした「世界観」を、客観的な事実の理解とも行為者の主観的な意味の解釈とも異なる水準で科学的に捉えようとした。そのかぎりでそれは、「日常的な理論についての理論」であるような科学理論を目指すものである。

けれども、マンハイムが主張することができたのは、①そのための作業が因果関係論のカテゴリーによってはおこないえないこと、②世界観解釈の理論には客観的事実の理解や理解社会学的な解釈とは異なる態度が求められるということ、そして、③世界観意味は、すでにわれわれに与えられ、またそれ自身の理解可能性をもっているので、（自然科学における実証主義とは区別された）「正しく理解された実証主義」（Mannheim 1964：137 = 1975：116）において科学的に提示されなければならないということ、にとどまっているように見える。[48] 要するに、「世界観解釈の理論」がどういうものなのか、マンハイム自身が積極的に定義できていない。

マンハイムがこの問題に対して明確な答えが出せなかったのには、理由があると思う。日常的な理論という理念的なものがわれわれの生活における意味的な秩序を作っているとした場合、そのような理念的なものをどこに見つけることができるのかというのは一義的に答えることが難しい。というのも、経験的な社会現象は、たしかに人びとの秩序立った知識や推論（としての日常的な理論）を前提にしているが、社会的なリアリティは、日常的な理論を介した人びとの実践によって作られているのであって、日常的な理論という理念的なものによって直接的に作られているわけではないからである。もちろん、もう少し抽象度を高めた次元において、「世界観」と呼びうるような意味の体系が、われわれの意味解釈の可能性をどのように制限しているのかを理念史的・概念史的に研究することもできるだろう。けれども、（言語として明確化されてもいないような）日常的な理論をそのものとして科学的な理論で捕捉しようと試みることは、結局科学者がもっている理論的なア・プリオリを再確認することに終始してしまいかねない。

正確を期すために、ここでN・ルーマンの議論を参照してみよう。本書では、日常的な政治理論と科学的な政治理論との関係について、ルーマンによる「政治学理論（politikwissenschaftlichen Theorie）」と「政治理論（politische Theorie）」との区別に対応させながら整理することにしたい（Luhmann 1981b＝2007）。「政治学理論」は、科学システムから政治システムを観察するものであるのに対して、「政治理論」は、政治システム内部での実践において反省的にはたらくものとして考えられている[49]。「政治理論は、政治的実践のために、方向づけの必要性と行為の可能性の差異を橋渡しする機能を果たす。その意味で、政治理論は政治的コミュニケーションのなかでのみ生きており、およそ展開され利用される限りにおいて、政治的実践のひとつの契機であり、それ自体が政治の一部である」（Luhmann 1981b：137＝2007：147）。ここで引用されている考えを採用すれば、ルーマンの「政治理論」、つまり普通の人びとが依拠する日常的な政治理論は、人びととの政治的な実践のなかにしか現われないものである。だから、人びとによる政治の実践を観察することなく、観念的に「政治学理論」としての科学的な政治理論が獲得されるわけではない。その意味で、政治学者が構想する科学的な政治理論を（マンハイム流に）「日常的な政治理論についての理論」として位置づけることはできないのである。科学的な政治理論（「政治学理論」）はあくまでも科学的な実践であり、日常的な政治理論（「政治理論」）はあくまでも政治的な実践である。この両者は一種の世界観であるという点で同じであり、そこに優劣や上下の関係があるわけではない。ただし、科学的な政治理論は、日常的な政治理論にもとづいて人びとが実践的に作り出す政治のリアリティを経験的に分析・記述するための枠組みを準備することであり、その意味で政治についての「二階の観察」を補助するためのものなのである。

本書はもちろん学術的な寄与を目的として書かれているので、ここでおこなわれている作業はすべて科学的な政治理論の範疇に入る。だが、科学的な政治理論であっても、それが「政治に対するものの見方」のひとつであるということ、そして、科学的な政治理論が政治をそれなりの仕方で可視的にしているのと同じ意味で、日常的な政治理論もそれなりの仕方で政治のリアリティを人びとに対して可視的にしているということについては、あらためて強調しておく必要がある。この論点はそのまま、本書が採用する世界観としての政治理論という考え方が、構成主義という認識論上の立場をとることにつながってくる。

(d) 構成主義的な政治理論

これまでの検討から、本書において「政治理論」という概念がどのような意味で使われているか、おおよそあきらかになったであろう。そこからさらにもう一歩進んで、本書における政治理論の位置づけについて明確にするには、社会科学における認識論の問題について考えなければならない。というのも、すでに本節*1*で検討したように、フライヴァーグとレイテンの論争が乗り上げてしまった暗礁を避けて、経験的な政治理論について語るためには、政治学が社会的世界を研究対象とすることの認識論的な帰結を検討する必要があるからだ。それはすなわち、構成主義的な認識論を考えることと同義である。[50]

あらためて言うまでもないことだが、科学者がその研究対象としての社会的世界を観察する場合には、たとえば道に落ちている石を観察する場合とは異なった条件が存在している。その条件とは、観察者自身が観察対象である社会的世界に含まれていることであり、しかもそうした社会的世界は科学的であるか否かは問わず他の観察者によっても観察されているということである。よって、どの観察者からも離れて〝客観的に〟社会的世界が存在しているかのように語ることはできない。こうした認識論的態度を、さしあたり「構成主義」と呼ぶことができるであろう。[51] これまでの議論を引き継げば、行動論以降の経験的な政治理論は、もしそれが自然科学の模倣から脱しようとするならば、この構成主義という認識論を最終的に受け入れなければならなくなってくるように思われる。逆に言えば、構成主義という認識論的な態度それ自体が、特殊な理論的立場を示しているわけではない。よって、経験的な政治理論にとって構成主義という前提がどのような意味をもつのかは、独立した課題として考えなければならないだろう。

認識論としての構成主義は、観察に先立って客観的な世界が与えられているというテーゼを否定するものである。世界観としての政治理論は、科学的にも日常的にも、われわれが社会的世界において政治という秩序のまとまりを理解する際の〝ものの見方〟であるから、客観的に存在する対象を〝正しく〟理解することを使命とする自然科学的な（あるいは実証主義的な）理論とは、認識論的に異なっている。とはいえ、社会科学＝構成主義、自然科学＝実証主義という図式は――フライヴァーグとレイテンの対立軸と同様に――かなりずさんであるし、同時にまた、構成主義と実証主義（ないし実在論）の両者を相互反転した像のように捉えることは誤りであると思う。[52]よって、世界観としての政治理論がどのような意味をもっているかをきちんと示すためには、しばしば誤解されている構成主義についてのイメージを修正しておく必要があるだろう。そうすることによってはじめて、経験的な政治理論がいかにして妥当な記述・分析を導くことができるのかを議論することができる。

まず、構成主義に対するもっとも初歩的な誤解として、構成主義は現実に存在するものをすべて虚構であると見なす議論だというものがある。構成主義に懐疑的な人は、観察に先立つ客観的な世界の存在が否定されるならば、われわれの世界そのものが幻想で〝本当は〟何も存在しないという不合理な結論になると考えている。たとえば、「では、モノが本当は存在しないとでも言うのか（ここに私のペンはたしかに存在するではないか！）」という反応がその典型だ。これが誤解であるのは、構成主義者も〝本当は〟客観的世界が存在すると考えているからではなくて――そのことはさしあたり今はどうでもよい――そもそも構成主義はその「本当はどうであるか」ということを問題にしない姿勢であるからだ。さらに言えば、自分の机の上にあるペンを眺めながら、構成主義のテーゼがおかしいと思えるのは、構成主義者が議論しているものを取り違えている。ふつう構成主義者が議論しているのは、「本当の何か」や手で触ったり目で見たりできる「モノ」についてではなく、あくまでもわれわれが理解したり付与したりする「意味」、つまりわれわれが世界を体験する仕方にかかわっている。

構成主義に対する誤解の二つ目は、「XがYを構成する」「YはX的に構成される」という主張を、因果的に解釈することに由来する。政治学の場合、Yは何らかの政治現象であり、Xにはアイデア（観念）や言説などが挙げられることが多い。しかしながら、I・ハッキングも指摘しているように、そうしたXとYがそれぞれ何を指しているのかについては、よく考えなければならない（Hacking 1999 = 2006）。たとえば、ある人の死は、戦争というアイデアを通じて「敵の攻撃による兵士の戦死」という政治現象へと構成されることもあるだろう。この場合、たしかに政治現象はアイデアによって構成されている。けれども、人が砲弾にあたって死ぬことそれ自体は、アイデアによって構成された結果ではない。戦争というアイデアが構成したものは、人びとがある人の死という出来事に対して付与した「意味」にすぎないからである。[53] そして、そうした「意味」を構成するアイデア自体も意味的なものであるから、構成主義とは結局のところ、意味が意味を構成しているという話に落ち着く。よって、〝客観的な〟現象の原因究明こそが科学の唯一の目的だと考える場合には、構成主義は無益な議論に思えるだろう。[54] 反対に、構成主義によって〝客観的な〟現象の因果関係を説明しようとすると、意識（主観）が対象（客観）を構成するという（つまり、人びとが心のなかで何かを思うことによって、それが心の外側にある事実になるといった）飛躍した話になりやすい。むろん、ここで言いたいことは、認識論としての構成主義が、因果関係論を排除するということではない。ただ、注意して避けるべきなのは、構成主義に安易に実証主義的な解釈をほどこしてしまうことであり、構成主義によって社会現象の〝本質的な原因〟が見つけ出せると考えることである。

最後に、これは誤解とまでは言えないものの、構成主義による世界認識の方法を「間主観性（intersubjectivity）」という概念から把握しようとすることは、あまり適切でないように思われる。「間主観性」は、その言葉のとおり、世界が主観的に構成されているものの、それがひとりの人の主観だけでなく、同じ世界を生きる他の人びとによっても共有された主観であるという事態を表現している。しかし、主観でありつつ主観ではないといったこの説明の仕方は、あまり明快であるとは言えず、かえって構成主義を神秘的な議論に仕立ててしまうおそれがある。[55]むしろわれわれは、「主体」や「主観」を最終的な立脚点にする思考方法を離れて、構成主義の問題を考えるべきであろう。そのことは同時に、哲学的な観念論から構成主義を切り離すためにも必要になる。

以上のような誤解や行き詰まりをよく見てみると、われわれは構成主義についてそもそもはじめから答えようのない問いと格闘していることがわかってくる。たとえば、観察の外側に世界が存在するのかしないのか、構成主義から完全に実在論的な要素を排除することができるのか、あるいは、人びとの認識の一致を保証する（そのかぎりで社会秩序を支える）最終的な根拠はどこにあるのか、といった問いがそれだ。これらの問いに答えようとするどんな試みも、論理的な不定（つまり、真でも偽でもない）としか言いようのないものに行き着いてしまう。[56]けれども、もし、こうした問いの基礎にある前提を取り替えることができるならば、構成主義にまつわる躓きの石を取り除いて、構成主義をより適切に位置づける可能性が開けてくるだろう。本書が、最終的にルーマンに注目するのも、ルーマンが政治学における信頼論に求められる構成主義的な理論的基礎と、政治のリアリティを経験的に研究するための視角を、どちらを犠牲にすることもなく考えるための出発点になるからである。よって、ここでは少し第III部での議論を先取りして、ルーマンの構成主義について概観しておくことにしたい。それによって、本書における構成主義的な政治理論の性質も示すことができるだろう。

ルーマンが構成主義を主題として論じるようになるのは、彼の理論遍歴の時期区分で言えば後期にあたる。とりわけ、科学システムによる社会の自己記述の認識論的な帰結を扱った『社会の科学（*Die Wissenschaft der Gesellschaft*）』（Luhmann 1990d = 2009）と、「社会学的啓蒙」シリーズの第五巻『構成主義的な視角（*Konstruktivistische Perspektiven*）』（Luhmann 1990e）が代表であろう。[57]よって、おもにこの二つの著作を手がかりにして、ルーマンの構成主義を見ていくことにする。とはいえ、後期ルーマンの仕事は、簡単には見通しのきかない複雑な理論が前提とされていて、たとえば構成主義について理解するだけでも、多くのことがあらかじめ理解されていなければならない。[58]だから、ここではルーマン理論の全容解明を目的とするのではなく、ルーマンに寄り添いながら構成主義を論じる際の糸口をつかむことを目的とすることにしよう。

ルーマンが構成主義についてのこれまでの考え方を組み替えていく際に、基本的な方針としていたのは、構成主義をめぐる既存の問いの背景にあった、主観／客観、経験／超越、存在／非存在といった区別を別の区別（システム／環境、作動／観察、自己言及／他者言及など）で置き換えることである（Luhmann 1990d : 76–79 = 2009 : 64–66）。そうすることで、社会的世界の認識のために何らかの外部を措定する必要がないこと、より正確に言えば、認識は〝客観的な外部〟や〝究極的な実在〟といったものに絶対に到達できないからこそ可能であることを示す点に、ルーマンのオリジナリティがある。こうした一連の操作とその帰結を、ルーマンは、「リアリティの脱‐存在論化」と呼んでいる。

> システム理論によるこうした介入の効果は、リアリティの脱‐存在論化として記述され得るであろう。これによって意味されていることは、リアリティが否定されるということではない——というのも、リアリティが否定されるのであれば、作動するものも、観察するものも、人が区別を用いて把握することのできるものも、何も存在しないということになってしまうだろうから。そうではなくて、否認されるのは、リアリティの存在論的な表象の認識理論的な有意性である。認識するシステムがどうしてもその外部世界に到達できないのだとすれば、われわれは外部世界が存在するということを否認できる。だが、それと同じくらいかそれ以上の首肯性をもって、外部世界は在るように在るという立場に固執することもできるのである。どちらの立場もその正しさを証明することはできない。その両者のあいだでは決定を下しようがない。だが、それによって外部世界が疑わしいものになるというのではなく、存在論が外部世界を扱ってきた方法である、存在／非存在という上滑りした区別が疑わしいものになるだけである。そして、その帰結として、次のような問いが出てくる。すな

わち、なぜまさにこうした〔存在／非存在という〕区別によって始められるべきなのか、なぜ世界はまさにこうした区別によって最初に傷つけられるべきなのか、と。〔改行略〕その代わりに、システム理論はシステムと環境の区別を提案する。（Luhmann 1990e : 37）

この「リアリティの脱‐存在論化」とは、われわれが現実だと見なしているもの（＝リアリティ）が、われわれの認識の外部に存在しているのか否かという決定不可能な問いを拒否するということを意味している。なぜなら、認識の外部にあるリアリティの存在を認めることも認識でしかないのであり、またリアリティを疑うことですら、リアルにおこなうしかないからだ。そのかわりに、ルーマンは、システムと環境の区別を導入することによって、社会的な秩序のまとまりが維持されるということ（＝システムと環境の区別が回帰的になされるということ）が、リアリティをいかにして構成しているのかを観察するという方針を提案する。[59] これは、認識の外部に客観的な世界が存在するという仮定に社会秩序の最終的な保証を求めていた従来の発想を逆転させていると言えるだろう。だから、ルーマンの指針にしたがうのであれば、認識論的な構成主義は、社会的な秩序が実際上どのようにして維持されているかを、当の事柄に即して記述・分析するような経験的研究を要求する。これは、経験的な研究において目指されてきた、客観的な外的世界を理論内部に転写しようとする試みとも、具体的な出来事の事実性から離れた演繹的な法則を確立しようとする試みとも、あきらかに決別している。なぜなら、外部の世界がリアリティを保証しているとする考えや、社会秩序には隠された法則性ないし本質が存在するという考えこそが、ルーマンによる構成主義において真っ先に拒否されるべき対象だからだ（世界を観察しようとするどのような試みも、自身が用いている区別自体を見ることはできないのだから）。そうではなくて、「いかにして」と問うからこそ、絶対的に存在している外部世界と、それを観察するための超越論的な方法ではなく、経験的なシステムの現実的な構成のされ方を問うことができるようになる。[60] つまり、解決策は、超越論的なア・プリオリにではなく、観察の回帰性にある。

> これについて何が新しくセンセーショナルであるかは、構成主義を認識論上の観念論あるいは超越論の肖像の回廊に位置づける定式化で事足れりとするかぎり、もちろん理解されないままである。独我論的な意味で外部世界のリアリティが否定されるわけでもないし、システム論上の根拠によってシステムと環境の接触を否認することが認められるわけでもない。反対に、仮定はこうである。すなわち、システムが分出の過程を経て作動上閉鎖したシステムとして自己の複雑性を構築できる場合、システムと環境の接触はより豊かなものになる。構成物は閉鎖システムの作動のなかで解体されるが、この作動はリアルな世界のなかの経験的な作動である。このことは、それ自体として観察可能な作動が問題になっている、という意味にほかならない。だが、科学システム自体も含めたあらゆる観察者について、それを観察する観察者の言及対象のリアリティの保証は、異なる内的な作動が内的な同一性基準にもとづいて同一の結果に到達し得る、つまり作動が濃縮（kondensiert）され再認（konfimiert）され得る、というただその一点にある。（Luhmann 1990d : 516–517 = 2009 : 567）

これまでの考察をまとめると、政治学が自然科学とはちがって社会的世界を研究対象としていることの意味を十分に踏まえるならば、経験的な政治理論は認識論的に構成主義を受け入れなければならない。そして、経験的な政治理論が構成主義を受け入れることは、政治理論を一種の世界観として考える際の条件のひとつである。政治理論が「われわれの政治に対するものの見方」であると考えるならば、政治学者が記述したり分析したりする対象も、政治理論に先立って与えられているわけではない、と考えざるを得ない。通常、政治学者が科学的に政治現象を記述・分析していく作業には、対象となる何らかの社会的事実がすでに認識されていること（＝それがたしかに〝見えている〟こと）が前提となっている。そうした認識や〝見え方〟が、「ものの見方」としての政治理論によってはじめてもたらされるのだとすれば、結局われわれは、われわれが見るようにしか対象を見ることができない。つまり、一方で社会科学では、どの観察者からも離れた客観的な社会的事実なるものがあるということを素朴に前提とすることはできない。しかし他方で、経験的に社会秩序がリアルに存在しているということもたしかである。経験的な政治理論における構成主義は、この二つのテーゼを相互に排他的なものとして扱わないところにその特徴がある。「世界観としての政治理論」という考え方は、客観的に唯一〝正しい〟政治現象の理解に迫っていこうとすることも、一般化された因果的な法則を提供しようとすることも、ともに断念している。だが、一方でそうした〝物理学への羨望〟をあきらめつつ、他方で政治学における経験的な研究の有意性をあきらめないからこそ、ここで提起した政治理論はこれまで見落とされてきた研究プログラムを後押しすることができる。

3　政治理論における妥当性の問題

ここでは、以上の意味での政治理論が、経験的な政治学研究に対してどのようなかたちで妥当性を確保するものであるのかについて考えていこう。なぜならば、「世界観としての政治理論」に対して向けられるであろう最大の疑念は、それが科学的な研究に「何でもあり」という相対主義をもたらすのではないか、というところにあるからである。[61] この疑念をさらに細分化すれば、三つの問いに集約される。第一に、一種の世界観として考えられた政治理論は、なぜ政治理論であると言えるのか、つまり、なにが政治現象であるのかをどうやって見定めるのかという問題。第二に、科学哲学的に見て、社会科学に自然科学とは異なる〝科学〟としての基準が存在し得るのかという問題。第三に、どのような基準によって政治理論の妥当性を判断するのかという問題、がそれである。本項における検討の目的は、構成主義という認識論的な立場をとることが、政治学の経験的な研究にとってなんの障害にもならないこと、そして障害になると思えるのは構成主義に対する誤解にもとづいていることを示すことにある。

（a）政治のリアリティ

第一の問題は、それをイーストンの政治理論と対照した場合に際立ってくる。すでに述べたように、イーストンは「価値の権威的な配分」というメルクマールによって、はじめて何が政治現象であって何がそうでないのかが理解できると考えた。反対に、世界観として考えられた政治理論は、政治を実践している人びとがすでに日常的な合理性をもって政治現象を理解していることを強調するものの、科学的に政治現象を〝正しく〟理解するための指針については何も述べていない。よって一見したところ、「世界観としての政治理論」は、政治学者がそれぞれ勝手なところに研究対象を設定し、「これこそが政治である」と独断することを許しているように思われるかもしれない。政治学者のあいだで何が「政治」であるかについてのコンセンサスが失われることこそ、イーストンが憂慮していた事態であった。

本書は、この問題に対して次のような立場をとる。たしかに、何が「政治」の特徴であるのかについて政治学者が関心を払うのは当然であるが、だからといって一般理論というかたちでア・プリオリに「政治」の特徴を先取りすることがすべての政治学研究の先行要件ではない、と。[62] むしろ、「政治とは何か」について科学的に〝正しい〟定義がなされることが政治学研究の前提であると考えてしまうことで、見逃されてしまうものがあるのではないだろうか。つまり、第一に、「政治とは何か」ということは、科学者にとっての問題関心であるだけでなく、政治を実践している人びとにとっての問題関心でもあるということ。第二に、政治のリアリティが、具体的な文脈において構成されるものであるということがそれである。

たしかに、政治は社会において集合的に拘束的な決定を生み出し、その履行を確保することに関係していると言えるし、そのために政治権力が効果的に作用するためのポテンシャルを維持することにも関係している。さらに、そのためには、支配の正統性を確保することが必要であるし、また、そもそも一団の人びとのあいだに集合的な――多くの場合「国民」という――アイデンティティが生み出されていなければならない。これらの一連の事柄は、それぞれ「政治」のある側面を捉えた特徴であるが、こうした特徴を列挙していったとしても、具体的な事例において何が「政治」であるかを客観的・普遍的かつ一律に決められるわけではない。ただし、そうであるからといって、「政治」が現実には存在しないのだということにはならない。何が「政治」であるかということは、一般理論や普遍的な定義によってではなく、文脈に応じてそのつど決まってくるし、そのかぎりで「政治」は疑いなく事実として存在する。

よって、何が「政治」であるかについて、それを文脈依存的に捉えるような政治理論は、科学者が社会現象のなかから恣意的に「政治」を切り取るということと同じではない。政治理論を一種の世界観として捉えることで本書が提唱しているのは、何が「政治」であるのかを第一義的な問題関心としてきた立場から、政治現象という秩序のまとまりがいかにしてリアリティとして構成されているかを記述するという方針への転換である。「何が」から「いかにして」――この転換が意味しているのは、文脈に依存しないような政治の〝正しい〟認識方法が科学的に先取りされていなくても、現実に政治として認識されるものが社会には存在していることを分析の前提として認めることである。そうすることによってはじめて、政治現象を成立させている人びとの実践に適切な注意を払うことができる。イーストン的な憂慮は、政治という秩序のまとまり＝政治システムがリアルに存在していることを懐疑するからこそ生まれる。われわれは、政治システムをどのような観点から観察するかに関して選択できる（たとえば、経済的な観点からでもジェンダー的な観点からでも政治を観察することができる）が、何を政治システムとして扱うかに関して自由に選択できるわけではない[63]。

（b）世界観としての政治理論における科学哲学上の基礎

政治学は社会科学に分類される科学分野である。とりわけ信頼論のような学際的な研究テーマを主題とするときはなおさら、このことを忘れないようにしなければならない。ところで、政治理論が世界観であることにこだわってみようとする本書の立場は、経験的な信頼論研究においてどのような妥当性の基準を考えることができるのだろうか。もし、構成主義という認識論的な立場が、社会科学において自然科学的な基準を用いることを拒否するものであるならば、社会科学はどのような意味で〝科学〟であり得るのか、というおなじみの問題が再び前景化してくる。これは、フライヴァーグとレイテンの論争において素通りされた論点として、本節の*1*で見てきた問題である。ここでは、この問題を科学哲学上の問題として取り上げ、「世界観としての政治理論」がどのような社会科学観をもっているのかについて示していくことにしたい。

社会科学と自然科学の差異と同一性については、しばしば次のような陣営に分かれて争われてきた。一方の陣営は、社会科学といえども自然科学と同じ基準を採用すべきであるというものであり、これは「社会科学的自然主義(social scientific naturalism)」と呼ばれる。他方の陣営は、社会科学の対象は人びとの主観や感情に依存する人間事象である以上、その科学的な妥当性の基準は自然科学と当然に異なるという、M・ヴェーバーの理解社会学に代表される立場である。前者は後者の立場を、感覚に頼った非‐科学的で非‐体系的なものとして批判し、後者は前者の教条主義的な科学観を批判する。構成主義とはこのうちの後者に属するものであると考えられがちだが、事態はそれほど単純ではない。

S・モルゲンベッサーは、社会科学的自然主義(64)が成立する条件を検討するなかで、しばしば自然科学の模範的なモデルであると考えられている、有効な「法則」を発見し、そこから「説明‐予測‐確証」をおこなうという目的も、それだけで実際の経験的な研究において十分な指針となっているわけではないと論じている(Morgenbesser 1970 : 28–29 = 1976 : 60)。というのも、現実に科学者は、説明と予測のための一般的な法則と理論の発見だけを目的としているわけではなく、過去に関する知識を増大させたり、社会の現状を記述したり、われわれの合理的な意思決定を助けるという目的を果たしているからである。また、たとえば、「二十一回目の誕生日をむかえたすべての人間は、誰でも一度は食事をしたことがある」という言明は、たしかに法則として認められるように見えるが、この言明が実際に真であることは、そこに何らかの社会科学が成立していることを意味しているわけではない。さらにまた、ある学問分野においてそれまで有効であると考えられていた法則的言明が、あるとき有効でないことが判明したとする。そうすると不思議なことに、その学問分野は、虚偽の法則的言明をもっていた時点までは科学であったのに、それが虚偽であることが判明することによって（つまり、科学的な進歩がなされることによって）、科学でなくなったことになってしまう。こうしたことからもわかるように、自然主義の基本的なテーゼですら、よほど注意深くさまざまな限定をつけなければ、そもそも成立し得ないのである。そうである以上、自然科学を範とすることによって、自動的に社会科学に〝科学〟としての明確な基準が備わると考えることなど、到底できはしない(65)。

他方で、理解社会学の立場についても、対立陣営の側から戯画化して描かれることによって、それがあたかも経験科学に真っ向から反対するものであるかのように誤解されてきた。A・シュッツは、自然科学的な実証主義を標榜するE・ナーゲルやC・ヘンペルへの批判を通じて、そうした誤解の解消と理解社会学の擁護を試みている（Schutz 1962 = 1983）。まず、シュッツは、ナーゲルやヘンペルと同様に、経験科学の手続き的なルール自体は、自然科学と社会科学で異ならないことを認めることから出発する。たとえば、推論の方法、他の研究者による検証可能性、理論的な統一性、普遍性、正確性、論理一貫性などがそうである。これらの基本的なルールは、われわれの科学的な活動が妥当性をもつと判断されるための、いわば必要条件をなしている。そのうえで、シュッツが自然主義者や実証主義者に反対するのは、彼らが社会科学の研究対象を自然科学のそれと混同しているからである。社会科学の研究対象は、あくまでも「社会的リアリティ（social reality）」だからだ。

私は、この「社会的リアリティ」という言葉を、社会的‐文化的世界のうちに在り、しかも諸々の他者と多様な相互行為関係をとり結びながら彼らのあいだで自らの日常生活を営んでいる人びとが、常識的な思考を通して経験している、諸々の対象や出来事の総体を意味するものと理解したい。それは、諸々の文化対象や社会制度から成る世界である。われわれは誰しもそうした世界のなかに生まれるのであり、われわれはそのなかで自らが占めている相対的位置を見出さなければならず、さらにそうした世界に対処していかねばならない。

(Schutz 1962 : 53 = 1983 : 115)

それに対して、あらゆる形態の自然主義者や実証主義者は、社会科学の本来的な研究対象であるこうした社会的リアリティを素朴に自明視し、あたかも科学的研究はそうした前提が問題なく満たされていると想定したうえで開始されるものであるかのように考えている。けれども、そのように自然科学者が自明視して通り過ぎてしまうところにこそ、社会科学が対象とする世界が存在しているのである。(66)「自然科学者によって究明されるものとしての自然界は、分子、原子、電子にとっていかなる『意味』も有してはいない。それに対して社会科学者の観察領域——社会的リアリティ——は、そのなかで生活し、行為し、思考する人びとにとって、ある特定の意味と有意性構造をもっている。人びとは、自らが日常生活のリアリティとして経験するこの世界を、一連の常識的な概念構成によって社会科学者に先立ってあらかじめ選定し、解釈している。そしてまさしく人びとの有しているこれら諸々の思惟対象こそが、人びとの行動を動機づけ、そうすることによって人びとの行動を規定しているのである。そうした社会的リアリティを把握するために社会科学者によって構成される思惟対象は、社会的世界のなかで自らの日常生活を営んでいる人びとの常識的な思考によって構成された思惟対象に基礎づけられなければならない」(Schutz 1962 : 59 = 1983 : 123)。

このことからわかるように、シュッツが理解社会学を擁護するのは、社会科学者が社会的リアリティを説明するのであれば、科学による二次的な構成によって行為者のもっている主観的な「意味」に言及しなければならないからである。シュッツの考えでは、社会科学における科学哲学上の最大の課題は、そうした主観的な意味連関を客観的な意味連関として構成できるかどうかというところにある。(67)

本節の2で示してきたとおり、本書では、構成主義を「主観」というものに係留することなく考えたいと思っている。だから、シュッツによる理解社会学の擁護に、そのまま加担することはできない。それでも、（社会科学であれ自然科学であれ）経験科学を遂行するうえでのルール自体は変わらないということ、および、社会科学の研究対象が社会的リアリティであって、単なる観念的なものではないこと、さらに、その際の根本概念が「意味」であること、といったシュッツの指摘は、社会科学が経験的な科学として成立するために、ぜひとも踏まえておかなければならないものである。

以上のことから、とりあえず次のようなことは言えるだろう。社会科学が経験的な科学として成立するために、自然科学の基準を引き継がなければならないという社会科学的自然主義者の主張は、①そもそも自然科学が〝科学の理念〟にぴったりと一致していることの素朴な楽観視からきており、さらに、②経験的な研究の手続き的なルールは自然科学でも社会科学でも共通であることを見落としている。他方で、構成主義という認識論的な立場は、たしかに外部の「客観性」というものに妥当性の基準を求めることを拒否するけれど、観察できない観念的なものではなく、経験的に成立しているリアリティこそが社会科学の対象であると考えている。このように考えていけば、自然科学に則らない社会科学に、経験的な研究の基準など存在し得ないのではないか（そしてそのために相対主義に陥るのではないか）、という疑問は、杞憂でしかないことがわかる。つまり、問題は、構成主義的な認識論は経験科学として可能かどうかではなく、構成主義的な経験科学は、〝客観的な事実〟というものの代わりに、どのようにして妥当性の基準を科学的に組織するのかというところにある。

たとえば実証主義であれば、〝客観的な事実〟に接近できているかどうかが、経験的な知見の妥当性を測るための唯一の基準となる。その場合、あらゆる認識の妥当性は、外部世界との一致によって一律に確かめられるものであるので、科学的な認識が妥当であるための基準も、同様に科学的な活動の外部にある（よってこの立場は、究極的に、いつかわれわれがたったひとつの〝科学〟に到達するかもしれないことを、否定しないことになる）。けれども、「ものの見方」

でしかない構成主義は、あくまでも科学的な活動の内部において、どのような経験的な研究がどのようになされるべきかを決定し、それに応じて適切な前提を準備しなければならない。つまり、自らの妥当性について自己言及的な根拠づけをおこなわなければならない。なぜならば、「われわれのものの見方」が科学的に妥当であるかどうかを、科学の外側でチェックすることはできないからだ。そしてここに、政治理論の役割が存在している。本書が提唱する政治理論は、経験的な政治のリアリティの記述・分析が妥当となるような方向づけをおこなうものとして、政治学研究を組織する。

(c) 問題構成

もう一度振り返っておくと、本書の目的は、政治学における信頼論の経験的な研究を科学的に妥当な仕方で組織するために、ある種の政治理論を提示することであった。そして、本書ではそうした政治理論を、一種の「世界観」として考えていこうとしている。そのことの帰結として、大きく分けて二つのことをこれまで述べてきた。第一に、政治理論を科学的なものだけに限定せず、人びとが日常的に政治について理解していることも、政治理論に含めていくということ。第二に、世界観としての政治理論は、それが経験的な政治理論であるためにこそ、構成主義的な認識論に至るはずだということ、というのがそれである。

さて、本書における政治理論の性格を考えていくうえで、最後に考慮すべき事柄は、妥当性をめぐる問題である。本節の*3*(b)では、科学哲学的に、社会科学が構成主義的であることと経験科学であることは、まったく矛盾しないと述べてきた。しかしながら、構成主義的な経験科学が可能であることは、それが政治学的に有意義な記述・分析であることを、ただちに意味するわけではないことに注意しなければならない。もし、社会現象に対する経験的な知識が政治学にとってすべて等しく価値をもつとするならば、それはやはりある意味で相対主義的だということになってしまうだろう。そこで、科学としての経験的な政治理論は、どのような経験的研究がどのようになされるべきかを方向づけていく必要がある（イーストンが作ろうとしていた一般理論が、そうした意味での政治理論であったことも、再び思い出しておこう）。しかも、政治理論を世界観として、つまり「ものの見方」として捉えることは――困ったことに――そうした方向づけに際して、研究対象とする政治現象の文脈を離れた自同性、つまり、それが〝客観的な事実〟として認識の外部に成立していることをあてにすることができない。だからこそ、政治理論の内部において、政治学研究の妥当性の基準を決定しておかなければならない。

ここで、どのような経験的研究がどのようになされるべきかということが、主導的な問いとして構成されるものであることを踏まえれば、政治理論に内在すべき妥当性の基準は「問題構成（problematics）」というかたちをとると思う。R・バスカーの定義を借りれば、問題構成とは、「その時代の支配的な理論的関心を表現する、そこにおいてのみ有意味な問いが発せられ問題が提示され得る舞台構造」（Bhaskar 1975 : 194 = 2009 : 246）とひとまず定義できる。もう少し噛み砕くと、問題構成とは、ある分野の科学的研究が取り組むべき一般的な問いの所在ということになる。問題構成によって経験科学を組織するということは、〝客観的な事実〟を基準にした単一の方法論や、いわゆる「支配的パラダイム」によって経験科学を組織するのとは異なり、対象へのアプローチ方法をあらかじめ限定してしまわずに済む。また、問題構成がうまく定式化されれば、そのことは経験的な研究を進める際の大きな手がかりになるはずである。(68)

そしてこのことは、単に筆者の思いつきではない。たとえば、R・マートンも、問題構成から社会科学を組織することのメリットを認識していた。マートンは、一九七四年のアメリカ社会学会で、自らを社会学という患者を治療する医者に擬しつつ、当時「社会学の慢性的危機」と呼ばれていたものについてコメントしている（Merton 1975 = 1982）。

一九七〇年代のアメリカ社会学は、多くの理論が併存することで、社会学というディシプリンのアイデンティティが見失われそうになっていた時期である。多くの人の目には、このことは社会学の危機に映った。しかし、マートンは次のように述べている。「もし私が、専属医として呼ばれて、症状を診断するだけでなく、おすすめの対症療法を検討するように言われたとしたら、私の意見は次のようなものになるだろう。つまり、教義の多様性・競争・衝突を伴う社会学の慢性的な危機は、急性の危機を扱うためにときとして提案される対症療法、すなわち、社会学的な真理への完全かつ排他的な接近を約束するような単一の理論的パースペクティヴよりも、好ましいものに思える、というものだ」(Merton 1975 : 28 = 1982 : 39)。なぜなら、マートンの見るところ、「停滞を併発する深刻な危機をつくっているのは、パラダイムの多様性というよりも、万能薬だとして提案された単一のパラダイムを現場の社会学者が集合的に受容すること」(Merton 1975 : 29 = 1982 : 41) だからである。[69] 社会学とは本来、包括的な単一の理論から成り立っているのではなく、多様なパラダイムや「中範囲の理論」から成り立っていると、マートンは考えた。[70] そして、「中範囲の理論」の複数性が成り立つために必要なものこそ、問題構成による経験科学の組織化である。

> 問題は、パラダイム間にある実質的な矛盾を突きとめるというものではなく、その問題構成 (problematics) を考えるというところにある。パラダイムは、研究のために明確に異なった範囲の問題に焦点を合わせるという点で、それぞれ異なる。結果として、科学の共同体が、何であれ単一のパラダイムに専ら固執すると、それによって科学者たちの注意を先取りしてしまうことになるであろう。つまり、彼らは、他の問題に注意を向けることを犠牲にして、限定された範囲の問題にしか焦点を合わせなくなるのである。そうした注意の先取りを通じて、一元論的な理論は、その分野において他のタイプの知識が発達することに対して逆機能的にはたらく。
>
> (Merton 1975 : 48–49 = 1982 : 64)

マートンが述べるように、問題構成とは、「さまざまに異なった『戦略的な研究の領域や対象や素材』に注意を向ける。それらは、探究されるべき過程やメカニズムや構造的配置を、もっともよく提示するものである」(Merton

1975 : 49 = 1982 : 65)。だから、ひとたび問題構成が明確に示されるならば、妥当な経験的研究をおこなっていくために必要な理論的な資源（たとえば、どのような概念体系・思考体系に依拠する必要があるか、どのような認識論的な前提が必要なのかなど）を考えていくことができる。それはたしかに、経験的な研究をおこなうための下準備にすぎないわけだが、とりわけ既存の「支配的パラダイム」によって理論的な資源があまり実りのない方に固着してしまっているとき、そうした下準備をあらためておこなうことには意義があるだろう。

本書における政治理論の考え方は、一般的に〝政治理論〟として考えられているものよりも、経験的な研究に対してより消極的な役割しか負っていない。つまり、構成主義的な認識に立って、対象となる政治現象を記述・分析する際の問題構成を提示し、それを基準に必要な理論的資源を用意する、というのがそれである。この意味での政治理論は、政治現象を記述・分析するための唯一の方法や、政治現象を〝正しく〟再現するような一般図式、ないし実証分析に直接的に援用できる仮説的なモデルを提供するわけではないという点では、役に立たない。けれども、そもそもの政治現象に対する認識や、それを適切な科学的研究へと媒介するための諸前提を反省することによって、これまでの経験的な政治学研究が見落としてきた研究領域や研究方法を示唆するという点では、意義をもつように思う。経験的な政治理論というものが政治学において信用を失ったのは、それにあまりにも直接的に〝役に立つ〟効用を期待し過ぎてきたからではないだろうか。世界観として政治理論を考えるということは、われわれが政治現象に向き合う際の姿勢を問い直すことで、理論と経験的な研究との対話を再び取り戻してくれる。だからこそ、信頼論のように、既存のアプローチから脱してあらたな経験的研究の方向性を探っていかなければならないテーマにとっては、まずなによりも政治理論が必要なのである。

第四節　本書における分析の進め方

これまでに述べてきたことをまとめると、筆者の考えは次のようなものである。本書の目的を達成するためには、信頼論ないし政治文化論の経験的な記述・分析がどのような問題構成によって妥当なものになるかを示すことと、そうした問題構成に取り組むために必要な理論的基礎を定めることの、二つの段階を経て課題を達成しなければならないだろう、と。よって、第I部以下の本論では、問題構成の軸と、それに対する理論的基礎の軸という、二つの軸を中心にして分析が展開される。そして、すでに予告したとおり、第I部においては一九六〇年代の政治文化論を政治理論のひとつのモデル・ケースとして扱い、その論理構造をあきらかにするとともに、理論としてどのように失敗しているかを論証していく。第II部においては、パットナム以降の信頼論を政治文化論と同様に分析し、そのうえで第III部において問題構成の軸と理論的基礎の軸をどのように整合させていくべきかを示す。

ところで、第I部における分析の対象が一九六〇年代の政治文化論であり、第II部の主たる対象が一九九〇年代以降の信頼論であることからもわかるように、本書は学説史的な分析をおこなうものである。ただし、かならずしも時系列に沿って議論の対象を配置したわけでもないし、時間的な経過で論理を置き換えようとも思っていない（実際に、第III部において本書は時間軸を遡ることになる）。また、政治文化論や信頼論に関するすべての先行研究を平等に扱うつもりもない。

本書が学説史的な体裁をとるのは、もっぱら次の理由からである。つまり、あらたな政治理論を説得的に構築するためには、そのテーマに対してこれまで提示されてきたさまざまなアプローチや理論のなかから何を引き継ぎ、何を切り捨てるのかについて、その選別基準とともに明確にし、いまわれわれがそのように考えるべき必然性を示さなければならない。このことは、ともかく仮説として何らかの枠組みを〝理論〟として提示して、あとは実証分析によってその有効性を確認するというやり方をとらない場合には、どうしても必要になってくる作業である。すでに述べたとおり、本書が提起するタイプの政治理論は、みずからの妥当性について自己言及的に根拠づけをおこなわなければならない以上、あらたな政治理論は、既存のさまざまな政治理論がそこに向けて収斂する十分な理由があると立証できるときにのみ、有効であると言える。言い換えれば、そこに内在する論理の検討から学説史を見てみることで、これまでの政治理論が共有する課題を見つけ、それを乗り越えるようなあらたな理論を提供するというのが本書の進み方である。

こうした意味で、本書における分析の進め方のモデルは、パーソンズの『社会的行為の構造（*The Structure of Social Action*）』（Parsons 1937＝1974〜1989）である。[71] このパーソンズによる最初のモノグラフは、パーソンズが自身の理論的なモティーフを決定するうえで、非常に大きな役割を果たしている。その具体的な内容の紹介については、第2章一節に譲るとして、ここではその分析手法について見てみよう。W・シュルフターによれば、パーソンズの分析手法は、「問題史的分析（Problemgeschichtliche Analysen）」とでも呼ぶべきものである。彼は以下のように述べている。

> パーソンズの著作〔＝『社会的行為の構造』〕において、問題史的分析は、理論構成そのものを継続的に構成する要素となっている。そして、この問題史的分析は、理論構成にとっての礎石であり、同時に試金石でもある。理論構成にとっての礎石であるということが意味するのは、この分析によって社会学理論の提唱者を批判的に分析することによってのみ、〔あらたな〕理論的論拠の基盤が形成されるという想定である。ここで重要なのは、社会学におけるさまざまな理論ではなく、まさに社会学理論なのである。他方で、理論構成にとっての試金石であるということが意味するのは、理論的論拠の収斂が理論的進歩の基準のひとつになるという想定である。収斂が、独立した、当初は相容れないように思われる出発点から生じる場合には特にそうである。
>
> （Schluchter 1988 : 115＝2009 : 127–128）

問題構成と理論的基礎という二つの軸を設定したうえで、学説史的な分析をおこなうという本書の研究方法は、このパーソンズの「問題史的分析」という手法を私なりに分解してみた結果でもある。[72] もちろん、パーソンズの目的は社会科学の根底にある行為論自体を作り変えることであり、本書とはその射程がまったく違ってはいる。しかし、射程の広狭はさておくとしても、これまで科学において正当な位置づけをもたなかった考え方を提起する場合には、既存の思考体系との対比においてあらたな発想を正当化しなければならないことに変わりはない。このことを社会学草創期においてはっきりと述べたのは、G・ジンメルであった。[73] ジンメルは、『社会学』（初出は一九〇八年）の冒頭における序言で、自身の研究課題を次のように述べている。

ある研究が、既存の科学の正統とされた認識目的と方法とにしたがって行われたとすれば、この関連がおのずと研究の位置づく場所を確定する。その場合、研究をはじめるにあたって、その場所を占めることへの権利を最初に基礎づけておく必要もなく、すでに基礎づけられた権利を要求しさえすればいい。しかし、研究がそのような関連、少なくともそうした問いを立てる権利を議論の必要がないものとするような関連を欠くとすれば、そして、研究が諸現象を通じて引く線が、承認された研究のいかなる領域にもその方法を見出さないとすれば――科学の体系におけるその場所の確定、およびその方法と可能な有効性とを論究することは、明らかにあたらしく独立の課題である。

(Simmel 1958 : Vorwort = 1994 上 : 5)

だから、ジンメルの言葉を借りて本書の性質を手短に言えば、こうなるだろう。すなわち、本書は、政治学における信頼論が経験的な政治学研究においてもつべき場所を確定し、その方法と可能な有効性とを論究するという、「あたらしく独立の課題」に取り組むものである、と。

さて、この序章を閉じるにあたって、本書のねらいについて最後にもういちど二つのことに注意を促しておきたい。第一に、本書は、「政治」や「信頼」といった概念をどう定義するかということに主眼があるわけではない。(74)本書が関心をもっているのは、あくまでも政治学における信頼論の着眼点——つまり、政治のリアリティが日常的に構成されていることへの注目——を、その意義を損なわずに経験的な研究へと媒介することである。こうした問題関心は、信頼こそが政治の本質にあると述べることとは、まったく別ものである。だから、「政治」概念や「信頼」概念にあらたな定義を施すことによって、問題の解決になることなどあり得ない。本書にとって重要なのは、政治学における信頼論をどのように〝見る〟かということ、すなわち、信頼の政治理論である。

第二に、本書は、あらたな政治理論を提起することによって、あらゆる他の政治理論を置き換えようとしているわけではない。そもそも本書は、あくまでも「政治学における信頼論を経験的に研究する場合に」という限定のもとで必要な政治理論を考えていくものであるし、また、ここでの政治理論が「ものの見方」である以上、政治の一般的かつ体系的なメカニズムの解明を他の政治理論と競う類のものでもないからだ。さらに、本書における論証は、たしかに社会学理論や哲学の傍らを通りながら進んでいくけれど、だからといって、社会学理論や哲学に政治学を還元することを意図しているわけではない。(75)本書が理論的基礎という軸を重視するのは、政治学の多くの分析手法が他のさまざまな社会科学分野から援用されており、特に信頼論の学際性がその傾向を強めるからである。信頼論や政治文化論において、社会学理論ないし哲学からの影響が強いことは、政治学の存在意義を否定するものではなくて、むしろ政治分析の幅を広げることで政治学の存立基盤を強めるものであると考えるべきであろう。(76)政治学における信頼論は、政治学研究にあらたな地平を切り拓くだけの潜在的な可能性がある。本書のねらいは、その可能性をうまく掬い上げることであり、同時に、それをもって経験的な政治学研究における政治理論の可能性を示すことである。

これ以上の内容については、続く本論において展開していきたい。

第Ⅰ部

政治文化論の再検討

本書の第Ⅰ部は、政治学における経験的な信頼論に必要な政治理論を構築するための契機を析出する作業にあてられる。ここでの主たる分析対象は、一九六〇年代を中心とした政治文化論である。よって、この第Ⅰ部の主眼は、六〇年代型政治文化論を理論的に評価していくことを通じて、政治学における信頼論が適切な理論的指針を得るための足がかりを見出していくという点にある。第Ⅰ部では、次のような点を確認することになる。第一に、経験的な政治文化論研究は「意味」概念から出発する政治理論においておこなわれる必要があること、第二に、政治文化論は同時に政治の作動としての権力論でもなければならないこと、以上である。六〇年代型政治文化論の検討から得られるこれらのテーゼは、第Ⅱ部および第Ⅲ部における分析視座として引き継がれる。

しかしながら、本書が第Ⅰ部において一九六〇年代型の政治文化論を分析対象とすることに関しては、その問題関心とねらいをここでもう一度明確にしておく必要があるだろう。というのも、周知のとおり、およそ半世紀前にパラダイムを築いた政治文化論は、現在ではすでに乗り越えられた過去の遺物であると一般的に評価されているからである。本書もまた、かつての政治文化論をそのまま現代に甦らせることを意図してはいない。むしろ、本書は政治文化論を徹底的に乗り越える必要性を主張するものである。けれども、信頼論の分析の前に政治文化論を経由する必要があると考えるのは、おおまかに言って次の二つの理由があるからである。本論に入る前に、まずこの点を確認しておこう。

第一に、政治文化論から信頼論への移行がどのような質的変容をもたらしたかということを、学説史的に検討する必要性が挙げられる。すでに序章でも述べたように、近年の信頼論は、閉塞していたかつての政治文化論にコペルニクス的転換の活路を与えるものとして学説史上に位置づけられている(1)。その意味で、現在の政治学における信頼論の意義は、政治文化論との対照を通じて浮かび上がってくるものだと思われる。[2] とはいえ、本書が学説史的な検討として意図していることは、単にR・パットナムの『民主主義を機能させる（*Making Democracy Work*）』とG・アーモンドとS・ヴァーバの『市民文化（*The Civic Culture*）』という、学説史上の画期となった著作を個別に取り上げて対照するということではない。これらの著作が学説史上に大きな足跡を残したのは、その当時の政治学全体の傾向をうまく総合／表象するものであったからにほかならない。実際に本論で示されるように、一九六〇年代型政治文化論は、主として第二次世界大戦後のあらたな政治学を模索する動きのなかで結実したひとつの成果であった。そして第II部が検討素材とする九〇年代以降の信頼論は、六〇年代のパラダイムに対する反省と刷新の流れを反映している。そのかぎりにおいて、政治文化論と信頼論を対照分析することは、どうあってもアーモンド／ヴァーバの著作をパットナムのそれと比較するという以上の意味を帯びてくる。本書は、信頼論を政治文化論に端を発する学説史上のラインに位置づけることによって、その底流にある政治学全体の趨勢をも同時に分析の俎上に乗せることができると考える。政治学におけるあらたな信頼論の可能性を探求するためには、学説史的な分析を経ることによって、従来の議論の諸前提を突破する契機を析出する作業が必要になってくるはずである。

第二に、一九六〇年代型政治文化論は、（本書における意味での）「政治理論」に関してひとつのモデル・ケースを提供してくれる。実際、六〇年代の政治文化論の成立過程を検討してみれば、われわれは次のことに気づかざるを得ない。すなわち、政治文化論はたしかに実証分析アプローチとして出発したものではあるが、それ自体がすでに政治現象についての一般的な認識枠組みおよび概念枠組み――つまり「政治理論」――を構成しているということである。もっとも、以下の本論で示すように、政治理論としての政治文化論は、けっして単一の政治理論へと収斂し得たわけではないし、またそもそも成功しているとも言い難い。だがそれでも、六〇年代型政治文化論は、政治学において他に類を見ないほどの高度な体系と概念的基盤を確立しようとしていたことは確かである。理論が概念の真空状態からは生まれ得ないということに鑑みれば、たとえ最終的にすべてを覆すことになったとしても、政治文化論から出発して信頼論にとっての政治理論に至るよりほかはないであろう。そうした意味で、本書はL・パイの次のような勧告にしたがっていることになる。

もし将来の世代の学者がこの政治文化アプローチの利点を十全に汲み取ろうとするならば、彼らは立ち返って実際に先駆となった諸研究を読んでみることが必要になるだろう。彼らはきっと、無視して差し支えのない多くのものを見出すと同時に、とりわけ理論的な発想という点で現行の研究の大半がかなり貧弱に思われるときには、非常に刺激的に映るはずの多くのものを見出すだろう。(Pye 1991 : 507)

パイがこう述べるのは、六〇年代型政治文化論が政治の現象形態を一般的かつ包括的に理論化するプロジェクトの一環として派生したことに由来する。近年の信頼論が議論の精緻さを追求して、分析の射程をより限定する傾向にあることと対照してみると、真正面から全体性を求める政治文化論の姿勢はたしかに「非常に刺激的」である。「政治理論」としての政治文化論がどのような基盤と要素によって構成されているかを見極めることは、信頼論の「政治理論」を構想する本書にとって、最良の出発点になると思われる。

以上の問題関心および目的を踏まえたうえで、本書第I部では、次の順序で議論を進めていく。まず、第1章において、政治文化論の主導的な問いとしての問題構成を明らかにする。ここでは、政治文化論にとっての問題構成が、「政治の領域」と「政治の外側の領域」をいかに区別しつつ接合するか、というものであったことが示される。第2章では、六〇年代型政治文化論の理論的資源となった、T・パーソンズの構造-機能主義的システム理論の思想的な主題と性質について整理する。パーソンズ理論は、個人からなる社会秩序が、いかに個人を超えたところにある規範的・価値的なものによって可能になっているかを理論化するものであった。そして、パーソンズにとって文化概念こそが、そうした主題の中核に位置するものであったことが示される。第3章においては、第1章と第2章でそれぞれ分析した問題構成と理論的基礎が、政治文化論において政治理論としてどのように接合されたのかを分析する。六〇年代型政治文化論は、中期パーソンズ理論の概念用具を援用しつつも、中期パーソンズ理論の要であった規範的・価値的要素を捨象することで成立した。そしてそれが、皮肉にも政治文化論を「脱‐政治的」かつ「脱‐文化的」な概念にしていることが明らかとなる。最後に、第4章では、政治文化論がもつ政治理論としての限界を克服するための契機を探求する。ここでは、六〇年代型政治文化論が「脱‐政治的」で「脱‐文化的」であるという第3章での分析に照らして、政治文化論は（ひいては信頼論も）同時に政治権力論でもなければならないこと、およびその理論的焦点が「意味」概念に集約されるべきであることを論証したい。

第1章　学説史上の政治文化論とその問題構成

政治文化論を政治理論として分析するためには、まずは政治文化論の原理的な政治認識の方法から一個の問題構成を析出する必要がある。問題構成とは理論が形成され発展していく際の主導的な問いであると同時に、ある系列の分野やテーマのアイデンティティそのものを構成するものであるため、問題構成を析出することで政治文化論および信頼論に対する分析視角が明確になるからである。とりわけ本書のように、政治文化論への反省からより一般的な政治理論上の含意を引き出そうとする場合、政治文化論における政治認識をいったんは抽象化した上で、その問題構成にある程度の普遍性を担保しなければならない。本章第一節において、一九六〇年代型政治文化論の問題構成の淵源を、古典的かつ非 - 六〇年代型の政治文化研究である文化的エートス論から看取しようとするのは、まさに以上の理由にもとづいている。

さて、その政治文化論にとっての根本的な問題構成は、次のような認識にあると思われる。すなわち、政治現象は公的な政治制度や政治過程によってのみ無差別的に構成されるものではなく、普通は公的な政治領域の外側に位置すると考えられる諸要素もまた、何らかのかたちで媒介されつつ政治のあり方に大きな影響を及ぼす、ということである。こうした問題構成は、「政治の領域」と「その外側の領域」との「区別と接合」に関する問いとして定式化される（以下ではこれを「政治の領域／その外側の領域」の問いとして表現する）。なぜなら、二つの領域が第三項によって媒介されつつ「接合」されるためには、その二つの領域が「区別」されなければならないからである。政治文化論は、こうした媒介の論理としての政治文化概念を起点に、自身の問題構成を浮き彫りにしていった。本章の目的は、どのような意味で政治文化論が「政治の領域／その外側の領域」をめぐる問いへの取り組みとして理解されるのかを示し（第一節）、またそれが行動論（第二節）や比較政治学（第三節）といった学術的背景を備えることで、六〇年代にいかなるかたちをとるようになったかを示すことである。

第一節　政治文化論における問題構成の原基的な形態

先述のように、第I部の主たる検討対象は一九六〇年代においてアーモンドを中心に体系化された政治文化論である。しかしながら、政治文化論が初めて体系的に理論化されたのが一九六〇年代であったとしても、そこに通底する問題構成自体は、政治学史上連綿と受け継がれてきたものだと考えられる。本節では、六〇年代型政治文化論に表現される問題構成が、一般的・抽象的な政治認識としては、一九六〇年代以前にすでに成立していることを示したい。ただし、ここで政治学史を数百年単位で顧みることはできないため、一九六〇年代から現在に至るまで政治文化論および信頼論が直接的に参照し、かつ対決を試みた「文化的エートス論」に検討対象を絞ることにする。というのも、アーモンドとヴァーバ自身、先行研究に対する六〇年代型政治文化論の利点のひとつとして、政治文化概念が「文化的エートス」という人類学的用語の曖昧さや予断を避けるのに役立つことを挙げているからである（Almond and Verba 1963 : 14 = 1974 : 12）。アーモンドらの政治文化論は、それまでの文化的エートス論とは異なり、文化論的な視座に立脚する政治認識を一個の問題構成として自覚的に主題化することで、理論的に素朴な段階にとどまっていた文化的エートス論を乗り越えようとした。その意味において六〇年代型政治文化論は、たしかに文化的エートス論からの離脱によって政治理論として確立したのであるが、それが政治理論たる所以、つまりその問題構成の普遍性は、むしろ文化的エートス論とそれに連なる学説史上の文化論的系譜における政治認識を踏襲することで担保されていると言えよう。本節のねらいは、政治文化論における問題構成の原基的な形態を、六〇年代型政治文化論以前の政治認識に求めることによって、アーモンドらの政治文化論がどのような「舞台構造」の上において革新的な意義をもつものであったのかを明確にすることである。

アーモンドは後に、「市民文化概念の学説史」（一九八〇年）の中で、一九六三年の『市民文化』を学説史の中に位置づける作業をしている（Almond 1980）。そこで彼は、政治文化論の主題が古代のプラトンやアリストテレスを皮切りに、近代におけるトクヴィルの『アメリカにおけるデモクラシー』（初版は一八三五年）をひとつの到達点として、政治学史のメイン・ストリームにことごとく内包されていることを示そうとした。

1 トクヴィルの習俗論

基本的には第二次世界大戦後の学説史を検討対象としている本書ではあるが、トクヴィルについては多少触れておくことにしたい。というのも、パットナムのアメリカ政治文化研究である『ひとりでボウリングをする（*Bowling Alone*）』を筆頭に、トクヴィルは近年の信頼論においてもしばしば言及の対象とされており、政治文化論から信頼論に至る普遍的なひとつの参照点をそこに見出すことができるからである（cf. Sztompka 1999 : 6）。ただし、とりわけアメリカという文脈では、「トクヴィルへの関心のあり方は、現代アメリカにおいて広まる、アメリカ社会は自らの良き伝統を失いつつあるのではないか、という不安の意識と密接に結びついている」（宇野 2007 : 97）という側面を無視することはできない。政治文化論や信頼論でトクヴィルに言及がなされるのは、単なる懐古趣味としてではなく、トクヴィルの問題関心が現代においてもアクチュアリティを失っていないと考えられているからである。

さて、そのトクヴィルの問題関心は、近代において不可避的に比重を増すであろうデモクラシーという政治現象の解明に集中していた（トクヴィル 2005上：28；松本 2008）。M・ウォーレンも指摘するように、トクヴィルが政治文化論と信頼論の両者にとって格別の意義を有するのは、彼が「デモクラシー」を公的な民主主義制度のみに還元することなく、それを社会全体のあり方を通じて観察しようとした点に帰される（Warren 1999：354）。つまり、アメリカにおけるデモクラシーの本質には、単に公的な政治領域だけではなく、それを支える社会のあり方に注意を払って初めて到達することができるのだとトクヴィルは考えたのである。こうした政治認識のあり方は、少なくとも「政治の領域」と同時に「政治の外側の領域」をも含むものであったと言い得るであろう。さらにトクヴィルは、一九世紀のアメリカにおいて、「政治の領域」（この場合は共和制民主主義的諸制度を維持する法制）と「政治の外側の領域」を媒介するものとして、市民社会に根付いた「習俗」を根本的な要因として重視している（トクヴィル 2005下：250；宇野 1998：150–162）。以上の点からわかるように、トクヴィルの政治認識は、「政治の領域／その外側の領域」問題に対して「習俗」という文化的な媒介概念を設定するものだったのである。次に登場するE・バンフィールドをはじめ、六〇年代型政治文化論もパットナム以降の信頼論も、――「何が『民主主義を機能させる』か」という問題関心が中心にあることも含めて――トクヴィルの政治認識と同じ軌道上にある。だからこそ、アーモンドはトクヴィルの『アメリカにおけるデモクラシー』を現代的な政治文化論の端緒と位置づけているのである（Almond 1980：6）。

2　バンフィールドのエートス論

先述のとおり、六〇年代型政治文化論はトクヴィルを起点とした学説史の流れを汲みつつも、その文化論的系譜の（二〇世紀以降という意味で）「現代的」な形態である文化的エートス論への批判を契機として成立している。当時、文化的エートス論を代表していたのは、アーモンドとヴァーバの『市民文化』においても言及のある、バンフィールドによる『後進社会の道徳的基盤（*The Moral Basis of a Backward Society*）』（一九五八年）であった。同書は、アーモンドらが主導した六〇年代型政治文化論と時期を同じくしつつも、それとは対照的に参与観察にもとづいた文化人類学的な研究であり、イタリアの政治社会を「文化的エートス」の視点から観察したものである。それゆえに、バンフィールドの文化的エートス論を検討することで、六〇年代型の政治文化論が、既存の文化論的系譜におけるどのような政治認識を舞台構造として出発したのかがあきらかになると思われる。

本章第三節で見るように、一九五〇年代以降のアメリカにおける比較政治学は、文化的エートス論も含めた伝統的政治学の方法論から急速に離脱しつつあった（cf. Macridis and Cox : 1953）。そうした中にあって、しばしば「古典的」とも評されるバンフィールドの研究は、著者とその家族が、モンテグラーノというイタリア南部ルカニア地方の仮称の村（現在のバジリカータ州キアロモンテ）に一九五四年から五五年にかけての九カ月間逗留しておこなわれた。バンフィールドの見るところ、モンテグラーノは極度の貧困と後進性によって特徴づけられており、人びとの生活水準は低く、また民主主義的な政党政治も機能していない（Banfield 1958 : chap. 1）。そこで、「何がこの村の政治的無能力を説明するのだろうか」（Banfield 1958 : 31）という問いが提起されることになる。この問いに対して、あり得るいくつかの仮説を棄却した後[1]、バンフィールドが到達した答えは、高い死亡率・ある種の土地所有の条件・拡大家族の諸制度の欠如という諸要因の結合によって生じた、「非道徳的家族主義（amoral familism）」というエートスの存在である（Banfield 1958 : 10）。この「非道徳的家族主義」とは、次のような格率によって定義されることになる。「核家族の物質的で短期的な利益を最大化せよ。他のすべての人も同様にすると想定せよ」（Banfield 1958 : 85）[2]。こうしたエートスの存在は、自分の家族以外の他人に対する不信を生み、それが社会的な規模での集合行為を妨げるために、モンテグラーノの社会はその後進性を脱することができないとバンフィールドは考えた。

予想されるとおり、モンテグラーノの後進性を「非道徳的家族主義」というエートスの存在に帰責する議論には、多くの批判が寄せられることになる。典型的な批判をS・シルヴァーマンに代表させてみれば、「バンフィールドの洞察は正確であったが、しかし、彼の説明は逆向き（backward）だったのである。つまり、その社会システムの特徴の原因となっているのが『非道徳的家族主義』というエートスではなくて、社会システムの特徴こそがそのエートスの基礎なのである」（Silverman 1968 : 3）ということになる。W・ムラスキンはさらに進んで、モンテグラーノの人びとの行動は、彼らが適応しなければならない「客観的現実」の側面から説明が可能で、エートスという「後進的な社会学者（a Backward Sociologist）」の「想像上のスキーマ」は不要であるとさえ論じた（Muraskin 1974）。こうした批判はいずれも、モンテグラーノにおける社会的・政治的な後進性を、エートスという視角から論じることの有効性に向けられていると言える。しかしながら、バンフィールドがエートスという文化論的な視角を重視したことは、彼の政治認識に裏打ちされた理由がある。そしてそれは、原基的なかたちで政治文化論の問題構成を表現するものであると思われる。

バンフィールドは、政治的な発展の条件のひとつとして、公的な問題に際して多くの人びとを調整できるような組織が維持されていることを挙げている（Banfield 1958 : 7）。けれども同時に、技術的条件と天然資源に恵まれてさえいれば、いかなる社会であれ政治的・経済的な組織が発達し、社会の発展がおのずともたらされるという想定に対しては、「それが文化のもつ決定的な重要性を見落としているがゆえに」（Banfield 1958 : 8）反対する。というのも、「長期的に確立された考え方や価値観は、それを生じさせた特定の状況とは独立に、それ自身の生命をもっている」（Banfield 1958 : 169）ために、人びとの行動や社会のあり方は、「客観的現実」とされるものから一義的に演繹されないからである。ここから、バンフィールドの政治認識は、公的な政治制度の背後に文化的エートスによる条件づけを想定するものであった、と抽象化することができる。そうした意味で、バンフィールドの研究は、公的な政治制度からなる「政治の領域」が、文化的な要因を媒介としつつ「政治の外側の領域」と分かち難く結びついているという問題構成を、暗黙裡に前提としているのである。他方で、（これは後の第3章で論証しなければならないことだが）文化的エートス論からの離脱を目指すアーモンドらの政治文化論であっても、「政治の領域／その外側の領域」という問題構成の基本的な形式については、バンフィールドの研究と共有している。このことは、六〇年代型政治文化論がいかに理論として高度な発展を遂げたとしても、それが立脚する問題構成自体は、バンフィールドの文化的エートス論に典型的に見られるような文化論的な政治認識に則っていることを示している。そして、六〇年代型政治文化論が本書の言う意味で「政治理論」であるのは、学説史上の文化論的系譜に受け継がれてきた普遍的な政治認識を、自覚的に自身の問題構成に組み込んだからなのである。

しかしながら、六〇年代型政治文化論では、「政治の領域／その外側の領域」という問題構成はより具体的かつ明確な表象において意識されることになった。その表象を形づくっていった最大の要因が、行動論という学術的背景である。行動論のプログラムに沿って「政治の領域／その外側の領域」問題に概念的な肉付けをおこなっていく点にこそ、アーモンドらの政治文化論が「一九六〇年代型」である理由、つまりバンフィールドのような「古典的」文化論を脱却する契機があったと思われる。

第二節　六〇年代型政治文化論の背景としての行動論政治学

一九六〇年代型政治文化論は、政治学における行動論（behavioralism）の隆盛と時期を同じくしている。[3] また、政治文化論の旗手であったアーモンドは、C・メリアムに始祖をもつ行動論研究の総本山、「シカゴ学派」の代表的論者の一人でもある（cf. Dahl 1993 : 250 = 1996 : 320 ; Farr 1995 : 210）。そのため、政治文化論も行動論研究の一環としておこなわれており、「政治の領域／その外側の領域」という問いは行動論研究の指針に沿って具体化されることで、問題構成として自覚化されるようになったと思われる。よってここでは、行動論政治学のどのような側面が「政治の領域／その外側の領域」という問題構成を（再）形成し，そしてそれがどのような概念図式に変換されるのかを検討することにしたい。

しかしながら，しばしば指摘されるように，学説史上は「行動論」として一括されているものの，行動論政治学はけっして一枚岩ではないし，ましてや一貫した理論プログラムが存在しているわけでもない(4)。だが，行動論政治学として括られる研究動向にはある程度共有された方向性が存在しており，そうした方向性を組み合わせていくことで，「理念型としての行動論プログラム」を定式化することは可能だと考えられる。まずは，便宜的に行動論研究の共通した方向性を列挙してみよう（cf. Eulau 1963 : chap. 1 = 1975 : 第一章 ; Farr 1995 ; 山川 1976 : 22）。

1　伝統的な制度の記述的研究からの離脱と，観察可能な人間の政治行動への視点の移動
2　研究の学際的な志向，主として心理学および社会学との連携
3　科学としての政治学への志向と，調査・分析技術の向上
4　規範的な問いと経験的な問いの峻別
5　理論と経験的事実との相互作用

本節では，この五つの方向性を統合することで「理念型としての行動論プログラム」を再構成し，それと六〇年代型政治文化論の問題構成がどのように合流するのかを検討する。その概要を先回りして述べておけば，次のようになる。つまり，行動論の文脈における研究の焦点はあくまでも観察可能な個人の政治行動であり，それは個人の心理とその背後にある社会環境要因という「政治の外側の領域」から分析され，そして，その地点から「政治の領域」としての政治制度（政治構造，政治システム）が捉え返される，というものである。以下，行動論に共通する五つの方向性が，どのようなロジックで相互連関しているかを見ていこう。

最初に確認すべきは，伝統的政治学に対する強烈な批判意識のもとに，「政治学内部での抗議運動」（Dahl 1993 :

255 = 1996 : 325）として行動論政治学は成立した、ということである。J・ファーによれば、「行動論者たちが『伝統的』政治学と呼んだものは、彼らの目からすれば、プラトンやロックやミルといった偉大な政治理論家の規範的理想と並んで、国家や憲法や法律の形式的側面について長い間無駄な大騒ぎをしてきた。是が非でも必要なのは、政治的行動そのものに目を向けることだと彼らは主張したのである」（Farr 1995 : 202）。一九世紀後半から二〇世紀にかけて徐々に、政治現象を十全に理解するためには、正規の法的構造のみならず、それを取り巻く非公式な制度・過程・要素を含めた広角的な把握が必要だという考えが浸透していった（Easton 1993 : 292 = 1996 : 370）。つまり、実態に即した政治理解のためには、固有に「政治の領域」を体現する公的な制度にのみ研究の焦点を合わせていたのでは不十分であることが認識されるようになったのである。そして、政治現象を公的制度に還元せずにそれをより下位の区分へと細分化させていく政治認識の辿り着いた先が、人間の政治行動に注目した政治研究という方向性である。行動論政治学は、従来の政治学の範疇では「政治の外側の領域」とされていた、社会生活の多様な側面を含む人間の行動というものの理解を通じて、政治認識のための視点を移動させようとしたのである[5]。こうして、行動論的な政治認識は、「政治の外側の領域」を呼び戻すという点において、文化的エートス論など政治文化論の前史に見られる問題構成と同じ軌道の上で出発したと言えるであろう。

そして、行動論の文脈において、「政治の外側の領域」としての人間行動が重視されたことは、政治研究の学際化を要請した。なぜならば、政治現象を人間の行動にまで分解したとしても、「人間の政治行動がその全行動のほんの一部に過ぎず、またけっして重要な側面でもない」（Eulau 1963 : 19 = 1975 : 26–27）以上、それを下から分析するためには、従来の政治学の概念用具ではあきらかに不十分となるからである。「政治の外側の領域」をうまく捉えるためには、広範な社会科学の知見が総合される必要がある。実際に行動論政治学は、それまでの政治学にはほとんど馴染みのなかったあらたな概念やモデルを取り入れることを躊躇しなくなっていった。R・ダールが述べるように、「行動論的反乱のひとつの意義は、政治研究に現代の心理学、社会学、人類学、経済学の理論を取り入れ、方法論、発見、見解とのより緊密な結びつきをもたらすことによって、社会科学にある種の統一性を回復したことなのである」（Dahl 1993：261＝1996：332）。

さらに、以上のような学際化の動きと連動していたのは、政治学研究を自然科学に類するようなかたちで「科学化」することであった。それは技術的な面では、行動論政治学が人間の行動を分析の基軸とする際に、当時社会科学の中でもっとも「科学的」とされていた心理学の方法を応用したことに表れている。実際、心理学において広くおこなわれている、アンケート調査、実験、統計分析等の技術を取り入れてデータを数量的に把握することが、行動論政治学の大きな特徴となった（cf. Easton 1993＝1996；Farr 1995：203）。また他方で行動論政治学は、自身が管轄する問題領域を理念的・規範的なものから切り離し、経験的な問いにのみ没頭していくことになる。それが意味するのは、行動論の時期において、政治学が立脚する科学哲学に意識的に注意が払われるようになったということである。ミクロな個人を単位とするものであれ、マクロな社会的集合体を単位とするものであれ、行動論政治学の焦点はあくまでも人間の「観察可能な行動」にあり、それは「経験的なテストに晒される」ものでなければならないとされた（Sanders 2002：45）。このことからも窺われるように、当時の行動論政治学の「科学」イメージは通常、「原則として経験的に検証もしくは反証可能な諸概念や諸命題によってその概念的・理論的体系を構築する、という方法論的志向」（阪野 1976：47）をもった、実証主義（positivism）の立場に立つものだったのである（see also Sanders 2002：50）[6]。

しかしながら、実証主義に基礎を置く行動論政治学ではあっても、素朴に経験的な事実を積み重ねていくことだけに満足していたわけではなかった。イーストンが『政治体系（*The Political System*）』（初版は一九五三年）で主張するように、行動論は政治の一般理論への志向性と密接に連関しており、経験的事実と理論とのあいだの往還的な関係こそが科学としての政治学に不可欠であるとされたのである（Easton 1971＝1976）。むしろ、一般理論への志向性こそが、「伝統的」政治学から決別するためのメルクマールだと考えられていたと言ってもよい。しかも、行動論政治学が他の社会科学諸分野に目を配りつつ「政治の外側の領域」を呼び戻す運動である以上、そこに求められる政治の一般理論も「政治の領域」とともに「政治の外側の領域」を含んだものでなければならない。そのことを考慮に入れれば、イーストン自身もそうであったように、システム論をベースにした政治の一般理論という方向に行き着くのは、ある意味では当然の帰結とも考えられる。[7] というのも、行動論という視角からマクロな政治現象を捉えるためには、一度は人間の行動とそれに影響を与える「政治の外側の領域」へと分解された要素が、「政治の領域」にインプットとして流れ込みつつ、それが翻って「政治の領域」において社会へのアウトプットとして変換される、というサイクルを想定することが必要になるからである。少なくともイーストンは、政治システムに対するインプット／アウトプット（およびフィードバック・ループ）という図式によって、「行動のシステム（a system of behavior）としての政治生活の厳密な分析」を果たそうとした（Easton 1966 : 143 = 1971 : 249）。このようにして、人間行動を実態的に捉えようとする行動論の文脈において、それと一見矛盾するような抽象的なシステム理論が併存するという状況が生まれたのである。

以上のことから示されるように、「理念型としての行動論プログラム」は、伝統的な政治学からの離脱によって、つまり人間の行動とその背後にある心理的・社会的環境という「政治の外側の領域」に視点を移動させつつ、そこから「政治の領域」としての政治制度・政治構造・政治システムへの再‐接合を図ることによって、「政治の領域／その外側の領域」という問題構成を明確に打ち出している。六〇年代型政治文化論は、こうした行動論のプログラムとバンフィールドに見られるような原基的な政治文化論の問題構成を重ね合わせることで、「政治の領域」と「政治の外側の領域」を媒介するものとしての政治文化概念を行動論研究の中に回収していった。それが意味するのは、政治文化研究が、心理学をベースにしながらアンケート調査と統計分析を駆使して実態分析をおこない、そこから理論的に一般化可能な知見を引き出す、という手続きを踏襲しておこなわれるということである。そして、研究を徹頭徹尾科学的にプログラム化していくという点においてこそ、六〇年代型政治文化論と従来の素朴かつ印象論的な政治文化研究とを分かつ分水嶺が存在していたように思われる。

だが、その詳細に踏み込むためには、行動論政治学の影響をもっとも強く受けつつ、同時に政治文化概念を実際に応用していった当時の比較政治学の状況ついて検討しなければならない。なぜなら、そもそも現代政治学で用いられる「政治文化」概念自体が、第二次世界大戦後の比較政治学の刷新という文脈の中で生み出されたという背景があるからである。また、行動論政治学が、ミクロ化された「政治の外側の領域」に主軸を置いた研究プログラムだとすれば、比較政治学は、マクロに捉えられた「政治の領域」の分析方法に関して、六〇年代型政治文化論の指針になったからである。

第三節　比較政治学の確立期における機能主義および文化論的アプローチ

政治文化概念は、アーモンドの一九五六年の論文「比較政治システム」において初めて定式化された（Almond 1956）。この論文のタイトルが「比較」＋「政治システム」であることが象徴するように、政治文化概念は、行動論政治学のプログラムを下敷きにした比較政治学への貢献として登場している。本節では、次の二つのことを示したいと思う。第一に、比較政治学という分野が確立した背景における問題構成が、再び「政治の領域／その外側の領域」へと収斂しており、そしてそれが、マクロな政治体制間での比較を機能主義的におこなう理由になったこと。第二に、草創期の比較政治学においては文化論的アプローチに対してアンビヴァレントな態度がとられていたが、アーモンドによる政治文化概念はそこにひとつの可能性を投企するものであったことである。以下では、アーモンドの一九五六年論文に至るまでの前史から検討を始めることにしたい。

第二次世界大戦が終結して間もない一九五〇年代初頭、アメリカの政治学が直面した課題は、政治学の対象が空間的に一挙に拡大したことであった。[8] 言い換えれば、従来ほとんど西欧諸国にのみ対象を限定してきた政治学の方法論が、新興国も含めた非西欧諸国の政治現象を前に、その不十分さを露呈するに至ったということである（cf. 内山 1970a : 197 ; 横越 1971 : 176 ; 阪野 1972 : 3 ; Pye 1973 : 65）。こうした状況にあった一九五二年、アメリカの社会科学研究評議会（Social Science Research Council : SSRC）によって、R・マクリディスを座長にした「比較政治学に関する大学間協同研究セミナー」が開催されている。「比較統治機構論（Comparative Government）」から「比較政治学（Comparative Politics）」への転換をひとつの目標にしたこのセミナーを契機に、社会科学研究評議会はアーモンドを委員長とする比較政治学委員会を立ち上げ、これを基盤にして六〇年代までの比較政治学が推進されることになった。ちなみに、この比較政治学委員会の中心メンバーとなったのが、アーモンド、ヴァーバ、L・パイ、J・コールマンの四名であり（江上 1990 : 29–30）、彼らがいずれも政治文化論の形成に一方ならぬ寄与をしていることは、今後の論旨の展開上記憶されてよい。

さて、セミナーの報告書は、冒頭で従来の比較政治学研究の不十分さについて言及している。「これまで比較政治学研究は、主として政府の公的な制度――とりわけ西欧の政府のそれ――を研究することに関心を払ってきた。こうした意味において、それは部分的であるのみならず、主として記述的で形式的であったのである」（Macridis and Cox 1953 : 641）。こうした欠陥を克服するためには、まず比較政治学の現状において仮説の構築を導くような理論枠組みが欠如しており、また方法論的に見ても未熟な段階にあることを認識する必要がある、とセミナーは結論した（Macridis and Cox 1953 : 643）。以上のことから明らかなように、五〇年代初頭の比較政治学は、行動論運動と同じ問題関心を共有している。つまり、政治認識において「政治の領域」としての公的制度が占める地位を相対化すると同時に、政治現象を多角的に分析するための理論枠組みと方法論が模索されていたのである。ただし、比較政治学の場合、ミクロな「政治の外側の領域」に軸足を置く行動論と違って、あくまでもマクロな政治体制を比較することが主題でなければならない。そうした条件を満たしつつ「政治の領域」を相対化するひとつの方途が、「政治の領域」を「政治の外側の領域」に対する「機能」という観点から捉える機能主義という方向性であった。報告書には次のように書かれている。

［セミナーにおいて］合意が得られたのは、比較研究が、政治を普遍的に見出すことができる社会的機能や社会的活動として見なす定義を元にしておこなわれる必要がある、ということであった。全体的な社会システムにおける政治の機能とは、社会に強制力と正統性の地位をもった社会的決定を提供することである。

(Macridis and Cox 1953 : 648)

比較政治学が機能主義へと向かった理由は、さきほども述べたように、政治学が対象とすべき範囲が、西欧諸国のみならず発展途上国や第二次世界大戦以降の新興国をも含むようになったという事情と関係している。後のアーモンドによる記述を借りれば、「こうした新興諸国・発展途上国における議会制度・官僚制・政党・利益集団は、西欧諸国、とりわけアメリカにおけるそれとは、全く異なる意味合いを持つ場合が多かった。したがって、こうした諸国家における有効な政策形成過程ならびに政策実施過程を探究するにあたって、彼ら［＝一九五〇年代の若き政治学者たち］は、それらの機能的な同等物を求める方向を辿った」(Almond 1968 : 333 = 1982 : 292) のである。だから、機能主義が要請された背景には、公的な「政治の領域」の所与性を当然視してきた従来の政治学とは異なって、政治の現象形態が自明でない複数の対象を取り上げて比較する場合、複雑な現実から政治現象を意図的に抽出した上で、それを政治的な「機能」として全体社会との関係で捉えなければならないという事情があった。言い換えれば、政治現象を具体的な様相そのままに観察しようとするのではなく、それを機能という観点から一段抽象の水準を上げて比較可能性を意図的に創出する必要性が、一九五〇年代初頭の比較政治学で確認されたのである。よって、比較政治学における機能主義への転換は、理論枠組みを抽象化・一般化する契機となったと言えるだろう(9)。

こうして、行動論プログラムと比較政治学の結合という六〇年代型政治文化論の主要な背景は、相補うことで

「政治の領域／その外側の領域」という問題構成に収斂された。すなわち、ミクロ化された「政治の外側の領域」の側から政治の一般理論へと向かうという行動論運動と、「政治の領域」の側から機能主義的な抽象化を経て比較のための一般理論を構築しようとする比較政治学との収斂である（cf. 横越 1970：180）。

以上より、六〇年代型政治文化論の問題構成は、政治システムと個人の心理的・社会的環境要因との区別と接合がどのような形式をとるのかという問いとして具体化され、その問いは機能主義的な一般理論の水準において取り組まれるものとなった、とまとめることができよう。このような概念図式を素地にして、「政治の領域／その外側の領域」間での媒介項として政治文化概念が付け加わることによって、六〇年代型政治文化論の問題構成は完成する。最後に、政治文化概念が比較政治学のどのような議論状況に根差していたかを見ていきたい。

政治文化概念が要請されたのは、公的な「政治の領域」を相対化することから始まった当時の比較政治学において、「政治の外側の領域」にまたがるものとしておよそ等閑視することはできないが、しかし適切な取り扱い方法を欠いた文化論的要素に適切な概念化を施すためであった。先述の比較政治セミナーにおいては、文化論的アプローチの利点が、次のように認識されていた。すなわち、文化概念は、「学際的なアプローチを採用することならびに、関連したディシプリンにおける知識と技術を可能な限り利用するというインセンティヴ」を増し、「一般に用いられているような、部分的かつ文脈を無視した制度枠組みに依るものよりも、はるかに現実的かつ有意味にネイションおよび文化の境界線をまたいだ政治比較のための枠組み」を提供し、「純粋に記述的なアプローチを避けることの手助け」となる、などである（Macridis and Cox 1953：654）。しかしながら、セミナーは一方でこうした利点を認めつつも、文化の概念にもとづいた比較政治研究については、否定的な見解に達している。その理由としては、「文化の概念は人類学者によって文化類型の分類のための静態的な道具として用いられており」、さらに「他の社会科学者（たとえば民族誌学者）によって用いられている文化の概念は曖昧になるとともに、危険なまでに国民性や『ゲシュタルト』あるいは『エートス』アプローチと見分けがつかないものであり、それは概念操作上、政治学者には受け入れられない」(Macridis and Cox 1953 : 654) からだとされている。要するに、既存の文化論的アプローチに依拠した場合、比較政治研究が静態的・印象論的になりやすいことを理由に、文化概念自体が拒否されているのである。

だが、比較政治セミナーにおいて文化論的アプローチが拒否されたことについては、数名の論者が批判を投げかけている。たとえばR・ブライバンティは、広大な世界を対象とする比較政治研究において文化論的アプローチがいかに必要であるかについて、セミナーの認識が不十分であることを指摘している (Friedrich et al. 1953 : 668)。また、D・ワルドーも、セミナーが「国民性」や「エートス」概念について、それが操作化されていないために分析道具としては拒否されなければならない、としている点を批判する。ワルドーによれば、そもそもセミナーが肯定している他の概念が定義上明確であるとは到底言えないにもかかわらず、エートスという概念に操作化を施した場合、どういう可能性が開けるかということについてはまったく試みられていない、というわけだ (Friedrich et al. 1953 : 674)。

以上で見てきたような、比較政治セミナーでの議論とそれに対する批判は、一九五〇年代における比較政治学の議論状況が、文化というものに対してアンビヴァレントな態度をとっていることを示していると思われる。すなわち、一方で文化論的アプローチは、分析対象となる多種多様な政治の現象形態を、その社会的文脈 (つまり「政治の外側の領域」との関係) において理解する方法としては非常に魅力的である。だが他方で、従来の文化人類学などの手法をそのまま比較政治の文脈に移植することは、印象論的な記述を免れないばかりか、比較政治学そのものの存在意義を揺るがしかねないという危惧がつきまとう。そして、本節冒頭で示したアーモンドの一九五六年の論文、「比較政治システム」の意義は、こうしたアンビヴァレンスに対して一応の決着を果たそうとする点にあったと評価することができる (cf. Kim 1964 : 324)。

しかしながら、アーモンドは同論文で一挙に「政治文化論」を体系化したわけではない。アーモンドは後に何度も自身の理論枠組みを修正・転換していくことになるが、この時点ではあくまでも西欧諸国以外も含めた政治システムを「大雑把で暫定的な」(Almond 1956 : 392) グループに分けて記述したにすぎない。(10) また、この論文で政治文化概念がはじめて導入されたとはいえ、そもそもアーモンドは政治文化と政治システム類型が一対一で対応するとは考えておらず (この点は後々まで変わらない)、それはあくまでも政治システムを背後から支える文脈としての位置づけにとどまる。だがそれでも、アーモンドの「比較政治システム」論は、草創期の比較政治学にとって画期的な意義をもつものであったと言える。なぜなら、ひとつの理論枠組みの中に、行動論政治学が要請する心理学等を通じたミクロな政治行動分析と、比較政治学が対象とするマクロな政治システムの機能分析とを並立しつつも、政治文化概念によってその両者を連携させる媒介項を用意しているからである (cf. Pye 1991 : 494)。政治学における政治文化概念の意義は、単に文化の側面から政治現象にアプローチするという点にあるのではなくて——そうした発想だけであれば、それはバンフィールドの文化的エートス論にもあった——、「それが行動論政治学のなかで豊かな研究が蓄積されてきた個人や集団の政治心理の領域と、政治の構造や過程とを結びつける理論的な連結環であり、それゆえに双方の関係を分析する概念になりうる点にある」(深沢 1986 : 67-68) と言うべきであろう。この点に鑑みれば、政治文化概念は、「政治の領域／その外側の領域」を実際に媒介するだけでなく、ミクロ分析に傾斜しがちな行動論とマクロ分析に傾斜しがちな比較政治学を媒介することで、複数の研究潮流が合流して形成された政治文化論の理論上の一体性を担保する概念となっているのである。

とはいえ、これまでの検討だけでは、いかなる意味でアーモンドの政治文化概念が「政治の領域／その外側の領域」問題に取り組むものであるかについて、まだ十分にあきらかになっていない。本書のここまでの議論があきらかにしたことは、一九六〇年代型の政治文化論が、学説史上の「政治の領域／その外側の領域」という問題構成を、政治システム (あるいは「政治制度」「政治構造」) と個的な心理との区別・接続の問題に具体化し、その媒介項としての「政治文化」概念を練り上げていった、ということである。だが、政治理論は問題構成だけから成り立つものではなくて、その骨肉となる社会理論的な資源を得てはじめて体系化されるという立場に本書は立っている[11]。六〇年代型政治文化論は、アーモンド自身が述べるように、「社会理論におけるヴェーバー－パーソンズの伝統から生まれたもの」（Almond 1956 : 393）である。よって、政治理論として政治文化論を分析するためには、ヴェーバーとパーソンズ（しかし主としてパーソンズ）をアーモンドがどのように摂取したかに注目しなければならない。このパーソンズ理論と本章で分析した問題構成とを組み合わせることで、一九六〇年型政治文化論の性質や、それが政治理論として抱える難点、また政治文化論が学説史上に占める地位が明瞭になると筆者は考えている。そこで次章においては、大雑把ではあれパーソンズ理論の概要を把握することにしたい。

第2章　初期・中期パーソンズの社会理論と文化概念

一九六〇年代型政治文化論——とりわけアーモンドのそれ——は、パーソンズの社会理論を援用して構築されている。そのこと自体はすでに周知のものとなっているが、かつてC・ペイトマンが不満を述べたように、政治文化論批判においてパーソンズの社会理論にまで踏み込んで検討を加えたものは奇妙なほど少ない（cf. Pateman 1971）。[1]こうした状況は現在に至るまで変化していないばかりか、もはや政治文化論もパーソンズ理論も過去の遺物にすぎないというレッテルが通用するようになったために、むしろ悪化してさえいる。しかしながら、政治文化論であれ信頼論であれ、必然的に学際的な構えになる（＝「政治の外側の領域」を考慮する）テーマに対しては、高度な一般性をもった社会理論の影響を看過することはできないはずである。というのも、そうしたテーマに取り組む際には、社会理論を援用することによって政治分析に固有な理論枠組みを相対化すると同時に、他の社会諸科学との接合可能性を担保することが必要になるからである。よって、六〇年代型政治文化論を政治理論として分析するという本書の目的にとって、政治文化論の理論的な内実を担ったパーソンズ理論の性質を見極めることは不可避の課題となる。実際に政治文化論が摂取したのは、もっぱら『行為の一般理論に向けて（*Toward a General Theory of Action*）』（E・シルズとの共編著）と『社会システム（*The Social System*）』というともに一九五一年に発表された二つの著作であり、本章でも政治文化論の分析に必要なかぎりでこれら「中期パーソンズ」の著作を読解していくことにしたい。[2]だが、本書ではこれらの著作に通底する基本的なモティーフが彼の理論構築の初期段階に形成された点を重視し、本章第一節では初期パーソンズを特徴づける「主意主義的行為の理論（voluntaristic theory of action）」から検討を始め、中期パーソンズ理論の検討は第二節の課題とする。なぜなら、主意主義的な行為の理論であろうとすることによって、パーソンズの理論は価値統合論的な性格を帯び、中期における文化的カテゴリーの優越へとつながっていくからである。

本章においては、初期の頃に形成された「社会秩序の価値統合」というパーソンズ理論の基本的モティーフが、政治文化論が摂取した中期の構造‐機能主義システム理論にも浸透し、そこにおける「文化システム」概念に理論的にも分析的にも優越した地位を付与することになったという点を論証する。この点を踏まえることで、政治理論としての六〇年代型政治文化論が、（アーモンドによるパーソンズ理論の誤用も手伝って）自身の問題構成を裏切るような論理的破綻に陥っていった理由を理解することができるであろう。

第一節　パーソンズ理論の基本的モティーフ——主意主義的行為の理論へ

初期パーソンズの理論的性質を表すものとして、しばしば「主意主義的行為の理論」が語られる。本節の主たる検討対象もまさにそこにあるのだが、しかし、主意主義的行為の理論それ自体がパーソンズの社会理論だと捉えることは正しくない。あくまでもパーソンズの社会理論は、彼が一九四〇年代半ばから構想を始めた構造‐機能主義にもとづく社会システム論以降にあるのであって、主意主義的行為の理論はむしろその基本的モティーフとなった思想的背景であると言った方がよいだろう（cf. 富永 1995：76–77）。パーソンズの理論は彼の研究生活を通じてダイナミックな変遷を辿ることになるが、主意主義的行為の理論というモティーフに関しては——それが唯一の基礎というわけではないにせよ――「より大きい複合体の主要な構成要素」を形成している（パーソンズ・富永 1979 : 7）。このことは、政治文化論の理論的な資源となった中期パーソンズ理論を内在的に理解するためにこそ、初期の主意主義的行為の理論が重要になることを物語っている。

さて、パーソンズによる主意主義的行為の理論、とりわけその「行為の理論」の部分は、ヴェーバー社会学の圧倒的な影響下にあることはよく知られている（もちろん同時に、パーソンズはヴェーバーに対する徹底的な批判者でもあったわけだが）。初期パーソンズの思想形成過程は、ヴェーバーとの対照関係においてよりよく理解されるものであると思われるため、以下ではヴェーバーとパーソンズを並置しながら主意主義的行為の理論の下地を整理することから始めたい。

一九七九年五月二日から四日にかけて（つまり死の四日前に）、パーソンズはかつて留学していたハイデルベルク大学において、学位取得五〇周年記念講演を「マックス・ヴェーバーの『理解社会学（Verstehende Soziologie）』に対する行為の理論の関係性について」という題目でおこなっている。この講演をとってみても、パーソンズがいかにヴェーバーから影響を受けたのかを窺い知ることができる。

> 私が自らの方向性を確立する上で、その手がかりとなった中心的人物はマックス・ヴェーバーです。けれども残念なことに、私は彼と個人的な知り合いというわけではありませんでした。彼は私がハイデルベルクに来る五年前に亡くなっていたのです。しかし、ヴェーバーの影響というのは、ハイデルベルクでの私の学生時代において確かにしっかりと息づいていましたし、ここ二日間のことを思ってみましても、当然ながら今日でも、ハイデルベルクでの頃をはるかに超えるかたちで、私はその影響を受けています。（Parsons 1979 : 50）[3]

では具体的に、パーソンズの行為理論はヴェーバーの理解社会学からどのような「影響」を受けたのだろうか。ヴェーバーの理解社会学は、行為者個人を単位として行為の主観的な「意味」の「理解（Verstehen）」から出発しつつも、それを社会の因果的な「説明（Erklären）」へと結びつける点に特徴がある（Weber 1922＝1968；Giddens 1972：41＝1988：59）。この発想をパーソンズは、「行為の理論に対するヴェーバーの貢献のもっとも重要な特徴」として、それが社会科学の方法論的・哲学的・社会学的なレベルでの不毛な二項対立を乗り越える可能性を示すものだったと考えている。すなわち、方法論的なレベルにおける「自然科学（Naturwissenschaft）」と「文化科学（Kulturwissenschaft）」とのディレンマ、哲学的なレベルにおける「実在要因（Realfaktoren）」と「理念要因（Idealfaktoren）」とのディレンマ、社会学的なレベルにおけるゲマインシャフトとゲゼルシャフトとのディレンマがそれである（Parsons 1979：151–154）。こうした二律背反を止揚することは、差し当たりヴェーバー自身にとっては、人間行為を法則科学の範疇外に置こうとする当時の歴史学派経済学から離床して、人間の行為を主観性および理念要因の相において捉えつつも、それを合理的に説明する学問体系を作ることを意味した[4]。そして、富永健一が指摘するように、そのためには「人間行為を目的－手段の合理的関係を基軸において分析的にとらえ、これによって出来事の生起を普遍化的な因果的タームによって説明するということでなければならない」のであり、「ヴェーバーにとって行為理論とは、そのような因果的認識を可能にするための基礎理論なのであった」（富永 1995：44-45，傍点は原文）と言うことができるだろう。パーソンズの行為理論が、目的－手段図式によって行為を一般化して合理的に分析することを目指しつつ、理論的な一般性と行為の主意主義的な観点とを引き換えにすることに対してきわめて批判的な立場をとるものであったことの理由は、まさにこうしたヴェーバーのスタンスをひとつの起点としている[5]。さらにそれは、パーソンズの「分析的リアリズム」、すなわちW・シュルフターによる端的な言葉を借りれば、「概念は実在（Wirklichkeit）の模写でもなく、実在は概念からの流出（Emanation）でもない。概念はむしろ、経験的な対象に対して抽象的であり選択的である。だが概念は、だからといって虚構であるということではなく、『実在的なもの』から遊離してはいない」（Schluchter 1988：134＝2009：187）という学問上の方針へとつながっていった[6]。

　しかしながら、ヴェーバーの行為理論が普遍史的過程におけるドイツの地位という問題意識と不可分であるように、[7]パーソンズの主意主義的行為の理論も、ヴェーバーの理解社会学には収まりきらない問題意識が――一部はヴェーバーと重なり合いつつ――背後に控えている。それは学術的な問題意識と現実世界への問題意識から複合的に構成されたものであるが、パーソンズの行為理論とそれが前提とする社会秩序像における価値統合的な側面は、この複合的な問題意識に関連していると考えられる。おそらく、それを端的に表現するキーワードは、「功利主義の克服」というものであろう。ただし、パーソンズが「功利主義」というとき、そこにはベンサムやミル父子という名前によって通常想起される社会思想の一潮流よりも広い意味が込められており、パーソンズ自身が述べるように、ここでの「功利主義」という用語の使い方は、「一般的な用法と一部合致し、一部ずれている」(Parsons 1937 vol. 1 : 60 = 1976 第一分冊 : 100)。富永の整理に拠れば、それは、①個人主義という意味での「原子論」、②目的に対する手段選択の適合性という意味での「行為の合理性」、③具体的に経験され得る実在と科学的命題との直接的対応関係という意味での「経験主義」、④目的 - 手段関係についてだけ考えて目的自体は単にランダムとしか考えないという意味での「目的のランダム性」、の四つの条件によって定義されるものであり、ホッブズの社会理論がそのもっとも純粋なケースとなる(富永 1995 : 57–58 ; see also Parsons 1937 vol. 1 : 51–60 = 1976 第一分冊 : 88–100)。だから、主意主義によって功利主義的な理論構成を克服するということは、同時に、ホッブズとは異なった社会秩序問題の解決方法を目指すということも意味する。したがって、パーソンズの主意主義的行為の理論を支える複合的な問題意識は、なぜパーソンズが功利主義的な社会秩序観を棄却する必要があると考え、そしてそれにどのような原理を対置したのか、という観点から理解される必要がある。

多くの論者が指摘するように、パーソンズの学問的な営みが開始された一九三〇年代は、世界史的に見ても激動の時代であり、パーソンズの問題意識もそれと無関係に形成されたわけではない。[8]ここでパーソンズが現実の社会問題に対してどのような発言をおこなったのかを逐一追跡することはできないが、一九三〇年前後に露わとなった資本主義の矛盾(世界大恐慌)とそれに伴う自由主義的な市民社会秩序の崩壊(ドイツにおけるファシズム政権の誕生など）は、パーソンズの主意主義的行為の理論に「歴史的危機の深い刻印」（高山 1982：143）を残した。それはあたかも、二〇世紀への転換期にヴェーバーがドイツの社会的・政治的な諸局面における官僚制的合理化の昂進とそれに伴う社会の閉塞状況を憂慮したことを彷彿とさせるが（cf. Mommsen 1974＝1984）、しかしながら、ヴェーバーと違ってパーソンズの場合、こうした歴史的な危機状況に対するペシミズムに囚われることはなかった（cf. 高城 1986：25-32）。むしろパーソンズは、人間の行為の中に本来的に社会秩序の維持へと向かう要素を積極的に見つけ出すことで、社会秩序の崩壊を自然な帰結と捉える功利主義的な思想と対決しようとした。それが、諸個人の行為の目的体系に内在化された「共有価値」という有名なテーゼである[9]。

だが、パーソンズの功利主義批判が、社会秩序を経済学の法則性から演繹することへの批判であると同時に、そもそも「決定論」的な思想に対する批判であったことを見落としてはならない。それゆえに、パーソンズは功利主義的決定論に行き着く「正統派経済学」も、そうした功利主義的決定論を批判しようとして別の種類の決定論（行為の究極的目的として諸個人に共有される「本能」を重視する、行為の条件の斉一性としての遺伝・環境決定論＝「極端実証主義」）に陥った「制度派経済学」（T・ヴェブレン）も、共に拒否している（磯部 1978）[10]。つまり、諸個人の行為の目的体系に共通する要素を恣意的に排除する功利主義的決定論と、諸個人の行為の目的体系に共通する要素を外部から織り込む遺伝・環境決定論とを両端に見据えつつ、諸個人の行為の主観的な目的体系に共有された価値要素を措定することで、パーソンズによる主意主義的行為の理論は決定論的な理論構成を乗り越えようとしたのである。その意味で、パーソンズの「共有価値」という視角は、歴史的危機に際してペシミズムに陥ったヴェーバーに対するアンチ・テーゼであると同時に、諸個人は社会秩序と矛盾することなく主観的な観点にしたがって行為し得る存在であるという人間観の表明ともなっていると言える。事実パーソンズは、社会学を「社会的行為のシステムが共有価値による統合（common-value integration）という特性の点から理解され得る限りにおいて、社会的行為のシステムに関する分析理論を展開しようと試みる科学」（Parsons 1937 vol. 2：768＝1989 第五分冊：191）として定義し、そうしたヴェーバー流のペシミズムと実証主義的決定論を乗り越えたところに社会理論の可能性を見ていた。

以上から、ヴェーバーを批判的に継承したパーソンズの主意主義的行為の理論とは、おおよそ次のような特徴をもつ思考態度として描かれることになる。すなわち、諸個人の行為は「目的‐手段図式」にしたがって主観的な意味の相から「主意主義的に」捉えられるべきであり、また実際それによって行為を合理的に理解することができる。しかし、行為を主意主義的に理解することは、個人を超えた社会に対する一般的な説明を妨げるものではない。諸個人は自己の目的実現に向かって手段を選択し行為するのであるが、その自己の目的はつねにすでに社会の「共有価値」を含むのであるから、社会秩序の原基的なイメージはホッブズの自然状態ではあり得ない。つまり、功利主義的な行き詰まりも、功利主義への批判から「行為」の準拠枠自体を否定してしまう遺伝・環境決定論も、共に棄却されなければならない。初期パーソンズにおけるこうした思考態度を前提として踏まえることによって、いまや彼の基本的モティーフである主意主義的行為の理論と社会秩序の価値統合というテーゼを理解するための背景は整った。本節の以下では、この背景を念頭に置きつつ、パーソンズの一九三七年の大著『社会的行為の構造（*The Structure of Social Action*）』、および最初期にあたる一九三五年の論文「社会学理論における究極的価値の位置づけについて」を取り上げることにしたい。前者は、英米系の「実証主義的行為理論」と大陸系の「理念主義的行為理論」との収斂の中から主意主義的行為の理論を導出しようとする著作である。ここでパーソンズは、自らに先行する世代の中から、第一級の卓越した社会学者であると考えられるA・マーシャル、V・パレート、E・デュルケーム、ヴェーバーの四人を取り上げ、それぞれの行為理論が主意主義的行為の理論へと収斂していることを示そうとしている。[11] そして後者の論文は、功利主義を含む「実証主義的」な思想においてしばしば想定される目的‐手段図式をベースに、行為を客観的な合理性にもとづく「本質的＝内在的（intrinsic）」目的‐手段図式で捉えることが可能である局面を認めつつも、社会現象の分析には終局的に価値要素を取り込まなければならないことを主張する。これは初期パーソンズの論理構成を端的に表現するものであるため、以下では、一九三五年論文を下敷に議論を進めていくことにしよう。

　パーソンズは、人間の行為を捉えるためには主観的な観点が必要だという点から出発する。この理由は単純で、世界のリアリティは、物理学的な客観科学の事実からのみ成り立っているのではないからである。だから、社会科学の理論を物理学の理論から直接援用することはできない。そして、すでに見たとおり、パーソンズにとって「行為の主観的な分析は、何らかのかたちで目的‐手段関係という図式に関わる」(Parsons 1935 : 284) のであり[12]、そのかぎりで「主意主義的な」ものである。ここで目的‐手段図式を用いるということは、(パーソンズが言う意味での) 功利主義に対して、功利主義思想自身が用いる思考道具を使って反駁をおこなうということを意味した。

　ここで繰り返しておけば、初期パーソンズの主要なモティーフは、共有価値説の立場から功利主義という隘路を克服することであった。とはいえ、パーソンズの意図は、単に社会理論において価値要素が重要であるということを述べるだけではなく、価値要素を分析カテゴリーに含む「科学的な」社会理論のための方法論的予備考察をおこなう点にあったことを強調しておかなければならない。たしかにパーソンズは、行為の理論を物理学から演繹しようとする態度を峻拒するものの、行為の理論が「科学的な」社会理論であるためには、物理学と同様に具体的な現象に対して何らかの「単位」という視角から切り込むような概念図式が必要になると考えた。そこからパーソンズは、行為の基本単位を「単位行為 (unit act)」と呼び、それを行為理論における必要最低限の概念図式として設定した。すなわち、①行為者が存在すること、②行為過程が「目的」を志向すること、③行為は「状況」の中で開始されること (その状況には、行為者が制御することのできない「条件」と、行為者が制御することのできる「手段」が含まれる)、④諸要素間の関係を選択的に制御するものとして「規範的志向」が存在すること、この四つから単位行為の概念図式は成り立っている (Parsons 1937 vol. 1 : 44 = 1976 第一分冊 : 78–79)。そして、初期パーソンズの思考は、この単位行為図式の上で展開されることになる。

　さて、目的‐手段図式において、目的が経験的なものであり、なおかつそれと手段との関係が科学的な知識によって与えられるとするならば、それは「本質的＝内在的」な目的－手段図式と呼ぶことができる（Parsons 1935：288）。この観点においては、行為は客観的な科学的合理性にしたがうものとされ、そこからの逸脱は非合理的なものとされる。しかしながら、この「本質的＝内在的」な目的－手段図式によって、目的－手段図式の論理的な可能性がすべて汲み尽くされているかというと、そうではない。というのも、そのように考える場合、行為の目的は科学的に観察可能な世界の外的リアリティに向けられるものとして立ち現われるほかないということになるからである。そこで捨象されているのは、人間が自身の内的な目的に向かって、道徳的な義務に向かって、手段を選択しつつ行為するという側面である。パーソンズは次のように述べる。

> ……なぜならば、行為の目的とは実際のところ、かつて一般的であった「リバタリアン」哲学流の単なる恣意的な気まぐれにもとづいているわけではないからである。大部分、行為の究極的目的を達成するということは、道徳的な義務の問題として、つまり個人に対して拘束的な――それはもちろん、肉体的な必要性という意味においてではなく、しかしそれでも拘束的な――ものとして、感得される。おそらく、義務という観念が遍在的なものであるということは、このことに対する十分な証明となるはずである。
> (Parsons 1935：289)

つまり、諸個人は外的世界に関係づけられた目的のみではなく、自己に内面化された価値に対する目的（「超越的目的」）を同時にもつはずである、ということである。仮に諸個人の目的が外的な世界にのみ関係するのであれば、目的－手段関係の選択は客観的・科学的な基準から一意的に決定されることになってしまい、行為の主意主義的理解と矛盾する。「それゆえ、行為において目的が因果的に独立していること、つまり、そうした目的は人間の本性や環境といった要素によって決定されるわけではないという事実の究極的な理由は、人間が科学によって解明されるものとは別のリアリティの諸側面に有意に関係しているという事実にある」（Parsons 1935：290）。だから、個人が複数の目的の中から事実としてある目的を選択し得るということは、功利主義者のように目的が純粋にランダム

（＝どれを選択しても同じ）だと考える場合には成り立たない。目的が純粋にランダムかつ等価なものとして個人に与えられているならば、諸個人はその中からある目的を主意主義的に選択することはできないからである（そして、行為の源泉として生物学的・心理学的「衝動」を措定する功利主義流の実証主義的決定論に陥るほかない）。これを、パーソンズは「功利主義のディレンマ」と呼んだ[13]。よって、パーソンズは次のように結論する。個人が主意主義的に目的を選択するならば、その人にとっての諸目的が、論理的には「究極的目的（ultimate ends）」を頂点とした「統合された一つの体系」を構成していると想定せざるを得ないはずである、と（Parsons 1935：294-295）。

しかしながら、パーソンズは各人それぞれの目的体系が統合されているという人間観を打ち出すことで、功利主義的な理論構成を完全に打破したとは考えない。人間観において功利主義が否定されるならば、諸個人から成る社会秩序イメージも功利主義者のそれ（ホッブズ的秩序）から行為の主意主義的理解にもとづくものへと刷新されなければならない。その際にパーソンズが問題としたのは、諸個人間での目的体系の統合ということであり、この問題が後々までのパーソンズ理論の基底的な特徴ともなった、社会秩序の価値統合という論点の端緒となる。それはまた、一九六〇年代型政治文化論が摂取した中期パーソンズの「文化システム」概念へと流れ込んでいく。まずは、パーソンズ自身の言葉を引用してみよう。

個人はそうした目的の統合された体系という観点において行為するものと考えられる必要があるとしても、異なる諸個人の目的体系は、少なくとも生物として生存していくための限界の範囲内では、ランダムに変異するものとして考えられないだろうか。実際のところ、それは論理的には可能であるものの、しかし私が思うに、経験的には不可能である。こう述べることには、二つの根拠がある。第一に、一般的かつ抽象的観点からすれば、そうした目的体系のランダムな変異性は、社会秩序のもっとも原初的な形態とさえ両立しなくなると言えるであろう。なぜなら、そうした目的体系のある程度の部分に、他の人びととの目的をそれ自体として価値あるものとして承認することが含まれている保証はどこにもなく、それゆえに少なくとも一部の人間が他人を犠牲にして自己の目的を手にするために用いる手段に対して、必要な制限が存在しないことになるからである。そうなると、諸個人間の関係は権力を求める闘争へと――つまり、各人が自己の目的を達成するための手段を求める闘争へと――解消されることになる。これは、何ら制約要因が存在しないところでは、万人の万人に対する闘争へと至る。すなわち、ホッブズ的な自然状態である。しかしながら、諸個人が究極的目的の共通した体系を共有するかぎりにおいて、この体系は何よりも、諸個人全員が自分たちの関係がどのようなものであるべきと想定するかを定義し、こうした諸関係を決定する規範を課すとともに、他者を手段として用いることや権力の獲得やその行使一般に対する制限を課すことになる。それゆえ、行為が究極的目的によって決定されるかぎりにおいて、共同体のメンバーに共通するそうした目的の一つの体系（*system*）の存在は、カオス状態に対する唯一のオルタナティヴ――社会の安定性に不可欠な要素――であるように思われる。（Parsons 1935 : 295）

この引用文においてパーソンズは、諸個人間に共有された目的体系が社会秩序存立のための要件であると明確に述べている。しかしながら、だからといって具体的なリアリティが究極的目的の共有された体系という観点からのみで完全に理解されるというわけではないし、社会からの逸脱行為が存在しないという意味ではない（Parsons 1935 : 296）。だが、諸個人に目的体系が共有されているということは、行為の主意主義的理解に立ちつつ社会秩序の存立可能性を探求する際に、不断に立ち戻るべきテーゼであるとパーソンズは考える。

ここで注意すべきは、そもそも行為の究極的目的という概念を想定することは、本質的＝内在的な目的－手段図式の限界がすでに超えられてしまったことを再び裏書きしていることである。そこでパーソンズは、目的－手段関係において本質的＝内在的なそれとは別に論理的に考え得る類型として、シンボル的な目的－手段関係を措定する（Parsons 1935 : 301）。それは、たとえば宗教上の儀式のように、非－経験的・超越的な目的を追求する点において本質的＝内在的な観点からは捉えられないが、それでも行為者にとっては自身の行為の目的－手段連関を構成している要素である。そして、社会秩序の可能性をその限界において担保する共有された究極的目的は、経験的・合理的な目的としてではなく、それ自体は超越的・シンボル的な「より曖昧で、より不明確な何ものか」(Parsons 1935 : 306) として諸個人の社会生活に浸透しているのではないかとパーソンズは考えた。この「何ものか」を、パーソンズは「共有された究極的価値態度」(Parsons 1935 : 307) と呼ぶ。この究極的価値態度というカテゴリーの登場によって、先のパーソンズの社会秩序像には若干の修正が必要になる。社会秩序を根底で支える共有された究極的目的の体系とは、目的－手段図式において論理的に定式化されたものであるが、行為者の主観においてその究極的目的が「目的」として明確に意識されているというよりも、むしろ漠然とした価値態度として、あるいは――得てして宗教的な――規範や道徳として、社会に共有されていると同時にすでに個人に内面化されているとされるのである。パーソンズの理論が「価値統合的」と言われる所以である。

それゆえ、われわれはここで再び社会生活において非常に重要な要素のひとつを確認することになる。それは実際のところ、あらゆる社会において絶対的に根底的な要素であり、それは少なくともほとんどの場合、特定の合理的に定式化された目的に向けられている合理化された一連の行為という観点においては、総じて考えることができないものである。しかし、そうしたことを理由に価値要素を社会生活の理解から排除したり、実証主義的な要素に寄り掛かったりすることは、まったく理に適っていない。反対に、そうした社会関係は、われわれの生活におけるどのような要素にも負けず劣らず価値要素と密接な関連がある。とはいえ、それはより特定化された究極的目的というかたちとしてよりも、むしろより散漫な価値態度というかたちでもたらされ得るのが普通である。

(Parsons 1935 : 312)

以上の検討によって、初期パーソンズ理論が描く主意主義的行為の理論と価値統合的な社会秩序像をおおよそ示すことができたと思う。パーソンズ理論の基本的モティーフは、主意主義的観点と同時に統合された社会秩序像を含意するものであったために、「規範の個への内在化（性）および規範の個（的理性）からの超出性という、本来論理的に矛盾する二重の要請」（磯部 1978：486）が組み込まれている。この要請が、中期においては文化の「内面化」と「制度化」として表現されることになる。しかし、パーソンズ自身が認めるように、この段階ではまだ「価値要素を取り込んだ社会学理論の体系とはなっていない」（Parsons 1935：314）。すでに指摘したとおり、その意味でも主意主義的行為の理論は、それ自体としてパーソンズが目標とした「社会学理論の体系」ではないのである。結果的には、パーソンズによって体系的な理論の構築という課題が果たされるまで、その後第二次世界大戦を間に挟みつつ、十数年のブランクが空くことになった。そうして出来上がった中期パーソンズ理論をベースにして、六〇年代型政治文化論は構築されている。

次節で扱う中期パーソンズ理論も、初期パーソンズの主意主義的行為の理論と社会秩序の価値統合というモティーフをそのアキレス腱としていることに変わりはない。政治文化論を経験的な政治理論のひとつのモデル・ケースとして見つつ、その限界を突破する契機を政治文化論に内在しながら析出しようとする本書第I部にとって、パーソンズにおける初期から中期（そして後期）への理論展開のロジックを辿ることは、政治文化論を支える理論資源の潜在的な射程を測る上で是非とも必要なことになる（この点は第4章で本格的に検討する）。本節での検討作業は、単に次節における中期パーソンズ理論への橋渡しという意味においてだけでなく、政治文化論にとってパーソンズ理論がもつ可能性および限界を明らかにするためにおこなわれたということを、ここであらためて確認しておこう。したがってまた、本書第III部における分析も、初期パーソンズをひとつの参照点としながらおこなわれる。

次節においては、中期パーソンズが主意主義的行為の理論をどのように展開していくのかという観点から検討を進めることにしたい。

第二節　中期パーソンズの社会理論——構造‐機能主義的システム理論と文化概念

一九六〇年代型政治文化論が理論的に依拠することになった中期パーソンズ理論は、主意主義的行為の理論というモティーフを下敷きに、諸要素の相互依存としての社会秩序をシステムとしてモデル化し、さらに分析アプローチとしての「構造‐機能主義[14]」を展開したことによって特徴づけられる。そして、中期パーソンズにおける「文化」は、諸個人のパーソナリティと社会秩序とを期待の価値的・シンボル的な水準で媒介するシステムとして、構造‐機能主義システム理論上の中核的な地位を与えられていた。政治文化論はもともと、こうしたパーソンズの文化概念を「政治の領域／その外側の領域」という問題構成に応用するところから始まっている。しかしながら、第3章において詳論するように、アーモンドは政治文化概念を指標として操作化するに際して、パーソンズが文化概念に付与していた個からの超出性やシンボル的な要素を剝ぎ取ってしまう。そのため、政治理論としての六〇年代型政治文化論は、突き詰めたところで自身の問題構成を裏切らざるを得ない。では、なぜ、そしてどのような意味で、中期パーソンズの理論構図からの逸脱が政治文化論にとって問題となるのか。本節ではこのような問題意識を前提にして、中期パーソンズ理論がどのように組成されているかを検討することにしたい。検討は、*1* 初期の主意主義的行為の理論からシステム理論への練り直しの意味、続いて *2* 構造‐機能主義の意味、*3*「中期」パーソンズにおける文化概念の位置づけ、という順でおこなわれる。

1　主意主義的行為の理論からシステム理論へ

中期パーソンズ理論に進むためには、主意主義的行為の理論というパーソンズの基本的モティーフが、システム理論へと練り直されたことの意味をあきらかにしなければならない。大まかに言えばそれは、社会秩序が可能になるための条件の探求から、社会秩序が現に存在しているという事態の理論化への変化ということになるだろう。社会秩序は諸要素が相互依存することで成り立つ体系＝システムであり、社会秩序を担保する「共有価値」も、それ自体として創発し体系化されたシステム（「文化システム」）としての地位から捉えられる必要がある。

前節で見たとおり、主意主義的行為の理論は、ヴェーバーの行為の理論から多大な影響を受けている。しかしながらパーソンズは、「行為理論」として見た場合、ヴェーバーには「システム（体系）」という観点が薄弱であった、と述べる（Parsons 1979 : 151）。かく言うパーソンズの理論も一貫して「行為理論」であり続けるのだが、ヴェーバーとは異なり、その際の焦点はより「システム（体系）」に向けられるようになっている。ここで注意しなければならないのは、パーソンズの言う「システム（体系）」概念には二重の意味が込められていることである。パーソンズにとって「システム（体系）」とは、経験的な対象を指すものとしては、「経験的現象の複合の中に、一定の相互依存関係が存在するということ」（Parsons and Shils eds. 1951 : 5 = 1960 : 6–7）を意味し、また理論的な体系性を指すものとしては、「注意深く定義され、論理的に統合された概念スキーマ」（Parsons and Shils eds. 1951 : 49 = 1960 : 79）を意味する。[15]つまり、パーソンズの理論は、行為を複数の相互依存した要素から構成される「システム」として分析し、それを論理的に統合された概念スキーマとしての「体系的」理論へと精錬していくことを目指している。その意味ではそれは、分析対象の点でも理論の性格の点でも、徹頭徹尾「システム理論」なのである。[16]

では一体、行為をシステムとして構成する要素は何か。初期の主意主義的行為の理論においては、①行為者の主観的見地に立ちつつ、②それがいかにして社会秩序を構成するかということを、③行為の価値志向的な側面から導出する、という三つの理論的焦点が存在していた。中期パーソンズ理論は、この三つの焦点に呼応するかたちで、行為システムを三つの相互に還元不可能な構成要素へと抽象化している。すなわち、「パーソナリティ・システム」、「社会システム」、「文化システム」である。その関係性を簡潔に示せば、表2–1のようになるだろう。

表 2-1　初期パーソンズ理論から中期パーソンズ理論への変化

主意主義的行為の理論 （初期）	システム理論における 「構成体（configurations）」（中期）
1. 行為者の主観的見地に立ちつつ ⇨	パーソナリティ・システム →行為の動機志向と価値志向
2. それがいかにして社会秩序を構成するかということを ⇨	社会システム →構造（役割期待の相補性）
3. 行為の価値志向的な側面から導出する ⇨	文化システム →共有価値（パターン変数図式）

これらの「構成体（configurations）」（Parsons and Shils eds. 1951 : 7 = 1960 : 9）を設定した上で、中期パーソンズ理論は、「行為の準拠枠（action frame of reference）」と呼ばれる概念スキーマを分析視角として用いる。それは、「一人以上の行為者のある状況に対する関係や、ある状況の中での行為者間の関係を分析するための一連のカテゴリー」（Parsons and Shils eds. 1951 : 61 = 1960 : 98）であり、そこには「（個人または集合体の）行為者」・「行為の状況（社会的客体＝他の行為者、物理的客体＝物、文化的客体＝シンボル）」・「その状況に対する行為者の志向（orientation）」が含まれている。つまり、「行為の準拠枠」とは、行為システムの記述に登場すべき焦点をあらかじめ一般化して提示するものであり、「その観点に照らした場合に経験的な科学的研究が『意義をもつ』ところのもの」（Parsons 1945 : 44）なのである。しかしながら、中期パーソンズによる「システム」理論への転換や「行為の準拠枠」の設定は、主意主義的行為の理論を精緻化する一方で、理論上の強調点を移動させるものともなっている。初期の主意主義的行為の理論が、潜在的には社会秩序の問題までを射程に収めていたとはいえ、それはあくまでも〝ミクロな〟個人の行為が主題であったのに対し、システム概念や複数の行為者間での相互行為を前提とする「行為の準拠枠」を用いる中期パーソンズ理論は、より「社会」というものを正面から取り扱おうとしているからである（cf. 富永 2008 : 522）。このことからすれば、（パーソンズ自身がそうしたように）非常に多くの複雑な概念定義から議論を始めるよりも、中期パーソンズが〝ミクロな〟行為から「社会」を導出する際のロジックを追いかける方が、初期から中期にわたって彫琢された彼の「文化」概念の理論的位置づけをより明瞭にし得ると思われる。そして「行為の準拠枠」からすれば、最小限の「社会」が成

立する条件は、二人以上の行為者間で相互行為がおこなわれていること（＝ダイアド）に求められるのであり、それが以下の分析の出発点として適当であろう。

もちろん、ミクロな行為から「社会」の成立を跡づけるということは、パーソンズの設定した三つの構成体の中でも、「社会システム」を中心にロジックを組み立てることを意味する。まず、簡単な見取り図をパーソンズの著述から引用してみると、次のようになる。

> できるだけ簡潔な表現にまとめるなら、社会システムとは、複数の個人行為者が少なくとも物的ないし環境的諸側面を含む状況において、互いに相互行為をしているということであるが、その行為者は「欲求充足の最適化（optimization of gratification）」への傾向という観点によって動機づけられており、なおかつその行為者の自身の状況――そこには行為者もその相手方も含まれる――に対する関係は、文化的に構造化され分有されたシンボルの体系という点において定義され媒介されている。（Parsons 1951 : 5–6 = 1974 : 11）

この表現に見られるように、パーソンズの「行為の準拠枠」においては、行為者は自身の欲求充足に向けて動機づけられている一方で、自己と他者の両方を含む状況に対する行為者の関係性はシンボルの体系によって媒介されなければならない、という定式化がなされる。この定式において注目すべきは、第一に、行為者の「動機」が組み入れられていることと、第二に、シンボルの体系による行為者と状況の媒介である。初期パーソンズ理論の段階では、行為者自身の目的－手段連関の選択が分析の主導的な図式になっていたために、行為の生起する状況（行為者と行為の客体のどちらもそこに含まれる）が行為に対して及ぼす影響があまり重視されていなかった。「行為の準拠枠」にしたがった社会システムの原基的なモデルは、この点を所与の状況に対して行為者が抱く欲求充足に向けての志向性、すなわち「動機志向」として表現しているのである。その意味で、動機志向は行為の志向における道具的側面を抽象したものだと言うことができる。しかしながら他方で、「功利主義の克服」が主意主義的行為の理論の主題であったことからもわかるように、パーソンズは諸個人の行為が純粋に道具的なものである場合、そこには社会秩序が成立しないと考える。そのため行為者の状況に対する志向には、動機志向と並んで行為者にとっての選択肢をつねに一定の範囲に制限するための規範的な志向、すなわち「価値志向」が含まれていなければならない。こうして社会システムを形成する行為者のパーソナリティには、所与の状況に対して動機志向と価値志向という二つの異なった――しかし同時に相互不可分な――志向が前提とされる。この点が中期パーソンズ理論において、行為理論の枠組みから社会システムへと接近するための第一歩となる。そして、「欲求充足と価値基準との関連を考察する範疇が与えられたということは、初期パーソンズに欠けていた理論装置を持つにいたったことを意味する」(高城 1986 : 69) とひとまず言うことができるだろう。

ところで、動機志向と価値志向を含む行為の志向とは、一般的に二つの性質をもっている。ひとつは、志向は時間的な側面をもった「期待 (expectations)」というかたちをとることであり、もうひとつは、志向が複数あるオルタナティヴからの「選択」を意味するということである (cf. Parsons and Shils eds. 1951 : 67–68 = 1960 : 109)。社会システムのダイアド・モデルに即してみると、行為者にとっての状況には自己と他者の両方が含まれているのであるから、行為者の欲求充足の成否やその程度は自身の行為に対する他者からの反作用に依存することになるため、行為者のその状況に対する志向は、状況からの刺激に対する直線的な「反応」ではなくて、一種の「期待」でなければならない (cf. Parsons 1951 : 5–8 = 1974 : 10–14)。その上で、行為者の期待としての志向をモデル化するならば、動機志向と価値志向およびそこに介在する選択の側面は、次のような関係性として描写することができる。行為者はある状況において、そこに含まれる客体を識別し、それが自身の欲求を充足するものか否か (欲せられるか否か) を振り分ける。しかし、行為者は自身の道具的な欲求充足に際し、あらゆる可能性の中から無作為かつ重複して行為を選択することはできないので、何らかの価値基準に沿った行為の選択をおこなわなければならない。この事態はまず、行為者の動機志向において、客体の識別 (=「認知的様式」) とともにその客体への欲求か拒否か (=「カセクシス的

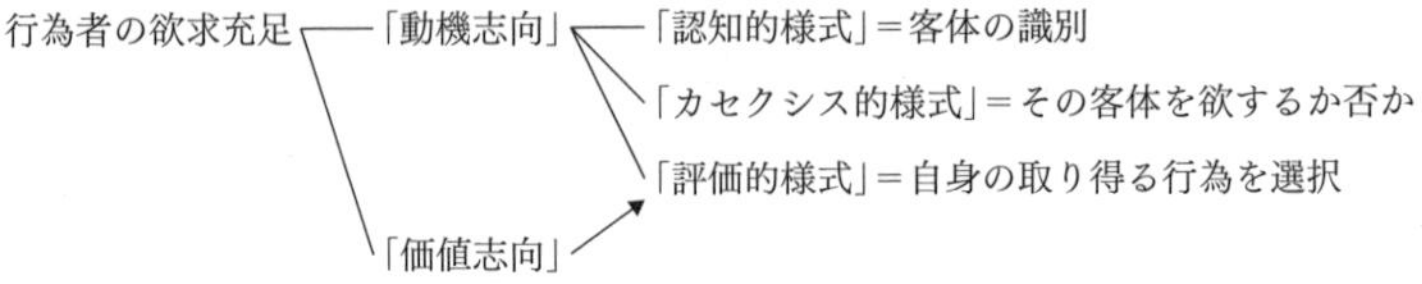

図 2–1　パーソナリティ・システムにおける諸要素の関連

(cathectic) 様式」）が与えられ、それに対して行為者は自身の取り得る行為を選択（＝「評価的様式」）しなければならないが、その際の選択基準となる価値へのコミットメントが行為者の価値志向として表現されていると言える（cf. Parsons and Shils eds. 1951 : 67–72 = 1960 : 109–115）。言い換えると、行為者の動機志向は、「認知的」「カセクシス的」「評価的」な三様式に分解され、最後の「評価的」な志向様式にとってのガイドラインとなっているのが、行為者の価値志向なのである（図 2–1）。先述のとおり、行為者の動機志向と価値志向が同時的に結びついているということが、行為者のパーソナリティから社会システムへと分析を架橋するための理論装置になっている。そのことの意味をあきらかにするためにも、次にこの価値志向について見ておこう。

価値志向とは、行為者が動機志向の評価的様式において選択をおこなう際の基準を含んだ期待であるから、そこには状況において与えられる選択の分岐があらかじめ示されていなければならない。パーソンズは、「状況の客体は、認知しカセクシスを注ぐ有機体と相互作用するが、その場合であっても状況の意味が自動的に確定しているわけではない。むしろ行為者は、状況が確定的な意味をもってくる前に、一連の選択を行わなければならない」（Parsons and Shils eds. 1951 : 76 = 1960 : 123）と述べている。パーソンズはその際の選択の分岐を、「行為の準拠枠」から五組の二者択一形式として抽象し、しかもそれによってすべての可能性が尽くされていると主張した（Parsons and Shils eds. 1951 : 77 = 1960 : 124）。それが、中期パーソンズ理論の要として有名な「パターン変数（pattern variables）」図式である。これはF・テンニエスによる「ゲマインシャフト－ゲゼルシャフト」という二分法をさらに精緻化した、「感情性－感情的中立性」「自己志向－集合体志向」「普遍主義－特殊主義」「所属本位－業績本位」「限定性－無限定性」の組み合わせとして表される。[17] このことは、行為者の状況に対する価値志向が、パターン変数図式によって示される選択の組み合わせから構成されることを意味している。つまり、価値志向によって行為選択の基準が提供されるというのは、五組のパターン変数の組み合わせが一定のまとまり＝体系を構成しており、それが行為のシステムにおける相対的に安定した「構造」となっているということである。行為者の状況に対する志向には、道具的合理性に関係する動機志向と、規範への同調・逸脱に関係する価値志向の両側面が不可分なものとして含まれているが、それらはあくまでも行為者のパーソナリティ・システム内で分化・統合されているにすぎない。しかし、行為の価値志向的側面を構成するパターン変数の組み合わせがある安定した体系性をもつ場合、それは（一般化された水準における）行為システムの構造としての地位を獲得していることになる。こうして行為者の価値志向と関連しつつも、個々のパーソナリティから超出した行為システムの構造を導出するパターン変数図式のロジックが、中期パーソンズによる行為システムの分析に一貫性を与える視点となっているのである。ここまでの検討を経ることで、社会システムを捉えるための準備が果たされたことになる。

社会システムの原基的なイメージであるダイアド・モデルの本質は、自我と同じように他我も行為の志向（＝期待と選択）をもって状況に関係していることである。この場合、「一方で自我の欲求充足は、利用可能なオルタナティヴの中から自分がどれを選択するかということに応じて偶発的＝条件依存的（contingent）である。しかしながら翻って、他我の反応は自我の選択に応じて偶発的＝条件依存的であると共に、他我の側での〔自我の行為に対する〕相補的な選択から生じるのである」（Parsons and Shils eds. 1951 : 16＝1960 : 25）。つまり、ダイアド・モデルにおいては、自我の行為選択と他我の行為選択が互いに互いを前提としており、しかもそのことは自我と他我の立場を入れ替えてみても当てはまる、という状況が原理的に想定される。パーソンズはこれを、自我と他我の志向が相互に条件依存的であるという意味で、「二重の偶発性（double contingency）」と呼んだ。二重の偶発性という事態は、論理的には一種のパラドックスとなる。それにもかかわらず、それがただちに社会秩序の不可能性という結論に行き着かないのは、共有されたシンボル体系が自我と他我の相互行為を安定的な社会システムの構造に結びつけているからだと、パーソンズは考えた。つまり、社会システムに複数のパーソナリティが関係していることは確かだが、社会システムとは共約不可能な複数のパーソナリティ・システムを単純に総和した集合体ではないのである。そして、パーソナリティと社会システムが相互に独立しながらも相互に接続されている事態を、パーソンズは「相互浸透（interpenetration）」と呼んだ（Parsons and Shils eds. 1951 : 109 = 1960 : 173）。それでは、社会システムとパーソナリティはどのようなかたちで交差するのだろうか。パーソンズは次のように述べている。

その〔社会システムとパーソナリティとを区別する〕差異は、システムとしての編成の焦点の違いにあり、それゆえそれぞれがシステムとして作動する際の実質的な機能的問題の違いにある。具体的な行為システムとしての「個人」行為者は、通常、社会システムにとってもっとも重要な単位なのではない。たいていの目的にとって、社会システムの概念上の単位は役割である。（Parsons and Shils eds. 1951 : 190 = 1960 : 299）

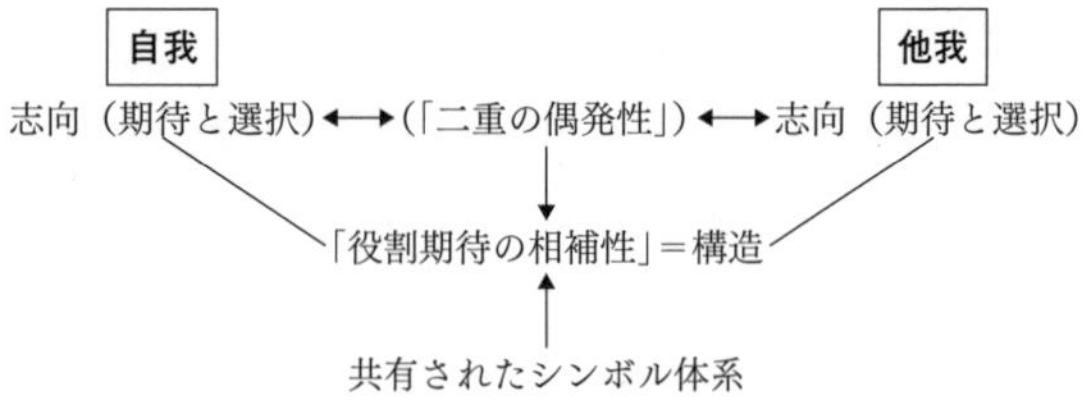

図 2-2　社会システムの基本形

ダイアド・モデルにおける二重の偶発性が、社会システムの編成を妨げないとすれば、自我と他我の志向の相互依存性は、役割の水準で社会システムにとっての構造を形成している必要がある。志向とは一種の期待のことであったから、ここで社会システムの構造とは、行為者が所与の状況で果たすことが期待されている役割が相互に齟齬を来さないという意味で、「役割期待の相補性（complementarity of role-expectation）」が成立している事態のことを指している（図2-2）。これまで辿ってきたパーソンズの論理からあきらかなように、相補的な役割期待としての社会構造は、パーソナリティの側から見れば自己の行為選択の基準となる規範として、ある状況における行為を方向づけていく。パーソンズは、こうした事態を価値基準のパーソナリティへの「内面化（internalization）」と呼び、内面化された価値基準はもはや行為者自身の欲求性向として、それ自体のために――つまり、道具的な利害関心とは無関係に――追求されるようになると考えた（Parsons 1951 : 37 = 1974 : 43）。そして、社会システムの構造を構成する「役割期待の相補性」とは、その社会システムに属する複数の行為者にとってある役割を遂行することが、自身の欲求性向を充足することであると同時に、自身の行為に対する他者からの反作用（＝「サンクション」）を最適化するための条件ともなっていることを表現している。この場合、相補的な役割期待を統合する価値基準は、個々のパーソナリティに「内面化」されている一方で、社会システムに「制度化（institutionalized）」されていると言われる（Parsons 1951 : 38 = 1974 : 44）。要するに、社会システムと個々のパーソナリティ・システムは役割の水準で相互に接続するのだが、その際に役割期待は社会システムとパーソナリティとをそれぞれの側で統合する概念ともなっているのである（cf. 高城 1986 : 119）。一方で、社会システムの側では、自我と他我にとっての役割期待が制度化されることで、二重の偶発性は潜勢化されて構造の安定性を獲得する。他方で、パーソナリティの側では、役割期待のパターンは自身の欲求性向に内面化された規範として、所与の状況における行為の適切性の基準となる。

そして、中期パーソンズ理論における文化概念は、ある価値基準の内面化および制度化によって成立する「役割期待の相補性」を軸に、ダイアド・モデルから社会システムの生成へと論理を展開していくなかで明確な位置づけを与えられる。というのも、以上の論理展開から見て取れるように、内面化・制度化される価値基準は、パーソナリティにも社会システムにも還元することのできない、創発した別の一個の「構成体」でなければならないからである（そうでなければ、そもそも「内面化」や「制度化」を語ることはできない）。したがって文化は、パーソナリティおよび社会システムとは異なる論理水準に位置するシステムでありつつ、ダイアド・モデルから社会システムへの、複数のパーソナリティから社会秩序への媒介を果たすものとして登場する。前節で検討した初期パーソンズ理論で「共有された究極的価値態度」（Parsons 1935 : 307）という概念が占めていた場所は、中期の理論では「文化システム」

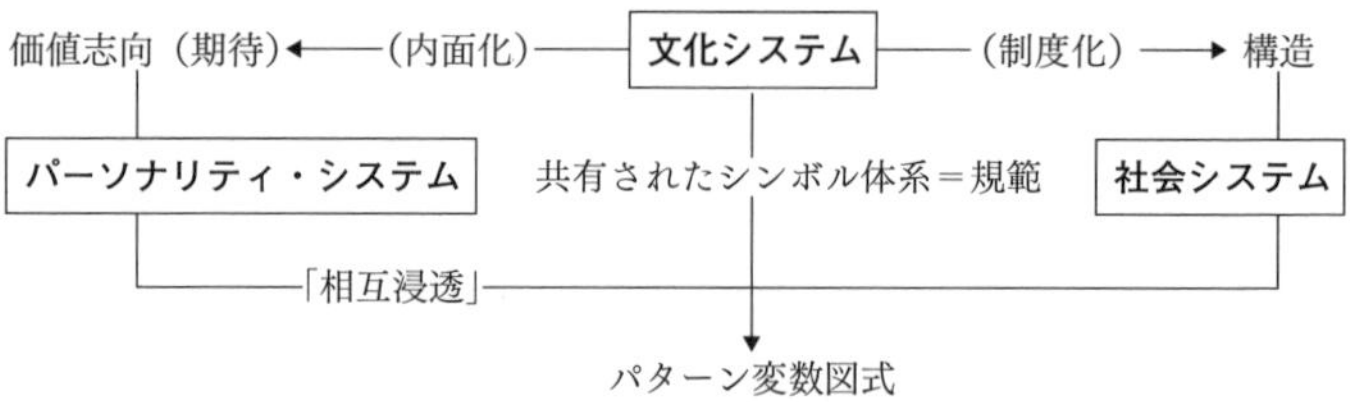

図 2-3　中期パーソンズ理論における文化システムの優位

概念に相当しているのである。

> 共通のシンボルの体系を通じてのコミュニケーションは、期待のこの互酬性ないし相補性の前提条件である。他我に開かれているオルタナティヴは、二つの点である程度の安定性をもつ必要がある。第一に、他我にとっての現実的な可能性としてであり、第二に、その可能性が自我に対してもつ意味においてである。こうした安定性は、自我と他我が置かれている所与の状況の特殊性――そこでは自我も他我も常に変化しており、どんな二つの時点においてもけっして具体的に同一のものではないのだが――からの一般化を前提にする。このような一般化が起こり、行為、身振り、ないしシンボルが自我と他者にとって多少とも同じ意味をもつとき、両者の間には共通の文化が存在しており、それによって相互作用が媒介されている、と言ってよいだろう。（Parsons and Shils eds. 1951 : 105 = 1960 : 167）

中期パーソンズは、以上のように社会理論における価値要素を再定位した上で、「文化システムは、その異なる諸部分が相互連関しつつ価値体系・信念体系・表出的シンボルの体系を形成する、文化の一つのパターンである」（Parsons and Shils eds. 1951 : 55 = 1960 : 90）と定義する。その意味で、中期パーソンズ理論は、「パーソナリティの欲求性向、社会システムの役割期待、および内面化され制度化された文化の価値パターン」を、「行為の諸システムの編成の基本的な結節点」（Parsons 1951 : 540 = 1974 : 532）とする調和した論理から組成されていることが見て取れる。パーソンズは、そうした論理構成を基礎に、文化的なカテゴリーから社会システムの分析を果たそうとした。というのも、行為システムの構造を表現するパターン変数図式自体、行為の規範的な要素である価値志向に照準をあわせるものであり、それはとりもなおさず文化的なカテゴリーに属していると考えられるからである（図2-3）。

六〇年代型政治文化論の当初の着眼点は、まさにパーソンズが定式化した以上のような文化概念を政治分析に応用するというところにあった。しかし、中期パーソンズ理論において文化カテゴリーが分析的にどのような意味をもつのかに関しては、その前提としてパーソンズの分析アプローチとしての「構造-機能主義」を検討することが差し当たり必要になる。

2 構造-機能主義

六〇年代型政治文化論は、しばしば「構造-機能主義」の立場に立っていると言われる。だが、本書第3章でも検討するように、アーモンドの依拠する政治システム論とパーソンズの構造-機能主義とは明確に区別されなければならない。中期パーソンズの構造-機能主義的な分析アプローチが実質上文化的なカテゴリーを核にして成り立っている一方で、アーモンドの政治システム論における「構造-機能主義」は、文化的なカテゴリーと直接に関係しないまま（行動論的に）設定されているからである。アーモンドはそれゆえ、パーソンズの文化概念と構造-機能主義とのあいだに本来存在していた連関を断ち切った上で政治文化論を構築したことになる。だから、パーソンズの構造-機能主義とそこにおける文化的カテゴリーの位置づけは、政治理論としての六〇年代型政治文化論を検討する際（第3章）にも、そもそものパーソンズ理論がもつ内在的な可能性を検討する際（第4章）にも、重要な鍵になると思われる。

パーソンズにとって、構造-機能主義というのは、正確には分析作業そのものを指すのではなく、理論の中で分析の前提となる「記述（description）」に供される「一般化された概念枠組み」についての呼称である（Parsons 1945：

43–44)。理論の記述的側面は、複数の要素がある現象をシステムとして構成している場合に、その諸要素が相互連関する「構造」の水準を「準拠枠」にもとづいて確定する。準拠枠の提示とそれにもとづいたシステムの構造の確定は、一般化された概念枠組みが果たすべき二つの課題であり、あらゆる分析作業において「常識的思考が陥りやすい危険、つまり無批判的な残余カテゴリーに頼って〔問題と解決策のあいだの〕ギャップを埋めるという危険を最小化する」(Parsons 1945：47) ための要件である。[18] すでに述べたとおり、社会科学にとって問題となるのは「行為の準拠枠」であり、社会システムの構造は役割期待のパターンであった。

ところで、なぜシステムの構造を確定することが出発点とされる必要があるのだろうか。それは、パーソンズの「システム論」に由来している。パーソンズは諸要素が相互依存することである秩序が観察される場合に、何らかのシステムが成立していると見なす。そして、システム概念の反対は、諸変数がランダムに変化することである。そのため、記述に先立ってシステムはすでに成立している必要があるから、「この秩序は自己維持への傾向を持たねばならず、そのことはごく一般的に均衡という概念で表現されている」(Parsons and Shils eds. 1951：107＝1960：170)。パーソンズが、二重の偶発性によって特徴づけられるダイアド・モデルから社会システムの成立を論証した際に、シンボル体系を介して役割期待が相補的になること (＝構造への結びつき) をその根拠にしたことはすでに見た。だから、社会システムを分析対象とする場合、ある社会現象を一定のまとまりを持ったものとして認識する必要がある以上 (そうでなければそれを認識することはできない)、社会システムの均衡を担保する安定した——その意味で静態的な——役割期待パターンとしての構造の存在を与件としなければならない。

他方で、構造‐機能主義と言う場合の「機能」とは、この「静態的」な構造カテゴリーを「動態的」な分析へとつなげる概念のことを指している (Parsons 1945：47–48)。この場合の機能とは、社会システムの内部において、構造のパターンが維持される (場合によっては変更される) 過程を記述するためのカテゴリーである。たとえば社会システムの場合、子供の「社会化」や逸脱行動に対する「社会統制」メカニズムなどが構造維持のための過程であり

(Parsons 1951 : chap. VI and VII = 1974 : VI・VII)、それは構造への寄与という意味で機能分析の対象になる。

ここで議論になっている一般化された理論体系の論理的な類型は、それゆえ、分析的体系から区別されるものとして「構造的 - 機能的体系」と呼ぶことができよう。それは、経験的システムの状態を適切に記述するために必要な、一般化された諸カテゴリーから成る。一方で、そこには構造的諸カテゴリーの体系が含まれるが、それは関連する部類の経験的に可能で、完結した経験的システムに対して一義的な記述を与えるだけの論理的正確さがなければならない。——〔中略〕——他方で、そうした理論体系はまた、一連の動態的な機能的諸カテゴリーも含まねばならない。これらは、構造的諸カテゴリーと直接に関連づけられる必要がある。つまり、機能的諸カテゴリーはそうした特定の構造が維持されたり覆されたりする過程、言い換えれば、システムの環境に対する関係が調停される過程を記述できねばならない。理論体系のこの側面もまた、同様の意味で完結していなければならない。

(Parsons 1945 : 48–49)

こうして、パーソンズの構造 - 機能主義的システム理論のスタンスがあきらかになったと思われる。パーソンズは、社会的なものを外的な「要因」(遺伝や環境などの生物学的な要因や、社会的文脈を無視した合理性という経済学的要因)に還元することを拒否し、「経済学的・生物学的理論に『社会学的』理論を対置させること」(Parsons 1945 : 53)を目標にする場合、現段階の社会科学においては「舞台装置 (setting)」、あるいは「全体像 (picture)」を用意するところから始めなければならないと考えた (Parsons 1951 : 20–21 = 1974 : 25–26)[19]。構造 - 機能主義は、そうした発展段階を体現している。それは、社会システムの静態的な構造をまず措定し、その上で初めて、構造の維持に対する寄与や攪乱が生じる過程を機能という観点から分析するための記述的な理論である。[20] そして、そもそもの社会を「社会」たらしめている視角が、パーソンズにとっては価値的・文化的な要素である以上、静態的な社会構造の分析がそうした視角からおこなわれるのは、ある意味論理的に必然であった。文化を構成する価値パターンを体系的に示したパターン変数図式は、社会システムの安定的な構造＝役割期待のパターン＝「制度」を分析する際にも、パーソナリティの構造としての欲求性向を分析する際にも、そして社会システムとパーソナリティとの「接合（articulation）」を分析する際にも、第一義的な重要性を帯びることになる。

3　分析カテゴリーとしての文化概念と「中期」パーソンズ理論の性質

以上から理解されるように、パーソンズの構造‐機能主義理論においては、文化的要素が分析カテゴリーとして中核的な地位を占めている。そのかぎりで、政治文化論のように「文化」が主題となるテーマにとって、パーソンズの構造‐機能主義的スタンスは適合性が高いようにも思われる。しかしながら、中期パーソンズ理論は、構造分析のための文化的なカテゴリー（パターン変数）に傾斜する一方で、その文化的なカテゴリーが社会システムの作動様式にどのように関係するのかについての考察が薄弱であった。それゆえ、仮に六〇年代型政治文化論が中期パーソンズの構造‐機能主義プログラムに忠実であったとしても（いかなる意味で忠実でなかったかは次章で詳論する）、文化概念から「政治の領域／その外側の領域」という問題構成に接近することは不可能であっただろう。文化概念をめぐる「中期」パーソンズ理論の射程と限界を測っておくことは、同時に、パーソンズ理論を応用しようとすることで生まれた六〇年代型政治文化論の限界を乗り越えるために必要な作業である。

初期に形成されたパーソンズ理論の「社会秩序の価値統合」というモティーフが、中期のシステム理論においても基本的に継続されていることは本節の*1*ですでに確認した。中期の理論では、共有される価値的要素が文化システムの構成要素として表現されているものの、パーソンズは、自身の理論が分析アプローチとして単純な文化還元論ではないことを再三強調している。(21) 実際、パーソンズが意図する社会システムの研究は、文化に関する一定の事実――社会成員による価値の共有、文化の伝達可能性、文化の論理的な体系性など――を所与として仮定するとしても、文化は社会システムとの接触平面においてのみ分析に参入するものと想定されている。だが、それにもかかわらず、中期パーソンズの分析アプローチとしての側面においては、文化の排他的な優越を相対化するための契機が欠けていた（cf. 小野：1978）。そのことの理由は、なぜ「中期」パーソンズが短期間のうちに「後期」の概念図式に改変されたかという点から読み取ることができる。

中期パーソンズ理論を初期のそれから区別するのは、構造‐機能主義的システム理論の展開によってである。反対に、中期と一九五三年の論文「行為の一般理論の状態に関するいくつかのコメント」以降の後期パーソンズ理論を区別するのは、後期に至って導入されたＡＧＩＬ図式によってである。ここでは差し当たり、ＡＧＩＬ図式とは「機能連関をそれ自体として分析する概念枠組み」（高城 1986：144）であり、このＡＧＩＬ図式によって中期パーソンズの「構造‐機能主義」が組み換えられることになったと理解しておけば十分であろう。このことは裏を返せば、中期パーソンズ理論において構造分析のカテゴリーとしてのパターン変数は存在したものの、機能分析のためのカテゴリーが存在しなかった、ということである。パーソンズは、「〔一九五一年の二つの著作において〕私とシルズが果たしたより個人的な理論的貢献の『核心』は、われわれの意見では、われわれが『パターン変数』と呼ぶところのものにある」（Parsons 1953：622）と述べつつ、「パターン変数が最初に定式化されたとき、こうしたシステムの機能的問題に対する基本的な関係性はあきらかではなかった」（Parsons 1953：note 11）としている。結果として、理論枠組みのなかで構造分析のための文化的要素（パターン変数）だけが先行してしまい[22]、それが文化還元論（あるいは静態的均衡論）という傾向からの脱却を困難にしていたのである。そのために、構造‐機能分析という中期パーソンズの分析アプローチは、中期のパターン変数図式を組み換えた上で「行為システムの基本的な『機能的諸問題』」としてのＡＧＩＬ図式へと改変されることになる（Parsons 1953：624）。中期においては構造分析が偏重され、しかもその構造分析が実質上文化的な視角から与えられていたのに対し、ＡＧＩＬ図式においては文化を「Ｌ」、すなわち「潜在的パターン維持および緊張の管理（latent pattern-maintenance and tension management）」として、「内面化‐制度化された規範的・文化的パターンおよび、その要求に順応することへの動機づけを維持すること」（Parsons 1953 : 625）という機能問題のひとつへと限定することもできるようになる。

もっとも、中期パーソンズの理論体系自体が後期に至って全面的に否定されるわけではなく、むしろ初期の「主意主義的行為の理論」から始まる基本的なモティーフは後期に至っても基本的に連綿として続くことになる。[23]だがここで重要なのは、中期において理論体系上は文化・社会システム・パーソナリティ間での相互依存と相互独立が示されたものの、分析アプローチとしては文化的な要素に排他的に依拠せざるを得なかったということである。この問題が一応の解決を見るのは、機能分析のカテゴリーが導入された後期パーソンズ理論に至ってからであった。後期パーソンズ理論についてはやや異なった観点から第4章で再び取り上げることになるが、少なくとも中期までのパーソンズは、文化還元論に陥る危険性を十分に自覚していたにもかかわらず、その分析アプローチが前提にする論理は文化的なものに回収されてしまっていたと言えるであろう。

本章では、初期から中期にかけてのパーソンズの社会理論を概観してきた。それを通じて、一九六〇年代型政治文化論の理論的な資源となった、パーソンズの構造 - 機能主義的システム理論とそこにおける文化概念の地位を明確にすることができたと思われる。そして、第1章と本章での検討によって、政治文化論の問題構成（「政治の領域／その外側の領域」）と理論的基礎（パーソンズの社会理論）という、本書が設定する二つの軸が確立されたことになる。第3章以下では、その二つの軸の交錯地点としての一九六〇年代型政治文化論を、ひとつの政治理論として分析することにしたい。

第3章　政治文化論の成立と衰退

厳密な意味での政治文化論は、一九五六年にアーモンドによって書かれた論文「比較政治システム」から始まる。しかしながら、早くも一九七〇年前後には、政治文化論研究は著しく衰退していたと言われる（Pye 1991 : 502）。そうした短期間での衰退をもたらした諸要因については後段で取り上げることにするが、その中でも本書がとりわけ重視するのは、一九六〇年代型政治文化論が成立当初から政治理論としての難点を抱えていたという点である。言い換えれば、当時の政治文化論は、「政治の領域／その外側の領域」という自身の問題構成に対して、それに見合う政治理論を構築し得ていなかった。そしてそうした政治理論としての欠陥が、政治文化論の衰退を内在的に準備することになったのである。

本章では、六〇年代型政治文化論をその成立から跡づけていくことによって、それがどのような政治理論を提示し、そしてどのような点で破綻を来したのかについて分析していく。当然その際の分析視角は、本書の第1章と第2章でそれぞれ論じてきた二つの軸、すなわち問題構成としての「政治の領域／その外側の領域」という問いと、中期パーソンズの構造‐機能主義的システム理論との関係性である。以下では、「アーモンド学派」（Lehman 1972 : 361）に照準しながら、一九六〇年代型政治文化論がそれ自体「政治の一般理論」を構築する企図でもあったことを示すとともに（第一節）、その限界性の所在を解明することにしたい（第二節）。

第一節　六〇年代型政治文化論の成立過程

ヴァーバは、アーモンドと共に著した『市民文化』を後に振り返って、それが「無鉄砲な（foolhardy）」という形容詞が適切なくらい斬新かつ大胆な試みであったからこそ、大きな影響力を持ち得たのではないかと語った（Verba 1980）。つまり、仮に『市民文化』が「より射程を限定し、方法論についてもあまり革新的なものは用いず、理論もより地味なものであったとしたら」、「批判される点はより少なくなったであろうが、しかし、批判に値するような印象を残すことも少なかったであろう」（Verba 1980 : 409）ということである。こうしたヴァーバの言葉からは、『市民文化』の未熟さを認める姿勢とともに、それがもち得たインパクトに対する自負心を窺い知ることができる。

本節では、比較政治委員会時代のアーモンド（アーモンドが委員長を務めるのは一九五四〜六三年）によって生み出された業績を中心に追いかけながら、「無鉄砲な」政治理論として成立した六〇年代型政治文化論の前史を検討していきたい。その際、本書が注目するのは、次の二つのポイントである。第一に、アーモンドがどのようにパーソンズの理論を自身の政治理論へと応用したかということであり、第二に、それと政治文化論の問題構成とがどのように折り合いをつけられたかということである。

とはいえ、「アーモンドの政治理論」を語るには、多少のやっかいな事情がある。それというのは、アーモンド自身が次のように述べているからだ。「私はこれまで自分自身のことを理論家であるなどと思ったことは一度もなく、むしろ自分は諸理論の借用者、諸理論をテストする者、せいぜいのところ研究領域をマッピングする者だと思っている」（Almond 1970 : 4 = 1982 : 1）。その言葉のとおり、アーモンドの「政治理論」は多様な理論資源を「借用」しながらつねに刷新されていくために、その内容を一義的に確定しづらいのは確かである(1)。だが、少なくとも一九六〇年代型政治文化論を構成する基礎的な概念枠組みに関しては、アーモンドの「政治理論」の方向性は一貫していた。それは、当時の学説史的な背景をなす時代状況や研究動向がひとつの理論的立場に収斂しつつあり、有意な政治学研究の方向性はそこから半ば必然的に導かれるとアーモンドが考えていたからである。[2] そうした学説史的背景をもっとも直接に反映していたのが、行動論政治学の隆盛と比較政治学の確立という二つの文脈であり、そしてそれらが収斂する先の理論的立場こそが政治システム論であった。

ここ一〇年あるいは二〇年の間に、新しく、そしてより確実に科学的であるパラダイムの諸要素が、急速に現われてきていると思われる。この新しいアプローチの中核概念は、政治システムという概念である。

(Almond 1966 : 869 = 1982 : 260)

本書第1章ですでに述べたように、アーモンドによる政治文化論の構想は、行動論政治学と比較政治学の動向を踏まえた上で、「政治の領域/その外側の領域」という問題構成を、政治システム論の視座から「政治システム」と「個的な心理」の区別と接続の問題へと具体化した。そして、その際の政治システム論とは、なによりもまず中期パーソンズ理論が体系化した諸概念を援用するものだったのである。アーモンドは、問題構成に見合うかたちでパーソンズ理論を段階的に吸収しながら、政治理論としての政治文化論を組み上げていった。以下では、その形成過程を順々に追いながら検討していこう。

1 政治文化概念の誕生——「比較政治システム」(一九五六年)論文

まず、一九五六年の「比較政治システム」論文においては、あらたに立ち上がった比較政治学の領域において「政治の領域/その外側の領域」という問題構成が先鋭化してきていることが確認された上で、「社会理論における「ヴェーバー - パーソンズの伝統」を援用することが明言される (Almond 1956 : 393)。[3] そのうえでアーモンドは、「政治の領域／その外側の領域」という問題構成に対するパーソンズ理論の適用可能性を、次の四つの概念から考えている。それが、「行為」「システム」「役割」「行為への志向」である。政治文化概念の最初の定義は、これら四つの概念を順番に相互関連させながら生み出された。本章で示すことは、アーモンドの政治文化論が（パーソンズとはむしろ正反対に）文化論を標榜しつつも「脱‐文化」的であり、また、政治文化論であったとしてもそれが「脱‐政治」化されたものである、ということだが、その兆しはすでに政治文化概念を構成する諸概念の解釈・応用の過程から現われている。

第一に、行為という概念について。アーモンドは、「政治システムは行為（*action*）のシステムである。これが意味するのは、政治システムを研究する者は、経験的に観察可能な行動（behavior）に関係しているということだ。政治を研究する者が規範や制度に関係するのは、それらが行動に影響を与える限りにおいてである」（Almond 1956：393）と述べている。この文章からあきらかにわかるように、アーモンドは行為理論と行動論を区別していない。つまり、アーモンドは、「行為」から社会全体の諸現象をカヴァーしようとするヴェーバーやパーソンズの主意主義的な行為の理論と、諸個人の「行動」とそれに影響する社会環境要因からミクロ的に政治現象を分析しようという行動論政治学のプログラムとを、互換可能なものと理解しているのである。[4] 思い出しておけば、パーソンズにとっての「行為」とは社会秩序の要素としての契機（パーソンズの場合には共有価値への志向）を含むものでなければならず、行動論プログラムが暗に想定しているような諸個人の原子化された「行動」とは区別されなければならなかった。だからこそパーソンズは、ヴェーバー以降の行為理論がシンボル的な要素をひとつの焦点としてきたことを挙げ、「それは〔行為を〕《Verhalten》あるいは、しばしばその英訳となっている行動（behavior）に対して区別する境界としてもっとも重要だと私が考えているもの」（Parsons 1979：151）だと述べるのである。たしかに行動論プログラムにおいても諸個人の「行動」は、もっぱら心理学的な――つまり主観的な――観点から把握されてはいる。[5] だが、行動論の発想とパーソンズの行為理論の中核である「個から超出したシンボル的・価値的要素」とは、うまく折り合いがつかない。なぜなら、第1章二節で述べたとおり、行動論とはそもそも実証主義的な立場から観察可能な行動に関心を寄せるものであり、観察することのできない理念的なものについては、それを意識的に捨象するか、別の観察可能なものに置き換えるかするものだからである。よって、アーモンドが「行為」と言う場合、それは行動論的に読み替えられたものだということを念頭に置いておく必要がある。こうしてアーモンドは、パーソンズ理論のもっとも根幹的な部分を誤解したまま、政治文化論の構築を開始している。

つぎに、アーモンドがパーソンズから取り入れた概念の二つ目は、「システム」概念である。もっとも、すでに第1章二節で述べたとおり、行動論政治学は政治システム論へと向かう傾向を有していたため、この時点でシステム概念自体はパーソンズ理論に特有なものではなかった。アーモンドは、システム概念が表象するものとして、「有意な諸単位からなる全体性、諸単位の相互作用のあいだにある相互依存性、これらの諸単位からなる相互作用のある程度の安定性」（Almond 1956 : 393）を挙げている。こうしたシステム概念の基礎的な定義は、パーソンズのみならずイーストンなどにも共通していた理解で[6]、アーモンドが「システム」論によって意味するものはこの時点以後も変化しない。

三つ目の概念は、「役割」であり、それはパーソンズにならって自我と他我の相補的な期待に関連する概念とされる。ここでアーモンドは、ひとまず政治システムを「一連の相互作用する諸役割、あるいは――ここで構造ということで相互行為のパターン化を想定するとすれば――諸役割からなる構造」（Almond 1956 : 394）として定義する。つまり、政治システムの単位を役割概念に設定するわけである。ただし、これだけの定義では政治システムを他の社会システムから区別するメルクマールとしては不十分であるために、アーモンドはヴェーバーを手がかりにしつつ、政治システムを「物理的強制力の威嚇によって裏打ちされた決定に影響を与える諸役割のパターン化された相互作用」（Almond 1956 : 395）として定義し直す。よって、ここで政治システムを記述するということは、政治システム内で生じるあらゆるパターン化された諸役割の相互作用を特徴づけていくことを意味していた。しかしながら、このようにアーモンドが中期パーソンズの理論体系を政治システムへと限定して適用しようとしたことは、アーモンドが考える以上に大きな問題を抱える選択であったと言えるだろう。なぜなら、中期までのパーソンズ理論の課題は、「いかにして社会秩序が可能であるか」という一般的・抽象的な問いをめぐるものであって、そこには「政治的なるもの」をめぐる積極的な位置づけは存在しないからである。もっとも、六〇年代型政治文化論にとって、アーモンドの考えた政治システムの定義それ自体がのちのちに問題となったわけではない。ただ、中期パーソンズ理論における分析枠組みを、「政治的なるもの」の領域へと直接的に適用できるかどうかという点に関して、アーモンドが検討を加えた形跡はここには見られない。これは、一九六三年の『市民文化』において顕在化する論点である。

そして、中期パーソンズ理論を、「政治」システムの記述へと架橋するための概念が、第四の「政治的行為への志向」である。アーモンドは、あらゆる政治システムが一連の意味と目的の中に埋め込まれているとした上で、「行為への志向という概念とパターン変数という概念は、それらが少なくとも論理的な明晰性と包括性を企図している点で〔政治システムの記述に〕有用である」(Almond 1956 : 396) と述べる。とはいえ、この場合、アーモンドはパーソンズとシルズによる『行為の一般理論に向けて』から、「政治への志向」として、「認知的」・「カセクシス的」・「評価的」という (本来は行為への志向の中で「動機志向」に関連する) 三つの志向様式を簡単に列挙するだけで、それらが行為理論においてどのような位置づけをもつものかについては掘り下げていない。同時に、この段階においては、行為への志向のもうひとつの側面である「価値志向」に関連しており、文化の概念と密接不可分なはずのパターン変数図式には触れられないままになっている。よってここでも、パーソンズの「行為への志向」概念に、アーモンドは安易に「政治的」という形容詞を付してしまっているように思われる。

アーモンドによって以上のような解釈と改変を加えられたパーソンズの概念図式を基礎に、現代政治学における「政治文化」概念は創り出された。序章で引用した定義を再び引用すると、あらゆる政治システムは、政治的行為に対する特定の志向パターンの中に埋め込まれている。私はこれを政治文化として言及するのが有用だと考える。(Almond 1956 : 396)

この定義が意味するのは、政治システムと(政治的行為への志向という)諸個人の心理的側面の媒介項として、政治文化概念が位置づけられているということである。つまり、「政治の領域」としての政治システムと、「政治の外側の領域」としての諸個人の心理が、区別されつつ接続されるための論理として、である。

だが、こうして誕生した政治文化概念の奇妙なところは、ここまでの検討から理解されるとおり、それが脱‐文化的に構成されていることである。つまり、アーモンドは政治文化概念を作る際に、パーソンズの行為理論を行動論的に読み替え、また行為の価値志向およびパターン変数図式を切り詰めることを通じて、中期パーソンズ理論の屋台骨とも言える文化的要素を結果的に否定してしまったのである。その意味で、最初期の政治文化概念は、表面的にはパーソンズ理論の概念用具によって組み立てられつつも、内実において、パーソンズ理論とは鋭く対立するロジックに立脚していたと言えよう。それに加えて、中期パーソンズの文化概念から政治文化概念を直接的に作り出すことが可能かどうか、そして可能であれば中期パーソンズ理論をどのように補正しなければならないのかについて、アーモンドはあまりにも無頓着であった。

こうして中期パーソンズ理論との関係でアイロニカルなかたちで出発した政治文化概念であるが、この一九五六年論文はまだ概念定義の段階であり、それは「政治理論」の中に位置づけられていない。アーモンドは、政治文化概念をシステム論にもとづく機能主義アプローチと組み合わせることで、政治理論としての政治文化論を体系化するとともに、それを実際の比較政治分析へと応用するための準備をしている。つぎに、その分析アプローチとしての機能主義的政治システム論を検討していこう。

2　機能主義的政治システム論――「比較政治に向けた機能主義アプローチ」（一九六〇年）

アーモンドの機能主義アプローチの概要については、すでに彼自身が五〇年代半ばからさまざまな場で構想を展開していたが（cf. Almond, Cole and Macridis 1955 ; Almond 1958 = 1982）、それが本格的に示されることになるのは、一九六〇年にコールマンとの共編著として書かれた『発展途上地域の政治（*The Politics of the Developing Areas*）』の理論枠組み「比較政治に向けた機能主義アプローチ」としてである（Almond 1960 = 1982）。

この論文の骨子は、第一に、比較政治学に機能主義アプローチを導入すること、第二に、伝統社会／近代社会に関する分析枠組みを提示すること、第三に、政治文化論を政治的社会化（political socialization）と結合させること、にあると見てよいだろう。しかし結果として見ると、それは比較政治学理論として実証研究に応用するのが困難なほどの「過剰発展」（Morris-Jones 1962）であるとか、機能主義的な一般化によって政治システムの多様性を比較するという本来の課題を放棄していると批判されることとなった（cf. Smith 1966 : 115 = 1971 : 200）[7]。とはいえ、政治文化論の形成過程として見た場合、六〇年論文は、この三点を相互連携させることで、政治文化が「政治の領域／その外側の領域」に対して果たす媒介作用を理論化しようとした試みだと理解できる。他方で、政治文化論とパーソンズ理論との接合過程として見た場合、六〇年論文は、アーモンドの政治システム論と中期パーソンズの構造‐機能主義とのあいだにより多くの不調和を生み出している。

さて、アーモンドは自身の機能主義アプローチの要諦を、次のように述べている。「政治システムは、政治構造による政治的機能の遂行の頻度と様式という観点において、相互に比較されるであろう」（Almond 1960 : 61 = 1982 : 164）。これをもう少し具体化すると、いかなる政治システムも共有している四つの特性に着目することで、比較研究をおこなうための足がかりを得られるということである。すなわち、

1　あらゆる政治システムは政治構造を備えており、
2　あらゆる政治システムでは同一の機能が遂行されており（それを遂行する構造や頻度に差があるとしても）、
3　あらゆる政治構造は多機能的（multifunctional）であり、
4　あらゆる政治システムは文化的に「混合（mixed）」システムである、という諸特性である。

（Almond 1960 : 11 = 1982 : 96）

アーモンドは、政治的な機能が果たされているかぎり、伝統的な政治システムであっても近代的な政治システムであっても、何らかの政治構造が存在しているという立場に立つ。ここからアーモンドは、いかなる政治システムであっても、それが現に存在している以上、それらはいずれも最低限の同一な政治的機能を遂行しているはずだと考えた。その機能的カテゴリーについてアーモンドは、後期パーソンズの機能カテゴリーであるＡＧＩＬ図式を素通りして、イーストンやラスウェルらが政治システム論において試みてきたインプット／アウトプット図式を修正することで暫定的なカテゴリーを作成している（Almond 1960 : 17 = 1982 : 104-105）。そして、それが近代的な政治システムであったとしても、政治構造は機能に対して一対一の関係にあるのではなく、現実にはひとつの政治構造が複数の機能を果たしている、とされる（もちろん、前近代的な社会では、政治的機能はさまざまな主体や構造によって多元的に果たされている）。ここまでが、四つの命題のうち、1から3の命題が意味していることであり、それによってアーモンドの政治システム論もしばしば「構造－機能的」と呼ばれている（cf. 深沢 1986 : 68-69）。

だが、アーモンドによる「構造－機能主義」――アーモンド自身はそれを「機能－構造的（functional-structural）」と呼んでいる（Almond 1960 : 59 = 1982 : 161）――がパーソンズの構造－機能主義から外れているのは、インプット／アウトプット図式による機能カテゴリーを作ったことではなく、むしろ構造概念の理論的な位置づけの方である。上述の「政治構造が政治的機能を遂行する」や「政治構造は多機能的である」といった言い回しに表れているように、アーモンドは政治構造をたとえば政党制・司法機関・メディア・議会などのいわゆる政治制度と同義的なものとして扱い、構造に一種の主体的な行為能力を認めている(cf. Almond 1960 : 17-19 = 1982 : 105-108)。だから、ひとつの政治システム内にはさまざまな「政治構造」が存在していることになる。それと同時に、六〇年論文においては、一九五六年論文の時点で構造と関連づけられ、政治システムの単位となっていた役割概念は後退している[8]。第2章二節を振り返っておけば、中期パーソンズ理論における「社会構造」とは、社会秩序を可能にする相補的に安定した役割期待のパターンのことであり、また、「機能」とはそうした構造を維持あるいは撹乱する過程のことであった。そのかぎりで、アーモンドの「構造が機能を遂行する」という命題は、パ、ー、ソ、ン、ズの意図に即するかぎりでは誤用であると言うほかない。もちろん、パーソンズの趣旨に合致していることが、理論的に見て無条件に「正しい」ということにはならないが、少なくともパーソンズの構造‐機能主義とアーモンドの「構造‐機能主義」を同じ性質のものとして括ることはできないということになる。

つぎに、政治システムの比較をおこなう基盤としての伝統社会/近代社会というタイポロジーが、先の四つの命題のうちの3と4の命題、すなわち政治システムの構造的多機能性と文化的混合性(二元性)に関連している。政治システムの文化的混合性とは、「近代的なシステムにおいても『原始的』あるいは『前近代的』な政治構造が存続していること」(Almond 1960 : 22 = 1982 : 111)として表現される。六〇年論文では政治文化概念についてはあまり掘り下げられていないものの、現実の政治文化が混合的な形態をとるということの考えは、一九六三年の『市民文化』においては決定的な意義をもつことになる。ともあれ、六〇年の時点でアーモンドは、政治システムが伝統的要素/近代的要素から二元的に構成されていることに関して、パーソンズのパターン変数図式(の一部)の応用を考えた。つまり、伝統的な様式の指標としての「無限定性・特殊主義・所属本位・感情性」と、近代的・合理的な様式の指標としての「限定性・普遍主義・業績本位・感情中立性」である(Almond 1960 : 63 = 1982 : 166-167)。しかしながら、アーモンドはパターン変数に指標としての有用性を認めつつも、「仮にわれわれが展開してきた二元性の仮説が正しければ、『パターン変数』という概念は不適切な理論的分極化を招来しているように思われる」（Almond 1960 : 23 = 1982 : 112）と述べ、パターン変数の組み合わせから社会構造と文化の関係性を分析するという中期パーソンズのプログラムを拒否している。なぜなら、アーモンドの見るところ、政治システムの構造や文化が混合的・二元的であるということは、パターン変数のように二者択一的な形式が当てはまらないことを意味するからである。こうして、アーモンドの機能主義アプローチにおいては、パーソンズが構造‐機能主義として表現した実質的な分析プログラムが放棄されていると言えるだろう。

そして、アーモンドの六〇年論文の三番目のトピックが、政治文化論と政治的社会化を結合させることである（cf. 内山 1970 : 69）。六〇年論文および『市民文化』における政治的社会化の研究は、（アーモンド自身がかつておこなったような）幼年期のみに軸足があるものではなく（cf. Almond 1945）[9]、政治との接触を通じて人びとが獲得する政治的態度の重要性にも力点を置くものである。パーソンズが中期・後期以降、人びとが文化的価値を「内面化」する過程としての社会化作用を重視したのと同様に[10]、アーモンドも政治文化は幼年期（「潜在的第一次過程」）から市民として政治システムに関係する時期（「顕在的第二次過程」）にいたるまで、政治的社会化を通じて人びとの政治的態度に内面化されると考えた（Almond 1960 : 30–31 = 1982 : 122–123）。「政治的社会化は、政治文化への誘導過程である。その最終的な産物が、政治システム、その様々な役割、そして役割保持者に対する一連の態度——認知・価値基準・感情——である。それにはまた、政治システムへの要求や主張というインプットおよびその権威的なアウトプットに対する知識、それらに影響を与える価値観、それらに対する感情が含まれている」（Almond 1960 : 27–28 = 1982 : 118）。そして、近代的政治システムの文化的二元性という先述の命題は、この政治的社会化において潜在的第一次過程（そこでは「無限定性・特殊主義・所属本位・感情性」が優位する）と顕在的第二次過程（「限定性・普遍主義・業績本位・感情中立性」が優位する）それぞれの影響が入り混じることで生み出されるとされている。こうして、アーモンドの機能主義プログラムにおける政治文化論研究は、政治的社会化を通じた市民の政治的態度の分析と渾然一体となったものとして立ち現われるのである。

以上で、六〇年代型政治文化論を政治理論として構成する二つの主要な要素――政治文化概念と機能主義的政治システム論――の概要は示された。本節の残りでは、六〇年代型政治文化論研究そのものとほとんど同義となっている、アーモンドとヴァーバによる一九六三年の『市民文化』を検討することにしたい。

3　政治文化論研究の金字塔――アーモンドとヴァーバによる『市民文化』（一九六三年）

著者自身の回顧的な引用からはじめよう。のちに政治学者としてはアーモンドとは異なった道を選んだヴァーバは、一九六三年の『市民文化』を簡潔に次のように表現している。「『市民文化』は、民主主義の安定性というマクロ政治の問題を扱うのに、調査技術を用いて一連のさまざまに異なった国々の市民の態度と価値観を研究した」(Verba 1980 : 397)。この引用文中で強調されている部分（原文ではイタリック）こそが、『市民文化』の特徴を表すキーワードになっている。本書ではこれまでに、なぜ一九六三年にこのような研究がおこなわれ、それがどのような概念および理論に立脚しているかについて、十分な検討をおこなってきたつもりだ。『市民文化』に関しては、アーモンドがそれまで段階的に発展させてきた理論を組み合わせて実際に比較政治研究に応用するという試みであるために、政治文化論を「政治理論」として分析することを目的とする本書にとっては、同書のみが排他的な重要性をもっているわけではない。しかしながら、六〇年代型政治文化論の政治理論的な性格は、その理論がどのように応用されるかを見ることでより鮮明に確認できると思われる。よって、『市民文化』については、その分析方法や分析の方針について、多少詳しく見ておきたい。

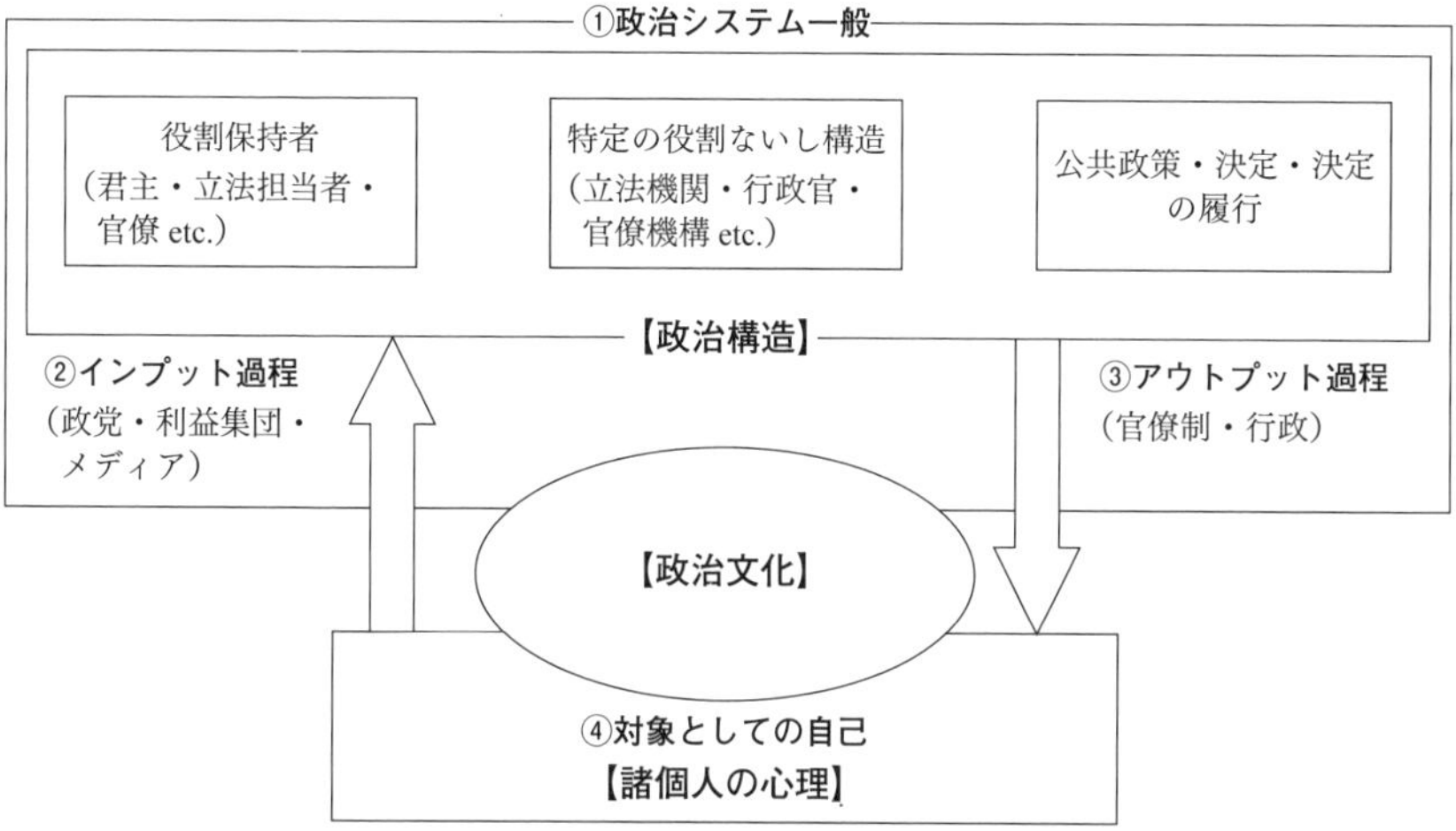

図 3-1　『市民文化』における政治文化概念の位置づけ

出典）Almond and Verba（1963 : 15-16 = 1974 : 12-13）をもとに筆者作成。

（a）『市民文化』における分析の方法

『市民文化』は、アメリカ・イギリス・西ドイツ・メキシコ・イタリアの五カ国を対象に、各国の市民それぞれ一千名ずつを面接調査し、そこから得られたサンプルから安定した民主主義政体（＝アメリカとイギリス）に必要な政治文化と社会環境のあり方を示すものである。ここで政治文化とは、「政治システム一般、そのインプットとアウトプットの側面、そして政治的行為者としての自我に対する、認知的・感情的（affective）・評価的な諸志向の異なる種類の頻度分布」（Almond and Verba 1963 : 17 = 1974 : 15）として定義される。これは、六〇年論文においてインプット／アウトプット図式をもとにした（パーソンズとはちがった意味での）システム論が取り入れられたことを反映している。その結果、『市民文化』における調査は、図3-1をベースにしておこなわれることになる。

アーモンドらの分析は、この図3-1に示された①〜④の対象のそれぞれに対して、人びとがそれをどのように認知し、どのような感情をもち、どのように評価するか、という「政治的志向」の分布を集計し、その分布パターンを「未分化型（parochial）」「臣民型（subject）」「参加型（participant）」という三

表 3-1 「政治的志向」とその対象

	①一般的対象としてのシステム	②インプット対象	③アウトプット対象	④対象としての自己
認知				
感情				
評価				

出典）Almond and Verba（1963 : 16, Figure 1 = 1974 : 14, 第一図）.

つの政治文化類型に振り分けるというものである。そしてそのうえで、それぞれの政治文化類型が、どのような政治構造と結びつきやすいかについて評価することで、民主主義政体に適した政治文化モデルを提示するという手順でおこなわれる。よって、人びとへのインタヴューから得られたデータは、表3-1のマトリックスにしたがって処理される。

政治文化類型における「未分化型」とは、政治システムが全体社会における他の部分システムから分化したものとして人びとに認識されておらず、たとえば宗教的なリーダーが政治的・経済的・宗教的役割をすべて担っているような社会に見られる政治文化である。あきらかに、未分化型の政治文化は、前近代社会に対応するものとして想定されている。「臣民型」の政治文化は、政治システムにおけるアウトプット的な側面には敏感である一方で、インプット側面への人びとの関心が薄いような政治文化である。つまり、臣民型の政治文化では、人びとは政治に対して受動的な存在であるということになる。最後に、「参加型」の政治文化は、人びとが政治のインプット的側面とアウトプット的側面のどちらにも志向していて、政治的に活動的な政治文化である（Almond and Verba 1963 : 17–19 = 1974 : 15–17)。このそれぞれの理念型としての政治文化類型は、表3-2のように表現される。

さらに、『市民文化』における分析方法を支えているのは、行動論的な社会科学観である。六〇年代型の政治文化論が、行動論政治学という文脈を背景にしていることは、第1章二節ですでに述べた。よって、一般に行動論して括られる政治学研究がどのようなプログラムを掲げているかについて、ここでもう一度繰り返すことはしない。だが、

表 3-2　理念型としての政治分化類型

	①一般的対象としてのシステム	②インプット対象	③アウトプット対象	④積極的参加者としての自己
未分化型	0	0	0	0
臣民型	1	0	1	0
参加型	1	1	1	1

注）0＝その対象へ志向（認知・感情・評価）が存在しない，1＝志向が存在する。
出典）Almond and Verba（1963 : 16, Figure 2 = 1974 : 14, 第二図）.

アーモンドとヴァーバが実際に五カ国の政治文化を調査・分析する際に、方法、論およ、び操作化手続きにおいてどのような方針を立てていたかについては、（彼らの政治理論とは別に）あらためて確認する価値があるだろう。

アーモンドとヴァーバは、政治文化研究の方法論を確認している章（「第二章　交差国家研究と政治的行動——方法についての若干の考察」）の冒頭で、次のように述べている。「われわれは、たんに事実の解釈を問題にするのではなく、なによりも第一に事実それ自体を問題にする」（Almond and Verba 1963 : 43 = 1974 : 41）。そして、人びとの政治生活に関する事実を発見する方法は、かつての偉大な思想家や科学者が書いた書物を読み解いていくことではない。そうではなくて、「人びとに質問することである」（Almond and Verba 1963 : 44 = 1974 : 42）。政治文化を構成しているのは、普通の人びとの日常的な政治的態度なのだから、まずそうした普通の人びとを面接することが必要になる。こうした前提にもとづいて、『市民文化』における面接調査では、五カ国五千人の人びとに、平均でそれぞれ四〇分から一時間強の時間をかけて質問に答えてもらい、必要があればさらに追跡調査をおこなっている。

一般の人びとの政治的態度を調査して、それを国ごとに比較するということは、現在の目から見ればそれほど変わった方法には思えないかもしれない。けれども、一九六〇年代当時の政治学では、同じ質問項目に組織化されたアンケートによって、各国の政治的態度を比較するという方法は、ほとんどおこなわれていなかった（Almond and Verba 1963 : 50 = 1974 : 47）。これこそまさに、政治学者の視点を「政治の外側の領域」に移動をさせた行動論政治学と、比較政治学とが合わさったことの成果だったわけである。それによって、まぎれもなく〝科学的な〟政治文化論研究が可能になる。しかしながら、そのことの裏返しとして、『市民文化』は人びとの政治的態度に関してアンビヴァレントな態度をとっている。すなわち、アーモンドとヴァーバは、たしかにあらたな研究領域として普通の人びとの日常的な政治的態度に注目したけれど、彼らの考える〝科学性〟からすれば、人びとの日常的な語彙や会話自体に信用を置くわけにはいかなかったのである。実際に、次のように言われている。

〔イギリス人やメキシコ人に話しかけることで得られた〕そうした証拠はたいていの場合、直接的なものではあるけれど、なにげない会話や不適切なサンプルにもとづいていたりして、体系的ではない。――〔中略〕――われわれが集めようとしたのは、政治的態度に関する直接的であると同時により正確なデータである。

(Almond and Verba 1963 : 51 = 1974 : 47–48, 傍点は引用者)

それゆえ、分析上の主要な問題は、政治システムの特徴に関する質問に答えるなどかつて経験したことのない一千名の個人からの回答を、どのように用いるかということである。

(Almond and Verba 1963 : 73 = 1974 : 66)

こうした理由から、アーモンドらは、さきほどのマトリックス表（表3-1、表3-2）を利用して、非科学的なデータを科学的なものへと変換するという道筋をとった。パーソンズ由来の「志向」概念は、そうした変換のために用いられることになる。

では、諸個人の政治に対するさまざまな「志向」、つまり、アーモンドらが言うところの「認知」「感情」「評価」とは、具体的にどのように操作化されるものなのであろうか。まず、「認知」とは、端的に言えば政治についての知識と政治的関与の強度のことである。それは、①政府のもつ重要性の認識、②政治的問題の自覚とその問題との接触経験、③政治的知識、④政治的関与への積極性、という四つの尺度によって測られる（Almond and Veba 1963 :

79–80 = 1974 : 78–79)。政治への認知的な志向を測るためのアンケートには、この四つの尺度に関係するような項目が含まれている。つぎに、「感情」は、さきほどの図3-1において①〜③に示される「政治システム一般（国家）」「アウトプット過程（官僚制・行政）」「インプット過程（政党・利益集団・メディア）」に対して、回答者がどのような感情や期待を抱いているかを質問することで得られる（第四・五章）。最後に、「評価」とは、政治的なものに対する判断や意見のことであり、これは、人びとが政治において自分が何をすべきと考えているかという規範と（第六章）、広い意味での政治的有効性感覚（第七・八・九章）から成り立っているとされる。たとえば、人びとが、自分の属しているインフォーマルな集団が、いざというときに政治的な影響力行使の助けとなると考えているか否かということは、政治システムの特質に大きく影響する。「評価」においてアーモンドらが関心をもつのは、要するに、人びとの政治参加に対する態度と政治システムの安定性の関係についてである（Almond and Verba 1963 : 231 = 1974 : 233）。[11]

アーモンドによるもともとの政治文化概念の定義にしたがえば、以上の方法論と操作化によって、とりあえず五カ国の政治文化をあきらかにするための道具立てはすべてそろったことになるはずである。けれども、『市民文化』の第三部では、「政治文化と社会関係」として、政治文化に政治以外のさまざまな社会関係がどのように影響しているのかについて検討が続けられることになる。ここで大きな役割を果たすのが、六〇年の論文においてアーモンドが本格的に導入した政治的社会化作用の議論である。つまり、幼少期の環境や受けた教育だけでなく、大人になってからの直接的には政治に関係しない経験が、その人の政治的態度にどのような影響を及ぼしているかが検討されることになる。[12]その第三部の冒頭では、次のように述べられている。

> 第二部においてわれわれは、とりわけ政治的な資質と態度、五カ国におけるそれらの分布状況、民主主義の兆候としてのそれらの相互依存などを論じてきた。一般的な文化の特徴から、政治的資質と態度を切り離すことは、分析的には正当化される。――〔中略〕――しかしこのことは、政治的態度が自律的であって、他の社会的

態度に関係していないという意味ではない。実際、政治的態度と社会的態度は密接に連関しているのであるが、その両者を分離することによってはじめて、それをより一般的な社会的文脈に関係づけることができるのである。
(Almond and Verba 1963 : 261 = 1974 : 260)

そのため、第三部では、「民主主義の文化に関連のある社会的・心理的条件」(Almond and Verba 1963 : 261 = 1974 : 260)、具体的に言えば、一次集団で培われた社会的信頼や他者一般に対する態度、二次集団としての自発的結社への参加、あるいは家庭・学校・職場での人びととの経験に目を向けなければならないとされるのである。そして、第三部での検討も、データは人びとからアンケートをとるという方法で集められ、それがさまざまな政治的な指標とどのような相関関係にあるのかが分析される。その結果、たとえば、アメリカとイギリスでは他の三カ国の場合と比べても人びとはお互いを信頼し合っているのだが、そうした社会的信頼感が政治システムに対する信頼感や積極的な政治参加の意志につながっているといったことや(Almond and Verba 1963 : 297 = 1974 : 292)、五カ国いずれにおいても、自発的結社に所属する人はそうでない人に比べて、強い政治的有効性感覚をもつ傾向にあるといったこと(Almond and Verba 1963 : 306–307 = 1974 : 304)が主張されている。これらのことから、アーモンドとヴァーバは、「市民文化の構成要素としての社会的信頼と協調性が果たす役割は、いくら強調しても足りないほどである」(Almond and Verba 1963 : 490 = 1974 : 487)と言う。のちの信頼論／ソーシャル・キャピタル論につながる視点である。

さて、以上の検討を経たうえで、『市民文化』では、第四部一四章および第五部において、ようやく結論に至る。まず、サンプルから五カ国それぞれの政治文化の特徴がまとめられ[13]、それをもとにして安定的で有効な民主主義を維持するような政治文化(=「市民文化」)について考察がなされる。参加民主主義の規範からすれば、「参加型」の政治文化がそのまま「市民文化」として描かれても不思議ではないが、アーモンドとヴァーバはそれとはちがった見解を述べている。

市民文化は、混合型の政治文化である。そこでは、多くの個人が政治的に能動的であるが、同時に臣民としてより受動的な役割を果たしているだけの人びとも多い。さらに重要なのは、市民として能動的な政治的役割を担っている人びとにおいてさえ、臣民型および未文化型の役割が取り除かれてしまっているわけではない、ということだ。――〔中略〕――政治活動はさまざまにある市民の関心事のうちのひとつにすぎず、しかもたいていはそのなかでもさして重要なものでもない。〔臣民型と未分化型という〕他の志向をもちつづけることは、その人が政治活動に傾斜していく程度を制限し、いわば、政治を適度なところにとどめることになる。

(Almond and Verba 1963 : 474–475 = 1974 : 473–474)

民主主義を支える政治文化としての「市民文化」は、人びとがつねに政治システムへの関与を求めるようでは成り立たない。その場合、社会生活のあらゆる側面が〝政治化〟されてしまうであろうし、また、過度な要求を突き付けられた政治システムは、通常の作動様式を維持できなくなるからである（そしてそれが、アメリカの政治文化が「市民文化」の理念型から外れている理由でもある）[14]。そうした理由から、アーモンドとヴァーバは、「市民文化」における市民は能動的であるのではなく、潜在的に能動的であると論じている（Almond and Verba 1963 : 481 = 1974 : 480）[15]。言い換えれば、「市民文化」とは、「参加型」の政治文化をベースに、そこに「未分化型」と「臣民型」の政治文化が適度に混ぜ合わさったものなのである[16]。体系的な政治理論を構築し、それを経験的なデータ収集のための方法論に反映させ、五カ国の政治文化の特徴を類型化し、さらにその類型を現実の政治システムの作動と対応させながら見るという手法で、アーモンドとヴァーバは六〇年代型政治文化論を完成させたことになる。

以上が、『市民文化』の論理と構成である。これを踏まえたうえで、今度は『市民文化』が政治理論としてもっている問題点を論じていくことにしよう。

(b)『市民文化』における理論上・方法論上の問題点

さきほども述べたように、一九六三年の『市民文化』は、アーモンドが五〇年代半ばから構想してきた政治理論を実証研究へと応用したものである。そして、アーモンドの政治理論の問題点、とりわけ、中期パーソンズ理論の援用方法と「政治の領域／その外側の領域」という問題構成との齟齬は、それが経験的研究に移される過程でより明瞭に確認され得る。というのも、のちにアーモンド自身が認めているように（Almond 1990 : 142）、『市民文化』を可能にした最大の駆動力が、調査および統計の技術的な進歩であったからである。J・ジョンソンも、「［アーモンドとヴァーバの］政治文化研究は、明確にパーソンズによる知的遺産の流れを汲んでいる」ものの、あたかもサーヴェイ技術こそが分析の中心課題のように装うことで、「政治文化研究を主導した人びとは、自らの研究の基礎を十分に精査していない」と述べる（Johnson 2003 : 96–97）。つまり、アーモンドとヴァーバは『市民文化』研究をおこなうに際して、データの収集と統計的処理を最優先することで、議論の舞台装置であるべき自身の問題構成と、それに向き合う政治理論を切り下げてしまっているのである[17]。政治文化に関するアーモンドの政治理論の全体的な性格は次節で検討する課題であるが、ここでは『市民文化』に限って、その理論上・方法論上の問題点を検討していこう。

まず、政治文化概念の導出の仕方についてである。あらためて見ておくと、アーモンドらは、政治文化概念を、「政治システム一般、そのインプットとアウトプットの側面、そして政治的行為者としての自我に対する、認知的・感情的・評価的な諸志向の異なる種類の頻度分布」（Almond and Verba 1963 : 17 = 1974 : 15）と定義していた。そして、ここで述べられている政治的志向の様式は、「パーソンズとシルズに倣ったもの」（Almond and Verba 1963 : 15 = 1974 : 12）だとされている。だがそれは、本節の*1*ですでに指摘したように、パーソンズが「行為の動機志向」ということで意味しているものとは、かなりかけ離れている。どういうことかと言えば、行為者の「認知」「感情（カセクシス）」「評価」という志向によってパーソンズが意味していたのは、対象を認知し（＝対象に対する知識を持ち)・感情をもち・評価するという別々の〝行為の仕方〟のことではなく、「認知」「カセクシス」「評価」がひとつの単位行為を構成する成分であるということなのである。[18] そもそも、初期から中期にかけてのパーソンズ理論の論理は、人間はみずからの自由意志にしたがって生きることができるが、その自由意志のなかには、かならずその個人からは超出した規範が含まれていなければならない、というものであった。その論理を行為者の動機志向のなかで表現するのが、行為者の意志による状況の認識と手段の選択としての「認知」「カセクシス」であり、その選択に規範的・文化的な基準を与える「評価」なのである。[19]

もっとも、パーソンズ理論に則っていれば有意な政治文化分析をおこなうことができるかどうかは別問題であり、実際に次章で示すように、本書はこの見通しについては悲観的である。だが、パーソンズ理論を文化の分析に応用する可能性の極点を見定めるためにも、その概念体系に含まれる文化的な機制を押さえておく必要はあるだろう。そして、初期・中期パーソンズ理論の最大のポイントこそ、個人の心理に個人を超え出た文化的な規範が含まれているという想定をどう捉えるのかというところにある。この点を捉え損なっている（あるいは故意に無視している）結果として、アーモンドらの「文化」概念は、個々人の心理から超出しつつそれ自体ひとつの統合されたシステムを形成しているものとしてではなく、「社会的対象に対する心理的な志向」(Almond and Verba 1963 : 14 = 1974 : 11) という意味に難なく置き換えられてしまう。たしかに『市民文化』においても、アーモンドらが心理学還元論を乗り越えようとしているのは読み取れる (cf. Almond and Verba 1963 : 73–76 = 1974 : 66–69)。しかし、彼らが摂取したパーソンズ理論は、あくまでも政治的態度や政治心理学の範疇から解釈されたものでしかない。それによって彼らは、諸個人の心理にも政治システムそれ自体にも還元されない、文化という第三項からの分析アプローチの可能性を自ら閉ざしてしまっているのである。

以上のように、政治文化論が実証分析へと応用される過程で、アーモンドらが政治文化概念を個人の心理の側面から、つまり行動論的な視座から分析せざるを得なかったということは、『市民文化』における議論にもうひとつの特徴をもたらした。それは、同書に第三部として「政治文化と社会関係」というセクションが設けられたことである。アーモンドとヴァーバは、第三部において、個人の非 - 政治的な対人的・社会的態度を政治文化の構成要素に加え、さらにそうした非 - 政治的要素が政治文化の性質を大きく左右すると論じている。なぜこのことを『市民文化』の特徴として取り上げるのかと言えば、次の理由による。すなわち、仮に社会的信頼や協調性などの対人的な関係が「市民文化の構成要素」でありつつも、別の箇所で言われているように「対人的態度はその内容において非政治的である」（Almond and Verba 1963 : 281 = 1974 : 280）のだとすれば、結局のところ政治文化と一般的な文化とのあいだに明確な境界が存在しないことを意味するからである（Lijphart 1980 : 38）。

　そもそも六〇年代型政治文化論が成立した意義は、従来曖昧に使用されてきた「習俗」（トクヴィル）・「エートス」（バンフィールド）・「国民性」などの概念に代えて、一般的な文化から区別されるものとしての政治文化概念を理論化したところにあったはずである。そのために、当初、政治文化はわざわざ「政治的」志向という概念を経由して定義されたのだった。だから、政治文化が、人びとの「政治的」態度と同様に「社会的」態度からも構成されるとすることは（つまり、政治文化が「政治的である」とともに「政治的でない」とするならば）、「政治文化」概念の第一義的な存在理由が見失われていることを示している。[20] そして、こうした問題を準備した原因は、本節*1*でも指摘したように、アーモンドが中期パーソンズの概念や分析枠組みを無媒介的に「政治的なるもの」の領域に適用しているところにあると言えよう。中期パーソンズにおける「行為の準拠枠」は、あくまでも一般的な社会秩序を念頭に置いた場合に意味をもつものであって、そこから（パーソンズの文化概念から区別されるところの）政治文化概念を一義的に導けるかどうかについては自明でない。この点についての検討を怠ったことで、アーモンドらの政治文化概念は——行動論的な実証研究の便宜が優先されたことと相俟って——、理論的な正当性をもたない雑多な概念によって構成されてしまっている。そこに欠落している視角は、いかにして文化的なものが「政治の領域」へと媒介されるのか（そしてそのかぎりで政治文化を語り得るのか）、という原理的な問いである。

以上で、六〇年代型政治文化論の形成過程とその際にアーモンドによってなされた理論上の選択は、ほぼあきらかになったはずである。次節では、問題構成と理論的な資源との適合性という本書の分析の軸と照らし合わせつつ、政治理論としての六〇年代型政治文化論に対する本書の評価を示すことにしたい。

第二節　六〇年代型政治文化論の衰退と理論的性格

アーモンドらの政治文化論が、七〇年代以降に衰退していった背景は、かならずしもそれが「政治理論」として内包する限界に注目が集まったからではなかった。むしろ、政治学者たちの問題関心の変化によって、政治文化論を支えていた学術的な文脈が説得力を失っていったことが政治文化論衰退の背景にある。本節は、前節での検討を引き継ぎつつ、六〇年代型政治文化論の理論的な性格を全体として分析することを目的としている。だがその前に、政治文化論が衰退したことの学術的な事情について多少触れておく必要があるだろう。

まず、第一に、六〇年代型政治文化論が衰退した最大の原因として、第二次大戦後の政治学を主導し、かつ政治文化論の基盤でもあった行動論政治学からの離脱の機運が一九六〇年代以降に高まったことが挙げられる。それを象徴するのは、戦後の行動論政治学を主導したイーストンが一九六九年に「脱行動論革命」を宣言し、政治学の問題関心が現実の政治状況から乖離すべきではないことを主張したことである（Easton 1969＝1976）。実際に六〇年代のアメリカでは、ヴェトナム戦争、公民権運動、大学紛争など、現実政治上の重大なイシューがつぎつぎと浮上しており、政治学者の関心は抽象的な〝科学としての政治学〟を求める行動論から離れていった。

第二に、アーモンドらの政治文化論研究の前提に見られる、西側リベラル・デモクラシーへの素朴な信奉（＝「アメリカやイギリスこそが、民主主義の正しいあり方をもっとも体現している」）や単線的発展史観による研究上のバイアス

（＝「発展途上国も、西欧先進諸国の発展と同じ経路をたどって、いつかは同じところに行き着くはずだ」）が批判され（Pateman 1980）、また非西欧諸国の研究においては従属論アプローチが採られるようになったことも（深沢 1986）、政治文化論が立脚する比較政治学の前提を掘り崩した。アーモンド的な比較政治学研究の衰退は、八〇年代の比較政治研究において再び制度の重要性が〝発見〟されることの素地を作っている。そしてそれは、かつての伝統的な制度論との差別化をはかるために、「新制度論（new institutionalism）」と呼ばれるようになる。

第三に、現在まで続く傾向として、六〇年代に「簡潔である（parsimonious）」という強みをもつ合理的選択理論パラダイムが出現したことが挙げられる。経済学から輸入された合理的選択理論の簡潔さと高い汎用性は、心理学と社会学に由来する煩雑な概念群に埋もれていた六〇年代型政治文化論からの離脱を決定的に加速させた（Pye 1991；Johnson 2003）。このことを指して、レイテンは、「一九七〇年代までには、たいていの比較政治学者は、あたかも無益な政治文化論の枠組みから逃避するかのように、政治経済学の分野へと移っていった」（Laitin 1995：169）と述べている。そして付言しておけば、この合理的選択理論と、比較政治学における新制度論を取り込みつつ政治文化論を乗り越えようとしたのが、パットナムのソーシャル・キャピタル論であった。

しかしながら、以上のような要因が六〇年代型政治文化論の衰退を準備した実質的な環境であったとしても、こうした要因を列挙するだけでは政治文化論の理論的内実に迫ったことを意味しないし、また政治文化論を本質的に葬ったことにもならないだろう。政治文化論を政治理論として葬っておかなければ、政治文化論の問題構成を引き継ぐ九〇年代以降の信頼論においても、政治文化論と同じ失敗が繰り返されるかもしれない（し、実際そのようになっているように見える）。よって、ここで取り組むべき課題は、政治文化論を政治理論という視角から分析し、その限界を内在的に見極めることを通じてあらたな政治理論の可能性を探るという作業である。要するに、政治文化論の問題構成と理論的基礎の論理的な適合性を判断することが必要なのである。

政治理論としての六〇年代型政治文化論の特徴は、「政治の領域」と「その外側の領域」がどのようなかたちで接続されているかという問題構成に対して、その二つの領域を媒介する第三項としての「政治文化」概念を設定したことである。そして、そのためにアーモンドは、一方で「政治の領域／その外側の領域」という問いを、「政治システム／諸個人の心理」として行動論的に具体化し、他方で中期パーソンズの社会理論から、複数のパーソナリティを統合して社会システムを形成する「文化」概念を援用し、政治理論として次のような全体像を提起した。

われわれが指摘したいのは、政治システムを形成している個々人の態度と動機と、政治システムの性格やパフォーマンスとのあいだのこうした関係は、以上で述べてきた政治文化の概念によって体系的に発見されるであろうということである。言い換えれば、ミクロ政治とマクロ政治のあいだの連結環こそが、政治文化なのである。

(Almond and Verba 1963 : 33 = 1974 : 29)

この引用文でアーモンドらが述べる企図は、しかしながら、政治理論としては破綻していると言わざるを得ない。本書のこれまでの検討をまとめれば、その破綻の原因として、次の六点を挙げることができる。

第一に、アーモンドがパーソンズの行為理論を行動論的に読み替えたことであり、これによって、文化的なもの（パーソンズの場合は「共有価値」）が政治文化の理論から欠落している。また第二に、アーモンドは中期パーソンズ理論における主要な分析道具である、パターン変数図式も無視している。そのため、アーモンドは文化を分析的に用いるための方法をもたないことになる。第三に、中期パーソンズ理論において、社会システムと諸個人のパーソナリティをつなぐための概念であった「役割期待」について、アーモンドは十分な注意を払っていない。結果として、アーモンドの政治理論では、あたかも政治システムと諸個人の心理が——言い換えれば、政治という社会現象と人びとの心が——無媒介に接続するかのような論理構成になってしまっている。第四に、そもそも六〇年代型政治文化論は、中期パーソンズ理論における各構成体に「政治」という接頭辞を加えたものであり、中期パーソンズの一般システム理論から政治という部分システムの理論に移行する際のロジックについては無頓着である。第五に、

表3-3　アーモンドによる政治文化論の政治理論上の問題点

「脱－文化」性	1. パーソンズの行為理論を行動論的に読み替えたこと
	2. 行為の価値志向やパターン変数図式といった，文化的要素の捨象
	3. 政治システムと個人との結節点としての役割概念の検討不足
「脱－政治」性	4. 中期パーソンズ理論の概念用具を，パーソンズ自身が想定していない「政治」という部分システムに移し変えたこと
	5. 構造－機能主義を政治制度の機能遂行様式の問題へとすり替えたこと
	6. 人びとの「政治的」態度と「社会的」態度とを区別する視点の不在

アーモンドの「構造－機能主義」は、政治システム内に複数存在している政治構造（＝政治制度）が、それぞれどのような機能を果たしているかを検討するという方針のもとに組み立てられている。ここでも、政治システムの同一性としての政治構造がどのようなものであるのかについては、なにも示されていない。最後に、『市民文化』では、人びとの「政治的」態度と「社会的」態度のいずれもが政治文化の構成要素として位置づけられていた。それによって、アーモンドの政治文化概念は、一般的な文化概念との差別化がされ得なくなっている。こうした問題点のうち、第一から第三が、六〇年代型政治文化論の「脱－文化」性につながっており、残りの第四から第六が、「脱－政治」性という傾向につながっている（表3-3）。

以上の結果として、六〇年代型政治文化論は、「政治システム」と「諸個人の心理」とのあいだを容易に往復することができ、実際にそこから『市民文化』という現代政治学の古典にかぞえられる研究が生まれている。だが、アーモンドの政治理論は、マクロ／ミクロの二つの領域の区別と接続というアーモンド自身の問題構成を裏切っている（cf. Pye 1973：70–71；Lehman 1972：362）。つまり、本来であれば「政治システム／諸個人の心理」を媒介する第三項であるべき「政治文化」概念が、政治文化論のなかでなんら積極的な役割を果たしていないばかりか、理論のなかで過剰な要素になっているのである。そのため、アーモンドらの分析には、政治システムと諸個人の心理的な傾向を無媒介に結びつける「生態学的誤謬」さえ見て取ることができる（Kavanagh 1972＝1977）[21]。

よって、少なくともアーモンドらの六〇年代型政治文化論に関しては、しばしば言われる文化還元論という批判はあたらない。たしかに初期・中期パーソンズの社会理論は文化還元論的な性質を免れなかったものの、アーモンドはパーソンズから文化的な機制をいっさい取り除いてしまったために、そこに残されたアーモンド流の「構造 - 機能主義」は（行動論政治学の中では一般的であった）機能主義的政治システム論という以上の意味を持たなくなっている。その意味で、六〇年代型政治文化論は、文化概念なき文化論であったと言う方が正確であろう。しかもそれは、D・アプターが比喩的に表現したように、「〔難解な中期パーソンズ理論という〕悪者を玄関から追い出しておきながら、裏口からそれを引きずり入れている」（Apter 1961 : 588）。すなわち、まったく新しい政治システム論を生み出したというよりも、パーソンズと行動論政治学との歪な折衷であったように思われる。

また、アーモンドらの議論が、諸個人の志向から政治文化への影響のみを想定し、政治構造それ自体から政治文化への影響を考慮に入れていないということが問題の本質なのでもない。ペイトマンは、「パーソンズの枠組みはミクロ・レベルに焦点が合わせられたものであり、文化と構造の関係について何も言える立場にはない」（Pateman 1971 : 293）ために、「政治文化と政治構造が相互に依存しつつ相互に補強し合っている」（Pateman 1971 : 302）事実を捉えることができないと批判する。これに対しては、A・レイプハルトが「『市民文化』の厄介な誤読」（Lijphart 1980 : 48）と述べ、アーモンドも「本質的に擬似的な問題（a straw-man polemic）」（Almond 1990 : 144）と反論している。しかし、本書の立場からすれば、ペイトマンもレイプハルトもアーモンドも、異なった意味でそれぞれ『市民文化』の論理構造を不当に高く評価している。なぜなら、六〇年代型政治文化論の政治理論としての問題は、「政治構造 - 政治文化 - 諸個人の心理」の関係性以前に、そもそも「政治構造」「政治文化」「諸個人の心理」という概念の理論上の地位を、それぞれ有意味なかたちで確立できていないことにあるからである。だから、それらのあいだの関係をどう捉えようが、理論命題がつねに「空虚なトートロジー」（Kim 1964 : 330–331）に陥る危険があることこそが問題なのである。

六〇年代型政治文化論が政治理論として抱える課題は、「政治の領域」と「政治の外側の領域」を理論上区別することができず、そのかぎりで両者を接続・媒介する第三項としての「政治文化」概念が必要とされていないところにある。あるいは反対に、政治文化論において「政治の領域／その外側の領域」が区別できるのであれば、今度は「政治文化」概念が両者を接続・媒介する形式が与えられない。言い換えれば、政治文化論は、政治「文化」論であることの意義と、「政治」文化論であることの意義とを、相互背反的にしか主張し得ないのである。そして、六〇年代型政治文化論は、この隘路を抜け出るための突破口を見つけられないまま急速に衰退していった。

もっとも、一九六三年の『市民文化』を以ってアーモンド学派の政治文化論が完全に終わったわけではないし、政治文化論研究のあらたな方向性への模索が途絶えたわけでもない[22]。また、六〇年代型政治文化論が取り組んだ問題構成は、すでに時代遅れの遺物として簡単に片付けられるようなものでもない。六〇年代型の政治文化論は、それ以前の政治認識の水準を飛躍的に高めた一個の「政治理論」をもっており、政治文化論を乗り越えたとされる信頼論やソーシャル・キャピタル論に必要な政治理論を構築するという課題を見据える本書にあっては、その可能性と限界をより深くまで追究しなければならない。次章において、六〇年代型政治文化論を批判的に継承しつつそれを乗り越えるための内在的契機を、後期パーソンズやアーモンド学派のその後も踏まえながら検討することにしたい。

第4章　あらたな理論構築に向けた内在的契機と展望

本書がこれまであきらかにしてきたことを、ここで一度振り返っておこう。まず、本書は一九六〇年代型の政治文化論の形成過程を、次のようなものとして描いてきた。すなわち、抽象的に表現すれば、政治文化論は「政治の領域」と「政治の外側の領域」をいかに区別しつつ接合するのかという問題構成によって導かれたものであり、そこに中期パーソンズの社会理論が援用されることで、政治文化論は一個の政治理論（あるいは、政治に対する世界観）として確立された。しかしながら本書では、政治理論として見た場合の六〇年代型政治文化論が、大きく言って二つの点で失敗していると分析した。第一に、アーモンドが、パーソンズの行為理論における要であった価値的・シンボル的機制を等閑視することで、政治「文化」概念の積極的な意味づけを見失ったこと。第二に、政治文化概念は、社会秩序一般を抽象的にモデル化した中期パーソンズ理論の文化概念に対し、不用意に「政治」という接頭辞を付けることで創り出されたものであり、結局アーモンドら自身が理論においても実証においても、「政治」文化概念であることの意義を明確にできなかったこと、である。要するに、政治文化論は、「政治」と「文化」の両面において失敗しているのである(1)。

序章で述べたとおり、本書の背後にある問題関心は、たんに六〇年代型政治文化論をレヴューすることではなく、政治文化論からその問題構成を引き継ぐこととなった一九九〇年代以降の信頼論（ソーシャル・キャピタル論）を視野に、「信頼論をベースとした政治理論」の方向性を見定めることに向けられている。本書では、六〇年代型政治文化論をそうした政治理論のひとつのテスト・ケースとして俎上に載せ、その可能性と限界性それぞれの所在を明らかにすることを目的としてきた。本書が第3章までおこなってきた検討作業は、基本的に、一九六〇年代型政治文化論の政治理論としての限界性の所在をあきらかにするものであった。そしてここまでの分析では、その限界性は、問題構成（＝「政治の領域／その外側の領域」の問い）に対して、理論的資源（＝中期パーソンズの社会理論）の適用方法が不適当であったという観点から析出された。

しかしながら、パーソンズ理論のポテンシャルがアーモンドによって汲み尽くされたとは到底言えない。アーモンドはまだ完成の途上にあったパーソンズ理論を不適切に〝つまみ食い〟しただけで、パーソンズの理論が本来どのような可能性を開示するものであったのかを深くまで追わなかった。第3章まででであきらかにしたことは、政治理論を構築するという観点から見た場合の、アーモンドの功罪である。アーモンドの構想は画期的であったが、彼はパーソンズ理論の使い方を間違えた。だがもし、アーモンドが当初構想したように、本来はパーソンズ理論から「政治の領域」と「政治の外側の領域」とを媒介する文化概念を引き出せるのであれば、一九九〇年代以降の信頼論もパーソンズ理論によって作り変えられるべきだということになる。また、それと同時に、アーモンド流の政治文化論の限界性を克服しようという試みは六〇年代以降に途絶えたわけではない以上、そうした試みがどのような方向性を目指すものであったのかも併せて検討する必要がある。よって今度は、アーモンドの功罪とは別に、『市民文化』の限界性を乗り越える可能性の契機を、六〇年代型政治文化論に内在するかたちで追求しなければならない。どのような学説史の中にも、乗り越えなければならない要素と、発展させるべき要素が混在している。その意味で、六〇年代型政治文化論への反省と刷新という流れの延長線上に、あらたな方向性のひとつとして確立したのがパットナムのソーシャル・キャピタル論だとすれば、われわれは政治文化論の内在的可能性との比較検討から、パットナム以降の信頼論にふさわしい政治理論を展望するための視座を得ることができると思われる。

以上より、本章の課題は、政治理論としての一九六〇年代型政治文化論の限界性を乗り越えるような、内在的契機を検討することである。つまり、①政治文化概念を「文化」的なものとして位置づけるための契機、②政治文化概念を「政治」的なものとして位置づけるための契機である。本書は、前者に関して「意味」概念に、後者に関しては政治システムの作動メディアとしての権力概念に注目することにしたい。そして、こうして発見された内在的契機を、どのように発展させることができるのかを考えていくことにしたい。

多少先回りしてそれぞれについて簡単に触れておけば、まず「意味」概念は、人びとによって行為や社会関係が、有意味的に経験されるための一般化された基盤として文化を考えることで導かれる。つまり、文化とは、ある社会的場面を作り上げている人びとにとっての理解可能性の地平なのである。政治文化を「意味」概念から捉えるというのは、直接的には文化人類学的な発想に裏打ちされたものであるが、それはまたパーソンズが行為の構成要素として重視する価値的・シンボル的機制を政治文化論へと取り戻すことでもある。

つぎに、政治文化が一般的・抽象的な「文化的なもの」から区別されるためには、政治文化は政治の作動メカニズムとしての権力に関係づけられなければならない。というのは、政治文化を「政治に関する文化」として定義することは簡単であるが、それだけではいかにして政治文化が「政治の領域」を構成するのかについて何も語ったことにはならないからである。そもそも文化とは人びとの心のなかに存在しているものではないのだから、政治文化も政治システムの作動（つまり人びとの政治実践）の外側には現われ出ない。たしかに政治システムの作動は権力というかたちを取るとはかぎらないが、しかし、文化的なものと政治の作動との関係について、パーソンズ理論から取り出すことのできるもっとも有望な資源はその権力メディア論であろう。

本章では、政治文化を「意味」概念から捉えつつ、それを同時に政治権力論として再構成することが、政治文化論をあらたに構築し直す際の最良の出発点であることを示す。その作業は同時に、政治文化論の再構築が、六〇年代型政治文化論の枠組み、とりわけパーソンズ理論の枠組みにはとどまり得ないことも示すことになるだろう。

本章は二節構成である。第一節においては、政治文化概念を「意味」から捉えるための契機を、一九七〇年代以降の政治文化論の系譜、アーモンド学派、後期パーソンズ理論からそれぞれ検討する。第二節においては、政治文化論を権力論として構成するための契機を、後期パーソンズ理論に即して検討する。

第一節 「意味」としての政治文化

アーモンドが確立した六〇年代型政治文化論は、「政治の領域／その外側の領域」を区別・接合するための論理を前提としていた。しかし、結果として出来上がった「政治理論としての六〇年代型政治文化論」は、媒介項としての政治文化概念を徹底的に空虚なものとして扱うことで成り立っていた。つまり、アーモンドの政治文化論は、逆説的にも政治文化概念を「脱 - 文化」化していたわけである。その理由としては、アーモンドがサーヴェイ技術を用いた実証研究に関心を集中させることで、人びとの心理と政治構造が直結するようなロジックが前提とされたことが挙げられる。しかしそれだけではなく、そもそも「政治文化」概念が創出される過程において、パーソンズの「文化」概念がもっていた価値的・シンボル的要素が取り除かれてしまったという事情も考慮しなければならない。およそ概念としても理論としても、「文化的なもの」に対する視角を欠いたままで政治「文化」を語ることはできないからである。よって、六〇年代型政治文化論の限界性を乗り越えるためには、文化をそれ自体として扱う概念体系を備えた政治理論が求められることになる。本節では、政治文化概念を価値的・シンボル的要素の原基形態である「意味」という契機から捉え返すことで、政治「文化」論であることの積極的意義を再確認すると同時に、「政治の領域／その外側の領域」という問題構成から導かれる世界観を再考することにする。

以下、本節の議論では、まず*1*において、一九七〇年代以降の政治文化論の分岐経路である、合理的選択理論と解釈主義の二つについて検討することにしたい。なぜなら、政治学が文化的なものをどのように扱うかに関して、政治文化の二つの潮流が対照的な方向性を示しているからである。政治文化を「意味」として考えるのは、あきらかに解釈主義（主としてC・ギアツ）の潮流に属するが、本書は合理的選択理論と解釈主義——本来であればそれぞれ異なる存在論的世界観に立脚する——のいずれかがわれわれのとり得る唯一の選択肢だと考えるつもりも、ましてや両者を折衷するつもりもない。本書が政治文化を「意味」として考えることによって意図しているのは、合理的選択理論か解釈主義かという狭隘な二者択一に決着をつけることではなくて、「意味」から出発する社会理論へと再び政治理論を接合するということである。そしてそのためには、六〇年代型政治文化論とその理論的資源であったパーソンズ理論の可能性を、それぞれもう一度検討しなければならない。これが*2*および*3*での課題である。*2*においては、いわゆる「アーモンド学派」のその後の展開が、潜在的にではあれ、人びとが政治のリアリティを意味的に構成するという政治文化の側面に着目するようになったことを論証したい。そして、この段階から、政治文化論は後の信頼論やソーシャル・キャピタル論へと受け渡されていくような発想を内包するようになる。*3*においては、後期パーソンズ理論がどのように「意味」の問題を扱うのかということを検討したい。ヴェーバーの行為理論を受け継いだパーソンズは、当初からけっして「意味」の問題を軽視していなかった。しかしながら、機能分析カテゴリーとしてのAGIL図式やサイバネティック制御を導入した後期パーソンズ理論は、「意味」の根拠を、社会的なものを超えた形而上学的なものに係留しつつ理論化する方向へと進んでいったことが示されるだろう。以上の検討を通じて、本節では六〇年代型政治文化論の枠組みが、「意味」としての政治文化をどの程度射程に収めることができるかについて結論を得ようと思う。

1 政治文化論における分岐と接合——合理的選択理論と解釈主義

アーモンドとS・ジェンコは、一九七七年の「雲と時計と政治研究」という論文において、政治研究の存在論的基盤を再考する際に、K・ポパーから「雲」と「時計」という二つのメタファーを借用している（Almond and Genco 1977 = 1978）。「雲」とは、もっとも不規則で無秩序で予測不可能な存在論的世界であり、反対に「時計」とは、もっとも規則的で秩序立った予測可能な存在論的世界のことをそれぞれ表現している。アーモンドらは、一九六〇年代以降の政治研究がしだいに物理学を模倣する「時計」型科学へと接近していることに対して警鐘を鳴らしつつ、同時に政治研究が反動として合理的な科学性を放棄した「雲」型に安住することも戒めている（Almond and Genco 1977 : 493 = 1978 : 285）[(2)]。だからこそ、完全に「時計」型でも「雲」型でもない政治のリアリティを捉えるためには、政治研究の存在論的基礎を他の諸科学のそれ、とりわけ「科学哲学における新実証主義派」から切り離さなければならない、と彼らは主張するのである（Almond and Genco 1977 : 489 = 1978 : 278）。アーモンドらによるこの論文は、直接的に政治文化論の趨勢を念頭に置いて書かれたわけではないであろうが、それでも政治文化論の直面した問題をよく表現しているように思われる。つまり、行動論以降の政治文化論は、演繹的かつ法則定立的な「時計」型の存在論に立脚する合理的選択理論と、そうした説明モデルを拒否する「雲」型の解釈主義とが交錯する地点に位置していたのである。

一九六三年のアーモンドとヴァーバによる『市民文化』以降、政治文化論には「時計」型と「雲」型の二つの選択肢が与えられていた。「時計」型の選択肢は、政治文化概念を分析の変数としてより特定化された形式モデルに組み直そうとするものであり、それは行動論政治学の衰退とともに興隆した合理的選択理論との接合を模索するものである。「雲」型の選択肢は、文化を人びとの観念の上位に位置するシンボル的な「意味」の体系として捉える立場で、それは人類学的な観点からおこなわれる参与観察の対象として文化を考えるものである。言い換えると、前者は政治文化概念を、ゲームの均衡に向かう経路の「拘束要因」あるいは均衡の選択に向けた「情報」として、または政治文化自体を（独立変数としてではなく）「従属変数」として扱うものである（Tsebelis 1997）。この場合の政治文化概念は、合理的なアクターやそのアクター間で繰り広げられるゲームにとって、内在的・本質的な契機ではない。他方で後者は、政治文化とより一般的な文化とを厳密に区別するのではなく、人びとの行動様式や政治というものに対する観念を規定するものとして、文化を研究しようとする。この場合、文化こそが政治のあり方を内在的・本質的に規定する契機となる。このように、合理的選択アプローチと解釈主義は、原則的には政治文化概念に関して正反対の立場をとるものである。だが、アーモンドが七〇年代後半のアメリカ政治学界における「時計」型政治研究の蔓延に苦言を呈していることからわかるように、六〇年代以降の政治文化論は、解釈主義のインパクトを受け止めつつも、基本的にそれをどのように合理的選択理論へと鋳直すかという課題に専心していったように思われる。そのことを踏まえつつ、検討の順序として、まずは政治文化論に対する解釈主義のインパクトから見てみよう。

政治理論としての六〇年代型政治文化論が、政治文化を人びとの心理および政治システムから区別することができず、そのかぎりで空虚なトートロジーに陥ってしまっていたことは、すでに第3章で述べた。そうした「文化」概念なき六〇年代型政治文化論に対する根源的な批判は、アーモンドらがシンボルや意味としての文化の重要性を骨抜きにしている、というものである。それはつまり、「シンボル、意味、儀式等々を十全に理解することなしに」、「政治文化は政治心理から概念的に区別され得ない」、という発想に立脚した批判である（Olick 2008 : 301）。そして、シンボルや意味といった文化それ自体の要素から出発することで、六〇年代型政治文化論とは決定的に異なる政治文化論の可能性を示したのは、ギアツによる解釈主義的文化論であった。したがって、政治文化概念を意味概念に定位させる可能性を模索する本書にとって、ギアツの文化の解釈学を避けて通ることはできない。そして後述するように、そのことは、七〇年代以降の合理的選択理論にもとづく政治文化論においても同様であったと思われる。

さて、ギアツの文化に対する基本的なスタンスは、概ね次のようなものとして確認することができるだろう。

マックス・ヴェーバーと共に、人間は自分自身がはりめぐらした有意味性（significance）の網の中にかかっている動物であると私は考え、文化をこの網として捉える。したがって、文化の研究はどうしても法則を探求する実験科学のひとつにはならないのであって、それは意味（meaning）を探求する解釈学的な学問に入ると考える。私が求めているのは、解釈であり、表面的には不可解な社会的表現を解釈することである。

（Geertz 1973 : 5 = 1987 : 6）

ここから読み取るべきは、次の二つの点である。第一に、文化を「意味」として考える際にギアツが念頭に置いているのが、ヴェーバーの理解社会学であるということである。なぜこの点が重要かと言えば、ギアツの「意味」としての文化論の淵源がヴェーバーにあるということは、同じくヴェーバーの行為理論から出発したパーソンズとの相同性を示すからである（そして当然、ギアツはパーソンズを意識してもいる）。本書は、「意味」という観点において、政治文化概念に個人の心理にも政治構造にも還元されない創発的な特性を付与できると展望しているが、それと同時に、その観点の採用によって、「意味」概念を基礎に構築された社会理論の系譜に政治理論を接続することが可能になるとも考えている。つまり、ギアツの政治文化論は、「意味」概念から文化それ自体を考察する手がかりであるとともに、六〇年代型政治文化論の限界性を乗り越えるようなあらたな理論的基礎の方向性を示してもいるのである。

しかしながら第二に、ギアツが文化を一般化・抽象化された理論と馴染まないものとして捉えていることにも注目すべきである。ギアツはG・ライルの「厚い記述（thick description）」という方針を使いながら[3]、次のように述べる。

「文化解釈の一般理論」を書くことはできない。あるいは書けるかもしれないが、それはほとんど役に立たない。というのは、理論構成の基本的課題は、抽象的規則性を取り出すことではなく、厚い記述を可能にすることであり、いくつもの事例を横断するような一般化を行うことではなく、それらの中で一般化することなのである。

(Geertz 1973 : 26 = 1987 : 44)

こうした意味で、ギアツによる文化の解釈主義は、文化を「時計」としてではなく「雲」として捉えていると言えるだろう。よって、ギアツの文化論にとっての課題は、理論的な体系性を完成させることではなく、いかにエスノグラフィックな記述(「厚い記述」)をおこなうかという点にある。[4]

こうしたギアツのスタンスは、文化を「意味」から考えることで、文化論であることの積極的意義を見失っていった六〇年代型政治文化論に対するカウンター・パートとなった。それは、データ収集と統計処理による計量分析とは異なる手法(=「意味」の解釈)で政治文化にアプローチすることによって、心理学還元論・生態学的誤謬を回避するような文化論の可能性を提示したのである。これによって、文化の要素としてのシンボルや意味の重要性が、再び注目されるようになった。さらに本書の問題関心から言えば、意味概念は、政治文化論の問題構成を、ミクロな個人の心理とマクロな政治構造との区別と接合といったミクロ/マクロ問題に置き換えることなく取り扱うための視座を提供してくれる。なぜなら、「意味」は、諸個人の主観の産物であると同時に客観的なリアリティとしても存在するからである。[5] まさにギアツ自身が述べるように、「意味が公的であるがゆえに、文化は公的なものである」(Geertz 1973 : 12 = 1987 : 20)。したがって、「意味」としての政治文化は、主観性と客観性の差異を横断するかたちで、「政治の領域(政治システム)/その外側の領域(個人の心理)」を媒介することができる。

だが、政治理論としての政治文化論を探究する本書にとって問題となるのは、解釈主義の反 - 理論的スタンスをいかにして政治理論という世界観へと橋渡しするか、ということである。[6] 政治文化を「意味」として捉えることが、「政治の領域/その外側の領域」の区別と接合の問題を考える手がかりになるとしても、解釈主義の理論的ないし哲学的な基礎づけを示さなければ、六〇年代型政治文化論を政治理論として乗り越えることはできないからである。もちろん、実際の事象に即した文化の記述を、その事象や文脈から切り離して一般理論化することは、ギアツの方針とは齟齬をきたすことになる。しかし、だからといってそれを「政治文化研究は個別事象の厚い記述を目指すべきだ」とだけ述べても、そのような方針が六〇年代型政治文化論と比較してなぜ望ましいのかについては、何もわからないままである。政治文化論研究に解釈主義の知見を取り入れるためには、「意味」として政治文化を考えることが、政治文化論の問題構成にどのようなかたちで適合しているのかを、政治理論として（つまり、世界観として）示さなければならないはずだ。

この点に関して、L・ディトマーの「政治文化と政治的シンボリズム――理論的総合に向けて」と題する論文を参照してみよう。この論文でディトマーは、ギアツ流の文化論を受け継ぎつつ、それを政治理論として構成しようと試みている（Dittmer 1977）。ディトマーの論文は、本書と近い問題関心から、政治文化論が位置する「雲」型の存在論的世界を切り詰めることなく、それを理論として提示する可能性を追求している点で、注目に値する。

ディトマーは、六〇年代型政治文化論の欠陥が、政治構造と個人の心理を区別できなかったことに帰されることを認識した上で、そうした欠陥を克服するために、政治文化論・政治的シンボル論・コミュニケーション理論を総合することを課題としている。その際の焦点は、本書と同様に、「すべてのメンバーの信念体系および価値体系の総計を超出する」「創発的な変数」として政治文化を概念化することである（Dittmer 1977 : 555）。ディトマーが政治文化論を政治的シンボル論やコミュニケーション理論と総合しようとするのは、シンボルこそが政治文化を本質的に「文化的な」ものにするからであり、そしてシンボルそれ自体の分析をおこなうことができるのが、コミュニケーション理論だからである（Dittmer 1977 : 562-563）。「私は、政治文化は記号論的なシステム（*semiological system*）として、もっともよく理解できると思う。記号論とは、意味の体系的な分析に関係する科学である」（Dittmer 1977 : 566）。こうして、シンボルとして表現される政治文化は、「意味」という観点から分析されるということになる。

以上のような見取り図にもとづいて、ディトマーは政治的シンボルの二つの特質に注目する。ひとつが、メタ言語的（metalinguistic）特質であり、もうひとつが、そのメタ言語における下位区分としてのコノテーション的（connotative）特質である（Dittmer 1977 : 567）。政治的シンボルにおけるメタ言語的特質は、人びとにとって複合的かつ一見したところ無関係な政治の出来事を、日常的な言葉遣いで表現することによって、より慣れ親しまれた装いへと変換するはたらきをする。ディトマーは、政治的シンボルの基本的な機能を次のように述べる。

シンボルはひとつ以上の抽象のレベルによって経験的な体験から引き離されることで、莫大な規模の意味を高度に効率的なコミュニケーション手段へと濃縮することが可能になる。しかもそれは、シンボルが多価的あるいは「多意味的（polysemic）」である限りにおいて、一方のレベルにおける意味を別のレベルの意味へと切り詰めることなく、そうするのである。（Dittmer 1977 : 568）

そして、こうした政治的シンボルのメタ言語的特質の中で重要なのがコノテーション的特質であり、それは感情を表現し、それを伝達するものである（Dittmer 1977 : 568）。だから、政治的シンボルがひとたび形成されると、それは多くの他者のあいだで潜在的に共有された経験に由来する感情を呼び起こし、その結果として、政治文化は人びとの政治に対する感情の保管庫となるのである。(7)

以上のディトマーの研究は、解釈主義がしばしば陥りがちな隘路を明確にすることで、解釈主義的な「雲」型の政治文化論のひとつの可能性を示している。つまり、政治構造や個人の心理へと回収されない政治文化の構成要素をシンボルとして名指しすることは簡単であるが、重要なのはいかにその「シンボル」を単なる虚構とせずに概念化するか、ということである。だから、ギアツやディトマーの政治文化論を手がかりに六〇年代型政治文化論の限界性を突破する道筋を模索する本書にとっても、シンボルを政治的リアリティと混同せず、またシンボルを言説それ自体と混同しないことが肝要である（Dittmer 1977 : 582）。おそらくそのためには、「意味」概念から政治理論へと進むための、より原理的な考察が必要になるであろう。本節においてアーモンド学派や後期パーソンズ理論を再び検討するのは、それぞれが「意味」としての政治文化論をどの程度内包しているのか、反対にどの点で限界を露呈しているのかを見極めることで、政治理論としての政治文化論（あるいは信頼論）がこののち進むべき原理的な方向性を得ようと思うからである。言い換えれば、あらたな政治理論を展望するための学説史的な視座を得る第一歩として、本書は政治文化論やその理論的基礎の自己展開過程を追跡・評価するのである。

しかしながら、政治文化論の主流となる学説史の展開においては、シンボルや「意味」に注目する解釈主義のインパクトは受け止められていたものの、その存在論的世界はあくまでも「時計」型であったように思われる。そのことは、七〇年代以降の政治文化論（および信頼論）の主流が合理的選択理論であり続けていることからも窺い知ることができる。いずれにせよ、政治文化論の学説史的な自己展開過程を考える場合、合理的選択理論を避けて通ることはできないであろう。よって、アーモンド学派や後期パーソンズ理論の検討に移る前に、合理的選択理論がどのように解釈主義の知見を取り入れようとしてきたのかを概観することにしたい。それによって、解釈主義と合理的選択理論とは、安易に折衷され得るものでも、すべきものでもないこと、「意味」としての政治文化論は、「時計」型の存在論的世界の上には構築され得ないことを主張したいと思う。

たとえば「文化とはヤヌスの顔である」(Laitin and Wildavsky 1988 : 589) という比喩は、合理的選択理論の立場から政治文化を論じる際の典型的な立場を表している。つまり、ここで言われていることは、政治文化における「シンボル的要素と戦略的要素の両方に注目しなければならない」(Johnson 1997 : 6) ということだ。この場合、シンボル的要素というのが政治文化であり、アクターはそのシンボル的な要素によって選好・選択肢を制約されつつ、限定的な合理的選択をおこなうと想定されている。そして、「時計」型の政治文化論においても、シンボル的要素の重要性を示したものとしてギアツが好意的に引用されることが多いが (cf. Johnson : 1997)、しかしその場合においても、「ゲーム理論は、文化の二つの顔を両立させるのによく適合した解釈ツールである」(Laitin 1997 : 10 ; see also Rogowski

1997）とされる。つまり、あくまでも軸足は合理的選択理論の枠内に置かれているわけである。こうしたかたちでの政治文化論の再解釈においては、政治文化はゲームとして繰り広げられる政治的世界全体を支える基盤としてよりも、ゲームに参加するアクターに付加される変数として特定されることになる。そしてそのことによって、アクターの行動原理を終わりなき自己利益の計算として想定する極端な合理的選択理論に一定程度の修正をかけ、より現実適合的な理論を構築することが課題となる。たとえば、A・ウィルダフスキーは、一九八六年のアメリカ政治学会会長演説において、人びとの選好は単純な自己利益として表現されるものでも、また完全にランダムに与えられているわけでもないと強調した（Wildavsky 1987）。ウィルダフスキーは、諸個人の選好はむしろ、その人が置かれている組織化された社会生活＝制度アレンジメントに基礎をもつ文化から派生すると考える。そして、この場合の文化とは、諸個人の「マスター選好」（Wildavsky 1987 : 8）であり、人びとは文化に依拠することによって、わずかな手がかりから多くの政治的選好を生み出すことができるとするのである。このようにして政治文化を諸個人の選好形成過程に結びつけるウィルダフスキーの議論は、文化論と合理的選択理論とを両立させるための試みとして位置づけることができるだろう（cf. 山田 2002 : 40-41）[8]。

だが、軸足をあくまでも合理的選択理論の枠内に置きつつ、政治文化を諸個人の選好への制約要因として捉える試みには、（本書における意味での）政治理論としての目新しさがほとんどない。というのも、合理的選択理論にもとづく政治文化論は、アクターから出発する因果的な説明連関にあらたな要素（諸個人の選好や認識を制約するものとしての政治文化）を付け加えはしたものの、それが説明しようとする政治現象自体を「時計」として想定している点では、純粋な経済学理論、ひいては政治文化論以外の経験的な政治学研究と変わらないからである。そもそも六〇年代型政治文化論やギアツ流の解釈主義の最大の意義は、それらが政治に関する世界観自体を刷新したことに求められるべきである。すなわち、六〇年代型政治文化論であれば、「政治の領域」が「政治の外側の領域」と結びついているという世界観を打ち出し、ギアツであれば客観的な政治的リアリティとしての政治現象自体がシンボル的・

「意味」的に構成されるという視角を提供したのだった。これらは、それ以前の政治学には存在しなかった世界観であり、そのためにこそ意義をもつのである。よって、政治文化という概念を合理的選択理論の説明図式に組み入れることだけによっては、合理的選択理論と解釈主義を止揚したことにはならない。

もっとも、合理的選択理論と解釈主義のあいだを架橋しようという論者が、このことにまったく気づいていないわけではない。L・ウェディーンは、合理的選択理論において個人主義的な前提が放棄されないかぎり、「たいていの合理的選択理論家と解釈主義的理論家のあいだには、深刻な存在論的・認識論的分断が存在するであろう」(Wedeen 2002：717) と述べる。そのうえで彼女は、人びとによる「記号論的実践 (semiotic practice)」や「意味構成 (meaning-construction)」過程として政治文化を捉えることによって、合理的選択理論と解釈主義との対立を乗り越えるとともに、従来の政治文化論研究を人びとによる政治実践のうえに構築しようとしている。つまりウェディーンのねらいは、ギアツらによって強調されてきた「意味」としての政治文化概念を受け入れつつ、諸個人による能動的な実践を重視することで、文化の斉一性や内的一貫性を所与としない弁証法的な説明枠組みを作ろうとしているのである。

政治文化概念を「意味」から定式化しつつ、なおかつ人びとによる日常的な意味構成過程を重視するというこうしたウェディーンの発想は、本書の立場とほぼ軌を一にしていると言える (このことは、本書の第III部で再び取り上げる)。とはいえ、ウェディーンは、合理的選択理論と解釈主義との存在論的前提が異なることは認識しつつも、「そうした不一致が協働の可能性を奪う必然性はない」(Wedeen 2002：717) と述べるだけで、合理的選択理論と解釈主義との折衷がどういったかたちで果たされるのかについて、はっきりしたことは述べていない。こうした態度は、彼女自身が政治文化を因果的な説明変数と見なしていることとも相まって、結局のところ「時計」型の――つまりは実証主義的な――世界観に呑み込まれてしまうかもしれない。そうなってしまうと、実証主義とは異なる存在論的前提に立つギアツ流の解釈主義のインパクトを、十分に示したことにはならないであろう。

ここで想起すべきなのは、アーモンドらが「雲」と「時計」のメタファーを用いて主張しようとしたことが、それぞれの存在論的世界が容易に折り合うものではないことを認識しつつ、政治研究の立脚すべき理論的基礎を自覚的に構築する必要性であったということである。(9)「意味」としての政治文化概念によって、六〇年代型政治文化論の失敗を克服するような政治理論の構築を目指す本書にとっても、そのことは当てはまる。政治文化論にとってのあらたな政治理論は、解釈主義から「意味」という視角を得つつ、それが「政治の領域／その外側の領域」という問題構成においてどのような世界観と結びつくのかを示さなければならない。そして、そうした政治理論が、合理的選択理論においては切り捨てられたり素通りされたりしてしまうもの、つまり人びとの意味構成的な実践に、適切な位置づけを与えるものであることを示さなければならない。すでに述べたとおり、こうした方向性の可能性を展望するためには、学説史的な研究が不可欠になるであろう。よって以下では、本書の直接的な検討課題である六〇年代型政治文化論（アーモンド学派とその理論的資源であるパーソンズ）のその後を学説史上に位置づける作業から始めなければならない。

2　『市民文化』以降のアーモンド学派

アーモンドとヴァーバの『市民文化』以降、六〇年代型政治文化論を主導したアーモンド学派の政治文化論には、二つの傾向が見られるようになった。(10)ひとつが、政治文化を人びとにとっての政治的リアリティとして描く方向性であり、その際に「意味」概念が導入されている。もうひとつが、政治発展論と並んで人びとの歴史的経験を定式化するという方向性であった。これら二つの傾向は、本書の「意味」としての政治文化という考えに接近するものだと言える。しかし反対に、六〇年代型政治文化論の理論的資源であったはずのパーソンズ理論は、次第にその内実を脱色されていったように思われる。その意味で、六〇年代型政治文化論が六〇年代以降も政治理論として一貫したスタンスを保持し続けたわけではない。それでも本書にとって重要なことは、アーモンド学派が「意味」としての政治文化論の方向へと内在的に進んでいったということである。したがってここでは、「意味」としての政治文化論に関して、アーモンド学派に内在した場合の可能性を見極めつつ、同時にそれが（とりわけパーソンズ理論から切り離されることで）どのような点で限界に突き当たるのかを確認してみたい。

まず、一九六八年のパイによる政治文化概念の定義を見てみよう。

> 政治文化とは、政治過程に秩序と意味（meaning）を与え、また政治システムにおける行動を支配する基底的な前提と規則をもたらすような、態度・信念・感情の組み合わせである。そこには、政治的理念とある政体の作動規範の両者が含まれている。それゆえに政治文化は、政治の心理的・主観的次元の集合的な形態である。政治文化は、政治システムの集合的な歴史とそのシステムの成員の生活史との両者から生み出されるものであり、それゆえに公的な出来事と私的な経験とに等しく根差している。
> （Pye 1968 : 218）

この定義は、先ほど述べた二つの方向性――「意味」としての政治文化と人びとの歴史的経験――を端的かつ明確に表現している（ただし、それと同時に、政治文化を人びとの心理の集合と見なす六〇年代型政治文化論の特徴も受け継いでいる）。この定義によれば、「政治の領域／その外側の領域」という問題構成は、人びとと政治システムとの歴史的（時間的）な相互作用の過程という視角によって把握されていると言えるだろう。そして、政治文化はその相互作用過程を通じて「意味」的に構成されつつ、政治的リアリティとして政治の作動を規定するものとして描かれている。こうした政治文化の捉え方は、一見したところ六〇年代型政治文化論とはかなり異なっている。けれども、それは、六〇年代型政治文化論が自身に向けられた批判を受け止めつつ、自己修正を試みる中で収斂した地点なのである。

『市民文化』以降のアーモンドは、政治文化概念を決定論的にではなく、より動態的に変化するものとして定式化するようになる。[11] それは、アーモンドの政治システム論が非‐歴史的・静態的な単線的発展史観バイアスを含んでいるという批判に応答するものであった。「われわれが必要としているのは、比較政治における最近のいくつかの傾向に対して突き付けられた二つの方向性の批判に、同時に――発展的な政治システムという考え方を定式化することと、人間の政治に関する歴史的経験についての知識の豊かさを背景としてこの考え方を検証し洗練することによって――立ち向かうことなのである」（Almond 1965 : 214 = 1982 : 243）。こうしたアーモンドによる歴史的視座の導入は、六〇年代型政治文化論が高度な抽象化の過程でふるい落とした、人びとによる政治的経験がもつ意義を再び取り戻そうとする試みであったと言える。なぜなら、そもそも六〇年代型政治文化論にとっての主たる学術的背景を成した行動論政治学においては、数量的に把握された諸個人の行動が、政治システムへのインプットへと読み替えられるために、人びとの日常的・歴史的な政治経験のもつ重要性が切り下げられていたからである。とはいえ、アーモンド自身はインプット－アウトプット図式にもとづいた政治システム論に拘泥しており（cf. Almond 1965 = 1982 ; 1966 = 1982）、「人間の政治に関する歴史的経験」を政治文化研究にどのように取り込むのかということに関しては、宣言以上のことを述べていない⑿。

これに対して、H・ユーローは、行動論政治学の方向性を再定位する試みのなかで、人びとのミクロな政治行動は外面的に類似のものであったとしても、実際に行為者がそこに付与している「意味」は異なると主張した（Eulau 1963 : 69 = 1975 : 103）。ユーローによるこうした理解社会学的な着眼点は、行動論政治学が六〇年代型政治文化論の主要な構成要素であるために、それだけいっそう重要な意義をもつ。なぜなら、六〇年代型政治文化論が文化論でありつつ「脱－文化」化されるという奇妙な欠陥は、アーモンドがパーソンズの行為理論を行動論のフィールドに強引に引き入れることで、行為のシンボル的・理念的・「意味」的契機が失われたことに起因するからである。裏を返せば、仮に行動論政治学に「意味」的な契機を取り戻せるのであれば、それは人びとの日常的な政治経験を正面から取り扱うことになると同時に、政治文化論であることを理論的に示すための手がかりを提供してくれることになる（cf. 内山 1991）。実際にユーローは、次のように述べている。

> 政治の行動論的分析は、人びとが自分自身の行動に与える意味を無視できない。というのは、こうした意味は、自らの政治行動と他者の政治行動に対して影響を及ぼすからである。意味とは、行動の組織化原理であり、それを通じて人びとは世界に慣れ親しみ、政治的行為を含めた行為に自らを方向づけていく。行動の類型と同様に、意味が広く共有され比較的安定していれば、ある集団の文化的な自己イメージを構成することが可能である。人びとが自分の属している集団および属していない集団に、自分自身をどのように方向づけていくかということが、彼ら自身の行動に意味を与えるのである。実際に、行動に際して準拠枠組みとなるような、広く共有され、安定的で、合意の得られた意味が存在しなければ、社会的行為というものは不可能であろう。
>
> (Eulau 1963 : 70 = 1975 : 105–106)

「意味」としての政治文化論へと向かう契機が、六〇年代型政治文化論に内在するかたちで見つけられるとすれば、それはこうしたユーローの指摘から出発するものでなければならない。それを通じて、「政治の領域／その外側の領域」という問題構成に対して何らかの決着がつけられた場合にはじめて、政治理論としての六〇年代型政治文化論に見られる「何やら牽強付会な理論設定」(内山 1979 : 65) が乗り越えられたと言えるであろう。

こうした問題をアーモンドよりも明確に認識していたように見えるのは、パイとヴァーバが編集した『政治文化と政治発展（*Political Culture and Political Development*）』（一九六五年）である。同書は、『市民文化』と同様に、政府形態（＝「政治の領域」）の差異によっては各国における政治現象の種差性を説明し尽くすことはできないという前提から出発し、個人の政治的態度や感情といった心理的要素（＝「政治の外側の領域」）を分析に組み合わせるアプローチを採用している。さらにそのアプローチは、——解釈主義とは異なり——「より厳密な政治文化の一般理論」(Pye 1965 : 14) を志向している。そのかぎりで、同書は六〇年代型政治文化論の延長線上にある。しかし、そうであっても彼らはもはや、パーソンズの理論枠組みから政治文化概念を構成しようとはしていない。そのことは、たとえば次のような箇所からもわかる。「政治文化の概念は、個人がそれぞれ自分の置かれた歴史的文脈のなかで、自分が接する他者やコミュニティに関する知識や感情を学び、それを自己のパーソナリティのなかに組み入れなければならない、と想定する」(Pye 1965 : 7)。たしかにこうした政治文化概念の位置づけ方は、それまでも六〇年代型政治文化論やパーソンズが重視してきた政治的社会化というトピックと重ね合わせることができるだろう。だが、この政治文化理解によって、パイとヴァーバはむしろ、人びとが政治的リアリティを意味的かつ歴史的に構成するという視座を提唱している。つまり、行動論的に読み換えられたパーソンズの「脱 - 文化」的文化論に代えて、「意味」としての政治文化論を――パーソンズから示唆を受けつつも――本質的にはパーソンズとは別のところで模索したのである。この点をもう少し掘り下げてみよう。

パイとヴァーバが「意味」としての政治文化を語る際の鍵概念は、「政治的記憶(political memory)」である。政治的記憶は、一方で人びとが政治システムと接触する際の日常的な経験に由来するが、他方で「政治的記憶の形成においてより重要なものは、人びとの個人的な経験に先立ち、あるいはそれを超えるような政治的出来事から引き出される推論だろう」(Verba 1965 : 551)。また政治的記憶は、人びとの政治に対する信念を形成するという点で、政治文化の構成要素になっている。そして、政治的記憶が、個人の経験に根差しつつもそこから超出するような論理にもとづいた概念だということは、政治文化論における「文化」概念の積極的な意義を打ち出す契機になると、ひとまず言うことができるだろう。

こうして、政治的記憶を政治文化概念に介在させることで、パイとヴァーバは人びとによる政治的リアリティの意味構成について論じることができるようになる。その場合の「政治文化は、政治の世界で何が起こっているのかについて言及するものではなく、何が起こっていると人びとが信じているかについて言及しているのである」(Verba 1965 : 516)。以上の再定式化を通じて、「政治の領域/その外側の領域」という問題構成は、次のように置き換えられるようになる。すなわち、「政治の領域」とは客観的な現実としての政治現象であり、他方で「政治の外側の領域」とは諸個人の政治に関する信念である。そして、政治文化は個人の主観にも客観的な現実にも還元されない政治的リアリティとして存在する。ここで政治文化は、人びとのあいだで政治的記憶が形成・伝達される過程という観点から分析されることになるであろう。そして、政治文化を「意味」として捉えることのメリットは、「意味」が主観性と客観性との差異を横断することができるというところに求められる。「『意味』や『解釈』という用語は、関係的なものであることが強調されなければならない。というのも、それらが言及しているのは、個人の心のなかに存在しているものや、外的世界で生じていることのいずれかではなく、その両者のあいだの相互作用だからである」(Verba 1965 : 517)[13]。

パイとヴァーバが、六〇年代型政治文化論の基本的な路線を踏襲しつつ、しかし政治文化を諸個人の心理にも客観的な政治現象にも還元されない「意味」という概念から定式化したことは、あらたな政治理論に向けた内在的貢献として評価することができる。しかしながら、パイとヴァーバの試みは六〇年代型政治文化論の限界を突破しようとするものであったとしても、反対に、アーモンドがなぜ「政治文化」概念を創り出す際にパーソンズ理論を経由したかという理由を見落としているように思われる。つまり、アーモンドがパーソンズ理論を(結果的に見れば誤ったかたちであったものの)適用したのは、高度に一般的な概念図式の上で政治文化論を展開することによって、政治的世界の全体像を一貫して把握する視点を得ると同時に、政治文化の構成要素を明確にするためであった。パイとヴァーバの「意味」としての政治文化論においては、非常に動態的な政治的世界が描かれていることは間違いない。だが、その「動態性」が依って立つところは、肝心の政治文化概念を構成する諸要素に、明確な論理的連関を与えていないところから派生している面がある。たとえば、「経験的信念」「表出的シンボル」「価値」「同胞市民に対する信頼と信任」「政治的記憶」などの諸概念は、いずれも政治文化に結びつけられているが、それらに通底する基軸の所在については明確にされていない[14]。仮にそれらが「意味」概念を基礎にしているとすれば、「意味」から政治理論を構築するということが、どういう発想を下敷きにしているかについての、詳細な哲学的かつ理論的な考察が不可欠なはずである。それを欠いていることで、かえって詳細かつ動態的な歴史記述は可能になるのかもしれないが、そこからパイとヴァーバ自身の言う「より厳密な政治文化の一般理論」には到達し得ないだろう。

本節の*1*と*2*をまとめれば、次のように言うことができる。「意味」としての政治文化論を政治理論として構築するためには、「意味」概念から出発する場合の哲学的・理論的基礎に関心を払い、そのうえで政治文化を構成する概念についての論理連関を明確にする必要がある、ということである。そのかぎりで、政治文化論の理論的基礎としてのパーソンズ理論に、後期においてなされた発展を含めて再び立ち戻る必要がある。パーソンズ理論の検討を経ることで、六〇年代型政治文化論に内在しつつあらたな政治理論を構築する可能性について、最終的に結論できると思われる。

3　パーソンズ理論における「意味」と文化

パーソンズは一九七三年の時点で、次のような「強い感触」を述べている。つまり、西暦二〇〇〇年の時点で学説史家が振り返った場合、一九六〇年前後に彫琢された（パーソンズ流の）文化論が、この世代の社会科学におけるもっとも重要な功績のひとつとして評価されるであろう、ということである（Parsons 1973 : 45-46）。だが結果としては、二〇〇〇年にはパットナムの『ひとりでボウリングをする』が発表されており、少なくとも政治学の分野では、六〇年代の文化論との隔たりは決定的になっていたと思われる。ともあれ、こうした例からもわかるように、パーソンズは最初期から後期にかけて、一貫して行為理論における文化的・理念的な問題を中心に据えてきた（cf. Parsons 1938）[15]。ここでは、パーソンズの文化論が中期から後期にかけてどのような変遷を辿ったかということを、「意味」としての文化という観点から検討したい。それを通じて、次のことがあきらかになるはずである。すなわち、パーソンズの社会理論には、「意味」としての文化という視角が含まれていること、しかしながら後期パーソンズ理論は、中期パーソンズの文化還元論的な問題を認識しつつも、「意味」の根拠を超越的なものに基礎づけていること、である。後期パーソンズの文化論には、たしかにパイとヴァーバに欠けていたような文化的な諸概念間での論理連関が（それも非常に形式的・図式的なかたちで）用意されている。けれども、後期パーソンズ理論はそうした論理的な体系性に傾倒し過ぎた結果、不用意なかたちで存在論的な問題に入り込んでしまったように思う。そして、「意味」の根拠を超越的なものに求める議論は、人びとの政治実践に注目する文化の解釈主義を受け入れつつ、政治文化論を政治的リアリティの意味構成として考える本書とは相容れない。

だが、後期パーソンズにおける文化論の検討に入る前に、少し立ち止まってもう一度中期パーソンズ理論における文化論の可能性について言及しておきたい。本書は、六〇年代型政治文化論の政治理論としての失敗を、アーモンドによる中期パーソンズ理論の誤用という点に帰した[16]。そうであれば、仮にアーモンドが中期パーソンズ理論に忠実であったならば、六〇年代型政治文化論は（少なくとも政治理論として）成功していたのであろうかという疑問をもつ人もいるだろう。しかし、この問いに対して筆者は否定的である。なぜなら、「政治の領域／その外側の領域」という問題構成を中期パーソンズ理論の枠組みにしたがって解釈すると、社会システム－パーソナリティ間での結節点としての「役割」と、文化システムとの関係が分析の焦点になるが、それを分析するための手段として中期パーソンズ理論に備わっているのは、煩雑極まるパターン変数図式のみだからである[17]。そのようなパターン変数図式に依拠したところで、「諸個人の心理」と「社会構造」との関係について一応の類型化ができるとしても、いかにして「諸個人の心理」と「社会構造」――ましてや「政治構造」――が区別されつつ接続しているについて答える術はない。たとえばギアツが、おそらくパーソンズを念頭に次のように述べるのは、以上の問題に気づいていたからであろう。「あまり長い間地面から離れた飛翔を続けると、しまいに論理の空想や、形式的な均衡美を求める学問的耽美主義に陥ることになりやすい」（Geertz 1973 : 24 = 1987 : 42）。

このパターン変数図式の欠陥を認識したうえで、R・デュービンは、中期パーソンズ理論に内在したオルタナティヴを提示している。つまり、煩雑なパターン変数の組み合わせの中から、論理的にトートロジーとなるものを排していくとともに、行為のさまざまな構成要素を段階的に捉えることで、より有用な行為類型を作ることができるのではないかと提案するのである（Dubin 1960）。しかしながらパーソンズ自身は、デュービンの提案を拒否し、パターン変数図式を根底的に組み換えることによって、あらたな段階に到達できると主張した（Parsons 1960）。そしてその際の基本的な発想は、二つのポイントから成り立っている。第一に、行為者の「状況」という理論枠組みに代えて、システムの「環境」に対する機能という枠組みを設定したことであり、それがＡＧＩＬ図式として示される（Parsons 1960 : 476）[18]。第二に、サイバネティック制御というヒエラルキー図式を導入したことである（Parsons 1966b＝1971）。このＡＧＩＬ図式とサイバネティック制御の図式を中心にして、後期パーソンズ理論は組み立てられている。それによって、中期の理論が行為者の観点から社会システムを〝見上げて〟いたとすれば、後期は社会システムの視座から行為者を〝見下ろす〟ものへと大きく変容する（Dubin 1960 : 463）[19]。またそれに伴って、文化概念は中期とは異なったロジックで説明されるようになる。だから、後期パーソンズにおいて「意味」概念がどのような射程をもって語られ、どのような帰結を生じたのかを検討する前に、後期パーソンズ理論における文化概念の位置づけを整理しておかなければならない。

すでに第2章二節で述べたように、中期パーソンズ理論における文化概念は、一方で社会システムに「制度化」され、他方でパーソナリティに「内面化」されることを通じて、社会秩序を可能にする価値的・シンボル的な機制であった。その意味で、中期において文化は社会システムやパーソナリティよりも基底的な地位を与えられていたと言える。しかし、後期のＡＧＩＬ図式への転換によって、文化は他の行為システムにおける機能と並んで、「潜在的パターン維持＝Ｌ」機能へと局所化される（他の三つはそれぞれ、社会システムが「統合＝Ｉ」、パーソナリティが「目標達成＝Ｇ」、行動有機体が「適応＝Ａ」である。図4-1）。つまり、社会システムやパーソナリティよりも概念的に上位にあった「不変の客体」としての文化は[20]、それらと同じ水準にまで引き下ろされるのである（cf. Parsons 1961 : 964＝

1991 : 6)。

だが、重要なことは、ＡＧＩＬ図式への転換によって、パーソンズの「社会秩序の価値統合」＝「文化還元論」が収束したわけではないことである。実際にシュルフターも、「後期の著作に見られるような社会と文化の関係についてのパーソンズの分析は、認識上の進展があったにもかかわらず、社会的行為連関における文化的諸制度の地位の過大評価につながっている」(Schluchter 1988 : 118 = 2009 : 129) と述べる。[21] というのも、後期に至ってＡＧＩＬ図式と並んで導入された、サイバネティック制御の考えにしたがって、文化＝「Ｌ」は他の「Ｉ」「Ｇ」「Ａ」という各機能よりも、ヒエラルキー的に上位に位置づけられているからである（制御ヒエラルキーは、「Ｌ」→「Ｉ」→「Ｇ」→「Ａ」の順）。ここで、サイバネティック制御とは、「情報は高いがエネルギーにおいては低い体系が、エネルギーは高いが情報は低い他の体系を規制する」(Parsons 1966b : 9 = 1971 : 13) という関係性を示している。文化システムは、一般行為システムの中ではもっとも高い情報価をもっており、他の機能カテゴリーに対して優越的な制御をおこなう。なぜなら、行為システムにおいては、文化こそが行為の根幹である「意味」（＝シンボル的・価値的・規範的要素）を与えるからである。

【Ａ】 適応（行動有機体）	【Ｇ】 目標達成（パーソナリティ）
潜在的パターン維持（文化） 【Ｌ】	統合（社会システム） 【Ｉ】

図 4-1　AGIL 図式

ここからわかるように、後期パーソンズ理論は、初期や中期の頃よりも意識的に文化の主導的なカテゴリーを「意味」概念に定位させている (Parsons 1961 : 963 = 1991 : 4)。さらにその文化が行為システムの中で優越的な地位にあるために、「意味」概念はいよいよ後期パーソンズにとって重要なものとなってくる。パーソンズによれば、社会科学における専門用語としての「意味」は、「関係的なカテゴリー」(Parsons 1961 : 963 = 1991 : 2) として理解されるべきである。どういうことかと言えば、「意味」とは主体と客体のいずれかに属するものではなく、さまざまな主体と客体の双方からなるシステムだということである。この点で、「文化的な意味の構造は、あらゆる行為システムの『基礎』を構成する」(Parsons 1961 : 963 = 1991 : 2)。

　このように整理してみると、後期パーソンズ理論における文化論は、「意味」としての政治文化論にとって、非常に有益な理論的基礎を提供してくれるように見える。なぜなら、関係的なものとして捉えられた「意味」概念から文化論を作り上げることで、政治文化を「脱-文化」化することなく、政治構造と諸個人の心理を媒介するための手がかりが得られるからである。しかしながら、後期に至って導入されたＡＧＩＬ図式とサイバネティック制御の図式は、一方で「意味」としての政治文化論への可能性を開いたものの、他方で存在論的に問題の多い帰結をもたらしたように思われる。それは、ＡＧＩＬ図式の導入によって行為システムの他の要素と同じ水準にまで引き下ろされた文化カテゴリーが、行為システムそれ自体を制御するような「意味」の源泉をどこから調達することができるのかという問題に付随して生じる帰結である。中期パーソンズ理論においては、文化は行為に対して特権的な立場を保障されていたが、後期においては、文化はその特権性を剝奪されたうえで、それでも行為を制御しなければならない。こうした問題に関して、パーソンズが導入したのが、「究極的リアリティ (ultimate reality)」という概念である。この超越的な「究極的リアリティ」という概念を通じて、パーソンズは、行為分析における主観性／客観性や理念主義／実証主義といったディレンマを乗り越えるという初期から続く自身の理論的スタンスに、いびつな哲学的・理論的基礎を密輸入してしまう。

　サイバネティック・ヒエラルキー図式(図4-2)においては、行為の構成要素の中で文化よりも上位に来るものはない。しかし、行動有機体(＝「A」)としての人間が、行為システムの「環境」である物理的・有機的なものに接しているのと同じ意味で、行為の構成要素としての文化(＝「L」)も、サイバネティクス的に高位にある何らかの行為外的な「環境」に接しているとパーソンズは考えた(Parsons 1961 = 1991)。それが、「究極的リアリティ」である。そして、文化はこの「究極的リアリティ」を「意味」の最終審級として参照することで、行為システムへの

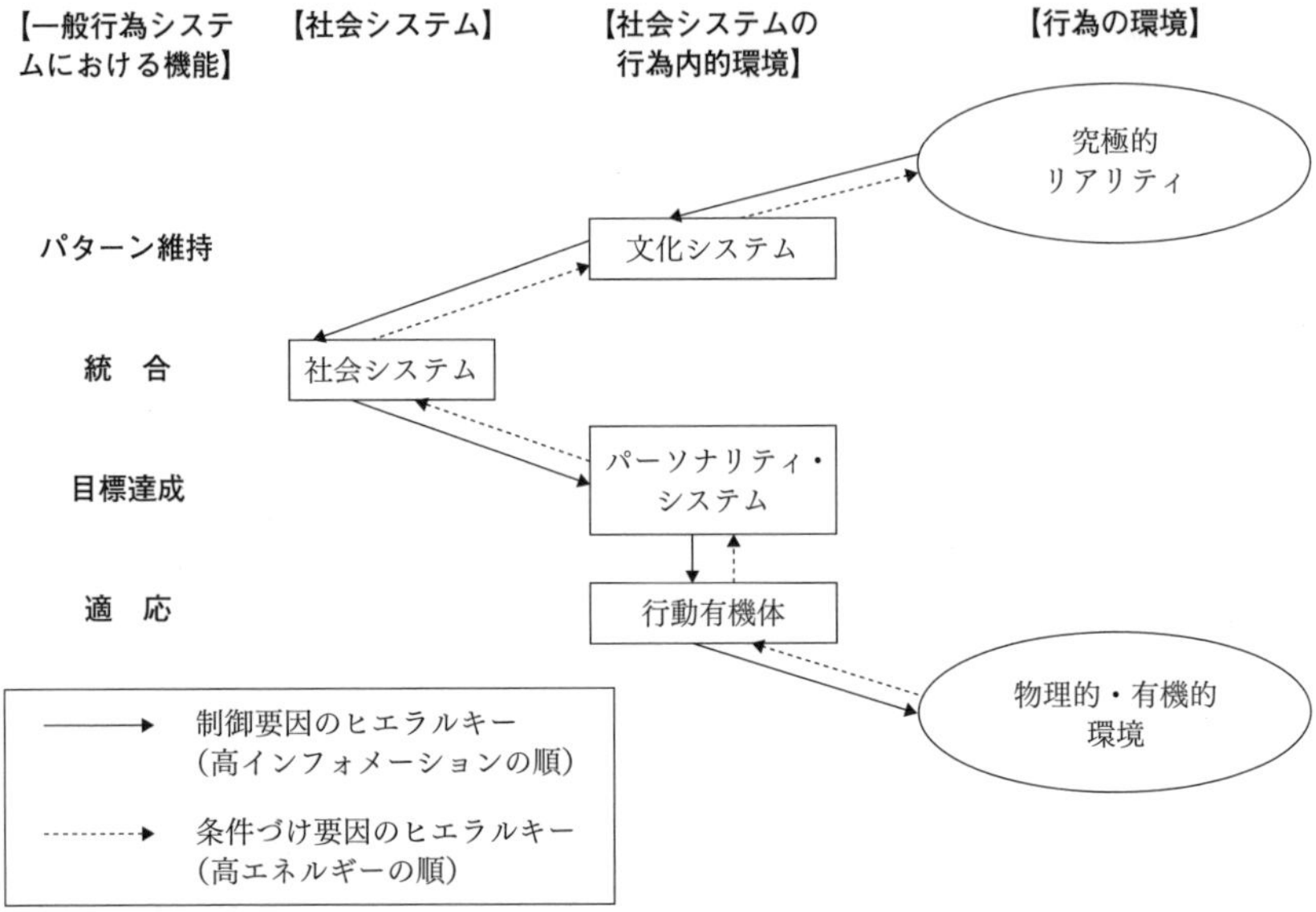

図 4-2　行為の構成要素とサイバネティック・ヒエラルキー

出典）Parsons（1966b : 28, Table 1 = 1971 : 41, 図 1）をもとに筆者作成。

制御を実現するとされるのである（Parsons 1961 : 970 = 1991 : 33）。よって、後期パーソンズにおいて、「意味」の根拠、つまり行為システムの最終審級は、経験的な行為システムの埒外に根差していることになる。そのかぎりで「究極的リアリティ」は、主観性‐客観性といった区別や、意味のさまざまな次元の差異が融合する限界点として、行為システムの究極的な存立基盤となるのである。「究極的リアリティ」は宗教的・超越的なかたちをとるものであり、また本書第2章一節でも扱った最初期の「共有された究極的価値態度」という概念に通じるものだと言える。

　パーソンズは生涯一貫して、ヴェーバー流の行為の「意味」の理解（行為理論）と社会秩序の問題（社会システム理論）が、相互に矛盾しないという立場を放棄しなかった。けれども、以上の論理構成があきらかに示すように、後期パーソンズ理論には超越的なものが混入し、「分析的リアリズム」を掲げる主意主義的行為の理論が本来的に向き合わなければならない存在論的な問いが回避されてしまう(22)。すなわち、社会秩序は主観的に構成されたものであるとしても、それが客観的リアリティの存在を否定しないのはいかにしてか、という問いである。「意味」概念は、この問いに取り組むための最良の手がかりであったはずだが、パーソンズはその可能性の芽を自ら摘んでしまった。おそらく、この点をもっとも鋭く指摘したのは、J・ハーバーマスであったと思われる。

システム理論と行為理論との関係をめぐるメタ理論的な問いに答える際、いかにして客観主義的な概念構成が内側の視座から展開され、再構成された概念編成と結びつけられ得るか、という方法論的問いと切り離し、別個なかたちで答えを出すわけにはいかない。解釈学、つまり社会科学の対象領域への意味諒解的なアプローチ、という問題に対して、パーソンズは関心を払うことがなかった。(Habermas 1981 Bd. 2 : 305 = 1987 下 : 137–138)

ハーバーマスが示唆するように、パーソンズ理論が超越的な要素の特権化から抜け出る道があるとすれば、それは客観的リアリティとされるものが(超越的なものによってではなく)人びとの実践によって意味的に構成されるという視角へと転換することを通じてであろう。これには単に視角の転換だけでなく、一種の解釈主義的・構成主義的な存在論の基盤が要求されることになるはずである。そうだとすると、それはもはや、パーソンズ理論にとどまったままではおこなうことのできない課題であるということになる。

本節*1*〜*3*での検討を通じて、次のような結論を主張できる。政治理論としての政治文化論をあらたに構築するためには、六〇年代型政治文化論が陥った政治文化概念の「脱‐文化」化を回避しなければならない。本書は、「意味」として政治文化を捉えることで、この問題を克服することができると考えた。しかし、文化概念を「意味」から定式化するというギアツ流の解釈主義を政治文化論に取り入れるためには、政治のリアリティが人びとの実践のなかで構成されるものであることを、理論的基礎に反映させなければならない。よってそれは、合理的選択理論のような実証主義とは安易に接合され得ない。

アーモンド学派は、『市民文化』以降、たしかに「意味」としての政治文化論という考えに接近することができた。だがそれは、中期パーソンズという理論的基礎を自身から切り離すことで、理論の構成要素間を整序する論理的な連関を見失ったばかりか、「意味」概念から政治理論を構築する場合に必要な認識論を曖昧にするという代償を伴った。これに対して後期パーソンズ理論は、「意味」として文化論を考える際に、高度な一貫性を保持した理論枠組みを提供することができた。けれども、その一貫性を担保する概念図式のために、パーソンズは超越的なものを理論に外挿しており、政治文化を人びとによる政治的リアリティの意味構成と考える立場とは、存在論・認識論の次元ですれ違ってしまっている。よって、後期パーソンズ理論から「意味」としての政治文化へと進むことは、正当化されないだろう。むしろ、あらたな理論構築に必要なのは、学説史的な検討を通じて、社会理論的にパーソンズを突破する道を探すことだと言えよう。

第二節　権力としての政治文化

一九六〇年代型政治文化論が政治理論として抱えた問題は、政治文化概念が「脱 - 文化」化されているということと並んで、それが「脱 - 政治」化されてもいる、ということであった。政治文化論は、その成り立ちから考えても、一般的・包括的な文化から理論的に区別されたかたちで構築されなければ、ほとんどその存在意義を失うであろう。本節では、政治文化を人びとの政治実践と結びつけることで、政治文化概念を一般的・包括的な文化論から区別することができると主張したい。そしてその際のひとつの手がかりとして、政治システムの作動を媒介する権力メディアに注目する。とはいえ、本書が政治文化論を権力論と接続するにあたって、六〇年代型政治文化論から内在的に引き出せる契機は、後期パーソンズの社会理論しかない。なぜなら、E・レーマンが指摘するとおり、ヴェーバー以来社会学者は政治権力の作動様式と文化的なものの関係性に注意を向けてきたのに対して、政治学者はそうした問題に比較的無頓着であったからである（Lehman 1972 : 363-364）。前節では、政治文化論を「意味」概念から再構成する場合には、後期パーソンズ理論とはまったく別の理論的基礎を見つけなければならないと主張した。ひるがえって本節では、政治文化論を人びとの政治実践と接続するためには、後期パーソンズが展開した一般化されたシンボル的メディアとしての権力論が、多くの示唆を与えてくれることを主張したい。パーソンズに対するこうしたアンビヴァレンスは、本書が第III部でルーマンの社会理論を検討することのひとつの理由になっている。

Y・キムは、政治文化を論じるにあたって、「『政治』という形容詞は付加されるべきか」（Kim 1964 : 336）という問いを投げかけている。実際、第3章一節で指摘したように、アーモンドとヴァーバによる『市民文化』は、政治文化概念がどのような意味で政治文化であるのかということを曖昧にしてしまっていた。しかもこれは、その後のアーモンド学派の展開においてはますます顕著になっていく特徴である（cf. Verba 1965 : 535 ; see also Pye 1965 : 22）。たしかに政治文化論の問題構成は、直接的に政治に関係しない要素（＝「政治の外側の領域」）が政治文化を媒介として「政治の領域」へと流れ込む、という像から出発するものである。そのかぎりで、政治文化概念は、「非‐政治的なもの」とも何らかのかたちで切り結んでいることになる。だが、そうであったとしても、政治文化が「政治の領域」にいかにして関係づけられるのかという明確なロジックを欠くのであれば、政治文化論が政治理論として結実することはあり得ない。だから、政治文化論を政治理論として論じる価値があるのは、それが政治システムの作動様式について何らかの示唆を持つときであると本書は考える。そして、政治システムの作動の典型が政治権力というかたちで生起するものであることを考えれば、まずは政治文化が権力とどのように関係しているかが最初に問われるべきであろう。

もっとも、アーモンド学派に、政治システムの作動についての視角がまったく存在しなかったわけではない。アーモンドとヴァーバは、政治文化が「政治システムの作動方法――その安定性や効率性など――に一定の重要な関係を持っている」（Almond and Verba 1963 : 74＝1974 : 67）と指摘してはいた。しかしながら、ヴァーバがのちに「基本的な政治的価値観が、政治システムの作動に影響を与える過程についての明確な理解は存在しない。通常は、そこに何らかのつながりがあると言われるだけである」（Verba 1980 : 404）と述べるように、政治文化論の立場から政治の作動論にまで到達することはなかった。言い換えれば、六〇年代型政治文化論は、「政治の領域」と「政治の外側の領域」とのあいだに、「何らかのつながりがある」という論理構成を提示するだけにとどまったのである。そしてその原因の一端は、そもそも六〇年代型政治文化論が摂取した中期パーソンズ理論に、「政治」や「権力」について語るための十分な概念枠組みが備わっていなかったことに起因している。だから、はじめてアーモンドが政治文化概念を提唱したとき、それは行為理論一般の枠組みからの素朴な類推によって、一般的・包括的な文化論に「政治」という形容詞を付けただけのものにすぎなかったのである。

振り返ってみれば、パーソンズの思索の出発点が「ホッブズ的秩序の問題」であったことからもわかるように、初期パーソンズ理論は全体社会の問題と「政治の領域」を同一視していたきらいがある。こうした傾向は一般行為システム理論へと歩を進めた中期にいたっても同様であり、事実、パーソンズは政治学が個別的・部分的なディシプリンとして成立することを積極的に否定してさえいた（cf. Parsons 1951 : 125–127 = 1974 : 134–135）。けれども、AGIL図式の導入を皮切りとした後期パーソンズ理論への再 - 構成過程で、パーソンズは次第に「政治の領域」や権力概念の明確な理論的地位を提示するようになる。よって、六〇年代型政治文化論に内在的な資源から政治文化論へと向かう道筋を見つけるためには、後期パーソンズ理論を再び検討する必要がある。

さて、AGIL図式に依拠した場合、社会システムにおいて政治が位置するのはそのうちの「G」機能、つまり集合的な目標達成機能である。「政治（polity）は、集合的目標の集合的追求という機能に関連するあらゆる行為の側面として、分析的に構想されたものである」（Parsons 1966a : 72 = 1971 : 125）。ここでパーソンズが「分析的に」と述べるのは、経験的には「政治の領域」は自律的な閉じた系として存在しているのではなく、一般社会システム全体のなかで他の要素と相互連関していると考えるからである。つまり、政治とは一般社会システムから抽象された下位システムであり、それは同じレベルに抽象された他の下位システム（「A」＝経済、「I」＝法などの統合的システム、「L」＝文化や動機的コミットメントなどからなるパターン維持システム）と相互作用的な交換関係を形成しているというわけである（cf. Parsons 1966a : 104＝1971 : 176）。そして、そうした他の下位システムとの相互作用的な交換関係を制御するのが、シンボル的なメディアである。

これら［AGILという システムの四つの機能領域］それぞれの境界ごとに、媒介となるシンボル的な制御メカニズムが介入し、これが主たる実質上のインプットとアウトプットを制御する、という二重の相互交換をわれわれは設定してきた。（Parsons and Smelser 1956 : 101＝1958 : 153–154）

政治システムの場合、境界を循環しつつ他の機能領域と二重の相互交換を媒介するものは、「権力（power）」であるとされる。政治システムは、権力というメディアを通じて集合的な目標達成というその機能を果たすため、パーソンズが「政治の領域」を扱う際の主要な理論的焦点は権力概念に合わせられる。だからこそ、政治文化論が「政治」という形容詞を冠することの積極的な意義を内在的に示すための方法のひとつとして、後期パーソンズの権力論と接続することが意味をもつのである。

パーソンズは、政治が集合的な目標達成という機能を遂行する際に依拠するメカニズムが権力であると想定する。しかし、それだけでは権力がどのように作動するのかについてはまだ何も語ったことにならないため、以下ではパーソンズが権力をどのような概念枠組みの中に位置づけているかという観点から検討を加えることにしたい。ひとまず、パーソンズが権力論を展開するときの大まかな見取り図は、次の引用文のなかで十分に示されているように思われる。

それゆえにわれわれは、権力を社会的制御の一般化されたメディアであると見なす。その特性はとりわけ、貨幣との体系的な比較という観点から分析されてきた。権力は、本質的には規定的なコミュニケーションの一形態であるという点を貨幣と共有している。権力の有効性は、主として何らかの特殊な基盤に依存しているのではなくて、むしろ信任（confidence）に依存しているのであり、そしてその信任自体は、相互作用的な期待の成就における多くの要因に依存しているのである。しかしながら、一般化されたメディアの価値を担保する、究極的なシンボル的基礎というものが存在する。すなわち、貨幣の場合であればそれは貨幣金属であり、権力の場合は物理的強制力である。（Parsons 1967：296）

ここで強調されているように、パーソンズによる権力概念は、経済システムのメディアである貨幣とのアナロジーを出発点としている。[23] というのも、パーソンズの考えでは、「経済理論は、テクニカルな理論という意味では、さまざまな行動論的な科学のなかでも、群を抜いてもっとも発展し洗練された一分野」であるため、経済理論は一般的な社会理論にとっても有益な知見を提供してくれるものだからである（Parsons and Smelser 1956：308＝1959：186）。そして、それによって従来の政治学における権力論の狭隘性――概念の曖昧さ、強制と合意の二側面の問題、ゼロ・サム仮説など（cf. Parsons 1969a＝1974）――から抜け出る可能性が開けるとパーソンズは自負していた。

たしかにこの意味でパーソンズの権力論が切り拓いた可能性というものを、けっして過小評価すべきではないだろう。けれども、権力論の詳細な部分に入り込むにつれて、パーソンズが経済における貨幣とのアナロジーを無理やり貫徹しようとした感は否めず、結局のところ政治内部でのカテゴリー構成が「はるかに未整備のまま終わっている」（高城 1986：248）と言わざるを得ない。[24] また、後期のＡＧＩＬ図式とサイバネティック制御図式は、分析の単位がつねに一定程度まで上に繰り上げられると同時に、下にも細分化されていくという複雑な理論展開を要求してもいる。たとえば、政治は社会システムの下位システムであり、その社会システムは行為システムの下位システムであるが、同時に政治もまたＡＧＩＬに対応した四つのシステム（官僚制、執政、憲法、立法）へと下位区分されていく。そしてさらに、それぞれの水準で「A」「G」「I」「L」が相互作用関係にあるため、後期パーソンズの分析枠組みからは極端な図式主義へと行き着いてしまう。後期パーソンズは、入れ子状の四象限図式を完成させることに心血を注いでいるように見える。この点だけをとってみても、あらたな政治理論構築の際に、後期パーソンズ理論の展開方法をそのまま引き継ぐわけにはいかないだろう。

しかしながら、全体としての理論展開において困難さを抱えているとしても、後期パーソンズの権力論には、政治文化論にとって有用な知見が含まれている。というのも、AGIL図式およびサイバネティック制御図式には、その論理的な帰結として、文化的なもの（＝「L」）と政治（＝「G」）との関係性を分析する視角が含まれているからである。パーソンズはそこから、政治権力の作動様式と文化的なものとの関係性について、いくつかの興味深い示唆をおこなっている。本書はそうした示唆を手がかりにしつつ、同時にそれをパーソンズ自身の四象限図式や分類論、さらには実証主義的な社会科学観から引き離すことが、あらたな政治理論構築のための契機となると主張したいと思う。また、本書はすでに前節で政治文化を「意味」から概念化する方向へと舵を切った以上、権力と政治文化とのあいだの関係性についても、それが「意味」に関わる範囲に考察を限定する。そうした場合、本書が関わることになるのは、権力が「シンボル的に一般化されたメディア」と位置づけられていることをめぐる論理構成である。パーソンズの「シンボル的に一般化されたメディア」という概念には、潜在的には構成主義的な理論へと向かう契機が内在している。

パーソンズ理論においては、権力は言語と同じ意味で「メディア」であるとされる。言語は、社会システムと文化システムの相互浸透領域の基盤をなしており、それによって人間のコミュニケーションを媒介するもっとも一般化されたメカニズムとして作用する（Parsons 1961 : 976 = 1991 : 56）。しかし、比較的単純な社会から近代社会に向けての進化の途上で、人びとの相互作用を媒介するための専門化されたメカニズムが言語から分化する。それが、「シンボル的に一般化されたメディア」である。ここで重要なのは、権力は「シンボル的に一般化されたメディア」であるという性質によって、その実在的な基礎である物理的強制力から区別されるということである。物理的強制力は、たしかに「制止という文脈においては、最後の最後において他のどんなオルタナティヴよりも効果的な残余的手段」(Parsons 1967 : 272) ではある。しかし、社会システムが特殊な文脈に依存せずに集合的な目標達成という機能を果たすためには、より一般的に拘束的義務の遂行を確保しなければならない。そのため、「貨幣や政治権力といったメカニズムは、文化的一般化の『シンボル的』水準の達成に依存しており、そしてまたそれは、それらが制御する資源が帰属的な固定化から解放されていることに依存しているのである」(Parsons 1961 : 976 = 1991 : 56)。よって、一般的なメディアである言語が社会システムと文化システムの相互浸透領域であるのと同様、本来社会的な領域に属する権力であっても、それは文化的＝シンボル的な支えを必要とするのである。後期パーソンズにおけるこうした論理構成が、政治文化論と権力論を接続するための出発点になることはあきらかであろう。

その際に、本書が着目しなければならないのは、後期パーソンズ理論において、シンボルは「意味」を「濃縮(condensation)」して一般化したものとして定式化されていることである。パーソンズは次のように述べる。「シンボルは、文化システムにおけるその位置づけによって正確に区別されるところの、非常に特殊なカテゴリーの客体として扱われるべきである。それは、前提となる意味システムにおいて、ある最低限の一般性の水準の意味を伴った客体である。こうした意味の一般化によって、シンボルは文脈の特殊性に限定されることから解放される」(Parsons 1961 : 975 = 1991 : 53–54)。だから、権力がシンボル的に一般化されるというのは、集合的な目標達成に向けた服従の確保に際して、権力が単に個々の特殊な文脈において「意味」をもつだけでなく、個々の文脈に無差別的な一般的「意味」をもつときだということになる。

しかし問題は、権力はいかにしてそうしたシンボル的な地位を確保し得るのか、ということである。権力は政治システムのメディアであり、シンボルとは文化的・「意味」的なものであったから、ＡＧＩＬ図式に依拠すれば、問題の焦点は「L」と「G」との相互作用だということになる。パーソンズは、「L」から「G」にインプットさ

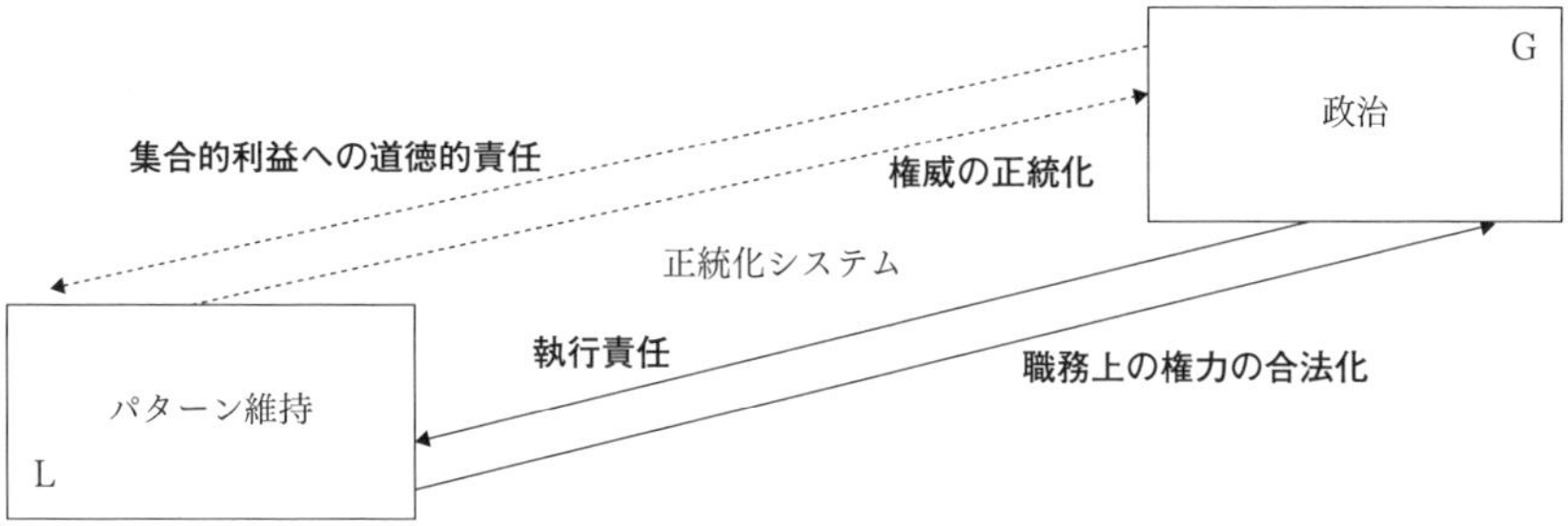

図 4-3　「L」と「G」のインプット・アウトプット関係

出典）Parsons（1969a : 398–399 = 1974 : 125–127）をもとに筆者作成。

れるものとして、「正統化（legitimation）」を挙げる（Parsons 1969a : 398 = 1974 : 125）。よって、権力（および権力の受容される素地としての「権威」）がシンボル的に一般化されるためには、それが文化的・「意味」的に正統化されることが必要だとされるのである（図4-3を参照）。そして、権力がシンボル的に一般化されるにしたがって、つまり、権力の正統性が強固に根付くにしたがって、権力の有効性はそれだけ直接的な物理的強制力に依存しなくなる（けれどもこのことは、物理的強制力の価値が下がるという意味ではない）。むしろ、その場合権力を支える基礎は、権力がシンボル化する有効性に対する一般的な信任（信頼）にあるとパーソンズは考えた。「私は権力が正統化に関係するものだと論じてきた。このことは、ここでの脈絡では、権力を『シンボル的なもの』だと考えることの必然的な帰結である。――〔中略〕――正統化はそれゆえ、権力システムにおいては、貨幣システムにおける貨幣単位の相互受け入れ可能性と安定性に対する信任に相当する要素である」（Parsons 1969a : 362 = 1974 : 76）。

こうして、権力の作動様式と「意味」としての文化との関係性について、後期パーソンズ理論が示唆するところはあらかたあきらかになったように思われる。権力は、文化的に正統化されることで、特殊な文脈に依存することのないシンボル的な「意味」――この場合は権力が集合的に有効であるという価値――をもつようになる。もちろん、実際にどのような過程で、そしてどの程度権力が正統化されるのかということは、経験的に開かれた問題である。けれども、権力が正統化されるのであれば、その際の作動基盤は、物理的強制力ではなく、権力が集合的に有効であることに対する信任（信頼）に求められる。また、そうした権力に対する信任（信頼）は、人びとのその場その場でのやりとりのなかで、その都度調達されるものである。後期パーソンズにおける権力論の見取り図から再び引用すれば、「権力の有効性というのは、主として何らかの特殊な基盤に依存しているのではなくて、むしろ信任に依存しているのであり、そしてその信任自体は相互作用的な期待の成就における多くの要因に依存している」（Parsons 1967 : 296）ということになる。

以上で概括したパーソンズの権力論は、政治文化概念を人びとの実践による政治的リアリティの意味構成として捉える本書にとって、二つの点であらたな政治理論構築の契機を提供してくれる。すなわち、第一に、政治の作動様式としての権力と政治文化とを、「意味」という概念を介して結びつけること。第二に、それと関係して、政治権力の存立基盤を物理的暴力などの実体的なものに還元することなく、人びとの相互作用において構成される一種の信任（信頼）に置くこと、である。本節のまとめとして、このそれぞれを敷衍しておこう。

まず、第一の点に関して。本書は、政治文化概念の〝政治〟性を取り戻すために、政治文化論を人びとの政治実践と接続する必要があるという立場に立っている。そして、政治システムの作動としての政治の実践は、典型的には、政治権力に関係した現象であると考えられる(25)。よって、問題の焦点は、政治文化と権力との関係性に合わせられる。とはいえ、仮に権力と文化的なもののあいだになんら共通項が存在しないのであれば、その両者を接続することは不可能だろう。だが、後期パーソンズの「シンボル的に一般化されたメディア」としての権力概念は、「意味」概念を仲立ちに、権力の正統化という視角から権力論と政治文化論の接触平面を理論化していると言える。だから、政治文化論を政治理論において再構築するためには、その第一歩として、権力を「シンボル的に一般化されたメディア」として捉える後期パーソンズ理論を踏襲することが、ひとつの研究戦略として可能性をもつだろう。

そして第二に、パーソンズが政治権力の存立基盤を信任（信頼）に置いたことは、シンボル的メディアとしての権力の相互作用的な構成性を明確にした点で重要である。なぜなら、パーソンズも指摘するように、人びとが権力に対してもつ信任（信頼）は通常、権力の客観的・事実的な有効性それ自体——それを一般的なかたちで知ることはできないだろう——に関係するのではなくて、他の人びとが権力の有効性を信頼しているという事態への信頼にかかっているからである。[26] そのような権力に対する信頼への信頼は、人びととの実際のやりとりにおいてしか生じようがない。ただし、そうであっても、権力の作動は主観的な虚構の世界に終始するのではなく、客観的なリアリティとして現象する。そのかぎりで、権力に対する信任（信頼）という視角を後期パーソンズから引き継ぐことで、政治文化がいかにして政治のリアリティを構成するのかという過程を問うことができるはずである。

　このように、後期パーソンズ理論において彫琢された「シンボル的に一般化されたメディア」としての権力論には、（分析的リアリズムから離れて）構成主義へと向かう潜在的契機が存在しており、それは政治文化論との接続において触媒の役割を果たすと言えるだろう。そしてこのことは、政治文化論が、「脱‐政治」化された六〇年代型政治文化論の欠陥を乗り越えるための、もっとも有効な道筋であると思われる。

　しかしながら、強調しておかなければならないのは、以上の可能性が内在しているとしても、政治文化論をあらたな政治理論のうえで構築し直す際に、パーソンズ理論という理論的基礎からは離脱しなければならない、ということだ。なぜなら、前節で述べたとおり、後期パーソンズ理論の根幹であるＡＧＩＬ図式は、多層的な入れ子になった図式を強引に貫徹しようとすることで生じる困難さを抱えており、サイバネティック制御図式は理論に超越的なものを外挿してしまうからである。だから、いかに個々の知見においてパーソンズ理論に可能性があったとしても、パーソンズ理論が指示するプログラムは、本書が構想する政治文化論——人びとによる日常的な政治的リアリティの構成と、権力の作動様式を結びつける——とは相容れない。したがって、パーソンズの権力論がもたらす知見は、構成主義的な認識論を許容する別の社会理論へとひとまず解釈替えされる必要がある。本節での検討は、パーソンズ内在的にそうした解釈替えが十分に可能であることを示したはずである。あらたな政治文化論のための理論的資源は、学説史において、パーソンズが示した可能性を批判的に継承していった社会理論の系譜から探し出されなければならない。この課題を、本書は第II部および第III部において引き継ぐことにする。

最後に、「小括」において、本章で得られた結論をもとに、第I部全体の意義と、第II部以降の課題について素描しておこう。

小括　第Ⅰ部の意義と第Ⅱ部での課題

本書第Ⅰ部の主たる意義は、一九六〇年代型政治文化論を政治理論として分析し、その限界を見極めたうえで、経験的な政治文化論および信頼論に向けたあらたな政治理論を構築するための内在的な契機を析出したことにある。簡単に言えば、六〇年代型政治文化論の限界は、理論形成過程において「政治的なもの」と「文化的なもの」の両者が徹底的にその地位を切り下げられることで、政治文化論であることの意義を打ち出せなかったことに帰せられた。学説史として分析すれば、政治文化論は二重に失敗していたことになる。すなわち、第一に、アーモンドがパーソンズを誤用したことによって、第二に、理論的基礎としてのパーソンズ理論に含まれていた限界によって、である。以上を踏まえて、あらたな理論構築のための契機は、政治文化論において「政治的なもの」と「文化的なもの」を取り戻すという観点から模索された。前者について本書が注目したのは、政治文化論を人びとの政治実践としての権力論と接続することであり、後者に関しては政治文化の基礎概念を「意味」に置くことであった。

本書がこうした作業をおこなった理由は、六〇年代型政治文化論の学説史上の後継に位置づけられる九〇年代以降の信頼論（ソーシャル・キャピタル論）には、六〇年代型政治文化論に備わっていたような「政治理論」——本書の定義によれば、問題構成と理論的基礎が組み合わさってできた政治に対する世界観——が自覚的なかたちでは備わっていないという問題関心に根差している。第Ⅰ部における六〇年代型政治文化論の検討は、第Ⅱ部・第Ⅲ部に向けたひとつのケース・スタディでもあり、準備作業でもあった。そして、第Ⅰ部での分析によって、「経験的な信頼研究のための政治理論」が今後進むべき方向性はより明確なものになったと思われる。第Ⅰ部を締め括るにあたって、政治文化論（および信頼論）を「意味」および「権力」という概念から構築することについて、簡単に考察しておくことにしたい。

政治文化を「意味」概念に基礎づけながら、それを政治の作動論へと接続するということは、「政治の領域」と「政治の外側の領域」を区別しつつ接合するという問題構成に照らした場合、二つの大きな理論上の選択をおこなったことを意味する。その二つの選択をキーワードとして表現すれば、「日常性」と「構成主義」となる。これらは、第Ⅲ部で九〇年代以降の信頼論を政治理論として再構成する場合の基本的な方向性を示すものであるため、ここでそれぞれについて述べておこう。

政治文化を「意味」概念に基礎づけるということは、「政治の領域／その外側の領域」の区別と接合が、日常的なレベルで生じていることを明確にする。つまり、「政治の領域／その外側の領域」を媒介する政治文化は、社会生活における何らかの限定された局面においてではなく、むしろ人びとによるローカルで日常的な実践を通じて「意味」的に構成されるものとして位置づけられるのである。

そもそも、政治文化論によって「政治の領域／その外側の領域」という問題構成を理論化するためには、政治文化概念は「政治の領域」に回収されることなく、同時に「政治の外側の領域」を横断するような普遍性をもった概念に基礎づけられなければならない。そのかぎりで、アーモンドらによる一九六〇年代型政治文化論の失敗も、結局のところ、政治理論にそうした基礎概念を設定できなかったことに帰せられるだろう。一方で「意味」概念は、政治文化が客観的かつ自明なものとして実践の外部に存在しているものではなく、人びとの（再）解釈と実践を通じて不断に（つまり日常的に）構成されるものであることを明るみに出してくれる。他方で同時に、ギアツが述べるように「意味」は公的なものである以上、政治文化が一部の個人の恣意によって突如として変化することはない。政治文化の変化・再構成には、時間が必要である。それは自覚的になされることもあるだろうが（＝「アイデアの政治」）、外的なインパクトによることも、潜在的な過程として進行することもあるだろう。

いずれにせよ、「意味」としての政治文化は、人びとにとっての政治のリアリティとして、〝客観的〟な「政治の領域」にも〝主観的〟な「政治の外側の領域」にも還元されない理論的地位をもつ。したがって、「政治の領域／その外側の領域」という問題構成が示しているのは、政治現象が、人びとにとっての政治の意味的なリアリティ（＝政治文化）によって媒介され、かつそこにおいて生起しているという事態である。「意味」概念に基礎づけられた政治文化論は、このようにして「日常性」という視角を得ることになる。そして、九〇年代以降の信頼論も基本的には政治文化論の問題構成を引き継ぐ以上、政治理論としてもこの日常的な実践に対する視座をもたなければならない。

しかしながら、政治文化を語り得るためには、政治文化には政治の作動へと接続する側面がなければならない、というのが第I部におけるもうひとつの重要な結論であった。本書が注目するのは、後期パーソンズ理論における「シンボル的に一般化されたメディア」としての権力概念である。政治文化は人びとの実践によって日常的かつ「意味」的に構成されるものであるが、それは思惟や想像の世界にとどまるものではなく、政治権力の基盤として現実の世界で実際に作用する。だからこそ、政治文化は、実在する「政治の領域」を「政治の外側の領域」から区別されるかたちで構成し得るのである。こうした視角によって、政治文化論は「構成主義」的な政治理論としての性格を帯びると言えるだろう。というのも、本書の序章で述べたように、少なくとも経験的政治理論における「構成主義」とは、政治現象が人びとの主観を原因として構成された結果であるということを述べるもの――それは容易に観念と対象を取り違える奇妙な立場に行き着いてしまう――ではなくて、いかにして政治という秩序のまとまりが客観的・事実的なものとして構成されているかを問う認識論的立場を示すものだからである。この立場は、政治が事実として構成されていくローカルな場面に注目する。「意味」概念に基礎を置く政治文化論は、こうした権力論と接続することによって、政治が実際に作動しているという視角を政治理論に組み込むための概念的基盤を得る。それによって、政治現象などは実は存在しないといった、あるいは、政治はわれわれの想像上の虚構だといった、認識論的懐疑を退けることができる。こうして、第I部での検討からすれば、政治文化論および信頼論を経験的に研究する場合、政治理論としては構成主義という立場を選択することが必要になる。

第I部で得た以上の結論は、第II部における一九九〇年代以降の信頼論の分析を経た後で、第III部において活かされることになる。

第II部

信頼論の問題構成と理論的基礎

第II部では、一九九〇年代から急速に発展を見せている信頼論（あるいは信頼概念を中心として展開されるソーシャル・キャピタル論）が検討の主題になる。ここでの問題関心は、信頼論が政治学において一般的に認知されるようになったにもかかわらず、信頼論研究は政治理論的に見ても行き詰まりをみせており、また政治学における信頼論が本来的にもっているであろう可能性も見失われているのではないか、ということである。そして、第II部の最終的な目的は、信頼論の意義を活かすために必要な課題を示唆することである。簡潔に予告しておけば、その課題は次の三点にまとめられる。①多くの信頼論の背後にあるミクロ／マクロ論の仮定を棄却すること、②原因と結果という因果関係モデルから脱却すること、③信頼を心の問題に還元せずに、信頼がもつ社会的リアリティの構成作用を捉えること、である。

以下では、パットナムの『民主主義を機能させる（*Making Democracy Work*）』から分析をはじめていくことになる。これは政治学で信頼論を検討する際にはもっともオーソドックスなやり方だと思うが、その後の分析は次第に（とりわけ通常の政治学にとっては）あまりオーソドックスではない方向に進むので、まずは最初に第II部の見取り図を示しておこう。

第I部と同じように、第II部での分析も、問題構成と理論的基礎という二つの軸に沿って展開される。つまり、一九九〇年代以降の信頼論が、どういう問題構成を形成し（第5章）、それに対してどのような理論的基礎を与えたのか（第6章）について学説史的に整理する。だが、学説史上の展開を追跡することは主張の妥当性を論証するプロセス自体とは別ものであるため、先行研究の検討についてはあまり時系列順にこだわっていない。むしろ、信頼論とその周辺についてのさまざまな思考パターンが、どのような収斂傾向をもつものとして整理され得るのかというところに重点が置かれている。このように現在おこなわれている信頼論研究を見ることによって、政治学が「信頼」というものへの視角を取り入れながら政治現象を記述・分析していく際の典型的な思考様式（＝政治理論）をあきらかにすることができる。そのうえで、そこから生み出された問題点をあきらかにし、続く第III部においてオルタナティヴとなる政治理論を提案することにしたい。

第5章においては、一九九三年に出版されたパットナムの『民主主義を機能させる』が政治学における信頼論を再興させたことを確認したうえで、その後の信頼論が「国家」と「市民社会」のあいだの関係をめぐって展開されるようになったことを見ていく。この場合、パットナムが重視していた市民社会は日常的でフェイス・トゥ・フェイスの関係が維持された「政治の外側の領域」とされる一方で、国家は政策やサーヴィスを生み出す固有に「政治の領域」だと位置づけられている。つまり、第5章において見ていくことになるのは、「政治の外側の領域」としての諸個人の心理と「政治の領域」としての政治構造の媒介を問題構成とした、一九六〇年代の政治文化論のあらたな変奏である。よって、六〇年代型の政治文化論との差異を際立たせるためにも、九〇年代以降の信頼論の問題構成である国家／市民社会論が、実質的にどのような意味をもっていたのかを理論的にあきらかにする必要がある。これらの検討を経ることで、九〇年代以降の信頼論が、信頼によって結びついた自律的で理性的な（その意味で合理的な）市民たちと、マクロで制度的な実体としての国家とが相互に影響を及ぼし合うという構図をもっていることが理解できるであろう。

第6章では、九〇年代以降の信頼論の理論的基礎を検討する。まず、パットナムの議論の要となったソーシャル・キャピタル概念を、それを実質的に生み出したコールマンの社会理論に位置づけながら検討する。それによって、パットナム以降の政治学における主流の信頼論には、理念型として実証主義－方法論的個人主義－合理的選択理論のトリアーデが理論的基礎として存在していることがあきらかになるであろう。とはいえ、政治学における信頼論はコールマンのみに依拠して成り立っているわけではない。そこには、①ミクロとマクロがどのように媒介されているかについて、②信頼を心の問題とするかどうかについて、③信頼を合理的なものと見なすか否かについて、いくつかの理論的な前提が置かれていることがわかる。第6章では、これらの理論的基礎が、第5章で析出した問題構成としての国家/市民社会論と組み合わさることによって生じる、信頼論のヴァリエーションを見ていこう。

本書では、こうした九〇年代以降の信頼論の典型例でありつつその到達点を示すものとして、B・ロスステインの議論を取り上げたい。ロスステインの信頼論を検討することで、九〇年代以降の信頼論の限界と克服されるべき課題について、はっきりとした見通しを得ることができるように思われるからである。

第5章　信頼論における問題構成の形成とその背景

G・アーモンドとS・ヴァーバによる『市民文化（*The Civic Culture*）』からちょうど三十年後の一九九三年、パットナムによる『民主主義を機能させる』は発表された。当時M・リーヴィが、「近年の学術書においても、これほどまでに多くの論争、賞賛、そして批判を生み出したものは稀」（Levi 1996：45）と評したように、パットナムの『民主主義を機能させる』は社会科学全般にとって非常に大きな影響力をもった。実際に、九〇年代以降に信頼論／ソーシャル・キャピタル論が爆発的に増大するきっかけを作ったのは、間違いなくパットナムである[1]。第5章においては、パットナムの『民主主義を機能させる』と、その後に巻き起こった議論を整理し、信頼論の問題構成がどのようなかたちで明確化され、それがどういった概念的・理論的負荷を背負っているかをあきらかにしたい。こうした作業によって、現在の政治学における信頼論を、ひとつの理念型へと再構成することができるはずである。具体的には、九〇年代以降の信頼論が、国家／市民社会論というフォーマットをどのように形成したのかということが、以下で示されるだろう。本章では、信頼論の問題構成としての国家／市民社会論と、その形式がもつ理論前提の解明を課題としている。

ただし、先に注意を促しておこう。本章には、政治学における信頼論が国家／市民社会論であるべきだなどという含意はまったくない。むしろ、その反対である。政治学における信頼論が、国家／市民社会論として（あるいはその思考形式に付随するさまざまな公準によって）展開されることによって、ある種の視角が失われているのだということを第Ⅱ部では主張することになる。[2] そして同時に、そうした視角こそが、信頼論の意義と政治現象の経験的分析をつなげる鍵なのではないかということも、これから論証していきたい。この第5章の目的は、あくまでも政治学における信頼論の出発点を確認し、そこで政治理論としてどのような選択がなされているのかということを見ていく作業に限定されている。

本章は次のような順序で検討をおこなう。まず第一節においては、パットナムの『民主主義を機能させる』を取り上げ、その論理構成を概観する。第二節では、『ひとりでボウリングをする（*Bowling Alone*）』を含めたパットナムの信頼論が、政治学の学説史においてどのような意義をもつものであったのかについて論じる。第三節では、パットナムに対してなされた〝国家の不在〟という批判が、九〇年代以降の信頼論を国家／市民社会論に向かわせたことを示すとともに、その国家／市民社会論の理論前提をあきらかにする。

第一節　パットナムの『民主主義を機能させる』

現在、政治学においてさまざまなかたちの「信頼論」を語り得るのは、間違いなくパットナムの二つの著作『民主主義を機能させる』と『ひとりでボウリングをする』の功績に負っている。アーモンドらの政治文化論が、当時の政治学が置かれていた状況をうまく総合することで脚光を集めたのと同様に、パットナムの議論も、九〇年代に入って関心が高まってきた理論潮流や実践的問題関心に十分な目配りをしつつ、そこにあらたなアプローチ方法を導入することで高い評価を得ることになった。それがJ・コールマン[3]に由来する「ソーシャル・キャピタル」概念である。パットナムは、ソーシャル・キャピタル概念によって、良好な民主主義が可能であるための条件を描き出し、「政治の外側の領域」が政治学に対してもつ意義をあらためて浮き彫りにした。それは同時に、ソーシャル・キャピタル論の中核を成す信頼概念が、政治学において本格的に検討されるきっかけでもあった。

本節では、一九九〇年代以降の信頼論において中心的な価値をもつパットナムの『民主主義を機能させる』の内容を見ていくことにしよう。とりわけ、パットナムがどのような着眼点をもち、それをどのようなアプローチで具体化しようとしたのかに注目していくことにしたい。とはいえ、『民主主義を機能させる』の面白い点は、パットナム自身が自負しているように、「ハラハラする探偵物語」風に書かれていることであり（Putnam 1993 : xiv = 2001 : iii）、その議論の展開の仕方、つまり、真のターゲットを絞り込んでしだいに追い詰めていく展開に妙味がある。よって、以下の整理は、できるだけパットナムの論理構成に忠実におこなうことにしよう。

パットナムが研究対象としたのは、一九七〇年にイタリアで実施された、州政府制度の創設という制度改革である。このことからも、パットナムは、最初からソーシャル・キャピタル論を展開することを意図していたわけではなく、あくまでも八〇年代からのトレンドである新制度論にしたがって、研究をデザインしているのがわかる。とはいえ、七〇年の制度改革は、政治学ではめったに実現しない対照実験と実質的に同じ条件がそろっているという点で、制度論にとっても格好の研究素材であった。どういうことかといえば、イタリア二〇州において公式的には同一の制度が同時に実施されることによって、各州の制度パフォーマンスを同一条件のもとで比較することが可能になるのである。こうした意味で、イタリアの州政府制度発足は、「制度発展の動態と生態の比較研究にとっておあつらえの素材」（Putnam 1993 : 7 = 2001 : 9）なのである。イタリアの州政府制度が、各州において異なったパフォーマンス度合いを示すとすれば、その原因を各州の相違点から検討し、制度パフォーマンスの規定要因を特定するという、制度論にとっても最大の問題関心のひとつに応えることができる。

まずパットナムは、一九七〇年からのおよそ二〇年間、各州の制度がどのようなアウトカムを生み出してきたかということを、多彩な項目・指標・アンケート調査等を用いて測定している。その結論は、「たとえ政府が同じ構造、同程度の法的・財政的資源を有していても、うまく統治される州もあればそうでないところもある」（Putnam 1993：82＝2001：97）ということであり、そうした差異は、良好な制度パフォーマンスと実効的な民主主義の土壌が見られる北部諸州と、恩顧－庇護主義が跋扈し、州政府制度も形骸化してしまっている南部諸州とのあいだの差異として表れた。そうなると次の課題は、この差異をどのように説明するか、ということになる。

北部諸州と南部諸州の制度パフォーマンスの差異を説明する要因としてパットナムは最初、「社会経済的な近代性」と「市民共同体（civic community）」という二つの要因に注目した（Putnam 1993：83＝2001：99）。しかしながら、「社会経済的な近代性」という指標の方による説明は、それがある程度まで制度パフォーマンスに対する影響力を保持することは認められるものの、それ自体が決定的な説明要因にはなっていないことが判明する。むしろ、社会経済的パフォーマンスと制度パフォーマンスの両者ともに影響を与える第三の要因が存在する可能性があり、パットナムはそこに「市民共同体」要因が介在しているのではないかと推論した。そこで、「市民共同体」を特徴づける諸要素を指標化して、(4) 操作化された各州の「市民度（civic-ness）」を独立変数として用いると、社会経済的要因と制度パフォーマンスの相関が完全に消滅するぐらいに「市民度」と制度パフォーマンスの相関が強いという結論が得られる（Putnam 1993：98＝2001：119）。こうして、イタリア各州における制度パフォーマンスの差異を説明する独立変数は、「市民度」であることがわかる。

『民主主義を機能させる』の分析は、ここまででもひとつの研究としてまとまりをもつものではあるが、パットナムはもう一歩踏み込んで、独立変数であった「市民度」を今度は従属変数においた考察を開始する。つまり、なぜこのように各州の「市民度」に差が生じたのかというパズルが、同書の後半部における中心的なリサーチ・クエスチョンになる。そして、前半部の分析手法がおもに計量的なものであったとすれば、後半部は一転して質的な歴史分析になる。ここで歴史分析がおこなわれるのは、パットナムにとって、「制度が政治を形成し」「制度は歴史によって形成される」という認識こそが、新制度論の共通了解だからである（Putnam 1993：7–8＝2001：10）。

パットナムによるイタリアの歴史記述の詳細は、ひとまずここでは省くことにしよう。パットナムがイタリアの歴史から発見したのは、次のようなことだ。

この百年間〔一八六〇〜一九七〇年〕にイタリア半島を襲った大規模な人口移動、経済変動、社会的大変動にもかかわらず、今日の市民的規範と実践は、かなり昔から堅固に根付いていた州の伝統を再現している。〔改行略〕一世紀前に、社会的な連帯と市民的な動員の新たな形態にイタリア人がもっとも熱心に取り組んだ地域こそ、今日なお政治的・社会的生活においてもっとも市民性が徹底しているのである。さらには、これらの地域こそ、千年も昔であっても、その公的生活はまぎれもなく市民的であったのだ。(Putnam 1993 : 149–150 = 2001 : 183)

この記述からわかるように、パットナムは、各州における「市民度」の差異を、「経路依存」のロジックで説明しようとしている。つまり、ひとたび市民的な規範とそれにもとづくネットワークが形成されれば、それは社会経済的な発展へとつながり、それがまた市民的な規範を強化するというフィードバック・ループが形成される。他方、そうした規範がそもそも希薄な地域では、社会経済的な発展も望めず、そのことが再び市民性の規範が醸成されるための地盤を奪っていく。はるか昔から続くこうした経路依存性こそが、イタリアの南北問題、つまり、北部諸州における「市民度」および社会経済的な発展度合いの高さと、南部諸州におけるそれらの低さを証拠立てている。

このようにして、イタリア各州の制度パフォーマンスを強く規定する「市民度」指標の地域ごとの偏りが説明されるのだが、ここでもまた、パットナムは経路依存性のロジックをさらに掘り下げ、補強しようとする。その補強のために援用されているのが、合理的選択理論による形式モデルである (Putnam 1993 : 163–167 = 2001 : 200–206)。それは、次のような前提から「市民度」の経路依存を説明する。集団生活においては、集合行為問題(とりわけ囚人のディレンマ問題)が何らかの方法で解決されない限り、相互に裏切る戦略がアクターにとって短期的に合理的な選択肢となり、それが全体の均衡解として固定化してしまう。そこでは、いちど非協力ゲームがおこなわれ、そしてそのことをアクター全員が知っているとなると、だれもみずから望んで協力解を選択しなくなり、非協力ゲームが確立していく。「市民度」の経路依存は、ある種の集合行為が繰り返されることで、公的生活における人びとの規範が一定の方向に固定化していく事態を指しているのである。

けれども、この形式モデルがすべてを説明しているわけではない。なぜなら、実際に、一方でイタリア北部の州は囚人のディレンマを解消しており、南部の州はディレンマに陥ったままである以上、この違いが説明されねばならないからだ。たしかに、紛争解決のための公的な制度が問題なく機能すれば、ディレンマは解決されるだろう。しかし、そうした公的な制度も公共財なのだから、囚人のディレンマ状況においてはそうした公的な制度自体が供給されない。よって、パットナムは、公的な制度よりも深いところにある「共同体や信頼といった、より『ソフトな』解決策」が事態の鍵を握ると考えた（Putnam 1993 : 167 = 2001 : 206）。そして、ここではじめて、コールマンから援用された「ソーシャル・キャピタル」概念が導入される。パットナムにおいて「ソーシャル・キャピタル」とは、「調整されたさまざまな活動を活発にすることによって社会の効率性を改善できる、信頼、規範、ネットワークといった社会組織の特徴」（Putnam 1993 : 167 = 2001 : 206–207）のことである[5]。ソーシャル・キャピタルは、ある社会の成員がお互いの信頼を信頼することを可能にする。「社会的ネットワークの存在によって、信頼が転移可能かつ拡散可能なものになる。つまり、こういうことだ。私はあなたを信頼する。というのも、彼女がまちがいなくあなたのことを信頼していて、そんな彼女を私は信頼しているからだ」（Putnam 1993 : 169 = 2001 : 209）。このようにして、ネットワークが生み出す互酬性の規範が、人びとのアドホックな関係を越えた一般的な規範として定着するからこそ、集合行為のディレンマが解決されるわけである。パットナムはこう述べている。

一般化された互酬性の規範と市民的積極参加のネットワークは、裏切りへの誘因を減らし、不確実性を低減させ、将来の協力にモデルを提供することで、社会的信頼と協力を促進する。信頼自体、個人の属性であるのと同様に、社会システムの創発的特性（emergent property of social system）でもある。個々人がお互いを（ただいいカモになるのとはちがった意味で）信頼できるようになるのは、そうした個々人の行為が、社会的規範や社会的ネットワークに埋め込まれているからである。

（Putnam 1993 : 177 = 2001 : 220）

これに続けてパットナムは、ある社会において相互信頼と協力が自己強化的に好循環する（つまり、ソーシャル・キャピタルが蓄積される）か、あるいは相互不信と裏切りの悪循環が生まれるのかは、大きく分けて二種類のゲームの均衡解であると述べている。制度パフォーマンスや「市民度」におけるイタリア南北の差異は、こうした二つの均衡解を表しているというわけだ。ソーシャル・キャピタルが長い時間をかけて蓄積された地域では、人びとの相互信頼が市民的徳の規範を一般的に期待可能なものにし、ソーシャル・キャピタルが蓄積されなかった地域では、人びとの相互不信が「非協力」を個人にとって短期的にはもっとも合理的な（しかし、長期的には自己破壊的な）選択肢にする。

パットナムの「探偵物語」は、イタリアにおける州政府制度の創設という個別事例の観察から出発して、最後には政治分析一般にとって鍵となるべきソーシャル・キャピタル概念を発見するというストーリーであった。このストーリーの展開のなかで、パットナムは三つの知見を提示したと言ってよいだろう。第一に、政治制度が実際にどのようにはたらくかは、それが置かれた社会的文脈によって変化するということ。第二に、制度が依存するそうした社会的文脈は、相互行為の繰り返しによる歴史的な累積の結果であるという意味で、「制度の歴史はたいていゆっくりと動く」（Putnam 1993 : 184 = 2001 : 23）ということ。第三に、「ソーシャル・キャピタルが、民主主義を機能させるための鍵である」（Putnam 1993 : 185 = 2001 : 231）ということ、である。[6]

次節では、この『民主主義を機能させる』によって開始されたパットナムの信頼論を、学説史のなかにおいて見ていくことにしよう。

第二節　学説史のなかのパットナム

パットナムの『民主主義を機能させる』は、学説史的に位置づけてみると、一九九〇年代に至るまでの政治学の総まとめであると同時に、九〇年代以降の政治学研究のベンチマーク的な性格をもっている。それは、方法論的には新制度論の到達点を測るものであり、研究トピックの点では、トクヴィル以来の政治文化論を信頼論／ソーシャル・キャピタル論へと完全に移し替えている。本節では、パットナムの信頼論がどのような意義をもつものであったのかについて、①方法論上の水準と、②政治文化論から信頼論への移行という水準に分けて、整理してみることにしたい。こうした整理をおこなうことによって、パットナムが築いた信頼論のパラダイムを、より正確に理解することができるようになる。考察をはじめるまえに、第二節の簡単な見通し図を示しておこう。図5-1に示されているとおり、パットナムの学説史的な意義は、それまでお互いに両立しないと思われてきた複数の政治文化論の傾向——政治文化論と合理的選択理論、トクヴィル的な伝統と文化の計量的な把握など——を両立させるという点にあった。以下で具体的に見ていこう。

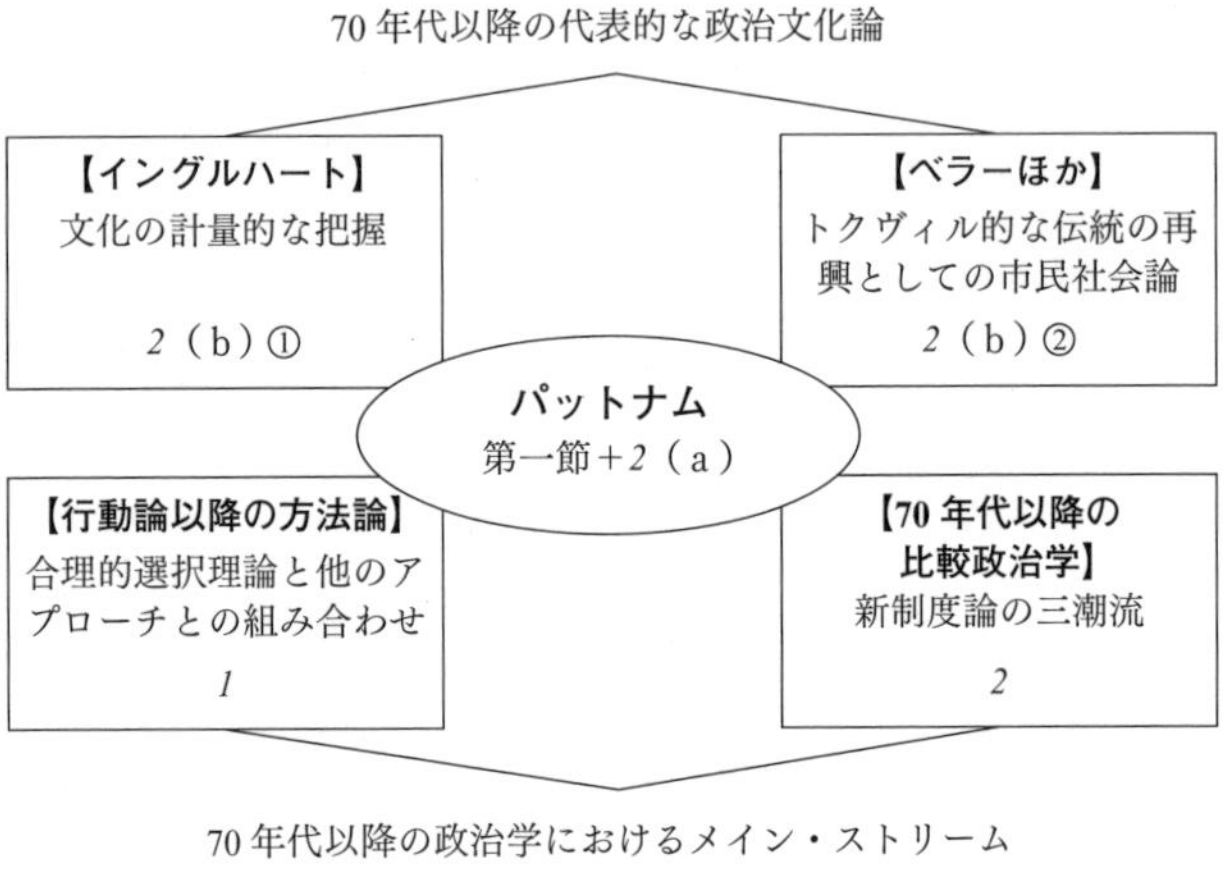

図5-1　政治学における文化論の系譜とパットナムの位置づけ

1　『民主主義を機能させる』の方法論上の性格

第Ⅰ部で論じたように、一九六〇年代の政治文化論の主たる駆動力は行動論政治学であり、そこで中心的な役割を果たしたのが、G・アーモンドであった。一九六〇年代半ばにおける行動論政治学の終焉には、経済学由来の合理的選択理論が政治分析に本格的に応用されるようになったことや、また先進諸国をめぐるさまざまな現実政治上の変化が政治学者の関心を行動論から引き離したことなど、いくつかの原因がある。だがその後、九〇年代にいたっても、行動論のように政治学（および社会科学）全体を統一的な視座のもとにプログラム化しようとする試みが本格化することはなく、方法論的にはゆるやかな多元主義が政治学を覆っていた。アーモンドは、こうした状況を、T・ラティガンによる戯曲のタイトルに倣って「銘々のテーブル（Separate Tables）」と名付けた（Almond 1988）。つまり、行動論以降も政治学はさらなる発展を遂げたものの、いくつかの学派やセクトに分化し、適切な政治学のあり方をめぐって政治学者の見解が相違する状況が続いたのである[7]。

そうしたなかで、（のちに述べるように「国家論」という過渡形態を経たうえで）八〇年代後半から「新制度論」が政治学研究の共通の土台として認識されるようになる。もちろん、新制度論と言うからには、旧制度論がある。旧制度論は、かつての行動論政治学が打ち破ろうとした憲政学的な制度論であり、おもに憲法などに記された公式的な政治制度を比較検討するものであった。V・ラウンズによれば、行動論以前の旧制度論に比べた新制度論の〝新しさ〟は、六つの視線の変化として示すことができるという（Lowndes 2002 : 97）。それは、

1　組織としての制度から規則としての制度へ
2　公式的な制度から非公式な制度へ
3　制度の静態的な把握から動態的な把握へ

4　価値的な判断の中立性から価値批判的なスタンスへ
5　全体論的な制度把握から分散的な把握へ
6　制度の自律性から文脈への埋め込みへ

となっている。こうした意味において、新制度論はたしかに旧制度論の刷新ではあるけれど、それ以上に、旧制度論を否定した行動論政治学への否定としての性格が強い（Rhodes 2009 : 143）[8]。一九五〇年代から六〇年代の行動論政治学が、政治分析の視点を人びとの行動とそれを背後で支える要素にまでブレイクダウンしていくことによって、政治生活の中心軸がどこにあるのかを見失いがちであったのに対して（序章で述べたように、だからこそD・イーストンは「政治理論」が必要だと唱えたのであった）、八〇年代以降の新制度論は、制度こそが政治学にとっての問題の焦点であると主張したのである。そして、九〇年代になると、これまでに用いられてきたいくつかのアプローチと新制度論の視角が混ざり合って、三パターンの新制度論が形成されるようになる。それが、「合理的選択制度論」「社会学的制度論」「歴史的制度論」である（小野 2001 ; Lowndes 2002 ; Lichbach 2009）。これら新制度論の三潮流は、それぞれに独自の由来があり、「制度」という共通項をもちつつも、政治分析においては基本的に異なる方法論を用いている。合理的選択制度論であれば、個人が効用の最大化を目指して行為するというモデルを採用し、社会学的制度論は、人びとがその場の規範ないし「適切性の論理」にしたがって行為すると考え、そして歴史的制度論であれば、長期的な相互作用の繰り返しの過程に注目する、といったように。こうした三つの新制度論に、行動論以降もさらに洗練の度を増した質的分析と量的分析が組み合わせられるところに、九〇年代初頭における政治学研究の大まかな特徴がある。

パットナムの『民主主義を機能させる』が出版されたのは、まさにこうした状況においてであった。そして、S・タローが述べるように、『民主主義を機能させる』では、「過去三〇年間にわたるアメリカ政治学という堆積岩が形成されていくさま」(Tarrow 1996 : 390) を見ることができる。つまり、六〇年代以降の方法論の歴史――五〇年代から六〇年代の行動論、七〇年代の政策志向的な研究、八〇年代から九〇年代初頭にかけてのゲーム理論的視座や歴史的転回――が、パットナムの研究に凝縮されているというわけである。実際に、第一節を振り返ってみればわかるように、『民主主義を機能させる』では、合理的選択理論による形式モデルも、人びとの規範を用いた説明も、歴史記述も登場するし、また、量的分析と質的分析のどちらもおこなわれている。そうした意味でも、パットナムの『民主主義を機能させる』の方法論的な意義は、一方でその当時の政治学研究のスタンダードであった三つの新制度論にまんべんなく目配りをした点にあり、他方では「彼の出発点でもあったクロス・セクション比較の統計モデルにとどまることなく、量的な歴史的ソースと質的な歴史的ソースの両者を、現代の制度パフォーマンスに統合した」点にあると言える (Tarrow 1996 : 396 ; see also Tarrow 2004 = 2008)。[9] そして、『民主主義を機能させる』以降の政治学を見ても、方法論という側面では「教義の細分化 (scholasticism)」(Mead 2010) とでも言うべき状況が続いており、当時パットナムが与えたインパクトを超えるような研究は、現在に至るまでそう多くは生み出されていないように思われる。

もちろん、パットナムへ多くの賞賛が送られたことは、かならずしも全面的な肯定を意味しているわけではなかった。むしろ、「実際、『民主主義を機能させる』の主要な強みのひとつとは、それ自身を論駁するような研究を生み出し得ることである」(Levi 1993 : 377) とも言われたように、パットナムの研究はそれが (決定的であったというよりも) 問題提起的で批判を惹起するものであったからこそ、話題になったとも言える。[10] そして、それは同時に、事後的な検証が可能なようにうまくリサーチ・デザインがなされており、また他のさまざまな分野の研究者が批判するだけの価値をパットナムに認めたということでもある。いずれにせよ、方法論という水準において、パットナムの『民主主義を機能させる』は、六〇年代の行動論以降の政治学を総決算し、そして九〇年代以降の政治学のスタンダードを築くものであったと言うことができる。

2 政治文化論から信頼論へ――トクヴィル的な伝統の再解釈

一九九三年の『民主主義を機能させる』に続く二〇〇〇年の『ひとりでボウリングをする』において、再びパットナムは大きなインパクトを与えた。しかも今度は、企業家や政治家、教育者や一般メディアなど、学術界以外のところからの反響がいっそう大きかった。その理由は、『ひとりでボウリングをする』が現代アメリカ社会に起きつつある変化を、もっとも人びとに身近で日常的な生活様式のなかからあざやかに描き出したからである。さらに、パットナムの診断は、社会生活のあらゆる部分にも当てはまるものであり、パットナムが提案する対症療法も、すぐにでも実践できそうなものであったからでもある。『ひとりでボウリングをする』は、人びとにトクヴィル的なアメリカの理念を思い出させ、いまあるアメリカ社会をもっと改良していかなければならないという使命感をかき立てるものであった。

このような、トクヴィル的な伝統の再現は、『ひとりでボウリングをする』を学説史上に置いてみても同様にあきらかである。そして、市民社会論におけるトクヴィル的な伝統の再現という意味で、もっと言えば、「政治の外側の領域」が政治の作動様式に対してもつ重要性の発見という意味で、パットナムは一九六〇年代の政治文化論を明確に引き継いでいる。もともと、一九九三年の『民主主義を機能させる』においてもすでに、「トクヴィルは正しかったのだ。民主的な政府は、政府が活力ある市民社会と向き合うとき、弱まるのではなく強くなるのである」(Putnam 1993 : 182 = 2001 : 228) と述べられており、トクヴィル以来の政治文化論に連なる伝統にパットナムが自分の研究を位置づけていることはまちがいない。けれども、『民主主義を機能させる』が、制度論的な問題関心から出発して、ソーシャル・キャピタル概念の重要性とその問題構成を定式化することが実質的な結論であったのに対し、『ひとりでボウリングをする』では、はじめから政治文化論的な問題関心が掲げられている。だから、〝政治文化論からソーシャル・キャピタル／信頼論へ〟という学説史上の流れは、『民主主義を機能させる』と『ひとりでボウリングをする』をひとつのセットとして見ることで、より鮮明に確認することができるだろう。ここでは、パットナムがどのようなかたちでトクヴィル的な伝統を引き継いだのかを検討していくことにしたい。それによって、パットナムと六〇年代型の政治文化論との差異を、より際立たせることができる。

（a）市民社会論の再興──『ひとりでボウリングをする』

さて、本書では、第1章一節において、政治文化論の原基的な形態のひとつが文化エートス論であることを示し、そのなかでもE・バンフィールドの『後進社会の道徳的基盤』（Banfield 1958）をやや詳しく紹介しておいた。繰り返しになるが、バンフィールドは南イタリアにおける後進性の原因が、その社会にはびこる「非道徳的家族主義」というエートスにあると考えたのだった。つまり、政治がうまくいくかどうかは、人びとが行動の指針にしている文化的エートスに依存する、というわけである。こうして見てみるとわかるように、パットナムの『民主主義を機能させる』は、南北イタリア社会の格差を直接的なテーマにしているという意味でも、また人びとの行動指針となるある種の道徳（「市民度」）に問題の鍵を見出す点でも、バンフィールドと直接的な類縁性がある。[11]さらに、理論的な水準という点でバンフィールドとは大きく隔たりのあるアーモンドも、文化論的に「政治の外側の領域」を捉え直すというその問題関心自体は、バンフィールドからつながっている（また、『市民文化』が対象とした五カ国のうちのひとつがイタリアであった）。こうして、バンフィールドとアーモンドとパットナムは、実際に用いた方法論は別としても、[12]「政治の外側の領域」から文化的なもの掬いあげ、それによって「政治の領域」のあり方がどのように規定されているかを見ていくという着眼点において、まぎれもなく同じ伝統を継いでいる。

しかし、『民主主義を機能させる』において、パットナムは、バンフィールドやアーモンドとは別の主題をもっていたことに注目しなければならない。それが、トクヴィル的な市民社会論の再興である。そしてこのことが、九〇年代以降の政治学における信頼論全体にとって、基本的なモティーフとなっている。六〇年代の政治文化論において、アーモンドが政治構造と対比されるべき「政治の外側の領域」を「諸個人の心理」として具体化したのに対して、パットナムにとっての「政治の外側の領域」とは、市民社会のことであった。そして、パットナムが本来的な民主主義のあり方として描いている像は、トクヴィルが一九世紀のアメリカに見た草の根共和主義そのものである[13]。このことは、パットナムがトクヴィルと同じようにアメリカの市民社会へと目を向けた、『ひとりでボウリングをする』に即して確認しておくべきだろう。

『ひとりでボウリングをする』は、一九七〇年前後を境に従来のアメリカ社会を支えてきた集団やコミュニティと、それへの市民参加が急激に減退したことを受け、その傾向、原因、影響を分析したうえで、事態を改善するための処方箋を提示する、という構成になっている（Putnam 2000）。パットナムが人びとの公共生活からコミュニティの次元が欠落してしまったことに危機感を覚えるのは、そのことがトクヴィルの観察したような「アメリカの重要かつ永続的な事実」（Putnam 2000 : 48 = 2006 : 52）に背馳するだけでなく、民主主義や経済から、学校や近隣関係や健康から幸福度にいたるまで、ありとあらゆる市民生活に負の影響を及ぼすからである。そして、コミュニティを介してあらゆる市民生活の質を左右するものこそが、ソーシャル・キャピタルである。ソーシャル・キャピタル自体は直接的に観察できるものではないので、パットナムの分析は、さまざまなシーンにおける市民参加の変化がソーシャル・キャピタルの変化に連動しているという想定のもとで進められる[14]。

ただし、ソーシャル・キャピタルはかならずしも〝良い〟ものとは限らない。これが、『民主主義を機能させる』からあらたに加わった知見である。ソーシャル・キャピタルは、社会的ネットワークとそれに付随する信頼や互酬性の規範によって、そのネットワーク内部では公共財としての価値をもつ一方で、負の外部性をもつこともある。たとえば、ある種の民族集団や派閥といったものは、その集団の内部では円滑にものごとを進め、成員相互の福利厚生を向上させるかもしれないが、それが成員でない人を集合財の利用から閉め出したり、あるいはより単純に外部の集団に敵意を向けたりすることによって、結果として全体的には負の効用をもたらすかもしれない。ありきたりな例だが、ＫＫＫ（白人至上主義結社）などを思い浮かべてみればわかりやすいだろう。そうした集団は、内向きの志向をもつ等質な成員からなり、集団内部での結束は強いものの、成員が集団外で活動するための選択肢は広がっていかない。他方、ソーシャル・キャピタルが正の外部性をもつとき、そうしたソーシャル・キャピタルを備えているネットワークは、成員に外部の資源へのアクセスを容易にし、互酬的な関係をより広げていくことができる。パットナムは、前者のソーシャル・キャピタルのタイプを「結束型（bonding）」と呼び、後者の「橋渡し型（bridging）」から区別する。簡単に言えば、「結束型のソーシャル・キャピタルが社会学的な強力接着剤なら、橋渡し型のソーシャル・キャピタルは社会学的な潤滑剤（WD-40）である」（Putnam 2000 : 23 = 2006 : 20）。しかしながら、ソーシャル・キャピタルのタイプを区別することは、ソーシャル・キャピタルが「結束型」か「橋渡し型」のいずれかに分類されるという意味ではない。ソーシャル・キャピタルは、そのいずれの性質も本来含むものであって、問題は、どちらの傾向がどれくらい大きいのか、ということである（Putnam 2000 : 23 = 2006 : 21）。

パットナムは、公的生活の多くの面で、人びとの積極的な参加や自発的な関与が減少していることを、さまざまな団体の会員数や実際の参加率の変化をデータによって示しながら指摘している[15]。たとえば、政治参加という局面では、かつての集団的・組織的関与は見られず、市民はすでに政治の観衆となっているし、自発的な結社でも、その大多数の会員にとっては会費の小切手をきるか、ときどきニューズレターに目を通すだけの、「三次集団」化が見られる（Putnam 2000 : 52 = 2006 : 57）。その他にも、宗教参加、職場でのつながり、インフォーマルな社会的つながり、ヴォランティア活動など、人びとが社会生活において日常的に経験するであろうさまざまな活動形態が形骸化し、実質的に空疎なものになっていると、パットナムは指摘する[16]。このことは、ソーシャル・キャピタルを作り上げるような人びとのつながりが失われ、社会的信頼性や一般化された互酬性が低下していることを証拠立てている。その結果、信頼や互酬性の規範に代わって、法のような公式的制度にわれわれはますます依存せざるを得なくなっていると、パットナムは述べている（Putnam 2000 : 147 = 2006 : 173）[17]。

では、なぜ、一九七〇年前後にいたって市民参加とそこから生まれるソーシャル・キャピタルは減少したのであろうか。パットナムは、考えられるさまざまな要因を逐一調べたうえで、次のような結論に至る（Putnam 2000 : 283–284 = 2006 : 346–347）。まず、もっとも大きな要因は世代変化であり、世代変化だけで市民参加が低下した原因のおよそ五〇％を説明すると考えられている。そして、次なる要因は家庭でのテレビの普及と、それに伴う物質主義的な価値観の浸透であり、これが原因のおよそ二五％を説明する（そして、世代変化とテレビの普及が一〇～一五％ほど重なっている）[18]。その他、労働形態の変化、都市のスプロール現象なども、一定程度市民参加の低下を説明するものとされている。しかしその一方で、政府の肥大化やグローバルな経済変化は、ソーシャル・キャピタルに直接的な影響を与えるものとは見なされていない（Putnam 2000 : 281–283 = 2006 : 342–346）。こうして見てみると、ソーシャル・キャピタルは、市民の日常的で公的な生活から生まれ、そして人びとの日常的な暮らしぶりの変化に応じて増減するものであるとされていることがわかる。要するに、パットナムは、ソーシャル・キャピタルをあくまでも（政治や経済などにかかわりをもたない）市民社会に位置するものと考えているわけである。

このように、ソーシャル・キャピタルの減少が問題になるのは、ソーシャル・キャピタルが次のような点で望ましい効果をもつからだ。つまり、①集合行為問題の解決、②人びとの円滑な相互作用、③善良な人格の形成、④情報のネットワークの提供、⑤精神的な健康（Putnam 2000 : 288–289 = 2006 : 352–354）。ソーシャル・キャピタルのもつこうした効果は、社会生活のさまざまな領域、たとえば、児童福祉と教育、近隣関係、経済的繁栄、健康と幸福感などにおいて、「われわれをより賢く、健康で、安全、豊かにし、そしてより公正で安定した民主主義の統治を可能にする」（Putnam 2000 : 290 = 2006 : 355）。とりわけ、民主主義においては、「トクヴィルの観察に共鳴するかたちで」「ソーシャル・キャピタルは、大きな政体への『外部』効果と、参加者自身への『内部』効果をもつ」とされている（Putnam 2000 : 338 = 2006 : 415）。パットナムは、この「外部効果」を、市民社会における自発的結社が政治過程に形成されることであるとし、「内部効果」を人びとが政治参加への習慣やスキル、そして公的精神をもつようになることであると説明する。これらはいずれも、市民社会におけるソーシャル・キャピタルと、それが養う市民の習慣・道徳が、市民社会の向こうにある政府に対して影響を及ぼすという想定のもとにある[19]。だからこそ、現代アメリカをより良くするためのパットナムの規範的な提言は、単純なものである。「われわれ米国人は、お互いを再び結び付け合わせる必要がある」(Putnam 2000 : 28 = 2006 : 28)。それは、ピクニックを増やすのでもいいし、サッカー・クラブを増やすのでもいい。そうしたなにげない日常的な変化が、政治を含めわれわれの社会生活のあらゆる側面を好転させるチャンスをもつのだから。「私のメッセージは、われわれは何としてでも市民がみずから考え行動する時代を必要としていること、それによって現在の暮らし方に合うような市民生活に、ふたたび活気を与える制度とチャンネルの一群を新たに作り上げなければならないということである」(Putnam 2000 : 401 = 2006 : 495)。

以上のように、『ひとりでボウリングをする』を『民主主義を機能させる』と並べて見てみると、三つのことが言える。第一に、パットナムは、人びとの日常的な習慣や実践においてこそ、政治の作動様式が発現するものだと考えている。政府組織や公的制度などといった、純粋に「政治の領域」だけを見ていても、われわれは政治の実際のあり方を理解することはできない。第二に、パットナムにとって、そうした人びとの日常的な習慣や実践に注目することは、すなわち市民社会に注目することと同義である。トクヴィルが、アメリカの民主主義の有効性(と危険性)を、市民社会における公共精神とでも言うべき人びとの「習俗」や「心の習慣」から見たのと同様に、パットナムにとっては市民社会のあり方こそが問題であった。第三に、市民社会の特徴は、指標の作り方や操作化を適切におこなえば、量的に計測可能なものである。かつて、トクヴィル的な市民社会論・文化論は、印象論を免れず、科学的な検証にも耐えないとされてきた。そうしたなか、六〇年前後のアーモンドらの政治文化論は、文化論でありつつ十分な科学性を備えた理論を発展させることを目的として登場した。けれども、六〇年代の政治文化論は、高度な理論化作業をおこなうなかで、「市民社会」というあいまいな概念を多数の要素に解体してしまっている。これに対してパットナムは、市民社会というトクヴィル的な伝統はそのまま受け継ぎつつも、同時に市民社会を科学的に計測していこうとしているところに特徴がある。[20]

こうして見てみると、パットナムによる『民主主義を機能させる』と『ひとりでボウリングをする』は、第一・第二の点で六〇年代の政治文化論が棄却してしまったトクヴィル的な伝統を引き継ごうとしており、[21]第三の点で、六〇年代の政治文化論と共通性をもつと、ひとまず言うことができるであろう。[22]

(b) 六〇年代の政治文化論とパットナムのあいだ

ところで、アーモンドとヴァーバによる一九六三年の『市民文化』と、パットナムによる一九九三年の『民主主義を機能させる』とのあいだの三〇年に、見るべき政治文化論ないしそれに類するものがなかったのかというと、そうではない。『市民文化』出版の後、六〇年代型の政治文化論が抱え込むことになった理論的・実証的な困難に対して、行動論を推進したアーモンド学派がみずから修正を加えようとしたことは、第4章一節*1*ですでに紹介した。その修正の方向性は、C・ギアツの影響から政治文化を人びとにとっての「意味」的な政治的リアリティとして捉えようとすることと、人びとの実際の歴史経験を見ていこうとすることの、二つを含むものであった。しかし、アーモンド学派によるこうした修正の努力が実るまえに、そもそもの政治文化論という分野自体が完全な衰退産業と化し、〝あらたな政治文化論〟は構想段階のまま立ち消えてしまっている。けれども、七〇年代から八〇年代にかけて、行動論政治学とは別のところで政治文化を考えていこうとする研究も生み出されている。そうした研究は、パットナムの学説史的な二つの特徴、つまり行動論とは別のタイプの科学性の追求と、トクヴィル的な伝統の継承という、本節でこれまで見てきた傾向を備えている。ここでは、前者の傾向を代表するものとしてR・イングルハートの『静かなる革命（*The Silent Revolution*）』（Inglehart 1977＝1978）および『高度産業社会における文化変動（*Culture Shift in Advanced Industrial Society*）』（Inglehart 1990＝1993）を、そして後者の傾向を代表するものとしてR・ベラーらの『心の習慣（*Habits of the Heart*）』（Bellah et al. 1985＝1991）を、それぞれ取り上げて検討してみることにしたい。これによって、パットナムが政治文化論の伝統の系譜からなにを取捨選択しているのかがあきらかになるはずである。

①政治文化の計量的把握——イングルハート

さきほど、パットナムのソーシャル・キャピタル論の特徴のひとつが、市民社会の性質それ自体を量的に測定するところにあると述べた。たしかに、六〇年代型政治文化論の代表作であるアーモンドとヴァーバの『市民文化』も、政治文化を計量的に処理するための工夫をしている。しかし、パットナムの分析の焦点が一貫して市民社会であったのに対して、アーモンドらが計測しようとしたものは諸個人の「志向」というものであった。すでに第3章で論じたように、この「志向」概念は、政治文化の構成要素としてパーソンズから導入されたものであるが、それが一体何を切り取っているのかについては曖昧さが残る。なぜなら、「志向」とは、諸個人の心理と外面的な行動のいずれにも還元されない文化的なものを表現するための理論装置であるはずであったのに、実質的に計測されているものは諸個人の心理とかわらないからである。

こうした六〇年代政治文化論の曖昧さを回避しつつ、科学的に政治文化を把握する方法のひとつは、パットナムのように市民社会を構成する共同体や結社[23]を量的に計測するというやり方である。このやり方は、データの処理を厳密におこなうことができるうえに、時系列的な比較もおこないやすいというメリットがある。しかし、これとは別に、政治文化を計量的に把握する方法も存在する。それは、諸個人の心理の集合からそのまま「文化」を読み取るやり方である。六〇年代型政治文化論の複雑な理論構成が、政治文化を心理的なものに還元しないという、ただその一点に向けられていたことからすれば皮肉以外のなにものでもないが、政治文化が諸個人の心理に直接反映されていると仮定できれば、難解な理論構成などはまったく必要ない。人びとがどのような価値や信念にしたがって政治生活を営んでいるかを知るには、アンケートをおこなって人びとに直接聞けばいいのだ。そうして得られたさまざまな項目に対する回答から、価値や信念のパターンを体系化し、政治文化を推定することができる。これが、六〇年代型政治文化論とも、パットナムとも異なる科学的政治文化論の、ひとつの類型を形成している。[24]

一九七七年に出版されたイングルハートの『静かなる革命』は、こうした研究の典型であり、トクヴィル的な伝統とも六〇年代型の政治文化論ともちがったところで科学的な政治文化論を展開している。イングルハートは、行動論的な文脈や機能主義的な比較政治体制論といった、政治の一般理論を追求することで生まれた六〇年代型政治文化論のしがらみから自由であることによって、むしろ当時の先進国に共通する一般的な時代診断を導き出した。それが、「物質主義／脱物質主義（Materialist/Post-Materialist）」という指標である。『静かなる革命』においてイングルハートは、先進国においてゆっくりとではあるが、かつての政治的地図の基本線であった物質主義的な軸が、脱物質主義的な軸に取って替わられつつある様子を描き出した。七〇年代の先進国政治は、もはやかつての左右対立に単純に還元されるようなものではない。先進国市民の「世界観」は、これまでのように身体的な安全と物質的な富を最優先する「物質主義的な」ものから、自己実現や帰属欲求、美的感覚の充実を求める「脱物質主義的な」ものへと移動しており、政治上の争点もそれにあわせて変化してきている。イングルハートによるこうした指摘から、「新しい政治（ニュー・ポリティクス）」と呼ばれる現象が政治学者によって注目されはじめる。[25]そして、政治学が先進国政治の現状を適切に把握するための理論や概念をもっていないということが、あらためて浮き彫りになった。[26]このように、イングルハートの『静かなる革命』は、政治学全体に対して問題を提起するものであった。

けれども、繰り返しになるが、『静かなる革命』が大きなインパクトをもち得たのは、イングルハートが政治文化論として既存の政治学を塗り替えようとしなかったからであると言えるだろう。イングルハートは、政治文化の分析を、システム・レベルでの環境の変化→個人レベルでの価値観・政治的スキルの変化→システム・レベルでの変化……というマクロとミクロのあいだでの単純なフィードバック・サイクルで考えている（Inglehart 1977 : 5 = 1978 : 5 ; Inglehart 1990 : 6 = 1993 : 4）。これは、「生態学的誤謬」と言われるものを含む論理展開ではあるが、[27]しかし、政治文化の全体的な傾向を知るのには一定の有効性があるだろう。イングルハート自身が認識していたように、アンケート調査による価値観の計量的な計測には本来的なあやうさがあり、たとえば、アンケートへの回答がでたらめになされたものだったり、多少の時間をおいたあとに同一の回答者からまったく異なる回答が出されてきたりもする。また、人びとは自分の価値観をうまく言語化するための術をもたないかもしれない。だから、「世論調査というのは、基本的な態度や価値観を研究するための理想的な道具ではない。とはいえ、それにはある種の利点もある。世論調査は、深層面接で得られるよりもはるかに多くの事例を提供するし、ラージNであることは、世代間比較の信頼性を高めたり、社会背景的要因をコントロールしたりする際に不可欠である」(Inglehart 1977 : 27 = 1978 : 29)。こうしたラージN型の計量分析の利点に鑑みれば、たとえ個別のサンプルには一貫性や信頼性が足りないとしても、全体的な政治文化としては科学的に有力な分析が可能であるとイングルハートは述べる[28]。またそのかぎりで、政治文化論は、政治や経済などのマクロなシステムとミクロな有権者とのフィードバック・サイクルにもとづく図式で十分だということになる。

さて、こうした図式のほかに、イングルハートの政治文化論の特徴は、A・H・マズローによる欲求段階説に強く依拠していることである。つまり、人間は根源的な生理的欲求から、人間性の高度な表現である自己実現欲求まで、いくつかの段階に分かれた欲求をもち、低次の欲求が満たされることではじめて高次の欲求の実現を望むようになる、という想定である。「物質主義」とは、このうちの低次の欲求(安全性・生存可能性)を求める人びとの価値観であり、「脱物質主義」は高次の欲求(審美的・知的・帰属的・評価的欲求)についての価値観である。推察されるとおり、先進国においては、七〇年代にすでに基本的な生理的欲求は満たされていると考えられるため、人びとはその先の段階である脱物質主義的な諸価値を求めるようになった、というのがイングルハートの議論の基調になっている。イングルハートは、この脱物質主義的な価値観を計測するために、『静かなる革命』でも『高度産業社会における文化変動』でも、次のようなアンケート項目を基本に用いている。

以下のものから選択しなければならないとすれば、あなたにとってもっとも望ましく思える二つのものはどれですか？

——国内秩序の維持

——重要な政治的決定において人びとにより多くの発言権を与えること

——物価上昇との戦い

——言論の自由の保護

(Inglehart 1977 : 28 = 1978 : 30)

このアンケートの回答には六通りあるわけだが、第一の選択肢と第三の選択肢の組み合わせが物質主義的価値観を代表し、第二と第四の組み合わせが、脱物質主義的価値観を代表する（ほかの四つの組み合わせは混合型とされるが、混合型の回答はかなり少ない）。そして、「それぞれの価値観のタイプは、改革に対する態度、仕事に対する態度、地理的な帰属意識、政治的選好態度といったさまざまな分野にわたって明確で一貫した世界観を示している。また、それぞれの世界観の射程には基本的な違いがある。つまり、物質主義者は生きていくための手段に専念するのに対して、脱物質主義者は、究極的目的により関心をもっている」(Inglehart 1977 : 62 = 1978 : 62)。

さらに、イングルハートによる政治文化論は、マズローの欲求段階説を社会化仮説によって補強している (Inglehart 1990 : 56 = 1993 : 64)。その結果、先進国における価値観の物質主義から脱物質主義への変化は、おもに世代交代によって生じているとされる。なぜなら、世代間で価値観に差が生じることの原因としてとりわけ重要なのは、人格形成期において、その世代に属する人びとがどのような経験をしてきたかということであるからだ。一九七〇年代の先進国の若者は、その親世代にあたる出生コーホートが経済的な欠乏状態や戦争の恐怖のなかで社会化されたのとは対照的に、生まれながらにしてそうした経験から免れている。よって、一九七〇年代に観察された脱物質主義的価値観への変動は、前世代の出生コーホートに新しい出生コーホートが取って代わっていくゆっくりとした人口動態的な変化として説明されている（そしてこの傾向が続いていることが、時系列データが充実した一九九〇年の研究でも確認された）。もちろん、この世代変化は、教育水準や経済状況の違い、社会の職業構造の変化などと連動した過程であるが（cf. Inglehart 1977 : 96–98 = 1978 : 94–95）、人びとは成人したあとのシステム・レベルの変化よりも、人格形成期の経験から得た価値観を持続させやすい。だからこそ、政治文化はシステム・レベルの変化を単純に写し取るものではなく、そこから独立したある程度の一貫性をもつのである(29)。

こうして見てみるとわかるように、イングルハートの政治文化論は、六〇年代型政治文化論の系譜が途切れたところから出発している。だが、イングルハートは、一九九〇年の『高度産業社会における文化変動』に至ると、政治文化論の意義を再確認するために、再び六〇年代型政治文化論とみずからの研究を接続しようと試みている。第I部で述べたように、学説史的に六〇年代型の政治文化論を葬り去ったのは、合理的選択理論であった。そして、合理的選択理論が社会科学における支配的な分析用具であるかぎり、その対極にある（とされる）政治文化論には立つ瀬がない。こうした傾向について、イングルハートは次のように述べている。

> いまこそ社会分析における不均衡が是正されなければならない。一九六〇年代後半以来、経済的な変数にもとづく合理的選択モデルが分析の支配的なやり方になる一方で、文化的な要素についてはあり得ないほど切り下げられてきた。たしかに、合理的選択アプローチは、われわれがいかにして政治や経済が作動しているのかを理解しようとする際に、大きな貢献を果たしてはいる。けれどもそれは、経済的な指標が容易に利用可能であるのに対して、文化的なデータはそうではないというただそれだけの理由で、文化的要素の重要性を低く見積もる傾向にある。それゆえに、合理的選択モデルは、経済と政治とのあいだの関係をうまく分析することができるものの、文化が政治や経済とどのようなつながりをもっているのかについて探究することができないままであった。
>
> (Inglehart 1990 : 15 = 1993 : 16)

つまり、いまや支配的となった合理的選択アプローチによる偏向を補正するために、政治文化論が再び検討されなければならないと、イングルハートは主張しているのである。実際にイングルハートは、アーモンドとヴァーバの『市民文化』が提示した命題——安定した民主主義が成立するためには、「市民文化」と呼ばれるような人びとの一定の態度が必要だということ——が、それから三〇年を経ても有効であることを、アーモンドらにとって入手可能であったよりも多くのデータを用いて示している (Inglehart 1990 : 48 = 1993 : 55)。このことは、イングルハートの政治文化論の持ち味が、文化を計量的に把握するという技術レベルのものであることを示している。

しかし逆に言えば、イングルハートの政治文化論には、六〇年代型政治文化論に代わるあらたな政治文化論としての契機が存在しないということでもある[30]。イングルハートが計量的に発見したことが、それ自体として科学的に重要な知見であることはまちがいない[31]。けれども、それをひとつの政治理論として見た場合、イングルハートの政治文化論は、そもそもアーモンドらが乗り越えようとしていた「国民性」や「エートス」概念にもとづく六〇年代以前の文化論に回収されてしまうように思われる。イングルハートは、政治や経済を含めた社会生活のあらゆる面において文化的なものが影響していると論じているが、もし文化が人間の行動にとって一律・同等に重要であるならば、文化概念は政治現象の理解にとって分析的な価値をもたないことになるだろう。

まとめると、イングルハートは、行動論とはちがった意味での〝科学的な〟政治文化論のモデルを提供している。つまり、人びとの価値観をアンケートによって集計することで、政治文化を量的に捉えるということである。この方法は、各国ごとでの比較をおこなったり、時系列的な変化を追跡したりするには都合がよい。そして、そこから得られる知見も、一般的に受け入れやすいものになる。だが、イングルハートは、政治文化概念の理論的位置づけについてほとんど掘り下げていないために、政治文化論としての積極的な意義を十分に打ち出しているとは言い難い。そのため、学説史上に置いてみると、イングルハートの政治文化論は、六〇年代型政治文化論と合理的選択理論のどちらでもない〝はざま〟に位置することになる。そしてそのかぎりで、同じく計量的に政治文化を把握しながらも、合理的選択理論と手を結ぶことで六〇年代型政治文化論の残滓を断ち切ったパットナムとのあいだには、はっきりとした断絶がある。

②現代のトクヴィル的政治文化論——ベラーほか

本節の2（a）で確認したとおり、パットナムの『ひとりでボウリングをする』は、トクヴィル的な問題関心のもとに書かれている。そうした姿勢は、政治や経済を含む人びとの社会生活のあり方の根源を市民社会に求めようとする点にあらわれている。けれども、六〇年代型政治文化論とパットナムのあいだにも、積極的にトクヴィル的な伝統を引き継ごうとする政治文化研究がなされている。とりわけ、ベラー、R・マドセン、W・サリバン、A・スウィドラー、S・ティプトンによる『心の習慣』（Bellah et al. 1985 = 1991）は、アーモンドらの六〇年代型政治文化論と好対照をなすとともに、パットナムによるソーシャル・キャピタル論の性質の一端を理解するうえでも、注目しておく価値がある。

ベラーらの『心の習慣』は、トクヴィルと同じ問題関心から、トクヴィルが賛嘆と不安とを混ぜ合わせながら描写したアメリカの個人主義に関する研究である（同書のタイトルである「心の習慣」も、トクヴィルが「習俗」と互換的に使っている鍵概念から取られている）。同書においてベラーらは、人びとのあいだの紐帯を切り離そうとするラディカルな個人主義[32]が、実は強い個人主義ではなく、弱い個人主義を作り出すということを主張した。つまり、彼らによれば、個人と共同体はゼロ・サム的な関係にあるのではなく、ある種の強い個人主義を支えるためにこそ、ある種の強い共同体が必要なのである[33]。そして、六〇年代型政治文化論やイングルハートなどとは異なり、ベラーらの調査方法は、いわゆる行動論的な意味における〝科学的な〟ものではない。しかし、ベラーらはアメリカ社会に対する認識として、トクヴィルよりも優れたものはこれまで存在しなかったと述べる。彼らが目指すのは、トクヴィルの精神を体現するような、「公共哲学としての社会科学」なのである。

こうした〔トクヴィルによる〕同時に哲学的でも歴史的でも社会学的でもある概括的な見解に関しては、狭く職業的な社会科学は、無能というよりも無関心であった。このような広い視野をもった見解を現代に合わせて作り直していくためにこそ、われわれは公共哲学としての社会科学を復興させなければならない。

(Bellah et al. 1985 : 298 = 1991 : 358)

よって、『心の習慣』においてベラーらは（アーモンドとヴァーバのように、そしてのちにはイングルハートやパットナムがそうであったように）方法論的な革新によって政治文化研究を刷新しようとするのではなく、「もっとも古くてもっとも根本的な社会科学の方法である、参与観察とインタヴュー」(Bellah et al. 1985 : 305 = 1991 : 366) を用いている。ベラーらは自らがおこなったインタヴューを「アクティヴ・インタヴュー」と名付け、人びととの対話を通じて公共的な会話と議論の状況を作り出した。そのうえで、ベラーらは、規範的な問題関心から八〇年代のアメリカ社会に疎外的・アノミー的な状況を作り出しているラディカルな個人主義を乗り越えるための道徳的言語を（人びとの道徳的言語に内在しながら）探求している。

ベラーらは、多くの中産階級のアメリカ人にインタヴューをおこなうことで、ほとんどの人びとは個人的な体験や親密な関係性から道徳的な言語や意味の源泉を紡ぎだしていることに気がついた (Bellah et al. 1985 : 250 = 1991 : 303)。しかも、そうした人びとの道徳的言語は、私的なところから発生しているとしても、けっしてランダムなものではない (Bellah et al. 1985 : 306 = 1991 : 367)。そこでベラーらは、人びととの会話のなかから見出される「政治」の概念を、三つのパターンに分類している (Bellah et al. 1985 : 200–203 = 1991 : 241–245)。つまり、①トクヴィルが描いたニューイングランドのタウンシップでの政治を理想とする「共同体の政治」と、②政治学者がしばしば多元主義として表現するような政治の形態である「利害の政治」、そして、③国家的な規模でおこなわれる政治で、とりわけリーダーシップ（ステイトマンシップ）が重視される「国民 (nation) の政治」である。ここで、「共同体の政治」は聖書的・共和主義的な伝統に、「利害の政治」は功利的個人主義に、「国民の政治」は表現的個人主義に、それぞれ結びついているとベラーらは見る。

アメリカ人は、第一の政治の形態を正しい政治のあり方であると考え、そして第二の政治の形態に否定的なイメージをもってきた（第三の政治の形態も、その正当性は第一の政治イメージから引き出されている）。八〇年代アメリカの疎外的・アノミー的状況を作り出しているのは、多様性や多元主義を重視するアメリカの個人主義文化において、共同体やコンセンサスを重視する「共同体の政治」の形態が評価されている一方で、（本来であればアメリカの個人主義と親和的であるはずの）「利害の政治」の形態を、アメリカ人自身が懐疑しているという逆説である。こうした逆説を、ベラーらは人びとの道徳的言語の貧困であると考えた。

自分たちの国の経済や社会の仕組みについて、アメリカ人の多くが有している理解の程度がどれほどのものであるかは、彼らが人と人との相互関係を意味づける際に主として用いている道徳的言語の能力にかかっている。個人主義の言語がもたらす制約は明らかである。この言語で考えると、個人的選択・意志の統制下になり出来事は一切の道徳的な勘定から抜け落ちてしまう。しかし、そうだとすると、個人が自らの社会的な地位や相対的権力を獲得したり割り当てられたりしているこのアメリカ社会における相互依存的な政治・経済の仕組みについて、ほとんどとは言わないまでも多くの部分を、道徳的に一貫した視点をもって理解することはできないということになる。

(Bellah et al. 1985 : 204 = 1991 : 247)

つまり、アメリカの病理は、人びとの手の届く範囲にない組織的・構造的な政治生活に見合った政治理論を、人びとがもっていないところに由来しているのである。そしてそうした政治理論の欠如のために、「小さな町へと目を転じ、それを単に理想とするだけでなく、現在の政治的困難に対する解決策としても考えるようになる」(Bellah et al. 1985 : 204 = 1991 : 247)。ベラーらは、アメリカ人の「心の習慣」にある小さな町への憧憬は、過去へのノスタルジアにすぎないと考えている。とはいえ、そうした古い「心の習慣」はいっさい捨て去られるべきだということが言われているのではない。ただ、小さな町を支えてきた、聖書的伝統と共和主義的伝統の言語を現在の状況に生かすようなかたちに作り変えなければ、人びとの道徳的言語は彼ら自身を裏切り続けると、ベラーらは主張しているのである（Bellah et al. 1985 : 282–283 = 1991 : 339）。

さて、こうしたベラーらの『心の習慣』は、六〇年代型政治文化論とパットナムのあいだにある政治文化論として、相互に連関する二つの特徴をもっている。それは、第一に、トクヴィル的な伝統の継承であり、第二に、参与観察とインタヴューを用いた方法による人びとの日常的な政治理論への着目、である。それぞれについて、もう少し詳しく述べておこう。

第一に、すでに述べたように、ベラーらはトクヴィル的な伝統を明確に受け継いだ政治文化論を提起している。そのことは、ベラーらの政治文化論が関心を寄せているのが、市民社会ないし生活世界という領域において人びとが用いている道徳的言語の「意味」の構造であることからもうかがえる。それに対して、アーモンドらの六〇年代型政治文化論は、諸個人の政治行動の背後にある心理的要因を分析的に抽象化していくことで成立していた。ある国の政治文化が（諸個人の心理ではなく）市民社会そのもののあり方にかかっているという視角は、トクヴィルを典型的な祖形としている。さらに、ベラーらの政治文化論は、六〇年代型政治文化論が価値自由な経験科学を謳っていたのとは異なり、規範的な問題関心と表裏一体である。こうした「公共哲学としての社会科学」という発想もまた、トクヴィルに倣ったものである。このように、ベラーらの『心の習慣』は、トクヴィル的な伝統を媒介することによって、一方では六〇年代型政治文化論とは手を切っており、他方ではパットナムの問題関心を先取りしていると言える。

第二に、ベラーらは、政治文化としての「心の習慣」を、意識と文化と日常的な生活実践からなるものであると考えている（Bellah et al. 1985 : 275 = 1991 : 331）。よって彼らの政治文化論は、人びとの言語実践のなかで表され構成されているような（本書における意味での）日常的な政治理論を、参与観察と「アクティヴ・インタヴュー」を通じて記述することに向けられていると言える。アーモンドとヴァーバの『市民文化』も、たしかに多くの人びとに面接調査をおこなっているが、その際には人びとの用いている日常的な言語や概念をどのように〝科学〟的に計測可能なものへと変換していくかということが、関心の焦点になっていた（第3章一節3（a）を参照）。他方でパットナムは、市民社会の性質を共同体や結社に注目しながらいかに操作化して計量分析につなげるかということに苦心している。だから、人びとの日常的な政治理論それ自体に政治文化を見ようとすることは、ベラーらの他とは異なる方法論的な特徴を示している。

まとめると、ベラーらの『心の習慣』は、六〇年代型政治文化論においてほとんど省みられることのなかった、トクヴィル的な政治文化論の現代版であり、その方法論もいわゆるポリティカル・サイエンスとは異なっている。その意味で、たしかにベラーらの政治文化論には、六〇年代型政治文化論の手法にある種の不信感を抱いていた政治学者（および一般の読者）を惹きつけるものがあった。[34] だが、ベラーたち自身が価値自由な経験科学とは別の社会認識を標榜していることもあって、トクヴィル的な政治文化論は、あくまでも経験科学であることに強いこだわりをもっていた政治学の主流に政治理論ないし方法論として継承されることもなかったと言えるだろう。その点において、トクヴィル的な政治文化論を――しかもその「公共哲学としての社会科学」という姿勢を犠牲にすることなく――現代的な経験科学にも受け入れられるかたちで提示しようとしたパットナムの『ひとりでボウリングをする』のインパクトは、たしかに際立っている。

本節での検討によって、政治文化論が六〇年代以降にたどった学説史におけるパットナムの意義について、次のような特徴づけをすることができる。第一に、パットナムは、九〇年代にいたるまでの政治学における主要な方法論を組み合わせて効果的に用いるひとつの模範を示した。このことは、『民主主義を機能させる』においては、合理的選択理論をベースにした「ソーシャル・キャピタル」という概念を導入したことと、新制度論における三潮流のそれぞれをそれとうまく両立させたことにあらわれており、また『ひとりでボウリングをする』では、ソーシャル・キャピタルの変化を計量的に測定する方法を示したことにあらわれている。これによって、パットナムの信頼論は、行動論とは別の意味での〝科学としての政治学〟を体現するものとなっている。第二に、六〇年代型政治文化論に代わるあらたな政治理論としてパットナムが選択したのは、トクヴィル的な伝統の復活であった。市民社会そのものが政治の作動様式に対してもつ重要性は、六〇年代型の政治文化論では等閑視されていた視角である。そして、そのトクヴィル的な政治文化論は、明確な規範的問題意識をもった社会認識の方法でもある。以上のような二つの特徴は、イングルハートとベラーの例が示すように、それまでの政治文化論の系譜においては相互に矛盾するとされてきたものである。パットナムの信頼論とは、それらを両立させるようなあらたなパラダイムを形成するものであったと言えるであろう。

第三節　パットナムへの批判と国家／市民社会論

すでに述べたとおり、パットナムの信頼論に対しては、多くの批判がなされている。また、その批判の種類やそれが前提としている学問的な基盤も多種多様である。(35) だがここでは、パットナムが「政治の外側の領域」としての市民社会に傾倒するあまり、「政治の領域」としての国家がもつ重要性が見落とされているのではないか、という批判に特に注目してみることにしたい。というのも、第一に、それがパットナムに対してなされたもっとも典型的な批判だからであり、第二に、こうしたパットナムの信頼論における国家の不在をどのように乗り越えるかが近年の信頼論の主要な課題となってきたからである。このようにして、九〇年代以降の政治学における信頼論は、「政治の領域／その外側の領域」という問題構成を、国家／市民社会論というかたちで具体化して考察するのが一般的となった。

本節では、*1*において、パットナムに向けられた〝国家の不在〟という批判を概観したうえで、それがパットナムのトクヴィル的な伝統と混ざり合うことによって、国家／市民社会論という信頼論の問題構成のかたちを形成していることを示す。そして、*2*において、国家／市民社会論がどのような概念的・理論的負荷をもつ思考形式であるかを分析することで、九〇年代以降の信頼論の問題構成の性質を示すことにしたい。

1 パットナムの信頼論における〝国家の不在〟

F・ヘレロスが述べるように、「今日に至るまで、この分野におけるもっとも重要なソーシャル・キャピタル研究、つまりロバート・パットナムの『民主主義を機能させる』に対する主要な批判というのは、――その歴史分析に欠陥があることを別とすれば――それが国家の役割についてほとんど何も語っていないというところにある」(Herreros 2004 : 72)。そして、パットナム自身もこのことをあっさりと認めている。「国家がさまざまな方法をとってソーシャル・キャピタルの形成を奨励したり、あるいは阻害したりしていることは、これまで十分に研究されてこなかった」(Putnam and Goss 2002 : 17 = 2013 : 15)。ここでは、そうしたパットナムの信頼論における〝国家の不在〟を指摘した例を、いくつか具体的に見てみよう[36]。

まず、リーヴィの例から引いてみたい。『民主主義を機能させる』の直後に出された書評において、リーヴィはいくつかの「些細な不備」を指摘したうえで[37]、最大の問題はパットナムの推論過程にあるとしている(Levi 1993)。それは次の三つの点にあらわれている。第一に、「強い市民的共同体と、応答的で効率的な地方制度のあいだに相関関係があるというのは、たしかに魅力的ではあるものの、それで説明し尽くされたようにも思えない」。第二に、

「規範とネットワークという歴史的遺産における断絶が〔イタリアの北部と南部に〕もたらした帰結は、より詳細に調査されねばならない」。最後に、「二次的アソシエーションの密なつながりと制度パフォーマンスとの結びつきは、ソーシャル・キャピタル以外にも説明方法があるかもしれない。あるいは、ソーシャル・キャピタルによって説明されるにしても、パットナムが提示したのとは違ったかたちでかもしれない」（Levi 1993 : 377）。そして、これらはいずれも、個人間での社会的信頼の創出における政府ないし国家の役割へと収斂する問題であるとリーヴィは論じている（Levi 1993 : 378）。

リーヴィによるこうした指摘の背景には、集合行為問題への関心がある。パットナムの推論は、簡単に言えば、次のようなものだった。すなわち、多くの人びとがバードウォッチング・クラブやサッカー・チームといった自発的結社に所属していることで、ソーシャル・キャピタルが蓄積されるのであるが、「もしソーシャル・キャピタルが協調行動のための取引費用を低減させ、そしてフリー・ライダー問題を解決するのであれば、民主主義的な決定作成——それはほとんどの場合集合財を扱っている——は、比較的高いレベルのソーシャル・キャピタルをもつ人びとのあいだでより広汎に行われることになる」（Van Deth 2008 : 200–201）というものであった。けれども、このような推論は、ソーシャル・キャピタルの中核であるはずの信頼概念[38]を曖昧にすることで成り立っていると、リーヴィは指摘する（Levi 1996 : 46–47）。というのも、一方でパットナムはあたかも信頼を他者の行為についての期待として扱っているときもあれば、他方では信頼を共同体に内在する一般的な道徳のように扱っているときもあるからだ。リーヴィは、諸個人間で相互信頼が生み出されるメカニズムについての厳格な理論が与えられなければ、パットナムの推論には説得力が備わらないと考える。そして、そのような形式理論を考えていくのであれば、いかにして信頼される側（trustee）に信頼を裏切る誘因を低減させ、信頼する側（truster）に信頼の確実性を保障するようなメカニズムを与えるのかが鍵となる。リーヴィによれば、そのメカニズムこそが国家なのである。パットナムによる「確固として社会中心的（resolutely society-centered）」（Levi 1996 : 50）な分析[39]では、そのことが見落とされてしまう。

パットナムは一般的信頼（generalized trust）の主たる源泉は中間結社であると主張している。それらもたしかに、重要な役割を果たし得る。しかしながら私には、こうしたメカニズムによって生じるソーシャル・キャピタル、とりわけ信頼が一般的信頼を創出するのに十分であるとは思われない。ある状況下においては国家の制度が一般的信頼の基礎を築くというかなりの根拠も存在する。実効的な政府が存在しないところでは、われわれはホッブズ的な自然状態、つまり「万人に対する闘争」へと陥ることになるのである。（Levi 1996 : 50）

また、パットナムの『民主主義を機能させる』における〝国家の不在〟という問題は、イタリア政治史の分析という観点からも指摘されている（Tarrow 1996 ; Sabetti 1996）。パットナムの歴史記述は、経路依存という概念を安易に用いることで、市民社会における人びとの「市民度」があたかも完全に自律的に累積するものであるかのように扱っているというのが、こうした批判の趣旨である。イタリアの北部と南部におけるソーシャル・キャピタルの量的な差異は、それぞれの社会に国家がどのような影響を及ぼしたかという視角を含まなければ説明可能なものにならない（Tarrow 1996 : 394-395）。F・サベッティによる批判は、次の三点にまとめられる（Sabetti 1996 : 40）。

1　経路依存という発想方法（forma mentis）では、「北部と南部を戯画化してしまい、そしてその両者に起きた変動を無視してしまう」。

2　「北部と南部の違いは、われわれが政府の行為を考慮に入れないかぎり、実際には比較可能にならない。このことは、パットナムが用いた説明枠組みでは行うことができない」。

3　しかしながら、そうした政府制度の発展には、いわゆる経路依存的な構造とは別に制約がつきまとっていた。「地方レベル、地域レベル、国レベルにおける経済的・政治的要素の相互作用が絶え間なく続いていたことの方が、どの特定の経路依存的構造よりも発展や停滞にとってずっと深遠な意味をもっている」。

普通、歴史分析の立場は、リーヴィが依拠する合理的選択理論とは発想の出発点において大きく異なっていると考えられる。けれども、この二つの立場が『民主主義を機能させる』に対して同じく〝国家の不在〟という問題点を見つけ出していることは重要である。それは、九〇年代以降の政治学における信頼論の雛形となったパットナムのソーシャル・キャピタル論が、どのように継承・展開されるべきかという方向性を強く示しているからだ。つまり、国家／市民社会論として、ということである。

だが、パットナムにおける〝国家の不在〟、あるいは論理展開における「政治の領域」の固有性への配慮が弱いという問題は、『民主主義を機能させる』に限られない。政治的パフォーマンスを直接的な従属変数としていない二〇〇〇年の『ひとりでボウリングをする』に対しても、同様の批判が投げかけられている。しかもそれは、思考方法における〝国家の不在〟という問題ではなく、実証的な問題としての〝国家の不在〟である。ここでは、その典型例として、T・スコチポルの研究を概観しておこう。というのも、スコチポルは、歴史実証主義的な立場から、いわゆる〝社会中心的アプローチ〟が、国家への視角によって補完されなければならないことを論じているからである。[40]

『ひとりでボウリングをする』においてパットナムは、アメリカにおける自発的結社が一九六〇年代になって専門化・大規模化し、近年では自発的結社が人びとの実質的な参加を伴わないアドヴォカシー・グループとなっていることに問題意識をもっていた。それによって、かつてのアメリカ民主主義の黄金期を草の根で支えていた、直接的に人びとが顔を合わせるような小さな集まりが失われてしまった、というわけである。スコチポルによるパットナムへの批判は、そもそもそうした歴史認識自体が正しくないのではないか、というところにある。『失われた民主主義（*Diminished Democracy*）』において、彼女は次のように述べている。

それゆえ、昔のアメリカの自発的結社は、「小さいことは美しい」といった類のローカリズムではなかった。

反対に、幾重にも層をなす全国的な連合体（national federation）こそが、アメリカの自発的精神にとって主たる制度的な支柱であった。というのも、それらは親密な連帯を維持すると同時に、より大きな世界へのつながりを促進したからである。

（Skocpol 2003 : 97 = 2007 : 84）

アメリカにおける自発的結社は、そもそも国家や政治から切り離されたノスタルジックなものではなく、普通のアメリカ人がそこに参加することで政治にかかわりをもち、政治のスキルを磨き、また同胞市民を政治活動に向けて動員するものであった（Skocpol 2003 : 124 = 2007 : 106）。[41] スコチポルの主張の要点は、パットナムのように市民社会がそれ自体としてもつ価値に注目することは、それが国家や政治に無関係であると論じることと同じではない、ということである。言い換えれば、固有の政治領域の外側とされてきた市民社会は、「政治の領域／その外側の領域」という区別における一方の側ではあるものの、けっして〝非‐政治的な領域〟ではない。それに対して、『ひとりでボウリングをする』においてパットナムは、あたかもかつての市民社会が国家や政治から完全に切り離されていたかのように論じることによって、アメリカにおける草の根民主主義の原像を誤って描いているとスコチポルは論じる。[42] したがって、スコチポルは、ソーシャル・キャピタル論には市民社会から政治を説明するための枠組みが欠けているのではないかと指摘する。

ソーシャル・キャピタル論者は、あらゆる形態の社会的つながりをいちどに調べ上げて、そこから何かを説明するとなると、ボウリング・リーグや家族でとる夕食から、組織活動や団体加入といったより公的なものまでを一緒くたにしてしまう。ひとつの説明があらゆるタイプの社会政治活動にあてはまるということが疑われるべきなのは当然として、それ以上に困惑するのは、ソーシャル・キャピタル論の焦点が曖昧であることだ。――〔中略〕――民主主義に関係の深い変化が市民社会において生じていることを説明するのに、大衆の態度や親密な相互作用だけに焦点をあててもしかたない。

（Skocpol 2003 : 176 = 2007 : 151）

スコチポルによれば、民主主義に関係する市民社会の変化は、人びとが政治への関与の仕方をどう変化させてきたかということにかかっているはずである。パットナムのソーシャル・キャピタル論は、そうした問題をうまく取り上げることができていない[43]。スコチポルにとって、結社に所属する人びとの政治との関わり方は、要するに結社と国家との関係を考慮に入れるということであった。

こうして示してきたとおり、パットナムの二つの主要著作である『民主主義を機能させる』と『ひとりでボウリングをする』に対しては、〝国家の不在〟という点に多くの批判が収斂している。このことは、パットナムがもった意義を否定するものではないけれど、それ以降の政治学における信頼論ないしソーシャル・キャピタル論が、どのような問いの形式を共有すべきかについて結果として示すこととなった。つまり、市民社会を再発見するというパットナムのトクヴィル的傾向は、同時に固有の政治領域としての国家や政府に目を向けることによって意味をもつ、というのがそれである。これを、以下では国家／市民社会論と呼びたいと思う。国家／市民社会論は、九〇年代以降の信頼論が取り組むべき問題構成として実質的に機能してきた。ここで、国家が「政治の領域」であり、市民社会が「政治の外側の領域」であると考えられている以上、信頼論が国家／市民社会論の枠組みを基本的に共有するようになったことは、「政治の領域／その外側の領域」という六〇年代の政治文化論以来の問題構成の意義が再確認されたことを意味している。両者の違いは、「政治の領域／その外側の領域」という差異を具体的にどのような差異として考えるか、また、その二つの領域の媒介項を政治文化と考えるか信頼（ソーシャル・キャピタル）と考えるか、というところにある。いずれにせよ、六〇年代の政治文化論とパットナム以降の信頼論では、その学術的な背景も理論的基礎もまったく異なるが、問題構成の形式を継承することによって、学説史的な連続線上に位置づけることができるのである。

パットナム以降の政治学における信頼論のヴァリエーションは、次章以降で検討する。その前に、本節の残りの部分では、国家／市民社会論がどのような性質をもつ形式なのかということを、確認しておくことにしたい。それによって、信頼論研究の概念的・理論的な負荷が理解されるとともに、そもそも国家／市民社会という区別にもとづく問いの立て方が政治学にとってもつ意味もあきらかになるはずである。それは、マクロで制度的な実体としての国家と、理性的で自発的な人びとからなる、権力から自由な市民社会という考え方である。

2　国家／市民社会論という問題構成の性質

国家と市民社会という区別は、現代政治学におけるもっとも基本的な図式のひとつとなっている。けれども、この図式がもつ意味は、それほど一貫したものでも自明なものでもなかった。だから、一九九〇年代以降の信頼論が、問題構成の形式として国家／市民社会論に至ったということも、実質的にある種の「政治に対するものの見方」――ひとつの政治理論――を選択したことになっている。ここでは、パットナム以降の信頼論が、典型的にはどのように政治の世界を見ているのかということを考察してみたい。とりわけ、政治文化論の前提を形成した六〇年代の行動論政治学を起点として、学説史的にどのような展開がなされたのかということに注意して話を進めていこう。

(a)　国家理論の学説史

まずは国家理論の系譜から見てみたい。現代政治学における国家理論は、国家と（いわゆる「市民社会」には限定されない）社会の関係をどのように捉えるかという抽象度の高い問いのもとに整理されてきた。[44] そして、「国家概念は、近代政治学に学問分野としての同一性、自律性、権威を提供することによって、近代政治学の戦略的資源とまさにその学問としての基盤そのものを構成するにいたった」(Bartelson 2001 : 182 = 2006 : 280) とさえ言われたりもする。とはいえ、だからといって政治学がつねに「国家とは何か」という定義問題に腐心してきたというわけではない。むしろ、（少しあとで述べるように）マルクス主義政治学を除けば、「国家とは何か」という問いが直接的に主題になることは希であったように思われる。その点で、現代政治学における国家理論の学説史とは、かならずしも国家を主題とはしていないような政治学のさまざまなアプローチが、国家をどのようなものとして取り扱ってきたかについての系譜にしかならない。けれども、パットナム以降の信頼論における国家／市民社会図式の意味は、このような系譜をたどることによって、その特徴を把握することができる。先回りしておけば、市民社会に対置されるものとしての「国家」は、日常生活を送る人びととは別のところに存在するものであり、それは政府や官僚制という一連の組織によって表象される〝マクロな〟制度であると考えられている。

さて、現代政治学における国家理論史の典型的な特徴として、次のようなことが一般に言われている。「五〇年代と六〇年代におけるさまざまな理論は、八〇年代や九〇年代に国家－社会関係と呼ばれるようなものを扱っていたが、奇妙なことに、それらは国家についてはほとんどなにも言及していない」（Migdal 1991 : 46 = 1988 : 85）。このことの理由を理解するためには、再び行動論政治学と、それを主導したD・イーストンから説き起こす必要がある。以下では、表5-1に沿って説明していこう。

すでに何度も述べたように、行動論政治学の目標は、〝科学としての政治学〟を作ることであった。そのためには、従来のように曖昧な「国家」という概念をメルクマールに政治生活を識別するわけにはいかない、とイーストンは考えた。「それ〔国家概念の主要な欠点〕は、ある現象に政治的な特質を付与している、その現象の属性を識別するのに役立っていないのである。せいぜいのところ国家概念は、通常、ある種の政治現象、すなわち、ひとつの包括的な政治制度の例証にすぎないのである」（Easton 1953 [1971] : 113 = 1976 : 118）。ここから、「社会に対する価値の権威的な配分」という政治の機能的定義と、国家概念に代わる政治システム論が導かれているのである。いずれにせよ、次のことを確認しておきたい。第一に、五〇年代から六〇年代にかけての行動論政治学の時期において、国家概念が政治の科学的研究の妨げになるものとして退けられていること、第二に、国家－社会関係論は政治システム論によって置き換えられていること、である。本書の第Ⅰ部で論じたように、アーモンド学派は、このような文脈で政治文化論を構想したのだった。

六〇年代に行動論政治学が失速したあと、現在に至るまで、政治学における国家概念が正面から否定されるようなことはなくなっている。けれども、国家に関する体系的な理論的蓄積がなされてきたかと言えば、そうでもない。ひとつには、第二次世界大戦後の世界においてさまざまな非‐西欧的新興国が誕生したことや、いわゆるグローバル化の進展、またEUのように国家が上位政体に部分統合されることや、その反対に国家が下位の地域的なまとまりに分割されることなど、かつての近代国家の理念型から外れるような現実世界の動きがその背後にある[45]。こうした動きのなかでは、一般化されたかたちで国家理論を論じることが（研究上の意義という点でも実際的にも）難しくなる[46]。そうしたなかで、「国家」に対する積極的な関心をつねにもち続けていたのは、マルクス主義や新ヴェーバー主義と呼ばれるような、古典的な思想家の名前を冠する知的潮流であった。そして、信頼論の問題構成としての国家／市民社会論における「国家」は、この（おそらく突き詰めていけば本来的に両立しない）二つの潮流の交点にあるように思われる。

一見すると、マルクス主義と国家理論とは、相性がよく

表 5-1　現代政治学における国家理論史

50年代 〜 60年代	国家概念の否定 行動論における政治システム論 ⇒それまでの政治学における国家概念の曖昧さを批判。
50年代 〜 70年代	国家は競合する一連の利益の周辺に組織化されるものとする理論 多元主義，エリート論，コーポラティズム ⇒行動論の席巻によって失われかけた，国家への関心の再興を担った理論潮流。いずれも強調点に差異があるとはいえ，リベラル・デモクラシーを前提とした国家モデルをもつ。
70年代	国家は社会における関係性や利益を反映するとする理論 社会中心的アプローチ（マルクス主義的国家論など） ⇒国家‐社会関係をベースに，社会経済的な諸勢力によって国家権力がどの程度規定されているのかということに関心を寄せる。
80年代	国家を独自の制度的実体とする立場 新ヴェーバー主義としての国家論 ⇒社会中心的アプローチを批判し，国家を経済的なものに還元できない自律的な制度的実体・目的的な政策アクターと見なす。

出典）Marinetto（2007 : Chap. 1）をもとに筆者作成。

ないように見えるかもしれない。というのも、一般にマルクス主義は経済還元論として戯画化されることが多いからだ。けれども、マルクス自身やマルクス主義に独自の国家理論がそもそもあり得るのかという問題は別にして、なぜ資本主義に内在する矛盾にもかかわらず資本主義は生き残っているのかという論点を解明するために、マルクス主義には資本主義的な集合行為問題の解決としての国家概念が必要になるのである（Hay and Lister 2006 : 63-65）。そのうえでマルクス主義的な国家論は、七〇年代におけるR・ミリバンドとN・プーランツァスとの論争がその典型例であるように、国家を資本家階級の道具と見なすか（ミリバンド）、それとも国家を社会の下部構造には還元されないものと見なすか（プーランツァス）という座標軸の上を揺れ動いてきた（Marinetto 2007 : 20-25）。前者の立場においては、国家が支配階級の利益を中立的にただ反映するだけのものであるのに対して、後者の立場においては、国家は社会経済的なものの単純な反映ではなく、それ独自の目的的行為と支配様式を同時にもつものとして描かれている。つまり、七〇年代のマルクス主義的国家論は、現実の国家形態を社会経済的な構造からどの程度説明することができるのかという問題構成に沿って形成されてきたのである。だが、この問題構成は、マルクス主義者にとってはディレンマであった。一方で、国家の社会経済構造からの自律性を強調すれば、それはマルクス主義の自己否定になるし、他方で、国家を社会経済構造に還元すれば、構造決定論との謗りを免れないからだ。このようなディレンマに対する一定の態度表明をし、ばらばらであったマルクス主義的国家理論に統合の見通しを与えたのがB・ジェソップである。(47) ジェソップの議論から、われわれはマルクス主義的な国家理論の輪郭を得ることができるだろう。

ジェソップは、マルクス主義的でありつつも決定論的でない国家理論の形成に心血を注いだと言ってよい。しかしながら、ここで注目したいのは、ジェソップが導入した多くの理論的イノベーションの方ではなく、(48) むしろそうしたイノベーションにもかかわらず、ジェソップが国家理論の前提と見なし続けているものの方である。なぜなら、そのような前提こそが、マルクス主義政治学において「国家」を論じる際の基本的な〝ものの見方〟として作用しているものだと考えられるからである。

ジェソップの国家理論の特徴は、当初から「マルクス主義の国家理論に取り憑いている亡霊――国家の一般理論が可能だという見通し――を除霊する」(Jessop 1982 : 211 = 1983 : 259) という方針にある。ただし、ここで言われているのは、国家理論について考えること自体が無駄だということではない。むしろ、マルクス自身のテキストやマルクス主義諸学派内部から、ア・プリオリに現実の国家形態を決定するようなものを見つけようとすることへの批判である。こうした方針から、ジェソップは、先のミリバンドのような階級決定論を拒絶し、プーランツァスの言う国家の相対的自律性(「国家は社会関係である」)を自身の出発点とする。そして、国家理論は、次の点を顧慮すべきだとした。

> 現実の国家の「相対的自律性」は、経済領域と(「私的」で、非経済的諸関係の場としての)市民社会から国家が分離するその(諸)形態、諸国家に固有の制度的構造、それらの支持と抵抗の社会的基礎、およびブルジョア的再生産(あるいはその他の準拠点)との関係におけるそれらの政策の有効性からなる、複合的結果である。
>
> (Jessop 1982 : 227 = 1983 : 279)

この文章は難解だが、われわれにとってのポイントははっきりしている。国家の相対的自律性とは、「国家」「経済領域」「(『私的』で、非経済的諸関係の場としての)市民社会」という三項の関係から導かれる、ということである。このように、マルクス主義的国家理論は、国家をそれ自体で独立したものとしてではなく、経済および市民社会との関係において把握することを基本的な枠組みとしている。

その後、先進諸国における政治経済体制のドラスティックな転換や、そうした事態に対応した学術的な関心の変化などがあるものの(あるいはだからこそ)、ジェソップは国家理論の重要性が認識されなければならないとしている(cf. Jessop 2002 : 203 = 2005 : 288)。また、ジェソップ自身も、さまざまな理論的基礎を吸収しながら国家理論の発展を試みている。(49) たとえば概念レベルでは、システムという用語が積極的に使われるようになったり、それに応じて市民社会概念が、「特定のシステムやその論理に係留されないような、アイデンティティ、価値観、計算様式、社会関係の領域」としての「生活世界（Lifeworld）」という概念と互換的に使われたりもしている（Jessop 2002 : 35, Table 1.3 = 2007 : 48, 表 1.3）。だが、「国家」を「経済」および「市民社会」との関係において捉えるという基本的枠組み自体は放棄されていない。

以上のように、ジェソップの国家理論の特徴と、それが国家理論史上においてもつ意義は、国家がそれ自体独自の領域でありつつも、それは経済と市民社会との関係を通してのみ規定されるものだということを示した点にある。逆に言えば、国家を市民社会や経済から切り離すことはできないけれど、国家は〝マクロな〟ものとして実在する実体であることを示したということでもある。こうした国家についての想定は、国家／市民社会論という図式のひとつの源泉になっている。

再び国家理論の学説史にもどろう。ジェソップに代表されるような、マルクス主義国家理論における下部構造還元論（「社会中心的アプローチ」）からの離脱の動きに比べても、八〇年代の「国家論（Statism）」はより国家の自律性を強調したものだった。国家論は、前項でも取り上げたスコチポルを中心に、「国家を取り戻す（Bringing the State Back In）」というスローガンによって知られている。国家論が批判の対象にしているのは、国家理論における「社会中心的な諸理論」であり、多元主義、行動論における構造 - 機能主義、ネオ・マルクス主義など、八〇年代までの主要な国家理論がそこに含まれている（Skocpol 1985 : 4-5)。そして、それらに対してスコチポルが提起するのは、ヴェーバー的な国家観である。つまり、第一に、国家は対外的志向、国内秩序の維持、国家官僚の組織という側面をもった自律的なアクターであり（Skocpol 1985 : 9)、第二に、国家は「社会のすべての集団と階級にとっての政治の意味と方法に影響を与えるような、組織と行為の構成体（configurations)」（Skocpol 1985 : 28）として、社会に対する強い影響力を保持する。こうしたヴェーバー的国家観を前提として、スコチポルをはじめ国家論の提唱者たちは、歴史的アプローチによる比較政治学の必要性を唱えたのだった（cf. Evans, Rueschemeyer and Skocpol 1985）。

このように八〇年代の国家論は、国家の自律性を最大限主張したものの、結局それが政治学において定着することはなかった[50]。そしてこのことは、政治学における国家概念に、ある程度の共通イメージが存在していることを示していると思われる。たとえばT・ミッチェルは、国家概念を否定したイーストンの政治システム論も、スコチポルの国家論も、国家と社会を切り離すという点で同じ過ちをおかしていると論じる（Mitchell 1991）。一方でイーストンの政治システム論は、政治システムと社会環境のあいだの境界を所与のものとしており、他方で国家論も同様の問題を抱えている。「その問題とは、彼女ら〔＝スコチポルら〕がそれぞれ多かれ少なかれ認めているように、国家の限界線が不確実だということだ。つまり、社会的な諸要因がそのあらゆる側面に入り込み、そしてその結果として生じる国家と社会のあいだの境界を決定することが困難なのである。それに対する彼女らの反応は、国家に政策決定アクターとして人格化された狭隘な定義を与えることであった」（Mitchell 1991 : 88）。こうした批判が前提にしているものは、マルクス主義政治学が「国家の相対的自律性」という用語で問題にしてきたものにほかならない。国家はある程度自律的であるが、しかしある程度外部の社会的要因から影響を受けている。八〇年代の国家論は、自律的で〝マクロな〟国家像を提示したけれど、そのコインの裏側を十分に見ていなかった、とされている。

八〇年代後半に新制度論が広く受け入れられるようになることで、国家－社会関係論としての国家理論は、その問題設定の意義を失ったように見える。そのため、政治学における「国家」イメージは、マルクス主義国家理論とヴェーバー主義的国家観が収斂する先に落ち着いたと言ってよいだろう。つまり、国家とは、政府や官僚制ないし公的制度として表象される自律した〝マクロ〟な実在でありつつ、その現実的なあり方は社会的なものによっても規定されている、というのがそれである。パットナムとその研究に対する批判によってはじまった九〇年代以降の信頼論は、国家／市民社会論という問題構成を形成したが、その際に「国家」ということでイメージされていたものは、おおよそ以上のようなものであったと考えられる[51]。

(b) 市民社会概念

すでに前節でも論じたように、パットナムによるソーシャル・キャピタル論のパラダイムは、トクヴィル的な市民社会論の再生でもあった。そして、「ソーシャル・キャピタル概念と密接に連関するかたちで、市民社会というより幅広い概念が用いられている」(Van Deth 2008 : 199)。このように、パットナムとともにはじまった九〇年代以降の信頼論は、同じく九〇年代に本格化した市民社会論の再興の動きと連動している。[52] 国家/市民社会論という問題構成の意味をあきらかにするために、これまで政治学における「国家」概念の位置づけについて見てきたが、今度は国家と区別されるものとしての市民社会について考えていかなければならない。なぜ国家から区別されなければならないのか。それは、市民社会概念の変遷を概念史的にあきらかにしたM・リーデルによれば、古代ギリシャから一九世紀の初頭に至るまで、市民社会概念が本質的に国家概念と同義性を保ち続けてきたからである(周知のとおり、そうした連関を最終的に断ち切ったのはG・W・F・ヘーゲルであった)。[53]「市民的」という形容詞は、もともと「政治的」と同義であり、「社会的」というのとはむしろ反対の意味を帯びていた(Riedel 1975 = 1990)。そのかぎりでは、国家/市民社会論という問題構成は、非常に近代的な思考に立脚した図式であったと言える。[54] そして、ソーシャル・キャピタル論における市民社会概念も、それが国家と対比されて用いられることによって、独特の位置価をもつ。すなわち、国家/市民社会論における市民社会とは、理性的=合理的で〝ミクロな〟個人が織り成す自発的で非-権力的な社会関係であることが前提にされている。このことを、再びいくつかの例を挙げながら論証していこう。

そもそも、パットナムにおける〝国家の不在〟は、パットナムが市民社会概念をトクヴィル的な意味で使うことの必然的な結果と見なす論者もいる。たとえばJ・エーレンベルクは、「現代のアメリカの市民社会論は、完全にトクヴィル的概念によって支配されている」と述べる(Ehrenberg 1999 : 233 = 2001 : 316)。トクヴィルはたしかに一九世紀前半のアメリカにおける結社活動や地域主義を賛美したが、エーレンベルクによれば、トクヴィル流の市民社会論は、社会における階級や賃金格差などの経済的要因の規定性や、政治権力が市民社に対して及ぼす影響を等閑視することで成り立っている。そうした脱‐政治的で脱‐経済的な「トクヴィル的概念」こそが、アーモンドとヴァーバからパットナムに至る市民社会論を覆っており、それによって善意や自発性やノスタルジアやコミュニティに対する過大な期待とともに、国家レベルでの政治に対する懐疑が生み出されているとエーレンベルクは考える。

> 実際、市民社会とは何「である」のかを理解しようとするとき、その政治的・経済的な規定要因をけっして無視することはできない。すでに確認したように、国家活動を考慮しない、イタリアの「市民性」における地方ごとの差異の説明が、内在的一貫性や自律的論理をもち得るように見えたのは、理論的にも史料的にも支持されない類の市民社会概念を用いたからであった。政治的諸制度は、あらゆる市民社会の自発的結社・利益団体・社会運動を確認し、それらに影響を与える長い歴史をもってきた。――〔中略〕――いかなる市民社会もそれに対応するあらゆる国家によって形成され、支持され、操作され、抑圧されるのであり、したがって、市民社会を政治的権力から分離されたものとして概念化しようとすることは、根本的に誤っている。
>
> (Ehrenberg 1999 : 238 = 2001 : 323)

この指摘は、市民社会概念それ自体を否定するものではない[55]。そうではなくて、エーレンベルクは、市民社会概念がトクヴィル的なものにのみ狭隘化されてしまうことで、政治（および経済的なもの）とのつながりを消失してしまうことを警戒しているのである。

このように、トクヴィル的な市民社会論への批判は、市民社会概念をそれ自体で完結したものとしてではなく、国家や経済といった固有の領域との明確な対照関係において捉えるべきことを主張している（つまり、マルクス主義的な国家論における「国家の相対的自律性」の裏面としての、「市民社会の相対的自律性」が問題になっているわけである）。九〇年代に再興された市民社会論は、けっしてトクヴィル的な市民社会論の視角を失ったわけではなかったが、それとは理論的な基本構図を大きく変えてきている。このあらたな市民社会論の構図を確認することで、九〇年代以降の信頼論における国家／市民社会という問題構成の意味を明確にすることができるだろう。ここでは、初版が一九六二年に出版され、一九九〇年に改訂されたJ・ハーバーマスの『公共性の構造転換（*Strukturwandel der Öffentlichkeit*）』（Habermas 1990 = 1994）と、J・コーエンとA・アレイトの『市民社会と政治理論（*Civil Society and Political Theory*）』（Cohen and Arato 1992）を素材としながら検討していきたい。これらはいずれも、市民社会論に多大な影響を及ぼしたものである。

まずは、ハーバーマスの『公共性の構造転換』である。ハーバーマスの当初の問題関心は、次のようなところにあった。人びとの政治的態度や政治的活動は現在、民主主義の理念的なモデルが要求するものから外れてきてしまっている。そして、そのことの原因は、「もっぱら社会学的に、公共性それ自体の構造的・機能的転換との関連において理解されなければならない」（Habermas 1990 : 314 = 1994 : 280）というのがそれである。これは、ほぼ同じ時期に、アーモンドらが政治文化という概念を通じて実証的に解明しようとしていたこと――民主主義を支える人びとの政治的態度とはどのようなものか――と、通底する問題意識に端を発するものだと言える。[56]

そのうえで、『公共性の構造転換』初版の基本ラインは、一八世紀から一九世紀にかけて発展した市民的＝ブルジョア的（bürgerliche）な公共性[57]が、その後の行政国家化・福祉国家化によって掘り崩されていった様子を歴史的に描くというものである。その詳細についていちいち紹介はしないが、本書にとって重要なのは、ハーバーマスの市民的公共圏の位置づけである。市民的公共圏の役割は、ハーバーマスにおいて次のような特徴が与えられていた。第一に、公共圏は「政治空間のウェストファリア的なフレーム化を前提」としていた（Fraser 2008 : 79 = 2013 : 109）。つまり、国家との一対一の関係で市民的公共圏は考えられていた。第二に、公共圏は、市民社会を政治の領域としての国家へと媒介するものとされていた（vgl. Habermas 1990 : 89 = 1994 : 49）。

市民社会と公共圏は、初期の自由主義的な資本主義の成立（「自由な市場」の成立）によって、国家の介入的権力から解放されたのだった（だからこそ、ここでの「市民社会」は財産と教養をもった人びとからなる「ブルジョア社会（bürgerliche Gesellschaft）」だったわけである）（齋藤 2000：29）。だが、こうして果たされた国家と市民社会の分離――それは市民的公共性の基盤である――は、その後の行政国家化に伴う国家による市民社会への介入主義の復活と、その反面の社会的諸勢力が国家権力を代替するようになるという過程によって掘り崩される（Habermas 1990：226 = 1994：198）。そして、広告やメディアの発展によって、公衆としての人びとは消え去り、代わって消費者としての国民が生まれてくる。政府の広告が訴えかけるのは、公衆に対してではなく、消費者としての人びとに対してである（Habermas 1990：292 = 1994：264）。

こうした基本ラインは、一九九〇年の改訂版でも踏襲されていると言ってよい。けれども、九〇年の改訂版に追加された序文では、それまでの「市民＝ブルジョア社会（bürgerliche Gesellschaft）」概念とは別に、戦略的に「市民社会（Zivilgesellschaft）」概念が提起されるようになる。これによってハーバーマスは、階級的・経済的な拘束性を含意する「市民＝ブルジョア社会」概念とは別の、独自領域としての市民社会概念に明確な位置づけを与えることができるようになった。そして、市民社会論の興隆と言うときに参照されているのは、こうした変更を加えられた九〇年の改訂版の方である。

さて、では九〇年の改訂版序文において、市民社会概念はどのように位置づけられているのだろうか。六二年の初版の時点では、ハーバーマスは、現代の福祉国家状況において可能な批判的公共性概念を、かなり厳格でハードルの高いものとして設定していた。つまり、ハーバーマスの要求にしたがえば、私人としての人びとは何らかの組織的な公共圏を媒介としつつ、政府の公式的コミュニケーション過程に批判的に参入しなければならないということになっている（vgl. Habermas 1990：356–359 = 1994：333–335）。よって、一九六二年時点でのハーバーマスは――パットナムとは異なり――、政治性をはく奪された（ハーバーマスの好む言い方であれば、「批判的でない」）人びとのレジャー的な集まりからでは、国家と市民社会を媒介するような市民的公共圏が生じないと考えている。『グループ活動』の周りには、公衆は形成されない」(Habermas 1990 : 251 = 1994 : 219)。それに対して、改訂版序文においては、たしかに批判的公共圏を形成するような討議倫理やその制度化への高い要求はあるものの、政治文化という発想を取り入れることで、市民社会(Zivilgesellschaft)それ自体が持つ潜在的な可能性が評価されるようになっている[58]。つまり、国家ならびに経済という支配的な〝システム〟から切り離された市民社会が、そうした〝システム〟に対抗するための公共圏を形成する可能性が、である[59]。

ここから、ハーバーマスは「市民社会」を、国家や経済から分離した、人びとの結社的な関係によって構成されるものだと考えた。

いずれにせよ、「市民社会」の制度的な核心は、自発性に基礎を置く非‐国家的で非‐経済的な結合関係である。それのいくつかの例を思いつくままに挙げれば、教会、文化的なサークル、学術団体をはじめとして、独立したメディア、スポーツ団体、レクリエーション団体、弁論クラブ、市民フォーラム、市民運動があり、さらには同業組合、政党、労働組合、代替施設にまで及ぶ。(Habermas 1990 : 46 = 1994 : xxxviii)

この引用文は、一見したところパットナムによるソーシャル・キャピタル概念の定義そのものである。パットナムの『民主主義を機能させる』とハーバーマスの『公共性の構造転換』は、それぞれまったく異なる問題関心に端を発するものであるが、この二つの著作における市民社会についてのイメージは、ほぼ同じところに収斂していることが理解できる。

こうしたハーバーマスの議論をベースに、あらたに台頭してきた市民社会の概念をひとつの政治理論へとまとめたのが、コーエンとアレイトによる『市民社会と政治理論』(Cohen and Arato 1992)である。コーエンらの目的は、国家(政治システム)や資本主義的な経済システムからは自律した、「第三の領域」(Cohen and Arato 1992 : 18)として独自の論理を備えた市民社会というものに、政治理論としての位置づけを与えることであった[60]。市民社会の独自性を論じる場合、ひとつの重要なモデルとなるのはトクヴィルであるが（Cohen and Arato 1992 : 19）、コーエンらは一九九〇年代における先進国の社会情勢に見合ったかたちでそれをアップデートすることが必要だと考えた。

　コーエンらによる市民社会論は、ハーバーマスの「生活世界」概念を精緻化することで得られる。生活世界一般には、「文化的‐言語的な背景（下部構造 substratum）」だけでなく、文化の伝達、社会統合、社会化の再生産過程を担うように分化した、「制度的次元」が含まれている。市民社会は、この生活世界の制度的次元に位置づけられる（Cohen and Arato 1992 : 429）。要するに、「市民社会という概念は、生活世界とは異なり、垂直的なリンケージにも関係している」（Cohen and Arato 1992 : 478）。コーエンとアレイトは、生活世界の制度的次元に市民社会を位置づけることで、国家や経済といった〝システム〟の存在こそが近代の特徴であり、市民社会はエートスや人倫（Sittlichkeit）に依存した前近代的なものであるとするシステム論的な誤解に対抗できると考えた。市民社会は近代において〝システム〟に駆逐されてしまうものではなく、近代に特有の地位を獲得するようになるのである。「理論的な観点から言えば、生活世界における制度の近代化は、二重の側面において、物象化とコミュニケーション的合理化として探究され得る」（Cohen and Arato 1992 : 458）。近代の社会秩序には、生活世界の植民地化を促す物象化という負の側面と同時に、市民社会のさらなる合理化＝理性化という正の側面が存在している。〝システム〟は「貨幣あるいは／また権力によって操縦される」ものだが、市民社会は「コミュニケーション的に調整される」のである（Cohen and Arato 1992 : 480）。

　以上のような構図に見られるように、コーエンとアレイトの市民社会論は、国家や経済という〝システム〟領域の作動を認めつつも、市民社会がそれらを制御するだけの批判的ポテンシャルを維持しなければならないという問題関心のもとに展開されている。[61] コーエンらの市民社会論は、市民社会を国家や経済から相対的に自律した地位に置きつつも、それらと相互に影響し合うものとして扱うというものであった。[62]

　まとめると、九〇年代前半の市民社会論には、次のような特徴があると言ってよいだろう。つまり、市民社会をつくるのは理性的な人びとによる自由で自発的な関係性であり、[63] それは〝マクロな〟システムとしての国家や経済から相対的に自律している（ないし、自律していなければならない）、と想定されていることである。[64] 市民社会は、政治的・経済的権力の外部にあって、そうした権力とは本来的に対抗する位置に置かれている。パットナム以降のソーシャル・キャピタル論は、こうした市民社会論の文脈と共鳴しながら浸透していったのである。

本節では、パットナムのソーシャル・キャピタル論とそれに対する批判が、国家／市民社会論という問題構成を形成していることを概観したうえで、その国家／市民社会論がどのような概念的・理論的負荷を帯びているのかを検討してきた。結論を繰り返せば、国家は経済と並ぶマクロな制度的実体であり、権力をつかさどるシステムとして作動する一方で、市民社会は理性的で自発的な人びとからなる非‐権力的な社会関係を基礎としている、というのがそれである。そして、ソーシャル・キャピタルは市民社会に位置するものでありつつ、国家と市民社会を媒介するという役割を負わされている。

本章は、パットナムのソーシャル・キャピタル論を中心に、その学説史的な背景とそれに対する主たる批判を見てきた。それによって、九〇年代以降における信頼論の中心的な問題構成をあきらかにすることができた。それはまた、六〇年代の政治文化論と九〇年代以降の信頼論との連続性を示すものでもあった。つまり、六〇年代の政治文化論と同様に、九〇年代以降の信頼論も、「政治の領域」と「政治の外側の領域」を区別しつつ接合するという課題を抱えているのである。ただし、ソーシャル・キャピタル論には、六〇年代の政治文化論とは異なる文脈があったために、ソーシャル・キャピタル論にとっての問題構成も、六〇年代型政治文化論とは異なる仕方で具体化されている。ソーシャル・キャピタル論は、市民社会論の再興を背景にしつつ、批判者たちによって国家の不在を指摘されるというかたちで登場した。そのため、九〇年代以降の信頼論では、国家／市民社会論が主要な問題構成となっているのである。

次章においては、この国家／市民社会論という図式に、どのような「理論的基礎」が組み合わさることによって、九〇年代以降の主要な信頼論の先行研究が形成されたかを検討していくことにしたい。それによって、九〇年代以降の信頼論がどのような点で理論的な困難を抱えているのかをあきらかにするのが次章の目的である。

第6章　信頼論の理論的基礎とその展開

本書では分析の軸を二つ設定している。ひとつが「問題構成」の軸であり、もうひとつが「理論的基礎」の軸である。この章では一九九〇年代以降の信頼論の理論的基礎について考察するので、なぜそのような考察がなされなければならないのかについて、問題構成との関係も含めて、冒頭であらためて確認しておこう。

問題構成とは、ある研究テーマが、どのような問いの形式を有意なものとして共有しているかに関係している。本書の場合、六〇年代の政治文化論と九〇年代以降の信頼論は、ともに「政治の領域／その外側の領域」という問題構成に沿って展開されてきたと整理できる。そして、六〇年代の政治文化論は、それを「政治構造／諸個人の心理」として具体化し、九〇年代以降の信頼論は、「国家／市民社会」問題として具体化することから出発している。

分析のもう一方の軸である理論的基礎は、研究を進める際に選択されている認識論的な前提や概念セットに関係している。そして、本書の分析は、問題構成と理論的基礎の組み合わせが、どのような結果を生むのかについて検討するというかたちで進められている。(1) 実際に、第I部では、理論的基礎としての中期パーソンズ理論をアーモンドが誤用したことと、そもそもパーソンズ理論に内在する問題によって、六〇年代型政治文化論が失敗に終わったのだという結論を得た。ここで言う〝失敗〟とは、次のような事態を指している。すなわち、問題構成に示される理論上の課題に対して、そこで前提とされている理論的基礎から見通しの良い研究の方向性が得られず、むしろ哲学的ないし概念的なアポリアに陥ってしまうという事態である。もちろん、哲学的・概念的な問題は、多くの研究にとって直接的な関心の対象ではないのかもしれない。しかしながら、既存の研究方法の行き詰まりを反省し、新しい方向性を政治理論として提示しようとする場合には、こうした形而上学に取り組むこともまた、必要になると思われる。

そこで、本章では、パットナム以降にあたる九〇年代の信頼論が、どのような理論的基礎によって形成され、どのような研究を生み出してきたかということを、俯瞰的に検討していくことにしたい。具体的には、第一節において、九〇年代以降の信頼論の焦点であったソーシャル・キャピタル概念の性質について、社会学者のコールマンを中心に検討していく。また同時に、そうしたコールマンのソーシャル・キャピタル論を補完するような理論的要素についても検討する。つづく第二節では、こうした理論的基礎と、第5章で析出した国家／市民社会論という問題構成があわさって、どのような信頼論が展開されてきたのかを図式的に位置づけていきたい。第三節では、九〇年代以降の信頼論のひとつの到達点として、ロスステインの議論を紹介し、その限界性と可能性をあわせて分析する。

以上の検討を経たうえで、本章では、国家／市民社会論という問題構成に、理念型としての実証主義‐方法論的個人主義‐合理的選択理論という理論的基礎が採用されることによって、九〇年代以降の信頼論がディレンマに陥ってしまうことを示したい。それは、信頼という概念と政治学的に有意な研究をすることとが、両立しないというディレンマである。もう少し説明しておこう。

九〇年代以降の信頼論は、あくまでも研究の方法論上の出発点として自律的で合理的な個人を置きつつも、信頼やソーシャル・キャピタルを集合的な属性をもつものとして概念化している。そして、実証主義的な前提から、信頼と政治現象とのあいだの因果関係を解明することを目指してきた。その結果、個人の自由で合理的な意志の集合が市民社会の属性を作り出し、さらにそれが国家と相互作用を果たすという想定が、主要な信頼論に共通して見られるようになった。しかし、この想定を推し進めていくと、三つの困難にぶつかることになる。第一に、いわゆる

「生態学的誤謬」に陥ることなく、〝ミクロな〟個人から出発して、〝マクロな〟政治現象を説明するような論理を示せないこと。仮に、ミクロとマクロを媒介する概念として「信頼」が導入される場合にも、その信頼概念の性質は曖昧なままである。第二に、信頼をめぐる因果関係が、(合理的な計算にもとづく)効用や(人びとに信頼へのインセンティヴを与える)制度に還元されるならば、そもそも信頼ないしソーシャル・キャピタルという概念を用いるべき積極的な理由がないこと。第三に、第二の点を避けるため、信頼が人間の心に還元されるならば、かつての政治文化論の失敗をなぞることになり、逆に、信頼を人間に備わった傾向として捉えるならば、生物学的な還元論に近づくことになること、である。

第一節　ソーシャル・キャピタル概念

ここでは、一九九〇年代以降の信頼論にとって、ソーシャル・キャピタル概念が果たした役割について考えていきたい。社会科学の研究においては、あらたな概念が導入されることによって、理論的基礎に大きな革新がもたらされることがある。本書が第I部で検討してきた六〇年代の政治文化論などは、まさにこの典型であろう。パットナム以降の信頼論においても、このことは言える。ソーシャル・キャピタル概念は、従来型の政治文化論からの離脱を決定的にするのみならず、多くの信頼論に通底する理論的基礎を導き入れるという役割を果たした。この節においては、ソーシャル・キャピタル概念を手がかりにして、信頼論の理論的基礎をあきらかにすることを目指したい。

1　ソーシャル・キャピタル概念以前の『民主主義を機能させる』

第5章二節2で確認したように、パットナムが一九九三年に『民主主義を機能させる』を発表する以前には、イングルハートとベラーという二つの非‐六〇年代型政治文化論の流れが続いていた。しかし、イタリアの州政府制度の研究をはじめた頃のパットナムは、そのどちらの流れも汲むものではなかった。[2] パットナムのイタリア研究は当初から政治文化論であったわけではなく、むしろ制度論として出発しているからである。パットナムが、制度論者でありつつ、政治文化について論じ、そしてトクヴィル的な伝統を継承するようになるのは、ソーシャル・キャピタル概念が導入されることによってである。[3]『民主主義を機能させる』の一〇年前にあたる、一九八三年の「制度の成功を説明する」(Putnam et al. 1983) という論文の段階では、パットナムは、「ソーシャル・キャピタル」概念も、「信頼」概念も、「市民社会」も、合理的選択理論や経路依存性による説明も、一切用いていない。よって、この八三年論文と『民主主義を機能させる』を比較することで、われわれはソーシャル・キャピタルが九〇年代以降の信頼論の理論的基礎をどのように形成したかを検討することができる。

一九八三年の「制度の成功を説明する」論文と『民主主義を機能させる』とを比べてみると、その主な共通性は次の二点である。第一に、一九八三年の時点でも、投票率・新聞購読率・労働組合への加入率を操作化した「市民文化 (civic culture)」指標[4]が、社会経済的発展および社会的安定性の程度とならんで、イタリア各州の制度パフォーマンスに対して高い説明力をもつとされていること。第二に、「市民文化」は、歴史的に一貫しているとされていること。後者については、『民主主義を機能させる』を先取りするようなかたちで、次のように述べられている。

われわれは、地域の政治文化のまさにそういった側面——大衆の参加と市民の連帯感——が、過去一〇〇年間にどのような歴史的先行形態をもってきたかについて、特筆すべき忠実さでたどることができる。しかもそれは、現代の制度が成功している理由を強力に説明するものでもあるのだ。

(Putnam et al. 1983 : 70)

以上の二つの点は、たしかに『民主主義を機能させる』の基本的な特徴であるし、重要な発見であることにはかわりはない。しかしこうした発見だけにもとづいて『民主主義を機能させる』が書かれていたとしても、それほどのインパクトはなかったかもしれない。というのも、『民主主義を機能させる』という「探偵物語」のインパクトは、事件の犯人が誰であったかという発見にではなく、犯人がどのようなトリックを使ったかという謎解きの方にあるからだ。ソーシャル・キャピタル概念こそ、ばらばらのピースをひとつの事件へと構成する鍵であり、政治文化論を六〇年代とは異なったパラダイムへ引き上げるものであった。ソーシャル・キャピタルという概念によって、日常的な社会生活のさまざまな特徴が、政治の作動様式へと媒介されるわけである。(5) P・デッカーとE・アスレイナーは、そのことを端的に表現している。

〔それまでの政治文化論では、さまざまな政治的／非-政治的参加の関係性が研究されてきたが〕しかしながら、アーモンドとヴァーバがより重要だと考えた「社会的信頼と協調性の役割」を精査することに対しては、あまり注意が払われてこなかった。だが、パットナムによって（再）導入されたソーシャル・キャピタルという概念は、そうした態度や日常生活の中で生じる信頼・参加・社会的つながりのパターンに対して、われわれがもっと注意を払うことを要求しているのである。

(Dekker and Uslaner 2001 : 3)

このように、ソーシャル・キャピタル概念は、「政治の領域」を人びとの日常生活という「政治の外側の領域」から検討してみるという視点を、パットナムをはじめとした政治学者たちに与えるものであった。しかし、ソーシャル・キャピタル概念がもたらしたものは、単に研究に対する視点の取り方にとどまるものではない。そこには、認識論や方法論のレベルを含めた、一種の〝世界観〟が同時に存在していた。このことを検証するために、次項においては、パットナムのソーシャル・キャピタル概念の直接的な輸入元であるコールマンを題材にして、ソーシャル・キャピタル論の起源を見ておきたい(6)。

2　コールマンのソーシャル・キャピタル論

この項では、コールマンのソーシャル・キャピタル論から、九〇年代以降の信頼論における理論的基礎をあきらかにしていこうと思う。結論から述べておけば、九〇年代以降の信頼論は、実証主義‐方法論的個人主義‐合理的選択理論を理論的基礎として展開されてきた。これらの理論的基礎は、大部分がコールマンのソーシャル・キャピタル論にその原型を認めることができる。九〇年代以降の信頼論が、すべてコールマンに端を発しているとまで極論するつもりはないが、少なくともコールマンがもった影響力が非常に大きなものであったことに変わりはない。本書は、学説史的な分析を中心としているので、まずは六〇年代型政治文化論の理論的基礎としてのパーソンズと、九〇年代以降の信頼論の理論的基礎としてのコールマンを対照するところからはじめてみたい。

(a)　パーソンズとコールマン

パーソンズとコールマンの共通性は、両者がともに行為の一般理論を目指したというところにある。ただし、コールマンは、社会学における行為理論の必要性についてはパーソンズに同意しながら、パーソンズが『社会的行為の構造』以降にたどった道筋に対してはつねに懐疑的であった。よって、コールマンは自身の思索の集大成ともいえる主著『社会理論の基礎』においてもパーソンズを引用しなかったし、——パーソンズとはちがって——物理学のアイデアをもとに、個人というミクロな単位を出発点として堅持し続けた(7)。

パーソンズとコールマンが直接やりとりをしたのは、一九六二年に世論調査研究協会が主催した会議においてである。[8] その会議において、パーソンズがコミュニケーション・メディアとしての影響力概念について報告をおこない（Parsons 1969a＝1974）、コールマンはそのコメンテーターを務めている。一九六三年の『世論四季報（*Public Opinion Quarterly*）』誌には、この報告を元にしたパーソンズの論文、コールマンのコメント論文、そしてそれに対するパーソンズのリプライがまとめられている。[9] ここでは、パーソンズ理論をコールマンがどのように見ていたかということに注目してみたい。

本書では、第4章二節におけるパーソンズの権力論の説明のなかで、すでに「影響力の概念について」論文の内容について触れてきた。簡潔に言えば、同論文においてパーソンズは「影響力」というものをコミュニケーション・メディアのひとつとして、ＡＧＩＬ図式に位置づけていたのであった。それに対してコールマンは、「この論文は、単一の、十分に推敲された論理的な流れではなくて、むしろ一種の迷宮のようなものである」（Coleman 1963：65）と評価している。コールマンにとっては、ＡＧＩＬ図式に立脚したパーソンズの影響力概念の位置づけには、たとえばＧ・ホマンズなどの経済学的な交換理論に見られるような明晰さが欠けている。[10] そして、明確で単純な前提を置き、そこから演繹によって行為理論を構築しようとすることが、パーソンズとは異なるコールマンの基本方針であった。だから、影響力概念という個別のテーマについてだけでなく、コールマンはパーソンズ理論それ自体についても辛辣な評価を加えている。

私たちは、そうしたパラダイムの一般的な有用性について疑問を呈してもよいだろう。そのパラダイムは、定義を与える方法から出来上がっているが、それ以上のものは何もないのだ。原因も結果もなく、出来事のシークエンスもなく、単に二つの次元によって定義された四つの純粋型の定義があるだけである。そうした次元それ自体が、問題となっている行動の主な過程と本質的に結びついているのであれば、このパラダイムもおそらく指針としては役に立つのだろう。しかしながら、それが理論構築それ自体の代わりとなるならば、むしろ仇となる。このパラダイムは、社会学のように複雑な科学にはたしかに魅力的である。というのも、それは単純性と規則性を与えてくれるように見えるし、貨幣のような量的なものが経済学者に与えてくれる数的な尺度の代わりとなるように見えるからだ。しかし、私が提案したいのは、しばらくのあいだ類型論は置いておいて、行動のシステムを作り上げている過程を定式化しようと努めれば、われわれはより早くより着実に発展し得るだろうということである。(Coleman 1963 : 68)

そして、こうしたパーソンズとコールマンの違いは、両者の哲学的な立場の違いを反映したものである、とW・ウォラスは述べている（Wallace 1975 = 1982）。ウォラスは、コールマンとパーソンズの行為理論が、それぞれ出発点において行為の目的的志向を強調する点で外観上同一であるにもかかわらず、両者の理論が実質的に正反対の方向を向いている理由を検討している。その検討から、ウォラスは次のような結論を導いた。

「コールマンは、人間が自由であり得るのは、彼らが社会化されず、またいかなる社会システムにも属していないときのみであるということを単に想定しているだけでなく、積極的に主張してもいて、そして、人びとが自由なとき、彼らは専ら自己利益的であって、合理的にその利益を最大化しようとするということを前提にしているものとして解釈され得るだろう」（Wallace 1975 : 123 = 1982 : 186）。つまり、コールマンにおいて個人と社会の関係はかならずしも自然調和的なものではなく、個人が社会を作為的に決定するのだという前提が存在している。

これに対して、パーソンズの考えでは、行為者にとって状況は規範的・価値的に意味をもったものとして立ち現われてくるのであり、また諸個人が自由に行為するためにこそ（＝主意主義的行為）、行為者は社会化され、規範に志向していなければならない（＝目的のランダム性の否定）。よって、規範に志向する行為者の行為は、純粋に自己利益的なものではあり得ない。コールマンとの対比で言えば、パーソンズにおいては、社会が個人に対して先行していなければならない、と言ってもよいかもしれない。パーソンズは、サイバネティック制御の考えを通じて価値的・文化的なものを一般行為システムのヒエラルキーの頂点として扱ったが、コールマンは、ヒエラルキーの下層、すなわち、諸個人の自己利益的な行為に因果関係の原点を求めているのである（Wallace 1975：126-127＝1982：191）。

パーソンズとコールマンは、行為の一般理論という枠組みや、「行為者」「目的」「規範」「社会システム」等々の根本概念を使用する点においては似ているように見える。しかし、ここで見てきたように実際の両者の考え方は大きく隔たっている。よって、理論的基礎の次元でのパーソンズからコールマンへの交代を伴った、六〇年代の政治文化論から九〇年代以降の信頼論への移行も、やはり大きな変化を意味しているはずである。こうした変化の意味を正確に捉えるためにも、コールマンの行為理論とソーシャル・キャピタル概念の関係を、より内在的に検討する必要がある。

（b）コールマンの行為理論とソーシャル・キャピタル概念

以下でコールマンの行為理論を検討するにあたっては、パーソンズ理論との対応関係にポイントを絞ることにしたい。第2章二節において中期パーソンズ理論を説明する際に、本書では「パーソナリティ」「社会システム」「文化」という三つの構成体のあいだに存在するロジックを追跡した。これに対応させるなら、コールマンの行為理論における「個人」「社会」「規範」という項目のあいだの関係に注目しなければならないだろう。もちろん、本節の目的は九〇年代以降の信頼論における理論的基礎としてのソーシャル・キャピタル概念をあきらかにすることであるから、ここでの主眼は「個人」「社会」「規範」という三項の関係性のなかでどのような地位をソーシャル・キャピタル概念が占めるのか、というところにある。先回りして言っておけば、コールマンにおけるソーシャル・キャピタル概念は、「個人」「社会」「規範」の三項を、実証主義‐方法論的個人主義‐合理的選択理論という理論的基礎で接合する際に導入されたものである。

①導　入

さて、さきに見たように、パーソンズとコールマンの志向性の違いとは、理論の倹約性についてのものだった。つまり、コールマンの目指す行為理論は、シンプルな前提から演繹されるものでなければならない。一九七〇年代半ば、コールマンは――パーソンズらが一九五一年の『行為の一般理論に向けて（*Toward a General Theory of Action*）』において社会科学の収斂傾向を見て取ったのとパラレルに――社会科学においてひとつの収斂傾向が生じていると論じている。そしてその収斂する先というのが、経済学に由来する合理的選択理論であった。(11)「これらの関連する三つすべての〔心理学、経済学、政治学という〕ディシプリンにおける発展によって、目的的行為の理論はますます広範な行動に対して適用されるようになってきた。これにともなって、社会科学の諸分野のあいだで、かつて生じていた以上に大きな収斂がはじまっている」（Coleman 1975 : 79 = 1982 : 119）。合理的選択理論は、方法論的個人主義や実証主義というさらにメタなレベルでの前提とともに、倹約的な行為理論をすすめるための手引となる、とコールマンは考えた。なぜなら、合理的選択理論を採用することによって、パーソンズ理論を極度に複雑化させる原因となった、行為の主意主義的要因（行為者の主観的志向性）をいちいち考慮する必要がなくなるからである。行為者が自己利益の実現に向かって、客観的に合理的に行為すると仮定すれば、あとはある特定のゲーム構造のなかで生じる個々の行為の集積をシミュレートしていくだけでことは足りる。

ここから、コールマンが「個人」と「規範」の関係をどのように見ていたかということもわかってくる。コールマンは、その「社会構造と合理的な行為者間における規範の生成」（Coleman 1986）という論文のタイトルが示すように、合理的な個人のあいだで規範が生じるのは、その行為者たちがどのような社会構造に置かれているかに依存していると考える。(12)つまり、コールマンにおける規範生成論とは、行為者の判断基準や他者に対する期待が〝間主観的に〟共有されていることを問題にしているのではなくて、合理的な行為者によるゲームの均衡解を調整する条件を問題にしているのである。(13)そして「社会」というものは、存在論的な与件ではなく、あくまでも合理的な諸個人のあいだで繰り広げられるゲームのマクロな〝結果〟であるにすぎない。

ソーシャル・キャピタル概念は、このようなコールマンの「個人」「規範」「社会」の関係が成立するために導入されている。[14] そしてそれは、社会学的な人間像と経済学的な人間像を両立させるための方法でもあった（cf. Coleman 1988 : 96）。「……それゆえ、コールマンにとって、ソーシャル・キャピタル概念は、個人の行為と社会構造とを両立させ、そして社会分析における規範的な行動と自己利益的な行動とを両立させる方法だったのである」（Castiglione, van Deth and Wolleb 2008 : 3）。このように考えることができる理由をさらに理解するためには、コールマンの主著である『社会理論の基礎（*Foundations of Social Theory*）』（Coleman 1990＝2004 上 ; 2006 下）を検討する必要がある。[15]

②『社会理論の基礎』について

九〇年代以降の信頼論における理論的基礎としてのソーシャル・キャピタル概念を考える場合、その理念型としてコールマンの『社会理論の基礎』を外すことはできない。まずは、コールマンの行為理論における実証主義－方法論的個人主義－合理的選択理論という前提と、それが行為理論の課題としているものを見ていくことにしよう。

実証主義－方法論的個人主義－合理的選択理論　まずは、方法論的個人主義を「社会理論の基礎」とすることについて、コールマンは明快に次のように述べている。

> 私は、（心理学を除く）社会科学の自然な停止地点は個人の水準であること、——そして、システム水準と個人水準のあいだにある何らかの実体の行為や志向によって社会システムの振舞いを説明することが当座の目的にとって適切であることがあったとしても、個人の行為や志向にもとづいたより根本的な説明の方がより一般的に言って望ましいものであることを、示そうと思う。（Coleman 1990 : 4＝2004 上 : 22）

このように方法論的個人主義を採用することは、コールマン理論のもっとも基本的な前提となっており、さまざまな社会理論上のトピックは、この前提からの派生問題として考えられている。とりわけ、方法論的個人主義の論理的な帰結として、コールマンは「個人」→「社会」および「個人」→「規範」という二つの道筋を理論化することが、行為理論の〝問題構成〟であると考えていたように思われる。

さて、次にそうした問題構成をどのように考えるべきかについて選択しなければならない。なぜなら、方法論的に個人主義的であっても、たとえば社会規範を内面化した個人なのか、他者と没交渉的なモナドとしての個人なのか、あくまでも権力を追求する個人なのか等々によって、そこから構築される行為理論はまったく違ったものになるからだ。コールマンの選択は、個人が自己利益の最大化をつねに志向することを前提とする、合理的選択理論である。

> 社会科学者はみずからの目的を個人の行為から派生する社会的組織を理解することに置いており、また、個人の行為を理解することは通常はその行為の背後にある理由を見るということを意味しているのだから、社会科学の理論的な狙いは、その行為を行為者の見地に立った時に合理的なものにするような仕方で捉えることでなければならない。別の言い方をすれば、通常、没合理的であるとか非合理的であると記述されるようなものの多くは、単に観察者がその行為が合理的なものであるような行為者の見地を発見していないがために、そのように記述されてしまうだけなのである。（Coleman 1990 : 17–18 = 2004 上 : 42-43）(16)

方法論的個人主義と合理的選択理論の組み合わせによって、「個人」→「社会」の道筋を考えることは、そのまま「ミクロからマクロへの移行問題」（Coleman 1990 : 6 = 2004 上 : 24）となる。実際に、『社会理論の基礎』では、個人間のミクロな関係性が、いかにメゾレベルでの社会的組織を経たうえで、マクロな社会現象へと発展するかというプロセスを重視した構成になっている。

さらにまた、方法論的個人主義 - 合理的選択理論は、「個人」→「規範」ないし「個人」→「社会」について考える際の人間像についても規定する。特徴的な箇所を二つ続けて引用しておこう。

〔社会理論における行為者に〕規範の遵守というものを仮定してしまうと、決定論を押しつけることになり、それによって理論は自発的に行為にかかわる人間ではなくて、自動機械の記述へと矮小化されてしまうことになる。人びとが道徳律を身に付けていると仮定することは、理論的な考察のなかから社会化の過程をいっさい取り除いてしまう。そしてまた、利他主義や無私欲というものを仮定すれば、それが自分の個人的な利益に反するときであっても、人びとがどのようにして他人のためや集合体のために行為するようになるのかということについての理論を構築することを妨げてしまう。（Coleman 1990 : 31 = 2004 上 : 60-61）

社会理論は、ミクロ水準において、まさにその種の〔自動機械とでも言うべきロボット的な〕人間像を概念的につくり出すという安易な道をとりがちであった。そして、その人間像を単純に集積することで、観察されたシステム水準の行動——官僚制の秩序立った日常的なはたらきであれ、群衆の自然発生的で感情的な激高であれ——が生み出されると考えた。社会理論にとっての正しい道筋は、より困難なものである。すなわち、個人がどのようなものであるかについての単一の概念を維持しつつ、人間像の違いからではなく、そうした人間たちが置かれた関係性の構造の違いによって、さまざまなシステムのはたらきを導出することである。（Coleman 1990 : 197 = 2004 上 : 304）

前者の引用文で言われていることは、個人にはつねにすでに規範が内面化されているというパーソンズ的な前提を放棄し、個人の外部に規範を置くことで規範の生成を問題化するということである。コールマンは、規範を無条件に遵守することの代わりに、自己利益の追求が個人に帰属されるべきものだとしている。[17] 後者の引用文では、人間像によってではなく社会構造によってマクロな社会が説明されるべきだと述べられている。つまり、人間像は社会理論において（変数ではなく）〝定数〟なのである。

以上のような前提をもとに、コールマンの行為理論の中核部分は次のように定式化される。

ここで展開される理論体系のひとつの特質は、それが倹約的なもの（parsimony）であることである。行為者たちは、二つの関係性においてのみ、資源に（そしてそれゆえ間接的にはお互いに）結びついている。つまり、資源に対する制御と資源への利害関心において、である。行為者たちは単一の行為原則をもっており、それは、自己利益の実現を最大化するように行為する、というものである。（Coleman 1990 : 37 = 2004 上 : 68）

コールマンは、中期パーソンズと同様に、ダイアド（二者間での相互行為）から行為理論を形成していくのであるが、その際に想定されるダイアドの原理は、人びとが自己または他者の「資源」の制御に関心をもっていて、そこから取引ゲームがおこなわれるというものである。もちろん、ここで「資源」と言われているものは、牧草地や河川などの天然資源に限定されるわけではない。むしろ、社会科学が対象としている資源、つまり、経済的・社会的・政治的交換関係において取引される資源とは、さまざまな権利関係から成り立っている[18]。よって、行為者たちが実現を目指す自己利益とは、他の行為者との権利関係にかかわっている。

コールマンの行為理論は、以上のように方法論的個人主義と合理的選択理論をベースにして、「個人」→「規範」ないし「個人」→「社会」という課題を考えるものであり、経済学的な取引モデルを模範にしている。またそれは、社会秩序の客観的な観察が可能であることを前提としている点で、実証主義的な認識論に立っていると言えるだろう。このような、実証主義‐方法論的個人主義‐合理的選択理論の連合にもとづく行為理論から、信頼概念もソーシャル・キャピタル概念も生み出されている。よってこのまま、信頼概念とソーシャル・キャピタル概念へと話を進めることにしよう。

信頼概念　コールマンにおける「信頼」は、行為者間での取引ゲームを成立させるひとつの装置として考えられている。なぜなら、「社会的行為をつくる取引が、完全市場についての古典的モデルのそれと異なるひとつの点は、時間が果たす役割にある」(Coleman 1990：91＝2004上：147) からである。社会的行為に時間という次元が関係してくるからこそ、取引における行為者間での時間の非対称性 (他者からの見返りを受け取る前にみずからの資源を投資しなければならないということ) が、リスクとなるのである。そして、「信頼」は、人びとの決定にリスクが組み込まれているからこそ問題となる (Coleman 1990：91＝2004上：148)。

そしてコールマンは、信頼概念の四つのポイントを次のように整理している。

1 信頼することによって、信頼される側はそうでなければ不可能であったような行為ができるようになる。

2 信頼される側が信頼に値する (trustworthy) のであれば、信頼することの方が信頼しないことよりも大きな利益をあたえる一方で、信頼される側が信頼に値しないのであれば、信頼することによって信頼しなかった場合よりも状況は悪くなる。

3 信頼するという行為は、相手からの実質的なコミットメントが存在しないにもかかわらず、自発的にみずからの資源を相手の手にゆだねるというケースも含む。

4 信頼が問題になるケースにおいては、タイム・ラグに、つまり、信頼される側の将来の行為に関係している。(Coleman 1990：97–99＝2004上：158–160)

このような信頼関係は、ダイアドについて論じたものだが、たとえばパットナムが描いたような、相互信頼関係から成り立つコミュニティというのは、以上のような二者間の信頼関係が、三人以上の行為者を含むものへと拡張されたケースだと考えることができる。この場合、コミュニティの成員いずれもが互いに対して信頼する側であると同時に、信頼される側でもあると言える (Coleman 1990：188–189＝2004上：290–291)。

ソーシャル・キャピタル概念　通常、ソーシャル・キャピタル論では、信頼や規範はソーシャル・キャピタルを構成するひとつの部分的要素と位置づけられていることが多い。だが、コールマンは、信頼関係も規範も（さらに言えば支配関係も）、すべてそれ自体がソーシャル・キャピタルの一形態であると述べる（Coleman 1990：300＝2004上：472）。なぜなら、信頼関係も規範も、人びとの関係性のなかに、つまりコールマンに倣って言えば社会構造のなかに存在するものであるが、コールマンはソーシャル・キャピタル自体をそうした社会構造のひとつのあり方として規定しているからである。「ソーシャル・キャピタルはすべて社会構造の何らかの側面から成り、その構造のなかにいる個人にある種の行為を促す」（Coleman 1990：302＝2004上：475）。このように規定されたソーシャル・キャピタルは、「エートス」「習俗」「政治文化」「心の習慣」などといった、人びとの心のあり方に関係するものとして考えられているわけではないことになる。コールマンのソーシャル・キャピタル概念は、個人の外部にある社会構造に帰属されるという点で、政治文化論とはあきらかに断絶したところで構想されている。

「ソーシャル・キャピタル」という概念によって特定される機能は、社会構造の諸側面が行為者にとって、みずからの利益を実現するために使用することのできる資源としてもつ価値である。〔改行略〕社会構造のある側面がもつこうした機能を特定することで、ソーシャル・キャピタルという概念は、個人行為者の水準におけるさまざまな結果を説明することと、ミクロからマクロへと移行することを（それが起きるきっかけとなった社会構造のディテールを詳細に説明することなく）同時に助けるのである。（Coleman 1990：305＝2004上：479）

こうして、コールマンの行為理論全体のなかにおけるソーシャル・キャピタル概念の位置づけを見ていくことによって、次の三つのことがわかる。第一に、ソーシャル・キャピタルは、行為理論におけるミクロな個人からマクロな社会への移行を手助けするものであること。第二に、ソーシャル・キャピタル概念は、信頼関係や規範を問題にする場合であっても、人びとの主観や心の問題を捨象することを可能にすること。第三に、ソーシャル・キャピタルは、個人が自己利益を追求することと社会全体の福祉が矛盾しないためのメカニズムであること、である。

ソーシャル・キャピタル概念と社会学の実践的課題　前章では、パットナムのソーシャル・キャピタル論が広く受け入れられた理由のひとつとして、それが公共政策上の実践的な処方箋に結びつくものであったことを挙げた。かたやコールマンの行為理論は、実践的な問題意識の彼岸にある形式モデルに偏っているようにも思われるかもしれない。だが実際は、コールマンの行為理論は、強い実践的な関心に裏打ちされている。[19] そしてソーシャル・キャピタル概念は、まさにそうした実践に直接結びつくものとして考えられている。つまり、ソーシャル・キャピタルと社会に対する規範的な問題意識は、すでにコールマンにおいて結びつけられていたのである。この点を確認するために、コールマンが社会理論の課題をどのように認識していたかを見ていくことにしよう。

まず、コールマンは、社会学が再帰的に社会学の対象でなければならないと論じている。「このディシプリンそれ自体が、考察の対象として、このディシプリンの主題の範疇に入るのである。つまり、社会学はその主題が自身を包含するような、再帰的なディシプリンなのである」(Coleman 1990 : 610 = 2006 下 : 436)。このような社会科学の再帰性についての言説は、九〇年代以降にますます一般化していくのであるが、コールマンはそのことが社会学に価値的な相対主義をもたらすべきではないと考えた。むしろ社会学の分析は、実際の社会を変革していくという課題に向き合わねばならないとされている。そして、現在そのような課題となっているのは、伝統的な社会組織の衰退によってもたらされたものの空隙をどのように埋めることができるか、というものである[20](これはのちにパットナムも『ひとりでボウリングをする』の問題関心として引き継いでいる)。コールマンは、社会学が分析的にあきらかにした伝統的な社会組織の衰退に、社会学的に作り出されたソーシャル・キャピタル概念を使って取り組むことができるのだと主張した。

あたらしい社会科学は、伝統的社会を掘り崩すかもしれない暗黒の力の共犯者としてではなく、ソーシャル・キャピタルとそれが支えてきた社会組織の形態が浸食されたことによって生み出された空隙を埋めるという再

構成の課題を助けるものとして、必要なのである。（Coleman 1990 : 651 = 2006 下 : 495）

『社会理論の基礎』では、そのための具体的な処方箋については詳しく述べられているわけではない。けれども、「力学が自然環境の建設に基礎を提供するように、あらたな社会科学の理論的要素は社会の目的的な再構成に基礎を提供するものでなければならない」（Coleman 1990 : 652 = 2006 下 : 496）と述べられていることからもわかるように、コールマンは形式モデルとして組み立てられた行為理論は、そのまま社会工学的な実践に応用することが可能であるとしている。その意味では、パットナムよりもコールマンの方が、社会科学の営為と実践との関係をより連続的に見ていたと言えるだろう。コールマンがソーシャル・キャピタル概念と社会学の実践的課題を直接的に結びつけていたことは、ソーシャル・キャピタル論の原基的なあり方を知る上でも重要である。

以上、コールマンの行為理論においてソーシャル・キャピタル概念が占める地位を見てきた。九〇年代以降に主流を占めた信頼論の理論的基礎は、実証主義‐方法論的個人主義‐合理的選択理論というかたちで表現できると思われるが、それをひとつの行為理論として体系化したのがコールマンの業績であったとひとまず評価することができる。

3　ソーシャル・キャピタル論の構成要素

九〇年代以降の信頼論にとっては、コールマンのソーシャル・キャピタル概念が理論的基礎の根幹を担うものであったが、コールマンのみが排他的に重要であったわけではない。ここでは、ソーシャル・キャピタル論に他にどのような構成要素が存在していたかを俯瞰してみよう。それによって、政治学における信頼論を支えた理論的資源についておおよそのイメージを摑むことができるはずである。

ところで、もう一度整理しておくと、コールマンのソーシャル・キャピタル概念には、第一にミクロからマクロへの移行の媒介、第二に主観性や心の問題の消去、第三に合理的選択理論による社会秩序形成、という三つの特徴が確認されたのだった。筆者の見るところ、この三点はコールマン以外の理論的資源にもある程度共有されている（だからこそ、ソーシャル・キャピタル概念がさまざまな潮流を統合する役割を果たすと目されたのである）。よって、以下では、整理が散漫になることを防ぐためにも、コールマンのソーシャル・キャピタル概念の三つの特徴にそれぞれ対応させるかたちで検討をおこなっていくことにしたい。

(a) ミクロ／マクロ媒介

ミクロ／マクロ論とは、方法論的個人主義や実在論的な社会理論を採用する場合に突き当たることになる問題である。[21] そこでは、〃ミクロな〃個人の行動がいかにして〃マクロな〃社会現象を作り出しているのか（あるいはその反対に、〃マクロな〃社会構造がどのように〃ミクロな〃個人の行動を制約し可能にしているか）が問われることになる。[22] ミクロ／マクロ論は社会科学における一種のアポリアであるため、仮にミクロからマクロへの移行を媒介する理論的な装置が存在するのであれば、その装置を軸にして社会科学の統合が可能だと考えたくなるのも無理はない。ソーシャル・キャピタルや信頼といった概念は、そうした展望のもとに注目されたのである。たとえば、次のようなことが言われたりもする。

ソーシャル・キャピタルがマクロ・レベルにおいてもミクロ・レベルにおいてもさまざまなかたちで用いられていることは、しばしば混乱をもたらすものだとして批判されてはいるが、同時になぜソーシャル・キャピタル概念がそれほどまでに魅力的であるかという理由の一端を物語っている。このことはまた、ソーシャル・キャピタル概念が社会分析に見られる多くの重要なディコトミー――たとえば、個人と集合行為、自己利益と他者への配慮、文化と構造、経済と社会、（ゲマインシャフトとゲゼルシャフトという意味での）共同体と社会――をいかにして横断するのかということにも当てはまる。

(Castiglione, van Deth and Wolleb 2008 : 4-5)

この引用文でも述べられているように、ソーシャル・キャピタルや信頼はさまざまな二項対立図式を媒介するものであると考えられているが、そうした二項対立図式のなかでも、社会科学においてミクロ／マクロ論ほど色濃く影を落としていたものは少ないだろう。それはたとえば、ヴェーバーの「プロテスタンティズムの倫理と資本主義の精神」（Weber 1947 = 1989）が、個々人に宿った精神性から経済発展というマクロな現象を説明するのに成功していたか、という問題を考えてみてもあきらかである。だから、ミクロとマクロの媒介項としての位置づけは、ソーシャル・キャピタルないし信頼概念を考える際には無視することのできないものなのである。(23)

しかし、なぜソーシャル・キャピタルや信頼は、ミクロとマクロを媒介することができると考えられているのだろうか。それは、ソーシャル・キャピタルも信頼も、ともに人びとのあいだでの、または人と制度や構造とのあいだでの、関係性を構築・拡張するものとして概念化されているからである。ミクロ水準での人びとの関係性がマクロなものへと拡張したり、ミクロな個人とマクロな制度とのあいだに関係性が生まれたりする装置が特定できれば、それはミクロ／マクロ論に対する一定の解決となる。たとえば、E・オストロームらは、「われわれは、ソーシャル・キャピタルを、諸個人および諸個人からなる関係性のある属性であり、それによって彼らが集合行為問題を解決する能力を強化されるものとして考えている」（Ostrom and Ahn 2003 : xiv）とする。そして、ソーシャル・キャピタル研究の醍醐味として、「マクロな現象のミクロな基礎を研究する際に欠かせない新古典派経済学や合理的選択理論からの知見を捨象することなく」、「さまざまな要素〔信頼、互酬性の規範、ネットワークと市民参加の形態、公的および非‐公的な制度など〕のあいだのより豊かな因果関係を構築する」ことによって、マクロな政治・経済現象に関する知識を豊かにすることだと述べている(Ostrom and Ahn 2003 : vii)。

いましがた引用したオストロームらは合理的選択理論に立脚しているが、大まかに言って、ソーシャル・キャピタルや信頼による関係性の構築・拡張についての理論化には、これまで二つのタイプが存在してきたように思われる。ひとつは、ネットワーク論をベースにしたものであり、もうひとつは、信頼概念を人びとのあいだでのミクロな〝信頼〟と、人から制度へと投企される〝信任(confidence)〟概念とに二重化して考えるものである。ネットワーク論は合理的選択理論との親和性が強く、信頼と信任の二重化論は実在論的な社会理論に近い。

①ネットワーク論

パットナムのソーシャル・キャピタル概念の定義には、つねにネットワークという言葉が入っている。すでに引用したところではあるが、『民主主義を機能させる』においてソーシャル・キャピタルは「調整されたさまざまな活動を活発にすることによって社会の効率性を改善できる、信頼、規範、ネットワークといった社会組織の特徴」(Putnam 1993 : 167 = 2001 : 206-207)として定義されていた。そして、ネットワークが拡大されることによって、直接的には見知らぬ人びとのあいだで互酬性の規範が一般化されるからこそ、ソーシャル・キャピタルは社会全体のあり方を変えるとされるのである。

このことをネットワークによるミクロとマクロの媒介として見てみよう。たとえばM・グラノヴェッターは、有名な「弱い紐帯の強さ」という社会ネットワーク分析の論文において、「対人ネットワーク過程を分析するところから、もっとも有益なミクロ/マクロ間での架橋を導き出せる」(Granovetter 1973 : 1360)と述べている。その分析の趣旨は次のようなものだ。

まず、AとBのあいだに強い紐帯が存在しており、かつBとCのあいだにも強い紐帯が存在している場合、AとCのあいだには(強弱いずれであれ)紐帯が存在している、というところから出発する。そうすると、強い紐帯による人びとのネットワークでは、すべての人がすべての人と何らかのかたちで関係していることになるが、逆に言えばそのことは、それ以上の対人関係の広がりが制限されていることを意味する(そして同時に、強い紐帯から成る集団は、関係性の攪乱に対して脆弱となり、集団内に分裂を生み出しやすい)。その場合、ネットワークに属する個人の観点から見ると、ある特定の情報やコンタクトが流れる経路が錯綜したものになりやすい。また、強い紐帯からなる集団では、同一のコンタクトが何度も重複してネットワークの回路を動くだけであり、そこからの広がりが期待できない。

けれども反対に、弱い紐帯からなる集団では、ネットワークの経路が短絡的であり、かつコンタクトに広がりが期待できるため、個人はそこから自己にとって有用な資源を得るチャンスが高まる(同時に、弱い紐帯からなる関係性は攪乱に対して強い)。これが、「弱い紐帯の強さ」という逆説で表現されていることである。

こうした点から、グラノヴェッターは、ミクロ／マクロ論の「パラドックス」について語る。つまり、ミクロな次元では個人を疎外状況に置くとされる弱い紐帯は、マクロな次元では個人により多くのチャンスと共同体への包摂をもたらすが、反対に、ミクロな次元での個人間の強い紐帯は、マクロな次元ではかならずしも個人にとって有益ではない、ということである。そして、こうした「パラドックスは、すべてをあまりにも理路整然と説明しようとする理論に対する、歓迎すべき解毒剤である」(Granovetter 1973 : 1378)とされる[24]。

また、R・バートは、「構造的隙間(structural holes)」という概念を用いて、ソーシャル・キャピタルが生まれるのは、緊密なネットワークのまとまりそれ自体からではなくて、あるネットワークのまとまりと別のまとまりとのあいだを架橋するような仲介作用からだということを主張している(Burt 1992)。これは、一見するとグラノヴェッターによる「弱い紐帯の強さ」論と同じことを述べているように思われるかもしれないが、バートは次のような差異を強調している。第一に、ソーシャル・キャピタルを生み出すのは、弱い紐帯それ自体ではなくて、紐帯の弱さから架橋される構造的隙間であること、第二に、弱い紐帯の強さという議論では、情報利益に着目することで構造的隙間がもつ制御利益に無頓着になること、である(Burt 1992 : 27–28)[25]。とはいえ、バートの議論がグラノヴェッターの修正版という性格のものであることに変わりはなく、ミクロな関係性のあり方（緊密なネットワーク）のマクロな配置連関を問題にしていると言える。

さらにまた、三隅一人は、ミクロとマクロを媒介することが社会学理論の主要課題であると位置づけつつ（三隅 2013：13）、その課題に対してソーシャル・キャピタル概念の意義を引き出すことで取り組もうとしている[26]。ここまではコールマンと三隅とのあいだに違いはない。けれども三隅は、――コールマンとは違って――行為論的な系譜からではなく、関係論的な社会学理論の系譜からソーシャル・キャピタル概念によるミクロ／マクロ媒介の理論化を果たそうとしているところに特徴がある。そしてこの関係論的なソーシャル・キャピタル論は、グラノヴェッターやバートなどのネットワーク論に近似してくる。

ここで、三隅が関係論的なソーシャル・キャピタル論としているものについて、説明が必要だろう。三隅は、ソーシャル・キャピタル論に「関係基盤」という概念装置を導入している。「関係基盤」とは、人と人とのつながりがネットワークとして機能する属性を指している（三隅 2013：144-145）。そして、ソーシャル・キャピタルが一種の「資本」として投資されるのは、人と人との紐帯に対してではなく、関係基盤に対してである。というのも、個々人のあいだでの関係が強化されることそれ自体は、ソーシャル・キャピタルの本質には直接関係しないからだ（その場合は、社会的交換の概念で十分間に合う）。ソーシャル・キャピタル論が意味をもつのは、「その投資の効果を、投資者と投資された他者のネットワーク関係、さらにはそれらのネットワークを含むより包括的なネットワーク構造の視点で捉えるときである」（三隅 2013：148）。三隅のみるところ、ソーシャル・キャピタルとは実体のない比喩概念であり、そうした比喩概念を理論構築に活用するためには、この「関係基盤」概念のような一連の公理によってそれを実証可能な概念枠組みに変換することが必要になる（三隅 2013：222）[27]。

そのうえで、ソーシャル・キャピタル概念が今後の社会学において生き残るかどうかは、「社会構造が資本的にみえるメカニズムをもつという比喩的視点のもとで、これまで関係論的社会学で議論されてきたさまざまなことを統合」し、それが「社会関係のマイクロ・マクロ・リンク理論を切り開く」ときである、とされている（三隅 2013：153）。つまり、大雑把に言ってしまえば、三隅の場合もネットワーク論的な見地からミクロとマクロの媒介の可能性を探っているのである。

以上、ソーシャル・キャピタルをネットワーク論の視座から捉えて、ミクロ／マクロ媒介についての理論化を試みた議論をいくつか見てきた。もちろん、ネットワーク論それ自体は、後段で検討していくような方法論的個人主義‐合理的選択理論などにも密接に関係している。だが、ネットワーク論は、ミクロとマクロの媒介問題を「個人から社会へ」という直接的な図式から考えるのではなくて、ネットワークによる関係性そのもののもつ価値を認めるところから出発する点に特徴があると言えるだろう。ソーシャル・キャピタルの発生や機能を考える際に、人びとのあいだのネットワークがもたらす関係性を無視して話を進めることは不可能であり、その意味でネットワーク論はソーシャル・キャピタル概念の重要な補完要素となっている。

②信頼と信任の二重化論

K・ニュートンは、政治学における信頼論について、それを「人格的な信頼」と「システムや制度に向ける信頼（信任）」という二つの焦点があること、さらに、信頼の創出についてボトム・アップの見方とトップ・ダウンの見方の二つがあると整理している（Newton 2008）[28]。そもそも、（少し後で見ていくように）ソーシャル・キャピタル概念のなかに「信頼」を含めるかどうかについては論争があるのだが、仮に「信頼」をソーシャル・キャピタル概念の中核的な構成要素として置き[29]、さらにそこからミクロ／マクロ媒介を考える場合、「信頼」とされているものに二つの類型が存在するのではないかという考えに行き着く。なぜならば、ミクロな人びとのあいだでの人格的な信頼と、個人がマクロな制度やシステムに向ける信頼には、質的な違いがあってしかるべきだからである（この後者の信頼類型は、英語の用語法にしたがって「信任（confidence）」という概念で表現されることが多い）。そうなると、ミクロ／マクロ媒介問題は、信頼と信任という二重化された「信頼」概念がどう関係するのかという問題へと移行することになる。[30]

ところで、信頼と信任のあいだの関係を考えるということは、個人と個人の関係からなる水準と、個人を超えたところにある「システム」や「制度」という水準が存在するという考えに結びついている。つまり、かなずしもそうだというわけではないものの、実在論（realism）的な理論枠組みが採用されやすいのである。実在論は、個人に還元されないシステムや制度にも実在的な価値を認めているという点において、方法論的個人主義とは哲学的な前提を異にしている。だが、少なくとも政治学における信頼論やソーシャル・キャピタル論には、この実在論的な発想をどこかで取り入れる傾向がある。ここでは、C・オッフェとA・ギデンズという二人の実在論において、信頼と信任の関係がどのように理論化されているかを見ていこう。

まず、オッフェである。オッフェもやはり、信頼論の魅力を、社会理論におけるミクロ／マクロ問題に見出している。

> 社会的信頼という現象について考えることの理論的な魅力のひとつは、この信頼という現象が、社会理論におけるミクロ／マクロ間のギャップを架橋する可能性をあきらかに秘めているところにある。（Offe 1999：45）

そのうえで、オッフェの問題関心は、どのようにして市民はお互いを信頼し合うことができるのか、という点に集約されている。[31]これは一見すると、ミクロな水準での人格的な信頼を問題にしているように思われるかもしれない。だが、オッフェは社会において人格的な信頼が可能になるためにこそ、マクロなシステムや制度のはたらきが重要になるのだと考える。つまり、ミクロとマクロの二つの水準をそれぞれ独立して扱うわけにはいかないと言うのである。

では、ミクロな市民間での信頼（これが一般にソーシャル・キャピタルとされているものである）を可能にするようなマクロなメカニズムとはなにか。そして、そもそも信頼とはどのようなものであるのか。オッフェは、信頼を社会的互酬性にもとづいた規範的なものと捉えており（Offe 1999 : 52）、それは信頼する側の経験と、信頼される側による道徳的義務への認識を構成要素としている。だから、もしお互いに見知った人びとからなる社会であれば、お互いが信頼し合うことは難しいことではない。そのような社会ではお互いの経験や規範が共有されていることをあてにできるからだ。だが、みずからの慣れ親しんだ範囲を超える社会においては、個人の経験だけにもとづくような信頼[32]だけで、不特定多数の見知らぬ他者に対して一般的な信頼を向けることはできない（Offe 1999 : 61）。だからこそ、オッフェは市民がお互いを信頼することを可能にするような条件が問題になると考えたのである。

そのような条件こそが、オッフェにとっては「制度による信頼の媒介」であった。次の引用文がそのことを示している。

> 厳密に言えば、行為者のみが信頼され得る。なぜならば行為者のみが信頼に報いることができる唯一の単位だからである。反対に、制度とは、まずもって規則の複合体である。だが単にそれのみではなく、制度はそうした規則を正当化し有意にするためにあてにし得る規範的参照点と価値を提供する。――〔中略〕――私の主張はこうである。すなわち、この制度の内在的な規範的意味と、制度が他者に対してもつと私が考える道徳的妥当性によってこそ、私は同じ制度に関係している人びとを信頼することができるのである。（Offe 1999 : 70）

つまり、かつての慣れ親しまれた社会で当然視され、あてにされていた経験や規範を近代社会において補ってくれるのが制度だという位置づけである。しかし、市民同士での一般的信頼は、制度の存在によって自動的にもたらされるわけではない、とオッフェは言う。なぜなら、制度による信頼の媒介が実効的であるためには、その制度に対して人びとがあてになると思うこと、すなわち、「信任」をもつことができなければならないからである（Offe 1999 : 66）[33]。こうしてオッフェの信頼論は、「信頼」と「信任」を相互依存させることによって、ミクロ／マクロ媒介の問題に挑戦していると言えるだろう。このことをオッフェは、「信任が信頼に関係するのは、事実が行為に関係するのと同じである」(Offe 1999 : 44) と表現している。

だが、よく考えてみると、ここでオッフェの議論は「市民同士がお互いに信頼し合える条件」という水準から「市民が制度を信任することができる条件」という水準に問題を移しただけだとも言える。だから、制度への信任の条件が示されなければ、オッフェは問題の核心に触れていないことになる。これに対するオッフェの回答は、制度への信任が可能になるのは、そのような制度を運用する人びとに対して市民が人格的な信頼を投企することができる場合である、というものである。「制度は、その制度を保護し、解釈し、革新し、忠実に支持するような人びとを信頼する理由がわれわれにあるというまさにそのかぎりにおいて、われわれの信任に値するのである」(Offe 1999 : 67)。

まとめると、信頼と信任の二重化によるオッフェのミクロ／マクロ論は、一般化された人格的な信頼が可能になるために制度が重視されなければならず、また制度への信任が可能になるために制度を運用する人びとへの人格的な信頼が重視されなければならない、というものである。つまり、全体的な社会秩序におけるミクロ水準(市民間の関係)とマクロ水準(制度やシステムのはたらき)の媒介は、信頼と信任が相互に支え合うことで可能になっているのだという循環的な構図が描かれているわけである。

そして、ギデンズの信頼論も、オッフェとは反対の方向から問いを立ててはいるものの、結果的にはオッフェと同じ地点にたどり着くものである。オッフェと同様に、ギデンズは、信頼についての問題系は近代の社会秩序についての問題系から切り離せないと考えている。実際にギデンズの信頼論は、彼の『近代の諸帰結(*The Consequenses of Modernity*)』(Giddens 1990 = 1993) という著作において展開された。その意味で、ギデンズの信頼論を理解するためにはまずはその近代社会診断が検討されなければならないことになる。といっても、良くも悪くもギデンズは社会学のオーソドックスな理論家であり、この著作で述べられている近代社会像もいまや見慣れたものであるため、詳細な紹介は必要ないだろう。簡単に言ってしまえばそれは、近代社会は「脱埋め込み」や「社会的諸関係の再帰的秩序化と再秩序化」(Giddens 1990 : 16–17 = 1993 : 30–31) によって、かつての慣れ親しみに覆われた社会とは異なるダイナミズムをもつ、というものだ。そのため、近代社会の秩序が可能であるためには、慣れ親しまれた対人関係だけでなく、人びとの直接的なアクセスの埒外にあるような「抽象的システム」[34]が機能していなければならない、とされる。

ギデンズの信頼論は、こうした近代における抽象的システムのはたらきとの関連で論じられている。「近代制度の本質は、抽象的システムに対する信頼メカニズムと密接に関係している、というのが私の立論の一つの要点である」(Giddens 1990 : 83 = 1993 : 107)。マクロな抽象的システムが社会秩序を支えているのだとしたら、個人は自分で直接的に確証することのできないような抽象的システムをあてにしなければならない場面が出てくる。そこで要請されるのが「信頼」である[35]。オッフェは人びとがお互いに信頼し合える条件としてのマクロな制度を立論の出発点としたが、ギデンズは、マクロなシステムが作動する条件としての信頼を出発点としていることになる。前段で、ギデンズがオッフェとは反対の方向から問いを立てていると言ったのは、このことを指している。だが、結局のところ、両者に突きつけられる問いはおなじである。ギデンズにおいても、なぜ個人はそのような抽象的システムを信頼することができているのかということが問題になるからだ。その問題に対して、ギデンズは次のように答えている。

> 抽象的システムに対する信頼は、何らかのかたちで抽象的システムに〝責任を負う〟人びとや集団との出会いを全く前提にしていない場合もある。しかし、抽象的システムに対する信頼は、多くの場合、そうしたシステムに責任を負う人間や集団との出会いを必要としており、私は、こうした人間や集団との出会いのことを、抽象的システムへのアクセス・ポイントと名付けておきたい。抽象的システムへのアクセス・ポイントは、顔の見えるコミットメントと顔の見えないコミットメントが交わる場となっている。(Giddens 1990 : 83 = 1993 : 106)

ここで述べられていることが、オッフェの回答と酷似したものであることは容易に理解されるであろう。つまり、「アクセス・ポイント」における人格的な信頼によって、抽象的システムに対する信頼が確保される、という構図である。オッフェに重ね合わせて言えば、マクロな制度への信任がミクロな人格的信頼に依存すると想定することによって、言い換えれば、信頼概念を（「信頼」と「信任」というかたちで）二重化させることによって、ミクロ／マクロ媒介の問題に一定の見通しを与えることが試みられている。

オッフェとギデンズという、実在論の立場に立つ二人の社会理論家の信頼論には、「信頼」と「信任」という信頼類型を区別し、その相互依存性を考えることで、社会秩序のミクロ水準とマクロ水準の媒介を理論化するという共通点があった。こうした理論化の方向性は、ソーシャル・キャピタル論から欠落しがちであった、人格的な信頼とは異なる信頼類型の意義を強調するものとなっている。これにより、ミクロな二者間での人格的信頼がどんどん拡大・一般化していって最終的にマクロな全体社会に到達するという、漸進的なミクロ／マクロ媒介論とは別の視角が得られる。それは、社会秩序におけるミクロな水準とマクロな水準を最初から切り分けておいたうえで、それぞれの水準を媒介するような信頼類型を提示する、という視角である。次節で見ていくように、このような視角の方が、国家や制度を実在的なものと見なす政治学における信頼論とは親和的である。こうして、信頼の二重化によるミクロ／マクロ媒介論は、「政治の外側の領域」における人びとの関係性に傾斜しがちであったパットナム的なソーシャル・キャピタル論に対する補完材料となっている。

（b）心理学主義と反心理学主義

コールマンのソーシャル・キャピタル概念には、信頼や規範といった人びとの主観性にかかわると言われているものを、人びとの心の問題に還元することなく取り扱うという特徴があった。けれども、ソーシャル・キャピタルや信頼といった概念を用いながら実際に経験的研究をおこなおうとする場合、こうした心の問題に対してアンビヴアレントな態度が採られることが多い。それが、心理学主義と反心理学主義とのせめぎ合いである。というのも、一方では、「信頼は人間の行為なのだから、人間の心の問題であるはずだ。心は本人にしかわからない。ある人が誰かを、あるいは何かを信頼するかどうかは、本人に聞くのが一番確実である」という立場があり、他方では「心は本人にしかわからないし、それは客観的でもないのだから、あてにならない。科学的な説明は、客観的に認識可能で一般化できるもの（効用や当人の置かれた制度など）にもとづかなければならない」とする立場があるからだ。そして、ソーシャル・キャピタル概念も信頼概念も、このどちらの立場とも十分に結びつき得る。ここでは前者の立場を仮に「心理学主義」、後者を「反心理学主義」とそれぞれ呼んで、それらがソーシャル・キャピタル論や信頼論にどのような性格を与えるのかを検討していきたい。先に言っておけば、心理学主義も反心理学主義も、それぞれちがった理由からではあっても、ソーシャル・キャピタル論の〝科学化〟を担っている。

①心理学主義

心理学主義は、ソーシャル・キャピタル論や信頼論において自覚的に選び取られた立場というよりも、それらが経験的に調査をおこなっていく際に事実上選択されている理論前提であると言った方が正確だろう。この場合の心理学主義とは、人が信頼するということを当人の心のなかでの決断として捉える考えである。第5章二節2（b）①では、六〇年代型政治文化論とパットナム以降の信頼論の狭間にある政治文化論としてイングルハートを取り上げたが、イングルハートの政治文化論も、この心理学主義的な前提によって成り立っていると言えるだろう。ここでは、こうした心理学主義と結びついた信頼論が、パットナム的なソーシャル・キャピタル論とは別の研究のあり方を示していることを見ておきたい。具体的には、大規模なアンケート調査に計量分析を組み合わせるタイプと、社会心理学的なアプローチによるタイプとを取り上げることにする。

すでに見てきたように、パットナムは、ソーシャル・キャピタルを計量的かつ客観的に測定するための代替指標

（自発的結社への加入度合いなど）を用いることによって、従来型の政治文化論からの脱却に成功した。しかし、ソーシャル・キャピタルそれ自体というよりも、その主要な構成要素とされている信頼に焦点を合わせる場合、信頼論においてはアンケート調査を元にした統計分析がしばしばおこなわれている。そうした調査の代表的なものとして、一九八一年に開始された、世界価値観調査（World Value Survey）がある。[36] これは、各国における人びとの価値観、幸福度、政治文化、ソーシャル・キャピタルを測定するものであり、イングルハートらを中心として作業が進められている。

世界価値観調査によってある社会における一般的信頼を計測する場合には、「一般的に言って、たいていの人びとは信頼され得ると思いますか？　それとも人びとと接触する際には注意深くあることが必要だと思いますか？」という質問がなされ、それに対して回答者は「①たいていの人びとは信頼され得る、②注意深くあることが必要」という二つの選択肢のなかで答えることになっている（v. 24）。[37] また、関連する項目として、「たいていの人びとはチャンスさえあればあなたを利用しようとしていると思いますか？　それとも人びとは公平であろうとしていると思いますか？」という質問がなされ、それに対して一〇段階のスケールで回答することを求められるものもある（v. 56）。これらの質問に対する回答が数的データとして処理され、別のデータ（たとえば民主化指標や経済指標など）とともに統計的に処理されることによって、民主主義諸国は一般的信頼が高いのかとか、経済的に豊かであることが一般的信頼の条件であるかといったことが分析されたりしている（cf. Uslaner 1999 ; 2002 = 2004）。

ところで、こうした心理学主義的な信頼研究は、政治学においても古い歴史をもっている。一九五〇年代にすでに、M・ローゼンバーグは、人びとの対人感覚（人間嫌いかどうか）が政治的な選好と連関すると主張している（Rosenberg 1956）。そしてこの研究は、アーモンドとヴァーバの『市民文化』に影響を与えたのみならず、世界価値観調査で用いられている信頼に関する上記の質問項目（v. 24, v. 56）の元にもなっている（Miller and Mitamura 2003 : 63）。ローゼンバーグは、ガットマン尺度[38]を用いることによって、人びとの対人感覚と、(A)公衆および議員へのイメージ、

(B)言論の自由に対する態度、(C)抑圧装置としての国家についての見方との関連を検討し、その結果、人間嫌いな人(つまり、一般的に他人を信頼しない人)は、(1)民主主義の原則は実現されないと考え、(2)言論の自由を許容することは危険であり、(3)国家は過激な集団をより取り締まるべきだと考える傾向が強いことを示した。

いずれにせよ、ローゼンバーグからイングルハートおよび世界価値観調査にいたるまで、政治学において心理学主義的な信頼論研究は連綿として続いてきたと言えるだろう。ここで確認しておきたいのは、次の二点である。第一に、こうした心理学主義は、人びとが自分自身の心のあり方を熟知しており、それを一般化して表現することができるはずだという前提を置いていることである。また第二に、そこでは、「信頼する」という外形的な行動は、先行する心のなかでの決断を実行したものであって、信頼するか否かは具体的な文脈とは独立した場で選択されているものだと想定される(だからこそ、「一般的に言って、たいていの人びとは信頼され得ると思いますか」という質問がなされる)ということだ。

しかしながら、政治学における心理学主義的な信頼論には、大規模調査とは別に、社会心理学的なアプローチを用いるタイプも存在する。[39] われわれは、このタイプの心理学主義として、信頼研究においてしばしば参照される山岸俊男を例に検討していくことにしたい。山岸の信頼論の特徴は、人間行動に関する仮説の提示と、ヴァーチャル実験によるその検証を繰り返すことによって分析をおこなうところにある。そして、そのような研究の主導的な「メタ理論」として、山岸は「社会的環境との関係を抜きにして人間の心の性質を考えることは出来ない」(山岸 1998 : 185)という「進化ゲーム的アプローチ」の考えを挙げている。つまり、社会心理学として信頼を研究する場合、主たる研究対象はあくまでも人間の心理であるものの、その際の心理とはある社会的環境の影響関係のなかに置かれた心理なのである。山岸の実験においては、こうした社会的環境(ゲームの構造)をヴァーチャルに作り出すことによって、それが被験者の行動に与える影響が析出されることになる。

このような山岸のアプローチを典型的に表現しているのは、山岸が「安心」と「信頼」を概念的に区別していることである（山岸 1998 ; 1999）。なぜこのような区別がなされるのかというと、「相手の人間性や行動特性の評価にもとづく相手の意図に対する期待としての信頼と、相手にとっての損得勘定にもとづく相手の行動に対する期待としての信頼とを、同じ信頼という言葉を使って記述している限り、我々の議論は無用な混乱に陥ってしまう」（山岸 1998 : 39）からだと山岸は言う。そして、山岸は、前者の意味での信頼を「安心」、後者を「信頼」としている。ここでは、社会的文脈において何が問題になっているかに応じて、われわれが「安心」についての知見を得たのか、「信頼」についての知見を得たのかが変わってくることになる。

山岸の社会心理学的アプローチによる信頼論は、アンケートを用いる世界価値観調査などとは反対に、人びとの心のあり方をその人が実際に選択する行動から推論し、同時にそれを社会的な文脈との関係から考えるというものであった。ただし、「安心」と「信頼」の概念的な区別に見られるように、その際に人びとの行動に影響する社会的文脈がどのようなものであるかは、科学者にも被験者にもあらかじめ自明であることが前提される。そして、社会的文脈の意味が客観的なものであるからこそ、そこでの人びとの行動選択がそのまま心のはたらきの違いとして結論されるのである。[40] だから、理論的な方向性の違いがあるにもかかわらず、世界価値観調査も社会心理学アプローチも、信頼を心のなかでの出来事だとしていることにかわりはない。

まとめると、信頼論における心理学主義は、コールマンの行為理論およびソーシャル・キャピタル概念とは反対に、人間の心のはたらきのあり方（人間像）を変数として取り扱うものである。[43] 大規模調査のタイプであれ、社会心理学アプローチであれ、心理学主義には一種の心身二元論が共通して存在している。つまり、（社会的文脈の影響をどう考えるかは別としても）人びとの心のはたらきがその人の行動に先行し、その行動を決定するものとされている。したがって、ソーシャル・キャピタルを構成する要素として信頼が位置づけられる場合、心理学主義の知見が組み込まれたソーシャル・キャピタル研究の因果的な出発点ないし終局点は、人びとの心の世界になるだろう。六〇年代の行動論の時代と同じように、心理学主義にはアンケート調査や実験的手法など、社会科学に〝科学的な〟分析道具を与えるという利点があるため、ソーシャル・キャピタルや信頼の研究においても心理学主義はつねに一定の存在感を示している。

②反心理学主義

ここでの反心理学主義とは、ソーシャル・キャピタルを心理的な要素に還元することなく理論化するという方向性である。ただし反心理学主義も、人びとの心の問題を一種のブラックボックスとして扱う（つまり、外から見える行動と外から見えない心を区別する）という点においては、実は心理学主義と同様に心身二元論を前提としている。反心理学主義は、ネットワーク論や次の（c）①で扱う信頼の道具主義的理解と基本的に通底するので、ここでは、ソーシャル・キャピタル概念から信頼概念を定義上除外するという発想に限定して、簡潔に見ておくことにしたい。

ところで、すでに見てきたとおり、コールマンのソーシャル・キャピタル論は、信頼や規範といった本来的に〝間主観的な〟要素を重視する行為理論のなかに位置づけられていた。しかしながら、コールマン自身はソーシャル・キャピタルを反心理学主義的に概念化している。彼は、ソーシャル・キャピタルやその一形態としての信頼や規範を、すべて社会構造のあり方として規定しているからである。言い換えれば、人びとの心理がどうであるかということは、ソーシャル・キャピタルにとって直接的な関係をもたないとされている。

ここからさらに進むと、次のようなことを考えることができる。すなわち、社会関係における資源として重要なのは、信頼や規範それ自体ではなくソーシャル・キャピタルであり、そしてソーシャル・キャピタルは社会構造に帰属するのだから、ソーシャル・キャピタル概念にとって信頼概念は不要である、と。[42] この立場をもっともよく体現しているのは、N・リンだろう（Lin 2001＝2008）。リンは、ソーシャル・キャピタルを信頼や規範と同一視せずに、行為者が自己利益のために利用できる資源としての人的ネットワークとして捉えている。これは、ネットワーク論と同じであり、また合理的選択理論の一種の純粋型であると言うことができる。リンのねらいは、拡大し過ぎたソーシャル・キャピタル概念を理論的に予測可能なかたちへと縮小することである。

リンのソーシャル・キャピタル論は、パットナムやコールマンよりも、「行為」と「構造」の相互作用関係（いわゆる構造‐行為理論）に強く志向している。ただし、ここでの「行為」とは、構造‐行為理論一般におけるような行為者の自由意志にかかわるものではなくて、行為者が「自己利益のために構造的な資源としてのネットワークにアクセスする」（Lin 2001 : 52–54 = 2008 : 67–70）という意味をあらわしている。だから、リンが「行為」と「構造」の関係と言う場合、それは行為者が社会構造（ネットワーク状の人間関係）をどのように利用するか、という論点にまとめられる。[43] そしてこの場合、行為から構造を説明することは、理論的（論理的）に構造と行為のあいだの相互依存のプロセスに先行すべきだということになる（Lin 2001 : 127 = 2008 : 161）。

よって、ソーシャル・キャピタルとは、次の二つの特徴をもつとされる。すなわち「①個人ではなく社会関係に埋め込まれたものとしての資源をあらわしていること、②そのような資源へのアクセスや、資源の活用は、行為者によってなされること」（Lin 2001 : 24–25 = 2008 : 32）である。そして、「ソーシャル・キャピタルは関係財であり、文化、規範、信頼などの集合財から区別されなければならない」（Lin 2001 : 26 = 2008 : 34）とされる。こうした概念規定によって、信頼や規範や文化といった、操作化をして形式モデルのなかに加えることの難しい人間の心の問題を排除し、ソーシャル・キャピタル論をめぐる概念的混乱を解きほぐすことが可能になると、リンは考えているわけである。

反心理学主義の最大の利点は、コールマンが追求していた理論の「倹約性」を可能な限り推し進めて、形式モデルへとまとめ上げることができるところにある。パットナム的なソーシャル・キャピタル論が、政治文化論の遺産を引き継ぐことによって、結果的に心理的なものとしての信頼概念や規範概念を内包するようになったのとは対照的に、リンはソーシャル・キャピタルを政治文化論の伝統から切り離すことを選択している。こうした選択は、人びとの心といった曖昧なものに振り回されてきたソーシャル・キャピタル論に、予測可能で普遍化可能な〝科学的〟装いを与えている。その意味で、反心理学主義は、研究方法における実証科学化をもたらした心理学主義と同様に、ソーシャル・キャピタル論の理論的なモデルにおける実証科学化を牽引している。

(c) 合理主義

すでに見てきたように、コールマンの行為理論およびそこから派生するソーシャル・キャピタル概念は、実証主義‐方法論的個人主義‐合理的選択理論の組み合わせをソーシャル・キャピタル論ないし信頼論の理論的基礎として準備している。ただしもちろん、九〇年代以降の信頼論の展開がコールマン的な合理的選択理論一色であったわけではないし[44]、政治学における信頼論の分析すべてにとって合理的選択理論が適していると言われているわけでもない[45]。だが、九〇年代以降の信頼論が、広義の合理主義と手を結ぶことで台頭してきたことに疑いの余地はない。われわれはすでに、合理的選択理論からソーシャル・キャピタル概念を構築したコールマンの業績を見てきたので、ここでは、コールマン以降の信頼論と合理主義の関係を代表的なものにかぎって整理しておきたい。その場合、合理主義は二通りの意味で信頼に関係していることに気づくだろう。一方は、信頼自体を合理的なものとして扱う理論であり、もう一方は、人間行動の合理主義的な説明に対する部分的な修正を試みる議論である[46]。さしあたり、前者を信頼の道具主義的理解、後者を限定合理性モデルと呼んでおこう[47]。

①信頼の道具主義的理解

信頼の道具主義的理解を代表するのは、R・ハーディンである。ハーディンの議論はコールマンにも増して演繹的であり、信頼概念についても一貫した考えを貫いているという特徴があるため、ここで取り上げて検討するのに最適だろう。

さて、ハーディンの信頼論の根幹にかかわる主張に、一般的に「信頼」として論じられているものを、「信頼性

(trustwothiness)」の問題に置き換えるべきだ、というものがある(Hardin 2003; 2006)。ハーディン自身の言葉でいえば、「一般的に、信頼に関するほとんどすべての標準的な理論は、それがインセンティヴに基礎をおいたものであれ、規範に基礎づけられたものであれ、本質的に信頼性、すなわちいくつかの事例であきらかなように、道徳的に決定され得る性質についての議論である」(Hardin 2003: 85)。ハーディンが述べているのは、信頼とは結局のところ、相手が信頼に値するかどうかについての知識にもとづいた判断にすぎない、ということである。なぜこのような論理が採用されているのかが、信頼の道具主義的理解にとっての鍵になるだろう。

ハーディンは、信頼概念を「カプセル化された利益としての信頼(trust as encapsulated interest)」として規定している。この概念化が示しているように、ハーディンの考える信頼は「利益」をベースにしたものである。[48] この「カプセル化された利益としての信頼」が意味しているのは、次のようなことだ。すなわち、まず、相手が信頼に値するように振舞うことが、相手にとっての利益になっているということを、自己が知っていることが前提となる。「しかしながら、私の信頼は信頼される側の利益それ自身に直接的に向けられるのではなくて、私自身の利益が信頼される側の利益のなかにカプセル化されているかどうか、つまり、信頼される側が私の利益を、それが私の利益であるということにのみもとづいて、部分的に自分自身の利益として捉えているかどうかに向けられる」(Hardin 2006: 19)。つまり、相手が信頼に値するかどうかへの判断が自己の信頼の基礎となっているわけだが、相手が信頼に値するか否かの判断基準は、相手が自己の利益を尊重することを部分的に自分の利益としているかどうかという点にあるというわけである。だから、信頼が可能になる条件としてもっとも大切なものは、相手が信頼に値するか否かを判断するための「文脈」であるとされる。なぜなら、「信頼の一般的な社会現象においては、他者に関する知識を提供し、また他者に信頼に値するような仕方で振舞うインセンティヴを与えるような、大きな社会的文脈のなかに物語の大部分がある」(Hardin 2003: 92) からである。[49] たとえば、ある人との関係性を継続したいというインセンティヴがはたらく「厚い関係性(thick relationship)」は、そのような文脈を提供する大切な要素である。逆に言えば、そうした文脈を欠くならば、人は（ハーディンの用語法で）「信頼する」ことはできない。

ハーディンは、信頼論が混乱した議論状況に陥っている原因を、多くの信頼概念のあいまいさに求めている（Hardin 1999 : 28–29）。[50]それに対して、信頼を道具主義的に理解することによって、ハーディンの議論は概念的な明晰性を獲得することになった。[51]しかし、その明晰性の代償として、ハーディンは社会現象の分析において信頼概念が適用される範囲を、極端に狭くしてしまっている。このことを確認するために、ラッセル・セージ財団シリーズの信頼研究で、ハーディンらが中心的役割を果たした研究成果のひとつである、『信頼なき協力？（*Cooperation without Trust?*）』（Cook, Hardin and Levi 2005）を概観してみよう。[52]

同書の冒頭でハーディンらは、「信頼は多くの人格間的な文脈では重要であるものの、それは社会を生産的かつ効果的に機能させるという重荷を背負うことはできない」（Cook, Hardin and Levi 2005 : 1）と述べている。すでにこの一文から読み取れるように、ハーディンらは、「社会的協力関係はいかにして可能か」という社会科学の基調的な問題は、ほとんどの場合、信頼以外の原理から回答することができるというテーゼを掲げている。このテーゼの根拠となっているのが、「カプセル化された利益としての信頼」である。そこでは、個人が信頼性を確かめることができない状況下において、国家やさまざまな組織ならびに制度が、社会における信頼性と社会的協力を確保するための装置として、信頼が可能になる文脈を提供していることが論じられる。言い換えると、そうした秩序維持装置への信任が存在するかぎりで、見知らぬ諸個人は相互に協力することができるのである。[53]

このように、人びとに信頼性の文脈を与える制度への信任を重視することは、すでに検討したオッフェやギデンズに見られる信頼の二重性についての議論を思い起こさせる。だが、たしかにハーディンらは制度への信任を語るものの、そうした信任が（人格的な）信頼によって可能になっているという、信頼の二重性についてはそれを否定している。ハーディンらは、社会的協力関係を可能にするような装置について、「それらはしばしば信頼に対する完全な代替物である」（Cook, Hardin and Levi 2005 : 187）とし、それどころか、「信頼関係はしばしば、異なる諸集団の社会への統合、効果的な市場の発展、国家形成、そして広範に及ぶ生産的な社会的協力にとって障害となる」（Cook, Hardin and Levi 2005 : 167）とさえ論じている。よって、信頼の道具主義的理解を徹底させることによって、ハーディンらは、信頼とは人びとのあいだのパーソナルな関係性においてのみ問題になることであって、政治学者が関心をもつような国家や制度や組織による社会秩序の分析には、信頼概念は役に立たない、と結論したのである。

合理性というものを、人びとがある状況において客観的に正しい選択をすることだと仮定すると、人はたしかに自分の経験や知識が及ばないものを合理的に信頼することはできない。よって、社会的協力が可能になる条件というものも、人びとの信頼からではなく、社会的制度が有効に機能するための条件という制度論的な視座から検討すべき問題となる。信頼の道具主義的理解は、心理学主義とは反対に、信頼が可能になる文脈の重要性を主張するものではあるけれど、信頼が合理的に（つまり文脈さえあきらかであれば客観的に正しく）投企されるという前提のために、信頼論において信頼概念が果たす役割を極限まで切り詰めるという結果になった。行為者が置かれた文脈が決まっているのであれば、その行為者が信頼することができるか否かは一義的にあきらかだからである。その場合、われわれはむしろ、行為者自身ではなく、行為者にとっての文脈を形成する制度や組織に目を向けるべきだということになるだろう。[54] よって、信頼の道具主義的理解は、反心理学主義と同様に、人びとの主観性や心の問題にかかわるものとしての信頼を捨象することで、行動主義的に倹約的な仮定から研究を開始することを可能にする。

②限定合理性モデル

信頼論における合理主義のもうひとつの系統は、人間行動に対する合理性の仮定をより現実的なものに修正する、というものである。合理的な人間が集まって社会が形成されると仮定すると、合理主義の予想はいわゆる集合行為問題、さらには「ホッブズ的秩序の問題」に行き着く。ただし、実際の社会のあり方は、かならずしも合理主義モデルが予測するような「万人の万人に対する闘争」ではなく、信頼概念はその現実と合理主義モデルの差異を架橋する要素として考えられている。つまり、理論の当初の出発点であった人間行動の合理性を限定的なものへと捉え直す際に、人間の社会的行動の一類型として信頼概念が導入されるのである。C・ボイシュとD・ポズナーも、ソーシャル・キャピタル概念を、合理的選択理論にもとづいた集合行為問題が現実社会においては生じていないことを説明するための概念だとしている（Boix and Posner 1998 : 686）。このようなかたちでの合理主義的な予想の修正は、合理主義モデルの否定ではなく、その部分的な刷新としておこなわれているため、これを合理主義における限定合理性モデルと呼んでおきたい(55)。

ここで取り上げるべき論者は、オストロームだろう。オストロームは、社会的ディレンマが存在する状況において、いかにして諸個人が公共財を創出することができるかを、社会科学全体のひとつの大きな問題関心と見ている。こうした問題関心に即して、オストロームは、自身で「合理的選択理論の第二世代」と名付けた立場から、集合行為の論理についてのモデルを構築することを目標とした（Ostrom 2003）。合理的選択理論の第二世代とは、上で述べたとおり、諸個人の完全合理性を前提とするのではなく、個人の「限定合理性」と「規範に即した行動」を理論の出発点に据える立場である（Ostrom 2003 : 43）。そして、より実際の人間行動類型に近いものをつくっていこうとするとき、そのモデルの中心に位置するものが「諸個人間での信頼」であるとオストロームは考えた。

もちろん、オストロームは、完全合理性の仮定にもとづいた理論の価値は認めている。ただし、完全合理性にもとづいたモデルは、市場のように強固に構造化されており、また競争性が高いところでは高い予測力をもつものの（Ostrom 2003 : 26）、囚人のディレンマ状況を想定した「協力ゲーム」の実験をおこなってみると、多くの個人がリスクを冒してでも「協力」行動に出ることを説明できないのだという（Ostrom 2003 : 38）。これに対して、人びとの実際の行動により即した集合行為のモデルを作るためにオストロームが選んだ方向性は、合理主義に進化ゲーム論の成果や心理学といった、社会心理学アプローチを組み合わせることであった。そのモデルは、「限定的に合理的な諸個人は、他の限定的に合理的な諸個人が、さまざまなヒューリスティック［実際的な推論の手がかり］、規範、戦略にしたがうであろうことを期待する」（Ostrom 2003：46）ことを前提として、そのような諸個人による集合行為の中核に「互酬性（reciprocity）」「評判（reputation）」「信頼」の相互強化的な関係性を据えるものである（Ostrom 2003：49–55）。

　とはいえ、互酬性・評判・信頼のトライアングルをベースにした限定合理性の集合行為モデルは、無数にある外生的な諸条件を考慮に入れないままでは、実際の社会状況を説明することが困難である。オストローム自身もこのことを意識しているものの（cf. Ostrom 2003：61）、一方向的な因果関係モデルではない「理論シナリオ」を作ることは可能だとしている[56]。

> 〔互酬性、評判、信頼からなる集合行為の核に影響を与える〕非常に多くの変数が存在し、かつそれらの多くの影響力の多寡が、他の変数の値に依存していることに鑑みれば、これらすべての変数をひとつの大きな因果モデルに関係づけることは不可能である。しかしながら、比較的単純なベース・モデルから出発するような、一貫した累積的な理論シナリオを作り出すことは可能である。（Ostrom 2003：55）

　こうしたオストロームによる限定合理性モデルの特徴は、合理主義に社会心理学アプローチを混ぜることによって、ハーディンのような道具主義が消去してしまった信頼概念の積極的な役割を強調するところにある[57]。つまり、出発点としての方法論的個人主義と因果関係論を堅持するものの、同時に人間行動における個人の心理のはたらきを考慮に入れようというものである。そして、ハーディン的な信頼の道具主義的理解とオストロームの限定合理性モデルが決定的に異なるのは、「信頼性」についての理解においてである。前者の新古典派経済学の立場では、ある行為者が他者に対して見せる「信頼性」は、自己利益を増進するというインセンティヴにもとづいた行動の特性であり、それは結果的に他者との協調的な集合行為を導くにすぎない。他方で、後者の「合理的選択理論の第二世代」は、他者からの信頼に協調的に応じる「信頼性」を行為者の選好として捉え、それは自己利益とは別の次元で行為者に内在する規範であると考えるのである（Ahn and Ostrom 2008：71-72）。[58]

限定合理性モデルにもとづく信頼論は、合理的選択理論のもつ倹約性をある程度犠牲にしてでも、人間行動がかならずしも新古典派経済学的な意味で合理的なものではないこと、そして信頼や規範の遵守という、場合によっては合理性の範疇から外れるものが人間の行動を動機づけていることを、真剣に取り上げるべきだとする立場である。このことが、合理的選択理論の進歩であるか退化であるかは、論者によって評価が分かれるところなのかもしれない。だがいずれにせよ、信頼論として考えた場合、信頼概念が合理主義の枠組みにおいても重要な地歩を占め得ることを示した点において、限定合理性モデルの意義を無視することはできない。言い方を変えれば、これまでコールマンやハーディンにとって従属変数としての扱いしか受けてこなかった合理主義的な信頼概念を、独立変数として位置づけ直すためには、人びとの心のあり方を加味した限定合理性モデルが選択されなければならない、ということである。

この第一節3では、コールマンの行為理論とあわせてソーシャル・キャピタル論や信頼論の理論的基礎を構成するさまざまな要素を概観してきた。これら、（a）ミクロ／マクロ論、（b）心の問題、（c）合理主義は、コールマンの実証主義－方法論的個人主義－合理的選択理論と合わさることで、九〇年代以降にさまざまな信頼論を生み出してきた。[59] 次節においては、実際にどのような信頼論の先行研究が生み出されたのかを見ていくことにしたい。

第二節　一九九〇年代以降の信頼論の諸形態

本書では、第5章においてパットナムからはじまる一九九〇年代以降の信頼論の問題構成が国家／市民社会論であることをあきらかにし、前節においてはその理論的基礎がどのようなものであるのかを示してきた。これで本書における分析の二つの軸は揃ったことになる。よって、この節においては、その両者が組み合わさることで生み出されたパットナム以降のさまざまな信頼論を概観していきたい。もっとも、すでに序章で述べたように、信頼論の先行研究は（そのテーマの学際性も手伝って）広範な領域に及び、また量的にも膨大なものとなるため、本節での検討が先行研究のすべてをカヴァーしているなどとは、到底言うことはできない。しかし、本書の目的は先行研究のレヴューそれ自体ではなく、既存の信頼論が内包する政治理論上の問題を克服することであるため、政治学における信頼論の典型例をパターン化して示すことができればそれで十分であると考えられる[60]。

本節では、そのようなパターンを示すために、問題構成としての国家／市民社会論を単純な一枚の図式で表現し、先行研究がその図式をどのように用いているかを示すことにしたい。それが図6-1である。

この図式では、【国家】と【市民社会】という二つの領域を中心に、国家と密接に関係する領域としての【経済】を置いている。こうした領域の配置は、第5章で検討したハーバーマスの議論にしたがっている。そのうえで、【市民社会】領域の内部に属するものとしてソーシャル・キャピタルがあり、それを「対人間での信頼」が支えている。また、【市民社会】から【国家】に向けられるものとして、「信任」が存在する。各領域をつなぐ矢印線は、因果関係を表現している。

九〇年代以降の信頼論は、この図式のどの領域からどの領域への矢印を選択するかによっておおまかに整理することができる。もちろん、こうした強引な整理が、個々の先行研究がもつ独創性やメリットをそぎ落としてしまうこともあり得るだろう。そのことに留意しつつも、本節では九〇年代以降の信頼論の俯瞰的な見取り図を作るという目的を優先して、表6-1のように先行研究を整理してみたい。

本節の以下では、この表によって整理された経路を代表するような信頼論を、それぞれ項に分けて簡潔に説明していきたい。もっとも、すでに本書のなかで取り上げてきた論者も存在するため、その場合には紹介を極力省くこ

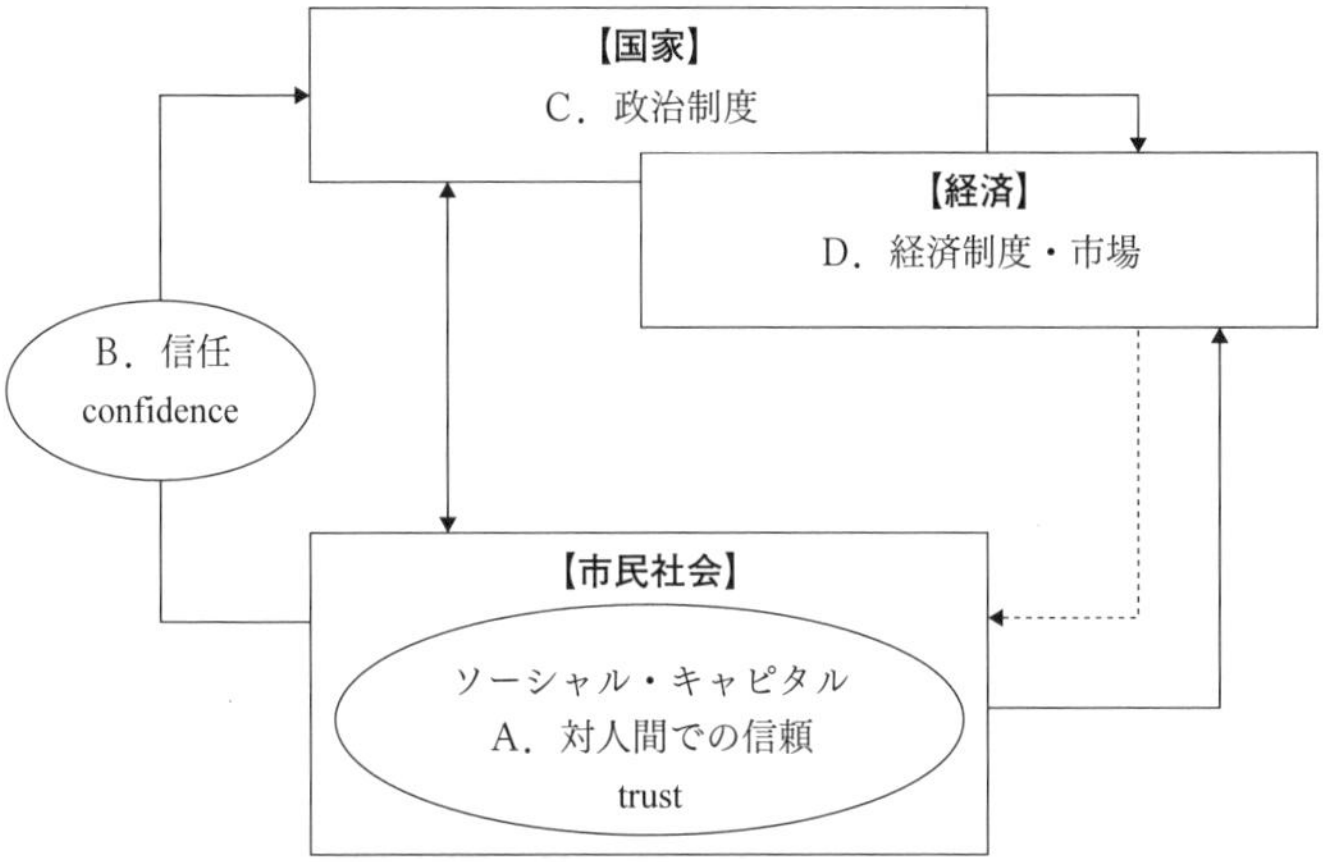

図 6-1　国家／市民社会論を前提とした信頼論の見取り図

出典）筆者作成。

表 6-1　1990 年代以降の代表的な信頼論とその焦点

経　路	趣　旨	代表的な論者	項
A	対人間での信頼について	心理学者，山岸俊男，ミシュタルなど	*1*
A ↔ B	信頼と信任の相互規定的な性質について	ブレームとラーン，ニュートン，シュトンプカなど	*2*
A → C	ソーシャル・キャピタルが政治のあり方を左右する	パットナム，共和主義者など	*3*
A → D	ソーシャル・キャピタルが経済成長を可能にする	フクヤマ，ナックとキーファーなど	*4*
B	国家・制度に対する信任について（政治的支持）	ミシュラとローズ，ハーディンなど	*5*
B → C → D	政治制度への信任が経済成長を可能にする	世界銀行グループ，オルソンなど	*6*
C → A	政治制度が対人間での信頼を可能にする	リーヴィ，フィアロンとレイテンなど	*7*

出典）筆者作成。

とにする。

1　対人間での信頼について

対人間での信頼は、直接的には政治学における信頼論の射程外にある。というのも、政治学における信頼論の問題構成には、やはりどこかで「政治の領域」とされるものとの接触が必要になるからだ。そのため、対人間の信頼を原理的に扱うのは、心理学か哲学・思想的な分析が主だということになるだろう。[61] また、山岸による社会心理学アプローチも、対人間での信頼が可能になるための条件として、社会的文脈がつねに考慮されなければならないという立場であった。よって、対人間での信頼をここでこれ以上掘り下げることはしない。

ただし、市民社会論の再興と対人的な信頼との関係についての議論のみ、取り上げておくことにしよう。なぜなら、国家／市民社会論図式においては、人格的な信頼関係は、とりもなおさず市民社会領域での現象であるとされるからである。

B・ミシュタルは、「市民社会という考えの再興は、その本質において、まさに近代の合理化され高度に分化した社会における信頼について、より具体的で有効な基準を理論化しようとする試みそのものなのである」（Misztal 1996 : 6）と述べる。というのも、市民社会という概念が表現しているのは伝統的な社会とは異なった社会の出現であり、そこでは社会秩序を可能にするメカニズムそのものが大きく変容しているからである。そして、社会秩序のあり方が変化しているならば、それに応じて信頼のあり方も変化する。ミシュタルは、信頼は「社会的リアリティの偶発性」と「自己の期待と他者の行為のあいだにある時間の隔たり」という近代社会の二つの特徴から生まれるとしている（Misztal 1996 : 18）。本書の第3章三節 *2*（b）で見てきたように、市民社会とは理性的な人びとによる自由で自発的な関係性からなるものであると想定されるため、そうした人びとが相互に出会う市民社会においては、ただの慣れ親しみではないような対人間の信頼が問題になるというわけである。[62]

このように、市民社会の再興は、伝統社会からの離脱と自律的な個人の登場という要因を介して、対人間での信頼が問題になる素地を用意したと言えるだろう。

2 信頼と信任の相互規定的な性質について

B・ロスステインらの整理によれば、信頼が因果関係としてどのように生み出されるかについては、いくつかのアプローチに分けることができる（Rothstein and Stolle 2008）。まず、信頼が自発的結社などを通じて醸成されるのだというパットナムの考えを、「社会中心的アプローチ」と言うことができるだろう。それに対して、「制度中心的アプローチ」は、市民社会における対人間での信頼が何らかの公的な制度（国家など）によって作り出されるのだという立場をとる。そうした「制度中心的アプローチ」は、さらに二つに分類することが可能で、ひとつは対人間での信頼と人びとの制度に対する信任の関係性を考える「態度論的アプローチ（attitudinal approach）」で、もうひとつは制度それ自体と人びとの人格的信頼との関係を扱う「制度‐構造的アプローチ」である。[63] この項で取り上げる「A 対人間での信頼」↕「B 信任」という経路は、このうちの「態度論的アプローチ」に分類されるものである。

市民社会における対人間での信頼（ソーシャル・キャピタル）と、制度に対する信任とのあいだにどのような因果関係が存在するのかについて、J・ブレームとW・ラーンは、アメリカを対象とするGSS（General Social Survey 総合的社会調査）をデータとして用いた回帰分析によって検証している（Brehm and Rahn 1997）。しかし、その分析結果は単純ではない。というのも、ソーシャル・キャピタル自体は市民的コミットメントと対人信頼に対して正の相関関係にあるにもかかわらず、市民的関与は制度への信任に負の影響を及ぼし、対人信頼は制度への信任に正の影響を及ぼしているからである。ここからブレームとラーンは、「よってわれわれの結論からすれば、ソーシャル・キャピタルが制度への信任を作り出しているというよりも、むしろソーシャル・キャピタルは制度への信任の帰結であると言った方がよいだろう」（Brehm and Rahn 1997：1018）と述べている。

同様に統計分析によって、信頼と信任の関係について検討したものとして、ニュートンを挙げることができる（Newton 2001）。ニュートンは、それまで単純化して論じられてきた民主主義と信頼というテーマ設定においては、国家あるいは政治制度に対する信頼である「政治的信頼」と、対人間での信頼である「社会的信頼」とが混同されてきたと考える。(64) そしてニュートンは、社会的信頼と政治的信頼のあいだには、本来的にそれほど関連があるわけではないはずだという問題関心から、統計分析によって因果関係をあきらかにすることを目的としている。まず、ニュートンは、「政治的信頼」とは一般的に「（政治）制度への信任」のことであると捉え、それが「ソーシャル・キャピタル」のアナロジーとしての「ポリティカル・キャピタル」の基礎になっているとする（Newton 2001：205–206）。そのうえで、世界価値観調査をもとに、制度への信任と対人間での信頼を析出し、次のような結論を得た。「十分に蓄えられたソーシャル・キャピタルは、効果的な政治システムの前提条件であり、そしてそのような政治システムによってポリティカル・キャピタルが作り出されるのであるが、高水準のソーシャル・キャピタルは、いずれの特定の時点におけるいずれの特定の国においても、高水準のポリティカル・キャピタルを必然的・不可避的に作り出すわけではない」（Newton 2001：212）。つまり、ニュートンは、対人間での信頼が制度への信任の必要条件になっているものの、十分条件にはなっていないと主張しているのである。

また、統計分析以外では、シュトンプカが戦後ポーランドの歴史記述を通して、市民社会における対人間での信頼と、体制への信任との関係を述べている。シュトンプカはその際に、信頼も信任もパットナム的な一種の経路依存モデルによって理解されるとしている（それゆえに、信頼ないし信任が累積した結果としての「文化」が語られる）。「われわれは以前の信頼の伝統あるいは不信の伝統が、現在の信頼への賭けへと至り、それが将来の信頼の文化あるいは不信の文化へとつながっていくという自己増幅的な流れを確認できるだろう」（Sztompka 1999：120–121）。シュトンプカは、信頼と信任とのあいだに一義的な因果関係が存在しているとは考えないものの、対人間での信頼と制度への信任には歴史的な出来事に対して同期する関係があると見なしている。[65]

信頼と信任の相互規定的な性質について、因果関係を提示することを試みた分析の多くは、あまり明確な回答を導くことができていない。おそらく、信頼も信任も社会的文脈に依存する性質のものであるうえに、その因果関係が人びとの心のなかで結びついているはずだという想定のために、どのような素材から人びとの信頼と信任を推定し、どのような媒介変数を加味するかに応じて結論がまちまちになるためであろう。

3　ソーシャル・キャピタルが政治のあり方を左右する

この経路3は、パットナムの『民主主義を機能させる』のテーマそのものであり、いわば政治学における信頼論のもっとも根幹をなす部分である。よって、インパクトの点から言っても、他の先行研究をいちいち紹介するにはおよばないであろう。

ただし、ひとつだけ、パットナムが『民主主義を機能させる』において用いたアプローチを、日本の地方政治分析に応用してみることによって、パットナムに対して計量分析から実証的に反論しようとした坂本治也の研究を取り上げておきたい（坂本 2010）。坂本の研究は、「A 対人間での信頼」→「C 政治制度」という因果経路が、日本においては示されないことを主張するものであり、正確には経路3へのアンチ・テーゼとなっている。

坂本は、日本の地方政治において統治パフォーマンスに影響を与えているのはソーシャル・キャピタルではなく、「シビック・パワー」であると述べる。ここで「シビック・パワー」とは、「『活動する市民』が果たす『政治エリートに対する適切な支持、批判、要求、監視の機能』のこと」（坂本 2010：136）である。さらに、日本においては、ソーシャル・キャピタルの高さがかならずしもシビック・パワーの高さに連動していない。ということはつまり、ソーシャル・キャピタルは、直接的に統治パフォーマンスに影響を与えていないばかりか、そもそも、統治パフォーマンス自体にとって有意な影響を及ぼさないのだと坂本は主張する（坂本 2010：219）。[66] このように、坂本の分析は、パットナムのテーゼを否定するものではある。だが、そうした坂本においても、「政治学の研究史における大きな潮流の中でとらえた場合、ソーシャル・キャピタル論の主張は、国家・制度論が軽視しがちであった〈社会〉の重要性をふたたび強調するものといえる」（坂本 2010：42）とされている。このことからも、市民社会におけるソーシャル・キャピタルが政治に及ぼす影響を考えることは、政治学における信頼論の問題構成のもっとも主要な形態になっていると言えるだろう。

少なくともパットナム以降の政治学における信頼論を考えた場合、まずこの「A 対人間での信頼」→「C 政治制度」という因果経路に対してどのようなスタンスをとるかということが、議論のタイプを分類する際の基本線となることは間違いない。

4 ソーシャル・キャピタルが経済成長を可能にする

国家／市民社会論図式には、【国家】と【市民社会】という領域だけでなく、【国家】と一部重なった【経済】という領域が想定されている。これはマルクス主義や批判理論による支配システムと市民社会の区別に理論的な根拠をもち、また経済が政治にとって重要な関心事であることから、政治学においては【国家】【経済】【市民社会】という三領域によって社会的世界が区分けされることが多い。「A 対人間での信頼」→「D 経済制度・市場」というこの経路 *4* も、直接的には国家／市民社会論に関係しないものの、信頼やソーシャル・キャピタルのもつ経済的効果を経路 *3* とのアナロジーにおいて理解するという意味で、政治学における信頼論に一定の意義をもつ。

経路 *4* の論者として、もっとも有名なのは、F・フクヤマであろう。一般的に、信頼概念が経済学においてもつ位置づけは、信頼によって取引費用が低減されるというテーゼによって表現されている（cf. 山崎 2004）。フクヤマの著書『信頼（*Trust*）』も、信頼のような文化的要素が取引費用の低減をもたらし、それによって社会の繁栄、すなわち経済発展がもたらされるということを、各国の事例検討を通じて示すものである（Fukuyama 1995＝1996）。そしてフクヤマは、経済成長をもたらす決定要因は、ハードなインフラストラクチャーや法制度ではなく、文化であると主張した。特徴的な記述を、二つ続けて引用しておこう。

なるほど、所有権その他の近代的経済制度は近代のビジネスを創造するためには欠かせないものだった。しかしこれらのビジネスが、普段は当然のこととしてほとんど顧みられない社会的・文化的習慣という土台のうえで営まれているということが、しばしば見逃されている。近代の諸制度は近代の繁栄や、それに支えられた社会的幸福の必要条件ではあるが、十分条件ではない。それらが適切に機能するためには、ある種の伝統的な社会的・倫理的習慣と結びつかなければならないのである。

(Fukuyama 1995 : 150＝1996 : 235–236)

社会的に協調する能力の有無は、既存の習慣、伝統、そして規範にかかっているが、こうしたものは市場を構成する要素である。そして、市場経済の成功は、安定した民主主義の要因であるというよりも、むしろソーシャル・キャピタルという既存の要因によって決定されていると言える。ソーシャル・キャピタルが豊富であれば、市場も民主主義政治も栄え、市場は民主主義制度を強化する社交性を育てる学校としての役目を果たすことができる。

(Fukuyama 1995 : 356＝1996 : 508)

この引用においてもはっきりしているように、経済に対するソーシャル・キャピタルの効果についてのフクヤマの主張は、政治に対するパットナムのそれとパラレルになっている(67)。そして、こうしたパラレルな関係があるからこそ、信頼論は学際的な研究テーマとしての注目を集めたのであった。

フクヤマと同様に広く読まれた研究として、S・ナックとP・キーファーによる「ソーシャル・キャピタルは経済的な効用をもつか」(Knack and Keefer 1997)という論文がある。ナックらは、世界価値観調査をデータとして用いた統計分析によって、ソーシャル・キャピタルが経済成長を可能にする条件を考察した。そして、その結果として次の三つのことが主張されている。第一に、信頼と市民的な協力の規範は経済パフォーマンスに強く影響すること、第二に、結社活動は(パットナムの主張とは反対に)経済パフォーマンスに結びついていないこと、第三に、信頼と市民的協力の規範は、所有権と契約が効果的に保護され、社会の分極化が進んでいない国において顕著であるということ、である。

ナックとキーファーがそうであるように、ソーシャル・キャピタルと経済成長の関係を分析する議論においては、ソーシャル・キャピタルと政治の関係を扱う経路3よりも、明確な数値をあてはめて分析することができるという利点がある。

5　国家・制度に対する信任について

国家や制度に対する信任は、政府に対する国民の評価という論点から切り離せず、またたとえば選挙分析における政治的支持の議論などにもつながってくる。[68] さらにそもそも、われわれが国家や制度を信任していることは、ホッブズ以来、近代の社会秩序が可能になるための機能要件のひとつであると考えられてきた。[69] よって、国家・制度に対する信任を扱うことは政治学において普遍的なテーマ設定であり、本来的には信頼論の範疇に収まるきるものではない。ここでは、テーマ設定がその他の政治学における信頼論に直接関係するものを、いくつか取り出してみたい。

たとえばW・ミシュラとR・ローズは、何が政治制度に対する信頼を作り出すのかについて、いくつかの仮説を立てたうえで検証している（Mishler and Rose 2001）。その仮説は、まず文化理論と制度理論に分けられる。文化理論は、政治制度に対する信頼が対人的な信頼の延長であり、そしてその対人的な信頼度合い自体は幼少期における社会化過程によって左右されるとする。この文化理論には、アーモンドとヴァーバ、イングルハート、パットナムなどが含まれている。他方、後者の制度理論は、政治制度に対する信頼は制度パフォーマンスの原因ではなく結果であるとする。制度理論には、コールマンなどが含まれる。さらに、この文化理論と制度理論は、ミクロとマクロの水準によって区別され、合計で四つの仮説となる。(70) ミシュラとローズは、このそれぞれの仮説を、ポスト共産主義諸国を対象に回帰分析によって検証し、まずマクロ仮説がいずれも妥当しないことを示したうえで、ミクロ－制度理論が妥当であると結論づけた。「マクロな政治的・経済的パフォーマンスが信頼に及ぼす影響は間接的なものであり、そして個人の価値を含んだ認知によってミクロ・レベルで媒介されているのである」（Mishler and Rose 2001 : 55)。つまり、この論文においては、国家や政治制度に対する信任は、あくまでも諸個人の主観的な認識に左右されるということが言われていることになる。

これとは反対に、信頼の道具主義的理解の例として前節で見てきたハーディンは、「われわれは政府に対する信頼を欲するのか」という論文を書いている（Hardin 1999）。結論を先取りすると、ハーディンの答えは（イエス／ノーではなく）「不可」である。この理由についてハーディンは、「人びとのうちの大部分については、おそらく、政府に関する帰納的な期待（inductive expectations）をもっているということしか言えない。そうした人びとが、カプセル化された利益としての信頼のための基礎をもっているとは言えない」（Hardin 1999 : 30）からである、としている。だから、政府を信頼することが望ましいか否かという以前に、そもそも政府を「信頼する」というのは演繹的に不可能なのであり、そのかぎりで政府に対する信頼は不要となる（Hardin 1999 : 24)。ハーディンは、国家や政府を「信頼する」ということと、人間を「信頼する」ということには、それらがともに何らかの期待にもとづいているという共通点があるものの、本質的に異なる事柄であり、それを区別するための用語法が必要になるとしている。(71)

ハーディンのように信頼を道具主義的に理解する立場が、(対人間での)「信頼」と(国家や政府に対する)「信任」という概念区分をおこなうのは、前者と後者の性質が大きく異なるためであり、ハーディンも「われわれは政府に対する信任を欲するのか」という問いには、また別の回答を用意したことだろう。

このように、国家ないし政治制度に対する信任については、それを対人間での信頼と同じような原理にもとづくものと考えるか、それともまったく違うものとして概念化するかに応じて、立場が変わってくる。信頼と信任に相同性を仮定するならば、信頼と信任の相互規定性を考える「態度論的アプローチ」に近づくことになり、信頼と信任の性質を厳密に区別するならば、道具主義アプローチに近づくことになる。

6　政治制度への信任が経済成長を可能にする

これは「B 信任」→「C 政治制度」→「D 経済制度・市場」という経路を考えるものであり、民主化と経済発展の関係を議論する際の枠組みとして、世界銀行などが関心をもってきたロジックである。世界銀行の問題関心は、経済パフォーマンスが向上するためには、所有権と契約を保護する制度が必要となるはずだというものである(Knack ed. 2003)[72]。よって、基本的には「C 政治制度」→「D 経済制度・市場」というラインだけで議論は完結するのだが、なぜ政治制度が経済に影響するのかを考える場合に、「B 信任」が問題になる。このことを理解するために、世界銀行の理論的支柱であった、M・オルソンの議論を見てみよう。

オルソンは、独裁体制と民主主義体制が経済発展においてどのような差異をもたらすものなのかを探究している(Olson 2003)。オルソンの論理が興味深いのは、独裁体制と民主主義体制の違いを、経済社会が経済に期待し得る時間地平の差に求めている点である。オルソンが時間地平に着目するのは、大規模化した経済の作動を維持するためには、長期的な信用を必要とする投資や取引など、長期的な時間地平が不可欠になるからである。逆に、経済の時間地平が短い場合には、大規模な投資は不可能になるであろうし、極端に言えばほとんどの財は実力で奪取されるか、対価によらずに詐取されるしかないだろう。しかし、規範的な望ましさは別としても、オルソンが「定住した盗賊（stationary bandit）」のメタファーを用いて表現する独裁体制において、経済発展が不可能なわけではない。なぜなら、仮に「さまよえる盗賊（roving bandit）」が合理的で利己的であるならば、それは「あたかも神の見えざる手によって導かれるかのようにしてある地に定住し、王冠を身につけ、そしてアナーキーに政府を置き換え」（Olson 2003 : 118）、租税というかたちで収奪をおこなうであろうが、しかしそれでもその経済社会の発展が自己の利益にもなる以上、けっしてその経済社会を壊滅させることはないだろうからである。そのかぎりで独裁政権も、経済社会と利害を同じくしている。だから、「定住した盗賊が無限に長期的な視野に立ち、そして彼に支配される者たちが、私有財産と公平な契約保護に対する彼らの『権利』が永遠に尊重され、そして貨幣や通貨がその価値をまったく失わないであろうという十全たる信任をもつことができる場合にのみ」（Olson 2003 : 125）、独裁者もその被支配者も、経済発展を享受することができる。

しかしながら最大の問題点は、「独裁者の約束が、けっして完全に信用できるということがない」（Olson 2003 : 125）ということであり、権力の基盤が揺らいでいるときや、後継者がいない場合など、独裁者が短期的な視野に立って経済社会を壊滅させるような収奪をおこなう可能性があるので、経済社会は経済の長期的かつ継続的な作動に信任をもつことが難しいのである。そして、「最大の経済発展のために必要な諸個人の権利を確保するために必要な諸条件は、持続する民主主義を確保するために必要な諸条件とまったく同じ」（Olson 2003 : 124）であり、たとえ民主主義体制の政治的指導者が短期的な視野しかもたなかったとしても、予測可能な権力の座の継承が保証された民主主義においては、諸個人の権利は危険に晒されないであろう[(73)]。オルソンはこの点にこそ、民主主義の経済的アドヴァンテージを見た。つまり、とりわけ体制転換期にある国の経済パフォーマンスは、国家による所有権と契約の保護が長期的に実効的なものであることに対する信任に依存しており、なおかつそれは民主主義体制において有利である、ということになる[74]。

オルソンの論理は、政治制度への信任の機能が、制度の時間的な地平の拡大にあることを明快に示している点で画期的である。このように、時間論と制度論とが融合し得ることを示した点で、経路6の信頼論は政治学全体にも意義をもつものである。

7 政治制度が対人間での信頼を可能にする

「C 政治制度」→「A 対人間での信頼」は、A→Cというパットナムの経路とは逆の因果関係を指摘するものであり、パットナムにおける「国家の不在」問題への反動として、前章でもすでに指摘したものである。リーヴィによれば、その論理は、国家が「法を監視し、法を犯したものに制裁を加え、信頼されることを求めるものに対して情報と保証を提供する」(Levi 1998 : 85) ことによって、社会における対人間での信頼を創出するというものである。この立場自体も、他のさまざまな信頼論と両立可能なものであり、パットナム以降の信頼論においては多かれ少なかれこのC→Aという経路が取り入れられている。ここでは煩雑さを避けるため、国家なり政治制度なりが対人間での信頼を可能にするメカニズムに話を絞って、ひとつの例だけを見ておきたい。

J・フィアロンとD・レイテンの研究は、国家が存在しない社会秩序を合理主義的な視角から思考実験することによって、逆説的に国家が対人間での信頼を可能にするメカニズムを示すものになっている (Fearon and Laitin 1996)。フィアロンらが思考実験の素材として選んだのは、実効的な国家を欠いた多民族社会である。通常、実効的な国家の存在しない多民族社会は、民族間での武力紛争が頻発するのではないかと予測させるが、こうした状況はかならずしも武力紛争に結びつくわけではない[75]。では、実効的な国家が存在していない状況で、なぜ民族間武力紛争は抑止されているのか。彼らはその答えを、「脱中心化された、非国家的制度メカニズム」に求めている (Fearon and

Laitin 1996 : 715)。

人びとのあいだの相互行為は、公式または非公式の制度によって監視と処罰がなされないかぎり、潜在的にはつねに怠慢や詐欺や横領といった「機会主義」の危険に晒されていることになる。そしてまた、どんなに強力な国家機構が存在していたとしても、国家があらゆる相互行為を監視できるわけではない。だから、機会主義を克服し、社会全体の福祉を向上させるには、人びとが日常的な相互行為のなかで、たとえ慣れ親しまれた相手でなくとも、お互いに信頼し合えることが重要なのである。

ここで、機会主義を抑制し、対人間での信頼を確立する一般的なメカニズムとしては、頻繁に繰り返される関係性のなかでの評判などが挙げられる。慣れ親しまれた知人同士の関係では、この評判メカニズムだけで機会主義の抑制は十分可能である。だが問題となるのは、「ある人が相互行為をおこなう人びとの数が増えれば増えるほど、平均して各個人との相互行為の頻度は低下するのであり、このことは二者間での評判メカニズムの基礎を破壊してしまう」(Fearon and Laitin 1996 : 718) ことである。フィアロンとレイテンは、民族集団をまたいだ相互行為においてこの問題が先鋭化すると指摘する。

集団内部では、他者の信頼を利用した者を個々に同定することもできるし、民族共同体の反応によって比較的容易にその者にサンクションを加えることができる。ゲーム理論の用語で言えば、民族集団内部での協調と信頼は、個人行為のうえに課された処罰戦略によって支えられていると言える。というのも、個人の過去に関する情報を入手するためのコストが低いからである。反対に、集団をまたぐような相互行為では、個人を同定することは困難になる。社会的ネットワークがあまり発達していないことによって、潜在的な交易相手、もしくは社交相手を〝あちら側の足跡〟から入手することがより難しくなるのだ。そして、もし民族集団をまたいで個々人を同定したり調査したりすることが困難であれば、集団をまたいだ協調と信頼は、個人行為に課される処罰戦略によっては支えられなくなる。

(Fearon and Laitin 1996 : 719)

フィアロンとレイテンの問題関心は、あくまでも民族集団間での紛争だが、それほど民族的な分極化がすすんでいない社会においても、慣れ親しまれた範囲を超える相互行為においては上の引用と同様の問題が生じる。つまり、自分が属する社会的ネットワークの評判メカニズムを超えた相互行為においては、情報の不足によって他者を合理的に信頼することが難しくなるのである。民族集団をまたぐ集合行為の場合はとりわけ、集団内部と外部のあいだにある情報の非対称性がネックになる。

フィアロンらは、社会的マッチング・ゲームに依拠してシミュレートした場合、実効的な国家をもたない二つの民族集団のあいだでの協調行動は、「集団内統制均衡（in-group policing equilibrium)」モデルに落ち着くと結論した(Fearon and Laitin 1996 : 724–725)。「集団内統制均衡」とは、集団をまたいだ相互行為においてある個人が相手に不正をはたらいた場合、不正行為をおこなった者をその個人が属する集団が内部で同定・処罰することであり、そのような同定・処罰が相互になされることを期待して集団間での相互行為を継続する、というものである。フィアロンらの推定によれば、このような「集団内統制均衡」の方が、自集団のメンバーに機会主義を許容するような戦略よりも、長期的に持続可能となる。

こうして、フィアロンとレイテンによるゲーム理論を用いた分析は、次のことを示している。第一に、慣れ親しまれた関係性における相互行為では、評判メカニズムが作用することをあてにできるため、対人間での信頼は可能である。第二に、慣れ親しまれた関係性を超える相互行為では、評判メカニズムを可能にするネットワークと情報の欠如によって、他者を合理的に信頼することができなくなる。第三に、そうしたネットワークと情報の欠如を克服し、正常な相互行為からの逸脱があった場合に裏切り者を処罰するメカニズムが存在する場合、他者一般に対する信頼は可能になる。フィアロンらは、この第三の条件が民族集団間で自生的に満たされ得ることをモデル化したが、このことは対人間での信頼を可能にする国家の役割がどこにあるのかということについても示唆している[76]。つまり、国家は市民社会におけるあらゆる相互行為を監視したり、裏切り行為を事前に阻止したりすることはできなくとも、裏切りに対する処罰の確実性を人びとに期待させることによって、密なネットワークと情報が欠如するなかでの対人間での信頼を可能にする、ということである。

その他にも、対人間での信頼が社会的文脈によって媒介されていると考える議論（ハーディンなど）は、多かれ少なかれ以上のような論理によって「C 政治制度」→「A 対人間での信頼」という経路を考えていると言ってよいだろう。これらの議論は、信頼が行為者にとって合理的に可能であるためには、〝信頼するための理由〟が必要になるという前提に依拠している。国家や政治制度は、行為者が信頼を投企するか否かを判断する際の不確実性を減らすものとして位置づけられている。

以上、簡潔にではあるが、問題構成としての国家／市民社会論図式のなかに、実証主義－方法論的個人主義－合理的選択理論に代表される理論的基礎をもつ信頼論の先行研究をマッピングしてきた。本章の冒頭でも述べたとおり、こうした既存の政治学における信頼論はいずれも、政治理論上の困難を抱えていると考えられる。もう一度書いておけば、それは、①問題構成としての国家／市民社会論がミクロ／マクロ論へとスライドしていくこと、②行為者の合理的な効用計算や制度のはたらきに信頼論が還元されることによって、信頼論が自己否定的なものになること、③信頼を心の問題として考えることの哲学的な難点と、生物学還元論の危険性、というものである。第7章以下では、こうした困難を克服し得るような方向性を探っていくことになる。だがそのまえに、一節を割いてロスステインの信頼論を別途検討しておくことにしたい。なぜならば、筆者の見るところ、ロスステインの信頼論は、政治文化論および信頼論のトピックを広範にカヴァーしつつもそれを全体としてひとつのロジックにまとめているという点で、政治学における信頼論の理念型になっていると言えるからである。ロスステインの検討を通じて、以上で挙げた三つの問題点もより明確になるだろう。

第三節　ロスステインの信頼論と政治理論上の課題

スウェーデンの政治学者であるロスステインは、福祉国家研究とソーシャル・キャピタル研究を本格的につなぎ合わせ、その後も信頼論に関して精力的に取り組んでいる。この節では、ロスステインの信頼論をいくつかの項目ごとに検討し、それらが政治文化論から信頼論に至る学説史がたどり着いたひとつの到達点であることを確認する。そのうえで、現在の政治学における信頼論が抱える政治理論上の課題を再定式化したい。

1　福祉国家と対人間での信頼

福祉国家とソーシャル・キャピタルの関係は、ロスステインが信頼論の主たるテーマにしてきたものである。[77] そのテーマのパズルは、「スカンディナヴィアのパラドックス（Scandinavian Paradox）」として表現されている（Kumlin and Rothstein 2005 : 246）。「スカンディナヴィアのパラドックス」とは、社会的扶助が公的義務になると市民間での連帯感は減少するはずだという主張がなされる一方で、世界的に見ても最高水準の福祉制度が維持されているスカンディナヴィア諸国においては、相対的に非常に高い対人間での信頼（ソーシャル・キャピタル）が維持されているという事態である。そしてそのようなパラドックスを解く鍵としてロスステインが注目するのは、制度的な要因である。このことをロスステイン自身の言葉でいえば、「ソーシャル・キャピタルが政治を説明するのと同様に、政治がソーシャル・キャピタルを説明する」（Rothstein 2001 : 209）ということになる。

では、対人間での信頼と政治制度はどのように関係しているのだろうか。ロススティンは、「水平的な信頼（他者に対する信頼）」と「垂直的な信頼（政治制度に対する信任）」とのあいだに、弱いながらも相関が見られることを重視する。つまり、「人びとが他者を信頼すればするほど、人びとは社会的な諸制度に対してより信任をもつようになる（またはその逆である）」（Rothstein 2001：232）傾向があるということである。しかしながら、いくら相関関係があるとはいえ、他者に対する信頼が政治制度への信任を生み出すという方向での因果関係は想定しにくいとロススティンは考えた。よって、政治制度への信任が対人間での信頼を生み出すという経路、つまり前節において確認した経路7「C 政治制度」→「A 対人間での信頼」が説明の論理として採用されなければならない[78]。そして、ここでの説明のポイントは、非協力ゲーム理論である。

文明化された社会においては、法と秩序の諸制度はひとつの特に重要な任務を帯びている。それは、「裏切り者」であるような人びと、つまり、契約を破ったり、窃盗をはたらいたり、人を殺したり、その他非協力的なことをおこなうがゆえに信頼に値しない人びとを捜査して処罰することである。だから、もしあなたがこれらの諸制度が公正かつ効果的に期待されるとおりのことをすると考えるのならば（つまり、もしあなたの認知マップがそのようになっているならば）、人びとがそのような不誠実な行動をまんまとやり遂げるチャンスは小さいと信じる理由があることにもなる。そうであれば、あなたは人びとが不誠実に行為しない十分な理由があると信じることになり、それゆえあなたは「たいていの人は信頼できる」と信じることになる。（Rothstein 2001：232）

この説明に既視感をおぼえるのは、われわれは前節の7ですでにリーヴィやフィアロンらによる同様の説明を見てきたからである。しかし同時に、こうした説明は対人間での信頼を創出する際の国家一般のはたらきを述べているにすぎず、北欧の普遍主義的福祉国家と結びついた「スカンディナヴィアのパラドックス」が置き去りにされているような感じを受けるかもしれない。だが、ロススティンは、普遍主義的福祉国家ならではの制度的な特徴が、対人間での信頼醸成に有効だと主張している。それは人びとと政治制度の接触の場面で顕在化する。

自分の身の回りの社会や同じ人間に対する人びとの見方は、部分的にはそうした〔先進国に暮らす人びとが最も身近に接する〕公的な福祉国家制度との接触によって形成されるように思われる。実際、われわれがここに示すデータによれば、福祉国家制度への人びとの接触の方が、組織や市民社会への参加度合いよりもソーシャル・キャピタルにとってより重要であることが示されている。(Kumlin and Rothstein 2005 : 347)

政治制度との接触の場面において、普遍主義的福祉国家に暮らす市民の経験とその他の先進国に暮らす市民の経験を分かつものは、福祉サーヴィス受給の際の「ニーズ・テスト」であるとロスステインは主張する。国家によって福祉サーヴィスが一律・無差別に供給されるのであれば、個々の市民の生活状況を勘案するようなニーズ・テストは不要になる。しかし、福祉国家が普遍主義的でなくニーズ・テストを伴う福祉政策では、サーヴィスの供給が非常に複雑な手続きを必要とする結果、現場で福祉を担当するストリート・レベルでの第一線公務員(grassroots bureaucratic)は、サーヴィス供給規則の適用にあたってその煩雑さに対応するための非公式で恣意的と思われるような準則を形成しやすくなる。「要約すれば、ニーズ・テストを伴う公共サーヴィスは普遍主義的行政機関よりも手続き的公平さに欠け、恣意的な運用がなされているといった疑念が容易に頭をもたげてくるのであり、このことは市民が公務員とその他の市民を信用できると見なすかどうかに影響を与えることになるだろう」(Kumlin and Rothstein 2005 : 349)。そしてロスステインらは、計量分析によって、さまざまな媒介変数を考慮に入れても、市民の普遍主義的な福祉制度への接触は高い対人的信頼に結びつき、逆にニーズ・テストへの接触は対人的信頼を減少させると結論づけた。(79)

このように、制度の運用にあたる人との接触によって、市民の政治制度への信任と対人間での信頼が左右されるという考えは、本章一節の*3*(a)②において紹介した、オッフェやギデンズによるミクロ/マクロ媒介論と同じ論理である。オッフェやギデンズも、人びとの政治制度への信任とその結果としての対人間での信頼は、政治制度を運用する人との接触面（ギデンズはこれを「アクセス・ポイント」と呼んでいた）において達成されると理論化していた。ロスステインはそれを福祉制度の性格と結びつけることによって、「スカンディナヴィアのパラドックス」というパズルへの回答としたのである。(80)

2　パットナム批判と信頼を政治学的に説明すること

ロスステインは、以上の論理からもわかるように、パットナムとはちがった信頼論のロジックを考えている。それは、次のような問題意識にもとづいている。「……こうした〔パットナム以来の〕社会学的な傾向によって、ソーシャル・キャピタルをめぐる議論はときとして政治的・制度的な要因を見失ってきた」（Kumlin and Rothstein 2005 : 346）。ここでパットナム以来の社会学的な傾向と言われているのは、ソーシャル・キャピタルが、たとえば自発的結社への参加といった市民社会内部での出来事によって説明されることである。ロスステインは、こうした説明には三つの困難が存在していると考える（Rothstein 2005 : 101–104）。第一に、市民社会における結社にもさまざまな種類があるため（たとえば、アウトローなバイク乗り集団）、そのなかのどれが、ないしどの要素が、ソーシャル・キャピタルを生み出すのか特定できないこと、第二に、個人が結社に属することとその個人が高い対人的信頼をもつこととの因果関係が不明であること。第三に、市民社会が民主主義の作動にとって必要不可欠なソーシャル・キャピタルを生み出すとしても、近年に民主化を果たした国においては活発な市民社会がかならずしも存在しないこと、である。(81)

こうした理由によって、ロスステインは、市民社会ではなくて制度が人びとのあいだの信頼を生み出すのだと考えた。つまり必要なのは、信頼の〝政治学的な〟説明である。「事態の真相は、ロバート・パットナムと彼のあとを追った多くの人びとが主張したこととは、おそらく正反対なのである」（Rothstein 2005 : 104）。もし、パットナムが『ひとりでボウリングをする』で挙げたような世代交代やテレビの普及といった、非‐政治的な要因がソーシャル・キャピタルの減少を説明するのであれば、政治体制として大きく異なるアメリカとスウェーデンであったとしても、ソーシャル・キャピタルについて共通した傾向が見出されるはずである。だが実際は、アメリカとスウェーデンでは、ソーシャル・キャピタルの形態と傾向が大きく異なる。そうであれば、制度などの政治的な要因がソーシャル・キャピタルを説明するという可能性も十分にあり得るはずだとロスステインは言う（Rothstein 2002 : 291＝2013 : 250）。

とはいえ、ここで政治制度に注目するといっても、制度には二つの側面があり、それを区別しないと混乱した議論になってしまう。つまり、インプットとしての代表的側面と、アウトプットとしての実施／行政的側面である（Rothstein 2005 : 108 ; 114）。この区別から考えると、たいていの社会において、人びとは制度の代表的側面よりも実施側面の方にはるかに頻繁に接触する。[82] これは、ニーズ・テストを伴う選択的な福祉国家の制度は人びとに対する不信を増し、逆に普遍主義的な福祉国家の制度は対人間での信頼を増すという、前項の議論につながってくる（see also Rothstein 2005 : 126）。そして、以上のことを踏まえれば、対人間での信頼（ソーシャル・キャピタル）を生み出すという実践的な方法も、パットナムのそれとは異なる。つまり、対人間での信頼を増進させるためには、普遍主義的な政治制度が選択されなければならないのである。[83]

3　「集合的記憶」――合理主義と文化主義のあいだ

ロスステインの信頼論は、パットナムの主張内容に対抗するだけでなく、その理論的基礎を刷新することも目的としている。それが、信頼論における合理主義と文化主義との関係を再考することにつながる。すでに本書第5章でも述べてきたとおり、パットナムの『民主主義を機能させる』は、トクヴィル的な政治文化論の伝統とあらたに台頭してきた合理的選択制度論を融合させるという特徴をもっていた[84]。しかし、ロスステインは、そこにさらに別の視角が加わらないかぎり、信頼論における合理主義と文化主義のディレンマは解消されないと考えている。そのことを理解するために、ロスステインの「社会的トラップ」の議論から見ていくことにしたい。

ロスステインは、集合行為の場面において、行為者のそれぞれが他の行為者が協調行動を選択するという期待をもつことができないために、結果的に全員の効用が低いところで均衡するという事態を、心理学者のJ・プラットにならって「社会的トラップ（social trap）」と呼んだ（Rothstein 2005：12-13）。社会的トラップとは、たとえばオストロームが「共有地の悲劇」と呼んだものと同じであるが、ロスステインはこの「社会的トラップ」という用語に「不可能ではないものの、社会的トラップから抜け出すことはきわめて困難である」（Rothstein 2005：18）という意味合いを込めている。どの国や地域や共同体にも、こうした社会的トラップが現実に遍在しているなかで――政府を信頼できないために納税しないロシアの住民や、客を取り合うパレルモのタクシー運転手にいたるまで――、では一体なにがわれわれを社会的トラップにはまり込むことから救い出しているのであろうか、というのがロスステインの問いである。そしてこの問いは、経験的であると同時に、規範的なものでもある（cf. Rothstein 2005：chap. 9）。

ロスステインは、政治的な行為は、自分がいまどのような社会に生きており、そしてその社会のなかで他の人びとはどのように振舞うのかという「世界観（worldview）」に依存していると考えた。「それゆえに、状況を変化させることは、自分がどのような社会に生きており、その社会において人びとはどのように行為すると考えられるかについて大多数の市民がもつ世界観を変化させることなのである」（Rothstein 2005：7）[85]。たとえば、賄賂を受け取ったり、税金逃れをしたりする人びとも、それが長期的に見て社会にとっても自分にとっても良くないことであると十分に承知している。だから、人びとがそうした機会主義的な振舞いを続けるのは、彼らの道徳が欠如しているからではなくて、他の人びとがズルをしようとしているなかで自分だけが馬鹿をみるかもしれないという「世界観」から抜け出せないためである。だからこそ、〝トラップ〟という表現がふさわしい事態なのだ。

ところで、本章第一節3（c）②で取り上げたオストロームの集合行為理論の例からもあきらかなように、こうした「社会的トラップ」という概念装置は、標準的には合理的選択理論を用いて提示されるものである。けれどもロスステインは、合理的選択理論においては素通りされがちである、ゲームの認知的側面（すなわち「世界観」）を積極的に取り入れる点に自身の独自性を見ている。「社会的トラップの状況の興味深い部分は、合理性に関する標準的な理論が役に立たないというところにある」（Rothstein 2002 : 290 = 2013 : 249）。つまり、人びとの社会的行為は、単に自己の効用最大化を目指すものではなく、他の人びとが何をしようとしているのかに対する主観的な期待に依存するという点が強調されるのである。そして、もしもゲームの認知的側面が「社会的トラップ」を考える際に重要となるのであれば、行為者の期待がいかにして形成されているのかということ自体が問題になるはずである。他方で、こうした行為者の主観的な期待を考慮する議論は、これまで文化論の伝統に頼ってきた。そのことを踏まえたうえで、ロスステインは次のように言う。

社会的トラップについての理論によって、通常は大きく異なる社会科学の二つのアプローチをつなぎ合わせることが可能になる。その二つとは、歴史的に確立された社会的・文化的な制度および規範の重要性を強調するアプローチと、人間の戦略的な行為および選択の重要性を強調するアプローチである。（Rothstein 2005 : 14）

ロスステインの考えでは、合理的選択理論も文化論も、ともに決定論的な傾向にある点で同じ欠陥を抱えている（Rothstein 2005 : 29–32）。けれども、そうした決定論を克服するために、科学的実在論――それは人間の行為と社会的制度とのあいだに、直接的には観察できないにせよ因果メカニズムが実在すると仮定する――へといきなり突き進むのは「過大な要求」である（Rothstein 2005 : 33）。その代わりにロスステインは、そうした因果メカニズムの前提となるべき概念整理をおこなっている。ロスステインは、個人の行為の合理性を観察者にとっての合理性ではなく主観的な合理性に限定し、そして文化を個人にとっての認知的な信念体系と考えることで、合理主義と文化論のディレンマを媒介できると考えた（Rothstein 2005 : chap. 2）[86]。

これまで見てきたように、ロスステインは、「社会的トラップ」を阻止するものが（公平で普遍主義的な）政治制度であるという立場を堅持している。よって、「社会的トラップ」の問題を考える際には、人間の行為についての合理主義的な理解と文化主義的な理解を両立させつつ、それが制度的な条件にどのように関係するかについての理論化が必要になる。たしかにパットナムも、『民主主義を機能させる』において、同じ問題を考えたのかもしれない。だが、パットナムの説明は結局のところ「何であれ、なるようにしかならない。なぜならそれはかつてからそういうものだったのだから」（Rothstein 2005 : 148）というものになってしまう。というのも、パットナムの方法においては、はじめから制度は定数であり、理論的な説明の外側に置かれていたからだ（Rothstein 2005 : 150）。これに対してロスステインが提唱するのが、「集合的記憶（collective memory）」という概念装置である。

集合的記憶とは、「その主観的な合理性が説明可能であるような行為者たちによって構成された、政治的な産物」（Rothstein 2005 : 157）であるとされる。集合的記憶は、個人が主観的な合理性にしたがって行為する際の認知枠組みを形成するものであり、そこにはたとえば制度の性質についての期待、またその制度のもとでの相互行為における他者の振舞いに対する期待などが含まれる[87]。そして、そうした集合的記憶は行為者によって構成された歴史的なものではあるが、歴史が完全に構成されたものだというポストモダニズムとも、逆に過去と現在を厳密な一貫性のもとに捉えて歴史を書き換え不可能なものだと考える立場とも、一致しない。むしろ、集合的記憶は、その二つの極のどこか中間に位置する（Rothstein 2005 : 163）。ロスステインは、これによって、「C 政治制度」→「A 対人間での信頼」という経路は、集合的記憶によって媒介されているものとして説明する。

もし「裏切り」行動の処理を担っている制度が公平で、正義に適っており、効果的に作用していると人びとが信じるならば、そして、もし他の人びともそうした制度について同じことを考えていると人びとが信じるならば、彼らは他の人びとをも信頼するであろう。しかしながら、ここで付け加えられなければならないのは、人びとが評価しているのはそうしたものとしての公的制度ではおそらくなくて、公平性と効率性という点でその制度について歴史的に確立された評判の方であるということだ。重要なのは、その制度の実際の作動に関する集合的記憶なのである。(Rothstein 2000 : 492-493)

こうしてある種の集合的記憶によって、人びとの認知枠組みは対人間での信頼を主観的に合理的なものとし、「社会的トラップ」を防止するような制度の維持を規範的・道徳的なものとするのである。[88]
最後に、集合的記憶論を踏まえたうえで、ロスステインの信頼論がどのような論理になっているのかを確認しておこう。「社会的トラップ」が回避されるには、次の四つのステップが効果的に作用することが必要になる。

1　人びとが身近な政治制度（福祉国家の制度・第一線公務員）との接触経験において、自分が公正に扱われていると思うことができる。
2　その経験が制度への集合的記憶を構成し、政治制度一般への信頼（信任）へと拡大される。
3　制度が一般的に人びとを公正に扱うのであれば、誰もその社会において不誠実な行動をやり遂げることはできないだろうと期待される。
4　よって、「たいていの人は信頼できる」と人びとは信じるようになる。

以上の理由によって、ロスステインは経験的にも規範的にも、人びとが信頼をもてるような公正な制度こそが重要であるというメッセージを発するのである。[89]

4　ロスステインにおける政治理論上の課題

これまでの検討からもわかるように、ロスステインの信頼論は、九〇年代以降にあらわれたさまざまな政治学における信頼論の要素を取捨選択して、政治理論へとまとめ上げた点において傑出している。そして、良い意味でも悪い意味でも、ロスステインは政治学における信頼論のひとつの到達点を示していると言ってよいだろう。したがって、ロスステインの信頼論を素材に政治理論上の問題を考えることによって、次章以降の検討において引き継ぐことのできる点と克服すべき点をあきらかにすることができるはずである。

（a）集合的記憶論の困難

ロスステインの信頼論の特徴は、政治制度が対人間での信頼を生み出すという想定を基本に、人びとと制度との接触を重視し、理論的基礎として合理主義と文化主義を融合させたところにある。そして、それらを統合する概念が「集合的記憶」であった。しかし、集合的記憶論には、いくつか注意しておきたいことがある。

第一に、集合的記憶論はかつての六〇年代型政治文化論の展開を、そのままなぞっているところがある。本書の第4章一節*2*では、一九六三年の『市民文化』以降のアーモンド学派の試みとして、L・パイとS・ヴァーバの「政治的記憶（political memory）」論を紹介しておいた。そこでも述べておいたとおり、政治的記憶は人びとの政治との日常的な接触経験に由来し、人びとの政治についての認知枠組みを形成するものとして概念化されている。そしてその場合の「政治文化は、政治の世界で何が起こっているのかについて言及するものではなく、何が起こっていると人びとが信じているかについて言及しているのである」（Verba 1965 : 516）。ロスステインの集合的記憶論も、まさにこれと同じことを述べている。[90] けれども、もともとロスステインは、「『文化』というものよりも、もっと適切な何かを説明モデルに加えること」（Rothstein 2005 : 157）が必要だという問題関心から集合的記憶概念を導入していた。このことから考えると、六〇年代型の政治文化論を乗り越えようとしたパットナムを乗り越えようとしたロスステインが、再び政治文化論的なものに回帰してくるというのは、もはや一種の皮肉ではないだろうか。もちろん、パイやヴァーバと同様に、ロスステインの試みは合理主義と文化主義のディレンマを克服するためのあり得る方向性として、高く評価されるべきである。しかし、合理主義と文化主義のディレンマという問題設定が、こうした輪廻を繰り返す性質のものであるとすれば、われわれはそうした問題設定自体をやり直すべきだと考えた方がよい。

第二に、ロスステインは標準的な合理的選択理論を修正して使おうとはしたものの、方法論的個人主義は放棄しなかった。ロスステインは、J・エルスターを参照しながら次のように言う。

> ここで論じられているのは、社会科学におけるメカニズムを基調としたアプローチは、分析の基本的な単位として個人を考えなければならないということだ。メカニズムは関係性を変化させるかもしれないが、たとえそうしたメカニズムがばらばらの個人を集合的なものへと結び合わせるのだとしても、それは究極的には個人を通じて作動する。つまり、そのメカニズムはマクロなメカニズムであると言ってよいが、ただしそれは、少なくとも原則的には、個人の行動を説明するミクロな因果的メカニズムにもとづくかぎりにおいてのみである。
> （Rothstein 2005 : 34）

この引用文でも述べられているとおり、ロスステインにとって社会科学は〝ミクロな〟個人を理論的な出発点に置くべきだということになる。しかし、その前提は、彼自身の集合的記憶論にとっては問題となる。というのも、ロスステインが言うように、あくまで集合的記憶が個人によって保持されるものであるとすれば（Rothstein 2005 : 160）、それが「集合的」であるためには、間主観的なものを想定しなければならなくなるからである。そして、社会科学者はその間主観的なものを外部から客観的に観察しなければならない（cf. Rothstein 2005 : 163）。本書の序章でも述べたことだが、「間主観性」という概念は一見すると便利な半面、主観でも客観でもない認識という以上のものを示すことができていない。集合的記憶が間主観的であるというのも、そうした記憶が個人の主観に特有なものではなく、その他の個人にも共有された主観であるということだろう（思い出しておけば、そもそもこのことを理論化したのが六〇年代型の政治文化論だったはずである）。こうしたことは、方法論的個人主義に則って個人のミクロな主観性から出発し、集合的記憶を理論化したことの結果である。だが、個人に内面化されつつ同時に個人のものではない集合的記憶とは、いったいどのような性質のもので、社会科学者はそれをどこに見つけることができるのだろうか。これによって、再びわれわれは一九五〇年代にアーモンドが直面したのと同じ問題にぶつかることになってはいないだろうか。

もっとも、ここで問題になっているのは、科学哲学として方法論的個人主義が最適であるとか間違っているとかいう話ではない。ただし、信頼論における方法論的個人主義は、みずから設定したミクロ／マクロ媒介論を、間主観性概念を踏み台にひと足跳びに〝解決〟してしまう傾向がある。しかし、ミクロ／マクロ媒介論を考えることも、間主観性というものを想定することも、信頼論を方法論的個人主義から理論化する際に出てくる不都合を穴埋めするためだとしたら、信頼論においてはかならずしも方法論的個人主義が適切だとは言えないだろう。

第三に、以上の二点と関係することとして、ロススティンは、集合的記憶が個人の行動の原因であると見なしている。ロススティンがパットナムのソーシャル・キャピタル概念の定義に不満だったのは、そこに「行動」「機能」「信念」「社会的規範」が一緒くたに詰め込まれていて、本来従属変数であるべき概念（「～を促進する」という機能や「互酬性」という社会的規範）が含まれているために、混乱しているように映ったからだった（Rothstein 2005 : 55）。ロススティンはそこでさらに、「行動」と「信念」も並列的な関係ではなく、因果的に結びついた分析的に独立の概念であるとしている。ロススティンの論理では、信念は集合的記憶にもとづく行為者の世界観を含むので、結果的に行為者の行動を規定しているのは、行為者の心だということになる。ロススティンは、信頼が合理的な計算の結果として選択される行為だと考えるべきではないとしつつ（反心理学主義批判）、信頼が心のなかに原因をもつという前提を置いている（心理学主義）。しかし、心のなかにあるとされる信頼の原因としての集合的記憶が、本人にとってはどのように因果的なものとして意識されているのかはあきらかでない。

以上の点から、ロスステインの政治理論は、パットナム以降の政治学における信頼論を代表するものであるがゆえに、他のさまざまな信頼論が抱えていた問題を先鋭化したかたちで体現しているように思われる。けれども同時に、ロスステインの信頼論には経験的なアプローチとして興味深いものが含まれている。それが、制度の意味の日常的な構成を、人びとによる制度接触の具体的な場面から考えることである。

（b）制度との接触と規範的な意味の構成

ロスステインは、制度が社会構造と個人の行為を媒介するものであると考えた。ここでの「制度」とは、関係する行為者にとって政治制度だと思われているかぎりでの制度であり、それが成文化された公式的なものかどうかとは関係ないし、またあらゆる文化や規範を含むというものでもない（Rothstein 2005 : 40）。そして、本節*1*で述べたように、そうした行為者にとっての制度のリアリティは、制度と行為者との具体的な接触平面において構成されるものだと考えられている。ロスステインの場合、そうした接触平面のひとつとして、福祉サーヴィス供給を担当する第一線公務員と市民とのやりとりを重視していた。それによって、制度の作動および同じ社会に暮らす人びと一般に関する期待としての集合的記憶が作り出されていく。つまり、ある制度が規範的にもっている意味は、その制度のリアリティを作り出す当事者たちのやりとりのあいだに存在していることになる（cf. Rothstein and Stolle 2008）[91]。

こうしたロスステインの発想のもとにあるのは、行政学者のM・リプスキーによるストリート・レベルの官僚制についての議論である。ここでは、リプスキーが何を提案しているかを、やや詳しく見ておきたい。

リプスキーの著書『ストリート・レベルの官僚制（*Street-level Bureaucracy*）』（Lipsky 1980＝1986）は、基本的には、ストリート・レベルの公務員が、複雑な環境のなかでどのような工夫を凝らしながらその環境に対応しているかについて分析したものである。[92]その問題関心にあるのは、人びとが公共政策を実際にどのように経験し、そこからどのような影響を受けているかが、それまでの先行研究では十分にあきらかにされてこなかったことへの批判である。公共政策は、議会や行政機構のトップの意向のままに動いているのではない。「ストリート・レベルの官僚による決定や、かれらが確立するルーティン、不確実性や職務の圧力に対処するためにかれらが凝らす工夫こそが、実質的にかれらが遂行する公共政策になるのだということを論じたい」(Lipsky 1980 : xii = 1986 : 4)。こうしたリプスキーの姿勢は、エスノメソドロジーとも接続可能なものとして読める。

リプスキーはまた、パットナムやスコチポルなどよりもずっと日常的な視点から人びとと政治制度との接触を考えている。パットナムやスコチポルの場合、主として人びとの政治活動や結社活動への参加に注目していたが、リプスキーは次のようなことを述べている。「たいていの市民が政府と出会うのは──もし出会うことがあるとすればだが──議員に手紙を書いたり、学校の理事会に出席したりすることによってではなく、自分の教師や自分の子供の教師を通じてであり、また街角やパトカーのなかにいる警官を通じてである。こうした出会いのそれぞれが、政策が供給されていることの事例なのである」(Lipsky 1980 : 3 = 1986 : 17)。つまり、リプスキーは、人びとにとっての政治のリアリティが、ありふれた具体的な場面における相互行為というかたちをとってあらわれることに注目しているのである(実際に、リプスキーの著作ではしばしばE・ゴフマンへの参照がある)。そして、その相互行為のプロセスにおいて、人びとは「市民」「サーヴィス受給者」「生徒」「患者」「求職者」等々になるのである。[93]人びとは、ストリート・レベルの官僚との相互行為のなかで、その公共サーヴィスを受ける自分に何が期待されているかを予期し、振舞いをその場に「適切な(suitable)」ものに変えなければならない(Lipsky 1980 : 11 = 1986 : 27)。

そして、リプスキーは、そうした相互行為の場面における規範構造のなかに、権力への服従の契機を見つけることができると考えた。ただしそれは、ストリート・レベルの官僚による直接的な命令というかたちをとるだけではない(というより、そうしたかたちをとることの方が稀である)。

服従（compliance）はその場の環境から結果することもある。その場の環境は、対象者に行動期待に関する手がかりを理解可能なかたちであたえている。図書館では小声で話すこと、被告は裁判官にたいして敬語で話すこと、患者は医者を静かに待つこと、子供は教師に従うこと……これらは、報復が差し迫っていることから直接的にそうなっているのではなくて、人びとがどういった行動をとることが〝適切〟であるかということを漠然と理解し、そうした規範からの逸脱が処罰の対象となるであろうことを漠然と理解しているからなのである。

（Lipsky 1980：57-58＝1986：90）

人びととストリート・レベルの官僚との相互行為においては、権力関係における上下がシグナルによって発せられ、そこに示されている適切性という規範構造を参照した振舞いが連接されることによって、「対象者」と「官僚」が作られていく。よって、官僚が見えない力を駆使して人びとを抑圧しているのではなくて、双方による一種の〝合意〟が権力の作動を形成しているのである。人びとがその場に〝適切な〟振舞いを遂行することを通じて、政策の供給と受容が果たされ、そして政治システムの作動が、つまり、政治権力の作動が可能になる。こうした政治システムの作動についての視角は、ロスステインからは欠落してしまったものでもある。

こうしたリプスキーの議論が興味深いのは、われわれが本書の第I部で得た結論、すなわち政治文化論の失敗を乗り越えるためには、①政治のリアリティが意味的に構成されているということ、②政治システムが（政治権力を媒介しつつ）作動していること、という二つの視角が必要だという結論を、実質的に体現しているからである。もちろん、リプスキーは信頼論を展開していたわけではないし、また政治理論として自分の著作が読まれるのは不本意なのかもしれない[94]。だが、リプスキーのアプローチが政治学における信頼論にとってもひとつの突破口になる可能性があるということを、ここでは重視したい。

ロスステインの信頼論は、その政治理論とは別に、経験的なアプローチとしてリプスキーの議論に触発されている。しかしながら、ロスステインの政治理論は、そうしたアプローチを活かすことができない。なぜなら、ロスステインはあくまでも方法論的個人主義という前提から因果関係論を構築することが、社会科学の仕事だと信じて疑わないからである。しかし、政治学における信頼論にとって、方法論的個人主義や因果関係論が選択できる唯一の政治理論だというわけではないはずだ。そうしたときに、経験的な政治理論という次元での反省的な考察がなければ、ほかの選択肢は視界に入ってこないだろう。だからこそ、これまでの信頼論が立脚してきた政治理論を見直し、あらたな政治理論を構築することが必要なのである。

小括　第II部の結論と第III部に向けて

第II部では、まず第5章において、パットナムの『民主主義を機能させる』を皮切りに九〇年代以降の政治学における信頼論がスタートしたことを確認し、その後の信頼論が国家／市民社会論を問題構成として展開されてきたことを見た。ここで国家／市民社会論とは、「政治の領域」であるマクロな制度的実体としての国家と、「政治の外側の領域」として自律的で理性的な市民からなる非‐権力的な市民社会とが政治の世界を構成しているという見方である。この問題構成では、信頼（ないしソーシャル・キャピタルや信任なども）は市民社会に位置しつつ、国家と市民社会を媒介するものとされている。

第6章においては、九〇年代以降の信頼論の理論的基礎となったコールマンのソーシャル・キャピタル概念が、どのような性質をもっているのかを検討し、そこには理念型として、実証主義‐方法論的個人主義‐合理的選択理論のトリアーデが存在していることをあきらかにした。また、同様に、信頼論ないしソーシャル・キャピタル論には、①ミクロ／マクロ媒介論、②心の問題、③合理主義について、いくつかの独自なアプローチが存在していることも確認された。そして、政治学における信頼論は、こうした理論的基礎やアプローチ方法と、問題構成としての国家／市民社会論が組み合わさったものとして整理できる。第6章では、これを図式的に示すとともに、そうした信頼論の到達点を示すものとしてロスステインの議論を検討してきた。

最後に、第II部において得られた結論と第III部に向けた展望をまとめておきたい。

第一に、信頼論をミクロ／マクロ論として考えることが、一種のアポリアに陥っているということである。[1] ミクロ／マクロ論は、実証主義と方法論的個人主義との組み合わせによって帰結する。つまり、信頼というものを〝ミクロな〟個人から〝マクロな〟政治現象を説明するような論理として考えると、小さな社会関係が次第に大きな関係性へと発展することを強引に想定するか、信頼にはミクロとマクロを媒介するなにがしかの効果があると想定せざるを得ない。これらはいずれも「信頼」という概念をマジック・ワードにしているだけで、説明の論理としては説得的ではないだろう。そもそも、信頼論においてミクロとマクロの区別が問題となるのは、国家／市民社会論に則って、国家ないし政治現象を〝マクロな〟実体としつつ市民社会を〝ミクロな〟個人の集合とする前提があるからだ。言い換えれば、ミクロ／マクロ論自体は、事態の不可避な本質でもなんでもなく、国家／市民社会論に実証主義‐方法論的個人主義‐合理的選択理論を組み合わせた政治理論がもたらしたものでしかない。よって、そうした前提を取り替えることによって、このアポリアは回避することができるはずである。

第二に、信頼についての合理主義的・道具主義的な理解は、人間の行為について無理な前提を押しつけている。人びとが心のなかで、ある人やあるものを信頼するかどうか事前に合理的に計算し、その結果として信頼という行為をおこなっているという話は、われわれの常識的な感覚に即しても考えづらい。これは、市民社会における市民を自律的で理性的な存在とする理念と、社会科学を席巻した合理的選択理論とが結合したことの結果であろう。もちろん、合理主義は演繹的な説明モデルであって、社会現象を抽象的に表現したヒューリスティックなのかもしれない。また、短期的に合理的な人間行動を仮定することによって、はじめて信頼が実際の社会生活で果たしている役割を認識できるというのも、そのとおりだろう。さらに、社会科学の理論においては、かならず人びとに何らかの合理性を想定しているものである。しかし、この道具主義を推し進めた結果として、信頼が効用や制度といったその場の文脈に外在的な要素に還元されるならば、もはやそれは信頼論の自滅と言うべきだろう(2)。反対に、人間行動に対する行き過ぎた合理性の仮定を修正する概念として信頼が持ちだされるとき（限定合理性モデル）、それは、合理主義的な理解に人間の心のはたらきというブラックボックスを追加しただけにすぎない。いずれの合理主義にせよ、人間の行動を「原因」と「(結果としての)行動」に区分する因果関係論のなかに位置づけられているかぎり、その「原因」の部分には効用や制度や心のはたらきなどが代入されてしまう。ならばこう考えるべきではないだろうか。信頼論は、人間の行動を、そしてそれが織りなす社会現象・政治現象を、因果的な思考で切り分けることのない政治理論に立脚すべきだ、と。

第三に、上記の問題とも関連して、信頼を心のはたらきに還元することも、同様に困難を抱えている。信頼が心のなかで決まる出来事であれば、人びとがどれくらい他者を信頼しているかは、本人に聞けばよいということになる。そして、それを集計すれば、ある社会における信頼度合いのようなものもわかる、ということになるだろう。しかし、結果的にこのようなやり方をして失敗したのが六〇年代型の政治文化論なのだから、再びこの轍の上を歩くには慎重にならざるを得ない。なぜなら、こうした心理学主義には、心のなかの出来事を政治現象へと結びつけるものがないからである。「それは人間の行動によって結びついているのだ」と反論されるかもしれない。だがその場合は、上記の一つ目と二つ目の問題点、すなわちミクロ/マクロ論と因果関係論の問題を同時に抱え込むことになるだけである(3)。また、信頼は人間に備わった自然な傾向だという考え方もできるのかもしれない。しかし、犬と飼い主の信頼関係でも、サルの群れのリーダーと下位のサルとのあいだでの信頼関係でもなんでもよいが、それらは動物の生態学の関心領域であり、ここでの「信頼」は一種の比喩でしかない。そうした「信頼」を、人間の社会関係と連続的に論じることはできない。なぜなら、信頼とはわれわれが用いる概念であり、その概念が存在しているからこそ、われわれにとって信頼が可能なのだから。政治学における信頼論が、こうした心の問題に足元を掬われるのを防ぐためには、社会的世界を「心」「身体運動(行動)」「社会現象」の組み合わせとして理解する思考方法から脱却することである。概念や意味を抜きにして、社会的世界を理解することはできない。このことは、社会的世界を意味的に構成されたリアリティとして捉えるような理論の必要性を示唆している。

以上の問題点をより明確に認識し、そのオルタナティヴとなるような政治理論を削りだしていくのが、第III部での課題である。そして、その考察にとっての導きの糸は、第I部での結論である。すなわち、政治のリアリティが意味的に構成されたものであるということと、政治文化ないし信頼が政治の作動と内的に結びついているということを、両立させなければならない。以下では再び学説史的に検討を続けていくことにしたい。

第III部

信頼研究のためのあらたな政治理論

第III部においては、これまで見てきた一九六〇年代型の政治文化論（第I部）と九〇年代以降の信頼論（第II部）のオルタナティヴになるような、経験的な信頼研究のためのあらたな政治理論の方向性を探っていく。その際にも、問題構成と理論的基礎という本書における分析の二つの軸が重要になる。つまり、第III部における作業は、九〇年代以降の信頼論に見られた、「国家／市民社会」という問題構成と、実証主義－方法論的個人主義－合理的選択理論に代表される理論的基礎の双方を取り替えるということである。基本的には、第7章で後者を、第8章では前者を、それぞれ検討対象としていきたい。そのうえで、第III部で主張するオルタナティヴは、形式的には次のようなものになる。すなわち、政治学における経験的な信頼研究は、一方で構成主義的な認識論とエスノメソドロジーという研究方針を理論的基礎とし、他方でそれをルーマンの社会システム理論をベースに「政治システム／その環境」という政治システムの存続問題として考えるべきだ、ということである。こうした理論的基礎と問題構成の組み合わせによって、政治学は信頼論をこれまでとちがったかたちで構想できるようになるはずである。以下でそのことを説明しよう。

第III部での考察は、さきほど第II部の小括で析出した信頼論の課題を、第I部で打ち出した方針に則ってどのように乗り越えることができるか、というかたちで進められる。ここで第I部の結論を振り返っておくと、それは相互に連関した二つの観点にまとめられるのだった。第一に、政治文化を社会の外側から与えられるもの――行為の外側にある超越的なもの（「究極的リアリティ」）や人間の心理――として概念化するのではなく、社会的行為が〝社会的〟であるための根幹、すなわち「意味」に関係づけるべきであるということ。第二に、そのようなものとしての政治文化は、政治のリアルな作動（典型的には「政治権力」）と切り離されるものではなく、まさに人びとの政治実践のなかにおいて、人びとの政治実践として、存在しているということ、というのがそれである。

第7章では、主としてこの第一の点について考えていきたい。具体的には、政治学内部において構成主義に向かう傾向が存在することを確認したうえで、それが「政治の日常性」や「意味」に対する視角を生み出していることを見ていく。そのかぎりでは、第7章のそれ以降の部分で検討される現象学的社会学やエスノメソドロジーは、かならずしも政治学にとって突飛なものとは言い切れない。ここで本書が「意味」の理論の系譜として現象学的社会学や日常言語学派のエスノメソドロジーに注目するのは、それが学説史的にパーソンズとの対抗関係から生まれてきたものだからである。これらの検討を通じて、信頼論を「意味」概念から構成主義的に理論化するということを、パーソンズとの対比において明確化できるはずである。それは、信頼を人びとの日常的な実践における秩序形成作用として捉えるものである。

第8章では、第I部における結論の二番目の点、すなわち、「政治の領域／その外側の領域」という問題構成を、権力論との関係で考えていくことを目的にする。ここで本書が取り上げるのが、パーソンズ理論の最大の後継者であり批判者でもあった、ルーマンによる社会システム理論である。第8章では、ルーマンの社会システム理論に依拠しながら、信頼論の問題構成を「政治システム／その環境」という政治システムの存続問題として定式化し直す。これによって、政治システムが信頼を基盤としながら権力的に作動しているという構図を信頼論に取り入れることが可能になる。この構図を第7章の知見と組み合わせれば、そこで描かれているのは次のような事態である。人びとの日常的な実践において（通常「政治の外側の領域」とされる場面で）、当人たちにとっての政治のリアリティ（「政治の領域」）が形成され、それが政治権力が作用するための基盤（信頼）を同時に構成していく、というのがそれである。この場合、政治システムが日常的な実践の外部にあるものではないのと同様に、人びとが他者との社会関係を取り結ぶ際に前提としている信頼と、政治システムの権力的な作動の基盤になる信頼とは、ひとつの実践のなかで結びついている。以上のことを事例に即して見てみるために、第8章では最後にL・ウェディーンの研究を応用例として挙げることになる。

イメージがつかみやすいように、第III部の結論を先に少しだけ具体化してみよう。そうすることで、以下の各論がどのようなゴールに向けての論証過程なのかが多少なりともわかりやすくなるはずである。

たとえば、しばしば信頼論で目にする「人はなぜ互いを信頼するようになるか」や「信頼が政治にどのように影響するか」という問いは、それだけでは経験的な政治学にとっての適切な問いにはなっていない。それらはつまるところ、擬似因果論的なものに囚われている。これに対して第7章では、エスノメソドロジーという研究指針を提唱する。エスノメソドロジーの基本は、人びと（ethno-）が日常生活を秩序立った仕方で遂行する方法論（methodology）を記述する、というものである。それは、社会的世界を生きる人びとが、その場その場の文脈にとって合理的（reasonable）な実践をおこなっていることを前提に、どのような現実（リアリティ）がどのように構築されていくかを描いていく。こうしたエスノメソドロジーの指針を受け入れれば、信頼とは実際にある特定の場における実践を通じて示されるほかはない以上、信頼とそうした場を分析的に切り離して、その二つの関係をもう一度繋ぎ合わせる外在的な原理なり媒介変数なりを探すというのは、そこで実際に何が生じているのかを見過ごすことになってしまう。政治学における信頼論にとって重要なのは、人びとが信頼を通じて関係を取り結ぶ日常的でローカルな場面において、当事者たちがどのような現実を生きており、そこでどのような政治のリアリティが構成されているのかを観察することである。たとえばバードウォッチング・クラブに集う人びとのなにげない会話や、児童福祉手当の相談に市役所の窓口を訪れた市民と担当者のやりとりなど、一見すると些細な場面において政治のリアリティは作られている（「来週にまた、無駄な山林整備の工事があるらしい」「この場合に手当を一部減額するというのが国の方針です」など）。このことが、信頼論が「政治の領域」と「政治の外側の領域」との区別と接合を問題構成とすることの具体例を表現している。

同時に、こうした研究上の方針は、他者との信頼関係が、スムーズな社会関係にとっての前提でありつつ、政治権力が受容されるための基盤をも作っているということも含意している。信頼とはあるものを〝良い（善い）〟と信じることなのではなく、一種の期待であり、政治権力もそれが有効であるという潜在的な期待にもとづかなければならない。よって、人びとのあいだでの信頼関係によって、権力に頼らない政治が可能になるというわけにはいかない。むしろ、人びとの日常生活が〝あたりまえ〟なものであるほど、それだけ強固な政治のリアリティと、それだけ一般化された政治権力がそこから生まれるのである。ルーマンの理論において、政治システムがその作動を通じて「政治システム／その環境」の境界を維持する、と述べられているときに想定されているのは、こうしたことである。

本書では、政治学における経験的な信頼研究が前提にすべきなのは、社会的世界に対する以上のようなものの見方（＝世界観）である、と主張する。そしてこうしたものの見方に依拠することで、政治学における信頼論の研究対象を社会生活のさまざまな部分へと広げることが可能になり、また、これまで見過ごされがちであった、人びとが生きる政治の世界を記述することができるようになると思われる。これは、既存の信頼論からでは獲得できないメリットである。

以上の主張を補強するための厳密な検討作業を、これからしていきたい。

第7章　理論的基礎に関するオルタナティヴ

この第7章は、一九九〇年代以降の政治学における信頼論に対してオルタナティヴとなるような政治理論の要素を、とりわけ理論的基礎を中心に提示していくことを目的とする。そうした要素は、最終的につづく第8章で、問題構成の再定式化を経たうえで政治理論へと統合されることになる。ただし、政治学における信頼論は、「政治の領域」と「政治の外側の領域」との区別と接続を基本的な問題構成とするのだから、本書が提示する理論的基礎のオルタナティヴもそうした問題構成に適合するようなものでなければならないだろう。しかもそれは、これまでの政治文化論や信頼論にまったく無関係なところから引き出されるものであってはならず（そうであれば本書の第1章から第6章までは不要である）、学説史的な展開が収斂する先にあるものでなければならない。どのような政治理論にも、単にオルタナティヴを提示するだけであればそれほど難しいことではない。「これまではAのように考えられてきたが、BやCやDのようにも考えられるのではないか」と言うことは、いくらでもできるからである。しかし、本書が学説史的な考察にこだわるのは、これまでのA理論が相互批判や継承関係のなかで変質していく過程を追跡することによって、ある方向に、たとえばCやDではなくてBに、進むべき蓋然的な理由があることを示すことができるからである。(1)

この章では、構成主義と日常性という概念がキーワードになるだろう。また、現象学やエスノメソドロジーや日常言語学派など、政治学においてはあまりなじみのない哲学的・社会学的トピックも登場してくる。本章の主張の要点は、これらのトピックを取り入れた政治理論によって、政治学における信頼論はこれまでとはちがった経験的な研究を目指すことができるはずだ、というものである。またその際に、信頼という概念も、それ自体で独立した〝行動〟なのではなくて、社会関係のなかに埋め込まれているものとして捉え直される。つまり、信頼は、他者を信頼するとか信頼しないとかいう意識的な判断の結果を記述するものではなく、人びとの社会的なやりとりのなかで、ある場面が理解可能な秩序として構成されていくことを記述するひとつの概念である。よって、信頼はわれわれの社会生活においてありふれたものである。なにげない会話やささいな相互行為をおこなう場合にも、原理的には信頼として記述される社会秩序のあり方が含まれている。その意味では、信頼は分析的な概念ではない。ただし、政治学における信頼論は、こうしたありふれた社会生活のなかにおいてある種の政治的リアリティが存在しているという、分析的な視角をもっている。この視角を見失わないようにすることが、本章での考察のもっとも基本的な方針である。

以下、第一節では、既存の信頼論に見られた困難を克服する可能性をもつあらたな潮流を政治学内部において見つけていきたい。第二節では、本書第Ⅰ部で析出された「意味」概念への定位の必要性を、現象学的社会理論と呼ばれる立場を中心とした学説史的検討によって補強する。第三節では、第二節で検討する現象学的社会理論をさらに経験的なところまで推し進めているエスノメソドロジーの考え方が、信頼論にとってもつ意義をあきらかにする。第四節では、信頼研究においてつねに問題となる「心」の問題について、日常言語学派の知見に拠りながら本書なりの立場を打ち出したい。これらによって、実証主義‐方法論的個人主義‐合理的選択理論という政治学における信頼論の理論的基礎に対して、認識論における構成主義と、エスノメソドロジーという経験的研究の方針をオルタナティヴとして提示するのが本章の目的である。

第一節　政治学内部でのあらたな潮流

一九六〇年代の政治文化論が衰退した後、一九九〇年代に入って再びパットナムのソーシャル・キャピタル論が登場してきた背景として、本書の第5章では、行動論政治学以降に、①市民社会論の復権、②新制度論、③合理的選択理論の席巻、などの動きが政治学にあったことを見てきた。しかし、九〇年代以降の政治学における信頼論にとってのこうした文脈は、近年にいたってさらなる変化を遂げている。本節では、こうした政治学内部での変化のなかにおいて、これまでの信頼論の困難を克服するような要素を見つけていくことにしたい。この第7章は基本的には理論的基礎に関するパートではあるが、政治学内部での変化に関しては問題構成と理論的基礎の各次元が混然一体となっているため、この節ではその両者を検討対象にしている。もちろん、政治学というディシプリン全体における変化にも多種多様なものがあるため、ここでは信頼論に関係するところとして、*1* 国家／市民社会論においての変化と、*2* 理論的基礎の点での変化を概観していきたい。

1　国家／市民社会論から日常性の政治へ

まずは、問題構成における変化である。パットナムのソーシャル・キャピタル論は、「政治の領域」とされるものを、これまで「政治の外側の領域」とされてきたところから捉え直す試みであった。つまり、政治制度がうまく機能するかどうかは、通常は政治的だとは思われていないような日常的な社会生活のあり方に左右されるのだ、というのが着眼点である。しかし、パットナムにとっての「政治の外側の領域」はトクヴィル的な市民社会であったため、そこで考慮される社会生活のあり方というのも、共和主義的な市民としてのそれであった。そして、国家と市民社会というダイコトミーは、市民が政治に関与するあり方をコミュニティや結社活動への参加というかたちに限定してしまったように思われる。しかし、人びとの日常生活のなかに政治を見つけるということは、なにもそうした共和主義的な論理を踏襲することを意味していない。また、信頼論を「政治の領域／その外側の領域」という区別から考えることは、かならずしも国家／市民社会図式に行き着くわけでもない。ここで必要なのは、国家／市民社会論から離れたかたちで、政治の日常性についての視角を信頼論に組み込むことである。

たとえばアスレイナーらも、そうした視角がこれまでの信頼論において、十分に汲まれてこなかったと主張している（Uslaner and Dekker 2001）。われわれが日常的な世界を生きているとき、たいていは純粋に経済的利益を追求しているわけでも、また政治的な影響力を行使しようとしているわけでもない。しかし、信頼論が追究しようとしたのは、そうした日常的な生を生きることが政治現象のなにがしかの面を形成している可能性である[2]。けれども、六〇年代の政治文化論から九〇年代以降の信頼論に至っても、こうした日常性への着目は、人びとの紐帯や社会的信頼の重要性をただ指摘することへとすり替わってしまい（パットナムが懐古主義者であると皮肉られた理由である）、肝心の政治との関係性がうまく理論化されないまま放置されてきた。このことについて、アスレイナーらも次のように言っている。

もし社会的紐帯がわれわれの日常生活をより素晴らしいものにしてくれるのであれば、それで十分結構なことではないか！　しかしながら、政治的デモクラシーと（それゆえに）政治学にとって、ソーシャル・キャピタルが有意かどうかはまったく別の話である。日々の社会的信頼や協力関係から、民主主義的な公的生活や良き政府へのつながり――第一章のはじめでアーモンドとヴァーバによる一九六三年の著作から引用した箇所で強調したテーゼであり、また二〇〇〇年においてパットナムを第一級の政治学者に仕立てたテーゼでもある――はまだまったくと言ってよいほど解明されていない。（Uslaner and Dekker 2001 : 184）[3]

アスレイナーらは、ここで「日々の社会的信頼や協力関係から、民主主義的な公的生活や良き政府へのつながり」が解明されていないと論じているが、これまでの政治学における信頼論は、それを国家／市民社会論に置き換えてきたのだった。しかし、政治学全体の発展のなかで、国家／市民社会論というのは、もはや信頼論の問題構成としても政治学の世界観としても、不適切なものとなりつつあるのではないか、という指摘がおこなわれている。そのひとつがガヴァナンス論である。

ガヴァナンス論はもともと、「ガヴァメントからガヴァナンスへ」という標語があらわしているように、それまで国家ないし政府（ガヴァメント）を社会秩序の最終審級としてきた思考様式をあらため、社会のさまざまなネットワーク状の関係性のなかに自己統治（ガヴァナンス）のメカニズムが存在することを指摘するものであった[4]。信頼論においても、とりわけ政治や経済における良好なガヴァナンスが信頼によって可能になるのかどうかがテーマとされてきた（cf. Braithwaite and Levi eds. 1998）。こうしたガヴァナンス論の知見を取り入れることによって、信頼論には国家／市民社会論とは別の道筋が開けてくる可能性がある。

たとえば、H・バンとE・ソレンセンは、パットナムの議論に見られる国家／市民社会のダイコトミーが、旧来型の政治を念頭に置いたものであり、新たなガヴァナンス形態に対応していないと批判している（Bang and Sørensen 2001）。彼らは政治の世界がすでに大きく変容していることを前提としながら、次のように述べている。

> われわれは、イタリアの市民的伝統に関するパットナムの画期的な研究が、国家／市民社会の区別を伴った近代という時代の重要な知見を多く内包していることを否定しない。しかしながら、ポストモダンなネットワーク社会に特徴的な政治的・民主主義的ガヴァナンスの過程を理解するのに、それはあまり説得的なものではないと考える。（Bang and Sørensen 2001 : 149）

こうして、彼らが注目するのは、国家／市民社会図式のなかの「市民」というよりも、「日常世界で活動する人

（Everyday Maker）」である。「日常世界で活動する人」は、自分が生活している日常世界のなかにある身近でローカルな制度の次元で行動するのであって、国家を志向した活動をおこなっているわけではない。「彼らが行う市民参加の戦略および戦術は、『強い政府』と『厚いコミュニティ』を結びつけるというパットナムが構想した戦略にとって、実質的なオルタナティヴとなっている。彼らはたしかに投票に行くし、政府の次元で繰り広げられている『ハイ・ポリティクス』の情報を追いかけてもいる。だが、彼らは主として自分の政治的アイデンティティを国家の市民であることからではなく、ローカルなネットワークの建設に携わっているというところから得ているのだ」（Bang and Sørensen 2001：156）(5)。

信頼論はもともと学際的な性格をもつため、バンとソレンセンが述べているようなネットワーク状の自生的秩序を多角的に論じることができるメリットがある。しかしその反面、かつてのガヴァナンス論は、国家／市民社会図式とは異なっているということ自体をとにかく強調することに重点が置かれていたこともあって、理論体系が未整備なままに個別のトピックに議論が拡散するきらいがあった。そのため、ガヴァナンス論的な視角から信頼論に取り組んだとしても、結局のところ国家／市民社会図式と同様の理論的基礎ないしアプローチしか利用することができず、ガヴァナンス論をベースにすることの積極的な意義を打ち出せずにきた。つまり、九〇年代のガヴァナンス論は、経済学的な思考、要するに合理的選択理論に部分的に依存してきたのである。けれども、二〇〇〇年代に入ってからのガヴァナンス論においては、国家／市民社会論からの差異化に重点が置かれていた九〇年代の〝第一世代〟とは異なり、ガヴァナンス論にとって焦点となるアジェンダを自覚的に設定しようとする〝第二世代〟が出現している（Sørensen and Torfing 2007）(6)。そして、この第二世代のガヴァナンス論は、合理的選択理論や国家／市民社会論とはちがった、政治の日常性について考える可能性を与えている(7)。

M・ビーバーとローズは、これまでのガヴァナンス論の主流であったアングロサクソン的な実証主義に対して、「脱中心化理論（decentred theory）」を提唱している（Bevier and Rhodes 2007）。アングロサクソン的な実証主義は、ガヴァナンスを制度により固定された客観的なものとして捉え、政策ネットワークの性質を行為者にとって外生的な要因から説明してきた。しかし、ビーバーらは、こうしたガヴァナンスの捉え方が、行為者にとってネットワークがさまざまに偶発的なものとして構成され続けていることを見逃しており、政府が適切な道具さえ揃えていればガヴァナンス・ネットワークを自由に操作できるというあやまった想定に囚われてきたと考える。実際、政府によるガヴァナンスのガヴァナンス(=メタ・ガヴァナンス)の失敗という事例が存在していることからもわかるように、実証主義的なガヴァナンス論は限界に突き当たる。

よって、一枚岩的な国家が自身と市民社会を制御しているという考えは、つねに神話であった。この神話によって、中央の制御を免れたさまざまな国家の実践が存在していたという現実が、見えにくくされてきた。というのも、そうした実践は、国家と市民社会の境界に存在するさまざまな行為者の偶発的な信念や行為から出現するものだったからである。――〔中略〕――簡単に言ってしまえば、国家の権威とは、多種多様な日常的な実践の多種多様なやり方において、つねに作りかえられ、交渉され、挑戦されるものなのである。

(Bevier and Rhodes 2007 : 89)

こうしたアングロサクソン的なガヴァナンス論に対抗するビーバーらの「脱中心化理論」とは、右の引用文からもわかるように、制度やネットワーク、国家と市民社会の境界などが行為者の実践によって構成されるものだとする立場である。「脱中心化するとは、個人が意味を創造し、そしてそれにもとづいて行為する能力によって、ある実践が社会的に構成されることに焦点を合わせることである」(Bevier and Rhodes 2007 : 77)。これによって、ビーバーらは、ガヴァナンス・ネットワークのアクターの日常的な実践を、エスノグラフィー的な物語の記述によって研究するというあらたなアプローチを提起している。

もっとも、ビーバーとローズによるガヴァナンスの「脱中心化理論」も、国家/市民社会図式を相対化してはいるものの、相対化した後の政治の世界がどのように描かれるべきかということについては詳論していない。また、アクターの日常的な実践をエスノグラフィー的に記述することが、どのような理論的基礎にもとづいているのかも不明確である。しかし彼らの議論が重要なのは、政治の世界を国家／市民社会図式によらずに描くことによって、合理的選択理論とはちがった視角、つまり行為者の合理性を演繹的な前提としない政治の日常的な実践への視角を取り戻す可能性を示した点においてである。政策過程に関係する多くの人びとは、固定された実体としての国家や政治制度が押しつけてくる力に受動的に従っているのではなく、さまざまな実践を通じて政策の作成や履行の過程それ自体を構成する存在として描かれることになる。これは、「国家」と「市民社会」の分断を前提とした国家／市民社会図式に立脚することによっては、摂取することのできない発想だと言えるだろう。(8)

ガヴァナンス論はあきらかに発展途上のトピックであり、国家／市民社会図式に代わる政治的世界の認識として今後どれだけ定着するかは未知数である。そのため、政治学における信頼論がガヴァナンス論をベースにすることによって、国家／市民社会論に由来する問題点を乗り越えることができるとは（少なくとも現時点において）言えないだろう。けれども、ガヴァナンス論の近年の展開は、国家／市民社会図式を相対化することで、政治の世界で人びとが実際に何をおこなっているのかという視点から描き直す可能性があることを示している。つまり、国家／市民社会図式に収らまらない政治の日常性という視角が、政治学内部においても一定の地位を得つつある。新しい政治学における信頼論は、こうした政治の日常性を取り入れようとする動きを、その問題構成のなかに取り込むことができるであろう。

2　制度論の変化と構成主義

つぎに、理論的基礎における変化である。パットナムが七〇年代にイタリアの州政府の研究をはじめたとき、その議論の枠組みは完全に制度論と重なっていた。その後、九〇年代以降に出現した信頼論は、とりわけ合理的選択理論を取り入れた新制度論に依拠してきた。すでに第5章二節*1*で見てきたように、新制度論は、大きく分けて「合理的選択制度論」「社会学的制度論」「歴史的制度論」という三つの潮流において展開されてきたのだった。『民主主義を機能させる』におけるパットナムの方法論的な革新は、この三つの潮流をひとつの物語のなかでうまく組み合わせたことにある。こうした新制度論が、信頼論において実証主義‐方法論的個人主義‐合理的選択理論という理論的基礎が受容される文脈をつくっていた[9]。

ところが、二〇〇〇年以降の政治学の展開のなかで、これらの三つの新制度論には新しいタイプの制度論が加わっている。それが、アイデア的制度論や言説的制度論と呼ばれるものである（近藤 2007）。さらに、こうしたアイデア的制度論や言説的制度論は、政治学における制度論に、構成主義と呼ばれる認識論的な立場を持ち込むことになった（cf. Lichbach 2009）[10]。これらによって、九〇年代における既存の新制度論と結びついた、実証主義‐方法論的個人主義‐合理的選択理論とはちがった理論的基礎の可能性も開かれることになる。

（a）アイデア的制度論

V・シュミットによれば、アイデア的＝言説的制度論は、既存の三つの制度論パラダイムが制度変化を十分に説明できていないという問題関心に端を発している（Schmidt 2006 : 109）。つまり、従来の制度論の説明が、何らかの意味で決定論に陥る傾向にあったのに対して、アイデア的制度論は、「アイデア」や「言説」の相互作用の分析を通じて、アクターと制度がともに構成される過程を動態的に捉えようとするのである。既存の制度論とのこうした違いをもって、シュミットは、アイデア的制度論を「第四の制度論」として位置づけている（Schmidt 2006 : 114）。「第四の制度論」としてのアイデア的制度論においては、社会的世界における行為者の存在論的な優位性は否定され、制度の生成および発展がアイデアや言説から説明されることになる。そこでは、アイデアや言説が、行為者の自己利益や目的の観念を構成すると同時に、出来事や制度が人びとにとってもつ意味を決定しているとされる。たとえば、「グローバル化の進展」というアイデアないし言説が浸透することは、これまで一国内部での経済成長と雇用の確保、再分配が相互に支え合うことを前提としてきた福祉国家制度についての人びとの認識を変化させ、客観的な経済状況に大きな変化がないにもかかわらず、福祉国家への変容圧力を生じさせるかもしれない。[11]これは、人びとの自己利益や状況認識を不変なものとして捉え、政治制度の変化を経済指標などの客観的な環境要因の変化に直接従属するものと捉えてきた従来の制度論ではうまく説明できないことである。

こうしたシュミットによるアイデア的制度論の位置づけは、それが「第四の制度論」と称していることからもわかるように、他の制度論と両立可能なひとつの立場として構想されている。[12]つまり、アイデア的制度論には、それまでの制度論で意識されてこなかった独自の視角が存在しているとはいえ、実証主義‐方法論的個人主義‐合理的選択理論を置き換えようとするものではないのである。実際に、アイデア的制度論の探究者たちは、既存の制度論に見られる諸要素、つまり、合理的な個人という前提や構造的な要素をいかにアイデアの理論に組み込むかということに腐心してきた。[13]

(b) 政治学における構成主義――制度と日常性

しかしながら、アイデア的制度論におけるアイデアや言説は、いわゆる〝間主観的な〟地位を与えられているために、アイデアや言説を重視することは実証主義から離れて構成主義へと向かう傾向を有することになる。[14]〝間主観的な〟アイデアや言説から政治を説明するということは、政治現象が人びとの認識(主観)から離れて客観的に存在しているという想定とは相容れないからだ。よって、アイデア的制度論には、実証主義的な認識論を前提にした既存の制度論と並列的な「第四の制度論」であることにおさまりきらない面がある。ただし、アイデア的制度論から「第四の制度論」ではない構成主義的な制度論が確立されるためには、これまでの制度論からの視点の移動が必要になってくる。それは、第一に、制度についてのアイデアは日常的に構成されるものであること、第二に、制度が単にアクター間の利害を調停するものとしてでなく、人びとの期待の水準における認識枠組みないし意味的な解釈枠組みとしても成立するものであること、である。

第一の点について。L・シーブルックは、従来のアイデア的制度論があまりにも「エリート」の分析を偏重してきたことを批判している（Seabrooke 2010）。シーブルックは、「間主観的な社会現象」としての正統性概念を軸に制度変化を論じる場合、「日常性の政治（everyday politics）」という視座が不可欠になると論じた（Seabrooke 2010 : 78）。エリートに着目する通常のアイデア的制度論の場合、制度が変化する時点が過度に強調されるとともに、あらたな制度が正統性を獲得する過程の分析は、エリートが駆使する「武器としてのアイデア」に盲目に従う大衆という図式のなかに回収される傾向がある。けれども、制度の正統性は人びとの累積的な是認・信任によって形成されるものであるため[15]、「『通常（normality）』期は、危機と不確実性の時期に負けず劣らず重要なのである」（Seabrooke 2010 : 90）。このように、しばしば制度分析において〝アクター〟と呼ばれるエリートが制度の作為的な転換を目指す過程から、制度が人びとによって維持される「日常性」へと理論の重点を移動させることによって、アイデア的制度論は、構成主義的な認識論に近づくことになる（cf. Gofas and Hay 2010）。

第二に、制度を成文法に規定された実在物としてではなく、人びとの期待の水準や意味の水準で成立するものとして捉え直す試みも、制度論を構成主義的なものに転換する。たとえば、盛山和夫は、制度論のあり方を問い直すなかで、「一次理論」と「二次理論」という概念を導入することによって、制度が人びとの主観に定位する理念的実在であると主張している（盛山 1995）。ここで一次理論とは、「行為者自身が自らをとりまく世界について抱いている了解の内容」（盛山 1995 : 179）である[16]。これに対して二次理論は、こうした一次理論に内属しないような超越的な視点として仮定される。この場合に制度とは、人びとの一次理論の水準において、制度の実在性と拘束性に対する共同了解が成立していることによって存在するものとなる。こうしたことから、盛山は、人びとの一次理論の水準に定位する制度の仕組を対象とする探究（二次理論の視点）こそが、制度論の課題だと主張している。つまり、盛山は、制度を人びとから離れた実体として扱う実証主義的な制度論から、制度を人びとの主観的な意味連関のなかに存在する（と同時に実体的でもある）ものとして理解する構成主義的な制度論への転換を目指していると言ってよいだろう。

また、J・アーペレイネンも、制度の実効的なルールや秩序という「制度の外面」の背後には、人びとの期待の水準で成立する「制度の内面」が存在していると主張している（Urpelainen 2011）。アーペレイネンによれば、制度の発生を研究する際には、まず諸アクターによってこの「制度の内面」が構成される過程が分析されなければならない。さらに同様に、河野勝も、現実社会の分析枠組みは、当事者たちの期待の水準で成立する意味世界が分析の対象にならなければならないと述べる（河野 2009）。アーペレイネンや河野の言う「期待」とは――個々人の「信念」とは異なり――主観性と客観性の両方の性質を併せもつものであるため、期待の水準を分析するということは、研究の前提として構成主義的な認識論を必要とすることになるはずである。[17]

以上のような、制度論を媒介にした実証主義から構成主義への転換という兆しは、信頼論の理論的基礎にとって大きな変化となる。これまでの代表的な信頼論は、実証主義を前提とするために、小括で論じたような政治理論上の難点（ミクロ／マクロ論、因果関係論、心の問題）を抱え込むことになってしまっていたからだ。もちろん、構成主義は認識論上のひとつの立場でしかなく、「実証主義から構成主義への転換」というのも理論としてどのような内容がそこに付加されるかに応じて意味合いは異なってくる。[18] けれども、認識論の転換は、政治理論においてどのような理論的基礎や概念体系が選択可能かという可動域を変更するものである。よって、政治学において構成主義へと向かう動きが存在していることは、実証主義-方法論的個人主義-合理的選択理論を前提とした信頼論のアポリアを乗り越えるような政治理論が受容されるための素地を形成しているように思われる。[19] 実際に、本書でこれから検討していくさまざまな学説（現象学的社会理論、エスノメソドロジー、日常言語学派、ルーマン理論など）が政治学において受け入れられるためには、政治学内部において構成主義的な傾向が存在していることが条件となっている。

(c) 補遺　実在論と構成主義

これまで政治学における構成主義について論じてきたが、政治学においては「構成主義」と「実在論(realism)」がしばしば暗黙のうちに混同されていることが少なくない。だが政治学におけるアイデア論や言説理論などは、多くの場合、構成主義というよりも実在論的な認識論に立脚している(よって、アイデア的制度論や言説的制度論が実証主義から構成主義への過渡形態と言われたりもするのである)。構成主義がどのような立場であるかについてはすでに序章で述べているけれど、ここでは実在論との違いに的を絞って再論しておくことにしたい。その理由は、実在論がいま述べた信頼論の政治理論上の問題(ミクロ/マクロ論、因果関係論、心の問題)とも密接に結びついているからである。

序章で述べたことを繰り返せば、構成主義とは、観察者を離れた客観的な現実(=リアリティ)が存在するというテーゼを否定するものである。しかしこのことは、リアリティが存在しないと述べることと同値ではない。世界は認識に依存してしか認識されないが、世界はわれわれにとってそうしたものとしてリアルである。つまり、そうしたものとしてのリアルを超えるようなリアルを、われわれは手にすることができない。だからこそ、認識の外側にある〝本当の〟何か、背後に隠された何かが存在するのか否かという問いは、構成主義者にとって正しいか間違っているか以前に、そもそも意味をもっていない。

さて、構成主義と実在論の混同が起きるのは、ここで「リアリティ」と言っているものの地位をめぐってである。リアリティが人びとの観念(アイデア)の外側にある物質的な客体のことであるとすれば、「構成主義はリアリティを否定しないものの、リアリティを構成されたものとみなす」という意味での「構成主義」に、多くの言説理論を含めることができる。というのも、言説理論においてはたとえば、「単に物質(matter)が存在しているということからは何も生じない」が、「言説が物質を有意味な対象として構成する」(Torfing 2005 : 18)と言われたりするからである。だが、こうした捉え方は、構成主義にとってのリアリティの問題とすれ違ってしまっていると言わざるを得ない。社会理論や哲学の伝統において論じられてきた問題は、リアルな物質（たとえば石や机など）の存在が観念論の系譜において無視されてきたというところにあるのではなくて、主観的にしか認識し得ない世界がそれ自体としてリアルであるということはいかにして可能かというところにあった。石や机などの物質が本当は存在しないと述べる立場が仮にあったとしても、それは極端な懐疑主義の一種であって、特段取り上げるべきまともな議論ではないだろう。そして、人びとの認識とは独立に物質的な客体が存在するかどうかが問題になってしまっているならば、そのことは言説理論が構成主義ではない別の出発点を選択していることの証拠なのである。それが実在論の一種であるように思われる。

①実在論と構成主義の混同

D・マーシュとP・ファーロンによれば、実在論は次のように特徴づけられる（Marsh and Furlong 2002）。実在論は、〝客観的な〟世界がわれわれの知識とは独立に存在していることを認める一方で、それらが直接に観察できるとは考えない。そして、「実在（reality）」と「外観（appearance）」の二分法を用いながら、社会的行為をもっともよく説明するような構造の因果関係を、推論的に分析する。[20] 政治理論としては、マルクス主義の系譜が実在論の代表的なものであろう。そこでは、経済的な諸関係（＝物質的なもの）によって規定された社会構造は、直接的に観察することはできなくとも、さまざまな社会的行為（＝理念的なもの）に因果的な影響力を及ぼしているとされる。[21] それは、たとえ当事者本人が構造の与える因果的な影響力を認識できなくとも、である。

他方で、同じくマーシュとファーロンの論文では、構成主義をポスト構造主義などと同一視し、社会的世界を言説やアイデアに還元するさまざまな解釈学的立場であると見なしている（Marsh and Furlong 2002）。しかし、のちにマーシュは、経験的な政治学における「メタ理論」（本書で言うところの「理論的基礎」に近いもの）を考察するなかで、ポスト構造主義を別個の独立したアプローチとして除外し、構成主義と実在論を連続的な立場と見なすようになる（Marsh 2010）。マーシュにとって、構成主義と実在論の差は、物質的なもの／理念的なもの、構造／行為という二元論において、どちらがより重視されるかという程度の違いにすぎない。そこからマーシュは、「厚い構成主義」と「薄い構成主義」という分類をおこなう（Marsh 2010 : 221–224）。ここで、「薄い構成主義」がより実在論的な立場であるのに対して、「厚い構成主義」は言説やアイデアをより重視する立場である。マーシュ自身は、経験的な政治学におけるメタ理論は、言説やアイデアなどへの還元論に向かうのではなく、実在論的な「薄い構成主義」に踏みとどまらなければならないと主張している[22]。

このように実在論と構成主義が混同されてしまう理由のひとつは、構成主義も実在論も、古典物理学的な実証主義とは異なる科学のあり方を目指しているという点において同一視されているからであろう。また、構成主義という概念がポスト構造主義や「厚い構成主義」に結びつけられているために、構成主義が観念論的な立場であると誤解されているかもしれない。いずれにせよ、「経験的な政治学においては言説やアイデアの重要性も認めなければならないが、物質的な構造のもつリアリティも認めなければならない」という発想こそが、〝実在論的な「薄い構成主義」〟という混乱を生み出しているのである[23]。そして、そのような発想が政治学者に受容されているかぎり、政治理論が構成主義的であることはできないし、同時にそれは実在論にとっても不幸なことであるように思う。よって、構成主義とリアリティとの関係について概観したあとで、社会理論としての実在論の輪郭をあらためて描いていくことにしたい。

②構成主義とリアリティとの関係

先述したとおり、実在論と構成主義を混同する人びとは、リアリティを物質的な何かであると考えている。そして、社会的世界は物質的なものに還元されないのだから、そこには人間の行為（ヒューマン・エージェンシー）による世界の意味づけという作用が存在しているはずだとされる。つまり、外的な世界はたしかに物質的なものとして存在する側面があるものの、同時に人びとがアイデアや言説を通じて世界を構成する側面もある、というわけである。(24)この「構成する」という動詞をもって、アイデア論や言説理論が構成主義というカテゴリーに含められてしまっている。

本書の序章で述べたように、「何かが何かを構成する」という表現から構成主義を特徴づけようとするのはミスリーディングである。なぜなら、構成主義は何か〝本質的なもの〟がリアリティをつくり出しているという議論とは関係しないし、言説によって世界の存在すべてが構成されているという議論――そのようなものがあるとして――とも関係しないからだ。とはいえ、構成主義はたしかに概念によってわれわれにとってのリアリティが構成されることを論じてもいる。では、構成主義において「社会的世界のリアリティが構成されている」と言われるとき、そこではどのようなことが考えられているのだろうか。このことを、序章においても参照した、I・ハッキングを手がかりに整理してみたい。

ハッキングは、構成主義をめぐる論争の混乱の原因が、構成されているものが「対象（object）」なのか「アイデア（idea）」なのかが混同されたまま話が進んでいくからだと論じている（Hacking 1999＝2006）。たとえば、「児童虐待は社会的に構成された」と言われるとき、構成されているのは児童虐待というアイデアの方であって、児童虐待という対象（つまりそうした行動や習慣）自体ではない。対象としての児童虐待は実際に起こっていることであり、それは実在の出来事である。児童に虐待を加える行動（食事を与えなかったり、暴力をふるったり）は、社会的に構成されているのでもなんでもない。そしてハッキングは、このような混乱のなかに、社会的構成をめぐる論争の最大の争点が隠されていると述べる。それは、そうしたアイデアと対象と人びととは、互いに相互作用を及ぼし合っている、ということである（cf. Hacking 1999：28–29＝2006：65–67）。

人間が選ぶ行動や、そして実際のところ人間のあり方も、自分がそのもとで行為し得るような入手可能な記述からけっして独立ではない。同様に、われわれは世界において自分自身をさまざまな種類の人間であると経験する。――〔中略〕――われわれは、女性であるとか障害をもっているといったことがいかにして自分自身や自分の住む生活環境のネットワークによって知覚され、記述され、定められるかによって影響を受けるのである。(Hacking 1999 : 103–104 = 2006 : 238)

われわれが社会的世界で生きることは、われわれがわれわれ自身と社会を記述する概念から切り離せない。これは、科学が社会的世界の対象物を扱うときに重要な点であり、伝統的な自然科学と社会科学との主な違いは、こうした概念と対象の相互作用、つまり「ループ効果」の有無にあるとハッキングは考える（cf. Hacking 1999 : 108 = 2006 : 245）[25]。構成主義は、たしかに概念と社会的世界のリアリティの内的な結びつきに注目するが、それは概念とリアリティのどちらかが本質でどちらかが表層だと決めつけるものではない。よって、構成主義においては、実在論のように「外観」と「実在」という階層の区別に満足することはできない[26]。そのことは同時にまた、構成主義が「唯名論」という古い哲学的なテーマとも、比較的最近のポストモダニズムとも本来は無関係であることを示している[27]。

以上、リアリティが概念（アイデア）によって構成されるということが、構成主義者にとって何を意味しているかということを、ハッキングの議論に沿って見てきた[28]。もっとも、ハッキングにとっての主題は認識論としての構成主義というよりも、社会的構成（social construction）についてのものであり、ハッキングの主張を構成主義一般にあてはまるものと解釈することには慎重であるべきであろう。だが、ハッキングの議論によって、構成主義者にとっての「リアリティが構成される」というテーゼは、あくまでも「われわれはわれわれ自身の記述や概念やアイデアを通じて社会的世界を意味的に体験している」という内容以上のものではないことがあきらかになったはずである（さらに注意を促しておけば、構成主義的な分析にとっての問題関心は、「リアリティは構成されている」と述べることではなくて、

「リアリティがいかにして構成されているか」を記述することである）。これに対して、「リアリティが構成される」というテーゼを、物質的なもの／観念的なものという二項対立において理解する場合、構成主義は物質的なものを否定した観念論と同一視され、その〝過激さ〟を緩和するために、実在論との融和が必要だという話に行き着きやすい。こうした一見もっともらしく思える提案も、実際はただ単に誤って立てられた問題に取り組んでいるにすぎない(29)。経験的な政治学における理論的基礎についての検討を前進させるためには、実在論と構成主義が物質的なもの／観念的なものという対立軸をはさんだ対称的な立場ではないこと、実在論と構成主義では「リアリティ」として捉えられているものがずれていることを、理解する必要がある。

そのことを踏まえたうえで、今度は社会理論としての実在論がどのような立場であるのかについて、認識論のレベルから素描しておきたい。

③社会理論としての実在論

次に、認識論としての実在論を、科学哲学として定式化した論者として、R・バスカーを取り上げてみたい。バスカーの『実在論的科学論（*A Realist Theory of Science*）』（Bhaskar 1975＝2009）は、自然科学を主たる対象とするものではあるが、一般的に科学が成立するためにはどのような「科学のための哲学」が必要になるかという問題関心から書かれており、実在論がどのような立場であるのかを端的に示している。

同書においてバスカーは、自身の立場を、「超越論的実在論（transcendental realism）」と呼んでいる。超越論的実在論は、①科学哲学の地位、②世界についての認識、③科学の対象、についてそれぞれ次のような発想をするものとしてまとめることができるだろう。

第一に、「科学が実際に成立し、また成立し得るものである以上、世界はある種のあり方で存在せねばならない」（Bhaskar 1975：29＝2009：28）ということ。このことは、世界がある種のあり方で存在しているのだから、ある種のあり方で科学が存在せねばならないという順序での科学論を逆転させている。バスカーは、存在論に関する命題が、科学の存在根拠とは無関係に提示できるものではないと主張し、現に科学活動が成り立っているならば、世界は構造的な秩序をもっているにちがいない、と論じている。

第二に、そうした世界の構造的な秩序について、バスカーは次のように述べている。「世界はいついかなるときも（つねに）、すでに複合的に構造化され、また前もって形づくられた統一体としての事物によって成り立っている。そうした事物は、さまざまな階層において同時に構成されており、またさまざまな原理によって同時に支配されている」（Bhaskar 1975 : 107 = 2009 : 133–134）。これは、世界がいくつかの階層に分かれており、われわれが目にする「経験的事実」と、実際に生じている「事象」、そして直接認識することはできなくとも存在している「メカニズム」を区分するという、実在論特有の世界認識をよく表現している。それぞれの階層にはそれぞれの原理があり、ひとつの階層に他の階層が還元されることはない。

第三に、世界ないし事物は、それ自体として、われわれの認識とは独立に存在している。バスカーはこれを、認識の対象が「他動的（transitive）」であるか「自動的（intransitive）」であるか、という区別を用いながら論じている。「それゆえ、科学的発見および研究の対象が『自動的』であるということで私が意味しているのは、それらがあらゆる人間の活動から独立して存在している、ということである。そしてまた、科学的発見・研究の対象が『構造化されている』ということは、それらが実際に生じた出来事のパターンとは別のものであるということだ」（Bhaskar 1975 : 35 = 2009 : 36）。このように、超越論的実在論は、科学の対象がわれわれの認識とは独立に（＝自動的に）存在しているとする点で構成主義とは異なっており、また科学の対象が生起する事象のパターンそのものではなく、それとは独立して実在する因果法則であるとする点で、実証主義とも異なっている。

こうしたバスカーの超越論的実在論を引き継ぎつつ、それを社会理論として体系化した代表的な理論家はM・アーチャーであろう。アーチャーはその著書『実在論的社会理論（*Realist Social Theory*）』（Archer 1995 = 2007）において、実在論の基本的な発想を社会進化の説明モデルに接続している。ところで、バスカーの議論は自然科学を含めた科学一般に妥当することを目指す哲学であったが、実在論を社会理論として考えた場合、構造行為論が出発点となるとアーチャーは言う。というのも、社会理論としての実在論は、その基本に「われわれは自由であると同時に拘束されてもいるのであり、またわれわれはそのことに何らかの自覚をもっている」(Archer 1995 : 2 = 2007 : 2) という単純な気づきをもっているからである。つまり、社会理論としての実在論は、純粋な主意主義 (=社会は人びとの完全に自発的で自由な行為の産物である) と純粋な構造決定論 (=社会は人びとの個別的な意志からは完全に独立した構造によって決定されている) の中間に存在する社会認識のあり方なのである。

構造行為論をベースにしたアーチャーの実在論は、構造と行為のあいだの因果関係が問題になる。そのためには、構造と行為はそれぞれ創発的な (=他のものに還元不可能な) ものであって、分析においてもどちらかを存在論的に優位な地位に置かないという「分析的二元論」を前提としなければならない。それと同時に、構造と行為をそれぞれに還元することなく因果関係を確立するためには、分析における「時間」の軸が重視されなければならない。「構造と行為は、それらが時間の経過のなかでどのように相互作用するかということを検討することによってのみ、結びつけられる。そして、時間を適切に組み込むことなしに、構造と行為の問題が満足のいくかたちで解決されることなどあり得ない」(Archer 1995 : 65 = 2007 : 93)。なぜなら、構造と行為を無時間的な平面に置くことによって、しばしば構造行為論は、「行為は構造にある程度規定されているが、構造も行為によってある程度規定されている」というありがちで空虚な結論におちいってしまうからである。時間軸が導入されることで、構造と行為のあいだの相互作用をいくつかの局面にわけて考察することができるようになる。このように、アーチャーの実在論的社会理論は、時間軸を組み込むことによって因果関係論としての構造行為論を成立させるものである。[30]

以上の考察を引き継ぎながら、アーチャーの分析的二元論は、最終的に「形態生成アプローチ (the morphogenetic approach)」というものにたどりつく。形態生成アプローチは、構造行為論を基礎にしつつも、構造と行為の中間に人びとにとっての意味供給源である「文化システム」という別の創発的階層を用意するものである。[31] そして、「構造」「文化」「行為」という三つの階層は、それぞれ内部に「条件付け」「相互作用」「エラボレーション」という三段階の形態生成サイクル（≒社会進化）を備えつつ、構造－行為間ならびに文化－行為間において相互作用することで社会の形態生成／形態安定を促進しているとされる（Archer 1995：193–194＝2007：275–276）。そのサイクルは、T①構造による条件付け→T②社会的相互作用→T③構造のエラボレーション→T④形態生成ないし形態安定→T①……という順序で進行する。アーチャーはあくまでも形態生成のメカニズムには人間の行為（エージェンシー）によって媒介されていると考えているが、[32] そうした人間の行為は、物質的な利益の関係としての構造と、観念の関係としての文化によって条件づけられているというわけである。

④信頼論の政治理論上の問題に対する実在論の立場

この補遺では、構成主義と実在論が認識論上はまったく異なる立場であり、その二つの中間や折衷などがあり得ないことを論じてきた。最後に、本書が実在論についてどのようなスタンスをとるのかを示しておきたい。

前章においては、実証主義－方法論的個人主義－合理的選択理論という理論的基礎をもつ代表的な政治学における信頼論が、いかなる政治理論上の問題を抱え込むことになるのかについて分析してきた。とするならば、実証主義とは異なる認識論的な立場としての実在論であれば、そうした問題を回避できるのだろうかという疑問が浮かんでくる。本書では、科学哲学として実証主義と実在論と構成主義のどれが正しいかをここで一概に決定することを目的としていないし、そうすることもできないのだが、[33] 政治学における信頼論がその問題構成に適した理論的基礎や概念体系を備えるためには、実証主義や実在論ではなく、構成主義が選ばれなければならないと考える。なぜなら、これまで見てきた主流の実証主義的信頼論と同様に、実在論においても信頼論の政治理論上の問題（ミクロ／マクロの分断、因果関係論にこだわることの困難さ、心の問題）が経験的な研究への行く手を阻むからである。このことを、アーチャーを素材としながら示しておきたい。実証主義‐方法論的個人主義‐合理的選択理論との対比で言えば、アーチャーの立場は実在論‐分析的二元論‐形態生成論となるであろう。まず、ミクロとマクロの分断についてである。〃ミクロな〃人びとの行為と〃マクロな〃政治という分断を持ちこむことによって、九〇年代以降の信頼論は、それらを再び媒介するためのロジックを用意しなければならなくなったのだった。アーチャーは、ミクロ／マクロ論について、次のように述べている。

私は「ミクロ」と「マクロ」は関係的な用語であると言っておきたい。それによって意味していることは、あるひとつの階層は他の階層に対して「ミクロ」であり得るし、さらに別の階層にとっては「マクロ」でもあり得る、ということである。階層を差異化し、それゆえそれらのあいだの関係を特徴づけるために「ミクロ」「マクロ」という用語を使うことを正当化するものは、ミクロではなくマクロに関して創発的な特性が——たとえそのマクロな創発的特性がミクロからエラボレートされたものであったとしても——存在することである。しかしこのことは、サイズや場所や感情とはなんの関係ももたない。（Archer 1995 : 9 = 2007 : 13）

つまり、アーチャーは、ミクロとマクロが物事の大きさによる区分ではなく、階層化された実在のヒエラルキー関係によって決まってくると考えているのである。その意味では、ミクロとマクロの分断自体がここで否定されているわけではない。むしろ、アーチャーからすれば、ミクロ／マクロという区分では、社会の階層をまだ十分に区別できていない、ということになるであろう。すでに述べたように、アーチャーが創発的な階層を区分することにこだわるのは、純粋な主意主義と純粋な構造決定論をどちらもしりぞけ、人間の行為が自由でありつつも拘束されていることを表現するためであった。こうして分断された階層は、形態生成サイクルによって再び接続されることになる。

しかし、社会現象の階層が分断されてしまうことで、結果的にアーチャーの実在論は、ある社会的な場面がその時々にもっていた文脈を見失うことになってしまう。アーチャーは「構造」や「文化」が「行為（エージェンシー）」を条件づける作用が、そうした文脈を表現しているのだと考えるかもしれない。けれども、ある相互行為の場面においてどのような「構造」や「文化」が存在しているかということが、どうしたらわかるのだろうか。それとも、人びとの相互行為を条件づける「構造」や「文化」が一般的にどのようなものであるかは、あらかじめわかっているものなのだろうか（下部構造や階級意識のように）。信頼論は、そうした「構造」なり「文化」なりが、相互行為のなかで達成されるものであることに注目するものであったはずである。実際、人びとの信頼関係が、ある社会的秩序における「構造」や「文化」として作用する側面を、ソーシャル・キャピタル論は本来捉えようとしていた。言い換えれば、信頼論の視座は、社会現象を「構造」と「文化」と「行為」の階層的な秩序としてではなく、ひとつの文脈として／において相互構成される秩序として見ている。このことは、実在論がミクロ／マクロ論を階層論に置き換えたとしても、やはり捉えることはできない。

つぎに、因果関係論についてである。方法論的個人主義および合理的選択理論をベースにした信頼論は、人びとの信頼を一種の行動として捉え、その行動を引き起こす一般的な原因があると想定してきた。しかし、そうすることによって、信頼という概念が合理的な計算や制度といったものに還元される傾向があった。かたや、アーチャーによる社会理論としての実在論の特徴は、分析的二元論を掲げることで、そうした還元論に陥らないような因果関係論を目指すものである。しかしながら、アーチャーの社会理論は、各階層の創発性を担保しつつ階層間での相互作用を考えるため、各層のあいだに中間となる階層を設定するという、三層構造を特徴とするものである。実際に、アーチャーの著書の後半では、そうした三層が下位の三層へとしだいに細分化されていく。つまり、分類のための分類が延々と続いてしまう。これは、本書第Ⅰ部でみたパーソンズのＡＧＩＬ図式と同様の隘路であると言うことができるだろう（パーソンズの場合は四象限図式であったが）。

最後に、実在論において心の問題をどのように考えることができるか、という問題がある。アーチャーはあくまでも人間の行為能力（エージェンシー）を重視する立場から、心の領域と社会の領域を階層的に区別された創発的なものだと考える。よって、実在論的な信頼論であれば、信頼を心理的なものに還元することも、その反対に心の外側にある社会的なものに還元することも、ともに拒否する立場になるだろう[34]。しかしながら、そうであったとしても、実在論には心理学還元論とは別の問題が浮上してくる。それは、心の領域と社会の領域がどのように接続されているか、という問題である。アーチャーに見られる人間中心主義は、その二つの領域が人間（ヒューマン・エージェンシー）によって媒介されていると答えるはずである。けれども、結局のところ人びとがやっていることが重要なのであれば、なぜそもそも心の領域と社会の領域があらかじめ区別される必要があったのかということが問い直されてもいい。実在論が階層を区別することは、あらゆる還元論に立ち向かうことを可能にするものではあるけれど、その代償として「人びとがおこなっていることを見る」ということがどういうことなのかについての考察を欠落させることになった。本書の立場からすれば、「人びとがやっていることを見る」ためには、人びととの実践によって意味的に社会的リアリティが構成されているのだという視座が必要になる。そのためには、実在論ではなく、構成主義が認識論として選択される方が適切であるだろう。

以上、本書がなぜ信頼論の政治理論を実在論に定位させないかという理由を述べてきた。より一般化して言えば、実在論的な政治理論は、最終的に正しく「実在」を発見できるのは科学者であると想定してしまうことになり[35]、このことも結果的には、人びとが日常的におこなっていることそれ自体への軽視につながるおそれがある。もちろん、さきほども述べたように、本書では認識論としての実在論一般を否定するつもりはない。ただ、政治学における信頼論の基本的な問題構成（「政治の領域／その外側の領域」）にとって、実在論的な政治理論を選択することはできないだろう、ということである[36]。このことを明確にするためには、まずは政治学における実在論と構成主義をきっちりと区別しておく必要があった。

第二節　「意味」の系譜①——現象学的社会理論

本書では、第Ⅰ部での検討結果を第Ⅱ部および第Ⅲ部で引き継ぐという方針を掲げている。第Ⅰ部では、政治文化論が「政治の領域」と「政治の外側の領域」の区別と接合という問題構成に適うためには、①政治文化を「意味」的なものとして概念化し、また、②政治文化を政治の権力的な作動に接続できるような政治理論が必要だという結論を得たのだった。九〇年代以降の信頼論も政治文化論と同じ問題構成を引き継ぐわけだから、この結論を無視してよいはずはない。よって、この節では、おもに政治理論の理論的基礎にかかわる第一の点、「意味」概念による信頼論の可能性について検討していきたい(37)。

六〇年代型政治文化論の理論的基礎としてのパーソンズは、社会理論における意味概念の重要性を認識していたものの、意味の源泉をサイバネティック・ヒエラルキーの頂点である「究極的リアリティ」に還元してしまっていた。そして、とりわけ後期パーソンズにとって、ヒエラルキーの上位にある意味概念は理論の全体的な体系性を担保するものではあるけれど、理論の分析能力を高めるものとしては考えられていなかった。社会理論の学説史においては、こうしたパーソンズの行為理論に対するオルタナティヴが明確に存在している。それが、シュッツ以降に現象学的社会学や意味学派と呼ばれるようになった系譜である。本節では、この系譜に着目しつつ、それがこれまでの実証主義‐方法論的個人主義‐合理的選択理論にもとづいてきた信頼論の問題に、どのような選択肢を与えるのかを探っていくことになる。そのうえで、次のことを示したいと思う。現象学的社会理論は、信頼および慣れ親しみに目を向けることで、世界がいかにして日常的なリアリティとして現われているかということを問うための視座を与えてくれる。つまり、信頼とは合理的選択理論が考えるような個人の移転可能な所有物なのではなく、人びとがつくり上げている意味的な社会秩序の基底にあるものなのである。個人ではなく「意味」概念に理論的基礎を求めることによって、ミクロ／マクロという分断を超えた信頼論の可能性がはじめて開けてくる。

本節は、*1*においてシュッツの現象学的社会学の成立を後期フッサールに立ち戻って素描し、その特徴をパーソンズと対比する。*2*では、現象学的社会理論が一般的に信頼論に対してどのような示唆を与えるものであるかを検討する。

1 現象学的社会学とその特徴

第2章一節において述べたように、パーソンズの主意主義的行為の理論というモティーフは、ヴェーバーの理解社会学の影響下に成立したものだった。パーソンズがアメリカでそうした構想を抱いていたのと時を前後して、大西洋を挟んだウィーンのシュッツは、パーソンズとは別のやり方でヴェーバーの理解社会学を引き継ごうとした。それは、E・フッサールの現象学とヴェーバーの理解社会学を結びつけることである。そして結果的に見れば、フッサールを経由するかどうかが行為理論（ひいてはシステム理論）のひとつの分水嶺となった。ここでは、シュッツの理解社会学がどのようなものであったかを検討するが、その前にシュッツが受容したフッサールの現象学について概観しておくことにしたい。

（a） 後期フッサールの現象学

フッサールの現象学のなかでも、シュッツにとってより強い影響力をもったのは、その後期の著作である。[38] よって、ここでは後期フッサールの集大成と言われる『ヨーロッパ諸学の危機と超越論的現象学（*Die Krisis der europäischen Wissenschaften und die tranzendentale Phänomenologie*）』（Husserl 1954＝1995）を題材として取り上げよう。[39]

フッサールの問題関心は、近代科学の成立によって、より具体的に言えば、ガリレイ的な自然科学の成立によって、われわれが科学以前に日常的なかたちで世界を経験しているということが見失われてしまうようになったことへの危惧にある。それは、自然科学的な実証主義によっては、世界の真の存在にはけっして到達できないはずだ、というフッサールの信念にもとづいている（vgl. Husserl 1954 : 264 = 1995 : 465–466）。有名な一節において、フッサールは次のように述べている。

> 物理学の、したがってまた物理学的自然の発見者ガリレイ、かれの先駆者たちを無視したくないというなら、かれらの仕事を完成した発見者と言ってもよいガリレイは、発見する天才であると同時に隠蔽する天才でもあるのだ。かれは、数学的自然、また方法的理念を発見し、無限の物理学的発見者と発見のために道を切り拓いた。かれは、直観的世界の普遍的因果性（世界の普遍の形式としてのそれ）に対して、それ以降端的に因果法則と呼ばれるようになったもの、すなわち「真の」（理念化され数学化された）世界の「ア・プリオリな形式」を発見し、また理念化された「自然」のあらゆる出来事が精密な法則にしたがわねばならないとする「精密な法則性の法則」を発見した。これらはすべて、発見であるとともに隠蔽であるのに、われわれはこれらを、今日まで掛け値のない真理と受け取ってきた。（Husserl 1954 : 53 = 1995 : 95–96）

ここでフッサールは、ガリレイのことを「隠蔽する天才」と呼んでいる。ではガリレイによって隠蔽されたものとは何か。それは、幾何学や数学によって理念化される以前の、われわれ自身にとって所与であったような世界のあり方である。ガリレイによってはじめて、われわれの日常的な認識とは無関係に存在する「それ自体において実在的に完結した物体界としての自然という理念」（Husserl 1954 : 60–61 = 1995 : 108）があらわれてくるのである。言い換えれば、ガリレイ以降に世界は自然的な世界と心的な世界に分裂する。けれども本来、われわれにとって世界は所与として与えられているものであり、そうした日常的に所与の世界においては、幾何学的理念型や数学的時間などを見出すことはできない。にもかかわらず、ガリレイ以降の実証主義によって、「こうしたわかりきったこと」

が見捨てられてきたのである（Husserl 1954 : 50 = 1995 : 92)。ここで、自然科学の理念によって忘れ去られてしまったものこそ、われわれにとってあらゆる意味の基底となるような「生活世界（Lebenswelt)」である。

こうした問題認識を背景に、フッサールが目指したことは、ガリレイ的な自然科学の理念が完成させた「客観主義」を「超越論主義」に転換することである。超越論主義が求めるのは、客観主義が自明視している〝客観的に真の〟世界がそもそも基盤として成立していること自体を解明するために、科学以前の経験や思考といった主観性へと立ち返ることである。フッサールは、これによって世界の究極の存在意味にまで到達できるのだと考えた。そして、こうした思考の行き着く先こそ、超越論哲学の最終形式である「現象学」である（Husserl 1954 : § 14 = 1995 : 第一四節)。

ただし、超越論主義へと転換することはいままで気づかれなかった問題に目を向けるようにするだけのことで、さして苦もなく達成されるはずだという楽観論を、フッサールは戒めている（Husserl 1954 : 122 = 1995 : 215)。なぜなら、超越論主義への転換は、これまで支配的であった実証主義的な認識論を根底から覆すことを意味するからである。実証主義と超越論主義は、両立可能な二つの立場なのではなくて、世界に対するまったく異なった態度なのである。一方の実証科学が客観的世界を当然視したうえで「世界がなにであるか」を問うものだとしたら、他方の科学以前の主観性に立ち戻った超越論主義は、実証科学が当然視したものに立ち返って、次のような問いを立てる。(40)

あらゆる客観性、すなわちおよそ存在するあらゆるものがそこに解消される普遍的相互主観性が、人間以外のなにものでもないことは明らかであるし、この人間は疑いもなく、それ自体世界の部分的要素である。世界の部分的要素である人間的主観性が、いかにして全世界を構成することになるのか。すなわち、みずからの志向的形成体として全世界を構成することになるのか。（Husserl 1954 : 183 = 1995 : 327–328)

フッサールにとって、客観的な科学も含め、あらゆる認識の妥当性はその根拠を主観的で相対的なもののうちにもたなければならない以上、生活世界の問題こそがまさに哲学の普遍問題そのものとなる。だからこそ、客観的な科学の成立条件としての生活世界の問題は、「端的な間主観的経験の世界」（Husserl 1954 : 136 = 1995 : 239）の考察を必要としているのである。

問題は、そこからどうすべきか、ということである。フッサールによる回答は、われわれが当然視し、その妥当性を信じて疑わない所与の世界に対して「判断中止（エポケー）」をおこなってみる、というものである。「生活世界があらかじめ与えられているという事態は、どうすれば固有の普遍的な主題になり得るのであろうか。それは、言うまでもなく、自然的態度を全面的に変更することによってのみ可能なのである。それは、われわれがもはや、いままでのように自然的な現存在として、あらかじめ与えられている世界の恒常的な妥当を遂行することのうちに生きるのをやめ、むしろこの妥当な遂行をたえず差し控えるといった変更である」（Husserl 1954 : 151 = 1995 : 266）。これが、「超越論的判断中止（transzendentalen Epoché）」と呼ばれるものである。超越論的判断中止は、いままで自明なものとして妥当してきたあらゆる生のあり方（あらゆる科学のあり方も当然そのなかに含まれる）を一度カッコに入れることを要求する。繰り返しになるが、このことはたんなる〝視座の転換〟ではない。

> しかしこれは、世界に分かちあたえられるひとつの「とらえ方」、ひとつの「解釈」といったものではない。かくかくしかじかのとらえ方とか、「この」世界についての意見といったものは、どれも、あらかじめあたえられている世界にその基盤をもっている。私が判断中止によってまぬがれようとしているのは、まさにこの基盤なのである。すなわち私は、世界を超えているのであり、世界は、いまや私にとっては、まったく特殊な意味で現象になっているのである。
> （Husserl 1954 : 155 = 1995 : 274）

このことから、後期フッサールの哲学は「超越論的現象学」を名乗るわけである。

こうしてフッサールの超越論的哲学は、人びとの主観性、つまり心的なものからいかにして間主観的な世界が構成されているかということを、一切の妥当性が判断中止された状態まで差し戻したうえで考察していくことになる（これをフッサールは、心理学の本来的な問題として考えている）。ただし、言うまでもなく、フッサールは「すべてが主観である」と述べたわけではない。それはデカルトの俗流解釈でしかないだろう。そもそも、フッサールにとって生活世界とは間主観的なものでしかあり得ないため、現象学的・（フッサールが解釈しなおすところの）心理学的な判断中止と還元においては、個々ばらばらの心に向き合うのではない。なぜなら、心的なものにはかならず他者と連関する世界が含まれているからである。徹底した超越論的な還元は、自-他の「自」の方に接近するのではなく、その「自」さえも普遍的かつ純粋な現象とするような「エゴ（自我）」に行き着くことになる。「したがって、自我と他者との区別が指摘され得るならば、純粋な志向的心理学の主要課題のひとつは、世界の妥当をいっそう進んだかたちで還元していくという仕方で、それによってこそ『われわれすべてにとっての世界』としての世界が、エゴとしての私から出発して、そのときどきの内容をもった万人にとっての世界になるところの、そうした主観的かつ純粋な機能をあきらかにすることであろう」（Husserl 1954：260＝1995：457–458）。

以上が後期フッサールを特徴づける、超越論的現象学の概要である。とりわけ認識論との関係でいえば、フッサールは実証主義（＝客観主義）が忘却してしまった、自然的態度における根源的な世界認識のあり方を超越論的な還元において示そうとした。このことは、従来の認識論の問題構成と同じ地平にあるのではない[41]。超越論的還元は、客観的な世界が成立していることを人びとの主観性の問題へと差し戻すが、そこからさらに、世界内存在としての個々人の主観性ないし自我さえもカッコのなかに入れ、それをひとつの現象と見なすような思考方法である。

フッサールの超越論的現象学は、一見したところ、行為理論からは遠く離れた哲学上の議論でしかないし、中期以降のパーソンズの行為理論を見たあとではとりわけそのように感じられるだろう。けれども、こうしたフッサールの哲学を取り入れつつヴェーバーの行為理論を再構成することによって、シュッツはパーソンズとは別の行為理論のあり方を示そうとした。六〇年代型政治文化論の理論的基礎であるパーソンズ、および九〇年代以降の信頼論におけるコールマンと異なった理論的基礎を学説史的に探究する本書は、こうしたシュッツ的な方向性を見ておくべきであろう。

(b) シュッツによる現象学的社会学

年譜を見てみると、ユダヤ系であったシュッツは一九三八年、ナチスの迫害から逃れるためにパリへ渡り、そして翌年にはアメリカに亡命している。そして四〇年四月には、パーソンズの招へいで、ハーヴァード大学において「社会的世界における合理性」と題する講義をおこなっている(Koschmann 2012 : 483)。ただし、この間にパーソンズはアメリカ社会学の中心人物としての地位を築きつつあったが、シュッツはまだ主著の『社会的世界の意味構成』が英訳されていなかったこともあり、それほど注目されていたわけではなかった。さらに翌年、シュッツとパーソンズとのあいだには、パーソンズの『社会的行為の構造』をめぐって往復書簡が交わされることになり、これはシュッツの死後に公開されることになる。いまや、パーソンズとシュッツの対比は二〇世紀社会理論史の一大トピックになっているが、このことは政治文化論ないし信頼論の理論的基礎としても大きな分岐点をあらわしている。そして行為理論として見ても、パーソンズとコールマンのあいだには明確な断絶しかなかったが、パーソンズとシュッツのあいだの関係はより複雑なものである。

ここでは、ウィーン時代に書かれたシュッツの『社会的世界の意味構成』からはじめて、パーソンズとのやりとりを検討することで、シュッツの現象学的社会学がパーソンズからどのように分岐しているのかを示していきたい。

①『社会的世界の意味構成』

一九三二年の『社会的世界の意味構成(*Der Sinnhafte Aufbau der Sozialen Welt*)』(Schütz 1932 = 2006) は、ヴェーバーの「理解社会学」において分析の基盤をなしている、「行為の意味の理解[42]」がいかにして可能であるかということを、哲学的に考察するという主題を掲げている。ここでの哲学的考察に、フッサールの現象学が援用されることになる。そして、シュッツにとっては、それこそが一般社会理論のための布石となるはずのものであった。

同書においては、行為に結びつけられた動機（主観的に思念された意味）が、いかにして自我あるいは他我にそれぞれ主観的に理解されるのかを探究することの必要性が主張されている。そして、シュッツによって与えられた回答は、社会的同時代世界の観察者が日常生活においてそうしているような、「理念型」と「類型化」による主観的な経験連関の構成を、客観的に指示・参照することである。端的には、次のようになる。

> こうして科学はつねに客観的意味連関であり、社会的世界のすべての科学の主題は、一般に主観的意味連関ないし特殊な主観的意味連関の客観的意味連関を構成することにあるのである。（Schütz 1932 : 317 = 2006 : 335）

こうしたシュッツの主張に見られるフッサールの影響はあきらかであろう。シュッツは、フッサールの現象学的分析を引き継ぎながら、人びとの日常的な生活態度（自然的態度）こそが、あらゆる認識の可能性の根源であると主張しているからである。[43] とりわけ、われわれが他者とともに生きる社会的世界を対象とする科学においては、人びとの対面的な相互行為のなかにおいてこそ、その原基的な主題が獲得される。「こうした生きられた直接世界の関係ないし純粋なわれわれ関係（lebendige umweltliche Beziehung oder reine Wirbeziehung）から、社会的直接世界の領域に属さないすべての他者態度の作用、主観的意味のすべての解釈の仕方、同時代世界と先代世界への注目のすべての可能性は、その始原的で本来的権限を導き出すのである」（Schütz 1932 : 219 = 2006 : 237）。つまり、あらゆる認識の生活世界上の基盤を無視して、有り体に言えば、人びとの認識が「いま・ここ」に根拠をもつことを無視して、社会的世界への客観的な（＝科学的な）認識がそれ自体自律的に存在しているとするような想定がここで否定されているわけである。

そしてまた、シュッツの行為理論が「行為の主観的意味」に定位するものである点で、ヴェーバーの理解社会学を受け継いでいることもあきらかである。ただし、シュッツは、単に「意味」概念を重視することにとどまらず、主観的意味連関を客観的意味連関に組み替えていくという社会科学における行為論の課題を、「類型化」と「理念型化」によっておこなおうとするからこそ、ヴェーバーに重要性を認めているのである。なぜ「類型化」と「理念型化」ということになるのかと言えばそれは、われわれの社会的世界への認識が対面的・直接的な他者との相互行為関係によって構成されているのだとすれば、ここに現前していない他者たちと、それによって構成される社会的世界の認識は、「かれらのような人びととその行為」という想定に依拠せざるを得ないからである（Schütz 1932: §37・38＝2006：第37・38節）。このことは、「いま・ここ」にある行為者の主観的な意味連関を、客観的な意味連関に変換するために必要な措置である。

ヴェーバーの理解社会学をフッサールの現象学で補うという、シュッツの現象学的社会学の出発点は、以上のような論理によって支えられていた。パーソンズの主意主義的行為の理論が、行為者の主観的観点を取り入れることと行為理論の一般性を引き換えにすることへの拒否からはじまったものだとすれば、シュッツの議論は、そもそも行為理論において主観的観点を取り入れることがどういうことなのかを考察するというところからはじまったものであった。ヴェーバーの理解社会学を継承するといった場合でも、パーソンズとシュッツでは継承しようとする水準が異なっていたのだと言える。そしてそうした差異は、二人のあいだで交わされた往復書簡において明確であった。

②シュッツとパーソンズ

シュッツとパーソンズのあいだの論争は、シュッツがパーソンズの『社会的行為の構造』に対して書いた書評から幕を開ける。[44] まず、シュッツがパーソンズをどのように評価したのかということから見ていこう。[45]

シュッツは、『社会的行為の構造』におけるパーソンズの立場を、次のように要約している。「まとめると、主意主義的理論は、実証主義的な枠組みに究極的価値システムを導入することによって特徴づけられると言える」(Grathoff ed. 1978 : 17 = 1980 : 83)。シュッツはそのうえで、次のような評価を下している。

> 筆者が評価するのは、この基本的な観点である。つまり、社会科学の課題はさまざまな事実のたんなる経験的な記述として考えられてはならず、むしろすべての真なる記述はあらゆる社会現象がかかわっている人間活動の本質への理論的洞察をすでに必然的に前提しているということである。他方、パーソンズ教授は社会科学の正しい方法論が依拠すべき論理的・哲学的基盤の検討を意図的に放棄しているが、これは遺憾であると言わねばならない。こうした知識についての根本問題について洞察がなされていれば、パーソンズ教授自身の重要で興味深い理論の明確性と一貫性とに多大な貢献がもたらされていたであろうと思われる。
>
> (Grathoff ed. 1978 : 22 = 1980 : 89–90)

パーソンズは、行為理論が人間活動の本質（＝自然的態度における人びとの主観性）についての洞察を必然的に含むことを理解していた。しかし、パーソンズはこの問題について哲学的に考察することを放棄した[46]。つまるところこれが、シュッツによるパーソンズ評価のすべてである。この問題提起の意義は、パーソンズにはずっと理解されないままであったし、シュッツもそれをうまく伝える手段をもたないまま論争は終幕を迎えた。結論に飛躍するまえに、もう少しシュッツの主張内容を詳しく見ておこう。

本書第2章一節でみたように、初期パーソンズにおける主意主義的行為の理論は、目的‐手段図式に依拠しながら功利主義と対決するというものであった。パーソンズは、目的と手段のあいだの取捨選択は、規範的な価値の体系にしたがうものであるため、ランダムではあり得ない、と主張した。シュッツは、もし行為者による目的と手段のあいだの取捨選択が、行為者によって主観的に解釈された規範的価値によって規定されるのだとすれば、そのような取捨選択において規範的価値が介在していると言える根拠がなくなるのではないかと論じている。というのも、その場合の規範的価値は、人間の動機一般と区別することができなくなるからである。「仮に主観的見地がそのもっとも厳密かつ本来的な意味で維持されるとすれば、動機の理論のみが社会的行為の分析を深めるであろうと提案したい」（Grathoff ed. 1978 : 32 = 1980 : 105）。たしかにパーソンズは、行為の理論が主観的見地を取り入れなければならないことを洞察してはいる。しかし、パーソンズはこの原則を突き詰めることなく、行為の主観的見地を問わなければならないまさにその地点において、規範という要素を不用意に導入してしまっているのである（Grathoff ed. 1978 : 36 = 1980 : 109–110）。つまり、後期フッサールの衣鉢を継ぐシュッツにとってみれば、行為の主観的な観点を取り入れつつ客観的・科学的な理論を構築するということは、パーソンズの見通しほど容易に達成されるようなものではなく、綿密な哲学的考察を要求するものなのである[47]。

> 社会科学におけるたいていの誤謬は、主観的見地と客観的見地の混同に帰することができる。こうした混同は、科学者たちに気づかれないうちに、科学的研究の発展のなかでひとつの水準から他の水準に移行する際に生じたものである。――〔中略〕――社会的行為の理論は、この理論の基盤、つまり日常的な生活や日常的な経験からなる社会的世界との関連性を失うべきではないとすれば、主観的見地を最大限に確保しなければならない。主観的見地を守ることは、一部の科学的観察者によって構成される虚構的で非実在的な世界によって社会的リアリティが取り替えられてしまわないようにするための、唯一ではあるが十分な保証である。
>
> （Grathoff ed. 1978 : 49–50 = 1980 : 129–130）

こうした課題、すなわち行為者の主観的見地を取り入れつつ客観的な概念化や分析をおこなうという課題を達成するために、シュッツの出している暫定的な解決法は、すでに述べたような「理念型」の構築と「類型」の提示であった（cf. Grathoff ed. 1978 : 59 = 1980 : 143）。

こうした書評に対して、パーソンズは三度[48]に分けて返信を送っている。パーソンズの反応は、基本的には次の箇所に凝縮されているだろう。「あなたの本を読んでみますと、言われてみればまったくそのとおりのように聞こえる主張を再三なさっていますが、いつも『それでどうなるのだろうか』という質問を私としてはしてみたくなります。ご批判をいただいている私自身の定式化の替わりに、仮に私があなたの言明を受け入れるとすれば、あの書物を貫く経験的な問題のある解釈なり、理論の体系的な構造の定式化なりに、なにか相違が生じてくるのでしょうか」（Grathoff ed. 1978 : 67 = 1980 : 165）。パーソンズがシュッツに対して言いたかったことは、行為理論の指針を完成させるという自身の目的にとって、シュッツがずっと問題にしているような哲学というのはほとんど関係していない、ということだった[49]。

パーソンズにとってみれば、シュッツの現象学的な態度というのは、行為理論にとってかならずしも適切なアプローチを導くことができるわけではない。たとえば、シュッツは社会的な事実の常識的な理解（自然的態度）と科学的な理解（科学的態度）を原理的に異なったものとして扱い、前者の基底性を重視しているが、パーソンズにおいてその違いは、単に理解の厳密さの違いにほかならない（cf. Grathoff ed. 1978 : 69 = 1980 : 167）。また、行為の理解においても、行為者が行為に付与している主観的な意味（理由や目的）が行為を特権的に定義づけているわけではない（cf. Grathoff ed. 1978 : 85 = 1980 : 191）。そこには、理論と現実の対応を否定するような虚構説を拒否しつつ、行為理論はあくまでも分析的に現象を切り取っているにすぎないという「分析的リアリズム」が反映されている。パーソンズにとっては、シュッツのように行為の主観的意味の理解を重視することによって、理論的な一般性をあきらめることは避けられなければならないことであった。

それから一カ月半後にパーソンズに宛てた手紙において、シュッツは、自分がパーソンズと同じ問題関心に立っているのだということを強調しつつ、ただどのような見地から出発するのかが異なっているだけなのだと述べている。「私的な生活事情が許すかぎり、私は細心にあなたの本について研究し、そしてただちにあなたの体系の重要さや価値を理解しましたし、同様にそれが私自身の書物の終わっている、まさにそこのところから出発しているという事実をも理解しました」（Grathoff ed. 1978 : 97 = 1980 : 208）。この文面からもわかるように、シュッツはパーソンズに対する批判として自分の書評が受け取られることを嫌い、パーソンズ自身の理論体系の実質になんら修正は必要ないのだと述べている。ただ、シュッツの注文は、パーソンズがもう少し行為の主観的見地をめぐる哲学上の問題を顧慮してくれることであった。(50)

その後、シュッツとパーソンズのあいだの相互理解が深まることはなく、パーソンズは「あなたが私の問題に関心を寄せているほどには、私があなたの問題に関心を寄せていないとおっしゃっているのは、おそらくまったく正しいでしょう」（Grathoff ed. 1978 : 108 = 1980 : 224）と突き放し、シュッツは「私が提案いたしました解決に関しましては非常に拙いものだと自覚しておりますが、あの書物〔＝『社会的世界の意味構成』〕において取り扱われた問題は、なんらかのかたちで解決されなければならない、社会科学の真の問題であるということだけはたしかです」（Grathoff ed. 1978 : 110 = 1980 : 229）ということをあらためて強調するにとどまった。

こうして、シュッツとパーソンズの〝論争〟は終息した。あとに残ったのは両者のすれ違いだけであり、(51) この論争の直後からもパーソンズはシュッツ的な観点を取り入れることなく（むしろそれとは正反対の方向へと）進み、構造－行為理論といわれる中期パーソンズ理論の彫琢に向かった。事実、パーソンズは一九七四年に論争当時のことを振り返っているが、そこにおいても行為理論における現象学の価値というものを懐疑している。

シュッツ博士は、行為者の見地と科学的観察者や分析者の見地とのあいだにまったく非現実的とも言える鋭い対照をもちだして、根本的に両者を相互に引き離してしまっているようにみえます。まったく反対に、両者は密接に結びついていますし、それに科学「をおこなうこと」は、行為の類型のうちひとつの極端なものであるように思われます。〔改行略〕こうしたことが、私を長いあいだ困惑させてきた現象学派の主張のなかに含意されており、それはシュッツの著作において顕著であり、ハロルド・ガーフィンケルのようなシュッツの追従者たちによっても進められているものです。これは、いわゆる「日常生活」への現象学的接近をことさらに力説することであり、またこの意味での日常生活は科学的観察のいかなる視座からも完全に異なるという主張であります。――〔中略〕――しかし科学というものは、たとえどんなに行為者が素朴であろうと、あらゆる人間的行為のうちに存在する一定の構成要素を強調し、これをとくに明瞭にすることから成り立っています。

(Grathoff ed. 1978 : 123–124 = 1980 : 246–247)

パーソンズが「日常性」を重視する社会理論に可能性を感じていなかったのは、つまるところ、シュッツがこだわっていた日常的・自然的態度と科学的態度の区別というトピックを、単なる社会認識における正確性の違いとして考え続けたからであった。パーソンズにしてみれば、そこにはたしかに違いもあるだろうが、そこを掘り進んでも分析的で体系的な行為理論にとっての成果となるようなものがないだろう、ということである。それに対してシュッツが言っていたことは、科学的態度において自明なものとして扱われる対象（行為理論においては「行為」）がいかにして自明なものとして構成されているかを、日常的・自然的な認識の根源、行為の主観的意味にまでさかのぼって考察することの必要性であった。シュッツにしてみれば、パーソンズがヴェーバー的な「行為の主観的意味の解釈」を行為理論において貫徹する気があるならば、この問題を避けることはできないはずだ、ということである。[52]

いずれにせよ、第4章一節3で見たように、後期パーソンズは行為理論における「意味」概念を人びとの行為の外側にある「究極的リアリティ」へと係留することになった。そして、それは本書が政治文化論や信頼論にとって必要だと考える視点、すなわち、社会的なリアリティが人びとの行為のなかにおいて日常的に意味として構成されるという視点とは、むしろ正反対であった。その原因は、シュッツとの論争においてあきらかなように、パーソンズが現象学的な行為理論の知見を受け入れることがなかったというところにある。では、パーソンズ理論のオルタナティヴとしての現象学的な社会理論は、信頼論にどのような知見をもたらし得るのだろうか。このことを、次項において検討していきたい。

2　現象学的社会理論から信頼論への知見

ここでは信頼やソーシャル・キャピタルを、パーソンズ的な文化概念からではなく、かといって経済学的な思考（合理的選択理論）からでもなく、現象学的に考えてみたい。[53] それはつまり、人びとが社会的世界を意味的に秩序立ったものとして自明視できていること自体を探究対象とし、信頼やソーシャル・キャピタルをそうした社会秩序に内在するひとつのメカニズムとして概念化する、ということである。[54] はじめに『社会的世界の意味構成』以降のシュッツを検討し、つぎにシュッツ以降の現象学的な社会理論へと進むことにする。

(a) シュッツの社会理論からの示唆

シュッツは基本的な思想としてフッサール哲学を引き継いでいると言えるが、とはいえ信頼をフッサール的な視座において捉えようとすると、ただちに問題が生じてくる。それが、超越論的現象学における「他者の不在」という問題である。すでに見たように、自他の区別も含めたあらゆる自明性をカッコに入れるというフッサールの言う超越論的還元をおこなっていくと、どこまで行っても他者に出会うことのない独我論に陥る。けれども、信頼をどのように概念化するのであれ、信頼を論じることに意味があるのは、そこに他者が存在し、その他者とともにわれわれが自明な世界を構成しているからであろう。フッサールの超越論的現象学は、信頼論にとって根源的なこの一点をあっさりと通過していってしまうことになる。よって、現象学が信頼論に知見を与えることがあるとすれば、この他者性の問題について、もう少し言えば〝間主観的な〟世界の構成という問題について、何らかの解決がなければならない。

じつは、一九三九年にアメリカに亡命したあとのシュッツは、一方でパーソンズ的な行為理論の哲学的な基礎づけに取り組むとともに、他方でこうしたフッサールにおける「他者の不在」問題とも闘っていた。浜日出夫はこのことを、ピグマリオンとメドゥーサという、ギリシャ神話の挿話を利用しながら示している（浜 1982）。どういうことかと言えば、シュッツの現象学的社会学は、パーソンズの（パーソンズ自身の意図とは裏腹に実証主義的色合いを残す）主意主義的行為の理論および分析的リアリズムへの批判であると同時に、フッサールの超越論的現象学の独我論への批判である、ということである。その意味で、自身のつくった彫像を人間に変えたピグマリオン（パーソンズ）と、自分に出会うものをすべて石に変えてしまう――そしてそのかぎりで他者に出会うことのない――メドゥーサ（フッサール）とのあいだに、シュッツは位置していることになる。

繰り返せば、シュッツとパーソンズの論争は、社会現象の認識における自然的態度と科学的態度の差異をどのように評価するかをめぐって展開された。シュッツにとって、社会現象は自然的態度の人びとによってすでに構成されたものであり、科学的態度（客観的意味連関への志向）はそうして構成された社会現象を所与として成立するものであった。これに対して、パーソンズにとっては、パーソンズは自然的態度が科学的態度よりも不正確な社会認識のあり方だと考えていた。つまり、パーソンズにとっては、社会理論が対象とする社会秩序は、科学的態度においてはじめて秩序立って認識されるということになる。こうして「自分の作った象牙の像に恋をし、神に祈ってこの像に生命を与えてもらった彫刻師ピグマリオンの物語と、自らの構成した『人形』を生きた人間と混同する実証主義者パーソンズの姿は正確に重なり合う」（浜 1982：69）。他方、フッサールの超越論的現象学は、社会的世界を構成するいっさいの作用を還元していくことで、「だれもにとって共通であるという性格をもつこの間主観的な世界を超越論的主観はいかにしてその孤独のうちで構成しうるのか」（浜 1982：71）というアポリアにたどり着いてしまう。

こうしたパーソンズとフッサールの問題性に対して、シュッツは、社会的世界が人びとの日常的な認識においてすでにそれ自体秩序立って構成されているという現象学的発想をもとにしつつ、フッサールのようにそれを超越論的に還元してしまわない、という立場を選択した。つまり、シュッツにとっては、日常的な世界が間主観的に与えられていることは、社会理論における原理的な出発点なのである。[55] 世界の間主観的な所与性を社会理論のそれ以上さかのぼり得ない出発点とすることは、行動論政治学とパーソンズの文化論の折衷とも、方法論的個人主義と合理的選択理論の組み合わせとも異なるかたちで信頼論を構想するための土台を与えてくれる可能性がある。

ただし、シュッツは音楽論や文学論なども含め、さまざまなテーマについて論考を発表したものの、信頼については直接的に論じていない。しかしそれでも、シュッツの社会哲学は信頼論にとって多大な示唆をもち得るし、現にもってきた。その最大のものは、なんといっても、人びとの日常生活およびその日常生活のなかにおける社会的リアリティの構成が、それ自体として、社会科学にとって価値ある研究対象であることを示したことである。[56] 六〇年代の政治文化論においてすでにその萌芽的形態を見せ、そして九〇年代以降の信頼論にいたってしだいに意識されるようになってきた「政治的リアリティの日常的な構成」という視点は、シュッツ的な現象学を経由しなければ、およそ理論的に基礎づけられ得ないであろう。つまり、われわれが政治であると見なしているものは、社会科学者によって指し示される以前に、日常生活における人びとの実践のなかで構成される事柄なのである。このことを見落としてしまうと、政治文化論も信頼論も、人びとの〝ミクロな〟傾向性なり関係性なりが、実体的に存在する〝マクロな〟政治現象に因果的に作用しているという、無理な論理と格闘しなければならなくなる。それに対してシュッツは、社会理論に次のような方針を提示している。

「この社会的世界は観察者である私になにを意味しているか」という問いに対する答えは、その前に、まったく別の問い、「この社会的世界はこの世界において観察された行為者になにを意味し、その行為者にとってそこで行為することはなにを意味していたのか」に対する答えを必要とする。このように問うならば、われわれはもはや社会的世界とそれについて一般に受け入れられている理念化や形式化をなんの問題もない既成の有意味なものとして素朴に受け入れるわけにはいかず、理念化や形式化そのもの、社会現象が行為者と同様にわれわれに対してもつ意味の発生、人間がたがいに理解するという行動のメカニズム等を研究することから始めなければならない。（Schutz 1970 : 269 = 1980 : 289–290）

行為の主観的意味を客観的に取り扱う方法を開発し、社会科学の思考とわれわれが日常生活の社会的リアリティに対処するために形成している常識にとっての思考対象とが矛盾しないようにすることは、社会科学の中心問題である。（Schutz 1970 : 278 = 1980 : 301）

社会的リアリティの日常的な構成が社会科学の主題であることが意識されると、人間活動の多くの部分が、何らかの社会的リアリティが間主観的に共有されていることを前提として営まれていると同時に、そうしたリアリティを構成する過程でもあることが理解される。言い換えれば、政治のように高度に自律的であるとされる領野であっても、日常的な世界が慣れ親しまれたものであるという「期待」をベースにしているのである。[57] こうした「期待」には、原理的には他人が自分に突然襲いかかってこないこと、自分が理解している事柄が相手にとっても同様に理解されているであろうことなども含まれる。しかしもちろん、その期待が裏切られることもあり、むしろ――少しあとで見ていくガーフィンケルの違背実験が示すように――裏切られたときにはじめて自分がそうした「期待」をもっていたのだということが意識されることになるだろう。いずれにせよ、シュッツの現象学が言うところの、世界が慣れ親しまれたものであることへの期待は、コールマン的な信頼論では見過ごされていた信頼のもっとも基底的なかたちに気づかせてくれる。

よって、他者を信頼することも、間主観的な世界の自明性という慣れ親しみを前提としていると考えることができる。そしてこのことは、いわゆる対人的な信頼のみならず、信任と言われるようなシステム信頼についての議論にも示唆をもつ。というのも、われわれが生きる近代社会の間主観的な自明性には、システムの機能分化が当然含まれているからである。

> われわれが、専門特化されたシステムに近づく際の姿勢に連続性が欠けていること自体が、むしろ専門特化された領域におけるわれわれの探究の成功の条件になっている。――〔中略〕――われわれは、他者に対して特定の仕方で行為するかぎり、他者もまたわれわれが予期するように反応するという事実に頼っているし、政府、学校、裁判所、公益事業等の諸制度が正常に機能することも、法、モーレス〔習俗〕、宗教的・政治的信念等にもとづく秩序がわれわれの行動も他者の行動も等しく支配するという事実にも頼っている。
>
> (Schutz 1970 : 236–237 = 1980 : 246–247)

まとめると、シュッツの現象学的な社会理論は、間主観的な世界の所与性を出発点とすることで、われわれの日常生活がある種の慣れ親しみを基盤にして成立することを示唆している。このことは、信頼の根源的なあり方に注意を向けるものであると同時に、科学者が社会現象を〝ミクロ〟と〝マクロ〟に分断してしまう前に、社会秩序は人びとにとってすでに日常的なリアリティをもって存在していることを示してもいる。なぜなら、間主観的な世界の所与性は、〝ミクロ〟とされる諸個人の主観性と〝マクロ〟とされる社会の客観性のいずれにとっても、論理的に先行するものだからである。ミクロなピースとマクロなピースをつなぎ合わせることによって社会現象の全体像が完成するのではない。シュッツの現象学にとっては、人びとの日常生活の前提となっている間主観性こそが、社会的リアリティそのものである。ミクロとマクロという区別は、この社会的リアリティを科学者が恣意的に分断したものにほかならない。社会理論は、この間主観的なリアリティを分析の対象として出発すればよいのである。このことからすれば、九〇年代以降の信頼論がおちいった政治理論上の隘路であるミクロ／マクロ論は、現象学的な視座への転換によってはじめて回避されることになるだろう。もちろん、ただそのことだけによって、シュッツの社会理論が信頼論にとっての政治理論の条件を満足しているとは言えない。けれども、少なくとも現象学の知見を取り入れることで、行き詰まったかつての理論的基礎とは異なるオルタナティヴが信頼論に与えられることはあきらかになったはずである。

（b）現象学的社会理論と信頼論

シュッツによって、現象学的社会学はひとつの理論的な立場として認知されることとなった。しかし、とりわけシュッツ以降に現象学的社会学を広く普及させたのは、バーガーとルックマンによる『リアリティの社会的構成（*The Social Construction of Reality*）』（Berger and Luckmann 1966 = 2003）であろう。ただし、このバーガーとルックマンの著書においては、すでに現象学的社会学におけるフッサールの超越論的な残滓はほとんど払拭され、日常性に定位した社会学のあり方を構想することが主たる目的となっている。その意味では、より経験的な社会科学の問題として、彼らの現象学は展開されている[58]。また、バーガーらは、現象学的社会理論の背後に、パーソンズの社会理論を換骨奪胎しつつ、マルクスのとりわけ『経哲草稿』の名誉挽回を図るというモティーフも潜ませている。こうして現象学的社会理論の画期をなす『リアリティの社会的構成』のなかにおいても、日常的に社会的リアリティが成立していることをトピックとするなかで、そのリアリティを支える信頼や慣れ親しみについての議論が展開されている。まずはこのことを確認したうえで、つづけてシュッツ以降の現象学的社会理論の展開と信頼論への示唆を概観していくことにしたい。

バーガーとルックマンの基本的な主張は、社会的リアリティが、人びとが日常的に駆使している常識的な知識によって主観的に構成されるものであると同時に、客観的で物象化された事実としても存在していることの両面が同時に視野に収められなければならない、というものである。社会的世界の本質について、彼らは短く次のようにまとめている。「社会は人間の産物である。社会は客観的なリアリティである。人間は社会の産物である」（Berger and Luckmann 1966 : 61 = 2003 : 95）。もともとシュッツは、理解社会学の方針を、主観的意味連関の客観的意味連関への組み込み、として表現していた。バーガーらは、主観と客観の二項対立図式についてシュッツを受け継ぎつつも、それを物象化論に結びつけて、[59]主観的意味が客観的な事実として経験される事態の研究を現象学的社会学の課題にしているのである。そしてこのことは、社会学理論史におけるヴェーバーとデュルケームの対立――パーソンズが『社会的行為の構造』において「統合」しようとしたもの――を「止揚」させるということを意味する。[60]

社会は実際に客観的な事実性をそなえている。そしてまた、社会はたしかに主観的意味を表現する行為によってつくり上げられている。しかも、ついでに言っておけば、ヴェーバーが前者の側面に気づいていたように、デュルケームもまた後者の側面に気づいていた。デュルケームのもうひとつの基本的用語を借りるならば、社会がもつ「独特のリアリティ」をつくり上げているのは、客観的事実性であると同時に主観的意味としてもあるという、まさしく社会のもつこの二重の性格なのである。それゆえ社会学理論にとっての中心的問題はつぎのように言い表すことができる――主観的意味が客観的事実性になるのはいかにして可能なのか。あるいは、上に述べた理論的立場にふさわしい言葉を借りるならば、つぎのようになる――人間の行為（Handeln）がモノ（choses）の世界をつくり出すのはいかにして可能なのか。換言すれば、社会がもつ「独特のリアリティ」を正しく理解するには、このリアリティが構成される仕方を研究することが必要になる、ということだ。われわれの主張からすれば、これを研究することこそが知識社会学の課題となるのである。

（Berger and Luckmann 1966 : 18 = 2003 : 25–26）

このように、バーガーとルックマンの現象学的社会理論においては、物象化された社会がもつリアリティを理解するために、「このリアリティが構成される仕方を研究することが必要」だとされているのである。人びとにとってのリアルな社会的世界は、科学者が研究対象として見ている場合の社会的世界とは異なって、慣れ親しまれたありきたりな日常世界として経験されるのであり、そこでは特段の事情がないかぎり他者や自分が住まう世界を信頼していることがデフォルトとなっている。経済学的な思考との対比で言えば、信頼するということは、人間の意識的で合理的な計算の結果として達成される事柄ではなく、人がありきたりな世界を生きる際の態度、すなわち慣れ親しみでしかない、ということである[61]。

ただし、こうした世界への慣れ親しみは、個々人の心のなかで主観的に獲得されるものではない。そうだとすればそれは、再びフッサールの独我論への逆戻りを意味してしまうだろう。われわれにとっての世界は〝間主観的な〟社会的世界であり、自分にとって世界が慣れ親しまれているということは、他者にとってもその世界が慣れ親しまれたものであることを前提にしている。よって、世界への慣れ親しみは、人びとのあいだでそうした慣れ親しみが相互に確認されることを要求するのである。「世界はそれが確認され、再確認されるかぎりにおいてのみ、主観的に納得がいき、主観的には首尾一貫性をもっている、という意味において、リアルなものとして存在し続けるのである。この確認作業もまた、社会的な過程のなかでおこなわれる――つまり、世界は他者によって確認され、確認しなおされなければならないのである」(Berger and Pullberg 1965 : 201 = 1974 : 104)。こうして、間主観的に成立している世界への慣れ親しみは、人びとの日常的なやりとりにおいて相互の期待が確認されていく過程として分析され得ることになる。先回りして言っておけば、次項において検討するエスノメソドロジーは、現象学的社会理論におけるこうした知見を信頼論に受け継いでいる。

バーガーらは、人びとの主観において世界がモノとして客観的であることを、社会的リアリティへの慣れ親しみという水準において成立する事態だと見なしていた。同様に、S・ヴァイトクスも、〝間主観性〟を社会理論の出発点とすることをバーガーらと共有しつつ、そこから社会秩序原理としての信頼を論じている[62]。

間主観性を日常的な(mundane)問題として考えるということは、間主観性の理論を構築しようとするいかなる試みにとっても根本的なターニング・ポイントである。――〔中略〕――間主観性を日常的な問題としてそのように解釈することは、この問題を超越論的なモナドという不毛な土地から社会的世界という肥沃な牧草地へと本質的に転換することを意味している。そしてそれによって、今後のいかなる分析にとってもまったくあたらしく有望な方向性が切り拓かれるのである。

(Vaitkus 1991 : 139–140 = 1996 : 231–232)

こう述べるヴァイトクスは、しかしながら、間主観性から出発する現象学的社会理論の目的が、厳密なア・プリオリな学としての現象学を第一哲学として打ち立てるというフッサールのもともとの試みを放棄することではなく、それを本質的に拡張・推進するものであることを強調している。つまり、間主観性というのは哲学上の厄介な問題を片付けるための方便ではなく、問題の所在を示しているのである。そのうえでヴァイトクスは、分析に開かれた概念としての「間主観性」を、信頼から解読しようとしている。

ヴァイトクスは、間主観的な社会的世界の本質的特徴が、人びとの「信用態度 (fiduciary attitude)」であると断言する (Vaitkus 1991 : 167 = 1996 : 283)。それは、自明視された日常世界で人が行為するとき、そこにはある種の信用態度、すなわち信頼が前提にされていなければならないからである。[63]「『信用態度』とは一般には信じ込みやすさ (credulity) の態度、言い換えれば、他者を信じるということに開かれているある種の『傾性』や『用意』として理解することができる。そして、まさにこうした態度こそが、他者のもっとも実際的な間主観的理解にさえ含まれていることが見て取れるのである」(Vaitkus 1991 : 163 = 1996 : 274)。どのような行為者も、他者と共通の世界に生きているということへの確証を原理的に得ることができない。そのため、他者たちとともに日常世界を生きるということは、信頼のようなものに頼らざるを得ないのである。よって、現象学的社会学が間主観性を分析の出発点とするというとき、そこには必然的に信頼への分析が含まれることになる。

さらに付け加えておけば、信頼を人びとが間主観的な社会的リアリティを構成する作用として捉えることは、D・ルイスとA・ワイガートにも見られるものである。ルイスとワイガートは、社会秩序一般の成立可能性の条件が信頼にあるとして、それを信頼論における「社会的アトミズム」から「社会的全体論」への移行として捉えている（Lewis and Weigert 1985b）。つまり、ばらばらの個人が自己利益の実現を求める自律的で自由な交渉によって社会秩序は可能になるのではなく、特定の個人の特性には還元できないような集合体としての社会それ自体によって社会秩序は説明されなければならない。ルイスらは、これをガーフィンケルの信頼論を延長する発想だとしたうえで、次のように主張する（Lewis and Weigert 1985b : 456）。

1　信頼は社会にとっての機能的な必要条件であり、
2　それは形式的かつ経験的に分析が可能で、
3　その分析が現代社会に重要な視角をもたらす。

これら三点が含意しているのは、——多くの政治学者や心理学者がそうしてきたのとは異なり——信頼は個人の心の問題などではなく、また合理主義的・ゲーム理論的に概念化されるものでもない、ということである。彼らは、次のように述べている。「われわれは、信頼の一義的な機能は心理学的なものというよりも、社会学的なものであると考える。なぜなら、諸個人は社会的関係性から離れたところにおいて、信頼する状況もその必要性ももたないからである。くわえて、その機能と同様に、信頼が依拠する基盤も第一義的には社会的なものであると主張したい」（Lewis and Weigert 1985a : 969）。また、信頼の合理主義的な概念化が不適切であるのは、「信頼の過度に合理化された概念は、それを協調行動によって推測的に示された意識的で認知的な状態へと矮小化することで、信頼の感情的性質を無視している」（Lewis and Weigert 1985a : 976）からである[64]。

信頼が「社会的リアリティ」である、というルイスとワイガートの主張は、「信頼とは社会の存立可能性のための機能的な前提条件となっている」（Lewis and Weigert 1985a : 968）という認識につながる。これは、本書の第6章一節3（c）①で取り上げたハーディンらによる信頼の道具主義的理解が行き着いた先、すなわち、「信頼は多くの人格間的な文脈では重要であるものの、それは社会を生産的かつ効果的に機能させるという重荷を背負うことはできない」(Cook, Hardin and Levi 2005 : 1) とする見解と、真っ向から対立するものである。つまり、ルイスらにとって、信頼とは人間や人間の活動にとって選択的な(＝あってもなくてもよいような)〝行動〟のたぐいではなく、まさに社会秩序の基底にあって欠くことのできないものなのである。そしてこのことは、単に信頼概念の定義をどのように操作化するかについての違いという問題なのではなくて、信頼論の研究デザイン自体を大きく変化させるものである。ハーディンらの道具主義的理解が、信頼を個人に帰属する投機的な行動だと捉え、そのような投機の原因と結果に関心をもつものであるのに対して、現象学的社会理論における信頼論では、信頼を研究することと社会秩序の可能性そのものを問うことが結びついている。よって、前者の研究にとって信頼現象はある所与の場面における(〝ミクロな〟)人間活動を指すものである一方、後者の研究では、そうしたさまざまな場面が人間活動によって構成されている事態そのものが研究対象となる。

本節では、これまでの信頼論ないし政治文化論に代わる「意味」の系譜として、シュッツにはじまる現象学的社会理論を検討してきた。シュッツ以降の現象学的社会理論は、間主観性を社会理論のア・プリオリとし、社会的なリアリティが間主観的に成立していることと信頼論とを結びつけている。つまり、世界への慣れ親しみや、他者に対する無意識の信頼などが、人びとの日常世界を可能にしているのである。「意味」学派は、実証主義的な信頼論とはちがって、方法論的な個人主義によってミクロ／マクロ問題に巻き込まれることはない。「意味」とは〝ミクロな〟個人にも〝マクロな〟社会にも帰属されるようなものではなく、ただわれわれにとっての世界の現われ方、つまりリアリティにかかわる——現象学派の用語でいえば〝間主観的な〟——カテゴリーだからである。もっとも、序章でも述べたように、本書では「間主観性」という概念が、理解社会学的な主観／客観図式をあくまでも前提にしているという点で、かならずしも適切ではないと考える。しかしいずれにせよ、間主観性を社会理論の出発点にする現象学的社会理論は、パーソンズ的でもコールマン的でもない信頼論の理論的基礎として、注目すべき価値があるだろう。

けれども問題は、現象学的社会理論をいかにして経験的な社会科学としての信頼論へと接続するのか、ということである（六〇年代のアーモンドが政治文化論を構想する際にパーソンズを理論的基礎として援用したのは、哲学的な議論を展開するためではなくて、文化を経験的に研究するための理論と概念枠組みが必要だったからだということを思い出すべきだ）。往復書簡のなかで、パーソンズがシュッツに「それでどうなるのか」と不満を漏らしたことにもあらわれているように、現象学的な社会理論は、それだけではまだ経験的な研究との実質的な接点があきらかではない。この問題を、次節において検討していくことにしたい。

第三節　「意味」の系譜②——エスノメソドロジー

本節では、エスノメソドロジーと呼ばれる研究領野と、それを基礎づけている理論的な発想を見ていく。エスノメソドロジーは、一九六七年にガーフィンケルの著書『エスノメソドロジー研究（*Studies in Ethnomethodology*）』においてその誕生が正式に宣言された比較的あたらしい分野であり[65]、とりわけ政治学においてはなじみが薄い[66]。しかしながら、「意味」に定位する現象学的社会理論を、経験的な研究へと接続するためには、このエスノメソドロジーを経由する必要がある。エスノメソドロジーは、現象学的社会理論の問題関心を基本的に引き継ぎつつも、それを経験的な研究によって示されるべき事柄であると考える立場だからである。

ところで、エスノメソドロジーは、普通は切り離されてしまっていることの多い哲学的な思考と経験的な研究を同時に展開するという特徴をもっているものの、それ自体は〝理論的な〟立場ではなく、またその出自から言っても理論的な立場であることに強い警戒感をもっている。[67] こうした警戒感は、エスノメソドロジーが既存の〝理論的な〟志向をもった社会科学とは、異なったタイプの経験的な研究を目指していることによる。そのかぎりでは、エスノメソドロジーは体系化された一般理論に基礎をもつものではなく、政治理論の構築を目指す本書とはかみ合わないように思われるかもしれない。けれども、そもそも本書が目指しているのも、経験分析のための仮説モデルとしての「政治理論」ではなく、妥当な研究方針を提示するための認識論的および概念的な枠組みであり、そうした「世界観」の提示にとって、エスノメソドロジーの発想は何らかの参考になるはずである。実際に、信頼論はエスノメソドロジーにとっての関心事であり続けていることも、見逃すことはできない。

ここで主張するのは、次のことである。すなわち、エスノメソドロジーの基本的な方針である、「人びとがあたり前におこなっていることに着目する」ということは、政治学におけるこれまでの信頼論の基本的な方針を一八〇度転換しているものの、だからこそ現行の信頼論がつき当たった問題を突破する可能性を与えてくれる、ということである。たしかに、これまでの政治学における信頼論（ないし政治文化論）も、政治を日常的なところから捉え直すというテーマを基調としておこなわれてきた。しかし、そのために採用されたパーソンズ的ないしコールマン的な理論的基礎は、信頼をあらかじめ定義し、日常的な人びとの知識・実践にみられるあいまいさを取り除いて、科学的な指標（アーモンドの「志向」概念であれ、パットナムにおける日常的な活動の計量化であれ）に変換していくことを目標とするものであった。エスノメソドロジーは、そうした指標化によって見失われてしまうような、人びとの日常的な実践におけるリアリティの構成を、それ自体の価値において経験的に記述していこうとする。こうした性質によってエスノメソドロジーは、信頼や政治文化のように「意味」という概念からしか捉えられないものであっても、それを経験的研究へと媒介する道筋を示してくれる。

本節の構成は次のとおりである。*1*では、前節で検討した現象学的社会学からどのようにエスノメソドロジーが発生したのかを見ていく。*2*では、エスノメソドロジーが社会秩序というものをどのようなものとして眺めているかをトピックに分けて検討し、3では、エスノメソドロジーに向けられる批判への応答を試みる。

1 現象学的社会理論からエスノメソドロジーへ

「エスノメソドロジーとは、人々が実際的活動を秩序だった形で遂行するために用いている方法を解明する研究分野である」（串田・好井 2010: i）と言われる。つまり、簡単に言ってしまえば、エスノメソドロジー研究は、人びとが日常的になにげなくおこなっていることを、それ自体として偉大な秩序達成プロセスとして捉え、どのようにしてそれが成し遂げられているのかを記述する、ということである。[68] ここでの「秩序達成」とは、それをおこなっている当事者たちにとってその場面が理解可能で困惑せずに対処可能なかたちで生じていることを指している（よって、規範的な望ましさや、平和であることなどは、ここでの「秩序」概念とはさしあたり関係しない）。その意味では、エスノメソドロジー研究の対象は、潜在的に、人間の活動のありとあらゆるところにまで及び得ることになる。

さて、このような紹介だけでは、エスノメソドロジーは雑多にあるミクロ社会学の一種と見なされるかもしれない。けれども、エスノメソドロジーは、何らかの方法論や研究対象を共有したアプローチの集合を指す名称なのではなくて、その成立の背後に強い理論的な問題関心を備えたひとつの研究方針である。このことを確認しておかなければ、エスノメソドロジーの意義を評価することは難しくなる。よってこの項では、エスノメソドロジーの誕生を学説史的な文脈に位置づけるという作業をおこなっていきたい。

（a）『他者の知覚』とその背景

ガーフィンケルは、第二次大戦後のハーヴァード大学に新設され、パーソンズが学部長を務めることとなった社会関係学部において博士論文（未公刊）『他者の知覚（*The Perception of the Other*）』（Garfinkel 1952）の大筋を執筆している（博士論文の主査もパーソンズであった）。この段階では、まだエスノメソドロジーのプログラムは提起されていないが、エスノメソドロジーのエッセンスはすでに含まれている（Koschmann 2012）[69]。そして、そのようなエッセンスは、理論的にはパーソンズとシュッツの比較から得られたものである[70]。ただし、実際にエスノメソドロジーはパーソンズ的な社会学に対するアンチ・テーゼであることはまちがいないものの、だからといって博士論文においてガーフィンケルがシュッツ的な現象学的社会理論の立場からパーソンズを論駁しようとしたと理解することは誤りである。ガーフィンケルは大学院生時代にパーソンズを指導教授としていたこと以上に、パーソンズの影響を強く受けているからである。事実、ガーフィンケルは後年になって、パーソンズの『社会的行為の構造』こそがエスノメソドロジーの出発点でり、また折に触れてこの著作に立ち返り、そこからの距離を測ることでエスノメソドロジーは成長してきたのだと述べていることも、その証左だろう（cf. Garfinkel 1991）[71]。パーソンズからの距離というのは、本書におけるテーマのひとつでもあるので、まずは『他者の知覚』の内容から繙いてみよう[72]。

『他者の知覚』は、表紙や付録等も含めて総計で七五三ページに及ぶ大作であり、四部構成となっている。第一部が理論問題の定式化、第二部が理論の概念整理、第三部が経験分析、第四部が展望、である（構成自体はわかりやすいものの、しかし実際の叙述はかなり錯綜した書き方になっている）。ただし、とりわけ後半部分はその後に発表された論文と重複してくる部分が多いため、ここではおもに理論的な検討がなされている前半に的を絞って見ていくことにしたい。

①ホッブズ的秩序の問題の再検討

この理論編の性格を端的に表現するのは、ガーフィンケルの次のような表現である。

シュッツ流の理論的決定をベースにして、タルコット・パーソンズ博士がはじめた「社会的行為の構造」を、

目的 - 手段図式から行為・行為者・行為の状況図式へと移行することによって、書き換えようとする試み。(73)（Garfinkel 1952 : 162-163）

つまり、ここで述べられていることは、シュッツ的な決定にもとづくパーソンズ的なモデルを作ることで、シュッツとパーソンズを架橋しようということである。ガーフィンケルは、パーソンズの企図をシュッツ的に書き変えようとしたが、さらにそのシュッツを意図的に読み替えることによって、シュッツに見られる難点を克服しようとしている。つまり、主観性に定位する――そのかぎりで〝客観性〟というものが存在することを論理的に前提としてしまう――現象学的社会学のプログラムに替えて、行為者が具体的な場面においてどのような特定の仕方で構成されているかを、主観性と客観性を二項対立化することなく経験的に観察することを提唱したのである（cf. 山田 2010）。

このことを示すために、ガーフィンケルは初期パーソンズの理論的なモティーフを形成したホッブズ的秩序の問題を取り上げる。そして、ホッブズ的秩序の問題を検討することで、社会理論が検討すべきトピックを析出している。

第一に、パーソンズがホッブズを功利主義の典型的な事例であると考えていたことは、本書の第Ⅰ部でもすでに見てきた。しかし、ガーフィンケルは、そもそもパーソンズによるホッブズ理解が間違っていることを批判する。パーソンズの理解では、ホッブズ的な行為者は目的に向かって純粋に手段を選択する存在であるため、その行為者はもはや（日常的な合理性とは別の合理性を追求する）科学者に擬すべきものとなる。だが、もともとホッブズは合理性についての一貫した理論をもっているわけではない以上、ホッブズが描いたのも〝合理的な〟行為者による社会秩序の論理的な帰結ではないのである（Garfinkel 1952 : 42）。だいいち、もしホッブズが合理性について経験的な材料を考慮に入れながら真剣に考えていたとしたら、次に見るようにホッブズの理論は論理的に破綻していたにちがいない。だから、ガーフィンケルの着眼点は、合理性の問題について考えることによって、ホッブズとパーソンズがそれぞれ陥ることになった隘路を切り拓いていく可能性があるのではないか、というところにあった。

もし、ホッブズ的な行為者を支配しているのが科学的な合理性であれば、その結果生じる社会はカオス状態ではなく、没コミュニケーション的な不活性状態なのではないか、とガーフィンケルは考えた。というのも、科学者同士が科学的に議論している場面では、お互いはお互いにとって、固有の人格としてあらわれるのではなく、科学的な基準の代替的な指標にすぎないからである（Garfinkel 1952：72）。日常的な外的世界におけるありきたりな行為が可能になるのは、科学的な合理性をいったん放棄することによってである。他方で逆に、常識的な合理性にしたがう行為者というものを想定すると、――まさにパーソンズの理論がそうであったように――今度は規範的に構成された社会秩序が行為者に先行して存在していなければならないということになる。ガーフィンケルは、こうしたディレンマが生じるのは、常識的な合理性と科学的な合理性について、十分に検討されていないからだと考えた。

そして、行為の合理性について考える際にガーフィンケルが依拠したのが、さきほども述べた「シュッツ流の理論的決定」であり、それによって日常的な態度と科学的な態度の比較がおこなわれる。簡単に言えば、日常的な態度において行為者は世界のなかに存在し、自明の存在としての他者と共に生きているのに対して（＝現象学的社会理論における間主観性のア・プリオリ）、科学的な態度における行為者は、自分自身を世界の外側に置く外部観察者として存在している。[74] このように、ホッブズの秩序問題の根幹である合理性概念を考える際に、日常的な態度と科学的な態度という区別を意識する必要性が、ひとつのトピックになる。

ホッブズ的秩序の問題をめぐる第二のトピックは、「万人の万人に対する闘争」状態が出現するための条件にかかわっている。ホッブズは、「万人の万人に対する闘争」が生じるための条件のひとつとして、行為者が互いにとって価値あるものをめぐる競争相手でなければならないということを挙げていた。しかし、そもそも競争が可能であるための前提条件は、自我と他我が〝同じ〟対象を欲しているというものでなければならない。つまり、ある対象が〝同じ〟ものとして自他ともに認識されていることが紛争の条件なのである（Garfinkel 1952：74）。このかぎりで、ホッブズ的な枠組みにおいて行為者が合理的に振舞えるのは、そこに何らかの（自分と他者の認識を一致させるような）規範的な秩序が存在している場合である、ということになる。ガーフィンケルは、これが間主観性の問題を提起するものだと考えた（Garfinkel 1952：78）。間主観性の問題を解決するためには、対象の認知についての行為者間での共同性を想定することが必要であり、それは対象についての理念的な秩序の存在を想定することと同義である。

こうしてガーフィンケルは、ホッブズ的秩序の問題から、次のような検討課題を引き出している。第一に、行為に合理性が認められる可能性と、対象についての認知を同じくする共同性の存在とが切り離せないものであること、第二に、科学的な態度とは異なる社会的関係性の性質が考えられなければならないということ、である（Garfinkel 1952：80）。[(75)] こうした検討課題を、パーソンズとシュッツを比較しつつ考えるというのが、『他者の知覚』における理論編のハイライトとなっている。

②パーソンズとシュッツを比較する

もう一度確認しておくと、シュッツ的な立場からパーソンズの行為理論を再構成するというのがガーフィンケルの目的であった。ところで、パーソンズとシュッツの分岐点になっているのは、それぞれの認識論的立場の違いである。ガーフィンケルは、パーソンズとシュッツの比較をおこなう際に、この認識論的立場の違いから論理を組み立てている。ガーフィンケルは、パーソンズおよび社会学一般に見られる認識論を「対応説（correspondence theory）」と呼び、シュッツの「一致説（congruence theory）」と対比している。

認識論における「対応説」では、客観的な外部を措定しつつ、カテゴリーの枠組みがそこにすでに存在しているリアリティに接近していくべきものだと捉えられている（Garfinkel 1952：92）。対応説においては、リアリティとの対応の正確性は、論理経験的な調査をおこなえば自動的に解決されるものとされているからである。よって、対応説においては、なぜリアリティと認識の対応が可能であるのか、また、なぜ世界が論理法則に逆らうことがあるのかということについて、問われることがない。

それに対して、シュッツの「一致説」の特徴は、それが認識された対象と具体的な（つまり外的世界にあるようにある）対象を区別しないというところにある。ガーフィンケルはこのことを、ケーキの事例を使って次のように示している（同様の表現は、『他者の知覚』にも繰り返し現われている）。

この見方においては、ある理論がこんなふうやあんなふうに切り分ける具体的な対象からなる世界が存在しているのではなくて、ケーキは、切り分けるというまさにその行為のなかで構成されるのだということになる。切るという行為がなければ、ケーキは存在しないのであり、近似すべきリアリティというものも存在しなくなる。なぜなら、この見方における世界とは、まさにそのように現われているものでしかないからだ。現象学者たちが会話のなかでしばしば使う表現を借りれば、こうなるだろう。「その背後にはなにも隠されていない」[76]と。

(Garfinkel 1952 : 95-96)

言い換えれば、一致説においては、認識枠組みの外側に対象は存在しない、ということになる。だから一致説が採用される場合、客観的な世界が多元的に、それを構成する態度と同じ数だけ存在していることになるのである。

こうして、いわゆる実証主義の「対応説」（パーソンズ）と、構成主義の「一致説」（シュッツ）が対比され、そこからホッブズ的秩序の問題から得られた二つのトピック、つまり、①行為の合理性と対象の同一性の問題、②日常的な態度からなる社会秩序の性質の問題、が検討されることになる。[77]

まずは、行為の合理性と対象の同一性について。ガーフィンケルによれば、新カント主義に立脚するパーソンズも、フッサール主義に立脚するシュッツも、いずれも世界は行為者の視角に応じて現われるということを認めるものの、行為者による世界の記述がいかにしたら恣意的なものに陥らずにすむかという問いに対して、異なる態度をとっている（Garfinkel 1952：109–119）。パーソンズの対応説は、論理経験的な手続きこそが、世界の客観的な記述を可能にすると考える。このことの帰結として、行為者の理論が何かということは、科学的な観察者が行為者の実際の経験の外側から持ち込んだ基準によって決定されることになる。つまり、パーソンズにおいては、科学的な訓練を受けた観察者であること、言い換えれば、科学的に合理的であることが、行為者が当該の行為の状況の事実を知るための必要条件である（だから、パーソンズによれば、行為者自身による行為の状況の記述は、科学的な観察者からすれば不正確なものでしかない）。これに対してシュッツの一致説は、観察者と行為者が同じ見方をしているはずだという前提を放棄する。とりわけ、同じ文化に属する人は、行為の状況を同じように定義するはずだという解決法を放棄する。シュッツは、行為者の事実についての知識ないし無知は、当人の日常的な活動の形態との関連において説明されなければならないと考える。つまり、パーソンズと異なり、シュッツにとって合理性という考えは、行為者が実際に採用しているモデル、判断、選択、結果の展望そのものなのである。

このことを敷衍すれば、パーソンズの対応説においては、行為者に主観的に認知されている世界と、観察者（科学者）が認知している客観的な世界とのあいだの関係を問題にしなければならなくなる。そして、パーソンズにとって、この問題の解決策となっていたのが、①観察者と行為者の同質性と、②行為者が合理的に（＝自分の置かれた状況に対して論理経験的に）志向しているのであれば、行為者の内的視点と外的視点は同一になるはずだという仮定である（そうした仮定のうえに立脚していたのが、例のパターン変数図式である）。しかしそうだとすると、行為者による状況の構成が（科学的な観察者の視点からすれば）〝間違っている〟にもかかわらず、行為者がそれを修正しなくても問題なく行為し続けることがあるのはなぜか、というやっかいな問題が浮上してしまう。パーソンズにとっては、他者とはただのデータや人形ではなく、みずからと同様のパーソナリティ・システムを――したがって「主観」を――備えた存在であるため、行為者の主観的世界を描くことの難しさは、その人の頭のなかを覗き見る類の難しさとして考えられている。よって、パーソンズの対応説では、人びとがいかにして〝同じ〟対象、〝同じ〟客観的世界を認知しているかということは、いくつかの仮定を置かなければ意味をなさないような、原理的な謎になってしまうのである。

対照的に、シュッツにとっての他者は、行為者自身にとってはただのデータか人形でしかない。なぜなら、他者というものはどの観点で見るかに応じてその論理的地位が異なってくるからである。シュッツの一致説では、行為者がそれぞれ自らの見方で他者ないし世界を見ているという多元性の問題は、行為者たち自身によって解決されていると考えている。そもそもシュッツ的な一致説を採用した場合には、主観的カテゴリーというものについて懐疑的にならざるを得ない。なぜなら、〝主観的〟と述べることは、あたかも〝客観的世界〟が外部に存在しているかのようで、ミスリーディングだからだ。パーソンズと異なり、シュッツにとっては、どんなに正確に人の脳波を計測したとしても、主観性の解釈という問題はなくならない。主観的カテゴリーということで、観察者は行為者の頭のなかを観察しているのではなくて、観察者が構成した行為者のモデル（理念型）について語っているのだから（Garfinkel 1952 : 142）。

こうした考察によって、ホッブズ的秩序の問題から導かれる第二のトピック、つまり、日常的な態度からなる社会秩序の性質についても、パーソンズの対応説とシュッツの一致説の違いが際立つことになる。パーソンズにとっては、社会秩序が可能であるためには、科学的態度において共通して認識されるはずの対象に対する行為者同士の関係（＝行為者の欲求性向・行為の志向・対象の状況のあいだでの関係）が調停されることが条件となる。言い換えれば、パーソンズにおいては、行為者のあいだの関係こそが秩序論にとっての問題なのであって、行為者間で対象が〝同じもの〟として認識されていることは——ホッブズと同様に——すでに前提とされていることなのである。こうして、日常的な態度と科学的な態度の質的な区別をおこなわないパーソンズの秩序論では、主意主義的に行為する人びとのあいだの関係は、人びとの動機をいかに調停するかということにかかっており、しかもそれは対象の状況を超越した価値・規範によって果たされる、ということになる。[78]

かたやシュッツおよびシュッツの選択を支持するガーフィンケルにとっては、社会秩序の問題は、科学的に客観的でもない日常的な態度において、人びとのあいだで対象の同一性が確保されているということ自体に向けられている。その意味で、ガーフィンケルが問題にした社会的秩序は、パーソンズの秩序論の手前の段階を重視するものであると言うことができるだろう。人びとが社会的世界を生きる際の日常的な態度に備わる独自の性質をまじめに受け取れば、社会秩序の問題として真っ先に考えられるべきは、対象の状況に内在する人びとの認知の一致がいかにして果たされているのか、ということになる。つまり、シュッツはパーソンズとは異なり、社会秩序の可能性を行為者の動機の問題としてではなく、行為者の認識における間主観性の問題として捉えたのである。ここにおける「間主観性」とは、一見すると、パーソンズにおける「共有文化」と同じ論理的な位置にあるように思われるかもしれないが、それはまちがっている。それというのも、シュッツおよびガーフィンケルの考えでは、「あらゆる状況において、共有文化は、相互的なパースペクティヴという一般的なテーゼが維持されていることを条件として存在するし、存在し続けることができる」(Heritage 1984 : 56) ものでしかないからである。このことを、ヘリテイジは次のようにまとめている。

> シュッツの議論はホッブズ的な「秩序の問題」に対する「解決策」として提示されているわけではない。その意味で、シュッツはコンセンサス理論の人ではない。そうではなくて、シュッツの議論は、協調 vs. 紛争という問題に先行するものである。つまるところ、協調がそうであるのとまったく同じように、紛争は理解可能性の前提条件的な枠組みのなかでのみおこなうことができるのであり、シュッツの理論的探究の中心的な対象は、まさにこうした前提条件的な枠組みが維持されているという事態であった。シュッツにとって、認識的な「秩序の問題」は、ホッブズによってはじめて提起された古い社会学的問題に必然的に先行するものなのである。

（Heritage 1984 : 70）

ガーフィンケルは自身の理論的スタンスを明確にするために、ホッブズ的秩序問題を素材にして、このようなかたちでパーソンズとシュッツを比較したのだった。そのスタンスとは、社会秩序を紛争がない状態として捉えるのではなく、紛争のあるなしにかかわりなく、日常的に人びとが同じ世界を生きていることを秩序の達成として考える、ということである。パーソンズにおいて人びとのやりとり（ダイアド）は、すでに状況外在的な規範によって調停されているものであるため、時計的な時間の一瞬のうちに生じることが暗に前提されている。[79] つまり、パーソンズ的な秩序論においては、相互行為の経過における時間的な持続の意味が捨象されているわけである。これに対して、シュッツ的な社会秩序論では、人びとにとって対象の状況が〝同じ〟であるということに、相互行為状況における時間構造が構成されるという事態も含まれている。そしてこのことは、人びとのやりとりのプロセスに内属するものとして世界が構成されるということに、われわれの注意を向けるものである。たしかに、ガーフィンケルの見立てどおり、（二〇世紀半ば）現在のアメリカ社会学というのは、完全にパーソンズ的な事業であった。だが、ガーフィンケルは、「行為の構造の定義における時間の有意性という問題に、斬新な糸口を与えているシュッツの理論的決定は、私の意見では、有望で明確な代替アプローチである」（Garfinkel 1952 : 151）と述べている。

③パーソンズをシュッツ的に書き換える

こうして、シュッツ的な理論的決定を採用したガーフィンケルは、パーソンズの行為理論の概念用具を、（ガーフィンケルが解釈したところの）シュッツ的なやり方で書き換えるという作業をおこなっていくことになる。それは、①行為の準拠枠、②行為者の概念、③行為の概念、④対象の秩序という概念、⑤社会的関係性という概念、についての定義を与えることである。けれども、その具体的な作業内容は『他者の知覚』後半の実験にもその後のエスノメソドロジーにとっても実質的な意味をもっていないため、ここではその簡単な概要を見ておくにとどめたい。

ガーフィンケルは、「観察者にとって本当の他者は『ブラックボックス』である」(Garfinkel 1952 : 154) と述べる。行為の準拠枠とは、(科学的態度に近いかたちで) 観察者がある他者を行為者として構成する際に用いている枠組みである。その意味で、行為理論が興味をもつのは、具体的な他者ではなく、観察者が経験した他者が再現される条件の方である。しかし、行為者としての他者はつねに出来事を一連の組織化された意味として経験しているわけだから、それを観察者が記述するためには、そうした経験の意味を観察者にとって決定するような構成物が必要である。その構成物を、ガーフィンケルは「認知的様式」「態度」「参与の様式」「役割 (Role)」などといった用語で互換的に表現している。そして、シュッツの多元的リアリティ論を参考に、こうした「認知的様式」は六つのパターンに分けられる (しかし他のパターンが存在する可能性も留保されている)。それが、①エポケー、②社会性の形式、③生への注意の様式、④自発性の様式、⑤時間意識の様式、⑥自己の所与性の様式、である (Garfinkel 1952 : 161)。ただし、これら六つの構成体だけで社会的世界をそっくり記述できるわけではなく、ほかにも「行為の概念」「行為の対象の秩序」が加わって、はじめて行為者という概念が完成するとされている。

ここでガーフィンケルがこだわっていたのは、行為の対象は、それがモノであったとしても他者であったとしても、科学的に客観的に与えられているものではなくて、行為者の知覚によってはじめて構成されるということである。「行為枠組みの観点からすれば、対象の秩序のなかに示される組織化された経験の可能性から離れた世界というものは存在しないのであり、さらに言えば、前もって経験されたことのない対象の秩序のなかには、何も存在しないのである」(Garfinkel 1952 : 175)。これを現象学的な言い方で補足すれば、人びとにとっての社会的世界とは、以前の理解可能な経験をもとに認知されるものであり、慣れ親しまれた所与の世界は、その際にどのような認知的様式が作用しているかに応じて多元的にあらわれる、ということである。言い換えれば、それぞれの認知的様式には、それぞれに有意な対象の秩序ないし世界が存在している。

そして、その際に重要になってくるのは、以上のような説明に「観察者」の視点を組み込むことである。なぜなら、これを見失うと、ガーフィンケルの到達目標である「ラディカル経験主義（radical empiricism）」（Garfinkel 1952 : 178）ではなくて、望みのない独我論か、あいまいな理解社会学の亜流に陥ってしまうからである。「世界はつねに、観察者にとって仮説的なのである。そして観察者がある可能性の秩序は疑わしいものだと『考えられる（entertained）』と述べるとき、それが意味しているのは、経験的な人間がそれに関連した経験的な可能性を『疑わしい取り扱い』という観察者のカテゴリーを枠づける基準に沿った仕方で取り扱うであろう、ということなのである」（Garfinkel 1952 : 178, 傍点は原文で下線強調）。だからたとえば、ある経験が疑わしいものであると距離を置いて考えたりするのは、往々にして科学的な観察者にとっての問題関心であって、自然的態度の行為者は、疑わしく奇妙に思えるはずの状況においても、その経験の状況を秩序立てて理解し受け入れることに関心を注いでいたりするのである。科学的な観察者は、そうした場合に行為者がどのような認知的様式を用いて対象の秩序を組織化しているかを解明することができる。『他者の知覚』の後半部も含め、エスノメソドロジー草創期におけるガーフィンケルの「違背実験」とは、このような根拠によって支えられていた。

こうして、ホッブズ的秩序の問題の再定式化からはじまって、パーソンズの行為理論をシュッツ的に書き換えるという作業をおこなうことで、ガーフィンケルの『他者の知覚』の理論編は完成する。その結果として得られた方針は、簡単に言ってしまえば、人びとが日常的に、それぞれにとってそれぞれに理解可能な世界を秩序立てて構成している、そのあり方を記述する、というものである。[80] ガーフィンケルの秩序論の方針は、「万人の万人に対する闘争」の予防を秩序論だと考えたホッブズとも、功利主義のディレンマを克服することを秩序論だと考えたパーソンズとも、大きく異なるものであったと言うことができるだろう。ガーフィンケルの秩序論は、秩序を行為に内在的なものであると捉えるため、人びとのやりとりの時間的なシークエンスのなかで秩序が構成されることに関心をもつ。こうした立場が打ち出されたことは、行為理論にとっても社会学一般にとっても、ひとつの革新であった。

(b)「あたりまえ」を見る

ここからは、ガーフィンケルの博士論文『他者の知覚』を離れて、エスノメソドロジーをつくり上げることになったガーフィンケルの方針がどのようなものであったかを見ていくことにしたい。それは、社会生活における「あたりまえ」のなかでリアリティが構成されていることを見ていくということである。この一見地味な方針がどのような意味で革新的であるかは、ガーフィンケル自身がこだわり続けたように、やはりパーソンズとの対比においてもっともはっきりするだろう。[81] そして、政治文化論がパーソンズ理論の応用であったことを踏まえれば、〝ポスト六〇年代型政治文化論〟を担うはずの信頼論にエスノメソドロジー的な方針を取り入れることの意義も、それによって示されるはずである。

ガーフィンケルは、パーソンズ理論とエスノメソドロジーとの方針の違いは、パーソンズ自身が『社会的行為の構造』に掲げたデュルケームの警句、「社会的事実の客観的リアリティこそが、社会学の根本原理である」に対する反応の仕方にあらわれているとしている。つまり、パーソンズや通常の社会学においては、社会的事実の客観的リアリティとは、分析によって発見されるような社会の実在的（real）で現実的（actual）なはたらきのことであった。それは、社会構造についての常識的な知識と科学的な知識とを区別し、活動の具体性と分析的に設定される行為とを区別することによって成り立つものである。それに対して、

エスノメソドロジーにとって、社会的事実の客観的リアリティが客観的リアリティであるのは、以下の点においてであり、そしてまさにそうであるがゆえになのである。つまり、それは、どのような社会においても、ローカルに、内生的に作り出され、自然に組織化され、再帰的／相互反映的に説明可能で、継起的な実践的達成であって、それはどこにでもあり、つねに、そして正確にかつ全体的に成員によるワークでしかあり得ないものなので、途切れることも、そこから逃れたり隠れたり避けたり延期したり独占したりする可能性もないものであ

るということ、そうであるがゆえにこそ、社会学にとっての根本的な現象なのである。（Garfinkel 1991 : 11）

この引用文においては、すでにエスノメソドロジーが定式化されたあとの用語がいくつか使われているが（「再帰性／相互反映性（reflexivity）」「説明可能性（accountability）」「ワーク（work）」など）、着眼点としては『他者の知覚』以来一貫してきたものである。つまり、パーソンズなどの分析（＝「構成的分析」）が――〝客観的に〟分析し、一般化・理論化するという通常のやり方にしたがうことによって――見失ってしまうような現象を示す、ということである。「ありふれた活動における、そしてありふれた活動としての秩序の創出や説明可能性を明確に強調するというところに、エスノメソドロジー的な研究のアイデンティティがあり、そしてそれによってエスノメソドロジー的な研究は、共約不可能な別の研究の世界として、古典的な研究と対比されるのである」（Garfinkel 1991 : 17）[82]。

こうした対比を、ガーフィンケルは、「日常活動のルーティン基盤の研究」（Garfinkel 1964＝1995）という長大な論文においておこなっている。この論文の目的は、常識的な活動をそれ自体独立した探究目標として扱うことが、社会学にどのように関連するかを示すとともに、常識的な活動の再発見を示してみせることである。

ガーフィンケルは、これまでの社会理論は、社会の成員たちを文化的ないし心理的な（またはその両方の）「判断力喪失者（judgemental dope）」として扱ってきたと述べる。次の文章は、結果的に社会の成員を「判断力喪失者」と見なすことになった、パーソンズにおける社会秩序問題の規範的解決に対する批判として、しばしば引用されるものである。

「文化的な判断力喪失者」ということで私が意味しているのは、つぎのことだ。つまり、共通の文化によって提供され、事前に与えられた正当な行為の選択肢に適うように行為することで社会の安定した特徴を作りだすような、社会学者にとっての社会に住む人のことである。「心理学的な判断喪失者」は、歴史や精神の機能の仕方を条件づけている、精神医学上の生活遍歴にもとづいて強制される行為のあり方を選択することによって社会の安定した特徴を作りだすような、心理学者にとっての社会に住む人である。こうした「人間のモデル」を使用することに共通した特徴は、人がいま・ここにおける状況の時間的な「継起」を支える社会構造についての常識的な知識を駆使しているということに表れている、判断の常識的な合理性が、副次的な現象として扱われるという事実にある。(Garfinkel 1964 : 244 = 1995 : 76)

こうした批判は、たしかにパーソンズに対して繰り返し投げかけられてきた類のものではあるけれど[83]、問題はそこからどのような方向に進むかというところにある。ガーフィンケルが選択したのは、引用文中にあるように、「人がいま・ここにおける状況の時間的な『継起』を支える社会構造についての常識的な知識を駆使しているということ」を主題として扱おう、ということであった。パーソンズ的な社会秩序の価値統合論が成り立つためには、人間はある種の人間であることが、理論として先取りされていなければならないことになる。つまり、リアリティをつくり上げているものとして、人びとがその場その場でおこなっている合理的な判断よりも、社会理論が要請する基準の方が優先されることになる。それに対して「ガーフィンケルは、日常のなかの社会的行為者が行う通常の判断を、何らかの点や何らかの状況においては、社会的行為や社会的組織の分析において無関係か副次的なものとして扱うことができるという見解を、完全に拒否する」(Heritage 1984 : 34)。

そして、ガーフィンケルが人びとの常識的な活動をそれ自体として探究するという場合、そこで実際におこなわれるのは、社会秩序を構成する「見られてはいるが気づかれない」背後期待を、「日常生活の態度」のなかで記述するということである(Garfinkel 1964 : 226 = 1995 : 34)[84]。人びとが日常的なルーティンを特段意識することなくこなせるのは、そこに前もってメンバー間での合意があるからではないはずである。というのも、人びとのルーティン活動の前提として何らかの合意が事前に必要だとすれば、社会生活のほとんどの場面ではそうした合意などあったためしがないにもかかわらず、なぜ現にそうしたルーティン活動がおこなわれているのか理解することができないからである。[85] さらに言うならば、そのような合意が事前になされていたのだと仮定するとしても、なぜ以前に一度もなされたことがないことを〝合意にしたがった〟行為として同定できるのかという、論理的な問題も生じてくる。[86] よってガーフィンケルは、相互行為実践にそうした合意がア・プリオリに存在していることを前提にするのではなく、何らかの背後期待が日常的なルーティンのなかで遵守されるように仕向けられている事態を、当の実践のメンバーたち自身がやっていることから見てみるべきだと考えた（Garfinkel 1964：235–236 = 1995：57）。そうした背後期待は、その実践のメンバーたちにとっては動機づけの問題であり、社会秩序のまとまりにとっては規範として作用する社会構造の問題である。

こうしてガーフィンケルの主張は、人びとのありきたりな活動ないし常識というものが、社会秩序にとって「合理的」なものであり、それ自体の価値において注目されなければならないというものであった。ここでの合理性とは、科学的な観察者が設定した基準に適うことではなく、それがその場において適切なものであると当事者において説明可能である、ということである。[87] そして、その合理性を説明可能にするものが、人びとの「見られてはいるが気づかれていない」背後期待なのである。そして、この背後期待への参照を通じて社会秩序が構成されていく事態を記述することが、ガーフィンケルの信頼に関する実験の課題であった。[88]

（c）ガーフィンケルの信頼論

博士論文である『他者の知覚』および、先ほどの「日常活動のルーティン基盤の研究」論文と連続し、また部分的に重複しているのが、「安定した共同行為のひとつの条件としての『信頼』という概念と、それに関する実験」（Garfinkel 1963）という、タイトルも本文も長大な論文である。この論文におけるガーフィンケルの意図は、秩序が可能であるために合意された規範の共有など必要ではないことを実験によって示し、人びとがその場その場でどうやって秩序を合理的に組み立てているかを記述することである。この論文は、パーソンズを起点とした社会理論の学説史的な展開が、信頼論に接続していくまさにその場所に位置していると言うことができるだろう。ただし、この論文の論理はかなり複雑なので、内容を適宜敷衍しながら見ていきたい。

まずは、ガーフィンケルが信頼概念をどのように操作化しているか、という点からである。ガーフィンケルは、構成的期待が付与される可能な出来事の相互に関係したセットを、「出来事の構成的秩序」と呼び、「この秩序にしたがっていることをもって、『信頼』という用語の一般的な定義とする」(Garfinkel 1963 : 190)。この定義自体がすでにわかりにくいので、一度立ち止まっておこう。ガーフィンケルは、秩序ゲームを構成する基礎的なルール(規則)に、三つの特徴があると考えている。[89] それが、以下の期待であり、それが「構成的期待」と呼ばれているものである(cf. Garfinkel 1963 : 209 ; 浜 1995 : 59)。

1 ルールが自分自身に対して妥当することの期待
2 ルールが、自分だけでなく、他者にも間主観的に妥当することの期待
3 この期待が、自分だけの期待ではなく、他者と共有された間主観的な期待であることの期待

構成的期待は具体的なルールの内容からは独立しており、構成的期待が付与された選択肢のセットがそのつど基礎的ルールとなる(構成的期待を付与することは、「構成的アクセント」の付与とも呼ばれる)。構成的期待を付与された出来事の相互に関連したセットは、「出来事の構成的秩序」と呼ばれる。そして、出来事の構成的秩序にしたがうことこそが、「信頼」である。すなわち、信頼とは、構成的期待を付与された基礎的ルールにしたがうことである。ここではさしあたり、ガーフィンケルの信頼概念が、人間の心の概念とは切り離されていることに注目しておきたい。言い換えれば、信頼するということは、行為者が心のなかでどう思っているかに関係しているのではなく、ある秩序ゲームのなかで通常のものとして当然視されている規則にしたがっていることと関係している(Garfinkel 1963 : 193–194)。

では、ゲームのなかで通常のものだと思われている出来事とは、どのような性質をもつものであろうか。たとえばトランプでゲームをしている場合、他のプレイヤーがある手持ちのカードのなかから一枚をテーブルの上に置くことは、プレイヤーの視点からすれば、「第一手としてスペードのエースを切る」という出来事として、基本的なルールにしたがって理解される。そのように理解されていることは、次のプレイヤーが「スペードのエースよりも数の大きなスペードのジャックをそのカードの上に置く」ことによって、確証される。ここにはまちがいなく、トランプ・ゲームという秩序が成立している。つまり、「基本的なルールは、行為としての行動の意味（*sense*）を供給する。それとの関係において、プレイヤーは『何が起きたのか』ということを自分が正しく同定しているかどうかを決定するのである。『主観的意味』は、こうしたルールの観点からある行動に対して『付与』される」（Garfinkel 1963 : 195）。

普通、ゲームの基本的なルールとされるものに適合しないような行為は意味がなく、そのような行為をすることで「あの人は混乱している」とされる。先ほどの例でいえば、最初の二人のプレイヤーが置いたカードを、となりにいた人が自分の手持ちのカードと合わせて「△」になるようにテーブルの上に立たせたならば、そこには秩序に対する攪乱が生じたことになる。「けれども、基本的なルールに違反するような行為に構成的アクセントを付与することは、そのゲームのルールを変更することと同義である。社会学的に言えば、それによって『社会的リアリティ』の、または、『通常のやりとり』の、再定義がなされることになる」（Garfinkel 1963 : 196）。三人目のプレイヤー以降、トランプ・ゲームは、トランプ・タワーをつくるあらたなゲームとして再定義されるかもしれない。つまり、ゲームが秩序立ったやりとりとして成立するのは、そのゲームについてのある基本的なルールが規範として遵守されているかどうかによるのではない、ということである。トランプの例のように、ある特定のゲームのルールを、秩序立てて変更することも可能だからである。そうではなくて、社会秩序は「『より基本的な』諸前提」から構成されているのである。それが、「ルールの間主観的妥当性の間主観的期待についての期待」（浜 1995 : 63）であるところの、構成的な期待である。

こうした構成的な特性が日常的な出来事にまで拡張されると、行為の規範的な規制と共同行為の安定性とのあいだの関係という、しばしば問題にされるものについては、次のように言える。すなわち、重要な現象は、「ルール」に「与えられる」「愛着の強さ」ではなく、また、ルールが道徳的な性質をもったものとして尊重され神聖視されることでもなく、環境の出来事が通常のものだと思われていることなのである。というのも、この通常性というのは、可能な出来事を定義する諸前提の関数だからである。（Garfinkel 1963 : 198）

このことから、出来事として認知されるすべての行為は、構成的な構造をもっていると推測される。言い換えれば、ルールが間主観的に妥当することを期待するように仕向ける規範が、構造として社会秩序を構成している。こうしたガーフィンケルの立場が、シュッツ以降の現象学的社会理論における「慣れ親しみ」や「間主観性」の議論を下敷きにしていることは理解しやすいだろう。つまり、行為者たちによってそこでどのようなゲームが繰り広げられているかということ以前に、そもそも行為の環境があたりまえのものとして当然視されていること自体が、社会科学の基礎的な探究対象たり得るという視角である。ガーフィンケルは、この視角を信頼の概念と結びつけたわけである。

こうした論理をもとに、ガーフィンケルは二つのパターンの実験をおこなう。ひとつは、人為的にセッティングされたゲームを用いたものであり、もうひとつは、日常生活に即した実験である。これらの実験がいわゆる「違背実験」である。違背実験は、人びとによって当然視されている状況、つまり人びととの構成的期待を故意に攪乱し、それに対する反応を見ることによって、そもそも当初の秩序ゲームにおいてどのようなルールがどのように構成されていたかを反射的にあきらかにしようとするという意図でデザインされる。(90) 「もし構成的期待が日常的な状況においても作用しているのであれば、ある具体的な状況で混乱を引き起こすような操作は、どのような具体的な状況においてもあてはまるということになる。そうだとすると、ゲームや日常的な状況におけるこうした構成的期待の作用は、共同行為が安定した性質をもつための重要条件を提供しているはずである」(Garfinkel 1963 : 200)。

ガーフィンケルは、ゲーム状況における違背実験から次のような二つの理論的知見が得られるとしている。第一に、ゲームの構成的秩序に反する行動は、その逸脱を通常化する試みを即座に惹起する。第二に、違反がなされたとき、もしプレイヤーが構成的秩序になんら変更を加えずに(たとえばゲームを放棄したり新しいゲームを始めたりせずに)それを維持しようとする一方で、その逸脱を通常化しようとするならば、その逸脱した出来事は、意味のない(senseless)状況を作り出しやすい、というのがそれである(Garfinkel 1963 : 206)。そしてこのことは、日常生活状況における違背実験でも、基本的にはあてはまることである。たしかに、「日常生活の態度を作り上げる諸前提は、共通に知られていて当然視されている世界としての出来事からなる状況を構成している」(Garfinkel 1963 : 217)ものであり、人為的にセッティングされたゲーム状況とは異なる。だが、日常生活における安定した共同行為が成り立つためには、秩序を構成するある特定のルールに対する違反があった場合でも、何らかのルールが間主観的に妥当しているという構成的期待が、何らかのかたちで維持されなければならない(違反の修正やあらたなルールの採用など)。こうした構成的期待の維持は、ある秩序のメンバーたち自身によってなされるものであるが、その構成的期待については「見られてはいるが気づかれていない」。言い換えれば、ありきたりな社会的秩序の維持は、当事者たちにとってその都度合理的な日常生活の態度に根差した信頼を条件として成立している。

この論文の意義は、次のことが示された点にある。すなわち、①社会秩序は、単にルールが遵守されている程度といったものによって維持されているのではなくて、ルールが間主観的に妥当していることへの信頼を基礎にして維持されており、②しかもこのことは、(ゲーム状況においても日常生活においても)人びとのやっていることから経験的に観察され得る事柄である、という点である。ここでの社会秩序には日常のささいな場面も含まれているし、また、構成的期待の維持は、「共通文化」という観念的なものによってではなく、人びとによる社会秩序の実際の組織化作用によって果たされている。

以上のガーフィンケルの知見が、本書でこれまで検討してきた政治文化論・信頼論といかに異なるものであるかも、あきらかであろう。六〇年代型の政治文化論においては、政治文化はそれ自体として観察可能なものではなく、人びとの心理的な傾向の集計によって代用されてきたし、また九〇年代以降の政治学における信頼論の主流は、信頼を個人の客観的に合理的な判断や関係性への投資として扱ってきた。それに対して、ガーフィンケルの信頼論は、(「特定の」ではなく)何らかの社会秩序が維持されるという原初的な現象に信頼を結びつけ、これが人びとの日常的でありきたりなやりとりのなかに埋め込まれた構造(構成的期待)として作用していると考える。(91)言い換えれば、信頼は、人びとのあいだの特定のタイプの関係性に存在するものというより、そもそも人びとの安定的な関係性が可能であることの条件になっているのである(それがホッブズ的秩序の状態であったとしても!)。(92)もちろん、これに近いことは現象学的社会理論の系譜においても述べられていることではあるけれど、それを経験的な社会科学研究へと橋渡しした功績は、ガーフィンケルにあると言ってよいだろう。

ただ、こうしたガーフィンケル的な信頼論においては、信頼概念が——「構成的期待にしたがうこと」「相互行為秩序の規範構造」といったかたちで——社会現象のあらゆる局面に拡散してしまい、その焦点がぼやけてしまうように思われるかもしれない。けれども、本章の冒頭でも述べたように、信頼概念自体は分析的なものでなくても、信頼論は分析的なものであり得る(繰り返しておけば、本書の目的は、信頼の一般概念を定義することではなくて、信頼論を経験的な政治学分析につなげることであった)。ガーフィンケルの信頼論とそれに付随した違背実験も、まだエスノメソドロジーの方針が明確化していなかったときのアプローチ方法であり、おもにシュッツを経験的に継承するというモティーフのもとにおこなわれている。よって次項では、エスノメソドロジーの方針を確認することで、ガーフィンケル流の信頼論が政治学における信頼論にどのように援用できるかを考える手がかりとしたい。

2　エスノメソドロジーの方針

エスノメソドロジー自体には、パーソンズ理論のような記述・分析のための特別な一般理論や概念枠組みが存在しているわけではない。しかしながら、エスノメソドロジーによる記述・分析は、社会現象に一般的に備わっている特性に注目しておこなわれる。よって、ここでエスノメソドロジーの方針という場合、それは社会現象を見る際の「ものの見方」であって、体系的な方法論のことではない。(93)(94) この項では、社会現象一般に備わる特性としての、「再帰性／相互反映性」「説明可能性」「ローカリティ」という三つの概念についてそれぞれ整理していくことにしたい。それによって、エスノメソドロジーにおける研究方針をあきらかにするとともに、それが信頼論に対してもつ示唆を適宜提示していくことにしよう。

（a）再帰性／相互反映性

ガーフィンケルは、エスノメソドロジーの方針を公式にはじめて定式化した「エスノメソドロジーとはなにか」(Garfinkel 1967a) という論文において、「再帰性／相互反映性 (reflexivity)」(95) という概念をキーワードとして挙げている。日常生活のさまざまな場で行為する人びとは、実践と社会の構造とが再帰的／相互反映的に条件づけあっていることを暗黙裡に示しあっている。

再び例を挙げてみよう。トランプ・カードを手にテーブルを囲んで座っている人たちにとって、その場は「トランプ・ゲームをする」場面である。トランプ・ゲームの実践に参加しているメンバーにとって、前の人が机に置いたカードよりも大きな数字のカードをそこに重ねることが、「トランプ・ゲームをする」場面において適切なふるまいになる。よって、突然机の上のカードを「△」に立てることは、この場面においては不適切な振舞いだということになる。前項では、そこからゲームのルール自体が秩序立って変更される可能性について言及したけれど、そうは言っても多くの場合、人は勝手に机の上のカードを「△」に立てた人に対して、制止したり怒ったり問いただしたりするのではないだろうか。なぜなら、その行為は「トランプ・ゲームをする」場面において不適切なものだからである。けれども、そもそもなぜそうした行為が不適切なものとして説明可能であるかと言えば、その場の構造がトランプ・ゲームの規範に支配されているからだと説明する以外にない。よって、「トランプ・ゲームをする」場面であることの説明と、ある振舞いがトランプ・ゲームにとっての違反行為であることの説明は、再帰的／相互反映的に依存しあったものである。その意味で、人びとの社会的なやりとりが何らかの秩序をもった〝場面〟であることは、その場面において用いられる説明以外に、根拠をもたない。

もちろん、ある場面にいる当事者にとっての第一義的な関心は、そうした再帰性／相互反映性を提示し合うことではないのだが、現実にはそうした再帰性／相互反映性が当然視され、当事者はそれを尊重している（Garfinkel 1967a: 8-9）。つまり、ガーフィンケルが見た社会秩序の問題の核心には、「どういうわけか（somehow）」メンバーが共通の行為基準を作り上げ、互いにとって理解可能な（＝「合理的な」）仕方でそれにしたがうことで共同行為が達成されている、という事態がある（Garfinkel 1967a: 10）。どのような社会秩序の場面も、メンバーたちによる文脈上合理的な実践を通じて達成されるものであり、それこそがエスノメソドロジーが注目する特性なのである。

> 私は「エスノメソドロジー」という用語で、次のようなことを意味している。つまり、エスノメソドロジーは、日常生活において組織化され円滑に進むさまざまな実践を、偶発的・継続的に達成していくものとしての文脈依存的な表現行為やその他の実践的行為の合理的な特性を研究する、ということである。（Garfinkel 1967a: 11）

こうして、エスノメソドロジーは、社会秩序のさまざまな場面にありふれたものとして存在する再帰性／相互反映性に着目する。このことの含意は二つある。第一に、エスノメソドロジーにとって「再帰性」とは、（たとえば「再帰的近代」のような）なにか特別な理論的含意をもった時代診断用の概念ではないということ。第二に、この再帰性／相互反映性に着目して社会秩序を研究することは、実践の外部にその秩序の根拠を求めたり、因果関係的な図式に則った説明を試みたりすることからの離脱となるということ、である。この二つの含意について、ここではM・リンチを参照しながら考えてみたい[96]。

まず、第一の点についてである。リンチは、「学問の美徳や特権的な知識の源泉として再帰性を考えない」(Lynch 2000) という論文において、ギデンズやU・ベックなどのように、再帰性というものを近代社会にのみ特有の現象として考えたり、そうした社会に対する知見を特権的に獲得するための観察方法や理論プログラムとして考えたりすること（たとえば「二重の解釈学」など）を批判している。曰く、「『再帰性』というのは、認識論的・道徳的・政治的美徳ではない。再帰性は、行為（そこには科学的な研究者によって遂行される行為や、彼らによって書かれた表現も含まれるのだが）が遂行され、意味のあるものとして理解され、そして社会的状況に組み込まれる際の不可避的な特徴である。その言葉をこうした意味で捉えるとき、再帰的でない（unreflexive）などということは不可能だ」(Lynch 2000 : 26–27) からである[97]。ここで言われていることは、エスノメソドロジー的な意味で「再帰性／相互反映性」概念について考えた場合、そこから理論や認識論を特徴づける何らかの性質や、現代社会に対する特別な処方箋などを引き出すことはもはやできないということである[98]。

これまでの再帰性についての言説は、従来型の研究とは異なる画一的な見通しや研究成果がもたらされることをどこかで夢見てきた。しかし、再帰性概念についてラディカルであろうとすればするほど、あらゆるものが再帰的であるという結論に導かれてしまう。そしてこの結論は、再帰性理論にとって自己否定的である。そもそも再帰性がありふれたものだとしたら、――構成主義に対してハッキングも述べていたように――再帰性論者の主張にいちいち耳を傾ける必要もなくなるのだから。よって、ありふれたものを軽視する研究プログラムを維持したまま、再帰性概念に社会分析や記述のための特権的な地点を見出すことはできない。このことからリンチは、再帰性分析をおこなったからといって自動的に得られるメリットなどは何もなく、その適切さ、その面白さは、そのトピックについてどのようなことを、どのような聞き手に対して述べるかということに応じて変わってくると述べる。「簡単に言えば、再帰的〝である〟ことや、再帰性分析を〝おこなうこと〟には、そこからなにか刺激的なもの、興味深いもの、発見的なものが出てこないかぎり、特定のアドヴァンテージがあるわけではない」(Lynch 2000 : 42)。

要するに、これまでのさまざまな再帰性論は、いずれもラディカルで客観主義的ではない研究プログラムを標榜しているわりには、結果的に従来型の研究の域におさまってしまっているのである (cf. Lynch 2000 : 34)。これに対してエスノメソドロジーは、再帰性が「ありふれた、面白くもないものであるということ」を逆手にとり、それが社会秩序の理解可能性や説明可能性を構成する基底的な構造であること自体に目を向けている。「再帰的な説明可能性 (*reflexive accountability*) というテーマは、社会学的な研究のあらたな領域を示している。その領域とは、(日常的にないし専門的に) 説明可能な社会秩序 (ならびに非秩序) の〝退屈で (uninteresting)〟ローカルな達成、である」(Lynch 2000 : 43)。エスノメソドロジーが従来の社会科学に対するひとつの革新であるとすれば、それは、ありふれたものでしかない再帰性、これまでの社会研究では当然過ぎるものであるがゆえに切り捨てられてきたこの再帰性を、そうであるがゆえに研究対象となるべき社会秩序の根本的な特性へと捉え返したことであると言ってよいだろう[99]。

第二の点に移ろう。このように再帰性／相互反映性を研究対象とすることは、社会秩序に対するイメージと、研究において何がなされるべきかという指針の設定に変更を迫るものである。そしてこの問題は、有名な「規則にしたがうこと」に関するウィトゲンシュタインの解釈に関係してくる。「規則にしたがうこと」の問題とは、リンチの言葉を借りれば、「いかにして私たちは、ある規則が以前に適用されたことのないような事例にもあてはまるように規則を拡張することを、まったく問題なくやっているのか」(Lynch 1993 : 167 = 2012 : 196) という問いである。ある場面が秩序立っているということは、そこでおこなわれる人びとのやりとりがデタラメなものではなく、一定の規則 (ルール) が遵守されているということを意味する。しかしどのようなルールが、いつ・どのようなときにどのように適用されるのかについて、われわれは事前に取り決めているわけではない。それにもかかわらず、われわれはそのルールを実際に遵守しているように見えるのだが、このことをどう考えたらよいのか、というのが問題の中身である。エスノメソドロジーが、「ルール（社会秩序の規範構造）」と「実践」との再帰的／相互反映的な関係を研究の主題とするということは、「規則にしたがうこと」がいかなることなのかについての哲学的・論理学的考察を要求されるということでもあるのだ。

　リンチによれば、この問題に関して二つの解決法がある。懐疑主義的解決と反懐疑主義的解決である。ウィトゲンシュタイン問題の懐疑主義的解決とは、規則とそれにしたがうという行為が確実に一致し得る内在的な根拠が存在しないことを与件とし（＝懐疑主義）、規則とその解釈の関係については外的な源泉（たとえば、社会的慣習、共同体の合意、心理学的な傾向性、社会化など）を援用して非決定性を解決しようとする立場である（本書の第I部で検討してきたパーソンズやアーモンドの理論が、「社会化（socialization）」を重視することで行為者における社会規範の内面化問題＝秩序問題を解決しようとしたことを想起しておきたい）。この場合、懐疑主義者の解決策は、「規則にしたがうこと」という実践の上位ないし下位に説明的な要因を探すという擬似因果論的な像を手放していないと言うことができる。

　それに対してリンチは、ウィトゲンシュタイン問題を解決する道筋を反懐疑主義に見出すことで、ルールと実践の再帰的／相互反映的関係を扱うことができると主張する。反懐疑主義とは、規則とそれにしたがう実践が一致する根拠が存在しないことについて、反実在論という認識論的立場からそのパラドックスを解消するのではなく、規則にしたがうことの「文法」に注目するということを指している。私たちが規則にしたがうとき、私たちは規則の意味が抽象的な定式化のなかに何らかのかたちで十全に含まれているように、規則を「解釈」したりはしない。私たちは〝端的に〟行為するだけである。そして、言説上の解釈をお互いに提示することによってではなく、そのように行為することを通じて自分たちの理解を示しあっている（Lynch 1993 : 174 = 2012 : 203）[100]。その意味において、ルールに〝厳密に〟〝確実に〟したがった実践が「社会的な達成」であることを理解するのに、その実践に対して懐疑主義的な立場を取る必要はないのである。協調的な実践の厳密さとは、「リアルな」厳密さと対比されるたぐいの人工的な厳密さのことではない。ウィトゲンシュタインにとって、実践の宇宙における〝厳密さ〟は、われわれがもつことのできる唯一の厳密さだからである（Lynch 1993 : 298 = 2012 : 343）。

こうして、「規則にしたがうこと」に関するウィトゲンシュタイン問題を反懐疑主義的に拡張することで、エスノメソドロジーが社会秩序における再帰性／相互反映性を研究することは、外部に存在する要因（文化や「社会化」など）を実践に因果的に結びつけるものではなく、ありふれた状況でなされる行為が、いかに「活動の特有の織りなし合い（contextures）にとって有意に関連するようになる」（Lynch 1993 : 200 = 2012 : 236）のかを再発見ないし再特定化しようとするものとなるのである。このことを踏まえれば、ガーフィンケルがエスノメソドロジーの方針のひとつとして、次のように言っていることの意味も理解されるだろう。

> 「共通の合意」が意味しているのは、何かがルールにしたがって言われたというメンバーの認識を達成するための多様な社会的方法のことであり、実質的な事柄が論証可能な仕方で合致することではない。共通理解の適切なイメージは、それゆえ、重なり合う対の交点ではなく、演算〔operation 作動〕だということになる。
>
> （Garfinkel 1967a : 30, 原文は全文イタリック）

つまり、エスノメソドロジーは、人びとが日常的な場面でおこなう行為の秩序について、行為の外部にある規範に合致することによって生み出されているというイメージからではなく、実践的な行為の遂行のなかにルールや規範が含まれているというイメージをもって研究する。その意味で、社会秩序の存在は、その社会秩序にとっての作動の水準において担保されているということになる。

後期ウィトゲンシュタインに触発されたエスノメソドロジーは、社会秩序の理解可能性がその秩序を構成している実践の外部には存在しないという観点に、再帰性／相互反映性を結びつけている。[101] こうして、社会秩序のありふれた一般的な性質としての再帰性／相互反映性を記述・分析の対象とすることによってこそ、エスノメソドロジーの社会科学における研究プログラムとしての特異性が際立つことになると言えるだろう。

(b) 説明可能性

エスノメソドロジーが注目する社会現象の一般的な特性には、「説明可能性（accountability）」というものもある。ここで説明可能性とは、日常的なさまざまな場面にいるメンバーが、その場面にあった実践をおこなうことができるということに関係している。ここではまず、ガーフィンケルとH・サックス[102]による「実践的行為の形式構造について」（Garfinkel and Sacks 1970）という論文を手がかりに、説明可能性への着目が、エスノメソドロジーとそれ以外の社会学における分析とをどのように分けているかを見ていきたい。

この論文は、実践的行為、とりわけ会話を題材に、自然言語に含まれる「インデックス性」を普通の人びとや職業社会学者がどのように扱い得るかを検討し、それによってエスノメソドロジーの方向性を示すものである。ここでインデックス性ないしインデックス表現とは、会話などに不可避的に登場する文脈依存的な言葉である。たとえば、「あの」「この」「いま」「私」などの言葉は、その表現が指している内容について、一律かつ客観的に規定することができない[103]。ここで、パーソンズに代表されるような当時の通常の社会学の分析（ガーフィンケルらの呼び方では「構成的分析（constructive analysis）」）では、自然言語に含まれるインデックス性を矯正し、それを客観的で科学的な用語に置き換えなければならないと考えられてきた。そこでは、インデックス的表現と客観的表現が対になって理解され、職業社会学者は、自然言語に存在する根本的なあいまいさや未規定性を修正し、それを文脈超越的な一般理論に結びつけるという仕事を目指すことになる（Garfinkel and Sacks 1970：339-341）[104]。

しかしながら、現実には、「あの」「この」「いま」「私」といったインデックス表現が指すものを、いつ・どこで・だれにとってもあきらかなように定義することはできないにもかかわらず、会話の当事者たちにとっては、それらの意味内容は難なく諒解されている。言い換えれば、会話は、「そこで本当は何が言われているか」ということを文脈に依存しないかたちで書き換えることができないものであっても、理解可能で説明可能なものとして進行する。そして、会話のような一見トリヴィアルな社会秩序が、このインデックス性を含みながら説明可能なものとしてその場その場で達成される事態を、エスノメソドロジーは研究するのである。さらに言っておけば、このようなインデックス性は、なにも日常会話だけに見られる〝あいまいさ〟なのではない。理念としての客観性を標榜する科学的な営みにおいても、インデックス的表現と、常識的な推論によって実践されている（Lynch 2001 = 2000）[105]。

さて、ガーフィンケルらは、自然言語を用いた人びとの実践が、説明可能（account-able）[106]な現象として達成されることを、「ワーク（work）」と呼ぶ（Garfinkel and Sacks 1970 : 342）。日常的な実践から何らかの説明可能な秩序が作られるのは、人びとの「ワーク」を通してである。たとえば、自然言語のインデックス性にもかかわらず会話において実際に何が話されているのかが理解できるのは、話者が会話をおこないながら話されていることの意味を確定するという「ワーク」、つまり「注釈的な実践（glossing practice）」をおこなっているからである。けれどもそのことは、話者はその会話において本当は何が話されていたのかを言うことができるということを意味しない。そうではなくて、話者はそのように話すことによって自分が実際は何を話しているのかを理解しているのである。そのかぎりで、エスノメソドロジーは、実践の外側に出なければ現象の理解可能性が担保されないとする通常の社会学の考え方をとらない[107]。たしかに、少なくとも社会学においては、人びとの日常的な実践を見ていこうという提案も別に新しくはないのかもしれない。だが、エスノメソドロジーが特殊に関心をもっているのは、ある秩序をつくっているメンバーの実践が、その秩序の状況を説明可能なものにしている手続きと同一であるということなのである。

ところで、会話において話者は、「われわれが何をおこなっているのかを言葉を尽くして述べる（saying-in-so-many-words-what-we-are-doing）」こと（ガーフィンケルらはこれを「形式化（*formulating* 公式化）」と呼ぶ）をおこなうことがある（Garfinkel and Sacks 1970 : 351）。話者は会話のなかでそうした形式化がおこなわれていることを認識しているし、またそれは会話がメンバーにとって説明可能なものであることを示してもいる。けれども、会話を形式化することによって（のみ）、「われわれの会話という活動が説明可能性をもった合理的なものである」というメンバーの「ワーク」が達成されるわけではない（Garfinkel and Sacks 1970 : 355）。形式化がおこなわれているということも、形式化の内容を理解することによってではなく、メンバーがその形式化という行為がなされる文脈的な実践に関わることによって認識されるからである。つまり、「ワーク」は、形式化がなされなくても達成される。だから、自然言語に存在するインデックス的表現が、会話の形式化によって置き換えられているわけではない。「社会秩序の問題に対する核心的な解決策として形式化が占めるべき場所は存在しないという事実は、社会科学においてしばしばなされる勧告にも関係してくる。社会科学においては通常、経験的な記述をおこなうという実践的目的のため、ないし仮説の正当化と検証をおこなうという実践的目的等々のために、形式化がおこなわれ得るとされる。その際に形式化は、社会科学がすべての実践的な目的を果たす場合に適切となる、実践的な行為の厳密な分析をおこなうための資源として勧められているのである」（Garfinkel and Sacks 1970 : 359）。けれども、形式化のみによって会話のような日常的な活動が有意味なものになるわけではない以上、そうした通常の社会科学の発想では、そもそも秩序だった日常的な活動などあり得ないということになってしまう。そうではなくて、

> われわれがここで現に述べていることは、人びとが会話のなかであれその他の日常的な活動のなかであれ、秩序だった仕方で振舞うために介在していなければならない物事として、たとえば人びとがつねに自分たちの役割関係を形式化することができなければならず、そして体系的にその帰結を想起することができなければならないなどと考えるべきではない、ということだ。（Garfinkel and Sacks 1970 : 359）

エスノメソドロジーも通常の「構成的分析」と同様に、日常的な活動の形式的構造に関心をもっている。その両者が異なるのは、通常の社会学が日常活動の形式的構造を説明可能なものにすることを、職業社会学のみに可能な達成であると考える一方で、エスノメソドロジーはそのように考える職業社会学の形式的構造がメンバーたちによ

ってどのようにして説明可能なものとして達成されているかを記述対象とするというところにある。だから、エスノメソドロジーが社会秩序に見出す一般的な特性は、インデックス表現の形式化ではなく、メンバーたち自身によって説明可能な秩序が形成されるという「ワーク」であると言うことができる。[108]

こうして、説明可能性（accountability）という概念を軸に、社会秩序をメンバーによるワークとして捉えるというエスノメソドロジーの方針は、信頼論にもつながってくる。最後にそのことを見ておこう。

前項では、エスノメソドロジーの方針が確立される以前に書かれたガーフィンケルの信頼論文を検討してきた。その論文は、現象学的社会学が「慣れ親しみ」という概念で表現していたものを、経験的な信頼論として展開し直すという性格のものであった。つまり、他者との安定した相互行為が維持されるためには、ルールの間主観的な妥当性という構成的期待としての信頼が前提とされなければならない、ということである。けれども、信頼が安定した相互行為秩序を生み出すということは、けっして——合理的選択理論家が想定するような——共約不可能な他者と他者の関係が信頼によって調和させられることによって、はじめて相互行為が開始されるという意味ではない。ある場面において他者が他者であることも、相互行為のなかで説明可能なものとして現象するものなのである。その意味では、他者が他者であるという確定がなされる以前に、すでに相互行為へのコミットメントがなければならない。言い方を変えれば、ある人格への信頼や不信には、ルールにしたがった相互行為秩序への構成的期待が先行していなければならない（ガーフィンケルの『他者の知覚』がホッブズ批判として展開した自他の認識の同一性についての議論は、以上のことをテーマとしていたのだった）。

A・ロールズとG・デイヴィッドは、以上のことを近代社会における信頼の性質と結びつけて議論している。[109] 彼女らの論文「説明可能性のなかの他者（Accountably Other）」（Rawls and David 2005）の目的は、「他者（Other）」というものがいかにしてつくり出されるかということを、相互行為秩序における説明可能性の観点から示すというものである。そして、説明可能な他者が構成されるプロセスと、信頼ないし不信が構成されるプロセスが、同一の相互行為におけるワークから派生するものであることが主張されることになる。

まず、他者が説明可能性のなかで構成されるとはどういうことかについて説明しなければならないだろう。かつて「他者」は、出身地や人種や文化習慣などの個人の属性によって定義されてきたが、近代になってそもそも共有された属性というものがだれにとっても自明視できないような状況になると、「他者」の確定は相互行為上の実践によって示されざるを得なくなる。よって機能分化した社会では、「他者」は相互行為実践のなかで説明可能（accountable）な違反として表示されることになると、ロールズらは述べる。つまり、「『説明可能な他者（The Accountable Other）』とは、われわれの用法では人口統計的な他者（Other）ではなく、ローカルな秩序に違反した者のことである。『説明可能な他者』は、物語によって説明可能なものとして特定され、そして物語や信念に埋め込まれるようになった信頼の失敗を通じて排除される」（Rawls and David 2005 : 490）。

こうした「他者」の確定をめぐる変化は、相互行為へのコミットメントを通じた、あらたなタイプの「状況化された連帯」や「道徳」を要求することになる。そしてそこに、信頼が現代において重要になってくる理由がある（Rawls and David 2005 : 470）。なぜなら、ア・プリオリに共有された連帯や道徳を失った相互行為実践においては、メンバー間における信頼と（その状況に〝適した〟振舞いができるという）能力の提示こそが、相互行為秩序を成立させる唯一の資源になるからである。

> 多様性という文脈のなかでは、もはや信念や価値観や共有された文化・出自がこうした共有の背景を提供することはあり得ないので、そこで生まれてくるのは、ある状況を共通して保持し他の何にもまして尊重されるべきものとして構成するような実践をもたらす共有された背景期待である。信頼は、人がある特定の状況化された実践に関して、いかにして自身の関与義務を果たすかという問題へと変貌する。（Rawls and David 2005 : 474）

こうして信頼は、ある場面に置かれた人びとが、状況化された実践（situated practice）を成立させることに寄せる背後期待として概念化される。つまり、人びとが同じ期待構造にコミットしており、お互いにそのことを信頼できるのであれば、実践の文脈があらかじめ共有されていない状況においても複雑なコミュニケーションが可能になる。そこでおこなわれている実践の意味の確定は、連接していく相互行為のなかで再帰的／相互反映的になされていくことになるからである。しかし、メンバーが提示した説明（account）が相手に受け入れられず、なおかつその説明のすれ違いが修復されない場合、そこで進行している実践の意味は不安定なものとなり、有意味な相互行為を継続することが難しくなる。そのとき、それまで同じ実践のメンバー同士であった人びとは、もはやメンバーではなく「他者」となるのである。こうして「他者」は「ローカルな秩序に違反した者」としてあらわれ、そうした違反者たちに向けられる物語によって説明され、メンバーから排除される[110]。ロールズらの考えにしたがえば、説明可能性という概念から見えてくる信頼論の本質は、他者を信頼するかどうかということではなく、「他者」と不信がどちらもローカルな秩序に対する背後期待（信頼）が裏切られることによって構成される、ということなのである。

　エスノメソドロジーは、理解可能な秩序を生み出す記述にとって本質的なものは、実践のメンバーが用いている説明（account）であって、科学者が外部から持ち込んだ説明ではない、と考える[111]。会話のように一見すると些細な社会秩序が理解可能であるのは、そこに含まれるインデックス性を除去した客観的な説明が可能だからではなくて、メンバー自身でその秩序を説明可能なものとするワークがおこなわれているからである。このことが信頼論に対してもつ示唆は、そうしたワークがおこなわれているということ自体のなかに、信頼の問題系が存在するということである。

（c）ローカリティ

　エスノメソドロジーによる研究は、ローカルな社会秩序というものに着目する。社会現象は本来、ミクロやマクロといった範囲によって切り分けられるものではなく、普通〝マクロな〟事象とされているものでさえ、その場その場でローカルに達成されている事柄なのだというのが、エスノメソドロジストの主張する社会秩序一般の特性である。このことがエスノメソドロジーを、ミクロ／マクロ論への批判と、相互行為分析とに向かわせることになる。ここでは、ローカルであるということがミクロであるということとどのように異なるかを見たうえで、エスノメソドロジーによる相互行為分析の視座を確認しておきたい。

第一に、エスノメソドロジーが強調するローカリティは、社会的事実をどのように認識するかということに関係している。すでに見てきた実在論の立場であれば、目の前で生起するミクロな現象は、目には見えないけれど実在するマクロで構造的な力によって制約されているはずだと考えるだろう。その場合、社会的事実は、その場にはかならずしも存在しない要素（構造や文脈など）との影響関係を考慮することによって、はじめて完全に認識されるということになる。エスノメソドロジーがこうした立場と異なるのは、その場を超越した構造や文脈などが存在しないと考えるからではなくて、そうした構造や文脈もその場その場においてはじめてリアルなものになると考える点においてである。エスノメソドロジーが関心をもつのは、通常の社会学がミクロ構造やマクロ構造（およびそれらの相互連関）ということで表現しようとしているものが、いかにして具体的かつ経験的な社会的実践のなかで生み出されているか、ということだからである（Hilbert 1990）。これに関して、リンチも次のように言っている。

エスノメソドロジーにおいてローカルなという形容詞は、主観性、視点、特定の利害関心、限定された場所での小さな行為といったものとはほとんど関係ない。そうではなくそれは、慣れ親しまれた社会的客体が構成される活動の不均質な文法に言及しているのである。均質な領域（たとえば汎言語的性質、認知構造、ドクサ、歴史的言説）を理論的に公準とすることによって不均質性を克服しようとするのではなくて、エスノメソドロジストは何かしら単一の秩序だった配置が一連の決定的な組織化の法則や歴史的段階、規範、意味のパラダイム的な秩序を反映ないし例証していると仮定することなく、「さまざまに秩序立っていること（orderlinesses）」のパッチワークを研究しようと試みている。エスノメソドロジストは、社会的行為や相互行為が起こっている歴史的・社会的「文脈」を否定しない。むしろ、かれらが主張しているのは、そうした文脈の特定化が有意性のローカルな組織性につねに結びつけられているということである。

(Lynch 1993 : 125 = 2012 : 148)

つまり、社会的事実はその場その場において完全で合理的で安定的なものであり、ローカルな社会秩序はけっして全体のなかの不完全な一部というわけではない、ということである。[112] ホッブズ的秩序の問題においては、人びとの利己的な行為を調整して安定した社会秩序を創出するという課題は、ひと足にリヴァイアサンという怪物の姿をした国家権力の設立という話へと飛躍してしまう。しかしながら、エスノメソドロジーが注目するのは、人びとのあいだでの行為の調整と安定的な秩序の創出が、日常的でローカルな場面において合理的に達成されているという事態である。もちろん、物理的な強制力を背景にした国家権力によって、行為の調整がおこなわれている局面もあるだろう。しかし、そうした国家権力の作用というもの自体も、ローカルな場面においてのみ、あるいはより正確に言えば、そうした国家権力の作用という場面をつくり上げている実践のメンバーによる相互承認のもとでのみ、リアルであり得る。[113] その意味で、ローカルであるということは、マクロで構造的なもの（たとえば国家権力など）と対になったミクロなものというわけではないのである。

エスノメソドロジーが社会秩序のローカリティに注目することがもつ第二の含意は、エスノメソドロジーによる経験的な研究が、相互行為分析を基本とするということである。[114] もちろん、エスノメソドロジーは、その語源がそうであるように、人びとが日常生活を秩序立った仕方で遂行するための方法論を記述するものであるから、いわゆる相互行為場面とされるもの以外を研究対象とすることも十分にあり得る。[115] けれども、ローカルな「その場」性とローカルではない社会構造という対で語られてきた従来の議論の構図を塗り替えるというインパクトは、やはり社会構造についての分析を相互行為分析としておこなうことによって得られるものであろう。上述のとおり、エスノメソドロジーにおける「社会秩序のローカルな達成」というものがミクロ／マクロ図式と無関係である以上、相互行為分析は社会秩序の分析そのものである。

ただし、相互行為分析が社会構造の分析としておこなわれると述べることは、アクターが相互行為する場面において社会構造が再生産されるといった、構造‐行為論的な含意をもっていない。そうではなくて、構造‐行為論が存在論的与件とするような「アクター」「行為」「社会構造」といったものも、相互行為のローカルな場面において元から結合しているというのが、エスノメソドロジーにおける相互行為論の要点である。こうした視座は、相互行為論者として真っ先に想起されるであろうゴフマンの議論においても確認できる。ここでは、まずゴフマンの相互行為分析の特徴について検討することで、エスノメソドロジーにおける相互行為分析の視座を再度際立たせることにしたい[116]。

ゴフマンの研究は、日常的な相互行為の単位を記述し、そこにどのような秩序が生じているかをあきらかにすることを目的としている。そして、「相互行為の適切な研究とは、個人とその心理についてではなく、相互に対面しているさまざまな人びとの行為のあいだでの文法構成上（syntactical）の関係性についてである」（Goffman 1967 : 2＝2002 : 3）。ここで文法構成上の関係とは、個人のあいだのやりとりが、織り合わさってひとつの秩序を形成する様を指している。そしてその相互行為の場にいる個人にとって、そうした秩序の形成・維持を目指すことは、道徳的な義務として要請されることになる[117]。つまり、相互行為秩序は、規範的に成立していると言うことができる。こうした意味で、ゴフマンの相互行為分析がおこなおうとしていることは、秩序のローカルな達成を相互行為分析から記述するというエスノメソドロジーの指針と、重ね合わせることができるだろう[118]。

ロールズは、こうしたゴフマンの相互行為論がもつ社会理論としての側面を強調しつつ、それを四つの特徴に分類している（Rawls 1987 : 136–137）。すなわち、ゴフマンは、

1　社会的な自己を存在論的な出発点とすることなく、相互行為秩序のなかで産出され、またその秩序を拘束するものとして描いている。
2　相互行為秩序を社会構造に完全に従属するものとして捉えない。
3　行為が意味をもち得るのは、相互行為秩序の外側に存在する目的との関係においてではなく、あくまでも相互行為秩序のなかにおいてである。
4　人びとが相互行為秩序の基本的なルールにコミットすることを、社会構造を再生産するという必要性に応じたものとしてではなく、道徳的な問題として考える。

これらをまとめると、ゴフマンにとっての「社会的事実」とは、（社会構造的なものではなく）相互行為的・道徳的なものであり、構造‐行為論や、ミクロ／マクロ論という枠組みのなかでゴフマンの議論を理解することはできない、ということになる。なぜなら、そうした枠組みを用意してしまうと、ゴフマンは「相互行為を通じて社会構造が再生産される」という議論を展開しているかのように整理されてしまうからである。そうではなくて、「ゴフマンにおいて個人と構造は、それぞれ競合する実体として捉えられているわけではない。それらは相互行為秩序それ自体のなかで織り合わされて産出されるものなのである」（Rawls 1987 : 138）。ロールズによるこうした紹介は、エスノメソドロジーの指針としても読めるものだろう。

しかしながら、ここで注意しておきたいのが、ゴフマンは社会構造がすべてローカルに成立する相互行為秩序に還元されると考えているわけではないと強調していることである。たしかにゴフマンは、われわれの社会的な経験というものが、対面的な相互行為のなかから発生してくると考えている。[119] けれども、だからといって相互行為秩序は、すべてその場かぎりの要素によって成り立っているわけではなく、そこには以前のやりとりについての記憶、文化的な前提、言語的な共通性などが存在し、またそれらが間主観的に共有されているという前提が存在しなければば、うまくいかないはずだと言うのである。言い換えると、ローカルな相互行為秩序を超えた構造的な要素が発現するのは特定の状況においてであるが、だからといって構造的なものがその場かぎりの出会いの状況に還元されるわけではない、ということである。その点で、ゴフマンは「状況的なもの (the situational)」と「単にその状況にあるもの (the merely situated)」を区別していると言えるだろう (Goffman 1983 : 8-9)。こうした理由から、ゴフマンは構造的なものを相互行為秩序に還元することは誤りだと述べている。

まとめると、相互行為秩序において比較的自律的な生活形態が生じると述べることは──〔中略〕──、相互行為秩序における生活形態がマクロ的な視座でとらえた現象の形態よりも優先的で、基底的で、構成的なものであるということを意味してはいないのである。(Goffman 1983 : 9)

ゴフマンは社会構造と相互行為秩序との関係について、どちらかがどちらかに還元されるものでも、どちらかがどちらかを規定するものとも考えなかった。「よって、一般的に言えば、(細かな点はさておき) 少なくとも現代社会において見られるのは、相互行為実践と社会構造のあいだにある非排他的な連結──〝ルースなカップリング〟──である」(Goffman 1983 : 11)。だから、ゴフマンの相互行為分析は、相互行為秩序と構造的なものとの構成的な関係に焦点を合わせるものなのである。

さて、こうして要約してみると、エスノメソドロジーの方針とゴフマンの相互行為分析にはとり立てて違いがないように見える。エスノメソドロジーも、ミクロ／マクロ論に批判的であるし、相互行為秩序それ自体を社会秩序であると捉えているからである。だが、エスノメソドロジーが社会秩序のローカルな達成を強調するときの論理は、ゴフマンとは若干ずれている。そしてその若干のずれが、ここでは重要である。

ゴフマンは、社会構造が相互行為のローカルな文脈には解消されないことを論じていた。そうしたゴフマンからすれば、エスノメソドロジーのプログラムはローカルな相互行為を社会秩序そのものの分析としておこなうことによって、社会構造的なものの実在を等閑視することにつながるように映るかもしれない。だが、エスノメソドロジーは、構造的なものよりもローカルな相互行為の方が社会秩序にとって基底的であるという理由から相互行為分析を志向するわけではない。ゴフマンの述べるとおり、相互行為実践と社会構造は「ルースにカップリング」された相互構成的な関係にあり、そのことはエスノメソドロジーにとっての前提でもある。むしろ両者の違いは、次のところにある。エスノメソドロジーは、ゴフマンのように、社会構造が相互行為実践から独立に存在しているかどうかということをそもそも問題にしない。エスノメソドロジーにとっての問いは、いかにして社会構造がローカルな実践の文脈と結合しているか、ということだからである。このように、社会秩序についての存在論的な立論（「～は存在するのか否か」「何が～の原因であるのか」）から、構成主義的な立論（「いかにして～であるのか」）への転換こそが、エスノメソドロジーにとっての出発点であったからである。[120] よって、エスノメソドロジーにおける相互行為分析には、相互行為実践が社会秩序にとってミクロかつ基底的であるといったような、存在論的な含意はいっさい含まれていない。

こうしたことから西阪仰も、相互行為分析は社会秩序を記述するひとつの方針であるものの、その際におこなわれることは、社会秩序の（隠された）条件・根拠・原因などを暴露することではないと述べる。そうではなくて、それは「ある相互行為の秩序が、相互行為の具体的進行のなかで、またその具体的進行をとおして、その時々の相互行為上の偶発的条件に依存しながら、いかに組織されているか、を記述」（西阪 1997a : 35）しようとする試みなのである。[121] 社会秩序をローカルに達成されるものとして考え、それを相互行為分析として記述しようとすることは、マクロに対するミクロの優先や、社会構造の相互行為実践への還元ということではなく、これまでの社会科学が所与としてきた「行為者」「行為」「構造」「秩序」という項目が、ローカルな文脈において相互構成的に有意なものとして成り立つことを前提とするのである。

以上のことが信頼論に対してもつ含意は、「対人間での信頼」と「制度への信任」として切り分けられてきた区別の横断に関わる。これまでこうした区別は、ミクロとマクロの差として捉えられ、最終的には人間の心のなかで統一される区別として考えられてきた。これに対してエスノメソドロジーは、そうした信頼ないし信任が発現するローカルな文脈に注目することによって、従来の区別を横断する可能性を提示する（ゴフマンが相互行為分析にこだわったのも、従来の社会学が用いてきた区別を横断するかたちでの秩序のあり方を示すためであったことを再度強調しておきたい）。この可能性については、つづく第8章において詳しく議論することになる。

3　エスノメソドロジーへの批判と応答

この項では、エスノメソドロジーに向けられてきた批判を取り上げ、それに対してどのように応答できるかということを考えていく。ただ、ここで述べることの大部分は、本節におけるこれまでの行論においてすでに含意されている。それにもかかわらず、ここでエスノメソドロジーに対する批判とそれへの応答可能性をあらためて考えるのは、ひとつにはそうした批判が幾度も繰り返されてきたからであるが、それ以上にその批判の背後に存在する社会科学観こそ、本書が対決しようとしているものだからである。政治学における信頼論が経験的に妥当な研究としてあらたに再構成されるためには、従来の政治学を支えてきた政治理論（ここではとりわけその理論的基礎）を改訂していかなければならない。以下では、本書がこれまで検討してきた論者や立場から、どのような批判がエスノメソドロジーに対して投げかけられてきたかを中心に見ていきたい。具体的には、（a）コールマンからガーフィンケルへの批判、（b）トリヴィアルなものへの拘泥について、（c）常識への過大評価、（d）社会構造的なものの欠如、である。

（a）コールマンからの批判

まず取り上げておきたいのが、コールマンによるガーフィンケル批判である。というのも、六〇年代型政治文化論の理論的基礎であったパーソンズとの対決というかたちで登場したのが、九〇年代以降の信頼論の理論的基礎となったコールマンであり、本書が理論的基礎として考える「意味」の系譜（現象学的社会学からエスノメソドロジーへ）は、そのコールマンと鋭く対比されるものだからである。そのコールマンによるエスノメソドロジー批判は、ガーフィンケルのアグネス論にもっぱら向けられている。[122] よって、先にこのアグネス論を簡単に紹介しておきたい。[123]

アグネス論というのは、男性の身体的特徴を備えた（とされる）両性具有の女性「アグネス」（自己認識では完全に女性）が、ジェンダー秩序のなかでいかにして女性であり続けているかについて、エスノメソドロジー的に分析したものである（Garfinkel 1967b＝1987）。自己の性別を当然のものと見なしている多くの人にとって、男／女のジェンダー秩序は通常気づかれることなく日々の生活の背景に埋め込まれているにすぎない。しかしながら、アグネスのような人にとって、自分が女性であることは、日常的な実践を通じて達成し続けなければならない事柄なのである。だからこそガーフィンケルは、アグネスを「日常的な方法論の実践者」と呼び（Garfinkel 1967b : 180＝1987 : 290）、彼女がおこなった日常の活動の「研究（studies）」に、実際的な問題への対処という地位を与えた。アグネスの事例が示しているのは、次のことである。

> うまくやるためには、ジェンダーを示したりディスプレイすることは、さまざまな状況に見事に合致したものでなければならず、その場の要求に応じて細やかに修正されたり変形させられるものでなければならない。ジェンダーをすることは、そのような場をやり繰りしていくということから成っており、それによって細かい点がどうであれ、その結果が文脈においてそのジェンダーに適切なものとして（ないし場合によってはそのジェンダーに不適切なものとして）見なされるか、見なされ得るものでなければならない。つまり、説明可能な（account-

able）ものでなければならない。

(West and Zimmerman 1987 : 135)

そして、この、アグネスが「女性であること」を達成しつづけていくという現象を記述／分析する際には、ゲーム理論では不適切だとガーフィンケルは述べる。なぜなら、標準的なゲーム理論の場合、ゲームのルールやその環境自体は行為者にとって所与のものとされ、カッコに入れられてしまうからである。[124] アグネスは、自身にとっての関連性の網目となるそうしたルールや環境を意識しつつ、実際的な状況をうまく操作・制御しようとしていた (Garfinkel 1967b : 166 = 1987 : 275–276)。信頼論の観点から言えば、通常は潜在的なものにとどまる人びとの相互信頼（＝慣れ親しまれたルーティンないし構成的期待）が、アグネスにとっては、つねに問題を孕んだ、自覚的に対処していくことが必要なものであることを意味している (Garfinkel 1967b : 174–175 = 1987 : 280–281)。[125]

コールマンは、『エスノメソドロジー研究』への書評として、次のように書いている。「端的に言ってガーフィンケルは、この〔エスノメソドロジーという〕アプローチからまったく何の洞察も引き出せていない」(Coleman 1968 : 126)。そして、そのことをアグネス論に即して説明している。

コールマンにとって、男／女というジェンダー秩序の存在は、その機能的な相補性（＝役割分担）によって説明できるものである。よって、アグネスが直面していた問題も、性同一性障害であることによって、性別をベースにした他者との役割関係にうまく入ることができないことから生じるものであり、男／女というジェンダー秩序それ自体が問題になっているわけではないという (Coleman 1968 : 128–129)。そして、アグネスからの聞き取りをもとにジェンダー秩序を描き出そうとする試みは、ガーフィンケルが当事者たちの「外部に立つ (stand outside)」ことができていないために、科学的な記述として失敗してしまう (Coleman 1968 : 128)。「この〔アグネス論の〕章は、それ自体としてエスノメソドロジー的に大失敗だっただけでなく、エスノメソドロジーのより一般的な不正確さを証明するものであるように思われる」(Coleman 1968 : 129)。

R・サッサテッリは、「コールマンがガーフィンケルを読んだとき……!」という論文において、コールマンによる批判を検討している（Sassatelli 2007）。サッサテッリの意図を汲みつつ、この論文のタイトルに続きをつけるならば、「コールマンがガーフィンケルを読んだとき、それはまったく拒絶の対象でしかなかったが、そもそもガーフィンケルが意図していたことは、コールマンが読み取ったものとは異なる」といったものだろう。サッサテッリは、ガーフィンケルとコールマンの行き違いが、両者の認識論的立場の差異から派生してくるものだとしている。(126) また、ガーフィンケルのエスノメソドロジー研究が、対象者から適切な距離をとる（「外部に立つ」）ことができないために科学的に〝失敗〟したとコールマンが評価したことに対して、サッサテッリは、「エスノメソドロジー的無関心」という方針が「現実を客観的に正しく把握している科学者vs.当事者」というコールマンの前提とする対立図式をそもそも採用しないものであることを論じている。より具体的に言えば、

エスノメソドロジー的無関心は、次のような前提に立脚してはたらく。すなわち、その場の再帰的でレトリカルな実践に取って替わるようなものがないこと、そしてさらに、こうした実践と（それが自然であれ生物学であれ何であれ）「現実」とのあいだの「一致」が問題になることはない――というのは、「現実」というものが存在しないからではなくて、そもそも「現実」は実践と同じものを指している（あるいは実践を「反映している」）から――ということ、である。

(Sassatelli 2007 : 20)

こうしたサッサテッリによる交通整理も、コールマンやその他エスノメソドロジーに懐疑的な多くの論者にとっては、納得しがたいものかもしれない。社会科学における認識論の問題や、社会秩序の再帰的／相互反映的な性質は、いずれにせよこれまでもエスノメソドロジストたちが強調してきたことだからである。だが、それにもかかわらず、エスノメソドロジーが、主流となっている実証科学と同一平面上で競合する立場にはない、という点はほとんど理解されてこなかった。(127) エスノメソドロジーは、実証科学の成果を否定するものでも、より〝すぐれた〟研究

アプローチであることを自任するものでもない。ただ、実証科学において見落とされてきた日常的な社会秩序の達成（そのなかには当然実証科学のワークも含まれている）を、メンバーによる合理的な実践のなかに見つけようとする試みである。このことを確認するために、再びガーフィンケルに戻ってみよう。

ガーフィンケルは、「エスノメソドロジーのプログラム」という論文において、いわゆる実証科学としての「形式分析（Formal Analysis : FA）」と「エスノメソドロジー（EM）」との関係について述べている（Garfinkel 1996）。ここで、一方の「形式分析は、日常活動の完全な状況性というものを再特定化して、秩序が分析的に提示され得るようにする」（Garfinkel 1996 : 7）ものである。それに対して、エスノメソドロジーは次のように考える。「実際に、日常生活におけるもっともありふれた活動においてさえ、その完全な具体性のなかで秩序はたしかに存在している。ということはつまり、継起的・手続き的に上演された実質的で秩序立った現象上の細部の一貫性のなかで、一般性を失うことなく、秩序は存在しているということである」（Garfinkel 1996 : 7）。つまり、形式分析においては、秩序は日常的で具体的な現象のなかにではなく、科学的に再構成された理論のなかに存在すると想定されるのに対して、エスノメソドロジーは、日常的で具体的な現象それ自体が秩序として成立していると考えるのである[128]。

もともと、ゲーム理論に依拠するコールマンにとって、秩序の一般性は理論的に構成されなければならないものであり、そうした理論化の営みこそが、科学の存在意義そのものであった。そうした意味において、秩序を当事者の実践に発見しようとするエスノメソドロジーのプログラムは、科学としての要件を満たしていないとコールマンには映ったはずである。このように見てみると、アグネス論に対するコールマンの拒絶は、ガーフィンケルが言うところの「形式分析」と「エスノメソドロジー」との方針の違いから派生するものとして考えることができるだろう。

しかしながら、ガーフィンケルが形式分析とエスノメソドロジーを対置したのは、科学においてそうした二つの異なる方針が存在すると言いたかったからではない。そうではなくて、エスノメソドロジーは、形式分析という通常の科学のあり方さえも研究対象とするような研究プログラムであるということが、ガーフィンケルの主張のポイントである。形式分析が実際に成立するためには、形式分析が公式教義としているもの（たとえば、対象の認識、仮説の提示・検証、因果的推論など）以外に、「そのほかに何が」そこに作用しているのかということをエスノメソドロジーは問うのである（Garfinkel 1996 : 6）。言い換えれば、形式分析という営みが達成されるために、メンバーたちがどのようなワークをおこなっているか、ということもエスノメソドロジーの問題関心になる。一般的に、科学が科学的な成果を生み出すことは、ある種の手続きや規則にしたがうことによって、自動的・画一的にもたらされるものだと想定されている。しかし、具体的な事例に対して、どのような規則をあてはめ、どのように手続きを運用するかという実践上の「方法論」は、その具体的な事例から独立に存在していない。つまり、形式分析であっても、形式分析の公式的なプログラムには載せられていない実践的な「方法論」のうえに成り立っている。そして、「形式分析を実践している人にとって、それらは、不可避的で、修正しようがなく、別の選択肢が存在しないようなものである。――〔中略〕――またそれらは、ワークの現場に特定的な細部において、特に面白いものでもなく、無視されているものである」（Garfinkel 1996 : 21）。形式分析があたりまえのものとして特に興味ももたないような、ありふれた日常的な活動のディテールを偉大な秩序達成のワークとして捉えること、これがエスノメソドロジーのプログラムなのである。[129] その意味で、エスノメソドロジーは、通常の科学に交叉的に結びついていると言ってよいだろう。

（b）トリヴィアルなものへの拘泥

エスノメソドロジーに対して投げかけられる批判のひとつの典型例とも言えるのが、エスノメソドロジーは社会生活のトリヴィアルな面のみに没頭することによって、社会科学にとって重要な問題に取り組んでいない、というものである。エスノメソドロジーは、これまでの社会科学の網目で掬いあげられてこなかった細部を研究することにこだわるあまり、どのような研究が社会科学にとって重要なのかという問題に対して相対主義的な態度をとっている、というのが批判者たちの言うところである。[130] ここでは、有名なL・コーザーによる批判と、それに対するエスノメソドロジストたちからの反論を見てみたい。

コーザーのエスノメソドロジー批判は、一九七五年のアメリカ社会学会における会長演説の一環としておこなわれている（Coser 1975）。この演説におけるコーザーの批判の矛先は、理論を軽視する方法論至上主義に向けられている。というのも、社会科学研究においては、理論的研究がなされてはじめて、探究すべき価値のあるトピックが明確にされるからである。そして、そのような理論を欠くならば、そこから生み出されるのは、トリヴィアルなことに最大限の洗練を加えた知見の寄せ集めとしての「フランケンシュタインの怪物」（Coser 1975 : 692）でしかない、と言う。コーザーは、そうした二つの傾向がはびこっていることを指摘している。それは、一方で、計量分析の手法の発達にともなって、研究者が方法論的な関心のみによって分析対象を選択するようになっていることであり、他方で、エスノメソドロジーが社会学において閉鎖的で秘教的な集団を生み出しているということである。「そのどちらも、実質的な理論というものを犠牲にして、方法論にのみ過大な関心を注ぐという点では、同じである」（Coser 1975 : 698）。コーザーは、エスノメソドロジーが日常のトリヴィアルなことに関心を向けた結果、「一般的には制度的な要因を、そしてとりわけ社会的相互行為において権力の果たす中心的な重要性を無視することによって、それは、個々の行為者およびその行為者の活動を研究している人が、どのように自らの行為を説明するかということを記述としてなぞることに制限されてしまう」（Coser 1975 : 696）と述べる。[131]

こうしたコーザーによる主張に対しては、D・ジンマーマン（Zimmerman 1976）およびH・メハンとH・ウッド（Mehan and Wood 1976）が、それぞれ応答している。まず、ジンマーマンによれば、コーザーはエスノメソドロジーに対するありがちな誤解を繰り返している。つまり、「研究の問題（*problem*）をその場（*setting*）と混同している」（Zimmerman 1976 : 6）。そしてこれは、ガーフィンケルのアグネス論に対する批判において、コールマンが犯したのと同じ類の誤解である。どういうことかと言えば、「問題」とはある研究が取り組む課題であるのに対して、「場」

は研究者がその「問題」に関する経験的データを得るために探究する世界の特定の部分なのである。だから、コーザーにとって日常の取るに足らないことのようにしか見えないものは、エスノメソドロジーにとっての研究の「場」であって、「問題」ではない[132]。

同様に、コーザーはまた、社会的相互行為の「内容」とその「形式」を区別することができていない（Zimmerman 1976 : 9）。エスノメソドロジーは、当事者が社会的世界に付与する説明（account）を、あるやりとりのなかで「本当は何が起こっていたのか」についてのもっとも正確な情報と見なすわけではない。そうではなくて、エスノメソドロジーが一般的に関心をもつのは、そうした当事者による説明や出来事の記述が、相互行為のなかでどのようにして一種の状況に埋め込まれた方法論的な地位を達成しているのかについてである（Zimmerman 1976 : 9–10）。つまり、エスノメソドロジーは、相互行為の「内容」を詳細に記述するのではなく、いかにしてその相互行為が当事者に組織されているかという「形式」を記述するわけである（cf. Garfinkel and Sacks 1970）。

こうした点から、メハンとウッドも、エスノメソドロジーは些細なことにかまけていて啓発的でないと述べたコーザーに反論している。「啓発的でないのはむしろ普通の社会学の方だと思う。普通の社会学はたいてい、それが啓発しようとしているような、人びとが生きる日常的な社会的リアリティからあまりにもしばしば切り離されてしまっているのだから」（Mehan and Wood 1976 : 17）。

コーザーの批判に対するジンマーマンらエスノメソドロジストからの応答は、エスノメソドロジーに対して向けられるありがちな誤解を解くものであり、それ自体として重要な指摘である。ただし、コーザーが指摘していたような、研究の妥当性・有意性をどこで担保すべきかという問題について、エスノメソドロジストたちが十分な応答をしてこなかったのも事実であるように思う。ジンマーマンが言うように、エスノメソドロジーはトリヴィアルとされてきた「場」や不正確とされてきた当事者の「説明」に着目するものの、しかしその背後にある「問題」は、社会秩序がいかにして可能か、という社会学一般の根本問題にかかわるものであろう。しかしながら本来、その研究がある研究領域ならびに社会科学全般にとって、どのような意義を有するものであるかということの理論的言明と、エスノメソドロジー的な具体的細部の記述は切り離されるべきではない。これまでのエスノメソドロジーは、支配的な社会科学のあり方に取り込まれることを警戒するあまり、多くのことを否定形でのみ語ってきた。曰く、「われわれがやろうとしていることは、彼らとはちがうのだ」と。リンチが言うように、否定形であることが一種の「治療的」で「解放的」な側面をもったことは否めないが（Lynch 1993 : 312＝2012 : 360-361）、エスノメソドロジー研究をおこなうことと、主流の社会科学との接点を確保することは元来矛盾するものではないはずである。こうした点を踏まえ、本書では、（とりわけ政治学においてエスノメソドロジーの方針を参考にする場合には）政治理論における問題構成という概念が重要であると考えている。これについては引き続き、次章において検討することにする。

（c）常識の過大視

さらに、エスノメソドロジーに向けられる批判としては、科学的な知識に比して不正確であるはずの「常識」を過大視しすぎている、というものがある。たしかに常識によって社会生活が組織化されているということもあるだろうが、だからといって常識に対して批判的な意識をもたないようであれば、科学の存在意義を否定することになる、というのが批判者の問題提起である。[133] たとえば、D・エメットとA・マッキンタイアは、シュッツが社会科学における常識的な理解の重要性を語ったことに対して、次のように批判していた。

……もしもここで彼〔＝シュッツ〕が言おうとしていることの意味が、社会的世界における常識的思考は社会科学の発見による訂正や修正から完全に隔離されている、ということであるならば、彼が主張していることは誤りであるだけでなく、社会科学からその真の重要性の一部を奪い去るものでもある。社会に関するわれわれの常識的な信念は、しばしば誤っているのみならず、場合によっては常識というレベルでそもそも手に負えないものだからである。

(Emmet and Macintyre 1970 : xiv = 1976 : 8)

エメットとマッキンタイアのこうした立場に対する反論は、すでに本章（および序章）において述べてきた。日常的世界がすでにそれ自体として秩序立っていると考えるのであれば、その社会秩序を成り立たせている本質は、日常的世界を生きる人びとの常識的な「方法論」のはずである。そしてこの場合の常識は、科学的な知識に比べて不正確であいまいなものとしてではなく、当該社会秩序を成立させるために十分適切な方法論として考えられるべきだ[134]。すなわち、J・クルターによれば、

> エスノメソドロジストが関心をもっている、「常識」と呼ばれるようなものの性質は、つぎのようなものである。つまり、常識は、それをもっていれば、日常的な活動のあらゆる実際的な目的のために、適切な、合理的な、筋の通った、適合的な、正しい、理由のわかる仕方で、振舞うことができるようになるのである。
>
> (Coulter 1979 : 21 = 1998 : 43)

もし、ここで科学的な知識に依らずして、世界を秩序立って眺める方法がないのだとしたら、科学的な観察者も含めた人びとが、ごくごくあたりまえな日常生活をどうやって生きているのかについて答える術がなくなってしまう。私たちは、わけのわからないまま光の差す方に引き寄せられるゾウリムシ的な生き方をしているわけではないし、すべての物事に科学者的な態度で接しているわけでもない。社会的リアリティは、人びとにとっての〝ありふれていて面白くもない〟常識的な説明（account）によって、ローカルな場面において再帰的／相互反映的に構成されるのである。エスノメソドロジーは、常識を科学的知識の劣化版としてではなく、社会秩序の構成にとっての主要な成分として位置づける。その点で、つまり、科学的知識は社会秩序の認識にとって特権的な地位にあるわけではないと考える点で、エスノメソドロジーはやはり、通常の科学と交叉的な関係にあると言えるだろう。

(d) 構造的なものの欠落

最後に、実在論的な社会理論の立場からの、典型的なエスノメソドロジー批判を取り上げておきたい。それは、エスノメソドロジーはローカルな実践に着目するものの、構造的なものがそうした実践にどのように影響しているかについて無視している、というものである。たとえばギデンズは、エスノメソドロジー(およびその一形態としての会話分析)が果たした貢献について一定の評価をしつつも、[135] 次のような限界性を指摘してもいる (Giddens 1977 : 175–177 = 1986 : 119–121)。

1　ガーフィンケルの会話分析においては、話し手の目標や動機について記述されることがなく空虚なものになってしまっている。

2　日常会話に潜む権力の要素が無視されている。

3　「社会学理論にとって人間の行為能力という考えが中心的な重要性をもっていることを認めるにしても、それは社会学におけるオーソドックスな『構造的』分析に近いものによって補完される必要がある」。

4　常識について分析する際には、常識から批判的な距離をとらなければならない。

本書ではすでに、エスノメソドロジー周辺のさまざまな社会理論の考え方を紹介しておいたので、ここでギデンズが指摘していることの意味内容もおおむねあきらかであろう。第一の点はヴェーバーの理解社会学的なものであり、第二の点はハーバーマスが指摘しており、第四の点はいましがた見てきたところである。ここで、とりわけ三番目の指摘が、ギデンズの実在論的な社会理論(「構造化理論」)との直接的な関係のもとに言われている。つまり、実践にかかわる人間の行為能力は、つねにそのローカルな実践の外部にある構造的なものによって制約されているはずだ、というのがそれである。[136]

ここで構造的なものとして挙げられるのは、たとえば「階級」「ジェンダー」「権力」「制度」「歴史」「文化」などであろう。一般的に社会科学者たちは、いま目の前にある現象の背後に、こうした構造的なものの存在を暴露することこそ、自分たちの使命だと考えてきた（マルクス主義がそうであったように）。そうした社会科学者たちにとって、ローカルな実践の細部に没頭するエスノメソドロジーは、構造的な諸側面を無視した浅薄な議論に見えるのかもしれない。つまり、エスノメソドロジーの記述には、あれやこれやの構造的なものが考慮に入れられておらず、社会科学のまともな業績と見なすに値しない、と。[137] そしてこのすれ違いが、社会科学の諸分野においてエスノメソドロジーの受容を阻む大きな障壁になっているのはまちがいない。

本書では、すでにエスノメソドロジーが構造と実践の関係をどのように考えているかについても考察してきた。すなわち、エスノメソドロジーは、構造的なものなど存在しないと想定するのではなくて、構造的なもの（ある種の規範や期待）のリアリティが実践のなかで／として、はじめて現実化されるのだと考えるのである。言い換えれば、エスノメソドロジーは、われわれの生活に対する構造的なものの影響力が、あらかじめ一般的に理論化されなければならないという通例的な前提を疑う。実践と構造を分離しておかなければならないという前提は、ミクロ／マクロや動態的／静態的などといった、社会的リアリティのあり方には本来関係しない概念上の区別を存在論的に誤用した結果にすぎない。エスノメソドロジーの提案は、人びとの実践についての記述が、「オーソドックスな『構造的』分析に近いものによって補完され」なければならないという強迫観念をいちど取り除いたうえで、人びとがその場その場でどのように「構造的」とされるものをつくり上げているかを見てみよう、というものである。

とはいえ、以上のような立場を説明することで実在論的な社会理論の批判に応答したとしても、それによって批判者たちを納得させることはできないのかもしれない。実在論的な批判には結局のところ、エスノメソドロジーの議論に社会科学としての誠実性、つまり、この社会を枠づけている構造的な真理を発見するという意味での誠実性が欠けているという非難も込められているからである。よって、エスノメソドロジストが取り得る選択肢としては、人びとの実践を予断なく観察するというエスノメソドロジーなりの誠実性を堅持しながら、経験的な事例の記述を通して、社会科学のあらたな可能性を提示し続けていくというものになるであろう。真理というものがあるとしても、それが普通の人びとの目から隠されていなければならないわけではない。ゾウリムシでも科学者でもないわれわれが秩序をもってこの社会を生きていることに鑑みれば、だれもが潜在的には知っていること、気づかないうちに実践していることのなかに、社会科学にとっての真の重要性が存在していると考えることも、十分に理にかなっているはずである。

こうして、本節の2と3においては、エスノメソドロジーの方針と、それに対してあり得る批判への応答を示しておいた。これによって、フッサールやシュッツ以来受け継がれてきた「意味」学派の系譜が、どのように経験的な研究のプログラムとして帰結しているかも、おおよそあきらかになったであろう。もっとも、すでに述べたとおり、エスノメソドロジーは経験的研究にとっての仮説やモデルや、そうした意味での〝理論〟ではない。それは、社会的世界に対する一種の「世界観」を含んだ、研究上の指針である。このような指針をどのように使っていくかということは、個々の研究テーマに即して決定しなければならないだろう。本書の場合、信頼論にとっての「意味」学派のより良い使い方を決定するために、第8章において、問題構成の再定式化をおこなう。だがその前に、「意味」学派を哲学的に支え、また心理学主義を批判するための資源ともなる、日常言語学派と心の哲学を簡単に見ておきたい。

第四節　日常言語学派と心の哲学

本節では、日常言語学派の哲学を参照しつつ、本章で考察してきた理論的基礎の補強をおこなう。

九〇年代以降の信頼論における実証主義‐方法論的個人主義‐合理的選択理論に替わる理論的基礎は、「意味」概念を中心にしなければならないというのが、本書がこれまで論証してきたことである。ところで、前節においては、「意味」学派から派生したエスノメソドロジーが、人びとの実践に焦点を合わせるプログラムであることを論じてきた。その際にも強調したように、人びとの実践に照準することは、われわれの社会生活における〝ミクロな〟側面を研究対象とするという意味ではない。しかし、そうであっても、次のように問いたくなる人もいるだろう。すなわち、人びとの実践を見ていくということは、方法論的個人主義とどう異なるのか。方法論的個人主義も、個人を出発点として、そこからさまざまな社会関係・社会現象がつくられていることを検討するものであり、それはまさに現象学的社会学やエスノメソドロジーが言うところの「人びとによる社会的リアリティの構成についての研究」そのものではないか、と。この問いは一見するともっともではあるが、人びとの実践についての研究がそのまま方法論的個人主義につながるというわけではない。その理由は、社会的リアリティが意味的なものであるということに関係している。そして、「意味」というカテゴリーを理論的基礎に選択することは、個人を分析の単位とすることと相容れない[138]。「意味」は個人の心に還元されるものでもないが、心から切り離されたものでもないからだ。この節では、信頼論の研究においてつねに問題となってきた〝心〟というものを、適切に位置づけることを目指すことにしたい。

本節で扱うのは、ライルやウィンチといった、日常言語学派と呼ばれる哲学者たちである。ここで日常言語学派を参照するのは、それがエスノメソドロジーに強い影響を与えたということにくわえて、心の問題についてつねに関心を注いできたという理由からでもある。この節を通じて、心的なものを社会科学にとってのアポリアとする必要はなく、エスノメソドロジーないし概念分析は「意味」概念を基礎とするからこそ、心的なものと社会的リアリティとを矛盾なく考えることができるのだということを主張したい。

1　ライルによる心身二元論への批判

第II部で見てきたように、九〇年代以降の典型的な信頼論は、心の問題に躓いてきた。たとえば、心理学主義は次のように考える。「信頼は人間がおこなう行為なのだから、人間の心の問題であるはずだ。心は本人にしかわからない。ある人が誰かを、あるいは何かを信頼するかどうかは、本人に聞くのが一番確実である」。逆に、反心理学主義は次のように考える。「心は本人しかわからないし、それは客観的でもないのだから、あてにならない。科学的な説明は、客観的に認識可能で一般化できるもの（効用や当人の置かれた制度など）にもとづかなければならない」。この二つの立場は一見すると正反対ではあるが、心というものを外からは見えないが内部においては明白なブラックボックスとして捉える点で完全に一致している。心的なものをこのように扱うことは、主観的意味の理解の問題のように、いずれにしても社会学理論にとってのアポリアであった。そして、心的なものをブラックボックスにしてしまったのが、近代哲学を支配してきた心身二元論である。この、心身二元論を痛烈に批判したのが、ライルであった。

ライルは心身二元論を、デカルトが残した神話だと言う。デカルトの神話の核心は、次のようなものである。つまり、一般的に人間は身体と心を持つものであり、心は物質としての身体の対極にある。人間の身体やその動作については空間に属するものであるけれども、心的な出来事は本人以外には触れることも理解することもできない私的な領域で生起する。そして、この神話において人間の行為とは、物質としての身体が動く過程と、その背後にある秘匿された心が動く過程の両者が同時に生起するものとして考えられる[139]。ライルはこうした考えを、「機械のなかの幽霊のドグマ（the dogma of the Ghost in the Machine）」と呼んで批判する（Ryle 1949 : 17 = 1987 : 11）。つまり、心身二元論は、人間のおこなうことについて、物質的なものからなる機械に非物質的な心的なものが宿っているというイメージをつくり出したのであった。

では、「機械のなかの幽霊のドグマ」の何が問題なのだろうか。ライルは、それが「カテゴリー・ミステイク」を引き起こすのだと論じている。カテゴリー・ミステイクとは、あるカテゴリーに属するはずの事柄を、別のカテゴリーに置いてしまうという錯誤である。デカルトの心身二元論に関して言えば、物的なものと心的なものが同じカテゴリーのなかの違うものとして扱われてきた。つまり、物質的なものと心的なものとのあいだの差異は、「もの」「素材」「属性」「状態」「過程」「変化」「原因」「結果」などというカテゴリーの共通の枠組みのなかにおける差異として説明されたのである。「心は一個の時計仕掛けであるというよりはむしろ、まさに一個の非‐時計仕掛けであるというように考えられたのである」(Ryle 1949 : 21 = 1987 : 17)。このため、心的なものは、物的でないなにものかとして、言い換えれば、物的なものの特性を裏返した特性をもつカテゴリーとして、位置づけられてしまう。この考え方によれば、人間のおこなうことは、機械として理解される部分(動作)と非機械として理解される部分(主観)に、二元化される。それによって、機械として〝外的に〟理解される部分はニュートン科学としての生物学・生理学が担当し、非機械として〝内的に〟理解される部分は擬似ニュートン科学としての心理学が担当するといったような、二元的な科学に関する「むなしい夢」が語られてきたのだった(Ryle 1949 : 305 = 1987 : 475)[140]。

デカルトの神話としての心身二元論は、人びとのやっていることを理解することを、解決不可能なアポリアに追いやってしまう。なぜなら、われわれの目に見えるのは人間の機械としての外的な動作だけであり、その機械に乗り込んだ幽霊を外から見る術はまったくなくなるからだ。心的なものを理解することが他者を理解することの本質だとすれば、われわれにとって他者は絶対に理解できないものとなるだろう。だが本当にそうだろうか、とライルは問いかける。

もし機械のなかの幽霊のドグマが正しいとするならば、われわれはそれぞれ相手にとってまったく神秘のヴェールに包まれた存在であるということになるのみならず、われわれは互いにまったく手に負えない存在となる。

しかし、実際には人間は相当程度に互いに手に負えるものであり、また比較的容易に相手を理解することもできるのである。

(Ryle 1949 : 110 = 1987 : 158)

たとえば、われわれは実際に人に何かをしてもらうにはどうしたらよいのか、ということを知っているし、人びとと日常的に交渉しながらうまくつき合ってもいける。われわれが日常生活を通じてだれか他者のことを「理解できない」と感じることがあるとすれば、むしろそちらの方が希なケースであって、そうしたケースが希少に感じられるくらい、普段われわれは他者のことを理解できないとは感じていない[141]。

ライルの主張は、こうした単純な事実をこそ、哲学はまじめに取り上げなければならない、というものである。つまり、「機械のなかの幽霊のドグマ」は、人間の理解についての擬似的なアポリアでしかないのである。「人間は機械ではない。まして、幽霊が乗り込んでいる機械などではまったくない。人間は人間である。これはトートロジーではあるが、ときには思い出す価値がある」(Ryle 1949 : 79 = 1987 : 108)。そして、われわれが日常的にどのように他者を理解しているかということを考えれば、ある人のことを理解するということは、外側からは見えない心的なものを観察する技術にではなく、その人のおこなっていることを自分が同じようにおこなうことができる、そうした能力に関係している[142]。つまり、他者を理解する可能性は、実践という地平において与えられているのである。人びとがおこなっていることは、心的ななにものかを不完全に反映した外面的な行動ではなくて、その人の心のはたらきそのものである。

以上からあきらかなように、ライルによるエスノメソドロジーへの寄与は、われわれは実際に他者の心について適切に記述することができている、ということを哲学的に示した点にある。ヴェーバーやシュッツの理解社会学は、たしかに行為の「意味」の重要性を指摘するものではあったけれども、同時にその「意味」を理解するということを、原理的に外からは見えない心の問題に置き換えてしまったようにも思える。だが、われわれが（一見すると）心的な概念によってある人の行為を記述する場合――〝信頼〟はまさにそのような行為であろう――であっても、われわれは人の身体のなかに棲む幽霊について記述する必要はなく、その人がどのようにそれをおこなっているかについて記述すればよいのである。(143) そしてその意味において、人間の理知的な行為（自分がおこなっていることについて理解しているような行為）について、因果関係論的に、何かその人の体を動かす心的な「原因」が作用したことの「結果」であるかのように記述する必要はない。その人の行為にどのような意図が帰属されるかということは、その行為がなされた文脈において公的に決定される事柄であるからだ。

こうしたライルのスタンスについては、本人自身が予想しているように、「行動主義的（behaviourism）」と呼ばれ得るものであるかもしれない（cf. Ryle 1949 : 308 = 1987 : 480）。行動主義とは、人間の心のなかはブラックボックスであって知るすべがないのだから、外面的に表れる行動を、たとえば刺激と反応の関数というかたちで、記述する以外にない、とする立場である。(144) しかし、これまで見てきたことからもわかるように、ライルはけっして行動主義者ではない。(145) ライルが言っているのは、われわれは人びとの実践については記述できるが、心的なものについて真に理解したり記述したりすることはできない、ということではない。そうではなくて、心的なものについて理解するということが、心身二元論を前提にする必要はない、ということである。この違いに、ここでは注意しておきたい。

2　心の哲学と経験的な研究への指針

ただし、そうは言ってもライルが述べていることは、実質的に行動主義と変わらないと受け取られても仕方ない面がある。とりわけ、ライルと行動主義それぞれの立場が、経験的なレベルにおいてどれだけの差異となってあらわれるかについて、疑問をもつ人もいるだろう。よってこの項では、ライルと同じ問題関心から、心の問題をよりエスノメソドロジーに引きつけて扱ったクルターについて概観してみたい。そして、そうしたクルターの議論を、クルターとは別の角度から心身二元論を解決しようとしたサールの議論と比較してみよう。

(a) クルターの『心の社会的構成』

クルターによる『心の社会的構成（*The Social Construction of Mind*）』（Coulter 1979＝1998）の基本的なモティーフは、ライルと同様に、「心」の概念をデカルト主義的な心身二元論から切り離して考察する方法を提示することである。そしてその際に示される指針も、「行動主義か心理主義かという誤った二元論」を打破するというものである（Coulter 1979：1＝1998：9）。クルターの見通しでは、そうした誤った二元論を回避するために、ウィトゲンシュタイン的な概念分析が経験的な研究への有効な指針となる。この指針を推し進めていくことで、信頼のように一見心的なものに関係する人びとの実践についての記述が、人間の心のなかをのぞき見ようとすることと論理的に完全に切り離された営みであることがあきらかになるはずである。

クルターは、社会科学における心や主観性の取り扱いにまつわる困難は、論理的に不適切な方法論的・説明的プログラムをその主題に押しつけていることの帰結であると主張する（Coulter 1979：6＝1998：19）。たとえば、心という概念には、その核となる指示対象があるはずだと想定したり、研究対象となる心的な概念や述語をあらかじめ定義しなおしておくべきだと考えたりすることが、それにあたる。こうしたことをおこなってしまうと、それが実際にどのように用いられているかが見えなくなり、対象について歪められ単純化されたモデルが導かれるだけになってしまう。「ここでなにがあやまっているかというと、人間の活動に対する記述はどんなものであれ、(a)文脈から自由であり、(b)誤り得ないものであることができる、と考えることだ」（Coulter 1979：11＝1998：25）。行為の記述にさいして、いかなる態度決定をすることもなく、成員たちのしていることを記述することができないのは、社会的世界の成員であることを超越しながら、行為をそれとわかるような仕方で記述することが、そもそも不可能だからにほかならない（Coulter 1979：13＝1998：28）。

本書の問題関心に引き付けておくと、こうなる。一般的に信頼のトリヴィアルな形態は、相手が〝心のなかで思っていること〟を理解し、それによって何らかの期待を関係性に投企する〝心のはたらき〟だとされることが多い。ここで、信頼というものを科学的に記述ないし説明しようとすると、心理学主義的な科学者は次の三つのことをおこなうだろう。第一に、一般的に何が信頼であり、何がそうでないかを明確にするために、信頼という概念を厳密に定義しておくこと。第二に、そのような定義に照らした場合、どのような場合に、どのような対象に、どの程度信頼が観察されるかを検討すること。第三に、そのような信頼の背後に、どのような〝心のはたらき〟があるかを、アンケートなどで本人に問いただして確認すること、である。クルターの主張を敷衍すれば、こうした研究の諸前提は、①われわれにとって信頼というものを理解可能にしている地平を奪い取ることで、②われわれの本来の関心事であった実践の文脈を等閑視し、③人びとが他者の心をどのように理解しているかについてあり得ない想定をしている点で誤っている、ということになるだろう。

とりわけ、心理学主義にとってのアポリアは、社会の成員がどのように他者が〝心のなかで思っていること〟を発見するかという点にある。なぜなら、その問題は、人びとがどのように他者の心を理解しているかについての前提的な想定にとどまらず、そうした他者の心の理解のうえに成立する社会生活を対象とした経験的研究の方向性を誤らせるからである。具体的に言えば、心の問題を研究するのに、身体の内側にある心を見なければならないと考えてしまうことであり、これこそライルが「機械のなかの幽霊のドグマ」と呼んだ誤謬であった。そうした誤謬を回避するためには、われわれが実際に他者の行為に何らかの意図や意味を帰属している文脈的な実践に注目しなければならない、とクルターは考えたのである。

社会的相互行為のたいていの実際的な文脈においては、行為や発話を理解することは、理解したことをいちいち宣言したり、本当に理解したかをひっきりなしにチェックしたりテストしたりすることを許すようなかたちで組織化されているわけではない。行為や発話の理解は、さまざまなしかたで、そこでおこなっていることにおける実際的な諸目的のために、文脈的に達成され、表示される。──〔中略〕──それゆえ、理解というものに経験的な本質があるわけではなく、そして、そうである以上、理解をフッサールの用語で言うところの意識のノエシス的な作用として見なすこともできない。(Coulter 1979 : 40 = 1998 : 80)(146)

では、実践的な文脈における他者の心の理解を経験的に研究するとはどのようなことなのか。それはもちろん、心身二元論から一元論へと乗り換え、心理学主義を捨てて行動主義へと走ることではない。そうではなくて、われわれが他者の心を理解しながら実践を組織化していく際に用いる概念や常識といったものを、それ自体の価値において研究していくべきなのだ、とクルターは主張している(147)。つまり、動機や考えや意図などといった「主観性」を物象化することにもとづく心理学主義の誤謬を回避するためには、ウィトゲンシュタイン的な概念分析という研究のやり方が有効なのである。「日常的な概念使用者であるわれわれは、どういうやり方で『主観的』状態・志向を表明し、帰属し、否認し、推測するのか。これこそが、分析的反省のトピックとなる」(Coulter 1979 : 155 = 1998 : 244)。

まとめると、経験的な研究を志向しながら、なおかつ行動主義の陥穽にはまらずに心身二元論を克服するためには、心を外部から見えないブラックボックスだと考えるのではなくて、われわれが普段「心」と呼んでいるものが、当該文脈においてその都度どのように参照されているかを研究するということが必要だということになる。そのためには、他者の心の理解のうえに成立する社会生活において、どのような概念や常識から成員に主観性や意図や感情が帰属されているかを分析していくべきだろう。よって、心の問題を経験的に扱う際に重要なのは、心が存在するのかどうかとか、心が研究対象としてあてになるかどうかとかいう存在論レベルでの問題ではなく、あくまでも心的なものを指示する概念や常識の「意味」の方だと言うことができる。

（b）サールとの対比

しかし、心の問題を社会的な問題へと変換するというのは、心の哲学における唯一の解決策ではない。たとえば、ライルやクルターと問題関心を共有しつつ、それらとは異なった心の哲学のあり方を提示したものとして、サールによる『心（*Mind*）』（Searle 2004 = 2006）がある。ここでは、サールとの対比から、「意味」という視角から心の哲学に取り組んだクルターの立ち位置をあらためて確認しておこう。

サールもやはり、心の哲学が二元論と唯物論という二者択一におちいっているのは、そこに誤った前提があるからだというところから出発している。二元論にしたがえば、客観的に記述される物理的な現象と主観的で心的な現象という二つの現象があることになるだろうし、唯物論にしたがえば、実はそれはひとつの現象でしかないということになる。そして、ある場合によっては二元論が正しいようにも思えるし、また別の場合には唯物論が正しいようにも思える。さらにそのどちらも間違っているように思われるときもある。こうした心の哲学の混乱を解決するために、サールは「心／身体」「心的／物質的」といった従来の概念枠組み自体を取り替える必要があるという（Searle 2004 : 108 = 2006 : 147）。なぜなら、こうした概念枠組みを採用し続けてきたことによって、心の哲学は問題を不必要な形而上学的アポリアに仕立ててしまっているからである。サールは、事態をよりシンプルに考える方針を提案している[148]。

> 意識とはそれ自体として脳の性質であり、したがって物理的世界の一部である。私が対立している伝統は、心的状態とは本来的に心的であるから、心的状態はまさにその点において物理的なものではあり得ないと主張している。――〔中略〕――しかしながら、心的と物理的という用語法全体が心的なものと物理的なものとが完全に反対のものであることを示そうとするものなのだから、そもそもそうした用語法を用いることなく、ただ消化が消化器系の生物学的な特徴であるのと同様に意識とは脳の生物学的な性質であると言いさえすればよいの

だ。私たちはどちらの場合においても自然のプロセスについて語っているのである。そこに、形而上学的な深淵など、存在しない。

(Searle 2004 : 115–116 = 2006 : 156)

ここで述べられていることは、意識が脳の神経生物学的な活動に還元されることと、意識が主観的な要素をもつこととが、まったく矛盾しないということである。しかし注意すべきなのは、意識がニューロンの振舞いから因果的に説明できるとしても、それによって意識とはニューロンの振舞いにすぎないということにはならないことである。なぜなら、意識はとりもなおさず主観的な性質をもち、われわれはみなそのことを知っているのだから。だが、意識が存在論的に主観的であるということは、主観性が客観的な科学（たとえば神経生物学）の対象となることを排除しない。

サールは、こうした自身の立場を「生物学的自然主義（biological naturalism）」と呼んでいる（Searle 2004 : 113 = 2006 : 153)。これは、現実世界の基底的な構成要素が原子物理学によって記述されるということ、ならびに、人間も他の生物と同じく長期的な進化を経て存在する生物であるということを、根拠としている。だから、人間に関する科学が生物学の範疇から外れる特殊な性質をもつのだと考える理由はないし、たとえ意識に主観的な性質があると言ってもそのことに変わりはないのだ、とサールは考える。そして、サールはこれによって、人間の心の問題のいくつかについては、哲学的に無理のない解決を与えることができると主張したのだった（ただし、それは神経生物学的に単純明快な解決になることをまったく意味していない）。

さて、こうしたサールの議論が、心の哲学をクルターとは異なった角度から見ていることはあきらかである。また、ここではサールの論証が成功しているかどうかについての判断は、ひとまず棚上げしておきたい。注目したいのは、サールとクルターの両者が、ともに「心」にまつわる科学的言明が二元論（とその裏返しとしての唯物論）に躓いてきたことを批判しつつ、サールはそこから「生物学的自然主義」へと向かい、クルターは「心の社会的構成＋

エスノメソドロジー」に向かったことである。この両者の違いが生まれるのは、結局のところ、経験的に実在する人間に関心をもつのか、人間の生きる経験的なリアリティに関心をもつかの差異であると言えるだろう。そして、そうした関心のもち方の違いは、心の問題への経験的アプローチにも当然に差異をもたらす。サールの提案によれば、人びとの心（意識・主観性）が人間の脳のはたらきに依存する以上、脳科学によって心的なものを研究することもできるはずである（繰り返せば、だからといって意識や主観的なものは脳のはたらきそのものではない）[149]。かたやクルターは、人が他者とともに生きる社会的リアリティが「意味」によって構成されるものであるということを重視し、「日常的な概念使用者であるわれわれ」がどのように心的な概念を使用し理解しているかを分析しようとする。サールとクルターのいずれであっても、心的なものを経験的に研究するための哲学的な基礎を提供してくれることにかわりはないと言える。

ところで、一般的に、信頼も心的なものだと考えられている。そして信頼という現象自体であれば、脳科学の研究対象にもなり得るだろう。だが、本書は信頼という現象それ自体に関心をもっているわけではない。序章で述べたとおり、「人はなぜ信頼するのか」という問いは、政治学の直接的な問題構成ではないからだ。政治学における主たる信頼論は、これまで政治の外側の領域とされてきた人びとの日常生活から、政治のリアリティがいかにして構成されているかという問題構成のうえに成り立っている。そうであるならば、ここでわれわれが依拠すべき心の哲学は、サールの生物学的自然主義ではなく、クルターのように心的なものを「意味」として捉えるものでなければならないだろう[150]。こうして、日常言語学派の心の哲学を支えにしたエスノメソドロジーは、〝心理学主義か反心理学主義（行動主義）か〟という誤った二者択一を迫られることなく、政治学における信頼論の理論的基礎として機能し得ることになる。

3　社会科学研究における概念分析の地位——ウィンチを中心に

以上の検討から、心的なものと社会的リアリティとを天秤にかけることなく社会科学研究が遂行されるための視角として、概念分析というものが浮上してくる。この項では、概念分析が社会科学研究においてどのような地位を占めるものであるのかを、ウィンチを中心として考えていくことにしたい。それによって、概念分析と意味的に構成される社会的世界を研究する際に必要な認識論上の態度とが、論理的に同一のものであることがあきらかになる。言い換えれば、概念分析としてのエスノメソドロジーは、経験的な研究であると同時に、意味的な世界についての哲学的な研究にもなっているのである。こうして、構成主義＋日常言語学派エスノメソドロジーというあらたな政治文化論ないし信頼論のための「理論的基礎」は、既存の実証主義‐方法論的個人主義‐合理的選択理論というトリアーデにとって、経験的かつ哲学的なオルタナティヴになっていると言うことができるはずである。

（a）社会科学の理念

ウィンチは、一九五八年の『社会科学の理念とその哲学に対する関係性（*The Idea of a Social Science and its Relations to Philosophy*）』において、社会科学の研究は概念分析によっておこなわれなければならないことを示し、そのかぎりで社会科学とはそのまま哲学的な研究であることを論じている。[151] たとえば、何が社会的行動を構成しているかという問いは、論理的に社会的行動という概念の説明から切り離せない、といった具合にである（Winch 1958 : 18 = 1977 : 22）。この著作においてウィンチが提示した論点は、後にエスノメソドロジーにおける研究のトピックとして発展させられることになる。

まずは、ウィンチが概念分析としての社会科学研究をどのようなものとして構想していたかについて見ていこう。しばしば社会科学者たちは、社会現象を分析する際に、なるべく専門的で正確な概念を使うように努力する。だが、そうであったとしても、社会科学の専門的な概念は、その概念によって分析されようとしている日常的な活動において用いられる日常的な概念が、当事者たちにおいてすでに理解されていることを前提にしている、とウィンチは言う（Winch 1958 : 89 = 1977 : 110）。このことは、社会科学がすべて日常的な概念によって遂行されなければならないという意味ではない。そうではなくて、社会科学が研究の対象としているような社会的世界は、われわれがそれを記述する際に用いている概念によって成立している、ということである。そうした意味で、ウィンチにとっての「概念分析」は、「社会的世界の分析」と同義である。われわれは言語を哲学的に扱うことによって、同時に世界について論じている。われわれはこの言語の外側に出る可能性はない。なぜなら、「われわれにとって世界とは、そうした概念によって現れるものでしかない」（Winch 1958 : 15 = 1977 : 19）からだ。「人間と人間の行為が内包する観念とのあいだの社会的な関係は、おなじものを違った観点から考えたものにすぎない」（Winch 1958 : 121 = 1977 : 149）。

このことを端的に示す例は、デュルケームの『自殺論』に対するウィンチの評価にあらわれている。[152]『自殺論』においてデュルケームは、自殺について調査するという研究目的のために、「自殺」という概念を当該社会における実際の用法とは別の〝厳密な〟意味で定義しようとした。ウィンチにしてみれば、これは本末転倒である（Winch 1958 : 111 = 1977 : 136–137）。というのも、そのようにする人は、「不注意にも、自分の主題とする研究対象から、それに社会学的な関心を与えているまさにそのものを取り除いているのである。つまり、それと生活様式との内的なつながりを、である」（Winch 1958 : 108–109 = 1977 : 134）。ある社会における自殺の理由を分析するということには、その社会において自殺とはそもそもどのようなことであるのかについての理解が先行していなければならない。この点を看過すれば、「その社会における自殺の理由」から、〝その社会における〟であるところのものを奪ってしまうことになるだろう。[153]

よって、社会科学の理念とは、社会的世界をそれにかたちを与えている概念との内在的な連関において記述・分析するというものである。人びとの行為を理解するという社会科学の基本は、その行為をある概念のもとに理解するということである。そして、ある人の行為が〝あれ〟や〝これ〟として——たとえば「自殺」や「投票」として、また「命令」や「服従」として——ある概念のもとに理解されるというとき、行為はその概念に一致するものだとされているわけだから、行為と概念の一致は「規則にしたがったもの」だと考えられなければならない。ところで、この「規則にしたがうこと」とは、本書でもすでに論じてきた後期ウィトゲンシュタインの問題である。ウィンチも、この問題に対しては、リンチと同様に反懐疑主義的な立場をとる。つまり、われわれは実際に他者の行為について理解できるが、社会的文脈を抜きに（ウィトゲンシュタインの言う「生活様式」抜きに）、行為の意味の理解（概念の理解）について有意味に語ることはできない[154]。ここで、概念分析は、経験的には人びとの生活様式の研究——それこそがエスノメソドロジーであろう——としておこなわれることになる。

　こうして社会科学の理念、概念によって構成される社会的世界に対する科学のまなざしは、当然のこととして自然科学とは異なるのだと言うことができる。次のような端的な例からでもそのことは理解される。

> 雷雨や雷は、人類が「雷雨」や「雷」といった概念を形成したり、それらのあいだに何らかのつながりがあると考えたりするはるか以前から存在してきた。しかし、「命令」や「服従」といった概念を形成するようになる以前から、人類は命令を出したり命令に服従したりしてきたのかもしれないと考えることは無意味である。というのも、人びとがそうした行為を遂行できるということ自体、かれらがそういった概念を持っているといったことを取りも直さず示しているからである。（Winch 1958 : 125 = 1977 : 154）

　だから、自然科学と社会科学の違いは、単に後者のほうが前者よりも「はるかに複雑」（J・S・ミル）だという点にあるのではない。ミルは、人間の行動の説明も自然の説明も、ともに同じ論理構造を持つのだと考えていた。しかし、人間の行動に適用される概念は、自然科学における説明の概念とはそもそも質的に異なっている（cf. Giddens 1977 : 166 = 1986 : 108–109）。人びとは概念を通じて自分の生きる世界を理解し、同時に概念をつくり出してもいるからである。「人間行動の説明は、個人の環境に対する反応についての因果的一般化にではなく、人間の行為にその意味をあたえているような制度や生活様式についてのわれわれの知識に求められなければならない」（Winch 1958 : 83 = 1977 : 102–103）[155]。

（b）概念分析とリアリティの関係

社会的世界は概念によって意味的に構成されるというウィンチの主張には、概念とリアリティの関係が等閑視されてしまっているという批判がなされるかもしれない。批判者はこう言うだろう。雷雨や雷は、たしかに「雷雨」や「雷」という概念が存在する以前から存在してきた。だが、「雷雨」や「雷」という概念が存在するのは、実際に雷雨や雷が存在するからではないのか。また、「命令」や「服従」といった社会的な現象であっても、当事者がどのように思っているかとは別に、実質的な命令や服従という行為は概念以前から存在してきたと考えることもできるのではないか、と。ここではこの問題について考えてみたい。これは、日常言語学派からは、相対主義的な社会科学しか生み出されないのかという論点にも関係してくるからである[156]。

題材として取り上げるのは、ウィンチの「未開社会の理解」（Winch 1972 = 1987）という論文である。これは、E・エヴァンス＝プリチャードによるアフリカのアザンデ族についての文化人類学的な研究に対する書評として書かれている[157]。同論文におけるウィンチの問題関心は、妖術のような、われわれ自身の社会においては合理的に理解されないものがリアルなものとして存在しているアザンデ族のような未開社会を、どのように理解することができるかというところにあった。

未開社会を科学的に理解しようとするときにしばしばおこなわれるのが、その社会における独特な習俗について、機能主義的なアナロジーから考えてみるというものである。その発想からすれば、未開社会の人びとが、生と死、病気や天変地異など、われわれの社会においてであれば自然科学的に解明されるものを妖術に頼って理解可能なかたちで把握することは、われわれの社会における科学的活動との類推から理解されることになる。そうなると、アザンデ族の妖術は一種の擬似科学だとされ、科学の合理性基準からすれば多くの誤解や矛盾も含まれた、〝科学未満の未熟な科学のあり方〟と言わなければならない。しかし、これは一種の「カテゴリー・ミステイク」なのだ、とウィンチは言う。

> 妖術についてのアザンデ族の観念は、アザンデ族が世界を擬似科学的に理解しようとして用いる理論体系を構成するものではない。ひるがえってこのことは、誤解のとがめを負うべきなのはアザンデ族ではなく、アザンデ族の思考をそれが本来的に向かおうとしていないところまで、すなわち矛盾というものにまで推し進めようと躍起になっているヨーロッパ人の方であることを、示唆している。実際、ヨーロッパ人は、カテゴリー・ミステイクを犯しているのである。（Winch 1972 : 26 = 1987 : 35）

ただし注意を促しておけば、このことは、ウィンチは実際に妖術が存在していると思っているとか、アザンデ族の妖術を構成する信念が合理的であると認めるということと同じではない。それは、われわれの社会においても科学的に〝正当化〟されるものが、合理的批判を免れているわけではないことと同じである。だが、「われわれの合理性概念が彼のものと異なる場合、われわれの意味で彼にとって合理的であると思われるとか思われないとか語るのは、無意味である」（Winch 1972 : 30 = 1987 : 40）。そうしたカテゴリー・ミステイクを避けるためには、その社会における人びとがどのように概念を用いているかというところに、リアリティが探されなければならない。ある社会において、「命令」「服従」に相当する概念が存在しないとしても、われわれの概念からすれば「命令」や「服従」として記述されるような行為が存在しているのだから、彼らの社会にもやはり命令と服従によって理解され得る――しかしわれわれの目からすれば不合理な――「支配関係」が存在するのだと述べることは、その社会におけるリアリティを誤解することになる。彼らにとってのその「支配関係」は、われわれの社会における（たとえば）「合理的支配」にではなく、もっと別の何かに近いものなのかもしれない。彼らにとっては、「命令」も「服従」も「支配」も、最初からリアルでないのだから。

> 何がリアルであり、何がリアルではないかということ自体、言語がもつ意味のなかで示される。さらに、リアルなものとリアルでないものとの区別、および、リアリティとの一致という概念、これら自身もわれわれの言語に属している。――〔中略〕――もしわれわれがこうした概念にあたえられた意味を理解しようと思うのであれば、われわれはそれらが実際にもっている用法を、言語のなかにおいて、調べなければならないのである。
>
> (Winch 1972 : 12–13 = 1987 : 16–17)

以上のことでウィンチが何を主張しようとしているかということは、たしかにわかりづらいかもしれない。だが、ウィンチのこの「未開社会の理解」論文に対しては、I・ジャーヴィが批判を寄せており (Jarvie 1970)、ジャーヴィによる批判とウィンチによる応答を見ていくことで、ウィンチの論点をより明確にすることができるはずである。ジャーヴィの批判の骨子は次のようなものであった。ウィンチの「未開社会の理解」論文と『社会科学の理念』をあわせて読めば、われわれはみずからが使用する概念体系の外側に出ることはできないのだから、他文化の理解というのは本来的に誤解であり、また他文化に対して何らかの価値判断をすることも慎まなければならない、ということになってしまう (Jarvie 1970)。ジャーヴィ自身もいわゆる自文化中心主義は避けなければならないと考えるものの、ウィンチのような〝相対主義〟は社会科学の存在意義を揺るがすことになるだろうと警告した[158]。「社会科学はさまざまな社会、その制度および信念を説明し、評価することも目的としている」(Jarvie 1970 : 234) 以上、他文化の「理解」だけに照準を絞ったウィンチの議論は、社会科学のあり方の指針としては不十分である、というわけである。そして、ウィンチが相対主義を避けたいと思うのであれば、言語および概念体系の外部にあるリアリティ（世界）の存在を認めなければならず、また、アザンデ族やわれわれの社会も含め、どのような文化の世界観のあいだにも、ある程度の共約可能性が存在していることを認めなければならない。われわれの社会の科学は、たとえ完璧とはいかなくても、そうした言語の外側にあるリアリティを（たとえばアザンデ族の妖術と比較して）うまく捉えているのであり、他文化の理解においてわれわれの真理や一貫性の基準を放棄する必要はない。

こうしたジャーヴィの指摘は、ウィンチをはじめとした日常言語学派に対する批判としては典型的なものであるだろう。とりわけ、言語および概念体系から独立した地位をリアリティに与えなければ、社会科学が存立し得ないはずだという批判は多い。これに対して、ウィンチは次のように回答している[159]。すなわち、第一に、ジャーヴィのように文化が合理性という基準に沿って比較できるものであると考えること自体が、すでに「合理性という基準に沿った比較」というわれわれの社会における科学的な理解の仕方に依存している。ウィンチが「未開社会の理解」論文で示したかったことは、「(a)アザンデ族における妖術のような制度の意味や意図を誤解してしまうのは、まさにこうした比較の仕方を主張することに起因しており、(b)そうした制度の理解は、われわれが慣れ親しんだ生活におけるまったく別の部分と比較することによって促進されるかもしれないこと、である」（Winch 1970：250）。アザンデ族における妖術をわれわれの社会における科学の劣化版だと考えることこそ、ウィンチが戒めていることである。

第二に、「未開社会の理解」におけるウィンチの主張は、ジャーヴィが述べているような、言語の外部にリアリティが存在しないというものではない。ウィンチはこのことを説明するために、〝高さ〟という概念をもたない想像上の社会を引き合いに出している。この社会には〝高さ〟という概念がない。しかしそうであったとしても、その社会の人は西洋人の教えを受けることで高さを測るという技術を身につけて、西洋人が「ものの高さを正確に測定すること」と呼ぶような活動が――少なくとも見た目上は――できるようになるかもしれない。だが、〝高さ〟という概念をもたない以上、その人は、こうした活動の要点がどこにあるのか理解できないし、高さを測定することを意味のない迷信と考えてしまうかもしれない。つまり、その社会の人にとって、〝高さ〟というものはリアリティをもっていないのである。

> 私が言おうとしていることは、アザンデ族の妖術にはリアリティが存在しないと感じている西洋人は、〝高さという概念をもたない〟異邦人がわれわれの社会に直面したときとまさに類比的な立場におかれているのかもしれない、ということである。その異邦人は、ある意味で、ゲームのルールをほぼ理解しているのだが、そうしたルールを支える精神については理解することができないのである。〔改行略〕高さという概念をもたない異邦人は、「高さなどというものは存在しない」と言って、われわれの測定活動に対する当惑を表現するかもしれない。もちろん、そこで彼が意味していることは、すべてが水平であることを自分は発見したのだ、ということではない。というのもそれは――そもそもそのように述べることができるとして――高さを測定するということが意味をもつ制度の内側でのみ意味をもつからだ。彼が言っているのはむしろ、「測定されるべきものとしての高さという理念全体が幻想である」といったようなことである。
>
> (Winch 1970 : 256)

同じように、アザンデ族の制度について「妖術師など存在しない」と言っている西洋の哲学者や人類学者は、みずからおこなった経験的な調査の結果を報告しているわけではない。彼らは、アザンデ族が妖術師を同定する特定の技術や、アザンデ族が妖術師として名指しするものに完全に気づいていたとしても、やはり「妖術師など存在しない」と思い続けるだろう。そもそも西洋の学者たちにとって、エヴァンス＝プリチャードが描いたような妖術師の同定をめぐるさまざまな手続きの複合は不合理で無意味であり、それゆえにこそ、彼らにとっては妖術がリアリティをもつことはないのだから[160]。

　よって、ウィンチが概念分析とリアリティの関係として考えていることは、言語の外側に誰にとっても同じであるはずのモノがリアリティとしてあって、異なった社会に生きる人びとがそれを別々の名前で呼んでいる、ということではない。われわれが「自然現象」と呼んでいるものをアザンデ人が「〇〇」と呼び、われわれが「超常現象」と呼んでいるものをアザンデ人は「××」と呼ぶ、というわけではない。なぜなら、アザンデ人はそもそもわれわれが理解している意味での「自然」という概念をもたないのだから、彼らにとって「自然現象／超常現象」という区別も存在しないからである。[161] そうではなくて、「自然」という概念を通じて、あるいはその「自然」という概念による区別を通じて、はじめて世界はわれわれにとって観察可能で理解可能なものとして立ち現われてくる、ということである。[162] リアリティとは、ジャーヴィの言うように概念体系の外部にあるものではなく――ルーマンにしたがってより正確に言えば、外部にリアリティが存在するどうかはつねに未決のままに留まらざるを得ない問題であって[163]――、まさにその概念体系が、そのように観察することを通じて、生み出すものである。[164]「雷雨」「雷」「命令」「服従」といった概念をもたない人びとの社会において、客観的には雷雨・雷・命令・服従が存在しているはずだなどと述べることは、その社会のあり方を理解するという目的にとっては無意味である。[165] そのかぎりにおいて、ウィンチにとって概念分析こそが、社会秩序を記述するという社会科学の営みそのものなのである。

(c) 政治学研究における心的なものと概念分析

以上から、「人びとによる社会的リアリティの構成」を見るということは、方法論的個人主義を採用するのではなく概念分析をおこなうということであり、それによって信頼や文化のような心の問題とされるものについても、心身二元論の罠（心理学主義vs.反心理学主義）に嵌ることなく経験的に研究することができる、と結論できよう。最後に、こうした結論が政治学研究においてどのような含意をもつかについて、簡潔に述べておくことにしたい。

これまで本書で描いてきた学説史を振り返ってみると、かつての政治学においても、心的なものを政治学研究に取り入れようと試みられてきたことがわかる。それが、本書の第Ⅰ部で検討対象とした行動論政治学である。行動論政治学の基本的な方針は、政治現象の構成要素をミクロな政治行動から捉え返し、さらに人間の行動を心的なものにまでブレイクダウンすることによって、心的なものとマクロな政治現象を結びつけようとするものであった。

第Ⅰ部で見てきたように、心的なものと政治現象とを直接結びつけようとする行動論政治学の構想は理論的に無理があり、その後は方法論的個人主義にもとづく合理的選択理論が次第に主流派政治学の地位を占めていくことになる。その方法論的個人主義は、主観的で捉えどころのない心的なものをさしあたりは等閑視し、利益などの客観的な尺度によって人びとの行為を斉一的に理解しようとする。(166) これは政治現象の分析にとって形式的で明快なモデルを提供するものではあったが、かたや文化や信頼といった、〝心的〟ないし意味的な概念で叙述されるべき現象をうまく扱うことはできなかった。そのため、政治学における信頼論の経験的研究は、心理学主義（「心の問題は本人に直接聞けばいい」）と反心理学主義（「心的な概念は客観的な指標に置き換えられるべきである」）とのはざまで揺れ動くこととなった。本書の第6章では、ここまで描いてきた。

そして、心的なものに関するこうしたアポリアを解消するために必要だったのが、政治現象の分析を「意味」概念に基礎づける視角であり、この可能性を本章において探ってきた。さて、ここで問題になるのは、「意味」概念を基礎とすることによって、エスノメソドロジーや概念分析が心的なものの取り扱いにおいて行動論政治学とどう異なってくるのか、ということである。この問題に回答することによって、本章で得た結論が既存の政治学研究に対してもつ革新性と意義を明確にすることができるだろう。

本書第Ⅰ部でも見てきたように、行動論政治学の末期、H・ユーローは、行為における主観的意味の側面が無視されてはならないことを論じている（Eulau 1963＝1975）。それまでの行動論政治学は、外見上の同一性にもとづいて人びとの行動を客観的にカテゴリー分けできることを前提としてきた。そもそも行動論政治学における政治理論とは、混乱を招く常識的な概念を切り捨てて、それを科学的に厳密な概念に置き換えるというものであり（cf. Apter 1957）、人びとの主観的意味や日常的な概念使用を顧みることはなかったのである。そしてそうした傾向は、インプット／アウトプット図式などを通じて行動主義心理学の影響が行動論に及ぶことで増幅されていった。ユーローの指摘は、人びとが行為に付与する主観的意味をまじめに取り上げなければ、行動論政治学はその本来の目的を達成できないはずだ、というものである。こうして、〝心の再発見〟というのが、行動論政治学末期においてひとつのトピックとなったのである。当時A・カレバーグも次のように述べていた。

政治を行動論的に研究する人びとが現在おこなっていることも、現代の行動論理論もともに、言語的な反応によってその意味が表現されるような表象的な状態を想定するという点において、心の再発見というものへと収斂してきている。心はもはや、ベントレーや「ラディカル行動論者たち」のプログラムにしたがって科学的研究から排除されるべき「主観的な実体」ではないのである。(Kalleberg 1969 : 38)

カレバーグはこうして、政治学における理論形成・概念形成に理解社会学やウィンチの知見が取り入れられなければならないと主張したのだった。[167] ただし注意したいのが、カレバーグの目論みはあくまで行動論政治学の枠組みを修正するというものであり、心的なものの再発見は、政治現象のミクロな側面における行為の主観的意味の理解を取り入れるという文脈において語られているということである。ここにおける「意味」とは、主観的な心のなかの出来事という位置づけであり、政治学が対象とする社会的世界それ自体がそもそも意味的に構成されたものだという視角までは存在しなかった。よって、人びとの〝主観的な〟心理と〝客観的な〟政治現象とが、どのように連関するのかという問題は残ったままになる。

このように、行動論政治学における心的なものの取り扱いには、つねに実証科学としての政治学の枠内で、という制限がつきまとってきたと言えるだろう。そのことは、日常言語学派の知見が政治学に受け入れられてこなかった理由とも関係している。これまで、ウィトゲンシュタインやウィンチに代表されるような日常言語学派の知見は、次のような理由から拒絶されてきたとS・ジャコビッティは言う (Jacobitti 1975 : 432-433)。第一に、それが因果的な説明や事実/価値の二分法を否定しているように見えること。第二に、そもそも政治学が〝科学〟であることさえも拒絶しているように見えること。第三に、たとえ日常言語学派の観点が役に立つとしても、それはあくまでも理解社会学的なヒューリスティックとしてであり、議論の妥当性を論証するための科学的手続きとはならないこと、である。ユーローも含めた行動論政治学は、行為の意味理解が社会科学にとってもつ重要性を認識していたにもかかわらず、以上の理由から結局は実証科学という枠組みを脱却することができなかった(168)。

ユーローやカレバーグがそうであったように、末期の行動論政治学は政治現象をつくる人びとの行為には、たんなる「行動」とはちがって主観的な「意味」という次元が存在していることを認識していた。しかしながら、行動論政治学が取り逃がしてしまったのは、人びとの日常的な社会生活のなかで、つまり、社会科学者が研究対象としている社会現象のなかで、すでに行為の意味の理解が達成されているということである。行為者が何をしているかということはその場面ごとに応じて理解可能性をもっており、日常言語学派の知見とはまさにこのことを真面目に受け取るというところにあった。そして、そのことが認識されれば、行動論者たちが躓いた問題は擬似問題であることがあきらかになる。「意味」はけっして、態度、目的、動機などといった、観察不可能な心のなかの出来事であるわけではない（Jacobitti 1975 : 441）。社会科学者も、その研究対象である普通の人びとも、さまざまな概念の日常的な意味理解を可能にする文脈のなかにすでに置かれている。よって、社会科学者は、人びとが日常的に使う概念（それはまた社会科学者がその対象を理解するための概念でもある）を無視したり、それをより〝科学的に厳密な〟概念に置き換えてしまったりすることはできない。

> ウィンチ流の議論の価値は次のようなところにある。――〔中略〕――もし社会科学がある社会を記述するための基礎としてその社会の自然言語に依拠するのであれば、物理学のような形式的なエレガンスや正確さというものを望むことはできない。また、概念を操作化することによって、自然言語をより正確なものにしようと試みることすらできないはずだ。そのようなことをしてしまうと、その言語によって捉えようとしていた社会的リアリティを失うという、ゆゆしき危険を冒すことになる。
>
> （Jacobitti 1975 : 442–443）

こうして、日常言語学派哲学の概念分析は、主観／客観図式を超えたかたちで「意味」というものを捉える。人びとがある概念を通じて理解している「意味」こそが、社会的リアリティそのものなのである。われわれが信頼や文化といった心に関係する（とされる）ものを記述しようとする場合であっても、人びとが社会的リアリティを意味的に構成していく実践を見ていけばよい。それによって、かつての行動論政治学が行きあたり、そしてパーソンズを援用することで解決を試みたアポリア、すなわち、科学的・客観的分析によっては主観的意味の領域である心を原理的には解明し得ないのではないかというアポリアを、回避することができるだろう。またこのことは同時に、個人を記述・分析の単位とする方法論的個人主義、あるいは〝方法論的ヒューマニズム〟とでも言うべきものからの離脱でもある。「意味」概念を基礎にすることで、人間そのものではなく、人間が作っている社会秩序を出発点にできるからである。方法論的ヒューマニズムは、まず人間がどのような存在であるか、言い換えれば人間という機械に乗りこんだ幽霊の正体が何であるか――たとえば自己利益の合理的な実現を目指すのか、自己に内面化された道徳的規範を遵守するのか、など――を確定し、そのあとでそうした人間がどのような社会をつくるのかを見ていこうとする。だが、われわれが何者であるかということ自体が、われわれが生きる社会、われわれが用いる概念の文脈のなかで決定される事柄であり、その文脈の外側に人間の不変の本性など存在しない[169]。だから、個人というものに社会的世界における存在論上の優先性を割り振ってやる必要もない。人びとによる実践を記述するというエスノメソドロジーの方針は、個人がいかにして社会秩序をつくっているのかという問題関心が、社会秩序がいかにして個人をつくっているのかという問題関心から切り離し得ないものであることを示している。

日常言語学派の哲学は、社会科学が心の領域を秘匿化してしまっていた原因を心身二元論に見出し、人びとが日常的なやりとりのなかで自他の心をどのように理解しているかということを、概念分析によってあきらかにしようとする。つまり、われわれはこの社会的世界を「意味」的に経験しているのであるから、その「意味」理解の構造となっている常識や概念が研究の主題になる、ということである。よって、信頼論や政治文化論にしても、それらが経験的な研究方針として心理学主義と反心理学主義という奇妙な二律背反を生み出さないようにするためには、社会的世界を「意味」概念から捉える視座が必要なのである。

本章では、実証主義‐方法論的個人主義‐合理的選択理論という政治学における信頼論の理論的基礎に対するオルタナティヴを、六〇年代の政治文化論の遺産でもあった「意味」学派のその後の展開をたどりながら示すことを試みてきた。そして、認識論における構成主義と、エスノメソドロジーという経験的研究の方針をこれからの信頼論における理論的基礎として提示した。ただし、理論的基礎のオルタナティヴだけでは、あらたな信頼論を打ち出すことはできない。「政治の領域」と「政治の外側の領域」の区別と接合という信頼論の問題構成を、国家／市民社会論とは別のかたちで定式化しなければ、構成主義‐エスノメソドロジーという理論的基礎は政治学にとって意味をなさないからである。これから第8章において、ルーマンを主な手がかりとしながら、問題構成のオルタナティヴを考えていくことにしたい。

第8章　問題構成の再定式化

この第8章の課題は、信頼論の問題構成を再定式化することである。これまでに確認してきたように、政治学における政治文化論および信頼論の意義とは、従来「政治の外側の領域」とされてきたところに、「政治」とされるものを発見するところにあった。たとえば、六〇年代型の政治文化論においては、行動論政治学においてはじめて科学的な政治学の対象として浮かび上がってきた諸個人の心理に着目することによって、マクロな政治構造を理解することができるのだという発想がその基底部分に存在していた。また、一九九〇年代以降の信頼論においても、人びとの日常的な結社活動や行動習慣こそが政治制度のパフォーマンスを左右するのだというパットナムの主張が共通の出発点であった。こうして、政治文化論や信頼論が経験的な研究を遂行するうえでの理論的な課題はいずれも、「政治の外側の領域」と「政治の領域」を区別しつつも結びつける論理を用意するというものになった。政治文化論における「政治構造／諸個人の心理」という問題構成も、信頼論における「国家／市民社会」という問題構成も、いずれも「政治の領域／その外側の領域」を表現したものにほかならない。本書では、「政治構造／諸個人の心理」という問題構成の設定の仕方にも「国家／市民社会」という設定の仕方にも、それぞれ問題があることをここに至るまでに分析してきた。よって本章では、これらとは別の仕方で問題構成を再定式化していく。

さて、第II部の小括において九〇年代以降の信頼論が抱える理論的な難点を指摘したうえで、本書の第7章では、実証主義－方法論的個人主義－合理的選択理論に代わる理論的基礎の方向性を示しておいた。それは、認識論上の構成主義と、日常言語学派のエスノメソドロジーである。この第8章では、「政治の領域／その外側の領域」という政治文化論・信頼論の問題構成を、こうした理論的基礎と適合するような研究プログラムとして考えていきたい。このような作業をおこなう理由は、認識論上の構成主義はともかくとしても、日常言語学派のエスノメソドロジーは、現在の多くの政治学者にとって有効な政治学研究のアプローチとは見なされていないからである。もともと、六〇年代の政治文化論も九〇年代以降の信頼論も、政治学にとってはひとつの革新であった。それは、政治の世界に対するあらたな世界観を打ち出し、その世界観を経験的な研究プログラムとして示してみせるという革新である。しかし、革新的な試みはつねに、そのディシプリンにおける有意性が問われることになる。社会学由来の理論的基礎としてのパーソンズ理論やコールマン理論は、それぞれを生かせるような問題構成のもとではじめて政治学において有意性を獲得できる。同様のことは、認識論上の構成主義と、日常言語学派のエスノメソドロジーにも言えるだろう。これらの理論的基礎のもとでおこなわれる信頼論研究において、われわれは「政治の領域／その外側の領域」というものをどのように考えればよいのだろうか。この問いに答えるのが本章の主題である。

結論から先に言えば、本章では「政治の領域」と「政治の外側の領域」がどのように区別されつつ接合しているかという信頼論の問題構成を、政治システムの存続問題として考える[1]。ここで政治システムとは、政治の秩序のまとまりのことであり、人びとにとって政治のリアリティとしてあらわれるものを指している。よって政治システムの存続問題とは、社会生活のなかで（通常「政治の外側の領域」とされる場面で）、人びとがどのような方法で政治を実践しているか（「政治の領域」をつくり上げているか）ということに関係している。政治現象は、アリストテレスが言うような人間社会の本質でもなければ、かといって一部の政治家や官僚によって制御される自動機械のようなものでもない。政治のリアリティは日常的な社会生活の一場面として、そしてそのなかで、つくり上げられていく。本書は、政治文化論や信頼論がもたらした革新を「政治文化」や「ソーシャル・キャピタル」という概念の水準においてではなく、こうした視点、つまり、政治のリアリティの日常的な構成という問題構成の水準で継承していきたい。

この第8章では、主として二〇世紀ドイツの社会学者であるN・ルーマンの理論に依拠しながら考察をおこなっていく。ここでルーマンをもち出すことは、本書におけるこれまでの検討からすれば、一種の予定調和と見なされるかもしれない。それはなかばイエスであり、なかばノーである。たしかに通説的な学説史上の展開からすれば、そしてとりわけ本書におけるこれまでの検討からすれば、パーソンズを経てシュッツなどの現象学的社会学、そしてルーマンへという流れは、まさに教科書通りといったところだろう。[2] そして本書でも当然そのような一連の批判・継承関係を意識しているし、また本書における考察の論証は学説史上の展開に依拠してもいる。だが、本書がルーマン理論に価値を見出しているのは、パーソンズ理論や合理的選択理論や現象学的社会学よりもルーマン理論の方が〝正しい〟からとか、ルーマンの概念体系の方が使い勝手がよいからという理由によるのではない（後者の点に関して言えば、ルーマン理論の使い勝手の悪さはあきらかである）。なぜなら、この第8章におけるルーマンは、政治理論における「理論的基礎」のためにではなく、「問題構成」のために参照されるからである。その意味で、本書においてルーマンは、パーソンズやシュッツやコールマンやガーフィンケルらと同じ軸に位置していない。むしろ、経験的な信頼論研究にとって妥当な問いの構造を定式化するために、ルーマン理論のもつ〝世界観〟を利用するわけである。[3] ルーマン自身の言葉でいえば、だれからも論駁されない確実な根拠をしつらえるためにではなく、社会的世界に対するある種の「感受性（Sensibilitäten）」（Luhmann 1997 Bd. 2 : 1095 = 2009 2 : 1420）を開示することがここでは重要なのである。

以下では、次のように議論を進めていく。第一節では、第I部および第II部からの検討課題を引き継ぎつつ、それがルーマンの理論に依拠することでどのように対処し得るかを見ていく。それによって、「政治の領域／その外側の領域」という問題構成をルーマンの理論に依拠しつつ「政治システム／その環境」として書き換えた場合に、政治学における信頼論にどのような研究上の展望が得られるのかを示したい。第二節では、第一節の展望を踏まえた研究の応用例を簡単に提示する。

第一節　第Ⅰ部および第Ⅱ部からの検討課題の引き継ぎ

これから議論を先に進めていくが、その際にも本書におけるここまでの議論を適宜振り返りながら、われわれの検討課題を明確にしておく必要があるだろう。ひとつの論証をおこなうための議論にしては、本書の分量はかなり長いものだからである。本節においては、第Ⅰ部と第Ⅱ部での結論を踏まえたうえで、それらがどのように乗り越えられる必要があるのか、その際にルーマンの理論がどのように役に立つのかを示しておくことにする。そして、「なぜルーマンなのか」という当然浮かび上がるであろう疑問にも、これまでと同様に学説史的な検討によって回答していくことにしたい。

1　第Ⅰ部からの検討課題

一九六〇年代型の政治文化論を扱った本書の第Ⅰ部では、次のような結論にたどり着いていた。すなわち、行動論政治学という文脈に中期パーソンズ理論を援用して生まれた六〇年代型の政治文化論は、理論的には「政治」と「文化」の両面で失敗していた、ということである。それぞれについてもういちど振り返っておこう。

まず、政治文化論における「政治」の欠如について。もともと政治文化概念は、政治構造と諸個人の心理を媒介する第三項として設定されたものであったが、アーモンドによる中期パーソンズ理論の誤用もあって、人びとが心のなかで思っていることの集約がなぜ政治文化であると言えるのかを示すことができなかった。諸個人の心理はたしかに政治に影響を与えているのかもしれない。だが、それだけでは一般的な「文化」から区別された政治文化というものが存在していることの証拠にはならない。そして、政治文化論が政治文化概念の有用性を示せないのであれば、——のちにイングルハートが実際にそうしたように——わざわざ複雑なパーソンズ理論を経由することなく、人びとからアンケートを取ってそれを集約し、その結果が政治にどのように影響しているかを見るだけでよかったはずである。アーモンドがそうしなかったのは、六〇年代型の政治文化論というものが政治の世界に対する一個の〝世界観〟の提示でもあり、ただの「文化」ではない「政治文化」という次元が政治システムの作動の要になっているという認識が存在していたからである。にもかかわらずアーモンドは、政治システムの作動と文化的なものとの連関を切り離してしまうことで、政治文化概念の設定に失敗したのであった。これに対して本書は、中期以降のパーソンズ理論にみられた「シンボル的に一般化されたメディア」としての権力論が、六〇年代型の政治文化論に内在したかたちで政治システムの作動と文化的なものを——「意味」概念および信頼概念を仲立ちに——結びつける可能性があることを論じておいた。

つぎに、政治文化論における「文化」の欠如について。六〇年代型の政治文化論は、そもそも文化的なものとは一体何であるかについての基礎概念を欠落させていた。政治文化が諸個人の心理と政治構造を媒介するものであるならば、政治文化概念はその両者と共通する要素からつくられていなければならない。本書の第I部では、再び後期パーソンズ理論に依拠しつつ、文化的なものを「意味」概念に定位させるべきであると提案した。同時にそれは、六〇年代以降の政治文化論の系譜が、ギアツの文化人類学等の影響を受けつつたどった道筋でもある。ただし、後期パーソンズ理論が人間の行為の「意味」を「究極的リアリティ」という超越的なものへとさらに還元しようとしたのに対して、本書では認識論における構成主義の立場から、「意味」自体がそれ以上さかのぼり得ない概念カテゴリーであると主張した。

第I部における以上の検討結果を受け止めたうえで、本書はルーマンの理論を参照しようとしている。ここでは、なぜルーマンの理論が有望であるのかということについて、パーソンズを起点とした学説史に軸足を置きつつ答えていきたい(4)。政治学における信頼論の問題構成を再定式化するという本章の目的に鑑みて、本書が学説史的に検討すべきトピックは次のようなものになるだろう。第一に、信頼論におけるパーソンズとルーマンの関係、第二に、シンボルとして一般化されたメディアとしての権力と政治の作動について、第三に、理論的基礎概念としての「意味」について、である。ただし、これらのトピックはルーマンの理論の内部で互いに交差しているので、記述が前後したり重複したりすることは避けられない。

(a) 信頼論におけるパーソンズとルーマンの連続性と差異

ルーマンの信頼論が問題構成の再定式化に対してもち得る最大の含意は、ルーマンが信頼というものを社会システムの存続問題に結びつけたというところにある。そしてそのことこそが、本書にとってとりわけ重要である。ルーマンは信頼を人びとの心のもちように還元することなく、さまざまな社会システムの存続にとって不可欠なメカニズムであると見なした。つまり、信頼というものは、ある特定の――たとえば倫理的に善良で誠実な人間関係などの――社会秩序に限定されるものではなく、あらゆる社会秩序の根幹にかかわっている。このような信頼論の脱‐人間化および脱‐道徳化と、その結果として得られる一般的な秩序維持メカニズムへのまなざしこそが、政治学における信頼論の問題構成を書き直していくうえでのベースラインになる。

本書の第5章で見てきたように、もともと一九九〇年代以降の信頼論の問題構成である国家／市民社会論は、政治が生じる領域としての「国家」と、政治からは切り離された市民たちの生活世界としての「市民社会」という二元的な世界を前提としていた。この場合、信頼やソーシャル・キャピタルは、市民社会の側に位置づけられることになる。しかし、さらにそこに因果関係論的な思考様式が加わった結果として、九〇年代以降の政治学における信頼論は、国家と市民社会（さらには経済社会）のあいだでの複雑な因果の矢印を解明するという課題を背負いこんでしまった。すでに論じたように、このような課題はそもそも解決が難しいだけでなく、信頼論がもとももってい た意義や面白さといったものをすべて脱色してしまうように思われる。すなわち、通常の政治学においてはこれまで「政治の外側の領域」とされてきた場面において、政治のリアリティがつくられているという視座である。こうした信頼論の意義や面白さを、第I部での分析結果とルーマンにヒントを得つつ問題構成を再定式化することによって担保することができるのではないか、というのがここでのねらいである。

さて、第I部の分析結果を引き継ぎつつルーマンの信頼論へと進むためには、やはり信頼論において学説史的にパーソンズとルーマンがどのような批判・継承関係にあるのかについて整理したうえで、ルーマン理論のアドヴァンテージを確認しなければならないであろう。よって、ルーマンの信頼論においてパーソンズから引き継がれた部分と、パーソンズにはなかった視角を切り分けながら考えていきたい。(5)

①ルーマンの信頼論におけるパーソンズとの連続性

ルーマンの膨大な業績群のなかで直接的に信頼論をテーマにしているのは、比較的初期に上梓された『信頼(*Vertrauen*)』(Luhmann 1973 = 1990)と、いわゆるオートポイエーシス的な転回がなされて以降の論文「慣れ親しみ、信頼、信任」(Luhmann 1988a)の二つである。しかし、ルーマンの最初期からすでに信頼論のエッセンスは存在しており、また信頼概念についてそれほど明確な位置づけがなされなくなる後期においても、彼が当初信頼論によって語っていた発想が消失したわけではない。そしてそのなかでも、ルーマンの信頼論におけるパーソンズからの影響は、基本的な構図として残り続けた。(6)

第I部で論じたように、パーソンズはとりわけ後期になると「シンボル的に一般化されたメディア」との関係で信頼ないし信任を論じるようになる。つまり、貨幣や権力といったメディアの流通は、何らかの実在的な基礎のうえにではなく、それが〝あてになること〟への期待のうえに成り立っているという発想がそれである。このことはルーマンの信頼論がパーソンズから引き継いだ最大のものであるが、これを取り上げるのは本節の第二項にとっておきたい。ここでは、中期までのパーソンズに見られた発想が、ルーマンの信頼論とどのような連続性をもっているかに話を絞って見ておこう。

本書第2章二節において論じたように、初期の主意主義的行為の理論から中期の構造‐機能主義的システム理論への組み換えのなかで、パーソンズ理論の目的は社会秩序が可能になるための条件（＝共有価値）の提示から、現に存在する社会秩序の要素間関係（＝システム）の提示へと変貌した。中期パーソンズは、社会秩序の原基的な形態としてダイアドを設定することによって、初期の頃にはなかった自我と他我の相互行為関係、すなわち〝社会的なもの〟の次元からの秩序の問題に取り組むことになる。ところで、主意主義的行為の理論というモティーフが表現しているように、パーソンズは人間がみずからの意志で自由に行為できる可能性を一貫して擁護しようとしていた。しかしながら、社会的な状況において、言い換えれば、それぞれが自由な意志と行為の可能性をもった自我と他我が出会う状況において、そこに社会秩序が成立するということは、一種のアポリアとなる。なぜなら、自我と他我のその状況における志向（＝期待と選択）が相互に条件依存的であり、しかもその立場を入れ替えてもそのことがあてはまるという、「二重の偶発性（double contingency）」がそこには生じるからである。パーソンズは、二重の偶発性によって社会システムの形成が妨げられないためには、自我と他我の志向が社会構造の水準において相互依存関係になければならないと考えた。そして、パーソンズにおいて個人（パーソナリティ・システム）と社会システムの交点は「役割」とされていたから、二重の偶発性問題の解決には、「役割期待の相補性（complementarity of role-expectation）」が社会構造として成立することが必要である。つまり、パーソンズは、社会システムの存続が期待構造において担保されていると考えたわけである。そしてパーソンズは、そのような期待構造に表現されている価値基準を「文化システム」として置いたのだった。

このような中期パーソンズまでの社会秩序観は、概念用具のレベルでは最初期のルーマンにも継承されている。(7)

そしてその際に継承されたものが、のちに信頼論というテーマにおいて書き直されていくことになる。それは、「（行動）期待の一般化」による複雑性（Komplexität）の縮減であり（cf. 小野 2006）、期待構造によって社会システムの存続を担保するという中期パーソンズ理論の変奏である。まずは、初期ルーマンが社会システム理論の基本的な問題構成にしていた「複雑性の縮減」について見ていこう。

まず、ここでの「複雑性（複合性）」についての説明が必要だろう。長岡克行のまとめによれば、「複合性とは要素間に抽象的に可能な関係の過剰と構造的な選択の連関にほかならないこと、それゆえ複合性とは選択を強制する事態である」（長岡 2006：92）。ルーマンは、あらゆるシステム（社会システムのみならず、心的システムも生体システムも、なんであれ内／外という区別をもつものがそこには含まれる）は、複雑な環境に抗して存在していると考えた。社会システムの場合、システムの要素となっているのは「意味（Sinn）」である[8]（だから社会の記述を目指す社会学においては、人間の主観ではなく意味こそが「社会学の基礎概念」なのである）[9]。よって、社会的世界における複雑性は、意味の複雑性のことを指している。ところで意味とは、潜在性と顕在性という二重の地平の差異から与えられる。つまり、現実化されるものの背後には、無限の可能なものが存在しており、意味はその無限に可能なもののなかから選び取られていくのである。もしそのような選択作用が存在しなければ、われわれにとっての世界は文字通りのカオスにちがいない（しかしわれわれにとって世界は現にあるものとして体験されている）。複雑性とは、意味の無限の潜在的可能性からなるのであり、もう少し言えば、意味自体が複雑性とその縮減を同時に表しているのである。

よって、意味的に構成される社会システムの存続という問題は、初期ルーマンにとって複雑性の縮減という問題構成によって一般的に表現できるものであった。その場合、それぞれの社会システム、言い換えればさまざまな場面で成立している理解可能な社会秩序が、それぞれどのようなメカニズムによってそのような秩序を可能にしているかが問われなければならない。ルーマンにおける信頼概念とは、まさにそのようなメカニズムのひとつとして挙げられているのである。そして信頼が複雑性の縮減を可能にするのは、それが行動期待を一般化することによってシステムの構造を形成するからである。『信頼』の末尾では次のように言われている。

信頼が社会的な複雑性を縮減するのは、信頼が情報不足を内的に保障された確かさで補いながら、手持ちの情報を過剰に利用し、行動期待を一般化するからである。――〔中略〕――たしかに、信頼は、世界を成り立たせている唯一の基盤ではない。けれども、かなり複雑な社会が成立しなければ、高度に複雑でしかも構造化された世界を表象することはできないし、また信頼が存在しなければ、高度に複雑な社会を構成することはできないのである。

(Luhmann 1973 : 105–106 = 1993 : 176)

ここで言われていることは、信頼が行動期待を一般化し、それによってシステムにとっての環境の複雑性が縮減され（同時にシステムにとってのより大きな複雑性が獲得され）、システムの存続が可能になる、ということである。[10] そしてルーマンは初期の頃から、行動期待の一般化がシステムにとっての構造としての価値を獲得すると論じている。[11]「……それゆえこうした社会システムの構造は、一般化された行動期待と定義されてよい」(Luhmann 1984 : 139 = 1993 上 : 147) と言われることになる。もちろん、心的システムと社会システムを区別し、心的システムは社会システムの環境に位置すると論じるルーマンからすれば、この場合の期待とは、人びとの心のなかの出来事のことではない。むしろ、期待とは、本来無限定に存在する可能性のなかからある特定の「意味」指示が選択される蓋然性が高いことを指している。そのため、複雑性の縮減を基本的な問題構成に据える初期のルーマンからすれば、行動期待の一般化による構造形成とシステムの安定化こそが、社会秩序の根本問題となるのである。最初期には次のように言われていた。

システムの内的結束も外的存続可能性も、システムの期待がどのように定義され相互に関係づけられているかということに依存している。すべてのシステム問題は、究極的には、期待の安定化という問題に還元される。

（Luhmann 1964 : 26–27 = 1992 上 : 30）

このように見てみると、「役割期待の相補性」によって社会秩序存立のための要件を考える中期パーソンズと、社会秩序の問題を行動期待の一般化による複雑性の縮減として定式化した初期ルーマンには、社会構造を期待というものから考える点において少なからぬ相似が存在することがわかるだろう。その意味で、行動期待の一般化という観点におけるルーマンの信頼論には、（シンボル的に一般化されたメディアという概念が登場する以前の）パーソンズからの連続性を見て取ることもできる。だが、ルーマンの信頼論の前提は、初期の頃からすでにパーソンズとは異なる理論的資源に立脚しており、そうした前提からのパーソンズ批判という意味合いもあった。そしてルーマンの信頼論の意義は、どちらかと言えばそちらの方にこそ価値がある。よって、つぎにそのことを見ていこう。

②ルーマンの信頼論におけるパーソンズとの差異

信頼論にかぎってみても、ルーマンとパーソンズの差異は多岐にわたる。ここでは初期ルーマンの信頼論を中心に、中期までのパーソンズにほとんど存在しなかった視点をあきらかにしていきたい。以下で取り上げるトピックは主として、①時間について、②G・ジンメルからの連続性、③現象学からの連続性、である。

信頼と時間次元　ルーマンの『信頼』では、第一章において信頼論の問題構成として複雑性の縮減が論じられ、つづく第二章は時間の問題に割かれている。そこで言われているように、ルーマンにとって「信頼についての理論は、時間についての理論を前提とする」（Luhmann 1973 : 8 = 1993 : 13）。初期から中期にかけてパーソンズは、自我と他我という異なるパースペクティヴの存在が、社会秩序問題における〝社会的なもの〟の次元を形成すると考えた。二重の偶発性とその解決としての「役割期待の相補性」およびそれを導く共有価値も、もっぱらこの〝社会的なもの〟の次元から派生してくる。これに対して初期ルーマンの信頼論は、行動期待の一般化を論じつつも、それを社会次元においてのみならず、時間次元の問題でもあると定式化した[12]。このように信頼を社会次元と同時に時間次元に位置づけることは、パーソンズやその他の信頼論とルーマンの違いであるのみならず、ルーマンが中期パーソンズにおけるもっとも重要な概念装置であると考えていた二重の偶発性に対する両者のスタンスを明瞭に分けるものとなっている[13]。

そもそも、信頼において時間が問題となるのも、複雑性というものに関係している。われわれが生きる世界には現在においても現実化される多くの可能性が存在し、それらは現実化されることによって過去へと変換されるのであるが、未来においてはそれらよりもはるかに多くの可能性を含んでいる。「換言すれば、時間は限界がないけれども縮減が可能な複雑性として構成される。したがって、時間次元は、社会次元と同様に、極度の複雑性という観点からの世界の解釈なのである」（Luhmann 1973 : 15 = 1993 : 23）。未来が人間に課す複雑性は、とても人間の手におえるものではないにもかかわらず、人間はこうした複雑な未来を伴った現在を生きなければならない。よって、われわれは、現在において、未来の複雑性を縮減しながら行為しなければならないということになる。信頼はまさに、社会次元における複雑性（自分以外の他者が、自分と同様に多くの可能性と選択の自由をもっており、そのような他者の選択に自分の選択が依存していることから派生する複雑性）と同時に、時間次元における複雑性を縮減しつつ人間が行為する可能性に関係しているのである。

パーソンズにおいて二重の偶発性は、もっぱら社会次元において、自我と他我が自由な選択の可能性を持っていることから生じる選択の相互依存性のことであった。このことは、自我と他我のあいだの価値コンセンサスが「役割期待の相補性」を生み出すことによって〝解消〟される。他方で、ルーマンは二重の偶発性を解消されるべきアポリアとしてではなく、それ自体が社会秩序の原理となっていると考えた。というのも、もしも二重の偶発性という社会秩序問題が〝解消〟される類のものであるなら、その解消のあとに何が残るのかという問題が今度は生じるからである。ルーマンは、二重の偶発性の問題を時間次元へと移し換えることによって、二重の偶発性のアポリア、すなわち自我と他我双方における選択の自己言及性は、非対称化されていると考えた（Luhmann 1984 : 176-177 = 1993 上：194-195）。二重の偶発性は、自我と他我にとって対称的な問題であるが、その解決は非対称的におこなわれるのである。そしてまさに、時間によってこのような非対称化が生じるところにこそ、社会秩序形成の特徴が存在するのである。

ルーマンの信頼概念は、以上のように時間的に把握された社会秩序と密接な関係にある。事実ルーマンは、「二重の偶発性のもっとも重要な結果のひとつは、信頼または不信の発生である」（Luhmann 1984 : 179 = 1993 上：198）と述べる。信頼も不信も、そもそも何らかの不確実性が存在しており、さらにそこに選択の可能性があってはじめて意味をもつ（すべてが確実であり、選択の余地もないのであれば、信頼／不信を語ることに意味はないだろう。物事はどのみちなるようにしかならないのだから）。言い換えれば、信頼と不信は、不確実な二重の偶発性状況においてのみ、意味をもつ。そして信頼の社会的機能とは、そのような二重の偶発性状況において、社会システムの創発と維持を可能にする時間構造を与えるところにある。二重の偶発性が社会秩序の形成にいたるためには、時間による自他の選択の非対称化によって、不確実性やリスクに抗してある選択がなされ、その選択を前提にした次の選択がそこに回帰的に接続していくことが必要であるが[14]、信頼がそのような選択を可能にする構造を形成するのである。この点については、後期ルーマンの自己言及的に閉じたシステム理論とのつながりにおいて、後述することにしたい。

いずれにせよ、パーソンズとルーマンは、二重の偶発性を社会秩序の根本問題として重視する点において共通していたものの、その理論的な取り扱いにおいて異なっていたと言うことができる。パーソンズは二重の偶発性を、共有価値ないし文化によって〝解消〟しようとした。他方でルーマンは、二重の偶発性を時間パースペクティヴにおいて捉え、それを社会秩序の形成原理として捉えた。そしてルーマンの信頼概念は、このような社会秩序を時間化するという理論的な構想の一環として存在しているのである。

ジンメルからの連続性　社会学における信頼論の発展の系譜として、しばしばジンメルからパーソンズを経てルーマンへという流れが語られている（cf. Lewis and Weigert 1985a : 975）[15]。しかしながら、この三者の関係は単純な継承関係なのではなく、ジンメルをどのように受容するかという点において、パーソンズとルーマンの信頼論には大きな違いが生じている。

パーソンズは、行為理論の学説史の集大成として『社会的行為の構造』（一九三七年）を著したとき、意識的にジンメルを題材に含めなかった[16]。というのも、端的に言って、パーソンズにとってジンメルの形式社会学の方法論は、あまり実りのないもののように思われたからである。ジンメルは社会学草創期の代表的な論者であったが[17]、パーソンズにとってジンメルの研究は、あくまでもミクロな現象の記述を羅列したものにすぎなかった[18]。こうしたジンメル評価と表裏して、パーソンズは中期から後期へと進むにつれて、分析的な理論枠組みの完成に熱中することになる。こうした事情から、パーソンズの信頼論には、ジンメルの影響が入り込む余地が少なくなっていたのである。

他方で、ルーマンの信頼論はジンメルの影響を強く受けている[19]。そもそもルーマンは、ジンメルの『社会学』に所収の「いかにして行為は可能かの問題に関する付節」について、次のようにコメントしている。「ここで問題になっているのは、われわれのテーマに関してこれまで直接的に論述されてきた著作のなかで、おそらくもっとも重要な短いテキストである。ヴェーバー、デュルケームおよびその他の人々の所説を行為システムの一般理論のなかへ統合しようとするさいに、パーソンズが学びとらなかった理論は何であるかを見通すためには、このテキストの内容を知っておかなければならない」（Luhmann 1981a : 252 = 1985 : 110）。つまり、ルーマンはジンメルという存在を介して、自身とパーソンズの社会学理論の位置づけを測ろうとしているわけである。それほどにルーマンにとってジンメルの存在感は大きい[20]。

ルーマンはパーソンズのように、社会秩序の根源に何らかの基礎が必要であるとは考えなかった。よって当然、信頼も基礎づけ得ないものであるのだが、このような信頼の根拠のなさという発想が、ジンメルを下敷きにしているのである。例として、ジンメルとルーマンを並列的に引用してみよう。

未来の行動の仮説――それは実際の行動を基礎づけるのに十分に確実である――としての信頼は、仮説としては、人間についての知と非知とのあいだの中間状態である。完全に知っているものは信頼する必要はないであろうし、完全に知らないものは合理的にはまったく信頼することはできない。

(Simmel 1958 : 263 = 1994 : 359, 傍点は原文で字間が空いている箇所)

信頼は、究極的にはいつも基礎付け得ないのである。信頼は、目下手元にある情報から、あたえられた以上のものを引き出すことによって成立する。すでにジンメルが気づいていたように、信頼は、知と無知との合成なのである。

(Luhmann 1973 : 26 = 1993 : 43)

ジンメルとルーマンに共通するのは、信頼の本質を「無関心への飛躍」(Luhmann 1973 : 26 = 1993 : 42) と見るところにある。両者の考えでは、信頼が近代社会の成立要件そのものに密接にかかわる以上、信頼に何らかの確たる根拠を求めることはできない。もし信頼に根拠が必要であれば、人びとは近代の高度に複雑な社会を見通して理解する能力をもっていなければならないが、個人にそのような能力があるならば、そもそもはじめから信頼など必要ないだろう。逆に言えば、根拠なき信頼が必要とされるということと、高度に複雑な近代社会が成立するということは、同一の事態を表現しているのだ。ジンメルは次のように述べている。

……これに対して、より豊かでより広範な文化生活にあっては、個人ではけっして徹底的に追究したり確かめたりすることができず、誠実さと信念 (Treu und Glauben) をもって引き受けなければならない無数の前提に、生活は立脚している。しばしば明らかにされるよりもはるかに広い範囲にわたって、われわれの近代的な実存は、――ますます信用経済となってゆく経済から、多数の研究者が彼らには吟味できない他者の無数の結果を利用しなければならない学問的営為に至るまで――他者の誠実さに対する信念に基づいている。われわれは、われわれのもっとも重要な決断を、さまざまな表象から成る複雑な体系に基づいて作り出す。その場合、そうした決断の多くは、われわれが欺かれてはいないという信頼（Vertrauen）を前提としている。

（Simmel 1958 : 260 = 1994 : 356）

もし信頼に確固たる根拠が必要であるならば、高度に複雑な近代社会において、個人が知り得る範囲の情報だけから社会が機能するのに十分な信頼を投企することなど到底できない。ルーマンの信頼論をこうした秩序論との関係で見れば、そこには以上のようなジンメルの思想が色濃く反映されていることに気づくことができる（cf. Lewis and Weigert 1985b : 462）。

近代社会のあり方に対して、パーソンズとルーマンが大きく異なるイメージをもっていたとは考えにくい。しかしそれはあくまで結果論である。理論構想の初期の段階にかぎって見てみると、秩序論としての信頼論に対する両者の出発点の差異は、ジンメルに対する態度に表れていると言うことができるだろう。[21][22]

現象学からの連続性　シュッツとの論争からもわかるように、パーソンズは現象学が社会学に対してもつ展望に対して懐疑的であった。パーソンズに言わせれば、シュッツが提唱する現象学的な見地によって「なにか相違が生じてくる」（Grathoff ed. 1978 : 67 = 1980 : 165）とは思えないというわけである。こうして現象学とパーソンズ理論は結局のところ出会うことはなかった。ルーマンは、価値的な解決策しかもたない行為理論の枠内においては、パーソンズはどのみちシュッツの提案を受け入れることはできないであろうと述べている（Luhmann 1995b : 170 Anm. 3 = 2007 : 194–195 註3）。[23]

それに対して、初期ルーマンが理論構築の足場として選択したもののひとつにフッサール流の現象学が存在しており、そして個別的なテーマとしてそれがもっとも色濃く反映されたのが彼の信頼論であった。すでに述べたように、初期ルーマンの理論的なモティーフが意味概念から派生しているが、ルーマンにとっての「意味」というものも――ヴェーバーのそれとはちがって――現象学的なものである。実際にルーマンはのちに、「意味の意味にアプローチする最善の方法は、現象学的な方法によるものであろう」(Luhmann 1990a : 83 = 1996 : 45) と述べている。ここでの現象学とは、理論のなかに主観的要素を取り入れるとか、心理学的なスタンスをもつということではなく、次のことを意味している。すなわち、「存在論的・現象学的な問いかけをすることなく、世界をそれが現出するままにあつかう」ということである (Luhmann 1990a : 83 = 1996 : 45)。[24] 以下で、こうしたルーマンによる現象学の受容と信頼論への応用について見ていこう。

まずは現象学の受容からである。もっとも、ルーマンは後期フッサールの影響を明確に受けているとはいえ、社会理論が超越論哲学に向かうことについてはそれを拒否していた。[25] ルーマンがその代わりに試みたのは、現象学とシステム理論を組み合わせることであり、「意味」はそうした社会理論の基礎概念として選択されたものである。これによって、システムというのは (科学的な) 観察者によって分析的に構成される秩序のまとまりのことではなく、ある観点から知覚されている秩序のまとまりのことを指す概念へと様変わりすることになる。ルーマンのシステム理論においては、パーソンズのシステム理論が――たとえば分析的リアリズムというかたちで――気にせざるを得なかったような存在論的な問い、すなわち、そのようなシステムは本当に存在しているのかどうかということは、もはや回避されることになる。なぜなら、フッサールの現象学が指摘していたように、ルーマンにとっても「システム (秩序) は本当に存在しているのかどうか」という学的な問い自体が、すでに所与の、慣れ親しまれた世界の存在を前提としてはじめて可能であるものにすぎないからだ。[26]

こうしてルーマンは、現象学の知見を取り入れることで、日常的な世界がわれわれにとって自明なものとして現われてくることをシステム理論において表現した。それが個別のトピックとして色濃く形成されるのが、ルーマンによる信頼論であり、とりわけ「慣れ親しみ」概念や後の生活世界論がそれにあたる。ルーマンの「慣れ親しみ (Vertrautheit)」概念の提示のされ方は、ルーマンの理論の表現方法とともに変遷するが、その本質はあくまでも現象学に根差している。

ルーマンにおける「慣れ親しみ」という概念は、近代になって可能になる信頼／不信が成立するための土台として考えられている。人が信頼するにせよ、あるいは不信を向けるにせよ、その前提にはあらゆる体験や行為の基盤となる自明視された地平、すなわち世界に対する慣れ親しみが存在している。

> 自然や人間関係をも含んだ生活世界の、一般的な匿名で構成された慣れ親しまれたあり方は、現実的存在の自明の基盤であり、主題的に捉えていく一切の特殊な志向の母体であり、そうあり続ける。人間は日常的には、とりたてて格別の信頼や不信の問題なしに、こうした穏和な圏内にとどまっている。この慣れ親しまれた生活世界は、一切の信頼・不信の前提である。 (Luhmann 1973 : 22 = 1990 : 36)

現象学の目論みは、いわゆる〝近代科学〟が忘却してしまったような、人間のあらゆる認識の背後に存在する志向を、再び哲学的・科学的な考究のテーマとして取り戻すことにあった。それと同様に、『信頼』においてルーマンは、信頼／不信が社会的な複雑性の縮減に対して果たす機能を明確にする前に、普遍的な地平としての世界の構成を問題にしたのであった。つまり、「世界とその複雑性を超越論的・現象学的に解明する際には、その構成のこうした志向超越的な間主観性が見据えられなければならない」(Luhmann 1973 : 18 = 1990 : 29)[27]。

ルーマンの『信頼』においては、社会の複雑性が上昇するにつれて人びとが慣れ親しまれた世界に留まってはいられなくなる、と述べられていた。複雑な社会秩序において人びとは、慣れ親しまれた世界、つまり、「縮減ずみの複雑性 (schon reduzierte Komplexität)」である過去が反復されるような世界ではなく、未来の世界に向けて行為しなければならないからである (Luhmann 1973 : 20 = 1990 : 32)。こうした分類を見ると、初期ルーマンの信頼論においては、信頼／不信が未来に向けられるものであり、慣れ親しみが過去を基準にしたものといったかたちで、かなり単純な線引きがなされていると思われるかもしれない。だが、ルーマンにとっての慣れ親しみ概念は、単に信頼論の概念類型のひとつとして便宜的に導入されるものではなくて、まさにルーマンが現象学的な理論的基礎の上で社会理論を展開することの証左になっているのである。それが明確に表れているのが、(ルーマン理論の時期区分から言えば中〜後期にあたる)「生活世界」(Luhmann 1986 = 1998) 論文である。

この論文は、ハーバーマスなどの批判理論家とはちがって、〝近代システム〟を批判する陣地としてではなく、[28] 現象学的な慣れ親しまれた世界を指し示すものとして「生活世界」概念を捉え返す試みである。といっても、ルーマンはフッサールやその超越論的還元という方法をそのまま引き継ぐわけではなく、彼が後期以降に自らの理論を表現するひとつの方法としてしばしば援用する、G・スペンサー＝ブラウンの形式論理学をそこに導入している。つまり、慣れ親しまれたもの／慣れ親しまれないものの区別が、慣れ親しまれたものの側に再－参入することを繰り返すことで、生活世界が構成されるという考え方である。「いまやわれわれは、あらゆる慣れ親しまれた意味濃縮物の指示連関を生活世界として示す」(Luhmann 1986 : 182 = 1998 : 108)。この独特の言い回しには、いま少し説明が必要かもしれない。だが、その説明は後回しにして、ここではルーマンの生活世界論がもつ哲学的な含意を、まずルーマン自身に語らせよう。

> 生活世界への入り口を見失ったのは、フッサールが考えたようにガリレイの物理学がはじめてではなく、存在論的形而上学がすでに見失っていたのであって、しかもそれは論理的なコード化にもとづいている。というのは、存在論にとって、(ないものではない) 存在を越えて、慣れ親しまれたものと慣れ親しまれないものという先行する区別へとさかのぼることは考えられないものになっているからである。 (Luhmann 1986 : 186 = 1998 : 112)

この引用文で言われているのは次のことだ。存在論的形而上学の伝統を乗り越えるためには、[29] 差異理論から出発する必要があるということ、および、慣れ親しまれたもの／慣れ親しまれないものという差異は、人間の社会的認識に導入されるあらゆる区別に濃縮された、もっとも古く根源的で第一次的な差異なのだということである。「存在しているものは存在していないのではない」という立場をとる存在論は、そうした区別を扱うことができなかった。つまりルーマンは、あくまでも現象学を下敷きにした差異論的システム理論によって、存在論的形而上学を脱することのなかったパーソンズのシステム理論を乗り越えようとしているのである。そして、そのことがもっとも端的なかたちであらわれているのが、パーソンズの信頼論には存在する余地のなかった「慣れ親しみ」概念なのである。

この論点は、ルーマンが社会科学の学説史において果たした役割を考える上でも興味深いものであるが、これ以上長く議論することは不要であろう。本書にとって重要なのは、ルーマンが現象学由来の「慣れ親しみ」概念を信頼論の一環として扱っていることであり、それがもつ哲学的な含意である。ルーマンの信頼論は、パーソンズの信頼論とは異なり、システム／環境というかたちで差異理論的に捉え直されたフッサールの現象学が色濃く受け継がれた主題であると言うことができるだろう。

(b) コミュニケーション・メディアと信頼

政治学における信頼論のためには、(それ自体としては「政治の外側の領域」に属すると考えられている) 信頼がいかにして「政治の領域」と関係するのかについて考えなければならない。これが、本書第I部から導かれたひとつの結論であった。その第I部においては、後期パーソンズ理論に見られた「シンボル的に一般化されたメディア」概念が、六〇年代の政治文化論に内在したかたちで信頼 (ないし文化的なもの) と政治の関係を考える手がかりになることを示唆しておいた。この項においては、パーソンズからルーマンが積極的に継承した概念装置である「コミュニケーション・メディア」が、信頼とどのような関係にあるのかをルーマンに即しながら見ていくことにしたい。ここで示したいことは、ルーマンにおいて信頼が、ただ単に人称的な関係性を円滑に成立させるものとしてだけではなく、全体社会レベルでの機能システム (当然そこには政治システムも含まれる) の作動を担保するものとして考えられているということである。(30) コミュニケーション・メディアの概念を手がかりにして、信頼がいかにして〝政治〟と関係しているかということを理論化することができる。

①二重の偶発性

ルーマンは、『社会科学における一般理論の探求――タルコット・パーソンズ記念論文集 (*Explorations in General Theory in Social Science : Essays in Honor of Talcott Parsons*)』に、「一般化されたメディアと偶発性の問題」と題する論文を寄稿している。ルーマンの業績においてパーソンズが直接念頭に置かれていることはけっして珍しくはないのだが、そのなかでもとりわけ、この「一般化されたメディア (シンボル的に一般化されたコミュニケーション・メディア)」についての議論では、概念レベルでも社会秩序のイメージにおいても、もっともパーソンズの遺産が強く受け継がれている。そしてそれは、中期パーソンズが使用していた、「二重の偶発性」を定義し直すことから出発している。

すでに何度も述べたことであるが、中期パーソンズが定式化した「二重の偶発性」とは、社会秩序の最小単位であるダイアド (=自我と他我の相互行為状況) において、自我の行為選択と他我の行為選択が相互依存の状況にあることを表現したものであった。その意味で二重の偶発性とは、自我が行為を選択するために他我の行為が選択されていなければならず、しかし他我の行為が選択されるためには自我の行為が選択されていなければならない……という状況であり、パーソンズはこれを論理的なパラドックスであると捉えていた。そこでこの問題に対してパーソンズが与えた解答が、初期における共有価値説であり、中期における期待構造論であった。これは二重の偶発性というパラドックスを解決するというより、そもそも自我と他我の志向が共約不可能なものであることを前提として否定することによって (つまり、はじめから自我と他我の選択肢は秩序を破壊しない一定の範囲に限定されているとすることによって)、安定的な社会秩序は成り立っていると述べるものであった。

これに対してルーマンは、パーソンズにとっての「二重の偶発性」は、実際のところ「二重の交換 (double interchange)」と同義であり、「このことはパーソンズが当初から行為を目的と手段という観点から見てきたことを踏まえることによってのみ、理解可能である」としている (Luhmann 1976 : 508)。しかしながらルーマンは、パーソンズによるこうした定式化では、「偶発性」の意味が不正確になってしまうと危惧している。ルーマンによれば、「偶発性が意味しているのは、選択に依存しているということであり、それは翻って、他の可能性であることと他の可能性ではないことの両方の可能性を示唆しているということである」(Luhmann 1976 : 509) と述べる。一見わかりにくいこのことの意味について、若干の交通整理をおこないながら示しておこう。

「二重の偶発性」について、ルーマンがパーソンズと異なるのは、二重の偶発性を行為が可能であるために解決されなければならない〝問題〟であるとは考えないという点にある。行為は二重の偶発性にもかかわらず生起する。いや、二重の偶発性を内包するがゆえにこそ、行為は生起するのである。そこに価値コンセンサスは必要ない。「神が何も与えなくても (esti non daretur Deus)、システムは生じる」(Luhmann 1984 : 151 = 1993 上 : 161)。すでに述べたように、現象学を受け継いだルーマンは、システム＝秩序が本当は存在しないのではないかという懐疑論的な問いを放棄していた。よって、偶発的であるということは、潜在的に秩序を不可能たらしめるカオスを表現するものではなくて、現に存在している秩序を前提としてはじめて捉えられる、潜勢化された可能性のことなのである。言い換えればルーマンは、秩序の真空状態に存在する無限の可能性が、何らかのかたちで限定されていくことで一定の秩序が現出するというロジックで考えてはいない。そうではなくて、顕在化された可能性としての秩序が現に存在するからこそ、潜勢化されたその他の可能性としての偶発性が存在するのである[31]。

しかし、ここまででではまだ、「二重の偶発性」の何が〝二重〟であるのかがあきらかではない。パーソンズもルーマンも、社会秩序の問題を二重の偶発性と結びつけていた。パーソンズにおいて二重であるとは、社会秩序の最小単位であるダイアドにおいて、自我と他我という二つのパースペクティヴが存在することを表現していた。ルーマンの基本的な認識も、これと同じである。相互に計り知れない複数のパースペクティヴが存在することが、〝社会的なもの〟という独特の文脈を生み出すのであり、二重の偶発性とは、この社会的なものの性質を表現するためのひとつの方法であった。それと同時に、偶発性が二重であることが、社会システムの構成を不可避とするようなきっかけを生み出している。

自我と他我という共約不可能な二つのパースペクティヴが出会う場合、それぞれの自我にとって他我は完全に見通すことができないものであるのに、自我は他我によって規定されてしまう（自分自身がどのようなものであるかについては、相手からの反応を通じてはじめて判明する）。しかし、だからこそどんな些細なことであったとしても、自我と他我のあいだに生じた手がかりが社会システムの形成を促すことになる。それには、たとえば、電車で向かいの席に座っている見知らぬ人と偶然目が合うようなことでも十分なのである（それが、すぐさまお互いに目を逸らすという結果になるのか、笑顔であいさつをし合うのか、目が合ったことを言いがかりとしてけんかに発展するのかはさておき、いずれもが相互行為という社会秩序を生み出している）。秩序としての社会システムは、本来的には無限にあり得る一方の選択が他方の選択の前提になり、立場を変えて眺めても事態が同様であるときに成立している。しかし、自他がそれぞれに自由意志を備えた存在であるかぎり、自我と他我のあいだにあらかじめ用意された絶対に確実な共通基盤のようなものは存在しない[32]。つまり、自らの行為が相手にどのように体験され、相手の行為が自分にとってどのような体験をもたらすかということは不確実（unwahrscheinlich）なのである。だからこそ、自我と他我それぞれの心的システムとは別の、閉鎖的で（＝環境に位置する心的システムから自律しており）自己言及的な（＝独自の論理にもとづいて作動する）社会システムが生み出されるのである[33]。そうした意味において、二重の偶発性が経験されるということ自体が、社会システムが構成されるということと表裏一体になっていると言うこともできるであろう。ルーマンの言葉を引いておけば、

まさしくこうしたシステムが閉鎖的‐自己言及的に形成されるがために、つまり、AがBによって規定され、

同時にBがAによって規定されているがために、それぞれの偶然、それぞれの衝突、それぞれの思い違いが、システムを生み出すのである。こうしたシステムの発生は、任意的でない配置という意味において構造の複雑性を前提としている。「ノイズ」がなければ、システムは存在しない。しかしながら、こうした条件のもとにおいて（どんなに短命のものであっても、どんなにコンフリクトに満ちていようとも）秩序の成立は、みずから行為を決定している人が二重の偶発性を経験しており、したがって自我と他我のどちらの側でも偶発的な自我／他我の布置が作りだされている場合においては、通常のことなのである。（Luhmann 1984 : 165–166 = 1993 上 : 180）

こうして、ルーマンの二重の偶発性論においては、パーソンズとは反対に、社会システムが成立するための根本的な基盤は、共通基盤の先取りによる不確実性の消去にではなく、まさに不確実性そのもののなかに存在することになる。[34] 自我と他我のそれぞれに偶発性が存在しないのであれば、そこに社会システムの形成を促すようなきっかけも存在しないからである（すべてのことが予定調和的で確実である世界、もしくはひとりの人間の心の中で想起されたことがそのまま実現されるような世界において、何か社会的に意味のある出来事が生じ得るだろうか？）。

とはいえ、二重の偶発性という不確実性を基盤にする社会システムであっても、安定性や攪乱への耐久性が一定程度保証されなければ、複雑な社会秩序は不可能である。ここに、不確実性を蓋然性に変換する装置が必要とされる理由がある。そして、そうした装置のひとつがコミュニケーション・メディアという全体社会の進化的な獲得物であり、もうひとつが信頼である。

②コミュニケーション・メディア

後期パーソンズの「シンボル的に一般化されたメディア」概念は、行為システムを四象限図式に細分化していくなかで、各部分システム間の関係を整序するために導入されていた（本書第4章二節）。つまり、たとえばＡＧＩＬ

図式において「G（目標達成）」の領域に属する政治は、それ自体として閉じた系を構成しているわけでなく、現実には「A」「I」「L」それぞれの機能領域との相互交換関係を持っている。その際にある下位システムから別の下位システムに受け渡されるのが「シンボル的に一般化されたメディア」であって、政治システムの場合にはそれが「権力」だとされてきた。

パーソンズの「二重の偶発性」論は、初期から中期への理論変遷のなかで論理的な問題として提唱されたものであり、後期の四象限図式にともなって出てきた「シンボル的に一般化されたメディア」論とは直接に関係しない。それに対してルーマンは、二重の偶発性を「コミュニケーション・メディア」の意義と結びつけて論じている。なぜならば、自我と他我のあいだに生まれた些細なきっかけと、それに続けて起きる自我と他我の反応は、たしかにコミュニケーションを生じさせるかもしれないが、それは自我／他我の選択の安定的な接続を保証するものではないからである。短期的で不安定なコミュニケーションだけでは、機能的に分化した高度に複雑な社会は不可能であり、「それゆえに、世界の高度の複雑性は、多数の選択的な過程を、つまり、ある人の選択と他の人の選択のあいだの連関を、前提とする」(Luhmann 1973 : 51 = 1990 : 88)。よって、人びとのあいだのコミュニケーションが接続する蓋然性が高められる必要がある。

言い換えれば、コミュニケーションはかならずしも効果的なものではない。これはまた、二重の偶発性についての別の語り口である。言語だけでは二重の偶発性の問題を解決するのに十分ではないのである。それには、自我の行為の経験の選択が、他我にとって自分自身の選択の前提として受け入れられることを確実にするような、一般化されたメディアの追加的な機能が必要である。(Luhmann 1976 : 513)

この文章においてコミュニケーション・メディアは、日常言語に対する追加的な装置として捉えられている。まずはこのことから説明しておこう。

われわれの社会において、コミュニケーションにとってのメディアは、まず第一に言語である。言語は、何度も繰り返し使用が可能で、一般化されており、それを受け入れるか拒否するかについて「イエス／ノー」というかたちでコード化されている。それによって言語は、全体社会のコミュニケーションが次なるコミュニケーションに接続していくこと（＝オートポイエーシス）を可能にしている。しかしながら、言語だけはある種のコミュニケーションの受け入れを動機づけることまではできない[35]。そして、動機づけがないのであれば、たとえば自分に気に入らない政治的な決定を人びとが受け入れること――まさに政治権力の問題である――の蓋然性は依然として低いままであるし、そうであってはやはり複雑な社会秩序は不可能である。そこで、ある特殊なコミュニケーションが一般的に受け入れられるための動機づけを与えることが必要であり、蓋然性の低い選択が、蓋然性の高い選択へと変換されるための（「イエス／ノー」とは異なった）別種のコード化がなされなければならない。「（シンボル的に一般化された）コミュニケーション・メディア」は、言語的なコミュニケーションを前提としつつ、そうした動機づけを追加するものである[36]。ルーマンにおいては、そうしたコミュニケーション・メディアとして、「貨幣」「権力」「真理」「愛」等々が考えられていた[37]。

つぎに考えるべきは、コミュニケーション・メディアがシンボル的に一般化されるということの意味である。パーソンズにおいて、メディアが「シンボル的に一般化される」ということは、個々の文脈を超えて「意味」が〝濃縮〟されることであり、それによって受け入れられる蓋然性が高められるということであった[38]。たとえば政治権力の場合であれば、直接的で眼前に迫った物理的暴力への忌避からある政治的コミュニケーションを受け入れるということは、全体社会のレベルでのコミュニケーションの接続を一般的に保証するものではない。けれども、政治権力は正統化を通じて、その作動基盤を（全体社会においては普遍的に貫徹することのできない）物理的強制力から、権力の集合的な有効性に対する信頼ないし信任へと移すことができる。よって、シンボル的な一般化は、コミュニケーションの受け入れの蓋然性が、それぞれの状況における個々の判断にではなく、状況に左右されない「意味」の濃縮物に依存することを指している。パーソンズの場合、そうした「意味」の濃縮物は、「L（＝文化的なもの）」の領域から社会的な領域へと受け渡される。

ルーマンは、コミュニケーション・メディアがシンボル的に一般化されることに関しての基本的な着想をパーソンズから忠実に引き継いでいる。ただし、ルーマンはパーソンズとは多少違った言葉で「シンボル的な一般化」を説明する。そのロジックが、すでに取り上げた「生活世界」論文にも見られる現象学とスペンサー＝ブラウンの形式論理学との結合であった。同時にそれは、ルーマンによる（とりわけ後期の）自己言及的なシステムの理論とも収斂するかたちで定式化されている（cf. Luhmann 1992a : Kap. 2 = 2003 : 第二章）。具体的に見てみると、ルーマンにとって「シンボル」は次のように定義される。二つ引用しておこう。

> シンボルとは、何か別のものを示すサインではない。それは慣れ親しみと慣れ親しまれないものとの区別を前提として、この差異を慣れ親しまれた側に再-参入させることを可能にするように作動する。言い換えれば、シンボルは慣れ親しみと慣れ親しまれないものとの区別を、慣れ親しまれた世界において表象するのである。
>
> (Luhmann 1988a : 96)

> シンボル的一般化は、それぞれの意味の指示構造を濃縮して、何らかの所定の意味状態が何を約束しているのかが指し示される期待を作り上げている。
>
> (Luhmann 1984 : 139 = 1993 上 : 147)

ここでは、「区別」と「再-参入（re-entry）」「濃縮」という用語がスペンサー＝ブラウンから援用されている。このスペンサー＝ブラウンの算式では、「区別せよ」という指令がスタートに置かれる。なぜなら、区別されることによって、世界ははじめて観察されるからである。そして、区別することは、同時に区別のどちら側を意味したのかについて指し示すことを伴うのであり、そのような区別と区別の一方の側への指し示しが繰り返されることが、

「形式を濃縮する（condense the form）」（Luhmann 1988a：95）と言われる。ここで形式が〝濃縮〟されるとは、区別の一方の側が繰り返し指し示されることによって、その区別の一方の側が肥大化し、非対称な区別が出来上がることである（こうした意味での「濃縮」という概念は、パーソンズも使用していた）。これによって、もともと選択される蓋然性の低かった区別の一方の側は〝ありふれた〟〝慣れ親しまれた〟リアリティとしての性質を獲得するようになり、そのリアリティがコミュニケーションにおける選択の前提となる蓋然性が高まる。[39] そして、慣れ親しまれたもの／慣れ親しまれないものという区別自体が、慣れ親しまれたかたちで観察される（たとえば現世的なものと神意によるものとが神話によって観察されるように）。これが、区別とその指し示しがその区別のなかに繰り返されるという意味で、「再-参入」と呼ばれる。こうしてこの区別の非対称性が発展し、「何らかの多数のものがしかるべき統一体に組み入れられ、そのことによって多くのものがシンボル的に表現される」（Luhmann 1984：135＝1993上：142）ことが、「シンボル的な一般化」の意味である。かなりざっくりとまとめてしまえば、シンボルによる一般化を通じて、われわれはいつもどおりのありふれた世界に生きることができるのである。[40]

コミュニケーション・メディアは、それゆえ、二重の偶発性にはじまる不確実な社会秩序において、シンボル的な一般化によって、つまり、これまで積み重ねられてきた選択の連鎖をあたかも当然の出来事のように扱うことによって、後続する選択を一定の方向に動機づける。権力であれば、他者の予定する行為にしたがうという——本来的には蓋然性の低い——選択肢を、人びとが受け入れるという作用を果たすことになる。たとえば、「なぜ税金を支払わなければならないのか」「なぜあの人の言うことを聞かなければならないのか」という問いに対して、「むこうには権力があるから」という答えを用意することができる。ここにおいてコミュニケーション・メディアとしての「権力」というものは、原理的には何も説明していない。けれども実際、むこうに権力があるならば、こちらとしてはやはりしたがわざるを得ないだろうと考えられる。コミュニケーション・メディアは、そのような働き方をする。

③信頼との関係

コミュニケーション・メディア論として最後に考えるべきなのが、信頼との関係である。本書の見通しは、コミュニケーション・メディア概念としての「権力」を経由することで、信頼と政治の作動との関係があきらかになるというものだった。ルーマンはコミュニケーション・メディアと信頼との関係を、社会秩序が二重の偶発性に対処するための時間パースペクティヴ的に相補的なものとして見ていた。たとえば、次の引用を見てみよう。

> メディアは過去の遂行として認知されるような偶発的な選択を伝達する。他方で信頼は、未来の偶発性について述べるものである。この二つの時間地平は、分析をする際の明確な区別のための基礎を与えてくれる。しかしながら、人間は、このいずれの時間地平についてもつねに意識している。人間は自分を持続するものと認知しており、また、未来の出来事に対する多かれ少なかれ信用できる指標として出来事を記憶している。それゆえにメディアは、過去の選択の信用性が問題となるかぎりにおいて、信頼と関係するのである。他我の選択を受け入れることは、自我の未来の選択の可能性を狭めたり、場合によっては拘束したりすることもあるかもしれない。だからこそ、他我の選択を受け入れるに際しては、制度上の保証が、つまり、法やリスク制御の特別な戦略が、必要とされるのであり、そのことの結果として信頼が求められるのだ。よって信頼は、一般的なメディアの特別な類型などではない。そうではなくて、信頼は、すべての媒介された選択の未来性を条件づけるものである。時間地平が開かれた未来に向かって拡張するにつれて、信頼はその必要性を増し、またより高度に一般化されたかたちへと変化する。そしてメディアの分化はそれに対応する信頼の分化を引き起こすのである。
>
> (Luhmann 1976 : 512)

コミュニケーション・メディアが過去の選択の積み重ねによって非蓋然性を蓋然性に変換するための装置だとすれば、信頼は、二重の偶発性状況において未来を現在に先取りしようとする装置である（よって、当然ながら信頼はリスクに関係する)[41]。社会的なパースペクティヴの複数性によってつねに二重の偶発性は生じるものであるため、コミュニケーション・メディアが介在しないような、ただ人と人が出会うような状況においても、信頼は社会秩序を形成する根源的な要素である。というのも、その社会的な場(システム)には歴史がなく、ただ現在と未来の地平が開かれているだけだからである。だからこそルーマンは、「二重の偶発性のもっとも重要な結果の一つは、信頼または不信の発生である」(Luhmann 1984 : 179 = 1993 上 : 198) と述べる。ルーマンにとって信頼は「普遍的な社会的事実」であり、そのような事実は、法や組織といった社会秩序維持のためのその他の装置によって見えにくくなっているだけである (Luhmann 1984 : 181 = 1993 上 : 201)。

しかし当然、複雑な社会においては、ただ単に慣れ親しまれた世界に住み、目の前の他者を信頼するだけでは済まされなくなる。およそ自分が知るすべもないような他者たちとの偶発的な選択が、多少の攪乱を含みつつも一定の方向に向けられるためには、過去の選択の連鎖がリアリティとしての地位を獲得していなければならない。そして、機能的に分化した社会においては、そうした選択の連鎖は各領域特有の仕方で伝達される。たとえば経済的なやりとりにおいては、未来の取引における交換可能性は、コミュニケーション・メディアとしての貨幣を媒介することによってシンボル化される。この場合に重要なのは、目の前の相手やこれから自分が出会うであろう取引相手が信頼できるかどうかではなく、貨幣が信頼できるものであることなのである。逆に、貨幣がうまくまわっていくことに対する信頼がなければ、物々交換以上の複雑な経済発展を望むことはできない。だから、複雑な社会秩序が成立するためには、各機能システムが作動していることのリアリティと、そうしたリアリティに対する信頼が不可欠になる。各機能システムのリアリティ以外に基礎をもたないコミュニケーション・メディア(現代における主要な貨幣はただの紙にすぎない)を受け入れるための素地としては、やはりそれ自体において確実性の基礎をもたない信頼を措いてない。

ここにおいて、システムの作動と、そうしたシステムに対する信頼が切り離せない問題として浮上してくるのである。そして、われわれがここで問題にしている政治システムの話においては、システムの作動はコミュニケーション・メディアとしての「(政治)権力」によって媒介されるものであるので、[42] コミュニケーション・メディアと信頼との関係が重要になってくる。ルーマンはこのような信頼を、「人格的信頼」と区別して「システム信頼」と呼ぶ。[43] 人格的信頼と異なり、システム信頼は、個人が貨幣や権力や真理といったコミュニケーション・メディアを信頼するかどうかという動機の問題からは切り離され、だからこそ高度に複雑な社会の偶発性の規制に役立つのである。「人が与えたり、拒否したりすることのできる人格的な信頼とはちがって、大規模な縮減メカニズムに対する信頼は、その不可避性のゆえに、主観的なはたらきとして意識されることはない。このようにシステム信頼が日常生活の中で主題化されることはほとんどなく、こうした潜在性もシステム信頼の保証に役立っている」(Luhmann 1973 : 64 = 1990 : 107)。たとえば権力の場合であれば、嫌いな上司からの指示にしたがわないこと、使途のわからない税金の支払いを拒否することは、権力にしたがうということと同程度に選好される選択肢ではない(たとえ夢想することがあったとしても)。こうして好むと好まざるとにかかわらず、つまり、その人の心的な状態に左右されることなく、発現する点において、システム信頼は人格的な信頼とは質的に異なった信頼類型なのである。[44] もちろんルーマンの信頼論の要点は、人格的な信頼にシステム信頼が取って替わるのだというものではない。しかしながら、コミュニケーション・メディアを介したシステムの作動のなかそれ自体に、人格的な信頼とは別の種類の信頼を見つけようとする点において、政治学における信頼論にとってのあらたな可能性を開示している。

もっとも、以上のような可能性については、本書の第4章二節でも確認したように、パーソンズにおいてもほぼ同じようなかたちですでに理論化されていた。むしろ正確に言えば、コミュニケーション・メディアと信頼との関係について、ルーマン理論はパーソンズ理論を忠実にトレースしている。ただし、パーソンズにおいては、①信頼自体については正面から扱わず、②したがって人格的な信頼とシステム信頼との関係についての考察が欠落しており、③また、コミュニケーション・メディア論の前提に置かれたＡＧＩＬ図式に無理があった。これに対してルーマンは、二重の偶発性と信頼を関係づけることによって、社会秩序のあらゆるレベルを信頼論の射程に収めつつ、信頼を心的な問題から社会的な問題へと移し替えることに成功している。コミュニケーション・メディアを介したシステムの作動について、パーソンズ理論においては、現実を分析的に抽象化したものとしてのＡＧＩＬ図式内で各メディアが循環するという見取り図以上のものを描くのは難しいかもしれない。けれどもルーマン理論においては、さまざまな場面において現実化される社会秩序のなかに、コミュニケーション・メディアの実際の作動と、その下敷きになっている信頼を発見することができるのである。この点についてはさらに後述することにしたい。

④政治システムの作動としての権力と信頼

最後に、コミュニケーション・メディアを介した政治の作動と信頼がどのように結びつくかについて簡単に素描しておこう。といっても、ルーマンが抽象的に展開した権力論から現実の政治の作動を知るという意味ではない。信頼から政治の作動を記述していくことは経験的な研究の課題であり、本書はそもそものための問題構成と理論的基礎を提供しようとしているのであった。ここでは、政治学における信頼論の問題構成を書き換えていく際に、どのようなことが研究の焦点になるかをルーマンに即して見ていくことが目的である。

まずは、コミュニケーション・メディアとしての権力がどのような機能をもつものだと考えられているか、ルーマンの引用文から見てみよう。

権力は、権力のもとに置かれた行為者が欲しようと欲しまいとその意志とは無関係に、可能な作用連鎖を樹立するのである。権力の因果性は、意志の中立化にあるのであって、必ずしも服従者の意志を砕く点にあるのではない。権力の因果性は、服従者がすでに同じ意味のことをするつもりになっていたあとで、さらにどのみちそうしなければならないと感じとる場合にも、彼にかかわっているのであり、権力の因果性は、まさにそのようなかかわり方をするのである。権力の機能は、偶発性を規制する点にある。（Luhmann 1975a : 11–12 = 1986 : 18）

この文章の前提として、権力とは一般的に、他我の行為の選択を自我の行為の選択と連鎖させるコミュニケーション・メディアであるということを押さえておこう。そして、そもそも行為と行為が連接していくということが、原理的にはありそうにないことなのだということが認識されなければならない。自我にも他我にも原理的には無限の選択肢があるという二重の偶発性の状況下で、ほかならぬ自我の行為の前提として、ほかならぬ他我の行為を受け容れるということは、ありそうにないことなのである。そして、政治が集合的に拘束的な決定の創出とその履行の過程に関与しているとすれば（Luhmann 1970c : 158–159）、政治にはわれわれの集合的行為が一定の方向に向けて整序されることが不可欠である。われわれは政治のない世界を生きることができないし、同じ意味において、権力のない世界を生きることはできない。ルーマンが、（批判理論が想定するような）真理のみによって制御される世界、（新自由主義が想定する）貨幣によってのみ制御されるような社会というものを、いずれもユートピアでしかないと断ずるのは、そうした理由による。[45] そしてだからこそ、政治システムの作動は権力によって媒介されなければならないのである。

さらに、再び先ほどの引用文に戻ると、権力とは、相手の意志を打ち砕いて自己の意志を貫徹させるという意味での強制とは区別されなければならない、ということも理解される。権力論の多くにおいては、権力の基盤を物理的暴力に直接的に関係づける議論が多いのであるが、自我と他我の選択を連鎖させていくことがコミュニケーション・メディア本来のはたらきであると考えるならば、暴力による強制というのはすでに権力メディアの崩壊を示している。[46] そうした強制力はたしかに相手の行動を制止するための強力なツールになるかもしれないが、それが介入した時点で、自由になされた選択の連鎖は途切れてしまうからである。よって、頻繁に物理的暴力を発動したり、その存在を明示的に人びとに意識させたりしなければならないような権力は、一般化が十分になされておらず、したがって弱いものだと言わざるを得ない。そうではなくて、自我の側に多くの行為ないしは不作為についての魅力的な選択肢がさまざまに存在するにもかかわらず、それでも他我の自己を貫徹することのできるような権力こそ、強力な権力であるとルーマンは言う。それゆえ、「権力は権力服従者の側での自由が高まっていく場合にかぎって高まっていく」（Luhmann 1975a : 9 = 1986 : 13）とされる。その意味において、貨幣と同じように、それが自我と他我との選択の連鎖でありながらも最大限の多様性をもつような権力こそが、もっとも一般化された権力なのである（Luhmann 1975a : 68 = 1986 : 103）。

以上のことから、なぜ政治システムの作動に信頼が関与してくるかが理解できる。第一に、機能的に分化した政治システムの作動にとって（政治）権力というコミュニケーション・メディアが不可欠であり、第二に、そうした権力が一般性をもつためには、行為者の行為選択をできるだけ自由にしておかなければならない。この直観に反する二つの要素の両立は、政治権力が人びとの側での信頼を基礎にしていなければ成り立たないからである。なぜなら、人びとが行為の選択に対して期待できることが構造化されていることによって（もちろん、この期待構造というのは個人の心的システムのことではないが）、人びとにとっての〝あたりまえ〟がつくり出され、それが政治の作動を人びとにとっての日常にする。言い換えるとこうなるだろう。政治が集合的に拘束的な決定の創出に関与しているというとき、この「拘束的」ということの意味は、その決定に関与する者の期待を効果的に構造転換し、人びとが「拘束的決定を、ほとんど何の動機もなく、自明のものとして受け入れる」（Luhmann 1970c : 159）ことを指している。そして、政治システムが全体社会のなかで機能的に特定化され分化するということは、「政治の領域」がより狭くなることではなくて、社会のどんな領域の事柄であっても、政治システムがそれを自身の観点から処理できるということを指す（小松 2008 : 46–47）[47]。つまり、政治システムの作動においては、権力はあらゆる状況で普遍的に接続されていくための形式を身に付けなければならず、またそれを通じて決定が「拘束的」であるための基盤、すなわち政治システムに対する信頼を調達しなければならない。

よって、コミュニケーション・メディアとしての権力と信頼との関係で重要なのは、政治学におけるこれまでの信頼論が注目してきた問い、すなわち、政治権力に対して人びとがどの程度信頼を寄せているかというところにあるのでも、国家が権力をどの程度統制・集約し、それによってどれだけ社会的逸脱現象を抑制しているかということにあるのでもない（前者は信頼を個人の心理に還元しており、後者は権力を物理的強制力と取り違えている）。そうではなくて、社会生活における所与の場面において、人びとの期待構造――（2（e）で説明するが）それは当事者たちにとっては〝規範〟である――が実際にどのようにして政治的コミュニケーションを再帰的に構成していくかが重要なのである。人びとの自由な行為のなかにおいて、拘束的な決定が受け入れられるための基盤＝システム信頼が「再認／濃縮」され、そこにまた政治的コミュニケーションが接続していく。政治学における信頼論としては、(A)権力というメディアを介した政治システムの作動と表裏一体となった、政治システムへの信頼が構成される過程をそれ自体として記述するような研究プログラムも考えられるし、また、(B)その過程のなかで具体的にはどのような規範が構成されるのかという観点から、現実政治を分析するような研究プログラムを考えることもできる[48]。

以上がほとんど本書の結論になるわけだが、しかし政治学における信頼論にとっての問題構成を現在の「国家／市民社会」論から展開させるための書き換え作業は残っている。この点については本節の次項において再び立ち返るとして、その前に、第I部から引き継いだ論点を検討しておこう。

（c） 理論的基礎概念としての「意味」

ここまで（b）で検討してきたコミュニケーション・メディア論と並んで、本書第I部から導き出されたもうひとつのテーゼは、政治文化論や信頼論が依拠すべき理論は「意味」という概念から出発すべきである、というものである。これは、第I部においてはパーソンズ理論に依拠した一九六〇年代の政治文化論が社会システムにも人にも帰属できないような第三項についての議論を十分に展開できず、それによって政治文化を〝文化〟たらしめる要素が欠落したことの反省に立っている。そしてまた、バスカーの次のような言葉も思い出しておこう。「社会科学の困難は、たとえば、パラダイムやリサーチ・プログラムがまったくない（あるいは多すぎる）ところにあるのではない。むしろ、社会科学に適切な一般的概念枠組みが欠けていることこそが問題なのだ」（Bhaskar 1975 : 195 = 2009 : 248）。ただし、理論的基礎の再検討と、「意味」を基礎概念にすることについての学説史上の根拠は、すでに第7章において詳細に論じたので、ここではルーマン理論における「意味」概念の位置づけを概観するだけで十分であろう。

といっても、ルーマンにとっての「意味」概念は、本節の（a）において検討したフッサールの現象学との関係においても見て取ることのできるものである。もう一度おなじ文章を引用しておくと、ルーマンは、「意味の意味にアプローチする最善の方法は、現象学的な方法によるものであろう」（Luhmann 1990a : 83 = 1996 : 45）と述べていた。だが、特に問題構成の再定式化という観点からルーマン理論に依拠しようという場合は、この「意味」という概念が彼の社会システム理論にどのように組み込まれているのかをあきらかにしておく必要がある。[49]

まずは、ルーマンが「意味」概念を理論の根幹に据えた理由からである。ここもすでに引用している箇所だが、以下の記述はやはり端的である。

> 意味はけっして否定できないカテゴリーである。なぜなら、ある事柄には意味がないとか、意味をなさないと言う場合、こうした言い方をすることがすでに再び意味を要請しているからである。
>
> （Luhmann 2002 : 233 = 2007 : 291）

つまり、あらゆる社会的なものにおいて、「意味」がそれ以上さかのぼることのできないカテゴリーである以上、普遍的な――すなわち、社会に対する記述それ自体を記述の対象とするような――社会システム理論の分析は、この否定し得ない「意味」から派生するものでなければならない。[50] そして、社会システム理論の分析対象である社会を、機械システムや生体システムから分かつのは、それがこの「意味」にもとづいたシステムであるか否かということである。また、「意味」というものの意味は概念定義できないものであるということも、以上の叙述で理解されるであろう。

とはいうものの、理論的基礎概念としての「意味」のこうした普遍的な性質を指摘するだけでは、それが社会システム理論として、そして本書にとっては問題構成として、どういう効果をもつのかが不明確である。よってここでは「意味」についての哲学的な議論はひとまず置いておいて、「意味」概念を経由することによって、信頼のような現象を取り扱う際に理論にどういった違いが生じるのかを検討することにしたい。先に結論を挙げておけば、「意味」概念を経由することによって、①心的システムと社会システムを区別しつつも、その両者の共通項を設定することができ、②「意味」の境界という観点からシステム理論を展開することによって、その場その場でローカルに成立する秩序を理論の射程に収めることができる。この二つの点は、政治学において信頼論を扱う際の大きなアドヴァンテージとなる。

①心的システムと社会システムにおける差異と共通項

本書の第I部において検討してきた一九六〇年代の政治文化論も、第II部において検討してきた一九九〇年代以降の信頼論／ソーシャル・キャピタル論も、文化や信頼を心的なものと社会的なもののどちらに帰属させるかについてせめぎ合いをしてきた。信頼を心的なものとすれば、それがなぜ政治のようなまぎれもなく社会的な現象に結びつくのかについての論拠を示さなければならない（その失敗例が六〇年代型政治文化論である）。かといって、信頼の心的側面を捨象してその社会的な効果に集中しようとすれば、今度は信頼概念そのものが不要になってしまい、そもそも信頼論を社会科学において画期的にしていた視角を同時に洗い流してしまう（ソーシャル・キャピタル論の一部が辿った道筋）。また、信頼を社会的なものにするとしても、そもそも信頼が社会的であるとされる場合の〝社会的〟

とは何かについて、回答に窮してしまう（信頼論に適切な問題構成がなければそうなるだろう）。

よって、政治学における信頼論の問題構成にとって重要なのは、心的なものと社会的なものを区別しつつ、その共通項を設定することである。アーモンドは中期パーソンズ理論を利用してこの課題に取り組み、理論上は一応成功したけれど、それは妥当な経験的研究までは導けなかった。本書はルーマンの理論を援用して同じ課題に取り組もうと思うが、その際にネックになるのが、理論の基礎概念として「意味」を設定することなのである。

最初に言っておかなければならないことは、この心的なものと社会的なものの共通項が人間だとするありきたりな発想に陥ってはならないということである。なぜなら、そのように考えることで、一方では社会的なもののもつポテンシャルがあまりにも低く見積もられることになり、他方では人間の自由を認める余地を奪ってしまうからである。[51] このことは人間が重要ではないと述べることとはまったく異なり、むしろ人間の自由と可能性を切り詰めないためにこそ、社会理論は社会的なるものの普遍性を象徴する「意味」概念から出発しなければならない。

さて、すでに述べたように「意味」が普遍的であるというとき、どのような意味において普遍的なのであろうか。それは、「意味」というメディアが世界を経験するための形式を与えるという点においてである。ただしそれは、世界という客体があらかじめ存在していて、それを観察者たちがさまざまな〝意味〟で解釈しているのだ、という話ではない。そもそも世界の同一性自体が、客観的に存続しているわけではないからである。ルーマンは、次のように述べる。

同一性が「存続」しているわけではない。同一性はただ、回帰を秩序づける機能を有しているに過ぎない。同一性によって、意味の処理過程のなかでつねに、反復的に使用可能なものに立ち返ったり、それを先取りしたりすることが可能になるのである。そのためには、他のものとの違いにおいて同一であると指し示され得るものを、選択的に濃縮（Kondensieren）すると同時に、再認しつつ一般化（konfirmierendes Generalisieren）しなければならない。

(Luhmann 1997 Bd. 1 : 46–47 = 2009 1 : 36)

つまり、「意味」というのは世界の経験を可能にするためのメディアであり、世界の同一性自体、意味が選択的に指し示され、その使用が回帰的に継続するなかで一般化されたものにすぎないということである。(52) このことは、すでにルーマンの「慣れ親しみ」概念の取り扱いのなかで見てきた。よって、世界を経験するシステムは、意味を使用し続けることによってのみシステムであり得る。(53)

ここで、「意味」というメディアを介して世界を経験する二種類のシステムが、心的システムと社会システムなのである。そして、その両者の違いというのは、一方が〝人間〟で、他方が〝人間の集合体〟であるというところにあるわけではない。そうではなくて、両者の違いというのは、いましがた述べたところの「意味」の回帰的な接続のあり方が違うというところにある。「意味は、意味それ自体の再生産をみずからの自己準拠にもとづいて可能にすることにより、自力で存立しているのである。そうした意味を前提にしたうえで、意味の再生産の形式が相違していいるということによってはじめて、心的システムの構造と社会システムの構造とが分化することになる」(Luhmann 1984 : 141 = 1993 上 : 150)。作動の形式として、社会システムの場合は「コミュニケーション」を、心的システムの場合は「意識」を、それぞれ用いている。それと同時に、その回帰的な作動によって再認／濃縮される構造が、心的システムと社会システムにおいて異なっている。社会システムの場合は、その構造が「期待」によって定義されるというのは、すでに見てきたところである。

ところで、ルーマンのオートポイエーシスという議論からすれば、社会システムと心的システムは、それぞれが自律したシステムであり、その作動は閉じたものであるはずである。だが、注意しておきたいのは、そのことから社会システムや心的システムが、それ自身のみで充足しているというわけではないことである。ルーマンはこうした事態を表現するのに、「構造的カップリング(strukturelle Kopplung)」概念を導入している。(54) 構造的カップリングとは、システムの作動がつねに前提としなければならない環境の特性が、そのシステムの作動に一定程度の制限を設けているという事態を指している。社会システムにとっての環境としての心的システムはその典型で、社会システムの「コミュニケーション」が、心的システムにおける「意識」なしには存在し得ないのはあきらかである。[55]とはいえ、「構造的カップリングにおいては、各々のオートポイエティック・システムが構造的に決定されたシステムとして作動するということが、つまり自身の作動は自身の構造を通してのみ決定できるということが、前提とされている」(Luhmann 1997 Bd. 1 : 100 = 2009 1 : 101)。このかぎりにおいて社会システムは、心的システムによって規定されない自律性をもちつつも、「意味」という世界経験のためのメディアを介して作動するために、心的システムからは切り離せない。

こうして心的システムと社会システムが「意味」的な作動の形式において相違するだけであり、なおかつ心的システムが社会システムの作動において欠くことのできない環境を形成する、ということを表現するための概念装置は揃った。よって、「意味」概念を理論の基礎概念とすることで、信頼が「心の問題なのか、社会の問題なのか」という二者択一を迫られることを避けられる(同時に、信頼は心と社会の〝中間領域〟だという無意味な折衷案も回避できる)。だが、そうした理論的な想定だけでは、経験的な研究を導くための問題構成として十分ではない。繰り返すが、アーモンドの政治文化論も、問題構成までは破綻なく完成していたのである。しかし、「意味」を理論上の基礎概念とすることは、問題構成の図式的な完成度を高めるためというよりも、問題構成から経験的研究への橋渡しのために重要なことなのである。どういうことかと言えば、社会システムを心的システムから区別するものが「意味」の回帰的な接続の様式の違いであり、また社会システムが「意味」的な作動においてシステムの同一性を確保するのだとすれば、われわれが注目すべきなのは「意味」的な作動それ自体であるということになるからだ。こうして、本書が第7章において検討してきた、エスノメソドロジーをベースにした理論的基礎との接続ポイントが生まれる。エスノメソドロジーも、人びとの日常的な実践を、そのやりとりの外部に還元せずに記述することを目的とした研究プログラムだからである。この、エスノメソドロジーが言うところの「実践」が、ルーマンが言うところのシステムの（「意味」的な）作動と同じものを指しているというのが、本書の見立てである。政治学における信頼論は、「意味」を介したシステムの作動をそれ自体として見ていくことで、さまざまな日常的場面における政治システムの構成から、研究課題を引き出すことができる。そこではまた、エスノメソドロジーの手法を参考にできることにもなる。

②「意味」の境界としてのシステム類型

また、理論的基礎概念として「意味」を設定することは、信頼のような社会におけるさまざまなレベルの秩序で生起する現象を扱うには好都合である。なぜなら、「意味」を基礎にした社会システム理論が記述の対象にするのは、二人の人間の相互行為状況から国家、果ては世界社会にいたるまで、社会に存在するありとあらゆるレベルの秩序だからである。政治学にとって信頼論があらたな意義をもつものとして認められた理由とは、これまで政治学が対象としてこなかったレベルの秩序（「政治の外側の領域」）から、まさにこれまで政治学が対象としてきたレベルの秩序（「政治の領域」）を捉え返したからであった。そのためには、さまざまなレベルの秩序を分断せずに統一的に記述するための基礎概念が必要なのであり、それが「意味」なのである。

ルーマンの社会システム理論は、社会システムとその環境の区別、したがってまた社会システムにとっての境界は「意味」によって与えられるものだとしている（Luhmann 1984 : 265 = 1993 上 : 307）。たとえば心的システムの場合もその境界は「意味」によって与えられるが、しかし心的システムはそれと構造的にカップリングされている人間の身体という境界にも押し込められている。それに対して社会システムには、「意味」以外の境界を原理的にはもたない。よって、次のように言える。

意味境界は、それ以外のすべての種類のシステム境界よりも抽象的であり、また同時に意味境界は、それ以外のすべてのシステム境界よりも「自己産出的な境界(self-generated boundaries)」なのである。意味境界は、そのシステムそれ自体により自由に設定されている。そうだからと言って、このように自由になることは、システムによって任意に意味境界が形成され得るということではけっしてなく、意味境界の設定がそのシステムそれ自体において調整されなければならないことだけを含意している。こうした調整は、期待構造とコミュニケーション過程との関係を通して進められている。(Luhmann 1984 : 269 = 1993 上 : 311)

つまり、社会システムの境界はシステムそれ自体の「意味」的な作動を通じて成立するものであり、そうした作動のほかに、システムの境界を決定するような実在的根拠のようなものは存在しないということである。後期ルーマンの表現を借りて言い換えるならば、それは自己言及的に閉じている。これはまた、エスノメソドロジーの研究方針として本書第7章三節*2*(a)で挙げた、「再帰性/相互反映性」と同じ事態を指している。

以上のことから導き出せる含意は明白である。「意味」を基礎概念として設定した社会システム理論は、視覚的な規模のアナロジーにおいて秩序を恣意的に区別しないということだ。たとえば、個人と個人が出会う場において成立する秩序の記述は、国家による政策の決定と実施にまつわる過程の記述とは、根本的に異質なロジックによってなされなければならない、と素朴に想定されていることがある。ミクロ/マクロ論にも通じるこうした想定は、しかしながら、物理的空間のメタファー(「国家は個人よりも大きい気がする」)以外に根拠をもたないだろう。[56] こうした秩序のレベルに対する恣意的な線引きは、信頼論研究の射程を大きく狭めてきた。なにしろ対人的な信頼と、国家に対する信頼に共通の言語がなくなってしまうのだから。「意味」概念を理論的基礎とした社会システム理論に依拠することで、信頼論の問題構成は、経験的研究を開始する以前の段階において、人格的な信頼が問題になっているのか、システム信頼が問題になっているのかをあらかじめ決定しておくことを要求したりしなくなる。

ところで、以上のような議論には反論があるかもしれない。曰く、とりわけパットナムのソーシャル・キャピタル論などは、相互行為状況における人格的な信頼という身近で日常的な場面から政治を捉え返したことに意義があるのだとすれば、その「日常から政治へ」というインパクトを弱めてしまうような議論には、むしろデメリットの方が多いのではないか、と。これに対しては次のように答えておきたい。たしかにパットナムの議論の意義は――経験的な研究としても規範的な含意としても――「日常から政治へ」というところにあるのだろう。だが、〝身近で日常的なところ〟というのは、相互行為システムという「意味」的な秩序と同義ではない[59]。そうではなくて、政治のような全体社会システム・レベルでの作動も、〝身近で日常的なところ〟でしか生起しないし、相互行為システムにおける人びとのコミュニケーションであっても全体社会の作動それ自体なのである。この点について、ルーマンは次のように言っている。

人びとが小さな、日常的な動向のなかで直接接触しているという事態を示唆することが、しばしば社会批判のために用いられている。しかし全体社会がわれわれの運命を規定する仕方を、人びとの接触によって形づくったり、修正したりすることなどできないのである。社会批判的なトーンが回避されたとしても、分析が直接的な社会関係と間接的なそれという区別によって始められる場合がしばしばあることがわかるだろう。そこではこの区別そのものの選択が理論的に根拠づけられることはない。あきらかに、読者の日常経験がそれを確証してくれるだろうと仮定されているのである。しかしこれでは不十分である。コミュニケーションのオートポイエーシスというわれわれの全体社会の概念からは、別の出発点が導かれてくる。人格的な、あるいは非人格的な種類の最小の出会いも、コミュニケーションが生じている以上、全体社会の実行なのである。

(Luhmann 1997 Bd. 2 : 813 = 2009 2 : 1106–1107, 傍線は引用者)

この立場においては、何らかの人格的な出会いと全体社会を対置するような思考が徹底して否定されている[58]。人びとの日常生活のなかにおいては、いくつかのレベルの秩序が同時進行的に混在しているのであり、しかもそれはシステムの境界が安定的であることと何ら矛盾しない。たとえば、会社での会議中に夫が自分のことを愛してくれていないことを妻が知ったとしても、家庭における夫婦の関係に何ら影響を及ぼさない場合は、それぞれのシステムの「意味」境界は安定的であると言える。反対に、花屋で少女から花束を受け取った少年が、それを少女からの愛の告白だと思うことは、安定的なシステムに対する攪乱になるかもしれない。というのも、花屋の少女は少年から貨幣を受け取った見返りとして、商品を給付しただけのつもりであったかもしれないのだから。(59)

こうして、理論的基礎概念として「意味」を設定するルーマンの社会システム理論は、六〇年代型政治文化論の問題構成よりも、無理なく信頼論の意義を汲みとった経験的な研究を導くことができるように思われる。つまり、ローカルに成立するさまざまな秩序が一挙に政治学にとっての研究対象となり得るし、そのなかで人格的な信頼とシステム信頼との関係を考えることができる。最後にその見通しを、ルーマンに即して多少述べておこう。

高度に複雑な近代社会においては、政治のような機能システムと相互行為システムのあいだには大きな隔たりがもたらされることになる。だがそれは、両者が無関係になることを意味しない。ただしそれは、相互行為システムによる全体社会システムへの干渉の形式を変化させる（cf. Luhmann 1980b : 158 = 2011 : 144–145）。そもそも「人格（Person）」としての個人というものが認知されるようになったのも、近代の機能分化社会に至ってからであり、(60)相互行為システムにおいては全体社会の機能システムとは異なった意味次元のシステム境界が問題になるはずである。たとえば、相互行為システムにおいては、「意味」の社会的次元における「二重の偶発性（doppelter Kontingenz）」が先鋭化されて経験されるようになり（Luhmann 1980b : 150 = 2011 : 136–137）、全体社会の機能システムはその秩序を構成する作動においてますます「意味」の時間次元に係留されるようになる。(61)一方で、相互行為システムにおける秩序は、もはや全体社会における秩序とは等置されないが、その二重の偶発性を秩序に転換するのが（人格的な）信頼（場合によっては不信）になるだろう。こうした二重の偶発性からのシステム形成というのは、あらゆるローカルな秩序にとって原理的な重要性をもつ。

他方で、全体社会における機能システムにおいては、その秩序の焦点が時間次元に移行するに伴って、作動がコミュニケーション・メディアのような装置に依存していくようになる（Luhmann 1980b：252＝2011：235）。なぜなら、コミュニケーション・メディアは——すでに述べたとおり——、当該システムの作動にとって過去の出来事がもっていた情報としての価値をすべてシンボル化することで（そうでなければ蓋然性が低いような）選択の蓋然性を高め、それによって時間が表象する未来の不確定性に対処するものだからである。だからこそ、コミュニケーション・メディアとシステム信頼の関係は、ローカルな場面において生起する機能システムの作動に関与してくる。

このように見ていくことでも理解されるように、人格的信頼とシステム信頼はそれぞれ別の場所で起きる現象なのではなくて、ただ「意味」のどのような次元に関与しているのかによって区別されるものである。また、システムの境界が「意味」的なものであるとすれば、人格的信頼とシステム信頼をそれぞれミクロとマクロに割り振ってしまうこともなくなるし、信頼を対人的なものとすべきか、それとも全体社会的なものにすべきかという対立も生じない。実際に人格的信頼もシステム信頼も相互背反的なものではないのだから。以上のことを踏まえたうえで、政治学における信頼論の研究は、ローカルな場面における政治システムの作動にフォーカスすべきであり、そのなかでどのような期待構造が参照されているかを記述していくべきなのである。

2　第II部からの検討課題

こうして本書は、第II部からの検討課題をルーマンの理論に即してどのように乗り越えていくかという問題に入っていくことになる。本書は第II部において、一九九〇年代以降の信頼論が、『政治の領域』としての国家と『政治の外の領域』としての市民社会」という図式を問題構成としつつ、実証主義的認識論－方法論的個人主義－合理的選択理論のトリアーデを理論的基礎としていたことをあきらかにした。そして第II部から引き出された検討課題は、本書第II部の小括において示しておいた。振り返っておくと、①九〇年代以降の信頼論は、問題構成としての「国家／市民社会」と理論的基礎としての合理的選択理論が結びつくことによって、アポリアであるミクロ／マクロ論に陥ってしまっており、このような事態が回避されなければならないこと。②信頼を何らかの実在的基礎に対する原因ないし結果と見るような因果モデルから脱却しなければならないこと。③信頼を人間の心の問題へと還元せずに、社会的リアリティとして扱うこと、がそれである。

以上の検討課題の大部分については、すでに第III部（7章・8章）のこれまでの議論においてオルタナティヴを提示しておいた。まだ残されている課題としては、ルーマンの社会システム理論に依拠した場合、「国家／市民社会」図式に代わるどのような問題構成を描けるのか、ということになるだろう。本書ではこれまでの「国家／市民社会」図式に替えて、「政治システム／その環境」という問題構成が設定できることを予告しておいた。しかし、それが信頼論にとって具体的に何を意味しているのかについては、これまで明確に語っていない。よってこの項においては、ルーマンが政治システムをどのようなものとして描いたかということを、信頼との関係において見てみることにしたい。

（a）問題構成の書き換えと政治システムの一般的な問題

これまでの「国家／市民社会」という問題構成をルーマンのシステム理論に倣って「政治システム／その環境」と書き換えていくにあたって、考えるべきことは二つある。第一に、ルーマンが述語としての「国家」「市民社会」を放棄したわけではないとすれば、ルーマンの理論は国家と市民社会と権力というものにそれぞれどのような位置づけを与えているのか。(62) 第二に、「政治システム／その環境」というかたちで表現できる政治システムの一般的な問題とはどのようなものか、である。あまり議論を拡散させないためには、二番目の点をまず素描したうえで、トピックごとに順次一番目の問題に戻っていくという道筋を通った方が良さそうである。なにしろ、本書にとっての課題は「ルーマンの政治論」をまとめることでもなければ、「国家」「市民社会」「権力」「信頼」についての概念定義をすることでもないのである。信頼論研究にとっての〝政治の世界〟がどのようなものなのか、その見通しをルーマンとともに与えるというのが、この項での目的である。

さて、まずは政治システムの一般的な問題がどのようなものなのかについてである。すでに前項で述べたように、あらゆる社会システムは「意味」の境界のなかで「意味」をメディアとして作動している。そのことが導く帰結についてもある程度見てきたが、それは全体社会（Gesellschaft）における社会システム（soziale System）である政治システムにとっても同じである。長くなるが、まとめのつもりで『社会の政治』における次の記述も参考にしておこう。

作動が作動へと接続されることによって、システムはみずからを構築している。つぎの作動はそれぞれ別の作動であるはずなので、それにもかかわらず必要なおなじシステムのなかでの連続性は、構造を介して確保されねばならない。言い換えると、システムには、そのつどの異なった状況でもくり返して使用可能なアイデンティティが備わっていなければならない。システムは、歴史的なシステムであり、またそうであり続ける。システムはけっして、時間のなかで、たったひとつだけの作動をただくり返しているわけではない。生起するのは、いま現に生起しているものであって、そうであり続ける。その時点で同時的な世界が復活することなどあり得ない。そうであるだけにますます、過去に立ち返ったり未来を先取りしたりして形成される作動の回帰的ネットワークを、なんらかの変わらないものによって確保し、それによって、あるものをおなじあるものとして、たとえば権力保持者をおなじ権力保持者として、官職をおなじ官職として、あるテーマをたえずあたらしい寄与がなされているにもかかわらずおなじテーマとして、くり返し認識しなおすことが重要になる。問題は、こうした不変なもの、つまり、つねにあたらしい作動が生起しているにもかかわらず反復を可能にする「固有値

(Eigenwerte)」が、いかにして形成されるのかである。その答えは、後成的に形成される、である。つまり、それぞれの時点で経過している作動の一種の副産物として、あるいはここでの関連でいえば、権力動員の副産物として、形成されるのである。

(Luhmann 2000 : 65-66 = 2013 : 75-76, 傍線は引用者)

ここでまとめられているのは政治システムの存続問題である。「意味」システムとしての政治システムは、その作動によってシステムの存立をはからなければならない。政治システムの作動とは、政治的コミュニケーションの回帰的な接続のことだが[63]、そうした「ありそうにない」接続の連鎖には、(政治)権力というコミュニケーション・メディアによる補助が不可欠である。それによって政治システムは、政治システムのアイデンティティを構造として構築(形式の「濃縮」)し、その構造への参照(「再認」)を通じて政治システムの作動が次の作動への接続能力を確保する[64]。つまり、政治システムの存続問題は「意味」の時間次元において現われるものであり、そうした時間次元が作動の根源にかかわるからこそ、信頼の問題が政治システムに入り込んでくるのである。

さて、このように描写される政治システムの存続問題を、いくつかにブレイクダウンしていこう。まず一番目に、政治システムのアイデンティティ(上の引用文においては「固有値」)としての「国家」が、ルーマンにおいてどのように捉えられているかを見ていきたい[65]。そうなると次は、九〇年代以降の信頼論の問題構成においては「政治の外側の領域」とされてきた「市民社会」の位置づけもあきらかにする必要がある。そして、これらが「政治システム/その環境」という図式においてはどのように位置づけられるかを見ていこう。

第二に、コミュニケーション・メディアとしての権力をめぐる問題が重要になる。コミュニケーション・メディアが一般的にどのようなものであり、それが信頼とどのように関係するかについては、すでに本節前項において概説しておいた。よってここでは、もう一歩踏み込んで、特に政治システムのコミュニケーションの接続に寄与する政治権力と、社会に遍在するさまざまな権力(教師の生徒に対する権力、上司の部下に対する権力等々)とを区別するものをあきらかにしておこう。そうすることによって、政治権力と信頼の問題をより特定化することができるはずである。

最後にもう一度、書き換えられた問題構成のもとで信頼論の展開の見通しをスケッチして、本節を終わることにしたい。

(b)「国家」と「市民社会」

本書の第5章三節2においても取り上げたが、かつてイーストンは「国家」概念が政治学研究を統一する概念としては役に立たないものだと切って捨て、それに替えて政治システム論を提唱した(Easton 1953[1971]: 106 = 1976: 111)。「国家」(および「権力」)という概念は学術的にみて曖昧な定義しかなされておらず、また政治生活の全体を捉えるための指標にはなり得ない、というのがその理由であった。ルーマンの政治システム論がこうしたイーストンの議論を大いに参考にして作られていることはあきらかだが(小山 2010)[66]、しかし、ルーマンは自身のシステム理論のなかに、再び「国家」や「権力」を位置づけなおす作業をしている(cf. Arato 1994)。

多少古い著作から見ておくと、ルーマンは初期の一九六五年に出版された『制度としての基本権(*Grundrechte als Institution*)』において、国家概念に拘泥することが政治システム論の発展可能性を制限してしまうことを警告していた。「複雑な構造をもつ近年の社会理論に対する視角は、社会と国家とか、個人的利害と社会的に命じられる制約とかというような単純なディコトミーに定位する場合には、閉ざされてしまう」(Luhmann 1965: 81 = 2000: 114)。それに対して、ルーマンは、社会システム理論に依拠することによって、複雑な社会的な事象に見合った複雑性を許容する議論を展開できるのだと主張した(Luhmann 1965: 82 = 2000: 116)[67]。しかし、この時点におけるルーマンの作業は、「国家/社会」というディコトミーを政治システム論で取り換えるというところで実質的に終わっていた。

しかしその後、ルーマンの理論が「複雑性の縮減」というモティーフを改編し、作動として自己言及的に閉じたオートポイエティック・システム論へと移行するにつれて、「国家」概念の位置づけも明確化される。システムが作動として自己言及的に閉じているということは、システムが自身の作動を通じて自己とその環境を区別し、それによって自己のリアリティを確立しているということであった。その際に、システムによって捉えられた自己像、すなわち自己同一性がシステムの自己言及であり、他方でシステムによって捉えられたシステムの環境が他者言及となる。こうした自己言及性の理論にもとづいて、ルーマンは、「国家」を政治システムの自己言及的な同一性だとした（Luhmann 1990a : chap. 8 = 1996 : 第八章）。つまり、政治システムは自己自身への観察を通じて、「国家」というアイデンティティを確立しているというわけである。政治システムは、貨幣という強力なコミュニケーション・メディアに依拠して自己同一性を十分に確立できる経済システムとは異なり、自身のアイデンティティの確立が困難である（貨幣の流通があれば経済的コミュニケーションがなされたと言えるだろうが、では一体なにがあれば政治的コミュニケーションがなされたと言えるのだろうか?）。あきらかに、社会にもともと拡散している「権力」について語るだけでは不十分である。このことから、ルーマンにおける「国家」概念の位置づけが導かれている。

> 権力の行使は、まさにその事実によってすでに政治的現象であるというわけではない。そうであるがゆえに、政治という機能システムにおいては、このシステムの統一体が何らかの自己描写をとおしてさらに補強されることによって、このシステムという統一体が、自己言及的な情報処理のための準拠点として役立つことになる。こうした機能を果たしているのが、国家概念にほかならない。（Luhmann 1984 : 626 = 1995 下 : 843）

「国家」というものは政治システムのアイデンティティ＝固有値であり、政治システムの回帰的作動が国家を参照することによって、そうでなければ拡散しがちな政治的コミュニケーションの焦点を形成する。日常的にも、たとえば「国家への関与」「国家の決めたこと」「国家の失敗」などは、政治的コミュニケーションの指針になるだろう。しかし、それは政治システム＝国家だという単純な話なのではない。あくまでも、「意味」の境界を維持しようとする政治システムにとって、「政治システム／その環境」という境界の内側が国家として言及されるにすぎない。言い方を変えれば、自己の存続のためにシステムとその環境の差異を、システムの側に再参入させる政治システムは、政治にとって不変の核として国家というものを考えているということである。[68]「国家はそれゆえ、政治システムの下位システムではない。それは公的官僚制ではない。それは決定が帰責される集合的人格の法的フィクションにすぎないものでもない。国家は、政治的行為のための準拠点として政治システムに再導入された政治システムである」(Luhmann 1990a : 166 = 1996 : 180)。

しかしなぜそのようなことが必要になるのだろうか。ルーマンは次のような、一見すると先ほどの叙述とは異なる観点をもちだしてくる。「われわれは伝統的な国家論にならって、国家概念の理解にとっての鍵は、国家暴力の概念のなかにある、あるいはもっと一般的に言えば、暴力の理論のなかにある、と考えている」(Luhmann 2000 : 192 = 2013 : 238)。しかし、システムの自己同一性としての「国家」と、物理的強制力としての暴力という観点から見た「国家」というのは、別に矛盾はしない。このことは、コミュニケーション・メディアとしての政治権力という概念を考察の土台にすることであきらかになる。とはいえ、この段階ではそれを説明するための用意はまだ整っていないので、ひとまずこの論点は措いて先に進もう（続く（c）においてまたこの論点に戻る）。

つぎは市民社会概念についてである。ルーマンはアリストテレス的な政治社会としての「市民社会」概念についてはそのゼマンティク的側面から(Luhmann 1981a = 1985)、批判理論家が用いる「市民社会」についてはその不十分さという側面から、それぞれ語ることが多い。そのためルーマンは、ややもすると規範的な含意を帯びがちな市民社会概念については長らく慎重に回避しようとしていた感がある。また、どちらの「市民社会」概念にも、「政治的に構成された全体社会」(Luhmann 2000 : 204 = 2013 : 252) というイメージがつきまとっており、それは機能分化し、政治が全体社会を表象する能力を失った時代の記述にはあきらかに不向きであるとルーマンは考えていた。そのため、通常の政治学において国家との対で登場する市民社会概念を、ルーマンのテキストから直接演繹してくるのは難しい。とはいえ、考えるための手がかりはある。

ルーマンは『マスメディアのリアリティ（*Die Realität der Massenmedien*）』において、社会システム内に導入された社会システムの環境を「公共圏」として定義している（Luhmann 1996a : Kap. 14 = 2005 : 第一四章）。この概念についてはそれほど掘り下げられているわけでもないし、管見のかぎりでは他の著作で頻出するものでもない。だが、国家についてのさきほどの位置づけと組み合わせれば、そこから市民社会概念に適切な位置を与えることもできるように思われる。すなわち、政治システム内に導入された政治システムが国家であり、政治システム内に導入された「公共圏」が市民社会なのである。[69]というのも、特に政治学において市民社会ということが言われるとき、考慮に入れられているのは、政治という範疇に含まれないもの一切のことではなく、政治的コミュニケーションが政治システムの環境であると捉えているものだからである。たとえば有権者の動向や利益団体など、それ自体は政治システムが顧慮の対象としなければならないものであるが、しかし同時にそれらは「政治に固有の領域」であるとは見なされていない。政治的コミュニケーションにとって「政治の固有の領域」はまさに国家であるからだ。

以上の意味において、ルーマンの理論における「国家」「市民社会」概念は、政治システムがシステム内に導入した「政治システム／その環境」であるということになる。国家と市民社会にこのような位置づけを与えることには、「国家／市民社会」図式を問題構成としてきた信頼論を刷新するのにも大きな意義がある。なぜなら、一九九〇年代以降の信頼論が政治理論としてもっていた欠陥のひとつが、「政治の領域」と「政治の外側の領域」を文字通り分断してしまうことで、本来はシステムの作動として一体であったはずの政治と信頼の関係を見失っているところにあるからである。そこでは、「市民社会」における信頼が媒介項となって「国家」に影響を与えるという想定がなされており、この想定を確証するために市民社会における人びとの信頼度合いを計測して、それと政府のパフォーマンスとの相関関係を見ようとする努力などが続けられている。[70]そのことが無意味だとまでは思わない。だが、政治学における信頼論は、本当に、研究を開始する時点において、信頼が「国家」に属するのか「市民社会」

に属するのか（あるいは両者の中間か）を決定しなければならないのだろうか。信頼によって「政治の領域」と「政治の外側の領域」が区別されつつも接合されるというパースペクティヴを保持しながら、政治の作動それ自体のなかに信頼を位置づけるためには、ルーマン理論における国家と市民社会の位置づけは、ひとつの有力な解決策を与えてくれるはずである。国家と市民社会の差異を、政治システムの作動によって構成される「政治システム／その環境」の差異だと考えれば、「国家／市民社会」という図式のもとで展開してきたこれまでの信頼論との接触平面を確保しながら、政治システムの作動（政治的コミュニケーションであり、言うなれば人びとが政治の場面を構成するやりとり）を信頼論研究の焦点にすることができる。

（c）補遺　組織としての国家と抗議運動

こうして、ルーマン理論に即して国家と市民社会を位置づけなおす基本作業は終わったのだが、次の検討課題に移る前に、二つだけ簡単な補足をしておきたい。(A)まず、ルーマン理論における国家の位置づけは一見するとかなり抽象的なところにとどまっているが、国家は政治システムの自己言及による「固有値」であるばかりでなく、同時に組織でもあるということである。このことを押さえておかなければ、国家と物理的強制力の関係についてわからなくなってしまう。つぎに、(B)政治の作動はすべて全体社会レベルの政治システムとして現象するわけではなく、たとえばデモや抗議運動のように、いわゆる政治システムの外部から政治システムに挑戦する（と主張する）ものもたしかにある。ただし、この場合の抗議運動が抱えるディレンマが、翻って政治的コミュニケーションとはどのようなものなのかをあきらかにしてくれるはずである。

(A)の論点について。ルーマンの理論は、社会システムのレベルをその環境との関係に応じて区分してきた。それぞれ「相互行為」「組織」「全体社会」「社会運動」である。簡単に言えば、相互行為とはその場に居合わせていることによって生まれる社会システムであり、組織とは成員資格によって選別された社会システム、全体社会とは社会的に有意味なコミュニケーションの総体ということになる（「社会運動」については後述する）。このうち、これまで信頼論の焦点として、本書ではもっぱら相互行為レベルと全体社会レベルについて語ってきた。しかしそもそも、「全体社会は組織を備え付けることによって、さもなければなし得る状態にない何事かをなし得るようになる」(Luhmann 1992a : 203 = 2003 : 154) ということを考えれば、組織レベルを無視することはできない。そして、相互行為レベルでのコミュニケーションが全体社会レベルでのコミュニケーションと二律背反の関係にないように[71]、国家が政治システムの自己描写としての「固有値」であることと組織であることは矛盾しない。

ルーマンは、組織という社会システムの特徴を、それが社会システムのコミュニケーションに対して（人格のように）みずからの名前で参加できることを挙げる。相互行為システムも全体社会の機能システムも、この能力をたない。「すでに以上の考察が示しているように、国家は――そもそも国家が、集合的に拘束力のある決定を下すことができる場合の話だが――ひとつの組織でなければならない。たとえその国家に対して、それ以外にどんなメルクマールが付与されようとも、である」(Luhmann 2000 : 241–242 = 2013 : 297)。というのも、もし国家がその外部とコミュニケーションが可能な組織でなければ、一体何に対して拘束力のある決定を下していることになるというのだろう。そして拘束力の源泉となっている物理的強制力は、どこに貯蔵されていることになるのだろう。

したがって、全体社会の政治システムは組織ではなく、誰も、たとえ国家でも、政治システムの代表とはなり得ないにもかかわらず、政治的組織は不可欠なのである――しかも、可能なかぎり数多くの利害や見解を許容し、決定過程にまで近づけさせようとしている、いわゆる民主主義的システムにおいてこそ、必要なのである。だが、こうした傾向が存在するなら、政治システムと（組織化された）国家とを同一視することをやめなければならない。〔政治システムが〕組織に依存しているということは、〔〝国家〟という単一の組織ではなく〕多くのさまざまな組織に依存しているということなのだから。(Luhmann 2000 : 242 = 2013 : 298)

よって、ルーマンの理論においても、国家というのは政治システムの自己言及的な作動が拠り所にしつつ構成するアイデンティティであるだけなく、同時に「国家」と呼ばれるさまざまな組織のことを指している。国家は組織のレベルにおいて担保されていなければ、単なる政治システムの自己言及的な仮象として瓦解してしまうであろう(72)。国家が組織としても存在しなかったならば、それ自体として〝ありそうにない〟政治的コミュニケーションの回帰的な接続を動機づける保証もなくなるからである。また、ひとつの事柄にさまざまな機能システム同士（政治、経済、教育、科学等々）が関与する場合（たとえば教育政策というのは、政策という点においては政治であり、またそれが予算に関係する点では経済でもあり、もちろん教育でもある）であっても、たとえば政治システムや経済システムのコミュニケーションにおける自己言及的な閉鎖性が多少は緩められているなどと想定する必要はない。そうした「一切の統合問題、つまり自由度の相互的な制限はすべて、組織においてのみ、発生するからである」(Luhmann 2000 : 398 = 2013 : 487)。以前に取り上げた概念で言い換えれば、機能システム同士は組織を介して構造的にカップリングされている(73)。

以上のことはルーマンによる国家概念の位置づけに関する補足であって、それによって信頼論の問題構成を「政治システム／その環境」へと転換すべきだということここでの主張になにか実質的な変更がもたらされるわけではない。だが、「国家／市民社会」図式から「政治システム／その環境」図式へと問題構成を取り替えたとしても、だからといって国家や市民社会というものを研究上顧慮する必要がなくなるわけでも、政治現象における国家の重要性が捨象されるわけでもない、ということを示したかったのである。ただし、国家というものを政治学における信頼論において扱う場合においては、それがどのようなかたちで政治的コミュニケーションの回帰的な接続に関与するのかという観点から捉えられなければならない。さもなくば、政治システムを素朴に国家と同一視する結果となり、そこに信頼がどう関わっているかについて見失うことになってしまうであろう。

つぎに、(B)の社会運動ないし抗議運動の位置づけについてである。ルーマンの社会システム論は、そのシステムの境界設定の仕方に応じて、長らく「相互行為」「組織」「全体社会」という三類型で展開してきた。しかし、後期に至ると、「われわれは、抗議運動は組織システムとしても相互行為システムとしてもうまく把握できないという点を観察することから出発することにしよう」（Luhmann 1997 Bd. 2 : 850 = 2009 2 : 1146）と述べて、第四のシステム類型を導入することになる。このような類型の導入は、政治システム論にとっては大きな影響を与えることになる。というのも、抗議運動という第四の類型においては、「抗議という形式によって、関与者はたしかに政治的影響力を追求してはいるのだが、それは通常の道筋においてではないという点が視野に入ってくる」（Luhmann 1997 Bd. 2 : 852–853 = 2009 2 : 1148）からである。

　全体社会レベルでの政治的コミュニケーションの回帰的な接続が政治システムであるとすれば、抗議運動でおこなわれる政治的影響力の追求というのも、政治という機能システムに包含されると考えることができるかもしれない。けれども、この場合の抗議運動は、〝政治的コミュニケーションへの接続を否定する形式のコミュニケーションを接続させていくシステム〟であると考えられる。つまり、抗議運動にとっての自己同一性は、政治システムの自己同一性（＝国家）ではないものというところに係留されているのである。それはまさに、「全体社会システムの自律性と作動上の閉じに対する正確な相関物」（Luhmann 1997 Bd. 2 : 864 = 2009 2 : 1161）になっている。よって、抗議運動のコミュニケーションは、たしかに政治的なものを原動力にしているものの、それを否定することによって接続能力を確保している点で政治システムとは異なっている。[74]

　おそらく、国家と市民社会の存在論的な区別にこだわる発想というのは、こうした抗議運動などを念頭に置いてのものだと思われる。政治システムにおけるコミュニケーションが国家／市民社会の差異自体をシステム内で構成しているという発想はおかしく、現に国家としての政治システムに含まれないモメント（＝抗議運動）が存在しているではないか、よって市民社会はあくまでも非政治的領域なのではないか、というのがそれだ。しかしこの発想は、社会運動が一般的に抱えているディレンマを無視している。抗議運動が政治的影響力の行使を狙うならば、抗議運動は最終的に政治的コミュニケーションへと接続していかなければならないが、そうすることによって抗議運動は自身の自己同一性（＝政治的コミュニケーションへの接続の否定）を失うことになるからである。[75] その意味において、「失敗したがゆえに運動がうまくいかない、というだけでなく、あまりにも成功したがゆえにうまくいかないという、運動の軌跡的動向もまた、典型的なかたちで見出されるのである」（Luhmann 2000 : 316 ＝ 2013 : 389）。

よって、機能分化した社会においては、政治的コミュニケーションの外部から政治システムに参加するという道筋は用意されていない。政治システムは全体社会を表象するという立場を放棄することによって、自己言及的な閉鎖性を手に入れている（＝政治的なものを独占する）からである。[76] だからやはり「政治の領域／その外側の領域」という問題構成を維持しつつ、両者の区別と接合の論理を探究しようとするならば、国家と市民社会の区別に先だって政治的なコミュニケーションの回帰的な接続が現にあるというところから出発しなければならない。そのうえではじめて、国家と市民社会が政治的コミュニケーションのなかでどのようなかたちで区別されているかを問うことができる。抗議運動が「相互行為」「組織」「全体社会」と並ぶあらたなシステム類型としてカウントできるかどうかはまた別の論点になるが、少なくとも、抗議運動を例として挙げたとしても、「政治システム／その環境」という問題構成の外側は存在しないのである。

(d) 政治権力の基盤としての信頼

ルーマン理論にもとづいた信頼論の問題構成の書き換えにとって、つぎにポイントとなるのは、政治システムにとってのコミュニケーション・メディアである政治権力の特殊性をどのように理論化できるかということである。前項において、政治システムの作動が権力というコミュニケーション・メディアに依存していること、そしてそのような権力と信頼との関係についておおよそ述べておいた。ここでは、「政治システム／その環境」という問題構成において捉えた場合に、通常の権力と特に区別されるものとしての政治権力が満たさなければならない条件について、信頼論の観点からあきらかにすることにしたい。それによって、政治現象を対象とした信頼論研究の焦点が絞られることになるだろう。

まずは、一般的な権力と政治権力の違いについて述べていこう。前者のような一般的な権力について、ルーマンは「影響力」という呼び方をしている（Luhmann 2000 : 39 = 2013 : 42）。[77] 影響力は社会に遍在的なものであるため、それにはさまざまな形態があり得る。だが、とりわけソーシャル・キャピタル論においては、このある種の肯定的なサンクションにもとづいた影響力が権力と対比されていた。曰く、ソーシャル・キャピタルは社会に存在するさまざまな問題を〝ソフトに〟解決するものだというわけである。[78] ルーマン自身、こうしたタイプの影響力概念を「一種の資本」とし、次のように述べていた。「今日でもなお、きわめて効果的な互恵性のネットワークが存在しているのであり、（たとえば自助努力を怠ったせいで、あるいは積極的に動かなかったせいで）こうした『コネ』への参加から閉め出されると、結果的にさまざまな社会的資源にアクセスすることからも大幅に閉め出されてしまう領域が存在する」（Luhmann 2000 : 44 = 2013 : 48）。[79] しかしながら、そうした〝ソフトな〟影響力としてのソーシャル・キャピタルがどれほど規範的に望ましいように思えたとしても、そうした影響力は政治権力の代替物とはならない。政治権力は、とりもなおさず、否定的なサンクション（究極的には物理的強制力としての暴力）にもとづいた影響力の形式だからである。

> 貨幣というメディアと同様に、否定的サンクションを用いた威嚇の権力というメディアは、特別な政治システムの分出のための条件と見なさなければならない。もし了解行為で十分だというのであれば、政治的権力の形成と再生産のための特別な事前措置は不必要になるだろう。すべての人がそこに参加するだろう。権力が、特別なシンボリックに一般化されたメディアとして成立するのは、その受容が問題あるものであり、それゆえ事前の了解だけで確実に受容されるわけではない場合、またその場合にかぎってである。
> （Luhmann 2000 : 52 = 2013 : 58–59）

もしソーシャル・キャピタルのように肯定的なサンクションにのみもとづいた影響力によって政治システムの作動が可能であれば、そもそも権力というものは必要ないだろう。さらに言っておけば、そのような世界においては政治の居場所も存在しない。政治の機能が「集合的に拘束力のある決定を下すキャパシティの準備」（Luhmann 2000 : 84 = 2013 : 100）であるかぎり、もし集合的に拘束的な決定を受容しないチャンスが人びとに残されているならば、何も「準備」をしておく必要がないからである。そして、政治システムのコミュニケーション・メディアとしての政治権力が否定的なサンクションを基盤としたものである以上、政治権力と信頼との関係は、人びとが権力者や権力行使のあり方について何らかの合意なり承認なりを与える、ということのアナロジーでは捉えられない。

といっても、今度は物理的暴力を行使することと政治権力を混同してはならない。すでに繰り返し述べてきたことだが、政治権力にとって物理的な暴力は潜在的なものにとどまるからこそ意味があるのである。そうすると重要なのは、政治システムの作動を媒介するコミュニケーション・メディアとしての政治権力と、組織としての国家に係留されている物理的強制力の差であり、後者を潜在的なものにしながら前者を蓋然的なものにするメカニズムだということになる。

> 威嚇的強制のみを顧慮するのではなく、何よりもまず国家の下す決定のもつ拘束力のゆえに受容されるような、つまり国家が綿密に規律された特定化された前提の下で〝自由に〟なしうるコミュニケーション・シンボルのゆえに受容されるような、そういった拘束力をもつ決定を表明し得る正統な政治権力を形成する〔ことが必要である〕。――〔中略〕――したがって、国家的支配の正統性ということが意味しているのは、〝拘束力をもつ決定〟というコミュニケーション・シンボルが、確固とした、普遍的に承認された流通価値を有していることである。
> （Luhmann 1965 : 143–145 = 2000 : 236–237）

以上のことから考えれば、問題は時間次元に、つまり、システムの作動によって構築されたシステムの構造が未来の予期をどのようにして生み出すのかというところに、移されることになる。「われわれの見るところ問題は、メディアを『現物』によって『担保する』ことのうちにではなく（貨幣論にとってすら、それでは不十分だろう）、コミュニケーションによって縮減された意味をさらに用い続けていくこと（流通）に関する信頼のうちにある」(Luhmann 1997 Bd. 1 : 383 = 2009 1 : 435)。この信頼が物理的強制力を基盤にしていることもあるかもしれないが、すでに述べたように政治権力の受容が人びとにとっての〝あたりまえ〟となるには、その回答では不十分なのである。政治システムの作動のなかで権力が流通し続けることそれ自体が政治権力に対する信頼の基礎であり、それゆえ、いかに政治権力の流通が人びとの慣れ親しまれた日常の一部となり、いかに権力の〝ありそうになさ〟が覆い隠されているかということが、政治システムの作動様式のなかに見つけられなければならない[80]。

けれども、ルーマン自身、「国民の政治的・民主的な代表機関という諸々の制度——信頼に対する要請の仕方は、これらの制度をつうじて操作化されねばならない——と現実の信頼を築き上げている社会的な諸過程とのあいだにどのようなつながりがあるのかは、いまだにわかっていない」(Luhmann 1973 : 59 = 1990 : 100) と述べていたように、政治システムに組み込まれた信頼確保のためのメカニズムを一般的なかたちで特定したりすることは困難である[81]。むしろまずは、人びとの日常生活のなかでどのように政治の権力的な作動に対するシステム信頼が形成されるのかについて、それを記述するための見通しを与える方が有益であるように思われる。そしてしかる後に、信頼確保のためのメカニズムが実際にはどのようなかたちで発現しているかを経験的に記述していく、という順序が妥当であるだろう。

その際に鍵になるのは、相互行為状況において人格に定位していたような信頼が、一般化されたシステム信頼へと変換されていくプロセスであり、また、政治的コミュニケーションのなかで構造化されたシステム信頼が濃縮／再認されていくプロセスである。これは、システムが歴史的に作動するということを言い換えたものになっている。そしてそうしたシステムの構造としての地位をもつシステム信頼は、システムの作動のなかにのみ見出されるものであるので、システム信頼に注目することは同時にコミュニケーション・メディアによって媒介されたシステムの作動、この場合は権力の流通に注目することでもある。ただし、政治権力は一般的な権力（影響力）とは異なり、国家という組織に係留された否定的なサンクションとしての物理的強制力を背景にもっており、それこそが政治的コミュニケーションの特異性であった。だから、権力を介したシステムの作動に注目するといっても、それはその作動を通じて（政治システムが観察するところの「政治システム／その環境」差異である）国家／市民社会の区別を生み出しているような作動でなければならない（注意を促しておくが、それは政治的コミュニケーションに関与している人びとが「国家」という概念を口にしていることをかならずしも必要としない。ただ、人びとが、いかに間接的であったとしても、何が本来的に「政治の領域」としての〝国家〟に属する事柄であり、何がそうではないかということについての理解を、コミュニケーションのなかで提示し合っていることが必要なのである）。しかしいずれにせよ、政治学における信頼論が注目すべきなのは、政治システムの歴史的作動であり、その作動がシステム信頼を濃縮／再認していくプロセスである。

最後に、そのための具体的な見取り図を提示してみたい。

（e）政治学における信頼論の見取り図

これから見取り図を描くにあたって、最初に考えるべきトピックは、人びとの日常生活のさまざまな場面に見られるさまざまな信頼が、ほとんど「慣れ親しみ」と化し、明確に主題化されることもないようなシステム信頼へと変化していくロジックである。というのも、信頼論の意義とはまさに、そうした日常のなにげない場面が政治システムの作動へと変換され、その政治システム自体が今度は人びとにとっての〝あたりまえ〟を形成していることを明確にしたところにあるからだ。ルーマンはこの点について、次のように述べていた。

システム信頼は、他者もまた信頼しており、こうした信頼の共通性が意識されることにもとづいて構築される。

——〔中略〕——システム信頼の合理的な基礎は、他者の信頼に対する信頼にある。

(Luhmann 1973 : 77 = 1990 : 129–130)

つまり、システム信頼は、他者が機能システムの作動について信頼をしているだろうということを信頼することで、成り立っているということである（すでに見てきたように、ガーフィンケルはこれを「構成的期待」と呼んでいた）。その意味で、ルーマンは人格に定位した信頼とシステム信頼が時間軸上で循環的な関係にあると想定していた。信頼が未来の不確実性に対する対抗策であり、その信頼の投企によって得られたものが、今度はシステムの作動に対する慣れ親しみ＝システム信頼として安定的な事実性を構築するというかたちで、である（Luhmann 1988a : 103）[82]。このようにして、信頼はしだいに再帰的な性格を帯びるようになり、社会システムにとっての構造（期待構造）としてシステムの安定的な作動を蓋然的なものにするシステム信頼へと変化する。個々の場面における信頼からシステム信頼が形成されるロジックは、図式的に描写すれば以上の説明で終わってしまう。しかし、信頼とシステム信頼が循環的に構成し合うと述べるだけでは、そのプロセスが具体的にどのようなものとして経験されるかについてはわからないだろう。たしかに、それを描き出すのは経験的な研究の課題であって、政治理論として抽象的に一般化できるものではない。とはいえ、ルーマン理論を問題構成として利用する以上、もう少し事態の明確なイメージがつかめるところまで、この図式を展開しておきたい。

先に進むために、これまでの知見をいったん整理しておくと、システムの作動はシステムの構造を参照するものであり、作動によって参照された構造は、そのことによって濃縮／再認され、より一般化され安定化される[83]。ここでシステムの作動とは、（全体社会レベルでの政治システムにおいては）コミュニケーション・メディアとしての権力の流通でもあり、また構造とは期待から成り立つものであった。この場合のシステムの期待構造が潜在的なシステム信頼として表現されるものであり、それは状況に特定的な信頼と時間的な相互構成関係にある。

こうして見てみればあきらかなように、ルーマンの信頼論は構造についての議論を基本として組み立てられている。だから、信頼論の見取り図を展開するにあたっては、構造がどのようなものとして立ち現われるのかを明確にすることが必要になるだろう。その点に絞ってルーマンの理論を検討してみると、ルーマンは構造に「記憶」「文化（ゼマンティク）」「規範」としての地位を与えているように思われる。これらの諸側面は当然のことながら相互に関連しているが、そのそれぞれが社会秩序に対して信頼がもつ特徴的な側面を浮き彫りにしている。

①記憶としての構造

まずは、「記憶（Gedächtnis）」についてである。ルーマンは『社会の社会』の第三章八節を記憶という概念にあてているが、その要点は次のようになっている（Luhmann 1997 Bd. 1 : 576–594 = 2009 1 : 652–672）。システムにとっての複雑性が時間化されることによって、システムはその作動によって自己の同一性を時間的に安定化させなければならなくなる。ただし、この場合の安定化とは、システムが外からの刺激に対して鈍感になることを意味していない。むしろ逆であって、システムが未来におけるさらなる作動を継続できるためには、これまで重ねてきた作動により形成されたみずからのリアリティを同定しつつ、あらたな刺激に対する感受性をつねに開いておかなければならない。つまり、システムの作動は、記憶によって自己のリアリティを確認し、そのリアリティに即して過去の出来事の特殊性を消し去りつつ、未来の出来事をどのように処理するのかという出発点を決めるのである。[84]

こうして、過去と未来の両方を睨みながら、システムの時間的な作動の方向性を示唆するという点において、記憶はシステムの構造として機能する。たとえば政治システムであれば、政治的な価値対立・利害対立においてこれまで利用されてきた枠組みが、これから何が政治的な対立軸になり得るかという可能性を一定程度制限する。[85] そして、最終的には国家によって処理されるべき（つまり政治の作動において、政治システムに属するものとして指示される）問題と、そうはならない問題とが選別されていく。[86] 婚姻年齢の制限や女性の再婚禁止期間をどう設定するかは（宗教的な問題としてだけでなく）〝政治的な〟問題となるが、少なくとも今のところ、ある人が実際にいつ・どのような人と結婚するかということはそうではない。

ここからわかるように、記憶という概念は、社会システムの構造が時間的に構築されることを示唆するものである。政治システムであれば、過去の作動の累積によって構築された政治のリアリティが、これから政治的な問題となるべきものの方向性をある程度制約する。そして、状況に対するこうした認識のなかに信頼論も位置づいていることになる。システムの構造が過去と未来を選択的に媒介するからこそ、それを記憶として参照する作動が前提とする信頼も時間的なのである。信頼が社会的なものである（＝二重の偶発性を基礎として成り立つ）ばかりでなく、時間的なものであるというのは、ひとまず以上のような意味として理解しておきたい。

ところで一点だけ注意しておこう。本書では第I部においても第II部においても、「記憶」という概念を重視する信頼論を扱ってきた。第I部では、『市民文化』以降の六〇年代型政治文化論のひとつとしてパイとヴァーバの「政治的記憶」論を、第II部ではロスステインの「集合的記憶」論を取り上げている。この両者も、政治文化ないしソーシャル・キャピタルを、「意味」的で時間的なものとして捉えようとしており、その点においてはルーマンの議論と同じである。ただし、それらの議論においては、記憶が歴史的に結実した、個人的であるとともに集合的であるような意識であると考えられていた。これに対して、ルーマンは次のように述べる。

問題なのはいわゆる「集合的記憶」ではない。集合的記憶は、複数の意識システムが同一の社会的条件に晒される場合に全体としておなじ事態を想起するという点にのみ存するものとされている。しかし社会的な記憶は、コミュニケーションが個人の意識システムに痕跡として残したものではけっしてない。問題なのはコミュニカティヴな作動独自のはたらきであり、それ独自の不可欠な回帰性である。

（Luhmann 1997 Bd. 1 : 583–584 = 2009 1 : 661）

ルーマンの記憶概念は、システムの構造と結びつけられていることからもあきらかなように、誰かの、ないしはどこかの国民の、記憶というわけではない。ルーマンにおいて考慮されているのはあくまでも（その環境である人間からは区別された）社会システムの作動としてのコミュニケーションであり、何か人びとの心的システムを横断するような（間主観的な？）共通の意識があるということではないのである。このことは、政治文化や信頼を心の問題にしてしまうことで、政治理論として無理な前提を入れるしかなかったこれまでの議論を乗り越えるには重要なことである。逆に言えば、パイやロスステインの議論と対照することによって、ルーマンの理論が経験的な信頼論に対してもつ意義は明確になるはずである。

②文化としての構造

ルーマンは記憶についての議論を展開した部分において、パーソンズにおける「潜在的パターン維持（L）」機能と文化概念について触れ、その不十分さを指摘した後に、次のように言っている。「文化とは実際のところ、全体社会の記憶にほかならない。つまりは忘却／想起のフィルターであり、未来における変異の枠組みを規定するために過去を用いることなのである」（Luhmann 1997 Bd. 1 : 588 = 2009 1 : 665）。そうであるとすれば、社会システムの構造はシステムの記憶であるとともに、文化的でもあるということになる（多田 2011）。このことを理解するためには、一般社会システム理論や「社会学的啓蒙」と並んで、ルーマン自身の研究上のプロジェクトであった、歴史社会学ないし知識社会学としてのゼマンティク論を見てみなければならない。なぜなら、ルーマンは「文化」という概念を、「ゼマンティク（意味論）」として表現するからである。

高橋徹の表現を借りれば、「ルーマンの知識社会学は、相異なるいくつかの意味規定が並存しうる事柄において、ある区別が他の区別よりもいっそう説得力を持って立ち現れる条件を研究することであると定式化できる」（高橋 2011 : 11）。ルーマンはこれを、「理念の進化（Ideenevolutionen）」の問題であるとして捉えた（Luhmann 1997 Bd. 1 : Kapitel

3-x = 2009 1：第三章 x）。ルーマンの進化論についての詳細はここでの問題関心ではないために省略するが、単純化して言えば、社会の複雑性がしだいに向上するにつれて、さまざまな社会システムはそれに適応するための構造転換および「意味」としてのゼマンティクを必要とするということである。ここで、ゼマンティクとは次のように定義されている。

われわれは、ある社会においてこの機能（＝意味の時間的・事象的・社会的一般化）のために利用できる形式の総体を（体験や行為のように意味を現時化する出来事の総体と区別して）その社会のゼマンティクと呼び、社会のゼマンティクの装備を準備された意味処理規則のストックと呼ぶことにしたい。したがって、ゼマンティクという言葉で理解されるのは、高度に一般化され、相対的に状況から独立して利用できる意味のことである。

（Luhmann 1980b：19 = 2011：10）

ゼマンティクとは「高度に一般化され、相対的に状況から独立して利用できる意味」であり、社会システムはこの「意味」をあてにしながらシステム／環境の区別を生み出し、そしてまたその作動を通じて構造を変化させる。よって、こうした「意味」の複合体が存在してはじめて、システムは自己の作動に向けたオリエンテーションを獲得できるのであり、そのことはつまり、ゼマンティクが観察をおこなうシステムにとっては「意味」的な構造になるということである。[87] たとえば、愛や結婚についても、何が愛であるかというゼマンティクは時代に応じて変化している。[88] 親密圏システムにとっての「意味」境界のメルクマールは、このゼマンティクに応じて変化するし、それによって家族や結婚についてのリアリティも変化する。[89] そしてそのことは政治システムにとっても同じである。何が政治であって何がそうでないかということの区別は、また政治権力がどのような区別にもとづいて作動するかは、政治システムの構造に「意味」を与えるようなゼマンティクに依存するのである。

ルーマンのゼマンティク研究自体は近代社会への移行にともなう社会構造の転換に結びつけられているが（高橋

2002：76）、ゼマンティクという概念を経由することで、社会システムの構造が「文化」としての側面をもつことが理解されるであろう。つまり、政治システムにとっての政治のリアリティ（人びとが何を政治だと見なしているか）を、その「意味」という側面で捉えれば、政治システムの構造は一種の「文化」として考えることができるのである。ついでに言っておけば、一九六〇年代の「政治文化」論は、まさに政治構造のこうした側面を捉えようとしたものの、その理論的基礎の負荷ゆえに、結局挫折したのだった。

③規範としての構造

すでに見てきたように、ルーマンは社会システムの構造を「期待」であると表現していた。信頼も当然期待の一種であるが[90]、社会システムの構造はさらに一般化された、期待に対する再帰的な水準での期待であり、「期待の再帰性の水準において、それ独自の感受性の形式を有している創発的な秩序レベルが形成されるのである」（Luhmann 1984：413＝1995下：568）。期待は、それが成就しなかった場合に抗事実的に安定化されるものと、成就しなかった場合はそれを糧に学習をおこなうものとがある。前者が規範的期待であり、後者が認知的期待と言われる。ルーマンの社会システム理論は、パーソンズのように社会秩序を規範によって担保されるものとして捉えていない。よって、ルーマンは社会構造については、それが規範的期待をもっているという側面からよりもむしろ、いかに期待が一般化されているかということを問題とする（Luhmann 1984：445＝1995下：604）。期待が一般化されているというのは、それが「意味」の事象次元・社会次元・時間次元において、個々の出来事の如何にかかわりなく妥当するということであり、そうすることによって社会システムの期待構造は時間次元の拡大にともなう不確実性をある程度まで吸収してしまうことができる[91]。そしてこのように一般化・潜在化された期待を、特に時間次元において見たものがシステム信頼である。

しかし、ルーマンは規範的期待を無視しているかと言えば、そうではない。かなり長くなるが、次の引用文から考えてみよう。

規範を中軸に据えた理論に対してこのように疑いをかけ、そうした理論を退けようとしているからといって、当然のことながら、社会生活が規範なしに可能であると考えてよいと言っているのではない。――〔中略〕――そうではなくて――実際に、いかなる時点でも、いかなる具体的な細部においても――見いだされるのは、意味的‐自己言及的（オートポイエティックな）再生産の不可避性、それとともに、期待の意味内在的な一般化の不可避性、さらに、こうした一般化があやうくなり期待外れに対して抵抗力がなくなる場合には、それを支えることの不可避性なのである。このようにして規範が理論上は派生的な位置にあり、もはや「基礎的」ではない位置にあるものとして捉えられてはじめて、人びとの行動が規範にしたがうことの機能について適切にとらえられる。規範のそうした機能は必要であり、規範は、事実に抗して守り抜かれる一般化が必要になる度合いに応じて発展するだろう。（Luhmann 1984 : 444-445 = 1995 下 : 603）

ここで言われているのは、作動において自己言及的に閉じた社会システムの存続問題として見た場合、構造はその規範という側面からではなく、一般化およびシンボル化（＝慣れ親しまれたものになること）がどの程度成し遂げられているかという観点から捉えられることになるということである（およそ社会システムの構造が規範的期待からしか成り立っていなければ、出来事のちょっとした期待外れに対してシステムはあまりにも簡単に動揺することになってしまう）。そして、ルーマンが拒否しているのは、パーソンズのように行為外的なところに存在する価値との関係において規範を語ることであり、ルーマンは規範概念をも包摂するような社会システム理論を構想しようとしたのだった[92]。

しかし、何らかの社会システムに関与している人びとの側からは、同じ事態を異なったかたちで眺めることができる。本書第7章においても述べたように、人びとの日常的な行為が秩序立って可能なのは、人びとがその場その場に適切な規範を参照しているからである。システム理論の用語で言うならば、社会システムは、その作動が構造を参照しながら回帰的に接続することで存続している。それはもちろん、人びとが何らかの選択をするたびに頭のなかで明文化された規範が明滅し、それによって行為の方向性を決めているなどという話ではない。本人は〝あたりまえ〟のことをしているだけだろう。ただ、当人が意識していようとしていまいと、その場その場に適切な仕方で振舞うことそれ自体が、システムの構造を濃縮／再認するのである。そのような構造が規範となっているのは、そこからの逸脱が生じたときに、行為が不適切なものに思われるか、あるいはまったく「意味」をなさない（システムの要素としてカウントされない）からである。全体社会レベルでは、一般的に守られなければならない規範的期待を安定化させるための特別なシステムとして、法システムが分出している。

よって、たしかに社会システムの作動においては、システムの構造は一般化された期待への期待をベースにすることで、システムを環境からの攪乱に対して一定程度防衛することができる。しかし反対に言えば、どのようなシステムもそれが安定的であるならば、その作動において構造とは無関係であることはできないはずである。システムに関与する人びとの行為も、（その場合において〝あたりまえ〟とは何かという）相互的な期待の水準に定位していなければならない。そのかぎりで、社会システムの構造は、そこに関与する人びとにとっては規範という側面をもち得る。[93]

以上、ルーマンの理論においては社会システムの構造について、「記憶」「文化」「規範」という側面から概念化されていることを見てきた。もう一度言えば、「記憶」とは構造が時間的に構成されるものであることを、「文化」とは構造が「意味」的に構成されるものであることを、「規範」とは構造が人びとのやりとりのなかで参照されるものであることを、それぞれ表現したものであると考えることができる。つまり、社会システムの構造とは、時間的に構成された意味のリアリティであり、人びとにとっては（意識されるかどうかは別としても）規範として立ち現われるものだということである。

この知見を信頼論と組み合わせてみよう。まず、社会システムの構造とは、他者の信頼に対する信頼であった。つまり、システムの構造とされるものを見ることができるのは、他者の信頼に対する信頼が確証されなければならないようなローカルな場面においてだということになる。そして、政治学が問題としている信頼が社会システムに帰属されるものである以上、注目すべきはローカルな場面で見られるシステムの作動であり、政治システムの場合であればそれは政治権力の流通のことである。ただし、政治権力とは物理的強制力の行使のことではない。政治権力は、高度に一般化されていればいるほどその流通が潜在化されるものであり、それが意識すらされない分だけ確固たる政治システムのリアリティを構築できる（つまり、「政治システム／その環境」の区別が安定的に次の作動においても繰り返されるようになる）。よって、なにげない日常的な場面における自由なやりとりのなかで、人びとが〝あたりまえ〟として期待しているもののなかに政治のリアリティが構成されていくための基礎を見つけることができるだろう。

まとめれば、政治学における信頼論は、「政治システム／その環境」を問題構成とするが、そこからは次のような研究方針が導かれるということである。すなわち、政治のリアリティがいかにして構成されているのかということと同時に、そこでどのようなリアリティが構成され、それがどのように変化しているのかを観察すること、である。

こうしてわれわれは、本書第III部における第7章（理論的基礎に関するオルタナティヴ）と第8章（問題構成の再定式化）が収斂するポイントに到達した。政治学において信頼を経験的に研究するということは、ローカルで日常的な人びととの実践から政治のリアリティが構成されるという視角をもち、そのリアリティの構成について当の実践それ自体に即して記述するということである。

この研究方針は、信頼を原因と結果という因果図式に置くことを拒否し、また、信頼を個人の心の問題であると考えることも拒否する。およそ素朴な実証主義に囚われたままのポリティカル・サイエンスにとっては、以上の方針は受け入れがたいにちがいない。曰く「それでは厳密に科学的な経験的研究ができなくなる」と。しかし、いかにこの発想が信頼研究にとって致命的であったかということを、本書では見てきたつもりだ。政治文化論や信頼論が当初から政治学にとってもっていた意義、つまり、「政治の外側の領域」とされてきたところから「政治の領域」を捉え返す（そしてそのことによってより現実的な政治理解に到達する）というプロジェクトは、実証主義にもとづいた既存のものの見方（政治理論）によって根拠づけることは不可能である。

本書ではこの結論が適切であるということを、政治学における信頼論に関わる多方面の学説史を丹念に辿ることで論証しようと試みてきた。しかしそれでも、本書が提示した信頼研究のための政治理論は、すぐさま受け入れられる類のものではないかもしれない。だが見方を変えれば、政治学にとって信頼論が目新しいだけでなく、信頼論によって新しい政治学のあり方を構想することもできるのかもしれない。ここではその可能性について言及することしかできないが、本書が提示する政治理論は、そのための一歩となるような意義も同時にもつように思われる。

第二節　政治学における信頼論の展望と応用例

序章にも書いたように、本書の目的は、政治学における信頼論が妥当な経験的研究をおこなうための政治理論を構築することであった。したがって、本書の実質的な内容自体は前節までで終わっている。もちろん、経験的な研究に向けた政治理論である以上、ここからさらに具体的な事例研究に向かうことが必要なのは言うまでもない。とはいえ、本書のような学説史にもとづいた長大な政治理論研究のあとに、さらに経験的研究をおこなうまでの余裕はなかった。このこと自体は消極的な理由だが、これまた序章において述べたように、政治理論はそれが〝実証〟

されなければなんの意味もないのだという実証主義的な発想と本書は完全に手を切っている（繰り返すが、理論はそれが〝実証〟されなければ無価値であるという発想こそが、多くの信頼論・政治文化論を躓かせてきたことを見てきたのである）。冒頭から前節まで展開してきた学説史研究は、今後の信頼論にとっての一種の世界観となるためのものとして構想されている。信頼論に取り組む政治学者のものの見方を更新するためには、これまでの信頼論がどのように世界を見ていたかをあきらかにしなければならないし、同時に、それを変化させなければならない理由と、変化させるための蓋然的な手がかりを提示しなければならないだろう。そのためにこそ、本書は学説史のスタイルで書かれているわけである。

ただし、そうは言ってもかなり抽象的なレベルで展開されてきた本書から、どのような展望が描けるのかを示すのも筆者の責任であるとは思う。よって、ひとつだけ、本書における政治理論にもとづいた信頼研究としても読むことのできる研究を紹介しておきたい。それは、（すでに第I部でも登場した）L・ウェディーンによる『支配のあいまいさ（*Ambiguities of Domination*）』（Wedeen 1999）というエスノグラフィーによるモノグラフである。なぜこの研究を本書で提示した政治理論の応用例として挙げるかについては後段で述べることにして、その前になぜルーマン理論の応用例をここで挙げなかったのかについてだけ、理由を述べておきたい。そののちに、エスノグラフィーと政治学研究の関係について整理し、最後にウェディーンの研究を紹介するという順番で進もう。

1　ルーマン理論の利用について

ルーマンは信頼論においてたびたび言及されており、その意味での認知度はとても高い。しかしながら、ルーマンの信頼論に関するレヴューを試みたJalava（2003）や小野（2006）でも指摘されていたように、ルーマンの信頼論自体があきらかに未整備なままで終わっており、後期に至って彼の「作動として自己言及的に閉じたオートポイエーシス理論」に信頼概念も取り込まれた結果、ルーマンの信頼論の要点がどこにあるのかを見通すことが難しくなっている。もちろん、本書においてはルーマンの信頼論の要点とそれに依拠することのメリットを提示したつもりだが、以上のような事情の結果として、ルーマンの信頼概念は否定的に言及されるか表面的な批判を受けるかいずれかの方が多い(94)。また、ルーマンの信頼論に依拠してそれを発展させようという試みも、どこかでルーマンの議論を単純な図式へと押し込めようとするか、ルーマンとは違う理論前提を置いてしまっているように思われる(95)。

おそらく問題は、ルーマンの理論が、たとえばパーソンズのそれとは性質を異にするものであるということがあまり理解されていないところにあるのだろう。もちろん、さまざまな面において、ルーマンはパーソンズの忠実な後継者である。その点には疑いがない。ただ、パーソンズの分析的リアリズムは、現実を抽象化することで説明することを目的としたものであった。よって、パーソンズは理論から作りだしたモデル（典型的には後期のＡＧＩＬ図式）が現実に対する体系的な分析の道具になり得ると想定していたし、実際にそれをおこなってもいる（cf. 高城 1989）。その意味で、たとえばアーモンドがパーソンズの理論をモデルにして政治文化概念を構築するというのは、パーソンズ理論の利用の仕方としては正しかったと言える。

けれども、ルーマンが駆使するさまざまな概念やそれを組み合わせた社会システム理論は、それ自体としては客観的な現実を抽象的に把握するというスタンスではない。よって、ルーマンの概念をもちだすことで、たとえば、「政治システムの作動は選挙を通じて与党／野党のコードをもちいることで自己言及的な閉じを達成している」などと述べることによって、「現実が説明できた」と満足することはできないし、よくよく考えてみればそうした概念で指示されている内容自体はきわめて常識的なものである。もちろん、ルーマンの政治論自体がいま挙げたような言明に満ちており、またルーマンの概念で現実政治を見てみることが禁止されるべきだということが言いたいわけではまったくない。だがルーマンの理論によって現実世界を〝見る〟ことと、それが経験的な研究であることはまた別の事態なのである(96)。従来はこの違いがあまり意識されてこなかったように思われる。ルーマンは社会システム理論の一般性――すなわち、それが研究対象とする「社会」のなかにその社会を記述しようとする理論自体をも含むこと――を追求し、そのような一般的な社会システム理論からさまざまな社会領域がどう記述されるのかを示したのである（後期の『社会の〜』シリーズ）[97]。ルーマンはこの点を重視するからこそ、社会を記述する理論の根本概念が「意味」であると同時に、その「意味」の理解可能性自体が社会によって与えられているというパラドキシカルな関係を理論に取り入れた（「観察の観察」など）。けれどもこのようにして生み出されるルーマンの社会の理論自体は、ものの見方ではあっても、通常の意味において経験的な分析ではないだろう。

政治学においてもそうであるが、従来の社会科学にとっての〝理論〟とはパーソンズ的なものを指していた。しかし、それと同じ目線のままルーマンの理論を見てしまうと、「誰にでもわかっていることを誰にもわからないような言葉で言う」だけで、実質的に得られるものの少なさに愕然とすることになる[98]。本書において、ルーマンの理論を政治理論の二側面である「理論的基礎」の側にではなく、「問題構成」の側に位置づけて検討したのは、まさにこのことに関係している。ルーマン理論が政治学における信頼論にとって意義をもつのは、信頼論が解明すべき問いの設定の仕方の方にこそあるからである。よって、本書では第7章において経験的な分析の方法としてのエスノメソドロジーを別個に設定し、また問題構成と理論的基礎を架橋するための前提として、構成主義的認識論への転換が必要であると主張したのだった。

こうした事情を考慮すれば、現状においてルーマン理論の応用例として適切なものは、むしろルーマン理論を意識していないような研究の方かもしれない。それがウェディーンを本書における政治理論の応用例として挙げた理由のひとつにもなっている。もちろん、ルーマンの理論から現実を考えていく研究はなされていくべきであるし[99]、実際に政治学においても細々となされているが[100]、ルーマンに依拠したような理論がどのような事態を捉えようとしているかについて示すには、ルーマン理論の難解な概念群（ジャーゴン）にまみれていないような研究の方が適切であるように思われる。

2　エスノグラフィーと政治学

さらに、ウェディーンの研究の紹介に入る前に、その研究手法になっているエスノグラフィーについて簡単に解説をしておきたい。というのも、本書の第7章で信頼論の経験分析が採用すべき手法として挙げたエスノメソドロジーとの違いが誤解されやすいからである。その誤解を解いたうえで、ウェディーン自身の理論的基礎と問題構成がどうなっているのかを見ておこう（『支配のあいまいさ』についての紹介は次項3でおこなうことにする）。

(a)　エスノグラフィーとエスノメソドロジーの違い

エスノグラフィーとは「民族誌学」とも訳されたりするが、ごく簡単にまとめてしまえば、フィールド・ワークを通じた参与観察によって、人びとが実際に何をやっているのかを記述していく研究である。そして、E・シャッツによれば、エスノグラフィー研究には二つの原則が最大公約数的に共有されているという（Schatz 2009 : 5）。第一に、エスノグラフィーが参与観察にもとづく研究であるということであり、第二に、その研究対象となる人びとが社会的・政治的リアリティに付与する意味への感受性（sensibility）を必要とする、というものである。こうした感受性を重視するという意味において、エスノグラフィーは現場でのデータ収集と言われるものから区別されるし、また（「計量的研究」から区別された）「質的研究」のカテゴリーに収まるものでもないとされる（Yanow 2009）。

こうまとめると、一見エスノグラフィーもエスノメソドロジーも同じなのではないかと思われるかもしれない。しかしながら、繰り返しておけば、エスノメソドロジーにおける「メソドロジー」とは、研究者が分析に用いる方法論のことではなく、記述の対象となっている日常的な実践の遂行者の用いる方法論である。「エスノメソドロジー」という言葉は、人びとの（ethno-）おこなっていることに方法論（methodology）としての合理的な地位を認めるという、一種の科学的な世界観を表現しているだけである。よって、エスノメソドロジー研究自体に決まった方法論があるわけでもなく、ましてや「エスノメソドロジー」という名前の科学的な方法論があるわけではない。その点で、原則的にフィールド・ワークによる参与観察という方法論をもつエスノグラフィーとは食い違う[101]。

さらに、エスノメソドロジー研究は、出発点であったガーフィンケルの問題関心からしてそうであったように、認識論において構成主義的でなければ成立が困難である。かたやエスノグラフィーは、認識論的な立場に関してはオープンである。J・クビックは、政治学におけるエスノグラフィーについて、権力論との関係においていくつかの類型に分けて紹介しているが、その類型は同時に認識論的な差異にもとづいたものにもなっている（Kubik 2009 : 49–50）。つまり、「実証主義的エスノグラフィー」と「解釈主義的エスノグラフィー」、および近年目立ってきた「ポストモダン・エスノグラフィー」である[102]。エスノメソドロジーにおいても類型は成立するが（会話分析、科学社会学、アーカイヴ研究など）、それは人びとの社会生活のどのような側面にどのような方法で注目するかに関しての差異であるにすぎず、認識論に応じて区別されるということはない。

（b）ウェディーンの理論的基礎

以上の点においてウェディーンが依拠するエスノグラフィー研究は、ひとまずエスノメソドロジーとは区別されなければならないだろう。とはいえ、だからといってウェディーンの議論が本書の提示した政治理論の応用例にならないかと言えば、そうではない。というのも、自他ともにウェディーンの立場は「解釈主義的なエスノグラフィー」として位置づけられており（Wedeen 2009 ; Schatz 2009 : 12–13）、その解釈主義というのが認識論における構成主義を表現しているからである[103]。ウェディーン自身は次のように言っている。

エスノグラフィーは、行為者の生きた政治的経験についての洞察を獲得し、人びとがどのようにみずからの世界を理解可能なものにするのかを観察し、そして人びとがどのようにみずからの考えを日常的な実践や行政上のルーティンのなかに位置づけているかを整理し、出来事や人びとや政治的秩序の理想化された表象と実際の理解とのあいだのギャップを分析するのに、とりわけ有効な方法である。（Wedeen 2009 : 85）

つまりウェディーンは、対象者の証言が真か否か、内部からのものか外部からのものかにこだわらない。そうではなくて、それが作っている社会的リアリティに注目する。つまり、「何が『リアル』であるのかがわかるのは、人びとの世界観を真剣に取り上げることによってのみである」（Schatz 2009 : 13）。こうした解釈主義的エスノグラフィーのスタンスが、本書が提示した理論的基礎の着眼点と同一であることは、いまさら説明の必要はないだろう。よって、ウェディーンのエスノグラフィーが、社会的・政治的リアリティについてどのような記述をおこなっているかは、当然に本書の関心事となる。

だがそれでも、議論の正確性を期すならば、政治学研究における認識論についてのウェディーンの立場と本書の立場の違いについては指摘せざるを得ない。すでに第I部の政治文化論のところでも見てきたように、ウェディーンは、解釈主義エスノグラフィーと通常の経験的な政治学の両者は、互いに両立可能だと考えている（Wedeen 2010 ; see also 2002）。「私の主張は、解釈学的な社会科学は一般化や因果的な説明をあきらめる必要はなく、エスノグラフィーの方法はそうした一般化や因果的な説明を確立するための役に立てることができる、というものである」（Wedeen 2010 : 257）。

本書は、社会科学におけるあらゆる因果関係論や一般化は放棄されなければならない、といった強い主張までおこなうものではなく、信頼論の意義を活かすためには因果関係の推定のみを科学的研究だとするような科学観から離脱しなければならない、と主張したにすぎない。そのかぎりでは、ウェディーンの言う解釈主義が実証主義的政治学と両立可能かどうかについては未決のままにしておいてよい問題である。しかしながら、構成主義的な認識論と実証主義が接続可能だと考えてしまえば、結局それは容易に実証主義の一種に（たとえばミクロな基礎に裏打ちされたアプローチなどというかたちで）なるにちがいない。[104] 序章でも述べたように、問題となっているのは、研究者が研究対象である社会的世界を見る場合の世界観が認識論によって変化するということであり、（研究対象の同一性を無条件に前提としたうえで）対象にどのようにアプローチするのかについての違いではないのである。認識論にかかわりなく、経験的研究はさまざまにおこなうことができるし、それはさまざまなかたちで相互に連結し得るものだろう。しかしながら、わざわざ「解釈主義」を名乗るエスノグラフィーに立脚することの意義については、実証主義との折衷を掲げるウェディーンの論証はあまりにも弱いと言わざるを得ない。

（c）ウェディーンの問題構成

最後に、本書における政治理論の展望としてウェディーンの研究を紹介するにあたって、なぜ信頼研究をテーマとしておこなわれたわけではないシリアのエスノグラフィー研究を取り上げるのかについて述べておきたい。だが、この疑問への回答は容易である。ウェディーンの問題構成は、本書が信頼論の問題構成として設定した「政治の領域」と「その外側の領域」の区別と接合というものに合致しているからである。この問題構成は、『支配のあいまいさ』以降におこなわれたウェディーンのイエメン研究（Wedeen 2006 ; 2008）にも引き継がれている。

『周縁からの眺め（*Peripheral Visions*）』においてウェディーンは、イエメンが権威主義的な政治体制であるにもかかわらず、そこにはある種の実効的な民主主義が成立していることを論じた（Wedeen 2006）。それはつまり、人びとが公的な政治制度の外側において集い、語り合う習慣（これは「カチュー（*qāt* chews）」と呼ばれている）をもつことによって、支配者の側にそれ相応の応答義務が生まれているということにもとづいている。ウェディーンはそれによって、①シュンペーター的な手続き主義が民主主義論として偏狭なものであり、②イエメンの事例がハーバーマスの一七・一八世紀のヨーロッパにおけるコーヒー・ハウスと類比的なものであり、③民主主義の日常的な実践はいわゆる民主主義体制の外部においても生起し得る、ということを示そうとしている（Wedeen 2006）。[105] つまり、ハーバーマス的な「公共圏」は、かならずしもハーバーマスが想定したようなブルジョワ社会や教養主義的な家庭の成立を前提条件とするものではない。そして逆に、民主主義的な公共圏の成立は、かならずしも民主主義体制へと帰結しない。けれども、カチューにおけるイエメンの人びとの政治実践は、世論に向けて問題を提起し、自分たちが政治的な主体であることを確認させるものでもある。つまり、「政治の外側の領域」における民主主義実践は、「政治の領域」における体制としての民主主義とはある程度独立に、しかし相互作用し合って存在している、ということである。[106]

I・リックバックは、構成主義的な比較政治学のひとつの有力なアプローチとしてウェディーンを位置づけ、それを次のように特徴づけている（Lichbach 2013）。比較政治学には、民主主義を単に公的な政府の形態には還元されないものとして扱う長い伝統があった。トクヴィルの注目する共同体も、ハーバーマスのディスクルスの公共圏も、オストロームの自己組織的なガヴァナンス・システムもそうである。それらはいずれも、市民社会におけるソーシャル・キャピタルに依存する。ウェディーンは人びとがどのような政治実践を実際におこなっているかに注目することで、こうした伝統を引き継いでいる。「民主主義は、市民文化、つまり行為者から離れて浮遊する一連の観念に基礎を置いているというよりも、むしろ、公的な政府の制度の外側に位置するコミュニケーション実践の領域・場所・場に基礎を置いているのである。簡単に言えば、ウェディーンは民主主義というものを社会というレンズを通して見ているのである」（Lichbach 2013 : 33）。このような点において、ウェディーンの研究はかつてのアーモンドらによる政治文化論と同様に、「政治の領域／その外側の領域」という問題構成の上になされていると言えるであろう（cf. Lichbach 2013 : 175）。

以前に述べたように、本書においては政治文化論や信頼論（ソーシャル・キャピタル論）をその概念レベルにおいてではなく、その研究構想である問題構成のレベルで引き継ごうとしている。なぜなら、社会生活にありふれたものとしての「信頼」という概念自体は、分析的なものではないからである（社会生活のある場面を取り上げて、「〇〇は信頼を前提として成り立っている」と述べることに積極的な意味はないだろう。むしろ信頼を前提としない社会生活とはどのようなものであろうか?)。けれども、政治学における信頼論は、こうしたありふれた社会生活のなかにおいてある種の政治的リアリティが存在しているという、分析的な視角をもっており、概念ではなくまさにそうした問題構成こそが重要であると本書は考えている。だから、たとえウェディーンの研究において「信頼」という概念が登場しなかったとしても、ここでの目的にとっては問題ではない。

3 『支配のあいまいさ』

ウェディーンは、一九七一年から二〇〇〇年まで続いたシリアのハーフィズ・アル＝アサド政権を題材に、政治権力が何を基盤として作用するのかということを、人びとが普段接触するシンボルやレトリックに注目しながら分析しようとしている。この研究は、本書がこれまで言及してきたような理論的基礎にはほとんど関係しないし(あえて言えば、ヴェーバーとギアツを参照している)、信頼という用語もほとんど用いられていないが、しかし、本書における政治理論がどのような経験分析につながり得るかを示す一例として有用であると考えられる。ただし、ウェディーンの研究をそのまま紹介しただけでは、おそらくどのような点が本書における政治理論の応用例として読めるかということがわかりづらいかもしれない。よって、若干変則的なやり方になるが、ウェディーンの議論の紹介と並行して解説を加えていくことにしたい。

ウェディーンは、権威主義体制下のアサド政権を、一種の「カルト」として表現した。というのも、街中にはアサドを讃えるポスターが溢れ、国民の祝日にはアサドをかたどったマスゲームがスタジアムで催され、あらゆるメディアはアサドを「父」「戦士」「英雄」「全能の人」と喧伝し、そしてどのシリア人も体制の公式的な言葉に通じているからである。まるでシリア全体がひとつのカルト教団であるかのように、人びとはアサド大統領に心酔しきっているように見える。[107]だが、実際にはシリアの人びとはほとんど誰もアサドをめぐるこうしたシンボルやレトリックを信じてはいない。そこでウェディーンは次のような問いを立てる。もし誰もが――体制側の人間も含めて――カルトの見世物を見え透いていて馬鹿げたものだと考えているのなら、なぜそのようなカルトが存続し得ているのだろうか。そして、そもそもなぜアサド政権が長期間にわたって支配をおこなうことができたのだろうか。

ウェディーンは、既存の先行研究が、正統性と物理的な強制力という二つの面から支配の可能性を説明してきたと見ている（Wedeen 1999：5–12, 144–145）。つまり、支配が可能であるのは、被治者がその政治権力を正統なものとして信じている場合か、さもなくば物理的な強制力によって被治者を事実上服従させることができる場合である、と考えられてきた。しかし、たとえば政治風刺が一般に広く流布していることからもわかるように、アサドのカルトがまやかしであることは誰でも理解している。[108]また、拷問室に代表されるように、体制が保持する物理的な強制力もたしかに公然ないし非公然に誇示されているが、そのことはなぜ馬鹿げて見え透いた見世物が繰り広げられているのかの十分な説明にはならない。いずれにせよ、支配の正統性に対する信仰と強制力の組み合わせによる説明では、アサド政権下のシリアにおけるカルト的な政治的支配がどのように確保されているかをあきらかにすることができないとウェディーンは考えた。

その代わりに、ウェディーンは、アサドのカルトが信じられていないところにこそ、体制の権力基盤があるのだと主張する。そして、政府の高官から一般の市民にいたるまで、すべての人びとが信じていないにもかかわらず信じているかのように（as if）振舞わざるを得ない――そしてそのことを誰もが知っている――ことが、体制への服従を引き出しているのだと考えた。むしろ、「自分たちはいやいやながらも『カルトにしたがっている』のだと市民自らが気づいていているというまさにその点にこそ、『あたかも～であるかのように』振舞う政治はもとづいている」（Wedeen 1999：88）。このような点からウェディーンは、アサドのカルト自体が、全体としてひとつの権力作用のメカニズムであると考え、それを「『規律的－シンボル的』権力」と名づけている（Wedeen 1999：145）。[109]「規律的－シンボル的」権力は、カルトの公式教義を市民の日常生活に浸透させることで、あらゆる人びとの公的な実践が自ずと服従の構成要素となるように作用する権力である。

ここまでの段階においてわかるように、ウェディーンによるアサドのカルトについての記述は、権力というコミュニケーション・メディアの流通が人びとの期待に対する期待の水準（＝社会システムの構造）において担保されているということを描いている。当時のシリアの人びとは、自分だけでなくて他の人びとも馬鹿げた見世物にしたがわざるを得ないのだということを思い知らされることによって、政治のリアリティを構築するとともに、政治システムの権力的な作動のための基盤を確証するのである。このことを念頭に置くことで、以下の引用文中でルーマンがどのようなことを述べているのかも理解されるであろう（それと同時に、ウェディーンがフィールド・ワークから離れた後のシリアの政情不安すら予言しているようにも読める）。

したがって、権力は、かなりの程度シンボリックな再生産に依拠しているが、しかしその実質において、権力は服従という形式でしか循環し得ない。要求したことが抵抗されることなく実現されるとき、権力は更新されるのであり、しかも幸運なことに、どのような動機からこれが実現されたのかは権力にとって重要ではない（したがってそれはほとんどコントロールされもしない）。よって、普段おこなっていることからあまりにもかけ離れたことをしないこと、また、どのみち起こるようなことをもって権力がシンボリックに確証されている証とすること、こういったことも、権力の政治にとっては必要なのである。それは同時に、なぜ権力保持者がとかく、人びとの同意がすでに得られている領域で自分は動いているのだ、というがごとき行動をとるのか、つまりはなぜ彼らが「民主主義的に」振る舞うのかも、説明しているかもしれない。また、権力のこうした強いシンボル的性格は、権力保持者が挑戦に対して反作用できない、あるいは、反作用する気もないとわかると、一見強固に見える権力が突然の崩壊に至り得ることも、説明している。見るからに取るに足らない出来事が、革命を

引き起こしてしまうこともあるのである。（Luhmann 2000 : 48 = 2013 : 52–53）

よって、人びとの日常的な生活領域（街角のポスター、自動車に張られたステッカー、商店での会話、テレビ放送など）という「政治の外側の領域」において見られるさまざまな実践が、カルト的な政治のリアリティという「政治の領域」を構成し、その両者の区別は政治権力の回帰的な接続において再生産されていくのである。だから、権力の分析において重要なのは、権力者の意図を知ることでも、[110]明示的な物理的強制力が行使される事例に注目することでもなく、日常的に何が実践されているのかを見ることにある。そのためにウェディーンは「日常的な政治のリアリティと政治生活を形作るシンボル的な支配のメカニズムに重点を置く」（Wedeen 1999 : 156）のである。[111]

さらに、ウェディーンは、シリアの人びとがどのような区別にもとづいて観察をおこなっているのかを観察している（いわゆる「二階の観察」）。それは、アサドのカルトが提供する語彙の理解可能性に関わっている。ウェディーンが挙げている例をひとつ紹介しよう（Wedeen 1999 : chap. 3）。

シリアの大統領警護府に勤めていた若い士官であるMは、他の兵士たちとともに整列させられたうえ、軍の高官から昨夜どのような夢を見たのか話すように命じられる。他の兵士たちがみな太陽や天空といった比喩を用いながらアサド大統領の偉大さを夢に見たと話すなか、Mが話す順番になった。Mは一歩前に進み出ると、高官に敬礼してこう述べた。「私の母があなたの寝室で売春していました」。すぐさまMはリンチされ、その後除隊されることになる。Mがなぜそのような行動に出たかはさておき、このエピソードからいくつかの興味深い洞察を引き出せるとウェディーンは考えた。

第一に、他の兵士たちが用いた「太陽」や「天空」といったメタファーがカルトの公式教義の語彙である一方、Mが述べた夢の話が軍の高官のみならずアサドや体制に対する侮辱として作用したのは、カルトの公式教義がその理解可能性を提供していたからだということである（たとえばカルトの公式教義では、アサド体制は擬似的な家父長制的秩序を標榜しており、またシリアの言葉で「母」と「祖国」が非常に近いものであるということなど)。つまり、Mの反抗は自身が逆らおうとするまさにその世界のなかでしか生じない[112]。

第二に、しかしながら、Mは軍の高官に自らを罰するように仕向けることで――この場合、高官にはMを罰する以外の選択肢はないであろう――、昨夜見た夢を話させるという馬鹿げた要求が、そもそも本当に見た夢を語らせるものではないということを認めさせるのに成功しているということである。すなわち、軍の高官も他の兵士も共謀して、「あたかも~であるかのように」振舞う政治(politics of "as if")の虚構を作り上げていること、そしてそれが見え透いた虚構であることをその場にいる全員が本当は理解しているのだということを、Mは一言で表現した。

そして第三に、アサド政権の権力基盤は、誰も信じていないカルトの公式教義が適切な振舞いのテンプレートとなるところにある。夢は個人のもっとも私的な部分であるが、その夢の内容を公に語る場合には見え透いたカルトの語彙が用いられなければならない。むしろ、カルトの用意する語彙が馬鹿げていれば馬鹿げているほど、それだけそれを語る当人の主体的な判断は否定されることになり、そのことがアサド政権の権力の強さを証明することになる。「言い換えれば、軍の高官の命令は、『真の服従』を示す振舞いを引き出す体制の権力を言い表しているのである。そして、『真の服従』は信じていないことに依拠している」(Wedeen 1999 : 74)。

その政治体制に反抗しようとする人も含めて、誰しも体制の提供する理解可能性の地平でしか語ることができないということそのものが、シリアの人びとにとっての政治のリアリティなのである。当事者たちはそのリアリティの"外側"をもっていないし、しかもそのようなリアリティがどのような区別にもとづいているかは、別の区別を用いて観察する二階の観察でなければわからない[113]。つまり、人びとがどのようにして「政治の領域」と「政治の外側の領域」という区別をコミュニケーションのなかで再生産しているかを観察することが必要なのである。ウェディーンは、アサドのカルトにおいて「信じていない馬鹿げたことをあたかも信じているかのように語らせる」実践のなかにその構造を発見したのであった。

人びとがカルトの言い分を一様に信じているわけでもなく、また、研究者がファシスト体制に見出したような一種の持続的な心服を引き出すカリスマ的で革命的な見通しをアサドが示しているわけでもないにもかかわらず、見世物（たとえそれが〝失敗している〟ものであっても）は政治的なアイデアや信念を体制の象徴的表現（iconography）に基礎づけることによって、公的空間を埋め尽くしてしまう。見世物は、体制への服従に向けてと同様に、これから見ていくように、体制への挑戦に向けてイメージや語彙を構造化する。アサドのカルトは、たとえそれが信じられていないとしても、それゆえにこそあいまいであっても強力な社会的コントロールのメカニズムなのである。(Wedeen 1999 : 24)

以上で示してきたように、ウェディーンの研究は、人びとの日常的な実践に注目しながら、政治のリアリティが政治権力を生み出しながらどのように構成されているのかということについて、ローカルな場面から経験的に記述している。前節の*1*（b）④では、本書における政治理論に接続し得るような経験的研究として、「Ⓐ権力というメディアを介した政治システムの作動と表裏一体となった、政治システムへの信頼が構成される過程をそれ自体として記述するような研究プログラム」と「Ⓑその過程のなかで具体的にはどのような規範が構成されるのかという観点から、現実政治を分析するような研究プログラム」という二つを挙げておいたが、ウェディーンの研究はこのⒶのプログラムに合致している。

最後にいくつか注釈を付けておこう。まず強調しておきたいのが、こうしたウェディーンの研究を紹介することで本書の提示した理論が〝実証された〟と主張しているわけではないし、また主張するつもりもない、ということである。本節の目的は、抽象的な理論の内容のイメージを喚起することでしかない。ウェディーンの研究はそうしたイメージ喚起にはうってつけだと考えられるが、実際にウェディーン以外の研究をここでの応用例として挙げることも可能であっただろうとも思う。たとえば、第6章三節においてロスステインとの対比で取り上げたリプスキーの第一線公務員論も、本書が示す政治理論を経験的な水準で展開するものとして読むことができる。というのも、(すでに第6章でも述べたように)第一線公務員論とはまさに、現場の公務員と市民とのやりとりによって実際の政策形成がなされていることに注目する議論であり、そのかぎりで日常的に作られる政治のリアリティを記述するものだからである。この場合、窓口で働く第一線公務員は公式規則の抽象性という〝欠陥〟を利用して具体的な状況にとって適切な規則の執行を発明していくし[114]、またその意味で、個別具体的な状況に左右されることなく一般的に受容される権力の基盤を生み出す[115]。第一線公務員論とエスノグラフィーにもとづいたウェディーンのシリア研究とのあいだには一見するとかなりの距離があるが、どちらも「日常的に作られる政治のリアリティ」を記述的にあきらかにするという点で、本書が提示する政治理論にもとづく経験的研究をイメージさせるものである。よってイメージさえ喚起できればこの節にもってくる応用例はウェディーンでなくても良かった。逆に言えば、経験的な信頼研究のための政治理論を構築する本書にとって、本節の意義はその程度のものである。

つぎに、政治権力の流通を重視する本書の立場は、ウェディーンが研究対象にしているような非民主主義国でしか通用しないのではないか、と思われるかもしれない。これも大きな誤解である。アサド政権下のシリアのような権威主義体制でなくてもシステム信頼を基盤とした政治権力は当然存在するし、むしろコミュニケーション・メディア論の考え方からすれば、人びとの行為選択の自由がより高まる民主主義体制においてこそ、政治システムの権力的作動は揺るぎないリアリティとして人びとに経験されていることになる。それは人びとが民主主義的な政治権力の〝正しさ〟を信じているという(通俗的な意味での)信頼があるからではなくて、それだけ信頼が日常のなかに潜在化される(=シンボル化される)からである[116]。こうした、民主主義国における政治システムの権力的な作動が作るリアリティがどのようなものなのかについては、政治学における信頼論が是非とも今後取り組まなければならない課題だろう。

また、ウェディーンの研究は、本書における政治理論が提唱した内容（認識論における構成主義と研究指針としてのエスノメソドロジー、またルーマン理論にもとづいた「政治システム／その環境」という問題構成）とは無関係なところで実際におこなわれているのだから、そのかぎりで本書のような政治理論を打ち出す積極的な意義が弱いのではないかと思われるかもしれない。たしかに、序章で述べたように、本書のような政治理論は科学に対する反省理論の水準に位置しており、実際に経験的な分析をおこなっている政治学者にとって即座に〝役に立つ〟モデルや枠組みではない。しかしながら、まさに一九九〇年代以降の信頼論のように、個々ばらばらの分析が大量に積み上がることで混迷をきわめた状況においては、妥当な経験的分析をおこなうために研究者が対象となる世界をどう見るべきなのかについて、反省的な理論は不可欠であるだろう。本書で提示したような政治理論を前提とすることによって、信頼研究の意義は政治学において活かされるのである。

終　章　本書のまとめと意義

本書を閉じるにあたって、最後に内容をもう一度簡潔に振り返り、そのうえで本書の意義についてまとめておくことにしたい。

本書の目的

本書の目的は、政治学における信頼論が妥当な経験的研究をおこなうために必要な諸理論の交通整理を、政治理論というかたちで提示することであった。ここでの政治理論とは、経験分析のために用いる〝モデル〟や〝枠組み〟のことではなく、政治学者がその対象となる社会的世界をどのように見るべきかという一種の世界観として表現されるものである。こうした政治理論は、ある特定の研究領域が一般的に取り組むべき問いの構造を表現した「問題構成」と、研究対象に対する認識論および実際の研究において使用される概念やアプローチとしての「理論的基礎」という、二つの構成要素の複合によって与えられるものである。

問題関心

ではなぜ、政治学における信頼論に以上のような意味での政治理論が必要かと言えば、それは次のような事情による。一九九三年のパットナムによる『民主主義を機能させる』以降、政治学においては信頼についての研究が一挙に増加した。それによって、①信頼という学際的なテーマに政治学が取り組む際に、政治学にとって有意義な信頼論をおこなうための条件、つまり信頼を政治現象へと媒介する論理が整備されなければならなくなった。また、②信頼論が政治学に定着するにつれて、しだいに既存の研究枠組みのなかに信頼概念も埋没してしまい、当初信頼論が政治学に対してもっていた独自の意義が見失われがちになっていった。そして、③ソーシャル・キャピタル論に代表される信頼論が公共政策論として規範的な含意を帯びるようになると、信頼と政治権力がトレード・オフの関係にあるという素朴な想定がなされるようになり、そこから描かれる政治像がユートピア的なものに転化しやすくなった。つまり、現在の政治学においては、信頼研究の焦点が自覚化されておらず、結果的に研究の妥当性を判断するための基準があいまいで、また信頼を適切に捉えるための認識論およびアプローチも共有されていない状況にあるのである。

以上のことから、政治学において信頼を研究する場合には、まず政治現象と信頼を結びつけつつ研究上の焦点を示す「問題構成」を明確にしたうえで、それを経験的な研究につなげるための「理論的基礎」が必要になるはずである。そしてその両者が収斂するポイントとして政治理論を提示することが、信頼研究の発展に寄与する道筋であると考えられる。

分析の方法

本書における分析は、学説史分析というかたちをとった。その理由についてもあらためて説明しておこう。

一九九〇年代以降の信頼論には、学説史的にその前史となる研究潮流が存在した。それが、一九六〇年代におこなわれた政治文化論研究であり、代表的にはG・アーモンドとS・ヴァーバによる一九六三年の『市民文化』である。政治文化論の特徴は、本書の言う意味での政治理論を自覚的に構築する試みの上に成り立っていたところにある。具体的に言えばこうなるだろう。アーモンドらは、当時盛んであった行動論政治学(および草創期の比較政治学)の文脈において、それまでの政治学において「政治の外側の領域」とされていた部分、典型的には諸個人の心理が、いわゆる「政治の領域」を抽象化したものとしての政治構造と関係しているのではないかという着想をもっていた。そして当時社会科学全般に対して強い影響力をもっていたT・パーソンズの理論を参照し、そのなかから文化という概念を援用することによって、「政治の領域」としての政治構造と「政治の外側の領域」としての諸個人の心理が文化的なものによって媒介されるという構図を描いたのだった。

こうして見てみるとあきらかなように、一九六〇年代の政治文化論は、政治学が一般的に取り組むべき問いとしての問題構成を「政治の領域/その外側の領域」として定式化したうえで、そこにパーソンズ理論を理論的基礎として導入することで経験的な研究をおこなうものであった。結果的に六〇年代型の政治文化論はその問題構成と理論的基礎の齟齬から失敗に終わったとはいえ、上述したような一九九〇年代以降の信頼論の現状にとっては、ひとつのモデル・ケースを提供してくれている。本書では、政治文化論から信頼論への連続性が、「政治の領域/その外側の領域」という問題構成のレベルにおいて担保されているとの立場から、政治文化論の失敗の意味を反省することによって、現在の信頼論に向けた政治理論のあり方に指針が得られると考えた。

以上のことを踏まえれば、信頼研究にとっての政治理論を提示するという本書の目的にとっては、学説史分析がもっとも相応しいと言える。なぜなら、問題構成のレベルにおいても理論的基礎のレベルにおいても、六〇年代の政治文化論から現在の信頼論に至るまでさまざまな学説史的な展開があり、そのなかから引き継ぐべきものと切り捨てるべきものとを選別していくことができるからである。とりわけ理論的基礎においては、パーソンズ以降にその限界を乗り越えようとする試みが多くなされてきた。

よって、ここでの学説史分析とは、時系列に沿って単に先行研究を順次紹介していくものではない。本書では、問題構成と理論的基礎を分析的に分離しつつ、時間的な前後関係よりも、さまざまな理論・学説の展開がどのような論理においてなされてきたのかを検討してきた。また本書では問題構成と理論的基礎という二つの軸を設定しているので、学説史の流れも複数存在することになるが、本書における学説史分析は、最終的にはそれら複数の流れが信頼研究として収斂すべきポイントを探るためのものである。

主張

このような学説史分析という手法をとることから、本書は、段階を経て論証を積み上げていくことで最終的な結論に至るスタイルになっている。そのため、結論に至る過程でもいくつかの重要な（＝強い）主張を出しており、それらもまた、独立に意義をもっている。本書で提起した主張のうち、主たるものに限って挙げれば、以下のとおりである。

(1)まず、本書の意義そのものに関わるものとして、経験的な信頼研究には政治理論が必要だということである。すでに述べたように、こうした政治理論は既存の実証研究が仮説の検証等のために用いる〝モデル〟や〝枠組み〟のことではなく、かといって、政治思想・政治哲学の類でもない。本書における政治理論は、政治学者の社会的世界に対するものの見方であり、その意味では政治学に対する反省理論の水準に位置している。新しい研究テーマが、既存の発想の枠内では十全に展開され得ないとき、こうした反省理論が必要になる。そして、これに関係して、実証主義的な認識論を前提としなくても、構成主義的に経験的研究をおこなうことができることを主張した。

(2)また、現在ではほとんど顧みられなくなった一九六〇年代の政治文化論が、ひとつの政治理論として成立したという点から評価すべきだということも、本書の重要な主張である。これまでの政治文化論に対する評価は、実証科学の基準に照らした場合の操作化の不完全さや、難解な理論に対する不満などといった観点から下されてきた。しかし、政治文化論は、自覚的な政治理論の構築によってそれまでの政治学のあり方を革新しようとする野心的な試みであり、この点を理解しておかなければ、それを完全に葬り去ることも、そこから知見を引き出すこともできないはずである。本書が具体的に主張したこととしては、政治文化論の問題構成を引き継ぐ議論は、「意味」を基礎概念にする理論をもたなければならず、また、政治権力と文化的なものとの関連が示されなければならない、というものである。

(3)さらに本書は、一九九〇年代以降の信頼論が、「国家／市民社会」という問題構成を形成しており、そのなかでも主流となる研究は実証主義‐方法論的個人主義‐合理的選択理論という理論的基礎をもっていることを主張した。信頼論に関する膨大な先行研究を整理する試みはこれまでもなされてきたものの、その底流にある思考様式にまで踏み込めているものはほとんど存在しなかった。本書は、九〇年代以降の信頼論を以上のように特徴づけることによって、そこに三つの限界が生まれていると指摘した。それは、(A)信頼と政治現象をミクロ／マクロ論に置き換えることで生まれる理論的なアポリア、(B)信頼を因果関係図式に置くことによる信頼論にとっての自己否定的な帰結、(C)信頼を心の問題とすることとそこから政治現象を分析することの乖離、である。

(4)以上の論証を経たうえで、本書は最終的に次のように主張した。つまり、政治学において信頼を経験的に研究するということは、ローカルで日常的な人びとの実践から政治のリアリティが構成されるという視角をもち、そのリアリティの構成について当の実践それ自体に即して記述するということである。政治文化論や信頼論が当初から政治学にとってもっていた意義、つまり、「政治の外側の領域」とされてきたところから「政治の領域」を捉え返す（そしてそのことによってより現実的な政治理解に到達する）というプロジェクトは、実証主義にもとづいた既存のものの見方（政治理論）によって根拠づけることは不可能である。本書では、理論的基礎の軸からは認識論における構成主義とエスノメソドロジー的な研究手法を、問題構成の軸からはルーマンの社会システム理論を、それぞれに向けて収斂させることによってこの結論を得た。

本書の意義

最後に、本書の意義として三つの点を挙げておきたい。すなわち、(1)本書のような研究手法がもつ意義、(2)経験的な信頼研究に対してもつ意義、(3)政治学一般に対してもつ意義、である。

(1)本書の特徴としては、政治学に限らず社会学や哲学といった範囲までを検討対象に含めつつ、これまでの信頼論(および政治文化論)をその主張のレベルにおいてだけでなく、根底にある思考様式のレベルにまで踏み込んで検討したことが挙げられる。信頼論はもともと学際的な研究テーマであるが、政治学におけるこれまでの先行研究の射程は既存の枠組みに限定されていることが多く、他分野で発展した知見にまで十分な目配りができていない。そのため、既存の思考様式それ自体が研究の発展を阻害している場合に、そこから前進するための契機を他分野において見つけることができなくなっている。しかし同時に、学際的なテーマに対して、何の基準も示さず無思慮に他分野から知見を摂取しようとすると、今度は信頼論が政治学に対してもつ固有の意義が見失われるおそれがある。それに対して本書は、政治学における信頼論が考慮すべき軸を設定することで、学説史分析によって論証を重ねながら、さまざまなディシプリンの知見をひとつの政治理論のなかに収斂させることができた。こうした研究手法は、主としてパーソンズの『社会的行為の構造』における問題史分析に範をとったものだが、本書ではこうした研究手法それ自体の有用性を示すこともできた。

(2)さらに、経験的な信頼研究にとって本書がもつ固有の意義としては、現在主流になっている計量分析や、近年しだいにおこなわれるようになってきた実験的手法とは別の研究方法を提示したことが挙げられる。具体的に言えば、それがエスノメソドロジーである。多くの先行研究では、信頼を経験的に研究する際に、信頼を個人の心の問題とすることによってアンケート調査をおこない、その結果から国家ないし政府のパフォーマンスとの因果関係・相関関係を調べるか、または、信頼を個人の心の問題ではないとすることによって、政治現象を研究する際の信頼概念の有用性を自ら打ち消し、通常の制度論的なものへと戻ってしまっていた。また、実験的手法においても、結局脳科学的なものから信頼をあきらかにすることが、政治学研究に対してもつ意義を今のところ示せていない。しかしながら、もし信頼研究がエスノメソドロジー的な研究手法を採用すれば、こうした問題に躓くことなく、信頼関係を元にした人びとの実践のなかに政治のリアリティを見つけることができる。信頼と政治現象の理解・分析を、経験的研究において二律背反の関係におかないための手法は、これまでの先行研究が必要としつつも見つけることができなかったものである。

(3)本書が政治学一般に対してもつ意義としては、本書で提示した政治理論を踏まえておこなわれる信頼研究が、人びとが生きている政治の世界により密着した知見を与えてくれるということが挙げられるだろう。政治学は当然、現実政治が抱える問題に対して何らかの洞察を提供することが期待されている。とりわけ現在では、人びとが政治に対してある種の幻滅感を抱いていることが問題視されており、政治学も人びとの実感のレベルからこの問題に取り組まなければならない（cf. Stoker 2006 = 2013 ; Stoker 2010 ; Hay 2007 = 2012)。G・ストーカーの言葉を借りれば、「政治学が――そして社会科学一般が――うまく理解したり説明したりできないことは、二一世紀のはじめにおける市民にとって、政治が何を意味しているか、ということである。われわれには、われわれ市民が政治の実践をどのように理解しているかということを解明しようとする経験的努力が一層求められている」(Stoker 2010 : 63)。しかし既存の政治学は、人びとが生きている政治の世界（＝政治的リアリティ）を経験的にうまく掬いあげるための術をもたなかったように思われる。序章でも述べたように、信頼論（ソーシャル・キャピタル論）の特徴のひとつとして規範的な公共政策論との結びつきがある。しかしながら、もし信頼論の知見を公共政策に生かすのであれば、「信頼は良い（善い）ものである」という素朴な前提以上に、人びとにとってそもそも政治がどのようなものであるかを理解することが必要になってくるはずだ。そうした理解を欠いたまま「べき」論を付け加えるだけでは、およそ現実離れした政策しか打ち出せまい。本書の、政治的リアリティの日常的な構成に向けた政治理論は、まさにこうした問題にも寄与するものである。

筆者は冒頭で、本書には二つの焦点があると述べた。「信頼」と「政治理論」がそれである。本書は、政治学を中心とした信頼についての学説史を、政治理論という観点から分析したもので、そうした意味での政治理論研究を遂行的に示してきたつもりでもある。そして、政治学における信頼論が本来的に取り組むべき課題は、日常生活の中でどのようにして政治のリアリティが作り出されているのかについて、人びとの社会生活のさまざまな局面に即してあきらかにすることだと結論した。ところで、本書の研究は、「信頼」と「政治理論」という二つの焦点に何をもたらすものだったのか。最後にそれについて振り返っておきたい。

まずは、本書と「信頼」の関係についてである。本書では、「信頼とは何か」という本質論的な問いについては意図的に避けてきた。それは、本文でも繰り返し述べたように、政治学における信頼論の発展にとって重要なのは、闇雲に信頼についての新たな定義を打ち出すのではなく、むしろ信頼を研究トピックとしてきた人たちが「信頼」という概念でどのような事態を捉えようとしていたのかということを、きちんと分析・整理することだと考えたからである。もちろん、信頼概念を操作的にどのように定義するのかということは、実際の経験的研究をおこなう際には重要だろう。けれども、信頼概念の意味内容自体は理論的基礎の一部にすぎず、またどのような問題構成の上でそのような概念を展開するかによって、いかようにも解釈が分かれるものでもある。本書は、「信頼」と「政治」について明確な定義を与えておけば、それぞれの定義の操作化によって信頼と政治の関係が理解できると考えるのに先立って、そもそもなぜ「信頼」が政治に関係すると思われているのか、ある政治現象に「信頼」を結びつけることによってどのような〝ものの見方〟がされているのか、というところから出発することにした。そうした意味で本書がおこなったことは、政治学固有の語彙ではない「信頼」というものから、政治理論を再構築するということであった。結果的に、本書は政治学における信頼論にとっての「信頼」とは、社会的文脈においてある種の規範（ないしルール）があてになることに対する期待であり、あたりまえな秩序を日常的かつ時間的に構成する作用である、と定義した。だがこのことは、「信頼」概念の本来的な曖昧さを取り除くことを目的としたものではなく、信頼論を分析的に利用するための手段であるということを、再度明記しておかなければならないだろう。

他方で、上述のように「政治理論」を再構築するという場合には、政治理論が何であるのかということを最初に明確にしなければならなかった。本書の序章の大部分は政治理論が何であり、それはどのように分析・構築することができるのかを示すために割かれたし、また続く第Ⅰ部以降も、分析的な学説史研究であることにこだわった（そのために「問題構成」と「理論的基礎」を分離して本書全体を構成している）。これは、そもそも行動論政治学の時代以降、〝経験的な政治理論〟というカテゴリー自体がほとんど消滅しており、またなぜそうしたカテゴリーが経験的な研究にとって必要なのかについても認知されていないからである。本書は、あらたな政治理論によって、そもそも何を政治の問題として見るのかという認知が転換され得ることを示したつもりである。本書の射程はタイトルのとおり「信頼の政治理論」に限定されるものではあるが、本書がおこなってきた学説史分析の方法と、それによる理論構築のやり方は、信頼論以外のテーマに関しても応用は可能であろう。本書が手本としたパーソンズの『社会的行為の構造』をはじめ、学説史研究においては多かれ少なかれ独自の分析方法が貫かれているものだが、一見すると理論家がそこで何をおこなっているのかがわかりにくいことが多い。それに対して本書の場合、学説史分析の方法を見やすいかたちで実行することで、政治理論がどのように構築されるかを示してきた。いずれにせよ、本書によって、経験的な研究を改善するものは経験的研究だけであり、政治理論研究は経験的な政治学とは別の営みである、という前提を乗り越えるような「政治理論」の可能性を開きたかった。政治理論は、政治の世界に関するわれわれの認識を導くものであり、この水準を反省することによってはじめて、信頼論のようなあらたな政治学も、本当の意味で革新的なものになり得るのである。

あとがき

たしか、レンタルビデオ店で借りてきたのだったと思う。ジム・キャリー主演の映画『トゥルーマン・ショー』を観たのは高校生の頃だったはずだ。今となっては後付けの理屈かもしれないが、この映画を観た後からぼんやりと「なぜ自分はこの世界をあたりまえのものとして生きていけるのだろう」といったことが気にかかっていた。気にかかっていた、と言うのも大げさだが、ともかくもこうしたモティーフがつねに頭のどこかにあったのは間違いない。おそらく現在なら「中二病」と呼ばれるだろうか。

信頼は私たちのありきたりな社会生活を支える根源的なメカニズムである、少なくともそのひとつではある、というのが本書の基底部分にある直感である。この直感にしたがえば、当然、私たちの社会生活の一部である政治においても、何らかのかたちで「信頼」が関与していることになる。そして何よりも、こうした直感は、『トゥルーマン・ショー』以来の私の漠然としたモティーフにも合致するものであった。本書のスタート地点をざっくりと説明すると、このような感じになっている。ただし、後述するように、この直感を言語化できるようになるまでにはずいぶんと時間がかかった。

私が信頼という概念に興味を持ったのは、本書の第8章を中心に登場するドイツの社会学者ニクラス・ルーマンの短い著作『信頼』の邦訳を読んでからである。学部三年生の頃だった。この話にも小さな前おきがある。

学部三年生の四月より、私は名古屋大学法学部の田村哲樹ゼミに所属するようになり（ちなみにゼミの選択理由は「友達がそこに行くから」である）、ここではじめて小説以外の本をまともに読むことになった。ゼミで最初に提示された課題文献候補は、いわゆる一般書から学術書まで多岐にわたっていたが、そのなかで田村先生が推薦していたのが北田暁大先生（東京大学）の『責任と正義――リベラリズムの居場所』（勁草書房、二〇〇三年）であった。分厚いこの本が学部ゼミでの課題文献になることはさすがになかったものの、その力強いタイトルには妙に惹きつけられたのを覚えている。結局、同書が本当にそこまで素晴らしい本なのかどうかを確かめてみたくなり、その年の夏頃に、思い切って――というのは、公務員志望の学部三年生にとって〝お勉強〟の本に五千円払うのは勇気がいることだったので――同書を購入し、ゆっくりと読み進めてみることにした。

ルーマンに出会ったのは、この本の終盤である。正直よく分からないが、著者が思い入れている論者なのだということは分かったので、大学生協の図書コーナーにある「ルーマン」の棚から、〝薄くて値段が安くて表紙のカッコいい〟『信頼』をピックアップして読んでみることにした。この本を当時どの程度理解していたのかは甚だ心許ないのだが、それでも自分なりに〝何か〟を得た感じがしたのは覚えている。そうこうしているうちに、公務員志望の学生は、大学院進学を考えるようになった。研究者になりたいとか、大学の先生になりたいというよりも、ただ単純にもうちょっと勉強してみたいと思ったのだった。

こうしてほぼ社会学経由で信頼という概念に出会った私は、大学院での研究テーマも「信頼」にすることにした。学部生の時にはほとんど意識したことはなかったが、一応政治学専攻なのだからという理由で、「信頼と政治」を掲げた。そしてルーマンの著作を読み込んでいけば、「信頼と政治」についてなにがしかを語れるのだと思っていた。そんな甘い目測は、ドクターに進学した後に徐々に崩れ始める。今さらだが、ルーマンが信頼と政治についてどう言っているかをまとめるだけでは、私の問題関心に接続しないことに気づき始めたのである。というより、私の考えていることの大部分はルーマンから着想を得たものだけれど、かならずしもルーマンの理論体系に当てはめなければ語れないものでもなかったのだ。そもそも自分が何をしたいのかが分からなくなっていった。かつて『信頼』を読んだときに感得したと思った〝何か〟とは一体何であったのか。ここから長期間にわたる迷走が始まる。

あちこちの分野をつまみ食いしては、うまく消化できずに悶々とするだけで、博士論文の執筆には結びつかない。同年代の大学院生たちが研究業績を積み上げていくのを、横目で見ながら焦燥感だけ募らせる。手は動かない。それがまた焦りになる。

怠惰と逡巡の結果、博士論文が完成するまでにとてもとても長い時間がかかった。本書の大部分は二〇一六年十二月に名古屋大学法学研究科に提出したこの博士論文（原題：「政治学において信頼を経験的に研究するとはいかなることか――政治的リアリティの日常的な構成に向けた政治理論」）を元にしており、その後適宜加筆・修正したものである（本書の第1部に関しては、すでに「政治文化論の問題構成と理論的基礎の再検討――政治理論としての信頼論に向けて（一～三・完）」と題して『法政論集』の二三六～二三八号に発表しているが、さらに大幅に改稿している）。

他方で、本書がキャリア上のプレッシャーを背景に渋々と妥協して書かれたものかと言えば、そうでもない。この本の冒頭にも記したが、本書はその構想の当初から、一貫した論証として読めるものであることを意識してきた。スマートな博士論文などは望むべくもないが、時間をかけてでも最終的に自分が納得できるものを書きあげるということを優先させた。おそらくそのことによって田村先生をはじめ多くの方々に多大なご迷惑をおかけしたが、結果的には自分が当初から書こうと思っていたものを書けたのではないかと思っている。ちなみに、ルーマンの『信頼』から私が得たと思った〝何か〟というのが、私たちの社会における政治は私たち自身の些細な日常生活によって作られるという、先に述べた直感である。そして、こんなに短く、一見すると陳腐な話が、政治学の刷新にとっていかに革命的なポテンシャルをはらんでいるのかということを学説史的に論証するものが、本書である。

この本が完成するまでに、本当にたくさんの方のご指導・ご助力を得た。とてもすべての方のお名前を挙げることはできないが、ここで特にお世話になった方々に謝辞を述べさせていただきたい。

まず何より、私の主指導教員であった田村哲樹先生である。私は学部三年生の時以降、博士論文の審査までずっと田村先生のご指導を仰いできた。「自分が面白いと思ったことは、面白いと思うままに追究して良い」という先生の指導方針がなければ、私のような人間は研究というものに興味を持たなかっただろう。何の用もないのにアポなしで先生の研究室に訪ねて行っては、だらだらと世間話をさせていただいたこともしばしばであった（長いときでは六〜七時間はしゃべっていたはず……ご迷惑をおかけしました）。基本的には「見守る」という指導スタイルの田村先生であったが、私が迷ったり躓いたりしたときには、その都度丁寧にご指導をいただいた。そして、今でも「書き続ける」ことが研究者にとっていかに大事であるかということを、身をもって示してくださっている。

大学に入学した私に、最初に政治学の手ほどきをしてくださったのは小野耕二先生である。そして実際、私の政治学観のほとんどは小野先生に負っているように思う。私の博士論文の提出が遅くなったせいで、ご退職により先生に論文の審査委員を務めていただけなくなったことは、今でも心残りである。学問に対して厳格であり、まさに博覧強記という言葉がそのまま当てはまる小野先生に認めていただけるかどうかは、本書の成否を測るうえで一番重要なことだと思っている。苦笑いされることは間違いないが、それでも「可」くらいの成績は付けていただけるだろうか。

後房雄先生には、長らく副指導教員としてご指導をいただいた。理論研究であることを笠に着て、自分でもよく分からないままに難解な言葉でお茶を濁しがちな私に対して、いつでも自分の頭で具体性をもって考えるように促してくださった。また、磯部隆先生からは、本当に多くのアドバイスとヒントをいただいた。私のやろうとしている研究のモデルが、タルコット・パーソンズの『社会的行為の構造』になるのではないかと指摘してくださったのも磯部先生である。古今東西さまざまな言語に精通し、丁寧な資料読解を通じて対象の核心に鋭く迫る磯部先生のご研究は、今でも私の理想となっている。さらに、加藤哲理先生には、最終的に博士論文の副査を務めていただいた。ご自宅で手料理を振舞ってくださったりしたのも良い思い出だが、学問や研究とは何かについて何度も長大なメールで意見交換させていただいたことが強く印象に残っている。

長かった大学院生生活では、多くの先輩・同輩・後輩たちにも支えていただいた。とりわけ、私と同じ旧「九〇一研究室」にいた方々のお名前は挙げさせていただきたい。小林正嗣さん（現・愛知県立大学ほか）の存在は、私の大学院時代の思い出の半分くらいを占めている。私にとっては兄のような存在で、小林さんがいなければそもそもどこかで大学院をやめていただろう。同期の川島佑介さん（現・茨城大学）とは、完全に悪友と言ってよい関係で、愚痴を言いあったりふざけあったりして世知辛い大学院生活を一緒に乗り切ってきたと思う。梅川佳子さん（現・中部大学）には、よく生煮えの私の研究構想を聞いていただいた。お互いに違うテーマで研究をやっていても、思わぬ共通点が見つかったりする楽しさは、梅川さんとの会話の中で見つけたものである。

また当然ながら、大学院の外の方々にも大きな御恩がある。酒井泰斗さんとの出会いは、私の研究生活を大きく変えるものであった。酒井さんは出不精な私をあちこちの研究会に誘っていただいたほか、完成前の私の博士論文を通読してコメントをくださった数少ないうちの一人でもある。さらに、杉田敦先生（法政大学）、千葉眞先生（国際基督教大学）、齋藤純一先生（早稲田大学）をはじめ、名古屋大学法学研究科の集中講義にいらした多くの先生方にも私の論文構想についてたくさんの有益なアドバイスをいただいた。小山虎さん（山口大学）をはじめとする安心信頼技術研究会の皆さんとは、分野の垣根を越えて楽しい議論をさせていただいた。私の前の職場である名古屋大学男女共同参画センターの皆様、東海ジェンダー研究所の先生方には、私の研究の発展をつねに応援していただいた。また、私の現在の職場である関西大学の先生方には、不慣れな新任の私に対して多方面にご高配をいただいている。ほかにも、私が研究生活を始めてから出会った、ここにお名前を挙げていないさまざまな方にも、多くを負っている。

本書がこうして出版されたのは、名古屋大学出版会が出版を引き受けてくださったからである。とりわけ、同会の橘宗吾さんおよび三原大地さんは、大部の原稿を細部にわたって丁寧に読んでくださり、少しでも良い本になるようにお力添えをいただいた。言うまでもないことだが、本書に不備や読みにくいところが残されているとしたら、それは著者である私一人の責任である。

なお、本書の出版に際しては、令和元年度（二〇一九年度）の科学研究費補助金研究成果公開促進費（学術図書）の助成を受けている。日本学術振興会の寛大なご支援に対して、あらためて御礼を申し上げる。

本書を両親に捧げる。

二〇一九年七月

著　者

《著者略歴》

西山真司《にしやましんじ》

1983 年　愛知県に生まれる

2014 年　名古屋大学大学院法学研究科博士後期課程満期退学

名古屋大学男女共同参画センター研究員などを経て

現　在　関西大学政策創造学部准教授，博士（法学）

著　書　『政治理論とは何か』（共著，風行社，2014 年）

『信頼を考える』（共著，勁草書房，2018 年）他

信頼の政治理論

2019 年 9 月 20 日　初版第 1 刷発行

定価はカバーに
表示しています

著　者　西　山　真　司

発行者　金　山　弥　平

発行所　一般財団法人　名古屋大学出版会

〒 464-0814　名古屋市千種区不老町 1 名古屋大学構内
電話(052)781-5027/FAX(052)781-0697

印刷・製本 ㈱太洋社　ISBN978-4-8158-0960-7

乱丁・落丁はお取替えいたします。

索　引

＊本文のみを対象とする。

ア　行

カ　行

サ　行

タ　行

ナ　行

ハ　行

マ　行

ヤ　行

ラ・ワ行

図表一覧

参考文献

赤川学（2012）「構築主義を再構築する——構築の存在論と正義論をこえて」米村千代・数土直紀編『社会学を問う——規範・理論・実証の緊張関係』勁草書房。

阿部斉（1980）「序論」日本政治学会編『年報政治学　国民国家の形成と政治文化』岩波書店。

荒井一博（2006）『信頼と自由』勁草書房。

池田謙一（2007）『政治のリアリティと社会心理——平成小泉政治のダイナミックス』木鐸社。

石川一雄（1974）「訳者あとがき」アーモンド，ヴァーバ（石川一雄ほか訳）『現代市民の政治文化』勁草書房。

石川博康（2005）「『信頼』に関する学際的研究の一動向」『ソフトロー研究』第 2 号。

石田雄（1969）『政治と文化』東京大学出版会。

磯部隆（1978）「ヴェブレンからパーソンズへ——アメリカ行為理論史における決定論から操作論への転回」『法政論集（名古屋大学)』第 77 号。

井手英策（2011）「調和のとれた社会と財政——ソーシャル・キャピタル理論の財政分析への応用」井手英策・菊池登志子・半田正樹編『交響する社会——「自律と調和」の政治経済学』ナカニシヤ出版。

伊藤光利・田中愛治・真渕勝（2000）『政治過程論』有斐閣アルマ。

稲葉陽二編（2008）『ソーシャル・キャピタルの潜在力』日本評論社。

————ほか編（2011）『ソーシャル・キャピタルのフロンティア——その到達点と可能性』ミネルヴァ書房。

————（2011）「ソーシャル・キャピタルとは」稲葉陽二ほか編『ソーシャル・キャピタルのフロンティア——その到達点と可能性』ミネルヴァ書房。

居安正（1994）「ジンメルにおける社会理論の展開（訳者付論)」ゲオルク・ジンメル（居安正訳）『社会学——社会化の諸形式についての研究（下)』白水社。

岩崎正洋編（2011）『ガバナンス論の現在——国家をめぐる公共性と民主主義』勁草書房。

ヴァンサン，ジュリアン（2013）小田中直樹訳「『市民社会』——政治と歴史のはざまで」『思想』第 1069 号。

ヴェーバー，マックス（2000）小島定・高城和義訳「社会学者および貨幣経済の理論家としてのゲオルク・ジンメル」『思想』第 910 号。

内山秀夫（1970a）「政治文化概念の成立と展開」『法学研究（慶應義塾大学)』第 43 号。

————（1970b）「政治文化と政治変動」秋元律郎・内山秀夫編『現代社会と政治体系』時潮社。

————（1981）「文化」日本政治学会編『年報政治学　政治学の基礎概念』岩波書店。

宇野重規（1998）『デモクラシーを生きる——トクヴィルにおける政治の再発見』創文社。

————（2007）『トクヴィル　平等と不平等の理論家』講談社選書メチエ。

————（2010）「政治が社会的紐帯を語るとき」宇野重規編『つながる——社会的紐帯と政治学』風行社。

――――（2011）「再帰性とデモクラシー――もう一つの起源」宇野重規・田村哲樹・山崎望『デモクラシーの擁護――再帰化する現代社会で』ナカニシヤ出版。

――――・田村哲樹・山崎望（2011）『デモクラシーの擁護――再帰化する現代社会で』ナカニシヤ出版。

梅川佳子（2014）「チャールズ・テイラーの政治哲学の形成（1956–1970）」博士学位論文（名古屋大学）。

エヴァンス＝プリチャード，エドワード・E（2001）向井元子訳『アザンデ人の世界――妖術・託宣・呪術』みすず書房。

江上能義（1990）「比較政治発展論――21 世紀世界を展望する座標軸の再生をめざして」砂田一郎・藪野祐三編『比較政治学の理論』東海大学出版会。

江原由美子・大嶽秀夫（1991）「フェミニズム政治学の可能性――権力，制度，アジェンダ・セッティング（対談）」『レヴァイアサン』第 8 号，木鐸社。

大嶽秀夫（1979）『現代日本の政治権力経済権力』三一書房。

――――（2013）『戦後政治と政治学〔新装版〕』東京大学出版会。

大嶽秀夫・鴨武彦・曽根泰教（1996）『政治学』有斐閣 S シリーズ。

大森貴弘（2007）「再びニクラス・ルーマンの権力分立論――民主制における権力循環」『早稲田法学会誌』第 57 巻。

小田川大典（2001）「『通約不可能性』と『合理的批判』――ウィンチ＝マッキンタイア論争再考」『岡山大学法学会雑誌』第 50 巻 3・4 号。

越智敏夫（1999）「政治文化」内山秀夫編『講座政治学 I　政治理論』三嶺書房。

小野耕二（1978）「中期パーソンズにおける論理構造への一視角」『法政論集（名古屋大学）』第 76 号。

――――（1979）「後期パーソンズにおける近代社会論の基本視角」『法政論集（名古屋大学）』第 81 号。

――――（1981）「ニクラス・ルーマンにおける政治システム論の形成過程」『法政論集（名古屋大学）』第 89 号。

――――（1982）「ニクラス・ルーマンの現代政治認識」『法政論集（名古屋大学）』第 92 号
――――（1984）「ニクラス・ルーマンにおける制御と支配」『社会・経済システム』第 2 号。

――――（2000）『転換期の政治変容』日本評論社。

――――（2001）『比較政治』東京大学出版会。

――――（2006）「ルーマンにおける『信頼』論の位置」『法政論集（名古屋大学）』第 214 号。

――――（2008）「ルーマンにおける『権力』論の形成」『法政論集（名古屋大学）』第 221 号。

――――（2009）「『構成主義的政治理論』の意義」小野耕二編『構成主義的政治理論と比較政治』ミネルヴァ書房。

――――編（2009）『構成主義的政治理論と比較政治』ミネルヴァ書房。

――――（2010）「コモンズの政治学的分析」日本法社会学会編『コモンズと法』第 73 号，有斐閣。

――――（2011）「『新しい政治学』への展望――『政治変容』と『政治学の変容』との架橋」『法政論集（名古屋大学）』第 242 号。

鹿毛利枝子（2002）「『ソーシャル・キャピタル』をめぐる研究動向――アメリカ社会科学

における三つの『ソーシャル・キャピタル』(1)(2)」『法学論叢（京都大学)』第151巻3号，152巻1号。

春日淳一（2003)『貨幣論のルーマン――〈社会の経済〉講義』勁草書房。

――――（2013)「社会の支えとしての『固有値』」高橋徹・小松丈晃・春日淳一『滲透するルーマン理論――機能分化論からの展望』文眞堂。

加藤淳子（2015)「異分野から見た『政治学の方法』の意義とは？」『書斎の窓』No. 638, 有斐閣。

加藤哲理（2012)『ハンス＝ゲオルグ・ガーダマーの政治哲学――解釈学的政治理論の地平』創文社。

加藤雅俊（2009)「制度変化におけるアイデアの二つの役割――再編期の福祉国家分析を手がかりに」小野耕二編『構成主義的政治理論と比較政治』ミネルヴァ書房。

金子勇（2007)『格差不安時代のコミュニティ社会学――ソーシャル・キャピタルからの処方箋』ミネルヴァ書房。

神島二郎（1982)『日常性の政治学――身近に自立の拠点を求めて』筑摩書房。

加茂利男・大西仁・石田徹・伊藤恭彦（1998)『現代政治学』有斐閣アルマ。

萱野稔人（2005)『国家とはなにか』以文社。

河上倫逸編（1991)『社会システム論と法の歴史と現在――ルーマン・シンポジウム』未来社。

河田潤一（2008)「マフィア・暴力的腐敗・非市民性――戦後シチリアの経験を中心として」河田潤一編『汚職・腐敗・クライエンテリズムの政治学』ミネルヴァ書房。

――――（2009)「社会資本，信頼と民主主義」『阪大法学』第59号。

桐谷仁（1998)「市民社会論の復権と『社会資本』の概念――国家－社会関係をめぐる一考察（1)」『法政研究（静岡大学)』第2巻3・4号。

久慈利武（2001)「ジェームズ・コールマン自らの社会学を語る――インタヴュー2本」『人間情報学研究』第6巻。

串田秀也・好井裕明編（2010)『エスノメソドロジーを学ぶ人のために』世界思想社。

久米郁男（2013)『原因を推論する――政治分析方法論のすゝめ』有斐閣。

河野勝（2002)『制度』東京大学出版会。

――――・岩崎正洋編（2002)『アクセス　比較政治学』日本経済評論社。

――――編（2006)『制度からガヴァナンスへ――社会科学における知の交差』東京大学出版会。

――――・清野一治編（2006)『制度と秩序の政治経済学』東洋経済新報社。

――――（2009)「制度，合理性，期待――新しい政治経済学のための原理的考察」田中愛治監修・河野勝編『期待，制度，グローバル社会』勁草書房。

小松丈晃（2003)『リスク論のルーマン』勁草書房。

――――（2008)「後期ルーマンの政治システム理論――リスク社会のなかの政治と『否定による自律』」東北社会学研究会編『社会学研究：特集 ルーマン理論の到達点』第83号。

――――（2013)「社会的排除のリスクに抗する機能システムはありうるのか――ルーマンの『宗教』論ならびに福祉領域でのルーマン理論受容の動向」高橋徹・小松丈晃・春日淳一『滲透するルーマン理論――機能分化論からの展望』文眞堂。

小宮友根（2011)『実践の中のジェンダー――法システムの社会学的記述』新曜社。

小山虎編（2018）『信頼を考える——リヴァイアサンから人工知能まで』勁草書房。

小山裕（2010）「機能分化社会と全面国家——ニクラス・ルーマンにおける機能分化社会の原像」『社会学評論』第 61 巻 1 号。

———（2015）「ニクラス・ルーマンの政治思想（上）（中）（下）」『思想』第 1089，1090，1091 号。

近藤康史（2007）「比較政治学における『アイディアの政治』——政治変化と構成主義」日本政治学会編『年報政治学：特集 政治学の新潮流——21 世紀の政治学へ向けて』岩波書店。

———（2009）「構成主義的政治理論の三層モデル——イギリス労働党の EU 政策を事例とした試論」小野耕二編『構成主義的政治理論と比較政治』ミネルヴァ書房。

サーサス，ジョージ（1995）北澤裕・西阪仰訳「エスノメソドロジー——社会科学における新たな展開」『日常性の解剖学——知と会話』マルジュ社。

酒井泰斗・浦野茂・前田泰樹・中村和生編（2009）『概念分析の社会学——社会的経験と人間の科学』ナカニシヤ出版。

酒井泰斗・小宮友根（2007）「社会システムの経験的記述とはいかなることか——意味秩序としての相互行為を例に」『ソシオロゴス』No. 31。

酒井泰斗・高史明（2018）「行動科学とその余波——ニクラス・ルーマンの信頼論」小山虎編『信頼を考える——リヴァイアサンから人工知能まで』勁草書房。

阪野亘（1972）「『比較政治システム論』における方法の論理とその問題点」『阪大法学』第 82 号。

———（1976）「現代政治学における行動科学的方法の問題」阪野亘編『行動論政治学』世界思想社。

坂本治也（2003）「パットナム社会資本論の意義と課題——共同性回復のための新たなる試み」『阪大法学』第 52 巻 5 号。

———（2004）「社会関係資本の二つの『原型』とその含意」『阪大法学』第 53 巻 6 号。

———（2005）「地方政府を機能させるもの？——ソーシャル・キャピタルからシビック・パワーへ」『公共政策研究』第 5 号。

———（2010）『ソーシャル・キャピタルと活動する市民——新時代日本の市民政治』有斐閣。

———（2011a）「政治」稲葉陽二ほか編『ソーシャル・キャピタルのフロンティア——その到達点と可能性』ミネルヴァ書房。

———（2011b）「ソーシャル・キャピタル論とガバナンス」岩崎正洋編『ガバナンス論の現在——国家をめぐる公共性と民主主義』勁草書房。

サックス，ハーヴィ，エマニュエル・A・シェグロフ，ゲール・ジェファソン（2010）西阪仰訳『会話分析基本論集——順番交替と修復の組織』世界思想社。

佐藤成基（2010）「文化社会学の課題——社会の文化理論にむけて」『社会志林』第 56 巻 4 号。

佐藤俊樹（2008）『意味とシステム——ルーマンをめぐる理論社会学的探究』勁草書房。

———（2011）『社会学の方法——その歴史と構造』ミネルヴァ書房。

佐藤嘉一（1986）「日常経験とシステム理論」『社会学評論』第 37 巻 1 号。

篠原一（2004）『市民の政治学——討議デモクラシーとは何か』岩波新書。

シュミット，ヴィヴィアン「アイディアおよび言説を真摯に受け止める——第四の『新制

度論』としての言説的制度論」小野耕二編『構成主義的政治理論と比較政治』ミネルヴァ書房。

新川敏光・井戸正伸・宮本太郎・眞柄秀子（2004）『比較政治経済学』有斐閣アルマ。

ジンメル，ゲオルク（2004）居安正訳『社会学の根本問題（個人と社会）』世界思想社。

菅野仁（2008）「信頼研究の最前線とジンメルの信頼論」東北社会学研究会編『社会学研究』第 84 号。

菅原謙（1998）「システム準拠と基礎づけ主義——ルーマンからみたシュッツ」『情況：特集 社会学理論の現在・現象学とシステム理論』1・2 月号。

数土直紀（2008）「信頼はどこからやってくるのか」東北社会学研究会編『社会学研究』第 84 号。

————（2013）『信頼にいたらない世界——権威主義から公正へ』勁草書房。

盛山和夫（1995）『制度論の構図』創文社。

————（2000）『権力』東京大学出版会。

————（2006）「合理的選択理論」新睦人編『新しい社会学のあゆみ』有斐閣アルマ。

————（2011）『社会学とは何か——意味世界への探究』ミネルヴァ書房。

————（2012）「公共社会学とは何か」盛山和夫・上野千鶴子・武川正吾編『公共社会学 1——リスク・市民社会・公共性』東京大学出版会。

関水徹平（2007）「『社会性』概念の再検討——H・ガーフィンケルの『信頼論』解釈をてがかりに」早稲田社会学会編『社会学年誌』第 48 号。

善教将大（2013）『日本における政治への信頼と不信』木鐸社。

ダーントン，ロバート（1986）海保真夫・鷲見洋一訳『猫の大虐殺』岩波書店。

高城和義（1986）『パーソンズの理論体系』日本評論社。

————（1988）『現代アメリカ社会とパーソンズ』日本評論社。

————（1989）『アメリカの大学とパーソンズ』日本評論社。

————（2000）「パーソンズのジンメル論——最近公刊された二つの草稿を中心として」『思想』第 910 号。

高崎経済大学付属産業研究所編（2011）『ソーシャル・キャピタル論の探究』日本経済評論社。

高島善哉（1964）『社会科学入門——新しい国民の見方考え方（第二版）』岩波新書。

高橋克紀（2014）「ストリートレベル官僚制論の見直し」『姫路法学』第 55 号。

高橋徹（2002）『意味の歴史社会学——ルーマンの近代ゼマンティク論』世界思想社。

高山巖（1982）「T・パーソンズ——機能主義的社会体系論の確立」白鳥令編『現代政治学の理論（下）』早稲田大学出版部。

瀧川裕貴（2012）「信頼と社会関係資本——コールマンの分析的公共社会学」盛山和夫・上野千鶴子・武川正吾編『公共社会学 1——リスク・市民社会・公共性』東京大学出版会。

田口富久治（1997）「ボブ・ジェソップの国家論」『東京経大学会誌』No. 201。

————（2001）『政治理論・政策科学・制度論』有斐閣。

竹中治堅（2006）「民主主義ガヴァナンスのメカニズム」河野勝編『制度からガヴァナンスへ』東京大学出版会。

多田光宏（2011）「社会の文化」『社会学評論』第 62 巻 1 号。

田村哲樹（2002）『国家・政治・市民社会——クラウス・オッフェの政治理論』青木書店。

————（2014）「構築主義は規範をどこまで語ることができるのか？——政治的構築主

義・節合・民主主義」『法政論集（名古屋大学)』第 255 号。

樽本英樹（2012)「グローバル化社会における共同性の探求」米村千代・数土直紀編『社会学を問う――規範・理論・実証の緊張関係』勁草書房。

千葉眞（2009)「現代にグランドセオリーは可能なのか」村上陽一郎・千葉眞編『平和と和解のグランドデザイン――東アジアにおける共生を求めて』風行社。

辻康夫（2004–2005)「市民社会と小集団――パットナムのソーシャル・キャピタル論をめぐる政治理論的考察（一)（二)（三・完)」『北大法学論叢』第 55 巻 1，3，6 号。

辻中豊（2019)「市民社会・ガバナンス・ソーシャル・キャピタルの相互関係」辻中豊・山内直人編『ソーシャル・キャピタルと市民社会・政治――幸福・信頼を高めるガバナンスの構築は可能か』ミネルヴァ書房。

辻中豊・山内直人編（2019)『ソーシャル・キャピタルと市民社会・政治――幸福・信頼を高めるガバナンスの構築は可能か』ミネルヴァ書房。

恒松直幸・橋爪大三郎・志田基与師（1982)「Parsons の構造 - 機能分析――彼自身による展開／その批判的再構成」『ソシオロゴス』第 6 号。

トクヴィル，アレクシス（2005）松本礼二訳『アメリカのデモクラシー 第一巻（上)（下)』岩波文庫。

富永健一（1984)『現代の社会科学者――現代社会科学における実証主義と理念主義』講談社。

――――（1995)『行為と社会システムの理論――構造 - 機能 - 変動理論をめざして』東京大学出版会。

――――（2008)『思想としての社会学――産業主義から社会システム理論まで』新曜社。

長岡克行（1981)「社会理論としての社会システム論とハーバーマス = ルーマン論争」『思想』第 680 号。

――――（2006)『ルーマン／社会の理論の革命』勁草書房。

中西みゆき（1998)「社会秩序の問題に対する信頼論のもつ可能性について」『年報筑波社会学』第 10 号。

中野剛志（2010)「経済政策のオルタナティヴ・ヴィジョン」中野剛志編『成長なき時代の「国家」を構想する』ナカニシヤ出版。

那須壽（2003)「シュッツとパーソンズの知的『対話』再考――序説」『社会学年誌』第 44 号。

西阪仰（1988)「行為出来事の相互行為的構成」『社会学評論』第 39 巻 2 号。

――――（1992)「エスノメソドロジストは，どういうわけで会話分析を行うようになったか」好井裕明編『エスノメソドロジーの現実――せめぎあう〈生〉と〈常〉』世界思想社。

――――（1995)「心の透明性と不透明性――相互行為分析の射程」『社会学評論』第 46 巻 2 号。

――――（1997a)『相互行為分析という視点――文化と心の社会学的記述』金子書房。

――――（1997b)「会話分析になにができるか――『社会秩序の問題』をめぐって」奥村隆編『社会学になにができるか』八千代出版。

――――（2000)「ガーフィンケルのエスノメソドロジー・プログラム」『情況：別冊 実践 - 空間の社会学――他者・時間・関係の基層から』8 月号。

――――（2008)『分散する身体――エスノメソドロジー的相互行為分析の展開』勁草書房。

西原和久（1998）「社会学と現象学」『情況：特集 社会学理論の現在・現象学とシステム理論』1・2月号。

――――（2003）『自己と社会――現象学の社会理論と〈発生社会学〉』新泉社。

日本政治学会編（2010）『年報政治学：特集 政治行政への信頼と不信』木鐸社。

パーソンズ，タルコット・富永健一（1979）「社会システム理論の形成」『思想』第657号。

萩原宜之（1961）「アーモンド＝コールマン理論の構造と位置付け――新興国家の政治分析の方法論として」高橋勇次・高柳信一編『政治と公法の諸問題』東京大学出版会。

橋爪大三郎（1989）「予期が権力を生むのか，それとも，権力が予期を生むのか――宮台真司『権力の予期理論』を読む」『思想』第782号。

畑山敏夫・丸山仁編（2004）『現代政治のパースペクティブ――欧州の経験に学ぶ』法律文化社。

畠山弘文（1989）『官僚制支配の日常構造――善意による支配とは何か』三一書房。

馬場靖雄（2001）『ルーマンの社会理論』勁草書房。

浜日出夫（1982）「ピグマリオンとメドゥーサ――A・シュッツの『現象学的社会学』の位置」『社会学評論』第33巻1号。

――――（1992）「現象学的社会学からエスノメソドロジーへ」好井裕明編『エスノメソドロジーの現実――せめぎあう〈生〉と〈常〉』世界思想社。

――――（1995）「ガーフィンケル信頼論再考」『年報筑波社会学』第7号。

日高義博（1992）「刑法における行為論の意味」阿部純二ほか編『刑法基本講座　第1巻 基礎理論／刑罰論』法学書院。

深沢民司（1986）「比較政治学の過去と現在――G・A・アーモンドを手がかりとして」『法学研究（慶應義塾大学）』第59巻11号。

フッサール，エドムント（1974）粉川哲夫訳「現象学と人間学」『現象学研究』第2号。

ブライス，マーク（2009）「構成主義理論と政治経済学について――レバレッジド・バイアウトの理由とアプローチ」小野耕二編『構成主義的政治理論と比較政治』ミネルヴァ書房。

ブロンデル，ジャン・猪口孝（2008）『アジアとヨーロッパの政治文化――市民・国家・社会価値についての比較分析』岩波書店。

ホッブズ，トマス（1979）永井道雄責任編集『世界の名著28　ホッブズ』中央公論社。

堀井俊章・槌谷笑子（1995）「最早期記憶と対人信頼感との関係について」『性格心理学研究』第3巻1号。

眞柄秀子・井戸正伸（2004）『比較政治学』放送大学教育振興会。

松永信一（1999）「ニクラス・ルーマンの政治システム論と世論の二様相」『摂南法学』第22号。

――――（2000）「世論過程と政治システム――ルーマン理論と政治学」『摂南法学』第24号。

松本礼二（2008）「政治思想における古典の力――トクヴィル『アメリカのデモクラシー』を題材に」『思想』第1009号。

丸山眞男（1995［1950］）「歴史と伝記」『丸山眞男集　第四巻 1949-1950』岩波書店。

御巫由美子（2006）「『ガヴァナンス』についての一考察」河野勝編『制度からガヴァナンスへ』東京大学出版会。

三上剛史（2008）「信頼論の構造と変容：ジンメル，ギデンズ，ルーマン――リスクと信頼

と監視」『国際文化学研究』第 31 号。

三隅一人（2013）『社会関係資本――理論統合の挑戦』ミネルヴァ書房。

三谷武司（2004）「ルーマン型システム理論の妥当条件――実践的動機の解明と理論の評価に向けて」『ソシオロゴス』No. 28。

――――（2012）「システム合理性の公共社会学――ルーマン理論の規範性」盛山和夫・上野千鶴子・武川正吾編『公共社会学 1――リスク・市民社会・公共性』東京大学出版会。

宮川公男（2004）「ソーシャル・キャピタル論」宮川公男・大守隆編『ソーシャル・キャピタル――現代経済社会のガバナンスの基礎』東洋経済新報社。

――――・大守隆編（2004）『ソーシャル・キャピタル――現代経済社会のガバナンスの基礎』東洋経済新報社。

宮台真司（1989）『権力の予期理論――了解を媒介にした作動形式』勁草書房。

毛利康俊（2002）「社会システム論における法 - 政治関係論の一動向――ルーマン派の分裂と今後の課題」『西南学院大学法学論集』第 35 巻 1・2 号。

森元孝（1984）「批判としての社会的行為論――ハーバーマスのコミュニケーション行為論についての考察」『社会学評論』第 35 巻 3 号。

森下友義（2008）「『進化政治学』とは何か？」日本政治学会編『年報政治学　政府間ガバナンスの変容』木鐸社。

藪野祐三（1982）「G・A・アーモンド――システム論から変動論へ」白鳥令編『現代政治学の理論（下）』早稲田大学出版部。

山川雄巳（1976）「行動論政治学の形成過程」阪野亘編『行動論政治学』世界思想社。

山岸俊男（1998）『信頼の構造――こころと社会の進化ゲーム』東京大学出版会。

――――（1999）『安心社会から信頼社会へ――日本型システムの行方』中公新書。

山口定（2004）『市民社会論――歴史的遺産と新展開』有斐閣。

山崎幸治（2004）「ソーシャル・キャピタルへの経済学的アプローチ」宮川公男・大守隆編『ソーシャル・キャピタル――現代経済社会のガバナンスの基礎』東洋経済新報社。

山田富秋（2010）「ガーフィンケルのエスノメソドロジーの構想」串田秀也・好井裕明編『エスノメソドロジーを学ぶ人のために』世界思想社。

山田真裕（2002）「政治文化論」河野勝・岩崎正洋編『アクセス比較政治学』日本経済評論社。

――――（2007）「政治参加研究における計量的アプローチとフィールドワーク」『レヴァイアサン』第 40 号。

――――（2016）『政治参加と民主政治』東京大学出版会。

好井裕明（1987）「『あたりまえ』へ旅立つ――エスノメソドロジーの用語非解説風解説」山田富秋・好井裕明・山崎敬一編訳『エスノメソドロジー――社会学的思考の解体』せりか書房。

横越英一（1971）「比較政治制度論序章」『法政論集（名古屋大学）』第 54 号。

ラントグレーベ，ルートヴィッヒ（1981）木下喬訳「社会理論の哲学的基礎をめぐる争い」『思想』第 680 号。

ロザンヴァロン，ピエール（2002）富永茂樹訳「政治的なものの近代・現代史――コレージュ・ド・フランス開講講義（上）（下）」『みすず』第 499 号・500 号。

――――（2006）北垣徹訳『連帯の新たなる哲学――福祉国家再考』勁草書房。

渡部純（2010）『現代日本政治研究と丸山眞男――制度化する政治学の未来のために』勁草

書房。

Aberle, David F.（1950）Shared Values in Complex Societies, *American Sociological Review*, Vol. 15, No. 4, pp. 495-502.

Adcock, Robert（2009）Making Making Political Science Matter Matter To Us, *Journal of Theoretical Politics*, Vol. 21, No. 1, pp. 97-112.

Adler, Patricia A., Adler, Peter and Fontana, Andrea（1987）Everyday Life Sociology, *Annual Review of Sociology*, Vol. 13, pp. 217-235.

Ahn, T. K. and Ostrom, Elinor（2008）Social Capital and Collective Action, in Castiglione, Dario, van Deth, Jan W. and Wolleb, Guglielmo（eds.）*The Hand Book of Social Capital*, Oxford University Press.

Alexander, Jeffrey C. et al.（eds.）（1987）*The Micro-Macro Link*, University of California Press.［石田幸夫ほか訳『ミクロ－マクロ・リンクの社会理論（抄訳）』新泉社，1998 年］

Almond, Gabriel A.（1945）The Political Attitude of Wealth, *The Journal of Politics*, Vol. 7, No. 3, pp. 213-255.

———（1956）Comparative Political Systems, *The Journal of Politics*, Vol. 18, No. 3, pp. 391-409.

———（1958）Research Note : A Comparative Study of Interest Groups and the Political Process, *The American Political Science Review*, Vol. 32, No. 1, pp. 270-282.［内山秀夫ほか訳「利益集団と政治過程の比較研究」『現代政治学と歴史意識』勁草書房，1982 年］

———（1960）A Functional Approach to Comparative Politics, in Almond, Gabriel A. and Coleman, James S.（eds.）*The Politics of the Developing Areas*, Princeton University Press.［内山秀夫ほか訳「比較政治のための機能的アプローチ」『現代政治学と歴史意識』勁草書房，1982 年］

———（1965）A Developmental Approach to Political Systems, *World Politics*, Vol. 17, No. 2, pp. 183-214.［内山秀夫ほか訳「政治システムの発展アプローチ」『現代政治学と歴史意識』勁草書房，1982 年］

———（1966）Political Theory and Political Science, *The American Political Science Review*, Vol. 60, No. 4, pp. 869-879.［内山秀夫ほか訳「政治理論と政治学」『現代政治学と歴史意識』勁草書房，1982 年］

———（1968）Politics, Comparative, in Sills, David L.（ed.）, *International Encyclopedia of Social Sciences*, The Macmillan Company & The Free Press.［内山秀夫ほか訳「比較政治学」『現代政治学と歴史意識』勁草書房，1982 年］

———（1970）*Political Development : Essays in Heuristic Theory*, Little, Brown and Company.［内山秀夫ほか訳『現代政治学と歴史意識』勁草書房，1982 年］

———（1980）The Intellectual History of the Civic Culture, in Almond, Gabriel A. and Verba, Sidney（eds.）*The Civic Culture Revisited*, Little, Brown and Company.

———（1988）Separate Tables : Schools and Sects in Political Science, *PS : Political Science and Politics*, Vol. 21, No. 4, pp. 828-842.

———（1990）The Study of Political Culture, in *A Discipline Divided ; Schools and Sects in Political Science*, Sage Publications.

Almond, Gabriel A., Cole Taylor, and Macridis, Roy C.（1955）A Suggested Research Strategy in

Western European Government and Politics, *The American Political Science Review*, Vol. 49, No. 4, pp. 1042–1049.

Almond, Gabriel A. and Genco, Stephen J.（1977）Clouds, Clocks, and Study of Politics, *World Politics*, Vol. 29, No. 4, pp. 489–522.［阪野亘・辻中豊・土井充夫訳「雲と時計，そして政治研究」『阪大法学』第 109 号，1978 年］

Almond, Gabriel A. and Verba, Sidney（1963）*The Civic Culture : Political Attitudes and Democracy in Five Nations*, Princeton University Press.［石川一雄ほか訳『現代市民の政治文化』勁草書房，1974 年］

———— and ————（eds.）（1980）*The Civic Culture Revisited*, Little, Brown and Company.

Andersen, Niels Åkerstrøm（2005）Political Administration, in Howarth, David and Torfing, Jacob（eds.）*Discourse Theory in European Politics : Identity, Policy and Governance*, Palgrave MacMillan.

Anthony, Denise（2004）Review［on Ostrom, Elinor and Walker, James（eds.）（2003）*Trust & Reciprocity : Interdisciplinary Lessons For Experimental Research*, Russell Sage Foundation Series on Trust］, *Contemporary Sociology*, Vol. 33, No. 4, pp. 493–494.

Apter, David E.（1957）Theory and the Study of Politics, *The American Science Review*, Vol. 51, No. 3, pp. 747–762.

————（1961）Review［on The Politics of Developing Areas by Gabriel Almond and James S. Coleman］, *The Journal of Politics*, Vol. 23, No. 3, pp. 587–590.

Arato, Andrew（1994）Civil Society and Political Theory in the Work of Niklas Luhmann and beyond, *New German Critique*, No. 61（Special Issue on Niklas Luhmann）, Winter, pp. 129–142.

Archer, Margaret S.（1995）*Realist Social Theory : The Morphogenetic Approach*, Cambridge University Press.［佐藤春吉訳『実在論的社会理論――形態生成論アプローチ』青木書店，2007 年］

Bahry, Donna, Kosolapov, Mikhail, Kozyreva, Polina and Wilson, Rick K.（2005）Ethnicity and Trust : Evidence from Russia, *The American Political Science Review*, Vol. 99, No. 4, November, pp. 521–532.

Banfield, Edward C.（1958）*The Moral Basis of a Backward Society*, The Free Press.

Bang, Henrik P. and Sørensen, Eva（2001）The Everyday Maker : Building Political Rather Than Social Capital, in Dekker, Paul and Uslaner, Eric M.（eds.）*Social Capital and Participation in Everyday Life*, Routledge.

Baraldi, Claudio, Corsi, Giancarlo und Esposito, Elena（1997）*GLU : Glossar zu Niklas Luhmanns Theorie sozialer Systeme*, Surkamp.［土方透・庄司信・毛利康俊訳『GLU――ニクラス・ルーマン社会システム理論用語集』国文社，2013 年］

Barber, Benjamin R.（2004）*Strong Democracy : Participatory Politics for a New Age*, University of California Press.［竹井隆人訳『ストロング・デモクラシー――新時代のための参加政治』日本経済評論社，2009 年］

Bar-Hillel, Yehoshua（1954）Indexical Expressions, *Mind*, Vol. 63, No. 251, pp. 359–379.

Bartelson, Jens（2001）*The Critique of the State*, Cambridge University Press.［小田川大典ほか訳『国家論のクリティーク』岩波書店，2006 年］

Becker, Howard S.（1963）*Outsiders : Studies in the Sociology of Deviance*, The Free Press.［村上直

之訳『完訳 アウトサイダーズ――ラベリング理論再考』現代人文社，2011 年］

Beer, Samuel H.（1958）The analysis of Political System, in Beer, Samuel H. and Ulam, Adam B.（eds.）*Patterns of Government : The Major Political System of Europe*, Random House.

Bellah, Robert N., Madsen, Richard, Sullivan, William M., Swidler, Ann and Tipton, Steven M.（1985）*Habits of the Heart : Individualism and Commitment in American Life*, University of California Press.［島薗進・中村圭志訳『心の習慣――アメリカ個人主義のゆくえ』みすず書房，1991 年］

Berard, Tim J.（2002）Moving Forward by Looking Back : Revisiting Melvin Pollner's "Constitutive and Mundane Versions of Labeling Theory", *Human Studies*, Vol. 25, No. 4, pp. 495–498.

Berger, Peter L. and Luckmann, Thomas（1966）*The Social Construction of Reality : A Treatise in the Sociology of Knowledge*, Doubleday and Company.［山口節郎訳『現実の社会的構成――知識社会学論考』新曜社，2003 年］

Berger, Peter and Pullberg, Stanley（1965）Reification and the Sociological Critique of Consciousness, *History and Theory*, Vol. 4, No. 2, pp. 196–211.［山口節郎訳「物象化と意識の社会学的批判」『現象学研究』第 2 号，1974 年］

Bevir, Mark and Rhodes, R. A. W.（2007）Decentred Theory, Change and Network Governance, in Sørensen, Eva and Torfing, Jacob（eds.）*Theories of Democratic Network Governance*, Palgrave Macmillan.

Bhaskar, Roy（1975）*A Realist Theory of Science*, Verso.［式部信訳『科学と実在論』法政大学出版局，2009 年］

Blau, Peter M.（1975）Introduction : Parallels and Contrasts in Structual Inquiries, in Blau, Peter M.（ed.）*Approaches to the Study of Social Structure*, Free Press.［斎藤正二監訳「序論：構造研究における相似点と類似点」『社会構造へのアプローチ』八千代出版，1982 年］

Blyth, Mark（2002）Institutions and Ideas, in Marsh, David and Stoker, Gerry（eds.）*Theory and Methods in Political Science 2nd Edition*, Palgrave.

Boggs, Carl（2002）Social Capital as Political Fantasy, in McLean, Scott L., Shultz, David A. and Steger, Manfred B.（eds.）*Social Capital : Critical Perspectives on Community and "Bowling Alone"*, New York University Press.

Boix, Charles and Posner, Daniel N.（1998）Social Capital : Explaining Its Origins and Effect on Governmental Performance, *British Journal of Political Science*, Vol. 28, No. 4, pp. 686–693.

Boswell, John and Corbett, Jack（2015）Embracing Impressionism : Revealing the Brush Strokes of Interpretive Research, *Critical Policy Studies*, Vol. 9, No. 2, pp. 216–225.

Brady, Henry E. and Collier, David（eds.）（2004）*Rethinking Social Inquiry : Diverse Tools,* Shared Standards, Rowman & Littlefield Publishers.［泉川泰博・宮下明聡訳『社会科学の方法論争――多様な分析道具と共通の基準』勁草書房，2008 年］

Braithwaite, Valerie and Levi, Margaret（eds.）（1998）*Trust and Governance*, Russell Sage Foundation.

Brehm, John and Rahn, Wendy（1997）Individual-Level Evidence for the Causes and Consequences of Social Capital, *American Journal of Political Science*, Vol. 41, No. 3, pp. 999–1023.

Burger, Thomas and Parsons, Talcott（1977）Talcott Parsons, The Problem of Order in Society, and the Program of an Analytical Sociology, *The American Journal of Sociology*, Vol. 83, No. 2, pp. 320–339.

Burt, Ronald S.（1992）The Social Structure of Competition, in *Structural Holes : The Social Structure of Competition*, Harvard University Press.

———（2001）Structural Holes versus Network Closure as Social Capital, in Lin, Nan, Cook, Karen and Burt, Ronald（eds.）*Social Capital : Theory and Research*, Aldine de Gruyter.［金光淳訳「社会関係資本をもたらすのは構造的隙間かネットワーク閉鎖性か」野沢慎司監訳『リーディングス　ネットワーク論——家族・コミュニティ・社会関係資本』勁草書房，2006 年］

Button, Graham（1991）Introduction : Ethnomethodology and the Foundational Respecification of the Human Sciences, in Button, Graham（ed.）*Ethnomethodology and the Human Sciences*, Cambridge University Press.

Castiglione, Dario, van Deth, Jan W. and Wolleb, Guglielmo（eds.）（2008）*The Handbook of Social Capital*, Oxford University Press.

Castiglione, Dario, van Deth, Jan W. and Wolleb, Guglielmo（2008）Social Capital's Fortune : an Introduction, in Castiglione, Dario, Deth, Jan W. and Wolleb, Guglielmo（eds.）*The Handbook of Social Capital*, Oxford University Press.

Clague, Christopher, Keefer, Philip, Knack, Stephen and Olson, Mancur（2003）Property and Contract Rights in Autocracies and Democracies, in Knack, Stephen（ed.）*Democracy, Governance, & Growth*, The University of Michigan Press.

Clarke, Chris（2009）Paths between Positivism and Interpretivism : An Appraisal of Hay's *Via Media*, *Politics*, Vol. 29, No. 1, pp. 28–36.

Cohen, Jean L. and Arato, Andrew（1992）*Civil Society and Political Theory*, The MIT Press.

Cohen, Jere, Hazelrigg, Lawrence E. and Pope, White（1975）De-Parsonizing Weber : A Critique of Parsons' Interpretation of Weber's Sociology, *American Sociological Review*, Vol. 40, No. 2, pp. 229–241.

Cole, Richard L.（1973）Toward a Model of Political Trust : A Causal Analysis, *American Journal of Political Science*, Vol. 17, No. 4, November, pp. 809–817.

Coleman, James S.（1963）Comment on "On the Concept of Influence", *The Public Opinion Querterly*, Vol. 27, No. 1, pp. 63–82.

———（1968）Review on *Studies in Ethnomethodology* by Harold Garfinkel, *American Sociological Review*, Vol. 33, No. 1, pp. 126–130.

———（1975）Social Structure and a Theory of Action, in Blau, Peter M.（ed.）*Approaches to the Study of Social Structure*, Free Press.［斎藤正二監訳「社会構造と行為理論」『社会構造へのアプローチ』八千代出版，1982 年］

———（1986）Social Structure and the Emergence of Norms Among Rational Actors, in Diekmann, A. and Mitter, P（eds.）*Paradoxical Effect of Social Behavior Essays in Honor of Anatol Rapoport*, Physica-Verlag.

———（1987）Microfoundations and Macrosocial Behavior, in Alexander, Jeffrey C. et al.（eds.）*The Micro-Macro Link*, University of California Press.

———（1988）Social Capital in the Creation of Human Capital, *American Journal of Sociology*, Vol. 94, pp. 95–120.

———（1990）*Foundation of Social Theory*, The Belknap Press of Harvard University Press.［久慈利武監訳『社会理論の基礎（上）（下）（抄訳）』青木書店，2004 年，2006 年］

——— (1993) The Rational Reconstruction of Society : 1992 Presidential Address, *American Sociological Review*, Vol. 58, No. 1, pp. 1–15.

Cook, Karen S. and Cooper, Robin M. (2003) Experimental Studies of Cooperation, Trust, and Social Exchange, in Ostrom, Elinor and Walker, James (eds.) *Trust & Reciprocity : Interdisciplinary Lessons For Experimental Research*, Russell Sage Foundation Series on Trust.

Cook, Karen S, Hardin, Russell and Levi, Margaret (2005) *Cooperation without Trust ?*, Russell Sage Foundation.

Cook, Timothy E. and Gronke, Paul (2005) The Skeptical American : Revisiting the Meaning of Trust in Government and Confidence in Institutions, *The Journal of Politics*, Vol. 67, No. 3, pp. 784–803.

Coser, Lewis A. (1975) Presidential Address : Two Methods in Search of a Substance, *American Sociologist Review*, Vol. 40, No. 6, pp. 691–700.

Costa, Dora L. and Kahn, Matthew E. (2003) Civic Engagement and Community Heterogeneity : An Economist's Perspective, *Perspectives on Politics*, Vol. 1, No. 1, pp. 103–111.

Coulter, Jeff (1979) *The Social Construction of Mind : Studies in Ethnomethodology and Linguistic Philosophy*, The Macmillan Press.［西阪仰訳『心の社会的構成——ヴィトゲンシュタイン派エスノメソドロジーの視点（抄訳）』新曜社，1998 年］

Dahl, Robert A. (1961 [1993]) The Behavioral Approach in Political Science : Epitaph for a Monument to a Successful Protest, in Farr, James and Seidelman, Raymond (eds.) *Discipline and History*, The University of Michigan Press.［本田弘・藤原孝ほか訳「政治学における行動論アプローチ——成功した異議申し立ての記念碑への碑文」『アメリカ政治学の展開——学説と歴史』サンワコーポレーション，1996 年］

Dahrendorf, Ralf (1958) Out of Utopia : Toward a Reorientation of Sociological Analysis, *The American Journal of Sociology*, Vol. 64, No. 2, pp. 115–127.

Dalton, Russell J. and Klingemann, Hans-Dieter (2009) Overview of Political Behavior : Political Behavior and Citizen Politics, in Goodin, Robert E. (ed.) *The Oxford Handbook of Political Science*, Oxford University Press.

Dekker, Paul and Uslaner, Eric M. (2001) Introduction, in Dekker, Paul and Uslaner, Eric M. (eds.) *Social Capital and Participation in Everyday Life*, Routledge.

Dittmer, Lowell (1977) Political Culture and Political Symbolism : Toward a Theoretical Synthesis, *World Politics*, Vol. 29, No. 4, pp. 552–583.

Douglas, Jack D. (1970) Understanding Everyday Life, in Douglas, Jack D. (ed.) *Understanding Everyday Life : Toward the Reconstruction of Sociological Knowledge*, Aldine Publishing Company.

Dryzek, John S. (2006) Revolutions without Enemies : Key Transformations in Political Science, *American Political Science Review*, Vol. 100, No. 4, pp. 487–492.

Dryzek, John S., Honig, Bonnie, and Phillips, Anne (2006) Introduction, in Dryzek, John S., Honig, Bonnie, and Phillips, Anne (eds.) *Oxford Handbook of Political Theory*, Oxford University Press.

Dubin, Robert (1960) Parsons' Actor : Continuities in Social Theory, *American Sociological Review*, Vol. 25, No. 4, pp. 457–466.

Easton, David (1953 [1971]) *The Political System : An Inquiry into the State of Political System,*

Alfred A. Knopf.［山川雄巳訳『政治体系——政治学の状態への探求（第二版）』ぺりかん社，1976 年］

———— (1966) Categories for the System Analysis of Politics, in Easton, David (ed.) *Varieties of Political Theory*, Prentice-Hall Inc.［大森弥・青木栄一・大嶽秀夫訳「政治体系分析の範疇」『現代政治理論の構想』勁草書房，1971 年］

———— (1969) The New Revolution in Political Science, *The American Political Science Review*, Vol. 63, No. 4, pp. 1051–1061.［山川雄巳訳「政治学における新しい革命」『政治体系——政治学の状態への探求（第二版）』ぺりかん社，1976 年］

———— (1993) Political Science in the United States : Past and Present, in Farr, James and Seidelman, Raymond (eds.) *Discipline and History*, The University of Michigan Press.［本田弘・藤原孝ほか訳『アメリカ政治学の展開——学説と歴史』サンワコーポレーション，1996 年］

Ehrenberg, John (1999) *Civil Society : The Critical History of an Idea,* New York University Press.［吉田傑俊監訳『市民社会論——歴史的・批判的考察』青木書店，2001 年］

Elkins, David J. and Simeon, Richard E. B. (1979) A Cause in Search of Its Effect, or What Does Political Culture Explain ?, *Comparative Politics*, Vol. 11, No. 2, pp. 127–145.

Emmet, Dorothy and Macintyre, Alasdair (1970) Introduction, in Emmet, Dorothy and Macintyre, Alasdair (eds.) *Sociological Theory and Philosophical Analysis*, Macmillan.［松井清・久保田芳廣訳「編者序言」『社会学理論と哲学的分析』弘文堂，1976 年］

Esser, Hartmut (2008) The Two Meanings of Social Capital, in Castiglione, Dario, van Deth, Jan W. and Wolleb, Guglielmo (eds.) *The Hand Book of Social Capital*, Oxford University Press.

Eulau, Heinz (1963) *The Behavioral Persuasion in Politics*, Random House.［内山秀夫訳『行動政治学の基礎』東海大学出版会，1975 年］

Evans, Peter, B, Rueschemeyer, Dietrich and Skocpol, Theda (1985) On the Road toward a More Adequate Understanding of the State, in Evans, B. Peter, Rueschemeyer, Dietrich and Skocpol, Theda (eds.) *Bringing the State Back In*, Cambridge University Press.

Evans, Mark (2006) Elitism, in Hay, Colin, Lister, Michael and Marsh, David (eds.) *The State : Theories and Issues*, Palgrave.

Farr, James (1995) Remembering the Revolution : Behavioralism in American Political Science, in Farr, James, Dryzek, John S. and Leonard, Stephen T. (eds.) *Political Science in History*, Cambridge University Press.

Fearon, James and Laitin, David (1996) Explaining Interethnic Cooperation, *The American Political Science Review*, Vol. 90, No. 4, pp. 715–735.

Flyvbjerg, Bent (2001) *Making Social Science Matter : Why Social Inquiry Fails and How It Can Succeed Again* [trans. by Steven Sampson], Cambridge University Press.

———— (2006) A Perestroikan Straw Man Answers Back : David Laitin and Phronetic Political Science, in Schram, Sanford F. and Caterino, Brian (eds.) *Making Political Science Matter*, New York University Press.

Fraser, Nancy (2008) *Scales of Justice : Reimagining Political Space in a Globalizing World*, Polity Press.［向山恭一訳『正義の秤——グローバル化する世界で政治空間を再想像すること』法政大学出版局，2013 年］

Friedrich, Carl J., Lasswell, Harold D., Simon, Herbert A., Braibanti, Ralph J. D., Field, Lowell G.,

and Waldo, Dwight（1953）Comments on Seminar Report, *The American Political Science Review*, Vol. 47, No. 3, pp. 658–675.

Fukuyama, Francis（1995）*Trust : The Social Virtues and the Creation of Prosperity*, Free Press, New York.［加藤寛訳『信なくば立たず』三笠書房，1996 年］

Fuse, Jan（2005）*Theorien des politischen Systems : David Easton und Niklas Luhmann.* Eine Einfuhrung, VS-Verlag.

Gambetta, Diego（1988）Can We Trust Trust ?, in Gambetta, Diego（ed.）*Trust : Making and Breaking Cooperative Relations*, Basil Blackwell.

Garfinkel, Harold（1952）*The Perception of the Other : A Study in Social Order*, Ph. D Dissertation, Harvard University（unpublished paper）.

———（1963）A Conception of, and Experiments with, "Trust" as a Condition of Stable Concerted Actions, in Harvey, O. J.（ed.）*Motivation and Social Interaction : Cognitive Determinants*, The Ronald Press Company.

———（1964）Studies of the Routine Grounds of Everyday Activities, *Social Problems*, Vol. 11, No. 3, pp. 225–250.［北澤裕・西阪仰訳「日常活動の基盤――当り前を見る」『日常性の解剖学――知と会話』マルジュ社，1995 年］

———（1967a）What is Ethnomethodology, in *Studies in Ethnomethodology*, Prentice-Hall.

———（1967b）Passing and the Managed Achievement of Sex Status in an Intersexed Person, part 1, in *Studies in Ethnomethodology*, Prentice-Hall.［山田富秋・好井裕明・山崎敬一編訳「アグネス，彼女はいかにして女になり続けたか――ある両性的人間の女性としての通過作業とその社会的地位の操作的達成（抄訳）」『エスノメソドロジー――社会学的思考の解体』せりか書房，1987 年］

———（1967c）Appendix to Chapter Five, in *Studies in Ethnomethodology*, Prentice-Hall.

———（1974）On the Origins of the Term 'Ethnomethodology', in Turner, Roy（ed.）*Ethnomethodology*, Penguin.［山田富秋・好井裕明・山崎敬一編訳「エスノメソドロジー命名の由来」『エスノメソドロジー――社会学的思考の解体』せりか書房，1987 年］

———（1991）Respecification : Evidence for Locally Produced, Naturally Accountable Phenomena of Order, Logic, Reason, Meaning Method, etc. in and as of the Essential Haecceity of Immortal Ordinary Society（I）――an Announcement of Studies, in Button, Graham（ed.）*Ethnomethodology and the Human Sciences*, Cambridge University Press.

———（1996）Ethnomethodology's Program, *Social Psychology Quarterly*, Vol. 59, No. 1, pp. 5–21.

Garfinkel, Harold and Sacks, Harvey（1970）On Formal Structure of Practical Actions, in McKinney, John C. and Tiryakian, Edward A.（eds.）*Theoretical Sociology : Perspectives and Developments*, Meredith Corporation.

Geertz, Clifford（1973）*The Interpretation of Cultures : Selected Essays*, Hutchinson of London.［吉田禎吾・柳川啓一・中牧弘允・板橋作美『文化の解釈学 I・II』岩波書店，1987 年］

———（1984）Distinguished Lecture : Anti Anti-Relativism, *American Anthropologist*, Vol. 86, No. 2, pp. 263–278.［小泉潤二編訳「反 = 反相対主義――米国人類学会特別講演」『解釈人類学と反 = 反相対主義』みすず書房，2002 年］

Gellner, Ernest（1960）The Idea of a Social Science by Peter Winch, *The British Journal of Sociology*, Vol. 11, No. 2, pp. 170–172.

Gergen, Kenneth J.（1999）*An Invitation to Social Construction*, Sage Publication.［東村知子訳『あなたへの社会構成主義』ナカニシヤ出版，2004年］
Geuss, Raymond（2001）*Public Goods, Private Goods*, Princeton University Press.［山岡龍一訳『公と私の系譜学』岩波書店，2004年］
Giddens, Anthony（1972）*Politics and Sociology in the Thought of Max Weber*, Macmillan.［岩野弘一・岩野春一訳『ヴェーバーの思想における政治と社会学』未来社，1988年］
———（1977）*Studies in Social and Political Theory*, Hutchinson of London.［宮島喬ほか訳『社会理論の現代像——デュルケム，ウェーバー，解釈学，エスノメソドロジー（抄訳）』みすず書房，1986年］
———（1990）*The Consequences of Modernity*, Polity Press.［松尾精文・小幡正敏訳『近代とはいかなる時代か？——モダニティの帰結』而立書房，1993年］
Ginev, Dimitri（2014）Radical Reflexivity and Hermeneutic Pre-normativity, *Philosophy and Social Criticism*, Vol. 40, No. 7, pp. 683–703.
Gofas, Andreas and Hay, Colin（2010）The Ideational Turn and the Persistence of Perennial Dualism, in Gofas, Andreas and Hay, Colin（eds.）*The Role of Ideas in Political Analysis : A Portrait of Contemporary Debates*, Routledge.
Goffman, Erving（1967）*Interaction Ritual : Essays on Face-to-Face Behavior*, Penguin Books.［浅野敏夫訳『儀礼としての相互行為——対面行動の社会学〔新訳版〕』法政大学出版局，2002年］
———（1983）The Interaction Order : American Sociological Association, 1982 Presidential Address, *American Sociological Review*, Vol. 48, No. 1, pp. 1–17.
Goodin, Robert E., Rein, Martin and Moran, Michael（2009）Overview of Public Policy : The Public and Its Policies, in Goodin, Robert E.（ed.）*The Oxford Handbook of Political Science*, Oxford University Press.
Granovetter, Mark S.（1973）The Strength of Weak Ties, *American Journal of Sociology*, Vol. 78, No. 6, pp. 1360–1380.
Grathoff, Richard（ed.）（1978）*The Theory of Social Action : The Correspondence of Alfred Schutz and Talcott Parsons*, Indiana University Press.［佐藤嘉一訳『社会理論の構成——社会的行為の理論をめぐって：A・シュッツ＝T・パーソンズ往復書簡』木鐸社，1980年］
Grimes, Marcia（2017）Procedural Fairness and Political Trust, in Zmerli, Sonja and W. G. van der Meer, Tom（eds.）*Handbook on Political Trust*, Edward Elgar Publishing.
Grootaert, Christiaan（2001）Social Capital : The Missing Link ?, in Dekker, Paul and Uslaner, Eric M.（eds.）*Social Capital and Participation in Everyday Life*, Routledge.
Habermas, Jürgen（1981）*Theorie des Kommunikativen Handelns*, Bd. 1–2, Suhrkamp.［河上倫逸ほか訳『コミュニケイション的行為の理論（上）（中）（下）』未来社，1985–1987年］
———（1990）*Strukturwandel der Öffentlichkeit : Untersuchungen zu einer Kategorie der bürgerlichen Gesellschaft : mit einer Vorwort zur Neuauflage*, Suhrkamp.［細谷貞雄・山田正行訳『公共性の構造転換——市民社会の一カテゴリーについての探究（第2版）』未来社，1994年］
Hacking, Ian（1982）Biopower and the Avalanche of Printed Numbers, *Humanities in Society*, Vol. 5, pp. 279–295.［岡澤康浩訳「生権力と印刷された数字の雪崩」『思想』第1057号，2012年］

——— (1986) Making up People, in Heller, Thomas C., Sosna, Morton and Wellbery, David E. (eds.) *Reconstructing Individualism : Anatomy, Individuality, and the Self in Western Thought*, Stanford University Press.［隠岐さや香訳「人々を作り上げる」『現代思想』第 28 巻 1 号，青土社，2000 年］
——— (1999) *The Social Construction of What ?*, Harvard University Press.［出口康夫・久米暁訳『何が社会的に構成されるのか（抄訳）』岩波書店，2006 年］
Hardin, Russell (1999) Do we want trust in government ?, in Warren, Mark E. (ed.) *Democracy and Trust*, Cambridge University Press.
——— (2003) Gaming Trust, in Ostrom, Elinor and Walker, James (eds.) *Trust & Reciprocity : Interdisciplinary Lessons For Experimental Research*, Russell Sage Foundation Series on Trust.
——— (2006) *Trust*, Polity Press.
——— (2009) Normative Methodology, in Goodin, Robert E. (ed.) *The Oxford Handbook of Political Science*, Oxford University Press.
Harré, Rom (1999) Trust and its Surrogates : Psychological foundations of political process, in Warren, Mark E. (ed.) *Democracy and Trust*, Cambridge University Press.
Hay, Colin (2007) *Why We Hate Politics*, Polity Press.［吉田徹訳『政治はなぜ嫌われるのか——民主主義の取り戻し方』岩波書店，2012 年］
——— (2009) King Canute and the 'Problem' of Structure and Agency : On Times, Tides and Heresthetics, *Political Studies*, Vol. 57, No. 2, pp. 260–279.
——— (2010) Intoroduction : Political Science in an Age of Acknowledged Interdependence, in Hay, Colin (ed.) *New Directions in Political Science*, Palgrave Macmillan.
Hay, Colin and Lister, Michael (2006) Introduction, in Hay, Colin, Lister, Michael and Marsh, David (eds.) *The State : Theories and Issues*, Palgrave.
Helliwell, Christine and Hindess, Barry (2006) Political Theory and Social Theory, in Dryzek, John S., Honig, Bonnie, and Phillips, Anne (eds.) *Oxford Handbook of Political Theory*, Oxford University Press.
Hempel, Carl G. (1959) The Logic of Functional Analysis, in Gross, Llewellyn (ed.) *Symposium on Sociological Theory*, Row, Peterson and Company.
Heritage, John (1984) *Garfinkel and Ethnomethodology*, Polity Press.
Herreros, Francisco (2004) *The Problem of Forming Social Capital*, Palgrave Macmillan.
Hetherington, Marc J. (1998) The Political Relevance of Political Trust, *The American Political Science Review*, Vol. 92, No. 4, pp. 791–808.
Hilbert, Richard A. (1990) Ethnomethodology and the Micro-Macro Order, *American Sociological Review*, Vol. 55, No. 6, pp. 794–808.
Hochschild, Jeniffer (2005) APSA Presidents Reflect on Political Science : Who Knows What, When, and How ?, *Perspectives on Politics*, Vol. 3, No. 2, pp. 309–334.
Husserl, Edmund (1954) *Die Krisis der europäischen Wissenschaften und die tranzendentale Phänomenologie*, Martinus Nijhoff.［細谷恒夫・木田元訳『ヨーロッパ諸学の危機と超越論的現象学』中公文庫，1995 年］
Inglehart, Ronald (1977) *The Silent Revolution : Changing Values and Political Styles Among Western Publics*, Princeton University Press.［三宅一郎・金丸輝男・富沢克訳『静かなる革命——政治意識と行動様式の変化』東洋経済新報社，1978 年］

——— (1990) *Culture Shift in Advanced Industrial Society*, Princeton University Press.［村山皓・富沢克・武重雅文訳『カルチャーシフトと政治変動（抄訳）』東洋経済新報社，1993 年］
——— (1999) Trust, Well-being and Democracy, in Warren, Mark E. (ed.) *Democracy and Trust*, Cambridge University Press.
Iversen, Torben (2009) Capitalism and Democracy in Goodin, Robert E. (ed.) *The Oxford Handbook of Political Science*, Oxford University Press.
Jacobitti, Suzanne D. (1975) Everyday Language and the Methodology of Political Science, *The Western Political Quarterly*, Vol. 28, No. 3, pp. 431–446.
Jalava, Janne (2003) From Norms to Trust : The Luhmannian Connections between Trust and System, *European Journal of Social Theory*, Vol. 6, No. 2, pp. 173–190.
Jarvie, Ian C. (1970) Understanding and Explanation in Sociology and Social Anthropology, in Borger, Robert and Cioffi, Frank (eds.) *Explanation in the Behavioural Sciences*, Cambridge University Press.
Jessop, Bob (1982) *The Capitalist State : Marxist Theories and Methods*, Martin Robertson.［田口富久治・中谷義和・加藤哲郎・小野耕二訳『資本主義国家――マルクス主義的諸理論と諸方法』御茶の水書房，1983 年］
——— (1990) *State Theory : Putting the Capitalist State in its Place*, Polity Press.［中谷義和訳『国家理論――資本主義国家を中心に』御茶の水書房，1994 年］
——— (2002) *The Future of the Capitalist State*, Polity Press.［中谷義和監訳『資本主義国家の未来』御茶の水書房，2005 年］
——— (2007) *State Power*, Polity Press.
Johnson, James (1997) Symbol *and* Strategy in Comparative Political Analysis, *APSA-CP Newsletter*, Vol. 8, No. 2, pp. 6–9.
——— (2003) Conceptual Problems as Obstacles to Progress in Political Science : Four Decades of Political Culture Research, *Journal of Theoretical Politics*, Vol. 15, No. 1, pp. 87–115.
Kalleberg, Arthur L. (1969) Concept Formation in Normative and Empirical Studies : Toward Reconciliation in Political Theory, *The American Political Science Review*, Vol. 63, No. 1, pp. 26–39.
Kavanagh, Dennis (1972) *Political Culture*, Government and Opposition.［寄本勝美・中野実訳『政治文化論』早稲田大学出版部，1977 年］
Keating, Michael (2009) Putting European Political Science Back Together Again, *European Political Science Review*, Vol. 1, No. 2, pp. 297–316.
Kim, Young C. (1964) The Concept of Political Culture in Comparative Politics, *The Journal of Politics*, Vol. 26, No. 2, pp. 313–336.
King, Gary, Keohane, Robert O., and Verba, Sidney (1994) *Designing Social Inquiry : Scientific Inference in Qualitative Research*, Princeton University Press.［真渕勝監訳『社会科学のリサーチ・デザイン――定性的研究における科学的推論』勁草書房，2004 年］
Kirn, Michael E. (1977) Behavioralism, Post-Behavioralism, and the Philosophy of Science : Two Houses, One Plague, *The Review of Politics*, Vol. 39, No. 1, pp. 82–102.
Knack, Stephen (ed.) (2003) *Democracy, Governance, and Growth*, The University of Michigan Press.

Knack, Stephen and Keefer, Philip (1997) Does Social Capital Have an Economic Payoff? : A Cross-Country Investigation, *The Quarterly Journal of Economics*, Vol. 112, No. 4, pp. 1251-1288.

Kneer, Georg and Nassehi, Armin (1993) *Niklas Luhmanns Theorie Sozialer Systeme*, Wilhelm Fink Verlag.［舘野受男・池田貞夫・野﨑和義訳『ルーマン社会システム理論』新泉社，1995年］

Kohli, Atul (2002) State, Society, and Development, in Katznelson, Ira and Milner, Helen (eds.) *State of Discipline*, W. W. Norton.

Koschmann, Timothy (2012) Early Glimmers of the Now Familiar Ethnomethodological Themes in Garfinkel's "The Perception of the Other", *Human Studies*, Vol. 35, pp. 479-504.

Kubik, Jan (2009) Ethnography of Politics : Foundations, Applications, Prospects, in Schatz, Edward (ed.) *Political Ethnography : What Immersion Contributes to the Study of Power*, The University of Chicago Press.

Kumlin, Staffan and Rothstein, Bo (2005) Making and Breaking Social Capital : The Impact of Welfare-State Institutions, *Comparative Political Studies*, Vol. 38, No. 4, pp. 339-365.

Laclau, Ernesto and Mouffe, Chantal (1985) *Hegemony and Socialist Strategy : Towards a Radical Democratic Politics*, Verso.［山崎カヲル・石澤武訳『ポスト・マルクス主義と政治——根源的民主主義のために』大村書店，1992年］

Ladwig, Bernd (2007) Politische Theorie, politische Philosophie und Gesellschaftstheorie. Ein integrativer Vorschlag, in Buchstein, Hubertus und Göhler, Gerhard (Hg.) *Politische Theorie und Politikwissenschaft*, Wiesbaden.

Laitin, David D. (1995) The Civic Culture at 30, *The American Political Science Review*, Vol. 89, No. 1, pp. 168-173.

———— (1997) Game Theory and Culture, *APSA-CP Newsletter*, Vol. 8, No. 2, pp. 9-11.

———— (2006) The Prestroikan Challenge to Social Science, in Schram, Sanford F. and Caterino, Brian (eds.) *Making Political Science Matter*, New York University Press.

Laitin, David D. and Wildavsky, Aaron (1988) Political Culture and Political Preferences, *The American Political Science Review*, Vol. 82, No. 2, pp. 589-597.

Leach, William D, and Sabatier, Paul A. (2005) To Trust an Adversary : Integrating Rational and Psychological Models of Collaborative Policymaking, *The American Political Science Review*, Vol. 99, No. 4, November, pp. 491-503.

LeBlanc, Robin M. (1999) *Bicycle Citizens : The Political World of the Japanese Housewife*, University of California Press.［尾内隆之訳『バイシクル・シティズン——「政治」を拒否する日本の主婦』勁草書房，2012年］

Lehman, Edward W. (1972) On the Concept of Political Culture : A Theoretical Reassessment, *Social Forces*, Vol. 50, No. 3, pp. 361-370.

Levi, Margaret (1993) Book Review, *Comparative Political Studies*, Vol. 26, No. 3, October, pp. 375-379.

———— (1996) Social and Unsocial Capital : A Review Essay of Robert Putnam's Making Democracy Work, *Politics and Society*, Vol. 24, No. 1, March, pp. 45-55.

———— (1998) A State of Trust, in Braithwaite, Valerie and Levi, Margaret (eds.) *Trust and Governance*, Russell Sage Foundation.

Lewis, David J. and Weigert, Andrew (1985a) Trust as a Social Reality, *Social Forces*, Vol. 63,

No. 4, pp. 967–985.
——— (1985b) Social Atomism, Holism, and Trust, *The Sociological Quarterly*, Vol. 26, No. 4, pp. 455–471.
Lewis, Thomas J. (1974) The Normative Status of Talcott Parsons' and David Eastons' Analyses of the Support System, *Canadian Journal of Political Science*, Vol. 7, No. 4, pp. 672–686.
Lichbach, Mark Irving (2009) Thinking and Working in the Midst of Things : Discovery, Explanation, and Evidence in Comparative Politics, in Lichbach, Mark Irving and Zuckerman, Alan S. (eds.) *Comparative Politics : Rationality, Culture, and Structure*, 2nd Edition, Cambridge University Press.
——— (2013) *Democratic Theory and Causal Methodology in Comparative Politics*, Cambridge University Press.
Lijphart, Arend (1980) The Structure of Inference, in Almond, Gabriel A. and Verba, Sidney (eds.) *The Civic Culture Revisited*, Little, Brown and Company.
——— (1999) *Patterns of Democracy : Government Forms and Performance in Thirty-Six Countries*, Yale University Press.［粕谷祐子訳『民主主義対民主主義——多数決型とコンセンサス型の 36ヵ国比較研究』勁草書房，2005 年］
Lin, Nan (2001) *Social Capital : A Theory of Social Structure and Action*, Cambridge University Press.［筒井淳也・石田光規・桜井政成・三輪哲・土岐智賀子訳『ソーシャル・キャピタル——社会構造と行為の理論』ミネルヴァ書房，2008 年］
Linz, Juan J. and Stepan, Alfred C. (1996) *Problems of Democratic Transition and Consolidation*, The Johns Hopkins University Press［荒井祐介・五十嵐誠一・上田太郎訳『民主化の理論——民主主義への移行と定着の課題』一藝社，2005 年］
Lipsky, Michael (1980) *Street-level Bureaucracy : Dilemmas of the Individual in Public Services*, Russell Sage Foundation.［田尾雅夫・北大路信郷訳『行政サービスのディレンマ——ストリート・レベルの官僚制』木鐸社，1986 年］
Little, Adrian (2002) *The Politics of Community : Theory & Practice*, Edinburgh University Press.［福士正博訳『コミュニティの政治学』日本経済評論社，2010 年］
Lowndes, Vivien (2002) Institutionalism, in Marsh, David and Stoker, Gerry (eds.) *Theory and Methods in Political Science*, 2nd Edition, Palgrave.
Luhmann, Niklas (1964) *Funktionen und Folgen formaler Organisation*, Duncker & Humblot.［沢谷豊ほか訳『公式組織の機能とその派生的問題（上）（下）』新泉社，1992，1996 年］
——— (1965) *Grundrechte als Institution : Ein Beitrag zur politischen Soziologie*, Duncker & Humbolt.［今井弘道・大野達司訳『制度としての基本権』木鐸社，2000 年］
——— (1968) *Zweckbegriff und Systemrationalität : Über die Funktion von Zwecken in sozialen Systemen*, J. C. B. Mohr/Paul Siebeck.［馬場靖雄ほか訳『目的概念とシステム合理性』勁草書房，1990 年］
——— (1970a) Soziologie als Theorie sozialer Systeme, *Soziologische Aufklärung : Aufsätze zur Theorie sozialer Systeme*, Bd. 1, Westdeutscher Verlag.［土方昭監訳「社会システム理論としての社会学」『法と社会システム——社会学的啓蒙』新泉社，1988 年］
——— (1970b) Funktion und Kausalität, *Soziologische Aufklärung : Aufsätze zur Theorie sozialer Systeme*, Bd. 1, Westdeutscher Verlag.［土方昭監訳「機能と因果性」『社会システムのメタ理論——社会学的啓蒙』新泉社，1984 年］

――― (1970c) Soziologie des politischen Systems, *Soziologische Aufklärung, Aufsätze zur Theorie sozialer Systeme*, Bd. 1, Westdeutscher Verlag.
――― (1971) Komplexität und Demokratie, *Politische Planung : Aufsätze zur Soziologie von Politik und Verwaltung*, Westdeutscher Verlag.
――― (1973) *Vertrauen : Ein Mechanismus der Reduktion sozialer Komplexität*, Ferdinand Enke Verlag.［大庭健・正村俊之訳『信頼――社会的な複雑性の縮減メカニズム』勁草書房，1990 年］
――― (1974) Soziologische Aufklärung, in ders. *Soziologische Aufklärung : Aufsätze zur Theorie sozialer Systeme*, Bd 1, Westdeutscher Verlag.［土方昭監訳「社会学的啓蒙」『法と社会システム（改訳版）』新泉社，1988 年］
――― (1975a) *Macht*, Ferdinand Enke Verlag.［長岡克行訳『権力』勁草書房，1986 年］
――― (1975b) *Legitimation durch Verfahren*, Luchterhand.［今井弘道訳『手続を通しての正統化』風行社，2003 年］
――― (1976) Generalized Media and the Problem of Contingency, in Loubser, Jan J. et al. (eds.) *Explorations in General Theory in Social Science : Essays in Honor of Talcott Parsons*, New York Free Press, Vol. 2, pp. 507-532.
――― (1979) Temporalstrukturen des Handlungssystems Zum Zusammenhang von Handlungs- und Systemtheorie, in Schluchter, Wolfgang (Hrsg.), *Verhalten, Handeln und System : Talcott Parsons' Beitrag zur Entwicklung der Sozialwissenschaften*, Suhrkamp.
――― (1980a) Talcott Parsons――Zu Zukunft eines Theorieprogramms, *Zeitschrift für Soziologie*, Heft 1, S. 5-17.
――― (1980b) *Gesellschaftsstruktur und Semantik : Studien zur Wissenssoziologie der modernen Gesellschaft*, Bd. 1, Suhrkamp.［徳安彰訳『社会構造とゼマンティク 1』法政大学出版局，2011 年］
――― (1981a) Wie ist soziale Ordnung möglich ?, *Gesellschaftsstruktur und Semantik : Studien zur Wissenssoziologie der modernen Gesellschaft*, Bd. 2, Suhrkamp.［佐藤勉訳『社会システム理論の視座』木鐸社，1985 年］
――― (1981b) *Politische Theorie im Wohlfahrtsstaat*, Günter Olzog Verlag.［徳安彰訳『福祉国家における政治理論』勁草書房，2007 年］
――― (1982) *Liebe als Passion : Zur Codierung von Intimität*, Suhrkamp.［佐藤勉ほか訳『情熱としての愛』木鐸社，2005 年］
――― (1983) *Legitimation durch Verfahren*, Suhrkamp.［今井弘道訳『手続きを通しての正統化』風行社，1990 年］
――― (1984) *Sozial Systeme : Grundriß einer allgemeine Theorie*, Suhrkamp.［佐藤勉監訳『社会システム（上）（下）』恒星社厚生閣，1993，1995 年］
――― (1986) Die Lebenswelt : nach Rücksprache mit Phänomenologen, *Archiv für Rechts- und Sozialphilosophie*, 72, Heft 2, S. 176-194.［青山治城訳「生活世界――現象学者たちとの対話のために」『情況：特集 社会学理論の現在・現象学とシステム理論』1・2 月号，1998 年］
――― (1987a) *Archimedes und Wir : Interviews*. Herausgegeben von Dirk Baecker und Georg Stanizek, Merve.［松戸行雄ほか訳『ルーマン，学問と自身を語る』新泉社，1996 年］
――― (1987b) The Evolutionary Differentiation between Society and Interaction, in Alexander,

Jeffrey C. et al. (eds.) *The Micro-Macro Link*, University of California Press.［圓岡偉男訳「社会と相互行為の進化的分化」，石田幸夫ほか訳『ミクロ－マクロ・リンクの社会理論』新泉社，1998年所収］
———— (1988a) Familiarity, Confidence, Trust, in Gambetta, Diego (ed.) *Trust : Making and Breaking Cooperative Relations*, Basil Blackwell.
———— (1988b) *Die Wirtschaft der Gesellschaft*, Suhrkamp.［春日淳一訳『社会の経済』文眞堂，1991年］
———— (1988c) *Erkenntnis als Konstruktion*, Benteli.［土方透訳「構成としての認識」，松戸行雄ほか訳『ルーマン，学問と自身を語る』新泉社，1996年所収］
———— (1990a) *Essays on Self-Reference*, Columbia University Press.［土方透・大澤善信訳『自己言及性について（抄訳）』国文社，1996年］
———— (1990b) *Paradigm Lost : Über die ethische Reflexion der Moral, Rede von Nilas Luhmann anläßlich der Verleihung des Hegel-Preises,* Suhrkamp.［土方昭訳『パラダイム・ロスト』国文社，1992年］
———— (1990c) The Future of Democracy [trans. by David Roberts], *Thesis Eleven*, No. 26, pp. 46–53.
———— (1990d) *Die Wissenschaft der Gesellschaft*, Suhrkamp.［徳安彰訳『社会の科学（1）(2)』法政大学出版局，2009年］
———— (1990e) Das Erkenntnisprogramm des Konstruktivismus und die unbekannt bleibende Realität, *Soziologische Aufklärung 5 ; Konstruktivistische Perspektiven*, Westdeutscher Verlag.
———— (1992a) *Beobachtungen der Moderne*, Westdeutscher Verlag.［馬場靖雄訳『近代の観察』法政大学出版局，2003年］
———— (1992b) Status quo als Argument, [Kiesrling, André (Hrsg.)] *Universität als Milieu*, Haux.
———— (1993) "Was ist der Fall ?" und "Was steckt dahinter ?": Die zwei Soziologien und die Gesellschaftstheorie, *Zeitschrift für Soziologie*, Heft 4, S. 245–260.［土方透訳「なにが扱われているのか？　その背後にはなにが隠されているか？」，松戸行雄ほか訳『ルーマン，学問と自身を語る』新泉社，1996年所収］
———— (1995a) Das Gedächtnis der Politik, *Zeitschrift für Politik*, Jahrgang 42, Heft 2, S. 109–121.
———— (1995b) Intersubjektivität oder Kommunikation : Unterschiedliche Ausgangspunkte soziologischer Theoriebildung, *Soziologische Aufklärung : Die Soziologie und der Mensch*, Bd. 6, Westdeutscher Verlag.［村上淳一編訳「間主観性かコミュニケーションか」『ポストヒューマンの人間論——後期ルーマン論集』東京大学出版会，2007年］
———— (1995c) Inklusion und Exklusion, *Soziologische Aufklärung : Die Soziologie und der Mensch*, Bd. 6, Westdeutscher Verlag.［村上淳一編訳「インクルージョンとエクスクルージョン」『ポストヒューマンの人間論——後期ルーマン論集』東京大学出版会，2007年］
———— (1995d) Die neuzeitlichen Wissenschaften und die Phänomenologie, in Kulturabteilung der Stadt Wien (Hrsg.) *Wiener Vorlesungen in Rathaus*, Bd. 6, Picus Verlag Wien.［村上淳一編訳「近代科学と現象学」『ポストヒューマンの人間論——後期ルーマン論集』東京大学出版会，2007年］

——— (1996a) *Die Realität der Massenmedien*, Westdeutscher Verlag.［林香里訳『マスメディアのリアリティ』木鐸社，2005 年］

——— (1996b) *Protest : Systemtheorie und soziale Bewegungen* [Hellman, Kai-Uwe (Hrsg. und eingelaitet)], Suhrkamp.［徳安彰訳『プロテスト——システム理論と社会運動』新泉社，2013 年］

——— (1997) *Die Gesellschaft der Gesellschaft*, Bd. 1-2, Suhrkamp.［馬場靖雄・赤堀三郎・菅原謙・高橋徹訳『社会の社会 (1) (2) 』法政大学出版局，2009 年］

——— (2000) *Die Politik der Gesellschaft*, Suhrkamp.［小松丈晃訳『社会の政治』法政大学出版局，2013 年］

——— (2002) *Einführung in die Systemtheorie* [Baecker, Dirk (Hrsg.)], Heidelberg, Carl-Auer-Systeme Verlag.［土方透監訳『システム理論入門』新泉社，2007 年］

Luhmann, Niklas und Habermas, Jürgen (1971) Sinn als Grundbegriff der Soziologie, in ders. *Theorie der Gesellschaft oder Sozialtechnologie : Was leistet die Systemforschung ?*, Suhrkamp.［佐藤嘉一・山口節郎・藤沢賢一郎訳「社会学の基礎概念としての意味」『ハーバーマス＝ルーマン論争——批判理論と社会システム理論』木鐸社，1987 年］

Lynch, Michael (1993) *Scientific Practice and Ordinary Action : Ethnomethodology and Social Studies of Science*, Cambridge University Press.［水川喜文・中村和生監訳『エスノメソドロジーと科学実践の社会学』勁草書房，2012 年］

——— (1999) Silence in Context : Ethnomethodology and Social Theory, *Human Studies*, No. 22, pp. 211-233.

——— (2000) Against Reflexivity as an Academic Virtue and Source of Privileged Knowledge, *Theory, Culture & Society*, Vol. 17, No. 3, pp. 26-54.

——— (2001) Ethnomethodology and the Logic of Practice, in Schatzki, Theodore R., Cetina, Karin Knorr and von Savigny, Eike (eds.) *The Practice Turn in Contemporary Theory*, Routledge.［椎野信雄訳「エスノメソドロジーと実践の論理」『情況：別冊 実践－空間の社会学——他者・時間・関係の基層から』2000 年 8 月号］

Macridis, Roy and Cox, Richard (1953) Seminar Report, *The American Political Science Review*, Vol. 47, No. 3, pp. 641-657.

Mahon, Rianne (1991) From "Bringing" to "Putting": The State in Late Twentieth-Century Social Theory, *The Canadian Journal of Sociology*, Vol. 16, No. 2, pp. 119-144.

Mannheim, Karl (1964) Beiträge zur Theorie der Weltanschauungs interpretation, *Wissenssoziologie : Auswahl aus dem Werk* [hrsg. Wolff, Kurt H.], Luchterhand.［樺俊雄監修「世界観解釈の理論への寄与」『マンハイム全集 1　初期論文集』潮出版社，1975 年］

March, James G. and Olsen, Johan P. (1989) *Rediscovering Institutions : The Organizational Basis of Politics*, The Free Press.［遠田雄志訳『やわらかな制度——あいまい理論からの提言』日刊工業新聞社，1994 年］

Marinetto, Michael (2007) *Social Theory, the State and Modern Society*, Open University Press.

Marsh, David (2010) Meta-Theoretical Issues, in Marsh, David and Stoker, Gerry (eds.) *Theory and Methods in Political Science*, 3rd Edition, Palgrave.

Marsh, David and Furlong, Paul (2002) A Skin not a Sweater : Ontology and Epistemology in Political Science, in Marsh, David and Stoker, Gerry (eds.) *Theory and Methods in Political Science*, 2nd Edition, Palgrave.

McClain, Paula D. (2003) Social Capital and Diversity : An Introduction, in *American Political Science Association*, Vol. 1, No. 1, March, pp. 101-102.
Mead, Lawrence M. (2010) Scholasticism in Political Science, *Perspectives on Politics*, Vol. 8, No. 2, pp. 453-464.
Mehan, Hugh and Wood, Houston (1976) De-Secting Ethnomethodology, *The American Sociologist*, Vol. 11, No. 1, pp. 13-21.
Merton, Robert K. (1975) Structural Analysis in Sociology, in Blau, Peter M. (ed.) *Approaches to the Study of Social Structure*, The Free Press. ［斎藤正二監訳「社会学における構造分析」『社会構造へのアプローチ』八千代出版，1982 年］
Migdal, Joel S. (1991) A Model of State-Society Relations, in Wiarda, Howard J (ed.) *New Directions in Comparative Politics*, Revised Edition, Westview Press. ［大木啓介ほか訳「国家－社会関係——一つのモデル」『比較政治学の新動向』東信堂，1988 年］
Miller, Alan S. and Mitamura, Tomoko (2003) Are Surveys on Trust Trustworthy ?, *Social Psychology Quarterly*, Vol. 66, No. 1, pp. 62-70.
Mishler, William and Rose, Richard (2001) What Are the Origins of Political Trust ? : Testing Institutional and Cultural Theories in Post-Communist Societies, *Comparative Political Studies*, Vol. 34, No. 1, pp. 30-62.
Misztal, Barbara A. (1996) *Trust in Modern Societies*, Polity Press.
Mitchell, Timothy (1991) The Limits of The State : Beyond Statist Approaches and Their Critiques, *The American Political Science Review*, Vol. 85, No. 1, March, pp. 77-96.
Möllering, Guido (2001) The Nature of Trust : From Georg Simmel to a Theory of Expectation, Interpretation and Suspension, *Sociology*, Vol. 35, No. 2, pp. 403-420.
Mommsen, Wolfgang J. (1974) *The Age of Bureaucracy : Perspectives on the Political Sociology of Max Weber*, Hraper & Row. ［得永新太郎訳『官僚制の時代——マックス・ヴェーバーの政治社会学』未来社，1984 年］.
Monroe, Kristen R. (ed.) (2005) *Perestroika ! The Raucous Rebellion in Political Science*, Yale University Press.
Morgenbesser, Sidney (1970) Is It a Science ?, in Emmet, Dorothy and Macintyre, Alasdair (eds.) *Sociological Theory and Philosophical Analysis*, Macmillan. ［松井清・久保田芳廣訳「社会科学における自然主義」『社会学理論と哲学的分析』弘文堂，1976 年］
Morris-Jones, W. H. (1962) The Over-Development of Politics, *The British Journal of Sociology*, Vol. 13, No. 2, pp. 169-172.
Muller, E. and Seligson, M. (1994) Civic Culture and Democracy : The Question of Causal Relationship, *The American Political Science Review*, Vol. 88, No. 3, pp. 635-652.
Muraskin, William (1974) The Moral Basis of a Backward Sociologist : Edward Banfield, the Italians, and the Italian-Americans, *The American Journal of Sociology*, Vol. 79, No. 6, pp. 1484-1496.
Mutz, Diana C. (2009) Political Psychology and Choice, in Goodin, Robert E. (ed.) *The Oxford Handbook of Political Science*, Oxford University Press.
Mutz, D. and Reeves, B. (2005) The New Videomalaise : Effect of Televised Incivility on Political Trust, *The American Political Science Review*, Vol. 99, No. 1, pp. 1-15.
Natanson, Maurice (1978) Foreword, in Grathoff, Richard (ed.) *The Theory of Social Action : The*

Correspondence of Alfred Schutz and Talcott Parsons, Indiana University Press.［佐藤嘉一訳「英語版序言」『社会理論の構成――社会的行為の理論をめぐって：A・シュッツ＝T・パーソンズ往復書簡』木鐸社，1980 年］
Nesbitt-Larking, Paul（1992）Methodological Note on the Study of Political Culture, *Political Psychology*, Vol. 13, No. 1, pp. 79–90.
Newton, Kenneth（2001）Trust, Social Capital, Civil Society and Democracy, *International Political Science Review*, Vol. 22, No. 2, pp. 201–214.
――――（2008）Trust and Politics, in Castiglione, Dario, van Deth, Jan W. and Wolleb, Guglielmo（eds.）*The Handbook of Social Capital*, Oxford University Press.
Nye, Joseph S., Zelikow, Philip D. and King, David C.（eds.）（1997）*Why People Don't Trust Government*, Harvard University Press.［嶋本恵美訳『なぜ政府は信頼されないのか』英治出版，2002 年］
Offe, Claus（1999）How can we trust our fellow citizens ?, in Warren, Mark E.（ed.）, *Democracy and Trust*, Cambridge University Press.
Olick, Jeffrey（2008）Political Culture, in Darity, William A.（ed.）*International Encyclopedia of Social Sciences*, 2nd Edition, Macmillan Reference.
Olson, Mancur（2003）Dictatorship, Democracy and Development, in Knack, Stephen（ed.）*Democracy, Governance, & Growth*, The University of Michigan Press.
Ostrom, Elinor（2003）Toward a Behavioral Theory Linking Trust, Reciprocity, and Reputation, in Ostrom, Elinor and Walker, James（eds.）*Trust & Reciprocity : Interdisciplinary Lessons For Experimental Research*, Russell Sage Foundation.
Ostrom, Elinor and Ahn, T. K.（eds.）（2003）*Foundations of Social Capital*, Edward Elgar Publishing.
Ostrom, Elinor and Walker, James（eds.）（2003）*Trust & Reciprocity : Interdisciplinary Lessons For Experimental Research*, Russell Sage Foundation.
Ostrom, Elinor and Ahn, T. K.（2003）Introduction, in Ostrom, Elinor and Ahn, T. K.（eds.）*Foundations of Social Capital*, Edward Elgar Publishing.
Parsons, Talcott（1935）The Place of Ultimate Values in Sociological Theory, *International Journal of Ethics*, Vol. 45, No. 3, pp. 282–316.
――――（1937［1968］）*The Structure of Social Action*, Vols. 1–2, The Free Press.［稲上毅・厚東洋輔ほか訳『社会的行為の構造（第一～五分冊）』木鐸社，1974～1989 年］
――――（1938）The Role of Ideas in Social Action, *American Sociological Review*, Vol. 3, No. 5, pp. 652–664.
――――（1945）The Present Position and Prospects of Systematic Theory in Sociology, in Gurvitch, Georges and Moore, Wilbert E.（eds.）, *Twentieth Century Sociology*, Books for Libraries Press.
――――（1951）*The Social System*, The Free Press.［佐藤勉訳『社会体系論』青木書店，1974 年］
――――（1953）Some Comments on the State of the General Theory of Action, *American Sociological Review*, Vol. 18, No. 6, pp. 618–631.
――――（1960）Pattern Variables Revisited : A Response to Robert Dubin, *American Sociological Review*, Vol. 25, No. 4, pp. 467–483.
――――（1961）Culture and the Social System, in Parsons, Talcott, Shils, Edward, Naegele, Kaspar

D. and Pitts, Jesse R. (eds.) *Theories of Society*, The Free Press of Glencoe, Inc. ［丸山哲央訳『文化システム論』ミネルヴァ書房，1991 年］
——— (1963) Rejoinder to Bauer and Coleman, *The Public Opinion Quarterly*, Vol. 27, No. 1, pp. 87–92.
——— (1966a) The Political Aspect of Social Structure and Process, in Easton, David (ed.), *Varieties of Political Theory*, Prentice-Hall Inc. ［大森弥・青木栄一・大嶽秀夫訳「社会構造・過程の政治的側面」『現代政治理論の構想』勁草書房，1971 年］
——— (1966b) *Societies : Evolutionary and Comparative Perspectives*, Prentice-Hall, Inc. ［矢沢修次郎訳『社会類型——進化と比較』至誠堂，1971 年］
——— (1967) Some Reflections on the Place of Force in Social Process, in *Sociological Theory and Modern Society*, The Free Press.
——— (1969a) On the Concept of Political Power, in *Politics and Social Structure*, The Free Press. ［新明正道監訳「政治的権力の概念について」『政治と社会構造（下)』誠信書房，1974 年］
——— (1969b) Postscript to Chapter 15, in *Politics and Social Structure*, The Free Press. ［新明正道監訳「第十五章　補遺」『政治と社会構造（下)』誠信書房，1974 年］
——— (1973) Culture and Social System Revisited, in Schneider, Louis and Bonjean, Charles M. (eds.) *The Idea of Culture in the Social Sciences*, Cambridge University Press.
——— (1975) Social Structure and the Symbolic Media of Interchange, in Blau, Peter M. (ed.) *Approaches to the Study of Social Structure*, The Free Press. ［斎藤正二監訳「社会構造と交換のシンボリック・メディア」『社会構造へのアプローチ』八千代出版，1982 年］
——— (1979) On the Relation of Theory of Action to Max Weber's "Verstehende Soziologie", in Schluchter, Wolfgang (Hrsg.) *Verhalten, Handeln und System : Talcott Parsons' Beitrag zur Entwicklung der Sozialwissenschaften*, Suhrkamp.
——— (1998a) The "Fragment" on Simmel [From Draft Chapter XVIII (*Structure of Social Action*): Georg Simmel and Ferdinand Toennies : Social Relationships and the Elements of Action], *The American Sociologist*, Vol. 29, No. 2, pp. 21–30.
——— [edited by Buxton, William J.] (1998b) Simmel and the Methodological Problems of Formal Sociology, *The American Sociologist*, Vol. 29, No. 2, pp. 31–50. ［油井清光・徳田剛訳「ジンメルと形式社会学の方法論的諸問題（但し，未発表のオリジナル原稿からの訳出)」『思想』第 910 号，2000 年］
Parsons, Talcott and Shils, Edward (eds.) (1951) *Toward a General Theory of Action*, Harvard University Press. ［永井道夫・作田啓一・橋本真訳『行為の総合理論をめざして（抄訳)』日本評論新社，1960 年］
Parsons, Talcott and Smelser, Neil J. (1956) *Economy and Society : A Study in the Integration of Economic and Social Theory*, Routledge and Kegan Paul. ［富永健一訳『経済と社会——経済学理論と社会学理論の統合についての研究 I・II』岩波書店，1958，1959 年］
Pateman, Carol (1971) Political Culture, Political Structure and Political Change, *British Journal of Political Science*, Vol. 1, No. 3, pp. 291–305.
——— (1980) The Civic Culture : A Philosophic Critique, in Almond, Gabriel A. and Verba, Sidney (eds.) *The Civic Culture Revisited*, Little, Brown and Company.
Pérez-Díaz, Victor (2002) From Civil War to Civil Society : Social Capital in Spain from the 1930s to

the 1990s, in Putnam, Robert D.（ed.）*Democracies in Flux : The Evolution of Social Capital in Contemporary Society*, Oxford University Press.［猪口孝訳「スペイン――内戦から市民社会へ」『流動化する民主主義――先進 8 カ国におけるソーシャル・キャピタル』ミネルヴァ書房，2013 年］

Peters, Guy and Pierre, Jon（2006）Governance, Government and the State, in Hay, Colin, Lister, Michael and Marsh, David（eds.）*The State : Theories and Issues*, Palgrave.

Peters, Guy, Pierre, Jon and Stoker, Gerry（2010）The Relevance of Political Science, in Marsh, David and Stoker, Gerry（eds.）*Theory and Methods in Political Science*, 3rd Edition, Palgrave.

Pettit, Philip（1981）Reply : Evaluative 'Realism' and Interpretation, in Holtzman, Steven H. and Leich, Christopher M.（eds.）*Wittgenstein : To Follow a Rule*, Routledge & Kegan Paul.

Pierson, Paul（2004）*Politics in Time : History, Institutions, and Social Analysis*, Princeton University Press.［粕谷祐子監訳『ポリティクス・イン・タイム――歴史・制度・社会分析』勁草書房，2010 年］

Pollner, Melvin（1978）Constitutive and Mundane Versions of Labeling Theory, *Human Studies*, Vol. 1, No. 3, pp. 269–288.

――――（1987）*Mundane Reason : Reality in Everyday and Sociological Discourse*, Cambridge University Press.

――――（1991）Left of Ethnomethodology : The Rise and Decline of Radical Reflexivity, *American Sociological Review*, Vol. 56, No. 3, pp. 370–380.

Putnam, Robert D.（1971）Studying Elite Political Culture : The Case of Ideology, *The American Political Science Review*, Vol. 65, No. 3, pp. 651–681.

――――（1993）*Making Democracy Work*, Princeton University Press.［河田潤一訳『哲学する民主主義――伝統と改革の市民構造』NTT 出版，2001 年］

――――（1995）Bowling Alone : America's Declining Social Capital, *Journal of Democracy*, Vol. 6, No. 1, pp. 65–78.［坂本治也訳「ひとりでボウリングをする――アメリカにおけるソーシャル・キャピタルの減退」，宮川公男・大守隆編『ソーシャル・キャピタル――現代経済社会のガバナンスの基礎』東洋経済新報社，2004 年所収］

――――（2000）*Bowling Alone : The Collapse and Revival of American Community*, Simon & Schuster.［柴内康文訳『孤独なボウリング――米国コミュニティの崩壊と再生』柏書房 2006 年］

――――（ed.）（2002）*Democracies in Flux : The Evolution of Social Capital in Contemporary Society*, Oxford University Press.［猪口孝訳『流動化する民主主義――先進 8 カ国におけるソーシャル・キャピタル』ミネルヴァ書房，2013 年］

Putnam, Robert D. and Goss, Kristin A.（2002）Introduction, in Putnam, Robert D.（ed.）*Democracies in Flux : The Evolution of Social Capital in Contemporary Society*, Oxford University Press.［猪口孝訳「社会関係資本とは何か」『流動化する民主主義――先進 8 カ国におけるソーシャル・キャピタル』ミネルヴァ書房，2013 年］

Putnam, Robert D., Leonardi, Robert, Nanetti, Raffaella Y. and Pavoncello, Franco（1983）Explaining Institutional Success : The Case of Italian Regional Government, *The American Political Science Review*, Vol. 77, No. 1, pp. 55–74.

Pye, Lucian（1965）Introduction : Political Culture and Political Development, in Pye, Lucian and Verba, Sidney（eds.）*Political Culture and Political Development*, Princeton University Press.

——— (1968) Political Culture, in Sills, David L. (ed.) *International Encyclopedia of Social Sciences*, The Macmillan Company & The Free Press.
——— (1973) Culture and Political Science : Problems in the Evaluation of the Concept of Political Culture, in Schneider, Louis and Bonjean, Charles M. (eds.) *The Idea of Culture in the Social Sciences*, Cambridge University Press.
——— (1991) Political Culture Revisited, *Political Psychology*, Vol. 12, No. 3, pp. 487–508.
Rawls, Anne W. (1987) The Interaction Order Sui Generis : Goffman's Contribution to Social Theory, *Sociological Theory*, Vol. 5, No. 2, pp. 136–149.
Rawls, Anne W. and David, Gary (2005) Accountably Other : Trust, Reciprocity and Exclusion in a Context of Situated Practice, *Human Studies*, Vol. 28, No. 4, pp. 469–497.
Rehfeld, Andrew (2010) Offensive Political Theory, *Perspectives on Politics*, Vol. 8, No. 2, pp. 465–486.
Rhodes, R. A. W. (1996) The New Governance : Governing without Government, *Political Studies*, Vol. 44, No. 4, pp. 652–667.
——— (2009) Old Institutionalism : An Overview, in Goodin, Robert E. (ed.) *The Oxford Handbook of Political Science*, Oxford University Press.
Riedel, Manfred (1975) Gesellschaft, bürgerlichen, in Brunner, Otto, Conze, Werner und Koselleck, Reinhart (hrsg.) *Geschichtliche Grundbegriffe : Historisches Lexikon zur politisch-sozialen Sprache in Deutschland* Bd. 2, Klett-Cotta. [河上倫逸・常俊宗三郎編訳「市民社会」『市民社会の概念史』以文社，1990 年]
Rogers, Mary F. (1992) They All Were Passing : Agnes, Garfinkel, and Company, *Gender and Society*, Vol. 6, No, 2, pp. 169–191.
Rogowski, Ron (1997) Rational Choice as a Weberian View of Culture, *APSA-CP Newsletter*, Vol. 8, No. 2, pp. 14–15.
Rokkan, Stein (1964) Review, *The American Political Science Review*, Vol. 58, No. 3, pp. 676–679.
Rosenberg, Morris (1956) Misanthropy and Political Ideology, *American Sociological Review*, Vol. 21, No. 6, pp. 690–695.
Rothstein, Bo (2000) Trust, Social Dilemmas and Collective Memories, *Journal of Theoretical Politics*, Vol. 12, No. 4, pp. 477–501.
——— (2001) Social Capital in the Social Democratic Welfare State, *Politics & Society*, Vol. 29, No. 2, pp. 207–241.
——— (2002) Sweden : Social Capital in the Social Democratic State, in Putnam, Robert D. (ed.) *Democracies in Flux : The Evolution of Social Capital in Contemporary Society*, Oxford University Press. [猪口孝訳「スウェーデン――社会民主主義国家における社会関係資本」『流動化する民主主義――先進 8 カ国におけるソーシャル・キャピタル』ミネルヴァ書房，2013 年]
——— (2005) *Social Traps and the Problem of Trust*, Cambridge University Press.
——— (2011) *The Quality of Government : Corruption, Social Trust, and Inequality in International Perspective*, The University of Chicago Press.
Rothstein, Bo and Stolle, Dietlind (2008) Political Institutions and Generalized Trust, in Castiglione, Dario, van Deth, Jan W. and Wolleb, Guglielmo (eds.) *The Handbook of Social Capital*, Oxford University Press.

Ryle, Gilbert (1949) *The Concept of Mind*, Penguin Books. ［坂本百大・井上治子・服部裕幸訳『心の概念』みすず書房，1987 年］
Sabetti, Filippo (1996) Path Dependency and Civic Culture : Some Lessons From Italy About Interpreting Social Experiments, *Politics and Society*, Vol. 24, No. 1, pp. 19-44.
Sacks, Harvey (1967) The Search for Help : No-one to Turn to, in Schneidman, Edwin S. (ed.) *Essays in Self Destruction*, Science House. ［大原健士郎ほか訳「救助の吟味――誰も頼れる人がいないこと」『自殺の病理（上巻)』岩崎学術出版社，1971 年］
――― (1979) Hotrodder : A Revolutionary Category, in Psathas, George (ed.) *Everyday Language : Studies in Ethnomethodology*, Irvington Publisher. ［山田富秋・好井裕明・山崎敬一編訳「ホットロッダー――革命的カテゴリー」『エスノメソドロジー――社会学的思考の解体』せりか書房，1987 年］
Sanders, David (2002) Behavioralism, in Marsh, David and Stoker, Gerry (eds.) *Theory and Methods in Political Science*, 2nd Edition, Palgrave.
Sassatelli, Roberta (2007) When Coleman Read Garfinkel... !, *Sociologica*, No. 1, pp. 1-24.
Schatz, Edward (2009) Ethnographic Immersion and the Study of Politics, in Schatz, Edward (ed.) *Political Ethnography : What Immersion Contributes to the Study of Power*, The University of Chicago Press.
Schluchter, Wolfgang (1988) *Religion und Lebensführung : Band 1. Studien zu Max Webers Kultur- und Werttheorie*, Suhrkamp. ［佐野誠・林隆也訳『マックス・ヴェーバーの研究戦略――マルクスとパーソンズの間』風行社，2009 年］
Schmidt, Vivien (2006) Institutionalism, in Hay, Colin, Lister, Michael and Marsh, David (eds.) *The State : Theories and Issues*, Palgrave.
Scholl, Armin (2012) Between Realism and Constructivism ? Luhmann's Ambivalent Epistemological Standpoint, *Constructivist Foundation*, Vol. 8, No. 1, pp. 5-12.
Schram, Sanford E. (2006) Return to Politics : Perestroika, Phronesis, and Post-Paradigmatic Political Science, in Schram, Sanford F. and Caterino, Brian (eds.) *Making Political Science Matter*, New York University Press.
Schram, Sanford F. and Caterino, Brian (eds.) *Making Political Science Matter*, New York University Press.
Schultz, David A. (2002) The Phenomenology of Democracy : Putnam, Pluralism, and Voluntary Associations, in McLean, Scott L., Shultz, David A. and Steger, Manfred B. (eds.) *Social Capital : Critical Perspectives on Community and "Bowling Alone"*, New York University Press.
Schur, Edwin M. (1965) *Crimes Without Victims : Deviant Behavior and Public Policy : Abortion, Homosexuality, and Drug Addiction*, Prentice-Hall. ［畠中宗一・畠中郁子訳『被害者なき犯罪』新泉社，1981 年］
Schütz, Alfred (1932) *Der Sinnhafte Aufbau der Sozialen Welt : Eine Einleitung in der verstehende Soziologie*, Suhrkamp. ［佐藤嘉一訳『社会的世界の意味構成』木鐸社，改訳版，2006 年］
Schutz, Alfred (1962) Concept and Theory Formation in the Social Sciences, [Natanson, Maurice (ed.)] *Collected Papers 1 : The Problem of Social Reality*, Martinus Nijhoff. ［渡部光・那須壽・西原和久訳「社会科学における概念構成と理論構成」『アルフレッド・シュッツ著作集第 1 巻　社会的現実の問題［1］』マルジュ社，1983 年］
――― [Wagner, Helmut R. (ed.)] (1970) *On Phenomenology and Social Relations*, The

University of Chicago Press.［森川眞規雄・浜日出夫訳『現象学的社会学』紀伊國屋書店，1980 年］
Seabrooke, Leonard (2010) Everyday Legitimacy and Institutional Change, in Gofas, Andreas and Hay, Colin (eds.) *The Role of Ideas in Political Analysis : A Portrait of Contemporary Debates*, Routledge.
Searle, John R. (2004) *Mind : A Brief Introduction*, Oxford University Press.［山本貴光・吉川浩満訳『MiND マインド――心の哲学』朝日出版社，2006 年］
Segall, Shlomi (2005) Political Participation as an Engine of Social Solidarity : A Sceptical View, *Political Studies Association*, Vol. 53, pp. 362–378.
Seligman, Adam B. (1998) Trust and Sociability : On the Limits of Confidence and Role Expectations, *American Journal of Economics and Sociology*, Vol. 57, No. 4, pp. 391–404.
Seligson, Mitchell A. (2002) The Renaissance of Political Culture or the Renaissance of Ecological Fallacy ?, *Comparative Politics*, Vol. 34, No. 3, pp. 273–292.
Sharpf, Fritz W. and Schmidt, Vivien A. (eds.) (2000) *Welfare and Work in the Open Economy : Volume II. Diverse Responses to Common Challenges*, Oxford University Press.
Silverman, Sydel (1968) Agricultural Organization, Social Structure, and Values in Italy : Amoral Familism Reconsidered, *American Anthropologist,* New Series, Vol. 70, No. 1, pp. 1–20.
Simmel, Georg (1920) *Grundfragen der Soziologie : Individualium und Gesellschaft*, 2. Auflage, Sammlung Gölchen.［居安正訳『社会学の根本問題（個人と社会)』世界思想社，2004 年］
―――― (1908 [1958]) *Soziologie : Untersuchungen über die Formen der Vergesellschaft*, 4. Auflage, Duncker & Humblot.［居安正訳『社会学――社会化の諸形式についての研究（上）（下)』白水社，1994 年］
Skocpol, Theda (1985) Bringing the State Back In : Strategies of Analysis in Current Research, in Evans, B. Peter, Rueschemeyer, Dietrich and Skocpol, Theda (eds.) *Bringing the State Back In*, Cambridge University Press.
―――― (2002) United States : From Membership to Advocacy, in Putnam, Robert D. (ed.) *Democracies in Flux* : *The Evolution of Social Capital in Contemporary Society*, Oxford University Press.［猪口孝訳「会員組織から提唱集団へ」『流動化する民主主義――先進 8 カ国におけるソーシャル・キャピタル』ミネルヴァ書房，2013 年］
―――― (2003) *Diminished Democracy : From Membership to Management in American Civic Life*, University of Oklahoma Press.［河田潤一訳『失われた民主主義――メンバーシップからマネージメントへ』慶應義塾大学出版会，2007 年］
Smith, Martin (2006) Pluralism, in Hay, Colin, Lister, Michael and Marsh, David (eds.) *The State : Theories and Issues*, Palgrave.
Smith, M. G. (1966) A Structural Approach to Comparative Politics, in Easton, David (ed.) *Varieties of Political Theory*, Prentice-Hall.［大森弥・青木栄一・大嶽秀夫訳「構造的アプローチによる比較政治研究」『現代政治理論の構想』勁草書房，1971 年］
Sutton, Francis X. (1963) Social Theory and Comparative Politics, in Eckstein, Harry and Apter, David E. (eds.) *Comparative Politics : A Reader*, The Free Press of Glencoe.
Sokal, Alan and Bricmont, Jean (1998) *Fashionable Nonsense : Postmodern Intellectual's Abuse of Science*, Picador.［田崎晴明・大野克嗣・堀茂樹訳『「知」の欺瞞――ポストモダン思想

における科学の濫用』岩波書店，2000年］
Sørensen, Eva and Torfing, Jacob (2007) Governance Network Research : Towards a Second Generation, in Sørensen, Eva and Torfing, Jacob (eds.) *Theories of Democratic Network Governance*, Palgrave Macmillan.
Stoker, Gerry (2006) *Why Politics Matters : Making Democracy Work*, Palgrave Macmillan. ［山口二郎訳『政治をあきらめない理由——民主主義で世の中を変えるいくつかの方法』岩波書店，2013年］
——— (2010) The Rise of Political Disenchantment, in Hay, Colin (ed.) *New Directions in Political Science*, Palgrave Macmillan.
Swidler, Ann (1986) Culture in Action : Symbols and Strategies, *American Sociological Review*, Vol. 51, No. 2, pp. 273-286.
Sztompka, Piotor (1999) *Trust : A Sociological Theory*, Cambridge University Press.
Tarrow, Sidney (1996) Making Social Science Work Across Space and Time : A Critical Reflection on Robert Putnam's *Making Democracy Work*, *The American Political Science Review*, Vol. 90, No. 2, pp. 389-397.
——— (2004) Bridging the Quantitative-Qualitative Divide, in Brady, Henry E. and Collier, David (eds.) *Rethinking Social Inquiry : Diverse Tools, Shared Standards*, Rowman and Littlefield Publishers, Inc. ［泉川泰博・宮下明聡訳「定量的手法と定性的手法の架け橋」『社会科学の方法論争——多様な分析道具と共通の基準』勁草書房，2008年］
Taylor, Charles (1981) Understanding and Explanation in the Geisteswissenschaften, in Holtzman, Steven H. and Leich, Christopher M. (eds.) *Wittgenstein : to Follow a Rule*, Routledge & Kegan Paul.
Tilley, Nicholas (1980) Popper, Positivism and Ethnomethodology, *The British Journal of Sociology*, Vol. 31, No. 1, pp. 28-45.
Tilly, Charles and Goodin, Robert E. (2009) Overview of Contextual Political Analysis : It Depends, in Goodin, Robert E. (ed.) *The Oxford Handbook of Political Science*, Oxford University Press.
Torfing, Jacob (2005) Discourse Theory : Achievements, Arguments, and Challenges, in Howarth, David and Torfing, Jacob (eds.) *Discourse Theory in European Politics : Identity, Policy and Governance*, Palgrave MacMillan.
Tsebelis, George (1997) Rational Choice and Culture, *APSA-CP Newsletter*, Vol. 8, No. 2, pp. 15-18.
Tyler, Tom R. (1998) Trust and Democratic Governance, in Braithwaite, Valerie and Levi, Margaret (eds.) *Trust and Governance*, Russell Sage Foundation.
Urpelainen, Johannes (2011) The Origins of Social Institutions, *Journal of Theoretical Politics*, Vol. 23, No. 2, pp. 215-240.
Uslaner, Eric M. (1999) Democracy and Social Capital, in Warren, Mark E. (ed.) *Democracy and Trust*, Cambridge University Press.
——— (2002) Trust in the Knowledge Society (unpublished paper). ［西出優子訳「知識社会における信頼」宮川公男・大守隆『ソーシャル・キャピタル——現代経済社会のガバナンスの基礎』東洋経済新聞社，2004年］
Uslaner, Eric M. and Dekker, Paul (2001) The 'Social' in Social Capital, in Dekker, Paul and Uslaner, Eric M. (eds.) *Social Capital and Participation in Everyday Life*, Routledge.
Vaitkus, Steven (1991) *How is Society Possible : Intersubjectivity and the Fiduciary Attitude as*

Problems of Social Groups in Mead, Gurwitsch, and Schutz, Kluwer Academic Publishers.［西原和久・工藤浩・菅原謙・矢田部圭介訳『「間主観性」の社会学――ミード・グルヴィッチ・シュッツの現象学』新泉社，1996 年］
Valone, James J.（1980）Parsons' Contributions to Sociological Theory : Reflections on the Schutz-Parsons Correspondence, *Human Studies*, Vol. 3, pp. 375–386.
Van Deth, Jan W.（2008）Introduction : Social Capital and Democratic Politics, in Castiglione, Dario, van Deth, Jan W. and Wolleb, Guglielmo（eds.）*The Handbook of Social Capital*, Oxford University Press.
Verba, Sidney（1965）Comparative Political Culture, in Pye, Lucian and Verba, Sidney（eds.）*Political Culture and Political Development*, Princeton University Press.
――――（1980）On Revisiting the Civic Culture : A Personal Post Script, in Almond, Gabriel A. and Verba, Sidney（eds.）*The Civic Culture Revisited*, Little, Brown and Company.
――――（1991）Comparative Politics : Where Have We Been, Where Are We Going ?, in Wiarda, Howard J.（ed.）*New Directions in Comparative Politics*, Revised Edition, Westview Press.［大木啓介ほか訳「比較政治学――回顧と展望」『比較政治学の新動向』東信堂，1988 年］
Waldron, Jeremy（2012）Democracy, in Estlund, David（ed.）*The Oxford Handbook of Political Philosophy*, Oxford University Press.
Wallace, Walter L.（1975）Structure and Action in the Theories of Coleman and Parsons, in Blau, Peter M.（ed.）*Approaches to the Study of Social Structure*, The Free Press.［斎藤正二監訳「コールマンとパーソンズの理論における構造と行為」『社会構造へのアプローチ』八千代出版，1982 年］
Ward, Hugh（2002）Rational Choice, in Marsh, David and Stoker, Gerry（eds.）*Theory and Methods in Political Science*, 2nd Edition, Palgrave.
Warren, Mark E.（1996）Deliberative Democracy and Authority, *The American Political Science Review*, Vol. 90, No. 1, pp. 46–60.
――――（1999）Conclusion, in Warren, Mark E.（ed.）*Democracy and Trust*, Cambridge University Press.
Weber, Max（1919 [1992]）Politik Als Beruf / 1919, [Mommsen, Wolfgang J. und Schluchter, Wolfgang（Hrsg.）] *Zusammenarbeit mit Birgitt Morgenbrod*, J. C. B. Mohr.［脇圭平訳『職業としての政治』岩波文庫，1980 年］
――――（1922）Über einige Kategorien der verstehenden Soziologie, in *Gesammelte Aufsätze zur Wissenschaftslehre*, J. C. B. Mohr.［林道義訳『理解社会学のカテゴリー』岩波文庫，1968 年］.
――――（1947）Die protestantische Ethik und der Geist des Kapitalismus, in *Gesammelte Aufsätze zur Religionssoziologie I*, J. C. B. Mohr.［大塚久雄訳『プロテスタンティズムの倫理と資本主義の精神』岩波文庫，1989 年］
――――（1956）*Wirtschaft und Gesellschaft der verstehenden Soziologie*, vierte, neu herausgegebene Auflage, besorgt von Johannes Winckelmann, erster Teil, Kaitel III.［世良晃士郎訳『支配の諸類型（抄訳）』創文社，1970 年］
Wedeen, Lisa（1999）*Ambiguities of Domination : Politics, Rhetoric, and Symbols in Contemporary Syria*, University of Chicago Press.
――――（2002）Conceptualizing Culture : Possibilities for Political Science, *The American Political*

Science Review, Vol. 96, No. 4, pp. 713–728.
――――― (2006) The Politics of Deliberation : *Qāt* Chews as Public Spheres in Yemen, *Public Culture*, Vol. 19, No. 1, pp. 59–84.
――――― (2008) *Peripheral Visions : Publics, Power, and Performance in Yemen*, The University of Chicago Press.
――――― (2009) Ethnography as Interpretive Enterprise, in Schatz, Edward (ed.) *Political Ethnography : What Immersion Contributes to the Study of Power*, The University of Chicago Press.
――――― (2010) Reflections on Ethnographic Work in Political Science, *Annual Review of Political Science*, Vol. 13, pp. 255–272.
Weinstein, Michael A. (1971) *Systematic Political Theory*, Charles E. Merril Publishing. [吉村正監訳『行動科学派の政治理論』東海大学出版会，1973 年]
West, Candace and Zimmerman, Don H. (1987) Doing Gender, *Gender and Society*, Vol. 1, No. 2, pp. 125–151.
White, Stephen K. (2002) Review, *The American Political Science Review*, Vol. 96, No. 1, pp. 179–180.
Wiarda, Howard J. (1993) *Introduction to Comparative Politics : Concepts and Processes*, Harcourt Brace & Company. [大木啓介訳『入門 比較政治学――民主化の世界的潮流を解読する』東信堂，2000 年]
Wieder, Lawrence D. (1974) Telling the Code, in Turner, Roy (ed.) *Ethnomethodology*, Penguin. [山田富秋・好井裕明・山崎敬一編訳「受刑者コード――逸脱行動を説明するもの」『エスノメソドロジー――社会学的思考の解体』せりか書房，1987 年]
Wildavsky, Aaron (1987) Choosing Preferences by Constructing Institutions : A Cultural Theory of Preference Formation, *The American Political Science Review*, Vol. 81, No. 1, pp. 4–21.
Wilson, Thomas P. (1970) Normative and Interpretive Paradigms in Sociology, in Douglas, Jack D. (ed.) *Understanding Everyday Life : Toward the Reconstruction of Sociological Knowledge*, Aldine Publishing Company.
Winch, Peter (1958) *The Idea of a Social Science and its Relations to Philosophy*, Routledge and Kegan Paul. [森川真規雄訳『社会科学の理念――ウィトゲンシュタイン哲学と社会研究』新曜社，1977 年]
――――― (1970) Comment, in Borger, Robert and Cioffi, Frank (eds.) *Explanation in the Behavioural Sciences*, Cambridge University Press.
――――― (1972) *Ethics and Action*, Routledge and Kegan Paul. [奥雅博・松本洋之訳『倫理と行為』勁草書房，1987 年]
Woolcock, Michael (2010) The Rise and Routinization of Social Capital, 1988–2008, *The Annual Review of Political Science*, Vol. 13, pp. 469–487.
Wuthnow, Robert (2002) United States : Bridging the Privileged and the Marginalized ? in Putnam, Robert D. (ed.) *Democracies in Flux : The Evolution of Social Capital in Contemporary Society*, Oxford University Press. [猪口孝訳「アメリカ合衆国――特権を持つ者と周辺化される者の橋渡し？」『流動化する民主主義――先進 8 カ国におけるソーシャル・キャピタル』ミネルヴァ書房，2013 年]
Yanow, Dvora (2009) Dear Author, Dear Reader : The Third Hermeneutic in Writing and Reviewing

Ethnography, in Schatz, Edward (ed.) *Political Ethnography : What Immersion Contributes to the Study of Power*, The University of Chicago Press.

Zimmerman, Donald (1976) A Reply to Professor Coser, *The American Sociologist*, Vol. 11, No. 1, pp. 4–13.

——— (1992) They Were All Doing Gender, But They Weren't All Passing : Comments on Rogers, *Gender and Society*, Vol. 6, No. 2, pp. 192–198.

Zimmerman, Don H. and Pollner, Melvin (1970) The Everyday World as a Phenomenon, in Douglas, Jack D. (ed.) *Understanding Everyday Life : Toward the Reconstruction of Sociological Knowledge*, Aldine Publishing Company.

Zmerli, Sonja and W. G. van der Meer, Tom (eds.) (2017) *Handbook on Political Trust*, Edward Elgar Publishing.

註

序　章　予備的考察

（1）ソーシャル・キャピタル論を信頼論の範疇に含むのは，ほとんどの先行研究において，ソーシャル・キャピタルの重要な構成要素のひとつに信頼が挙げられているからである。たとえば，もっとも影響力の大きいと思われるパットナムの定義によれば，ソーシャル・キャピタルとは「調整された諸活動を活発にすることによって社会の効率性を改善できる，信頼，規範，ネットワークといった社会組織の特徴」（Putnam 1993 : 167 = 2001 : 206–207）である。その他の例も多くあるが，煩雑になるのでここではこれ以上列挙しない。他方で，ソーシャル・キャピタルの定義から信頼概念を積極的に除外するものとしては，たとえばLin（2001 = 2008）がある。N・リンによれば，「ソーシャル・キャピタルとは，人びとが何らかの行為を行うためにアクセスし活用する社会的ネットワークに埋め込まれた資源であると操作的に定義される」（Lin 2001 : 24–25 = 2008 : 32）。リンがソーシャル・キャピタルの定義から信頼を除くのは，ソーシャル・キャピタルが規範や信頼と同一視されることで，議論に混乱が生じていると考えるからである。「ソーシャル・キャピタルは関係財であり，文化，規範，信頼などの集合財から区別されなければならない」（Lin 2001 : 26 = 2008 : 34）。こうした定義の違いが生じてくる理論的な背景については，本書の第II部にて詳しく扱うことにしたい。

（2）しかしながら，信頼論が政治学における重要なテーマとして今後も残り続けるかどうかは目下のところ不透明である。1960年代の政治文化論がそうであったように，信頼論も急速に成長した分，一時の知的な流行として急速に鎮静化する可能性も十分にあるからである。その意味で，D・カスティリオーネらの次のような（悲観的な？）観測も大いにあり得ると思う。「学術産業においても，流行や模倣という要素が入り込んでくる。ソーシャル・キャピタル論の成功は，それに対する解釈や批判とともに，ソーシャル・キャピタル研究やその応用のためのマーケットを創り出している。ソーシャル・キャピタルに関する業績が過剰生産されることにはあきらかな負の側面があるし，この点に関してソーシャル・キャピタル論は例外ではない。ソーシャル・キャピタル研究に対する学術的な興味関心がどこかの段階で後退し，そしてより通常の潮の満ち引きのパターンが始まるという予測も成り立つだろう。このことは実際にすでに始まっているのかもしれない」（Castiglione, van Deth and Wolleb 2008 : 8）。

（3）2019年現在，19冊出版されているのが確認できる。このうちのいくつかについては，本書の後段で取り上げる。

（4）近年日本で出されている論文集も，多くは学際性が強い。典型的には，筆者自身が執筆者として寄稿してもいる小山虎編（2018）で，これは当初から信頼研究の学際的広がりを共通の枠組みで捉えるためのものでもあった。ほかにもたとえば，稲葉陽二編（2008），稲葉陽二ほか編（2011）や，宮川公男・大守隆編（2004），高崎経済大学付属産業研究所編（2011）なども参照のこと。また，日本政治学会も，『年報政治学』の特集として信頼をテーマとして掲げたことがある（日本政治学会編 2010）。ただし，その『年報政治学』に収録されている論文は，「政治行政への信頼」を共通テーマとしているため，

学際性という志向はあまり強くないようである。

（5）ここでは政治学に話を限定しているが，たとえば経済学などでも事情は同じであるように思われる。たとえば，F・フクヤマの著作『信頼』は，各国の事例を通じて，経済成長をもたらす要因として，ハードなインフラストラクチャーや制度よりも文化的な倫理や習慣（ソーシャル・キャピタル）の重要性を説いたものである（Fukuyama 1995 = 1996）。フクヤマは経済学者というよりも評論家であり，政治学における信頼論にとってパットナムがもったほどの影響力はなかったかもしれない（おそらく，経済学における信頼論にもっとも影響を与えたのは，D・ノースに代表される新制度派経済学の取引費用論などであろう）。けれども，フクヤマの『信頼』は，通常の経済学からはこぼれ落ちていた学際的な視角の重要性を指摘する，ひとつのわかりやすい例ではある。

（6）これは信頼論に限らず，政治学が他の分野と交流する際に見られる傾向であるとM・キーティングは指摘している。「政治学者は隣接諸科学とより真面目に交際することで，利益を得るであろう。ディシプリンの境界線を越えることはまた，——逆説的にも——政治学者が何らかの内的一貫性を獲得し，また共有された概念のより合意できる地点を見出すのを可能にしてくれるだろう。しかしながら，政治学が隣接諸科学からの援用をおこなう際，本来の考え方は単純化され，縮減され，再定式化されたうえで支配的な実証主義的・個人主義的アプローチに適合するものとなり，その結果，政治学というディシプリンの境界は維持されることになる」（Keating 2009 : 302）。

（7）そもそも近年の合理的選択理論の傾向として，信頼のような合理性に還元されない要素が，積極的に理論モデルに組み込まれるようになってきているという事情が勘案されるべきであろう。この点に関する簡潔なレヴューとして，Ward（2002）を参照のこと。また本書第II部でもこの点について扱う。

（8）合理的選択理論（およびそれと組み合わされる計量分析）が現在の政治学において一定のパラダイムを築いているというのは，おそらく衆目の一致するところだろう。ただし，現在の政治学において主流を成しているのは，合理的選択理論と計量分析の組み合わせというよりも，むしろ極端な専門化と研究視野の矮小化であるとの指摘もある（cf. Mead 2010）。

（9）信頼論を，人間の協調行動や利他的行動のようなものに関する議論だとしてしまうと，容易に自然科学との融合という方向に行き着いてしまう（cf. Woolcock 2010 : 477–478）。実際に，ラッセル・セージ財団の論文集『信頼と互酬性（*Trust and Reciprocity*）』（Ostrom and Walker eds. 2003）は，実験的手法を用いながら学際的に信頼論研究を進めることで，人間行動の生物学的な側面にも入り込んでいった。しかし，結局のところ政治学の問題関心と生物学的な研究が折り合っておらず，学際的研究としてのまとまりを得ることもなかったと言える（Anthony 2004 : 494）。

けれども，政治学と生物学を融合させる試みは現になされている。その例が「進化政治学」（森下 2008）や，脳科学と連携した実験アプローチである。もし，これらのアプローチが主張するように，政治を人間のある種の行動様式（の集合）として捉え，それに対して科学的に誠実に因果関係を追究しなければならないとすれば，そうした生物学的な要因へと踏み込むことは論理的に考えても必要であろう。反対に，政治学がそうした「進化政治学」という方向に進んでいくことに対して違和感があるのならば，政治現象を理解・分析するということが，人間行動の生物学的分析とどういう意味で異なるのかについて考える必要がある。

(10) 公共政策論にもさまざまなヴァリエーションが存在すると思うが，ここでは一般的に，規範的な価値を前提として政策の策定から実施までにコミットする学問であるとしておく（cf. Goodin, Rein and Moran 2009）。

(11) この点に関しては，この序章の第三節で再び立ち返る。

(12) また，政治学において信頼論が流行した時期との関連も念頭に置いておかなければならない。つまり，1990年代の前半は，東欧における共産主義体制の崩壊と，それに触発された世界規模での民主主義体制への移行，民族紛争や宗教紛争の頻発と市民社会における秩序観の見直し，停滞する経済など，多くのビッグ・イシューが前景化した時期である。そして，これらの問題いずれにとっても，信頼やソーシャル・キャピタルが何らかのヒントを与えるものとして注目されたのであった（cf. Levi 1998 : 77）。

(13) とはいえ，たとえば社会学においても同様のことは言われている。盛山和夫は，社会学の本来的なアイデンティティを「公共社会学」として定位し，信頼論がそうした公共社会学をよく映し出すものだとしている（盛山 2012 : 26–27）。また実際に金子勇は，ソーシャル・キャピタル概念を手がかりとした実証分析によって，日本の少子高齢社会に対する処方箋を提示するという研究をおこなっている（cf. 金子 2007）。これらはソーシャル・キャピタル概念が強固な実証分析（データ収集と統計分析）と規範的政策論を媒介するものになっている例証である。

(14) 日本における明確な例をひとつ挙げておこう。経済産業省（当時）の中野剛志が，成長至上主義路線とは異なる新たな経済政策のヴィジョンを提唱するために立ち上げた研究会の報告書において，信頼やソーシャル・キャピタルを新たな産業構造の基盤として言及している。「信頼の強い絆で結ばれた人間関係や共同体は，変化や危機に対して，相互協力や相互扶助によって，高い対応能力を発揮する。それゆえ，変化に強い強靭な産業構造とは，いわゆる社会関係資本の網が張り巡らされた有機的な構造を有しており，そのような産業構造の構築を目指すことが，新たな産業政策には必要である」（中野 2010 : 75）。この例もそうであるが，日本では信頼やソーシャル・キャピタルが，以下で述べる米国の例と比較しても，民主主義論としてではなくて経済政策や（日本式）経営論として語られることが多いように思う。

(15) このセミナーには，当時公民権派の弁護士であったB・オバマ元米国大統領が参加している。現に，パットナムやサワーロ・セミナーが歴代米国大統領の演説等に影響を与えているとしばしば指摘されてもいる。セミナーやその活動内容等については，ホームページが詳しい。http://www.hks.harvard.edu/saguaro/（2016年12月22日アクセス）。

(16) 実際に，『ひとりでボウリングをする』の第五部には，「何がなされるべきか」というタイトルが付けられている。そのなかで，パットナムは次のように述べる。「私のメッセージは，現在の暮らし方に合うような，市民生活に再び活気を与える制度とチャンネルの一群を新たに作り上げるような市民的発明の時代を，われわれは何としても必要としていることである」（Putnam 2000 : 401 = 2006 : 495）。

(17) 興味深いことに，経験的な分析と規範論の連続性をもっとも強く捉えているのは，実証科学としての信頼論を構想する立場である。政治学における信頼論として，きわめて厳格に合理的選択理論を応用しようとするR・ハーディンは，規範理論の方法としても合理的選択理論やゲーム理論が有効であると主張している。というのも，ハーディンは，経験的な理論において有用であるものこそが，規範理論においても有用だと考えるからである（Hardin 2009）。同様のことを，パットナムのソーシャル・キャピタル概念の原

型を作ったJ・コールマンも述べている（Coleman 1975 = 1982）。コールマンは，「適切な行為理論があれば，規範理論はそこからきわめて自然に出てくる」（Coleman 1975 : 92 = 1982 : 138）と述べ，その際に基本となる考え方として，「パレート最適」を挙げている。とはいえ，ハーディンもコールマンも，規範理論の“方法論”として合理的選択理論が応用できると述べているだけで，具体的な政策論の段階に踏み込んでいるわけではない。それに対して，パットナムの信頼論が絶大な影響力をもつのは，経験分析であれ規範的な政策提言であれ，「実際にやって見せる」という姿勢が明確であるからだと思われる。パットナムはこうした姿勢によって，現在の政治学者のなかで学術的にも政治的にももっとも影響力のある一人となった。

(18) その意味で，本書はM・ヴェーバーの政治観を支持したいと思う。『職業としての政治』の講演に顕著であるように，ヴェーバーは「政治の本質的要素としての権力が，こうも除去され得るもののように考えるのは感傷的な愚かさに過ぎない」と一貫して考えていた（Mommsen 1974 : 36 = 1984 : 58–59）。

(19) たとえば最近出版された辻中・山内編（2019）においても，実証的なソーシャル・キャピタル研究を公共政策につなげることが目指されている。同書の序章において辻中豊は，「社会関係資本（の状態，機能）⇒市民社会（の性質，機能）⇒ガバナンス（の状態，その機能，その良し悪し）⇒個々の公共政策の帰結⇒システムの業績」（辻中 2019 : 11）という因果連関を想定し，この連関を実証的に示すという展望を述べている。これは，「概念の理論的整理をもって研究理解が済んだものとする」「日本の学界の負の伝統」（辻中 2019 : 3）へのアンチ・テーゼとして言われているものであるが，しかし，以上のような因果連関図式の妥当性がこれまで信頼論（ソーシャル・キャピタル論）の中でさんざん論争になってきた——そしていわゆる実証的な“エヴィデンス”によっては決着がつかなかった——ことに鑑みれば，ここで「信頼（ソーシャル・キャピタル）」と「政治」が原理的にどのような関係にあるのかについて，理論的にも整理していく必要があるだろう。もちろん，言うまでもないことだが，信頼論にとっての政治理論を構想することは，経験的な信頼論を無視していいことを意味しない。というのも，政治理論はあくまで研究プログラムを支える諸前提であって，経験分析の知見を一般化するものでもないし，ましてやその代用をするものでもないからだ。この点についても，第三節で詳述する。

(20) 政治文化論の一般的な特徴は，政治現象の種差性を何らかの——たいていの場合はある国民国家の——「文化」から説明しようとするところにある。客観的な指標として見た場合の政治制度，社会状況，経済発展の程度などがほとんど同一であったとしても，それぞれの地域や国における政治の実際の現象の仕方は，「文化」の違いに依存する，というのが基本的な認識である。60年代の政治文化論の特徴は，こうした認識をすべて変数として分解した上で再構成し，比較政治の一般理論として展開しようとしたところにある。つまり，60年代型の政治文化論は，文化を人びとの実践の場から切り離して特定するための試みであったという側面がある。第I部で述べるように，60年代型の政治文化論がこのような発想に至ったのは，パーソンズの文化に対する捉え方が影響している。

これに対して，政治へのかかわりにおいて，人びとが無意識的に形成している政治についての世界観を事象に即して観察するという政治文化論も存在する。石田雄は，このような立場から，60年代型の政治文化論について以下のように批判している。

じつは日常の無意識の態度も，特定の象徴によって思考する一般的なワク組みによ

って規定されている。それゆえこの場合にも，一つ一つの態度をばらばらにして，他の文化にみられる類似の態度と比較することは危険である。それぞれの態度がその文化のなかでどういう意味づけをもっているかということと切りはなしては，正当な理解はされえない。（石田 1969：11）

石田はあくまでも，人びとの政治的な実践が何を自明のこととして生起しているかを，それが生起している場に即して理解しなければならないとしている。現在のように，政治学が極度に実証科学化する以前は（そしてそれを推し進めたのが行動論であったわけだが），むしろこうした意味での政治文化論は一般的なものであった。ただしそうした研究は，研究者の個人芸に頼るところが多く，政治文化論として知見が蓄積されることも難しかった。たとえば，丸山眞男が1940年代から50年代にかけて「夜店」としておこなっていた同時代政治分析も，現在の基準で言えば（非－60年代型の）政治文化論の一種に位置づけられるであろう。しかしながら，丸山の議論はその後の政治学者に大きな影響を与えたにもかかわらず，政治学の方法論的な技術としては継承されていない（cf. 渡部 2010）。本書にとっての課題は，政治文化論ないし信頼論にとっての政治理論を，人びとの政治的な実践の場に定位させつつ，それとともに単に印象論的なエッセイに終始しない研究プログラムを用意するというところにある。

(21) 少し補足しておこう。60年代の政治文化論は，それ以前の伝統的な制度論への懐疑から出発している。他方で，近年の信頼論では，制度の重要性がたびたび確認されている。もちろん，伝統的な制度論と，80年代以降の「新しい制度論」では，制度に対する考え方は大きく違う。だが，今後新たな信頼論が再び制度論への懐疑に傾くことがあった場合，意図せずしてすでに棄却されたはずの60年代型政治文化論の発想から新たに再出発してしまうおそれがある。このことは，アメリカの実証主義的政治学を前提とした「新しい制度論」に対して，公式制度およびそこに埋め込まれた理念の歴史的展開を研究するヨーロッパ型の「旧制度論」の重要性の見直しが言われ始めている現状（cf. Rhodes 2009）にあっては，特に注意しておかなければならない。

(22) とはいえ，この点はアーモンドの1956年論文では簡単に述べられているにすぎない。60年代の政治文化論にとっての問題構成が，どのようにして学説史のなかから構成されたかについては，Almond（1980）に詳しい。

(23)「分析的リアリズム（analytical realism）」とは，最初期から続くパーソンズ理論の認識論的な特徴であり，パーソンズ自身がそのように説明している。端的に言えば，理論のなかで用いる概念が，現実から離れたフィクションであるという立場を否定しつつ（＝リアリズム），しかし概念が素朴に経験的な現実に対応するという立場も否定するもの（＝分析的）である。パーソンズ理論の展開から見てみると，この認識論はさまざまな問題を帯びてくるのであるが，その点も含め，詳細は以降の本論に譲ることにする。

(24) もっとも，実証科学として評価したとしても，パットナムの議論に不十分ないし不適切な点があることは多くの先行研究が指摘している。しかし，レイテンがパットナムに政治文化研究のコペルニクス的な転回を見たのは，多くの複雑な概念がむしろ経験分析への妨げになっていた60年代の政治文化論に対して，パットナムは明確な問いと実証可能なモデルを用いたからであった。とはいえ，J・ジョンソンのように，「政治文化」から「ソーシャル・キャピタル」へと看板が掛け替わったとしても，パットナムの議論で使用される概念には十分な検討がなされておらず，説明ロジックが破綻している点では60年代の政治文化論と同様であるという批判も存在する（Johnson 2003）。

(25) このことは，政治文化論と信頼論を連続線上に置いた場合に見えてくる，アイロニカルな展開を際立たせる。第I部では，政治文化論の限界が，結局のところ実証主義的な思考を突破できなかったところにあることが示される。けれども政治学における既存の評価では，政治文化論の限界をむしろ実証主義の不徹底に求めるものが多い。それゆえ，“ポスト政治文化論”としての信頼論ないしソーシャル・キャピタル論は，より強固な実証主義的前提の上に構想されるべきだという発想に行き着きやすい。その意味で，政治学における信頼論は，実証主義による限界を抱えた政治文化論への反省として，さらに実証主義的であろうとしているのである。

(26) そもそも，パットナムにおいてすでにソーシャル・キャピタル概念は，「間主観的な」，そしてそのかぎりで文化論的な仕方で扱われていたと見ることができるだろう。たとえば，D・シュルツは次のように述べている。

> 実質的に，パットナムは「ソーシャル・キャピタル」を「政治文化」と類似した仕方で扱っており，そしてより重要なことは，その用語はまた，しばしば「間主観性」と呼ばれるものの代用品になっている，ということである。　(Schultz 2002 : 82)

しかもシュルツの見るところ，パットナムによる間主観的なものとしてのソーシャル・キャピタル論は，個人主義的な存在論に立脚するかぎりで，失敗が運命づけられてもいる（Schultz 2002 : 83）。これは信頼論にとっての政治理論を考える際にも，きわめて重要な指摘であると思う。この点は，本書の第III部で詳しく扱うことにしたい。

(27)「集合的記憶」概念についても，Rothstein（2000, 2005）との関係で第II部で扱う。差し当たりここで指摘しておきたいのは，60年代の政治文化論においてすでに「政治的記憶（political memory）」概念が提起されていたことである（Verba 1965）。また，（これは本書の最終局面で重要になってくることだが）N・ルーマンは，それらの間主観的な記憶概念をむしろ否定するものとして自身の「記憶」という概念を展開している（vgl. Luhmann 1995a）。

(28) P・シュトンプカは次のように述べている。「初期の信頼に関する研究や理論においては，文化水準が相対的に無視されてきた。そしてわれわれの議論は，まさに文化的な諸規則こそが，ある特定の歴史的時点における特定の社会において，信頼もしくは不信が広がる程度を複合的に決定するのに，強力な役割を果たしているという結論に至ることになる」（Sztompka 1999 : 101）。

(29) 言うまでもなく，アーモンドとヴァーバの『市民文化』は，いまだに幅広く引用される政治学の重要文献である。たしかに話の“枕”として『市民文化』が言及されるだけの場合も少なくないけれど，他方でデータとしても発想としても，政治文化論はいまだに有用である。比較的最近の例をひとつ挙げれば，G・ストーカーは，イギリスにおける有権者の政治的有効性感覚の低下を論じる際に，アーモンドとヴァーバの議論を活用している（Stoker 2010）。

(30) もちろん，パットナムが登場するまで60年代の政治文化論の問題構成を引き継ぐものが何もなかったわけではなく，本書では第II部において70年代と80年代の学説史についてもある程度検討している。

(31) たとえばJ・ロールズとその周辺は「政治哲学」の領域とされることが一般的だと思うが，別にそれが「政治理論」と言われたとしてもほとんどの政治学者は違和感をもたないだろう。また，プラトンやロックの解釈についての「政治思想史」研究は『政治理論（*Political Theory*）』誌（セージ出版）に掲載されている。さらに，望ましい民主主義

のあり方を理念的・規範的に考えていく作業も,「政治理論」の範疇に含められるはずだ。
(32) この点に関して,実際に次のような問題が持ち上がったことがある。2007年の秋に,ペンシルヴェニア州立大学は,政治学の大学院カリキュラムから政治理論を削除することにした。そうした措置に対して,100名以上の政治理論家が連名で抗議の声明を出すという騒動があった。しかし,A・レーフェルドは,「なぜ政治理論はポリティカル・サイエンスというディシプリンに留まるのか」という問いを立て,かりに政治理論家がペンシルヴェニア大の措置に抗議するのであれば,彼らはどのような意味で政治理論がポリティカル・サイエンスであるのかを立証すべきだと主張している(Rehfeld 2010)。つまり,レーフェルドの意見では,反証可能性と対象の観察者からの独立性を認めない議論は,ポリティカル・サイエンスと同じカテゴリーに含まれる必要はないということになる。この事例は,現代政治学における科学化の昂進を象徴するものとして語られることが多いように思うが,同時に,現代の政治学においていかに「政治理論」というものの地位が不確実であるかも示している。
(33)「ペレストロイカ運動」とは,2000年10月15日付けでアメリカ政治学会の機関誌の編集者に送信された,匿名のメールに端を発する論争をここでは指している。同メールは,アメリカ政治学界の主流がポリティカル・サイエンスを標榜する一部の学者によって牛耳られていることを批判したものであった(このメールの内容と,その後の論争については,Monroe ed. (2005) を参照のこと。ちなみに,この論文集は,Schram and Caterino eds. (2006) とも一部重複がある)。とはいえ,「ペレストロイカ運動」が政治学の科学性に関する具体的な問題提起につながったわけではないため,それは結果的に政治学者に話題をひとつ提供したというぐらいの効果しかなかった(cf. 小野 2011)。
(34) フライヴァーグは,社会科学に有意性を回復するものとして(アリストテレス由来の概念である)「実践知(phronesis)」研究の必要性を提唱した(Flyvbjerg 2001)。フライヴァーグの「実践知」とは,規範的な問題意識に基づきながら現状の社会関係における権力メカニズムを分析し,その現状に対して価値判断を下しつつ,望ましい政治過程・社会過程を水路づけていくというものである(Flyvbjerg 2001 : 162)。「実践知」志向には,いわゆる「認識知(epistemic)」としての実証科学が対置されている。
(35) ただし,こうした論争の性質自体はけっして新しいものではない(むしろ学説史的には陳腐に繰り返されてきたとさえ言える)。たとえば,本書の第I部での検討範囲にあたる,1960年前後の行動論政治学の時期――行動論政治学は自然科学と同じ意味での「科学」としての政治学を求めたのであった――においても,科学的な有意性と政治学者の市民としての道徳性のバランスということは言われていた(cf. Apter 1957)。
(36) こうした「科学」としての政治学を担保する方法論として,レイテンは「三点結合法(tripartite methodology)」を挙げている(Laitin 2006 : 40)。これは,分析においてフォーマル・モデル(たとえば合理的選択の演繹モデル)と,物語(対象の歴史や状況に即した記述),統計分析を組み合わせて推論をおこなうというものである。この三点結合法を政治学の妥当性の基準とすれば,フライヴァーグらの言う方法論的多元主義や「ポスト・パラダイム化」というのはあり得ないことになる。なぜなら,いかに暫定的であれ,記述/分析の妥当性は次第に選別されていく以上,「アップデートをおこなわない〔方法論的――引用者〕多元主義は科学ではない」(Laitin 2006 : 53)からである。
(37) これに対しては,フライヴァーグが再反論をおこなっている(Flyvbjerg 2006)。フライヴァーグは,レイテンによる「実践知」研究の解釈が「私の言っていることを故意に

ねじ曲げるのと同じように，問題だし倫理違反でもあるように思う」（Flyvbjerg 2006 : 61）と苦情を述べている。ここでは，両者の言い分の当否よりも，こうした論争がどのような考えをフォーマットにして展開しているかに注目しておきたい。

(38) たとえば，フライヴァーグの挑戦を高く評価しているキーティングも，「科学」としての政治学と相対主義が二者択一となるべきでないことを主張している。以下の引用を参照せよ。

> 近代的な実証主義に対するオルタナティヴは，ラディカルな決定不可能性や相対主義といった形式をとるポストモダニズムではない。――〔中略〕――それは，政治学（political science）であることから外れることなく，解釈，文脈，時間と場所，判断，規範を組み込むことができるものである。実際，20 世紀中頃までは，それが普通であった。（Keating 2009 : 311）

本書としても，こうしたキーティングの主張に賛同したいと思う。しかしながら問題は，「20 世紀中頃まで普通」であったというそのような政治学のあり方を，単なる政治学の現状批判を超えて具体的に示していくことであろう。

(39) 本来，経験的な研究と規範的政策論の組み合わせ（いわゆる“車の両輪”）は，政治学が科学であることを放棄するのではなく，むしろ自然科学的な意味での「科学」に狭く限定されてきた社会科学の射程を広げるものだと考えることもできる。けれども，フライヴァーグの「実践知」というスローガンは，社会科学において自然科学と同じ存在論・認識論・方法論にもとづくことができないという主張から，容易に社会科学が「科学」ではないという結論に行き着いてしまう。そのため，「実践知」という語感からは，社会科学の有意性があたかも現実社会を善導し得るか否かという一点にのみかかっているかのような印象を受けるし，また実際そのように捉えている論者もいる（cf. Adcock 2009）。

(40) この点に関して，行動論とそれを批判するポスト行動論が，ともに政治学がそもそもどのような学問であるのかということを反省する契機を欠いた結果，自然科学とは異なる政治学のあり方を積極的に打ち出せなかったという，かつての失敗を思い出すべきだろう（Kirn 1977）。

(41) この点に関してはまた，Easton（1966 = 1971）も参照のこと。

(42) たとえば，ディシプリンの発展のために「一般理論」を求めるイーストンであれば，信頼論の現状に対してなされる以下のような主張には批判的であろう。

> 社会関係資本（ソーシャル・キャピタル）という用語は学問的な厳密性には欠けるが，誰でも感覚的に受容でき議論に加われる良さがある。――〔中略〕――学術的な厳密性を求めることは重要だが，厳密性を追求するあまり，結果的には権威主義に陥ったり，社会の現実にそぐわない独りよがりな議論を展開するようでは意味がない。（稲葉 2011 : 7）

たしかに，信頼論において目下のところ「一般理論」や「パラダイム」を展望できる状況ではない（cf. Woolcock 2010）。しかしながら，「誰でも感覚的に受容でき議論に加われる良さ」のために，信頼論自体が厳密であることをあきらめるというのは，イーストンでなくとも賛同し難い。とはいえ，本書としても，「ソーシャル・キャピタルという用語の画一的な定義を最初に決めておく」という意味での厳密さを追求する気はない。政治理論の研究は，概念定義の問題と同じではないからだ。信頼論の現状に対して必要なのは，厳密な概念定義ではなく，むしろ実際に研究をおこなう際の基本的な方針だろ

う。

(43) ここでは，イーストンの政治理論がその後どのような展開を辿ったかを詳述することはしない。イーストンが『政治体系』を書いた際のいきさつやその後の研究との関係については，田口（2001）の第1章「イーストンの政治システム論」が簡潔に整理している。

(44) イーストンの言う意味での「一般理論」は，ポリティカル・サイエンスにおいて“モデル”とされているものに近い。つまり，客観的現実の抽象化によって作られた政治理論は，あくまで一般化されてはいるものの，その妥当性は再び個別的な事象と照らし合わせられることで確認されるという考えである。しかし，このことは政治理論として必要な一般性＝抽象度と，経験的に確証されるために必要な具体性の確保とのあいだで，容易にディレンマを生み出してしまう。かつての行動論政治学は，こうしたディレンマを止揚することを試みて，高度な一般性と具体性をかなり強引に結び付けようとしたところを批判されている。「一般理論」としての政治理論を揚言するイーストン自身も，このディレンマに囚われていた（cf. Easton 1953 [1971] : 314–315 = 1976 : 321）。

(45) こうした考えは，いわゆるウィトゲンシュタイン派のエスノメソドロジーにも見られるもので，本書も部分的にそれを参照している。エスノメソドロジーの考え方については本書第7章でも触れるが，さしあたりの導入としては，西阪（1997）がよいだろう。

(46) ライル自身が挙げている例として，たとえば，ある人が床に絨毯が合うかということを調べるために，紙と鉛筆と巻尺を用いてあれこれと作業をおこなうことも，ささやかながら理論を構築するという作業に含まれる。ライルは，理論という言葉を「いかなる種類の体系的な探究の成果をも包括するようなものとして，その成果が演繹的な体系を作り上げているか否かを問わず」（Ryle 1949 : 272 = 1987 : 424）用いている。

(47) 次の引用を参照せよ。「理論化とは，したがって，けっして科学とともにはじまるものではなく，前科学的な日常的な経験もまた理論的に貫かれている」（Mannheim 1964 : 100 = 1975 : 61）。

(48) もう少し詳しく見ておくと，マンハイムは，世界観解釈という意味解釈の形態を特徴づけるに先立って，われわれがおこなう意味解釈を三つの水準に抽象している。それが，「客観的意味」「表現的意味（Ausdruckssinn）」「表示的意味（Dokumentsinn）」である。マンハイムによれば，既存の実証主義的な科学が対象としてきたのが「客観的意味」で，それに対してヴェーバーやシュッツなどの理解社会学が対象としてきたのが「表現的意味」である。世界観解釈の理論は，この二つの意味解釈の層とは異なる態度としての，「表示的意味」の理解が必要になる。というのも，世界観はきちんとした意味の構造を備えており，それは科学的な客観性において捉えられるものではないにしても，それ自身の理解可能性をもっているのだから。「われわれは，概念的でないものをことごとく，直感的であるとか非合理的であるとか言い表したくないのであれば，この非理論的な意味という中間領域を挿入しなければならない。理論的な意味の極と，単なる状態的なもので事実上完全に非合理的な極のあいだには，意味的な体験諸形式のまさしく広い層が横たわっているのである。表現意味と世界観意味（表示的意味）は，大部分この領域に属している」（Mannheim 1964 : 132 = 1975 : 108）。

(49) だが当然，ルーマンの言う「政治理論」も，科学的な概念や認識から影響を受けている。だからこそルーマンは，十分な複雑性を備えた科学としての「政治学理論」が，人びとの政治的な実践の方向づけ（＝「政治理論」）を補助していくことの必要性を主張し

たのであった（Luhmann 1981b : 11 = 2007 : 5）。

(50) とはいえ，たとえばK・ガーゲンのように，社会構成主義を，経験科学としての志向を否定し，価値的な判断を用いて現実世界をよりよくするために運動するプログラムとして捉えている論者もいる（Gergen 1999 = 2004）。こうした立場は，フライヴァーグなどの実践知論に再び回収されて，社会的世界の経験的研究の条件が問われにくくなってしまう。もちろん，構成主義が何らかの意味で現実社会に寄与することがあるのを否定する必要はないだろうが，構成主義を経験科学への批判と社会への実践的なコミットメントを必然的に意味するものとして捉えるべきではないと思う。

(51) ところで，政治理論における構成主義は，「解釈学（hermeneutics）」や「解釈学理論（interpretive theory）」と呼ばれることも多い。たしかに構成主義は，実証主義に対する異議申し立てや反－基礎づけ主義的な存在論という点において，「解釈学」ないし「解釈学理論」と読み替えることもできるだろう。たとえば，現代の政治哲学に大きな影響を与えたH＝G・ガーダマーの解釈学理論は，「普遍」と「特殊」の「間（Zwischen）」をつねに往還する（「戯れ続ける」）実践的な運動を指している（加藤 2012）。こうしたガーダマーの発想は，従来の行為理論を支配してきた主体哲学を脱却するひとつの方向性として，E・フッサールやM・ハイデガーと同様に，構成主義的な理論の哲学的な背景であり続けている。ただし，「解釈学／理論」という語では，誰かが何かを「解釈する」というニュアンスが前面に出ることによって，一方で言説理論や物語分析と重なってしまうし，他方では認識論が科学の反省理論である点が見えにくくなってしまうように思う。こうした混乱を避けるために，政治学ないし政治思想・政治哲学で「解釈学／理論」と言われているものと，本書における構成主義との関係は，ここでは問わないことにする。

(52) よって，小野耕二が述べるような，「『反－本質主義』的ではあるが，『実在論的』な構成主義理論」（小野 2009 : 21）というのは，その場合の「実在論」の性質をよほど注意深く規定しなければ，形容矛盾になるおそれがある。

(53) P・ウィンチの例を用いてもう少し敷衍すれば，「戦争」というアイデアはたんに武力紛争状態を説明したいと思う人びとによって発明されたものなのではない。「それは，抗争しているそれぞれの社会のメンバーにとって，なにが適切な行動なのかを示す基準となっているアイデアなのである」（Winch 1958 : 127 = 1977 : 157）。戦争も含め，われわれが社会的に行為しているということ自体，われわれが社会において用いる概念やアイデアと切り離せるものではない。よって，社会現象と概念・アイデアに，どちらが先でどちらが後か，という区別はない。構成主義の因果的な解釈は，この点を見誤っているように思われる。

(54) そもそもたとえば政治現象が社会的に構成されていることはきわめて当たり前のことであり，それをわざわざ「社会的に構成された」と言うことに意味はない。ハッキングの言葉を借りれば，「もし全てのものが社会的に構成されていると考えるならば，『危険』や『女性難民』といったものが社会的に構成されていると論じることに何の意味があるだろうか」（Hacking 1999 : 24 = 2006 : 56）。構成主義の問題は，何かが構成されているのか否かという点にあるのではなくて，いかにして構成されていると言えるのか，という点にある。

(55) たとえば西原和久は，間主観性という概念を使う際に，次のようなスタンスを表明している。

①意識ないし主観・主体が間主観的に構成されること，②権力や制度なども間主観

的に構成されること，③にもかかわらず，間主観性という用語を選択するのは，人びとの間での主観ないし意識の問題も依然として重要であることを忘れないためであること。 （西原 2003 : 194）

西原の言うように，現在の社会理論における意味学派は，総じて現象学からの流れを背景にしているし，その点を無視してしまっては，そもそも「間主観性」概念がそれまでの支配的なパラダイム（パーソンズ理論）に対してもった批判的含意が理解しにくくなるであろう。けれども本書では，「間主観性」という概念を用いることの困難さは，その概念を使い続けることのメリットを上回ってしまっているのではないかと考える。その理由は，「心」の問題に集約されると思われるが，これ以上の検討は，本書第 III 部にておこないたい。

(56) 再びウィンチが次のように述べていることに注意しよう。「哲学の問題は，外的対象の世界が存在することを証明ないし否定することではなく，その外在性という概念を明確にすることにある」（Winch 1958 : 10 = 1977 : 12）。

(57) ほかにも，ルーマンがビーレフェルト大学を退職する際の記念講演である「構成としての認識」では，いわゆるラディカル構成主義に対する批判から，ルーマンの自己言及的に閉じた構成主義が論じられている（Luhmann 1988c = 1996）。この講演でルーマンは，経験的な実在を否定するラディカル構成主義者に対して痛烈な皮肉を浴びせかけているけれども，それは構成主義を否定しているからではない。なぜなら，ルーマンにとって，構成主義と実在論が鏡あわせの関係にはない以上，一方を否定することが他方を肯定することを必然的に帰結するわけではないからである（Scholl 2012）。

(58) このことはたとえば，ルーマンのあるトピックについての用語解説が，他の項目との辞書的な循環を受け入れなければならないということに端的にあらわれていると言えるだろう（vgl. Baraldi, Corsi und Esposito 1997 = 2013）。

(59) この点をルーマンに即してもう少しだけ丁寧に述べると，次のようになる。社会的な秩序のまとまりがシステムと環境との差異（＝意味的な境界が存在していること）にあるとすれば，リアリティとはこの差異のことにほかならない。リアリティはこのようにして観察されるわけであるが，しかし，システムと環境の差異を用いる観察を観察すること（＝区別をおこない，一方を指示すること）は，それ自体がどのような区別を用いているかを見ることはできない。その区別を見るためには，また別の観察が必要になるからだ。こうして，リアリティの観察はリアルに生じるが，どこまでいっても確実な基礎にたどり着くことはなく，ただ観察が観察に回帰的に接続するだけである。こうして，「リアリティの社会的構成は観察の観察のなかで行われる」（Luhmann 1990d : 110 = 2009 : 94）。このことを理解するためには，さらに，作動と観察の区別について理解しておく必要がある。つまり，作動はかならずしも観察ではないため，作動の観察は起こっていることの単純な観察で十分であるのに対して，観察としての作動を観察するためには，二階の観察が必要になる点である。ルーマンによれば，区別こそがリアリティを保証するというのは，区別独自の作動的な統一体にある。しかし，まさにこうした統一体であることによって，区別はそれ自体としては，別の区別の助けを借りないかぎり観察することはできない。そして，そうした別の区別がリアリティを保証するという機能を引き受けるのである。

われわれが，ここでもう一度古典的なやり方で観察の「リアリティとの関係」について問い，大昔の認識論的実在論の後継理論を探すとしても，多くの「構成主義者」

とともに「観念論」という反対の立場に賭けたり，リアリティとの関係を認識論的な問題設定から単純に消したりするのは，ほとんど無益である。観察の概念の厳密な記述によって，われわれはすでにこの無益な論争を乗り越えた。すべての観察はリアリティのなかでリアルに起こり，区別することによって観察とリアリティの違いを生み出す。いまやわれわれは，次のことをより厳密に理解しなければならない。すなわち，区別も観察における区別／指示という作動の対も，統一態として機能する（als *Einheit fungieren*）が，統一態として指示（観察）されることはあり得ない。統一態として指示されるためには，他の区別をもたらすもう一つの観察が必要になるからである。観察とリアリティの関係の本質は，この区別の統一態にあり，それと同時にまさに観察の観察という回帰性にある。この回帰性だけが，すべての区別はまたそれ自体が区別され得るということを保証できる。

（Luhmann 1990d : 92–93 = 2009 : 78）

(60) このように，「いかにして」と問うことの重要性を最初に示したのがG・ジンメルであり，その『社会学（*Soziologie*)』に収められた「社会はいかにして可能であるかという問題についての補説」であった（Simmel 1958 = 1994 上)。これはしばしば「カント的な問いの技法」として知られている。佐藤俊樹も「彼の決定的な貢献は，答えではなく，この問いそのものにあった」（佐藤 2011 : 135）と述べている。

(61) とはいえ，相対主義を退けようとすることがもつあやうさを，C・ギアツは指摘している（Geertz 1984 = 2002)。というのも，反相対主義は，ある種の自然主義（健康と病，正常と異常，順機能と逆機能といった，治癒的な言説で表現されるもの）とその反対としての合理主義（知識と見解，事実と幻想，真と偽といった，認識論的な言説で表現されるもの）といった素朴な思考を呼び寄せてしまうからである。この二つの素朴な考えは，結局どちらも科学の真の説明に到達したことを僭称する点では同じである。ギアツは，「反 - 反相対主義（Anti anti relativism)」を掲げつつ，相対主義というのは理論的に選ばれたオプションではなく，それは人類学が資料を積み重ね，記述をおこなってきた成果に由来していると述べている（ギアツはこれを「竜をみつめること（Looking into dragons)」(Geertz 1984 : 275 = 2002 : 91）と表現する)。

反相対主義に対して異議申し立てが必要なのは，知識についての〈すべてはものの見方〉的なアプローチ，あるいは道徳についての〈郷に入らば〉的なアプローチが拒絶されているからではない。そうではなくて，文化性を越えるところに道徳性を位置づけ，文化性も道徳性もさらに越えるところに知性を位置づけることによってのみ，そうしたアプローチを退けることができると思い込んでいるからである。今となってはこうしたことは不可能になっている。そうならざるを得ない種類のことなのだから。故郷の真理を失いたくないのなら，はじめから故郷に留まっていればよかったのである。（Geertz 1984 : 276 = 2002 : 93–94）

経験的な政治理論は，たしかに経験的な研究が相対主義を回避するためのものでなくてはならないが，それは“正しい科学”による知性主義を確立するためのものではない。本書が，「われわれの政治に対するものの見方」として，常識的な政治理論という次元の重要性や，認識論的な構成主義を主張してきたのは，経験的な政治理論がギアツの危惧する知性主義に囚われてしまわないためにである。われわれは，これまで科学がまともに扱ってこなかった経験的な現象に対して，それを既存の枠組みに押しはめて均してしまわないように，注意しなければならない。

(62) この点に関して，S・ホワイトが面白い逸話を載せている。オストロームが，「あらゆる政治学研究を『規範によって導かれた人間のあらゆる活動』の体系的な研究という大きな傘のもとに包摂できるのではないか」と，あるラウンド・テーブルで報告した際，「こうした提案を聞いて，私の後ろに座っていた聴衆の一人はこう呟いた。『それならバス釣りでも研究しようかな』」(White 2002 : 179)。この後ろの聴衆の発言は，政治の定義を先取りして政治学研究を組織しようとすることの困難を物語っている。

(63) この点に関して，再度ルーマンを引用しておけば，「観察者の好みは，自身が出発点とするシステムの選択にあるのであって，何をシステムとして扱うことができるかという問いにはない」(Luhmann 1990d : 65 = 2009 : 54)。また，しばしば引用される箇所ではあるが，ルーマンの『社会システム (*Soziale Systeme*)』の最初に掲げられた，次のような認識論的懐疑主義批判にも注目しておこう。「以下の考察はシステムがあるというところから出発する。したがって，〔システムの実在に対する〕認識理論的な懐疑をもってはじめるのではない」(Luhmann 1984 : 30 = 1993 上 : 17) このことの含意は，第 III 部で検討したい。

(64) モルゲンベッサーによれば，社会科学的自然主義の理念型は，次の四つのテーゼを承認しているものとして描かれている (Morgenbesser 1970 : 21 = 1976 : 48–49)。

1. 科学の主要目的は，一般的な法則と理論を発見し，それらを説明と予測という用途に役立たせることである。
2. ある特定の科学 S の主要目的は，説明と予測という用途に適い得る S タイプの法則の発見と確証である。
3. ある特定の専門分野 S が，ある特定の時点 t においてひとつの科学であるのは，S タイプの有効な法則が存在している限りにおいてである。
4. いかなる理論も，その主要目的は，説明と予測をおこなうこと，より明確に言えば，予測をおこなうことに尽きる。

とはいえ，これはあくまでも社会科学的自然主義の理念型であって，実際に自然主義を承認している科学哲学者も，それぞれにヴァリエーションがある。少なくとも確認しておかなければならないのは，社会科学的自然主義者のなかでも，社会科学の研究主題や理論が自然科学と異なることを疑う人はいない，ということである (Morgenbesser 1970 : 22 = 1976 : 50)。

(65) ただし，モルゲンベッサー自身は，社会科学的自然主義が誤った立場であるということを主張しているのではなくて (それどころか支持している)，自然主義のテーゼを慎重に検討することなく安易に反 - 自然主義を標榜する人を批判しているのである (cf. Morgenbesser 1970 : 32 = 1976 : 65)。

(66) シュッツと同様に，C・テイラーも，社会科学が人間の行為を理解し説明しようとするとき，そこでは自然科学と異なる態度が求められることを強調している (Taylor 1981)。ただし，テイラーは――シュッツや (テイラーが揶揄するところの)「俗流ウィトゲンシュタイン主義」とは違って――，社会科学における理解・説明において純粋に記述的な態度が望ましいとも可能であるとも考えていない。なぜなら，人びとが自らの行為に与える概念は，必ず「評価的 (evaluative)」なものであり，そうした概念に精通することなく行為を科学的に理解・説明することなどできないからである。ここからテイラーは，価値自由な社会科学を否定しつつ，一種の実在論に到達する (P・ペティットはこれを，「評価的実在論」と呼んでいる (Pettit 1981)。これが実在論であるのは，

実在的な価値の存在を措定することで，言明の解釈の正当性に対する立証に一定の制約を課すことができるとされているからである)。テイラーにとっての価値的な実在論は，異なる価値に対して相対主義的な態度をとることなく，しかし同時に自文化中心主義を避けるために，観察者と観察対象との相互理解的な対比（ガーダマーの「地平の融合」）をつねに要求するものである。

また，ウィンチも，「未開社会の理解」という論文において，同様の観点を述べている。「他の生活様式をまじめに研究するということは，必然的にわれわれ自身の生活様式の拡張を求めるものであって，すでに存在しているわれわれ自身の生活様式の境界内に他の様式をたんに持ち込むことではない。というのも，われわれの生活様式は，既存のままでは当然のごとく他の生活様式を排除する，ということこそがここでの論点なのだからである」(Winch 1972 : 33 = 1987 : 44)。ウィンチは，異文化の研究によって，人生への意味づけが別の仕方でも可能であることを学ぶことの重要性を強調している。なぜなら，他の意味づけの仕方に盲目であることは，われわれ自身の生活様式に盲目であることにほかならないからである。

(67) これこそが，シュッツによる『社会的世界の意味構成（*Der Sinnhafte Aufbau der Sozialen Welt*)』の主題であった（Schütz 1932 = 2006）しかし，シュッツのこうした取り組みは，大きな混乱にもとづいているように思う。この点は，本書第 7 章で再び取り上げる。

(68) 政治学における例を挙げれば，共有資源論における「どのようにして個人が公共財の創出に協力するようになるのか」といった問いや，民主主義論における「代表性と統治可能性のパラドックス」などが，問題構成としてまとまった研究テーマを形成してきた。これらは，政治学者の科学的な関心に沿って構成された問いにすぎないが，それでもこの問題構成に対して一定の解答を付与することができる経験的な研究があれば，それは政治学的に十分な妥当性をもつ研究であると判断できる。そして同時に，広く受け入れられるような問題構成を定式化することもまた，科学的に重要な業績である。

(69) もちろん，ここで念頭に置かれている「万能薬だとして提案された単一のパラダイム」とは，パーソンズ理論のことである。とはいえ，マートンは，自身の実質的な師にあたるパーソンズのスタンスへの批判を直接的には述べずに――むしろパーソンズを積極的に支持しながら（cf. Merton 1975 : 36–37 = 1982 : 48–49）――単一の理論への収斂があり得ないことを述べている（と同時に，R・ダーレンドルフなどによるパーソンズへの一面的な批判をも批判している)。こうした点からも，マートンは師であるパーソンズに対する控え目だが痛烈な批判者であったということがよくわかる（cf. 佐藤 2011 : 第 7 章)。

(70) ただし，重要なことだが，マートンはこれによって，本節の *1* で触れた「ポスト・パラダイム化」（シュラム）のようなものを主張しているわけではない。マートンは，「偏見を取り去れば，押しピン遊びは音楽や文学といった芸術や学術と同じ価値がある」という，功利主義者 J・ベンサムの有名な一句を換骨奪胎して，次のように言う。「20 世紀が残り 3 分の 1 となった現在でさえ，押しピン遊びは詩ほど良いものではない」(Merton 1975 : 51 = 1982 : 67)。だから，中範囲理論の複数性というのは，相対主義を許容しているわけではなく，妥当性が確保されるかぎりでの多様性が想定されている。

(71) ちなみに，B・ジェソップによる『資本主義国家（*The Capitalist State*)』(Jessop 1982 = 1983）や，ルーマンによる「社会秩序はいかにして可能か」(Luhmann 1981a = 1985）も同様に，本書を構想するにあたって参考にしている。ジェソップは，既存のさまざま

なマルクス主義政治学を整理することを通して，たんなる下部構造還元論ではなく，政治学的にも有効なマルクス主義理論の確立を目指している。また，ルーマンは，アリストテレス以来の社会理論が，どのような問い（本書の言い方では「問題構成」）をめぐって展開されてきたかを明らかにするとともに，なぜそれらが社会システム理論に回収されるべきなのかを示している。

(72) パーソンズ自身は，『社会的行為の構造』の手法に対して，次のような四つの注釈を付けている（Parsons 1937 vol. 1 : 14–15 = 1976 第一分冊 : 35–36）。

1. 「本研究は，およそ一世代前に属するヨーロッパの社会学理論史ではない」，つまり，包括的かつ通時的に社会理論家の業績を列挙することを意図していない。
2. 「本書の目的は，ここで取り扱う思想家の解釈的な二次論評や批判的評価を行うことではない」。
3. 「これらの思想家の業績の全ての側面や，彼らに関する全ての二次文献について議論するつもりもない」（ただし，パーソンズは現存する全ての二次文献には目を通したと述べている）。
4. 「とりわけこうした性質の研究においては，個々の提示された事実やなされた言明に対して，その直接的・内在的な性質において理解されるのみならず，それらが部分を成す全体の構造に対する関係においても理解していただきたい」。

(73) ジンメルが「いかにして」という問いの重要性を最初に擁護した論者であることはすでに註で述べたが，第 III 部で見ていくように，ジンメルは社会現象として信頼を捉えた先駆でもあることを付言しておこう。

(74) もちろん，概念の定義などどうでもいいと言いたいわけではないし，本書の立場から概念を定義することが不可能だという意味でもない。ただ，議論が定義の問題に回収されるべきでないことを強調しておきたい。これまでも論じてきたとおり，われわれが政治を理解するということは，「政治」という概念を演繹的に定義することと同義ではない。信頼論の研究をはじめる際に，われわれが「政治」や「信頼」について定義しておくのは，それぞれが指し示しているもののうち，どのような特徴に言及しているのかを明確にするためである。本書の場合，「政治」と「信頼」に関しては，さしあたり以下のような定義で十分であると考えている。つまり，「政治」とは，集合的に拘束的な決定の作成とその履行にかかわる事柄であり，「信頼」とは，時間的かつ社会的な不確実性が存在するなかで，一定の期待を維持すること，または何らかの規範やルールがあてにされることである。これらの定義に関して，私はオリジナリティを主張する気は一切ない。

(75) ここで「社会学理論」と言っているのは，あくまでも便宜的な呼称にすぎない。一般的には，政治理論が規範論であるのに対して，社会理論は（規範論を含みつつも）記述・説明の理論として考えられているようである（Helliwell and Hindess 2006）。しかしながら，どのような理論を考慮の対象にするかは，研究対象と研究の獲得目標に応じて決めればいいことなので，予め政治理論と社会理論を峻別しておく必要はないし，ましてやある理論が「社会学理論」であって「政治理論」ではないという理由から政治学では価値をもたないということにはならない。

(76) C・ヘイは，政治分析は，相互依存性と複雑性が強まった政治的・社会的世界に取り組む必要があることは認めつつも，そこから早急に「ポスト・ディシプリン」を提唱すべきではないとしている（Hay 2010）。なぜなら，既存の政治学がもっていたディシプリン境界や存在論的基礎を十分に意識することで，分析を先に進めることはできるし，

また，ディシプリン間での協働は可能だからである。「言い換えれば，われわれが政治学研究者として提示する政治の説明の基礎にある存在論的前提は，その哲学的正確性にもとづいて選びとることはできないし，選ばれるべきでもない。というのも，それらは，われわれが主題となる事柄についての分析をおこなうという目的を達成するための手段だからである」(Hay 2010 : 23–24)。この点に関しては，M・I・リックバックがうまく表現したように，われわれは政治現象を対象に「ものごとの真ん中で考え，研究する(Thinking and Working in the Midst of Things)」という事業に従事していることを思い出しておくべきだろう（Lichbach 2009）。

第 I 部　政治文化論の再検討

（1）わかりやすい例でいえば，わが国における標準的な政治過程論の教科書においても，パットナムの議論は，決定論的な傾向にあった 60 年代型の政治文化論を刷新するものとして紹介されている（cf. 伊藤・田中・真渕 2000 : 359）。筆者の見るところ，こうした評価はごく一般的に受け入れられているものだと言える。

（2）近年の信頼論（主としてパットナムのソーシャル・キャピタル論）を，第二次世界大戦後の政治文化論・小集団論・コミュニティ論等と多角的に比較しようとしているものとして，辻（2004–2005）も参照のこと。ただし，辻は「政治理論的考察」を副題に掲げているものの，その場合「政治理論」ということで何を意味しているのかが明らかでないために，全体としての議論が散漫になっているという印象を受ける。

第 1 章　学説史上の政治文化論とその問題構成

（1）バンフィールドが検討した仮説とは，次のようなものであった。①極度な貧困，②無知，③階級対立，④土地所有の状況，⑤権威に対する不信，⑥運命論的信条（Banfield 1958 : 32–35）。以上の仮説に対して彼は，「これらの理論のいずれにも真実の一片が含まれているものの，しかしいずれも考慮されるべき諸事実に完全に一致するわけではなく，またそれらのうちのどれかに――あるいはそれらのすべてに――もとづいたとしても，モンテグラーノの人びとが具体的な状況でどのように振舞うかについて予測することはできない」(Banfield 1958 : 35）と述べている。

（2）「非道徳的家族主義」の詳細については，河田（2009）も参照のこと。

（3）行動論（behavioralism）については，行動主義（behaviorism）との区別の必要性がしばしば指摘されている（cf. Easton 1993 = 1996 ; 阪野 1976）。後者は，心理学研究において純粋な動機的説明等を排除しようとした 1920 年代の研究動向であり，「行動論的局面が最高潮に達したときですら，政治学はけっして行動主義的ではなかった」(Easton 1993 : 294 = 1996 : 373）とされる。また，日本語での表記においては，「行動論」あるいは「行動科学」のどちらも見受けられるが，本書ではいずれも同義のものとして扱っている。

（4）また，行動論政治学は，単に学術的な動機にもとづいた運動としてのみではなく，学界での人間関係や学会組織，政府からの予算獲得の必要性などが複雑に絡み合った一種の「圧力活動」としての側面も併せ持っていたという（山川 1976 ; see also Dahl 1993 = 1996）。

（5）しかしながら，行動論政治学が人間の行動を基礎とするというのは，かならずしも方法論的個人主義を意味しない。この点については，横越英一の次の文章が示唆に富む。

「その〔行動論革命という〕衝撃は，行動科学の大きな風潮のなかで，政治学が制度ではなくて，具体的な人間行動を分析の焦点にすえることを求める。もちろん，このことは個人だけを研究することを意味するものではない。ただ，それはなんらかの実体をもった制度から個人をみるのではなくて，この制度そのものを個人の具体的な活動の結果として把握し，このようにして政治の全体像を構成しようとするのである。そのためには，人間の政治に関するさまざまな行動を要素に分解し，数量化し，相互の関連について規則性を発見しながら，全体像へと統合していかなければならない」（横越 1971 : 179）。

（6）科学哲学上の「実証主義」については，Marsh and Furlong（2002）を参照のこと。ここで実証主義は，基礎づけ主義（foundationalism）的な存在論から，観察者の知識とは独立した客観的世界の存在を措定しつつ，観察者はかかる外的な世界を客観的かつ直接に認識できるとする認識論的な立場である。

（7）とはいえ，行動論政治学に分類される政治システム論にも多様なヴァリエーションが存在することには注意が必要である。この点に関しては，Weinstein（1971 = 1973）が，主要な政治システム論者の特徴と差異を示している。

（8）アメリカ政治学における第二次世界大戦後から 1960 年代までの比較政治学についての概況は，Wiarda（1993 = 2000）の第 2 章・第 3 章を参照のこと。

（9）当然のことながら，1950 年代アメリカの政治学者全員が，比較政治学の進むべき方向性について合意していたわけではない。たとえば L・フィールドは，「比較政治学に関する大学間共同研究セミナー」の報告書に対する意見として，画一的で政治一般に適応可能な概念枠組みを，現段階の政治学において性急に求めるべきではないという考えを表明している（Friedrich et al. 1953 : 669-673）。

（10）ちなみに，アーモンドがこの時に提示した政治システムのグループ類型は，「アングロ－アメリカ型」，「大陸ヨーロッパ型」，「前（あるいは部分的な）－産業的政治システム」，「全体主義的政治システム」の四つである（Almond 1956）。しかし，この類型はその後の分析には用いられてはいない。

（11）たとえば，越智（1999）は，60 年代型政治文化論の成立背景・可能性・限界を学説史的な観点からレヴューしている。本書も，越智による政治文化論の位置づけに関して基本的には異論がない。ただし，本書の着眼点が越智と異なるのは，60 年代型政治文化論の可能性と限界をパーソンズ理論から分析しようとする点においてである。それによって，政治文化論の潜在的な可能性および根本的な限界を，越智よりも明確に描き出すことができると筆者は考えている。これは，主として第 3 章・第 4 章の課題となるので，ここではこれ以上深入りしない。

第 2 章　初期・中期パーソンズの社会理論と文化概念

（1）ペイトマンは次のように述べている。「アーモンドとヴァーバによる政治文化の定義がこのように切れの悪いものになっていることは，政治文化を語る際にパーソンズの概念枠組みを使おうとすることの難しさを一部物語っている。しかし，その難しさというものが，パーソンズにしばしば言及し，そしてそれゆえに彼の仕事を有用だと考えていると思われる論者たちには，一般的に言って正しく認識されていないようである。パーソンズは，文化と社会化について多くを語るものだが，しかし政治文化に関する研究の中で彼の仕事がほとんど議論されないのは奇妙である」（Pateman 1971 : 294）。

（2）そのかぎりで，本書におけるパーソンズ理論の取り扱いが，かなり限定されたもので

あることを予め断っておきたい。また，パーソンズ理論の時期区分に関しては，小野（1978）を参照した。具体的に「中期パーソンズ」に含まれるのは，構造－機能主義を前面に打ち出していた1945年から1951年までの時期に相当する。とはいえ，こうした時期区分の理由については，以下の行論であきらかになるはずである。

（3）この講演の内容はテープで録音されており，パーソンズは後に修正を加えた上でそれを原稿として起こそうとしていたと，出版されたテキストの註に書かれている（Parsons 1979 : 161, Anm. 1)。また，表現には最低限の修正しか施されておらず，パーソンズが口頭で語ったものであるということも考慮して，同論文からの訳出には「です・ます」調を用いている。

（4）そうした視角を主題にしたヴェーバーの代表作は，もちろん『プロテスタンティズムの倫理と資本主義の精神（*Die protestantische Ethik und der Geist des Kapitalismus*)』である。同書の末尾に「……そうだとしても当然のことながら，それ〔＝われわれが成すべき仕事〕は一面的な『唯物論的（materialistische)』な文化解釈・歴史解釈に対して，同様に一面的な唯心論的（spiritualistische）で因果的な文化解釈・歴史解釈をもって置き換えるという意図を持ったものではあり得ない。その両者の立場は等しく可能であるが，しかし，それが予備作業としてではなく研究の結論であると主張されるのならば，両者は等しく歴史の真実にとってほとんど役に立たない」(Weber 1947 : 205–206 = 1989 : 369）と書かれていることに注目せよ。

（5）ただし，ここではパーソンズの思想形成においてヴェーバー社会学がどのような契機となったのかという点に関心があるため，パーソンズがヴェーバーの意図を適切に汲んでいるかという論点にまで入り込むつもりはない。周知のとおり，パーソンズの『社会的行為の構造』が，本人が自負するようにはヴェーバーの理解社会学と関係していないのは明らかである（cf. Heritage 1984 : 15)。また，理解社会学に限らず，「パーソンズは自身の行為理論とヴェーバーのそれとのあいだに不当なほどの収斂を見ている」(Cohen, Hazelrigg and Pope 1975 : 230）と言うこともできるかもしれない。というのも，J・コーエンらが見るところ，パーソンズはヴェーバー社会学の「規範的なもの（規範，規範的志向，価値）のカテゴリー」を自身の主意主義的行為の理論に合わせて拡大解釈し，「ヴェーバーの社会学の一側面にすぎないものを拡げて，ほとんどそれですべてが尽くされたかのように扱ってしまっている」(Cohen, Hazelrigg and Pope 1975 : 240）からである。いずれにせよ，パーソンズが十分に汲み取ることのできなかったヴェーバーの行為理論の要素――「意味」の理解――が，パーソンズとは異なった社会理論の可能性を開示することになる。この点に関しては，A・シュッツとパーソンズとの論争に関係づけながら，本書第III部で取り扱うことにしたい。

（6）「分析的リアリズム」について，パーソンズ自身は次のように説明している。「〔概念が実在に対して虚構であるという〕虚構説とは反対に，科学の一般概念の少なくともいくつかのものはけっして虚構ではなく，客観的な外的世界の諸側面を適切に『把握する』ことができるということが主張される。ここで分析的要素と呼んできたものに，このことは当てはまる。したがって，ここで取られている立場は，認識論的な意味において，実在論的（realistic）である。だが，同時にそれは，〔概念が経験的な現象に対して直接的に対応すると考える〕経験主義的実在論という不適当な含意を帯びてはいない。こうした概念が対応しているのは，具体的な現象に対してではなく，現象のなかに含まれつつ他の諸要素から分析的に分離することのできる諸要素に対してである。こうした要素

のどれか一つの値，もっと言えば一つの論理的に一貫した体系に含まれている諸要素の全ての値を知ることによって，特定の具体的な事物や出来事が完全に記述されるということはない。したがって，実在論（realism）という用語を『分析的（analytical)』というように限定しておく必要がある。こうした限定を付すことができるからこそ，虚構論に訴えかけることは不要になるのである」（Parsons 1937 vol. 2 : 730 = 1989 第五分冊 : 138)。

（7）この点を精力的に主張したのがW・モムゼンである。モムゼンによれば，ヴェーバーの真の問題意識は西欧社会にとって文化的意義がありそうに思われる普遍史的過程にあった。そのため，「ヴェーバーの理解社会学から，手当たり次第に役立ちそうな社会学的概念を，それらが使用されている文脈に十分な注意を払わずに拾い上げることは，多少危険である。ヴェーバーが，しばしば諸概念や諸理念型の安易な供給源に過ぎぬかのようになったのは非常に不幸なことである」（Mommsen 1974 : 18 = 1984 : 37）と述べている。こうしたモムゼンの発言が，パーソンズのような社会理論家に向けられているのは明らかである。

（8）むしろ，パーソンズは，積極的に現実社会の問題に対して評論的な発言をおこなうとともに，政策策定にも携わっていた。この点に関しては，高城（1988）が詳しい。

（9）パーソンズが「共有価値」ということで念頭に置いていたのが，プロテスタント的な宗教倫理であったということを高城和義は強調している。高城は次のように述べている。「終生会衆派のクリスチャンであったタルコットは，父親譲りの宗教的関心を一貫して保持し続けたのである。この点は，従来のパーソンズ研究においてほとんど見失われていた論点なので，いくら強調しても強調しすぎることはないと思われるほどである」（高城 1986 : 14)。そのロジックについては，本節の後段で示されることになる。

(10) 磯部隆はこれを，「ヴェブレンに対するパーソンズの批判，すなわちパーソンズにおける最も非ヴェブレン的視角の成立（視角転換)」が「総体としてパーソンズ思想の体系のなかに再編・継承された」（磯部 1978 : 436）と表現している。

(11) ただし，マーシャルは専ら経済学者であり，『社会的行為の構造』におけるパーソンズのマーシャルに対する関心も，かなり限定されたものでしかない。「マーシャルは，一般的な社会理論を作ることなど全く考えていなかった。彼は〔そのかぎりであくまでも〕経済学者であった」（Parsons 1937 vol. 1 : 170-171 = 1986 第二分冊 : 65)。パーソンズは，マーシャルの経済学が――マーシャル自身が意識している以上に――需要 - 供給図式の外側にある行為の一般的な要素に中心的な役割を付与するものであったことに注目している。もっとも，後期の著作である『経済と社会（*Economy and Society*)』では，経済理論と社会理論を架橋するものとして，再びマーシャルの比重が増えている。

(12)『社会的行為の構造』のエピグラフに，同様のヴェーバーの言葉が引用されていることからも，初期パーソンズにとって目的 - 手段図式は行為理論の根幹に関わるものであったことがわかる。

(13)「それはつまり，次のいずれかに落ち着かざるを得ない。目的の選択における行為者の能動的な行為能力（active agency of the actor）を行為における独立要因としつつ，目的要素をランダムなものとするか，あるいは，目的のランダム性という不適当な含意を否定するが，それで目的の独立性は消え去り，目的が状況の諸条件と一緒くたにされるか――つまり，主として生物学理論における分析的な意味での遺伝と環境といった，非主観的なカテゴリーの観点から分析される諸要素と一緒くたにされるか――のいずれかである」（Parsons 1937 vol. 1 : 64 = 1976 第一分冊 : 105-106)。晩年のパーソンズ自身が説明

するところによれば，まさにこの「功利主義のディレンマ」を暴き出すことこそが，『社会的行為の構造』の主要なテーマのひとつであった（パーソンズ・富永 1979 : 6）。

(14)「構造 - 機能主義」という概念は，パーソンズが自身の理論を指して使ったものであるが，晩年になってパーソンズは，その呼称が理論上異なるレベルの概念をハイフンで繋いでおり，誤解を招くものであったと述懐している（パーソンズ・富永 1979 : 16)。とはいえ，本文中で後述するように，パーソンズが「構造 - 機能主義」という呼称に自身で違和感を抱くようになったのは後期の AGIL 図式への転換以降であり（その場合「構造 - 過程分析」と呼ばれた)，中期の頃のパーソンズ理論の特徴は構造 - 機能主義という呼称が適当であろう。

(15) このようにパーソンズが system という概念に二重の意味を含めているため，本書では訳出に際し，特に行為システムの基本的な「構成体」を指す場合には「システム」として，またそれが何らかの意味で論理的なまとまりをもつという意味で使われている場合には「体系」として，それぞれ訳語を使い分けている。ただし，どちらの意味とも取れる場合には，文脈において自然だと思われる方を選択した。

(16) しかしながら，『社会システム』の「結論」においてパーソンズは，「この本がある意味で理論の体系というものを提供しようとしているのは全く明らかに否定される。というのは，一貫して述べてきたように，現在の知識の状態ではそうした理論の体系は定式化できないからである」(Parsons 1951 : 536–537 = 1974 : 528) と述べており，中期の理論はまだ彼が目指す理論「体系」にとっての完成形態でないことを明言している。

(17) パターン変数の組み合わせを詳細に検討することは本書の範囲を超えており（論理的には 32 通りの組み合わせがある)，また本書にとって行論上特に必要ではないために，本文中では割愛することとした。中期パーソンズの理論が，延々と続く分類論という印象を読む者に与えるのは，まさにこのパターン変数図式の煩雑さに起因している。もっとも，パーソンズ自身もパターン変数図式を展開することが「たちまちあり得ないくらい複雑になる」(Parsons 1951 : 143 = 1974 : 150) ことを，すでにこの時点で自覚していた。いずれにせよ，「構造 - 機能」分析にとって不可欠なパターン変数図式（そのことの理由は以降で述べる）が，このように分析用具としての明確性と倹約性を欠いていたことは，それがその後数年で AGIL 図式へと組み換えられていくことの理由になっている。

(18) この引用文からも，パーソンズの理論が徹頭徹尾，“常識的な”理解を“科学的な”理論によって置き換えていこうとするものであったことがうかがえる。本書がこの立場とは異なった理論観をもっていることは，すでに序章において述べた。さらに，第 7 章で述べるように，パーソンズの以上のような立場は，H・ガーフィンケルらによる批判の対象となった。

(19) パーソンズがマルクスやヴェブレンを強く批判するのは，それらが理論を所与とした上で経験的事象を一般化する傾向をもつからである。それは，パーソンズからすれば「本末転倒 (put the cart before the horse)」(Parsons 1945 : 50) だということになる。

(20) そうした意味で，構造 - 機能主義とは，記述的・静態的な性格のものであり，それはせいぜい動態的な理論へと近づくための予備作業，「セカンド・ベストな理論の類型」(Parsons 1951 : 20 = 1974 : 26) にとどまる，とパーソンズ自身認めていた。だから，たとえば R・ダーレンドルフによる批判，すなわちパーソンズによる構造 - 機能主義的システム理論が，社会変動や紛争など現実に起こり得る攪乱の要素を捨象した「ユートピア」的な性格をもっており，「共有価値の偏重」，「静態的均衡論」，「自己満足の保守主

義」に陥っているという批判（Dahrendorf 1958）にも，ある程度の根拠があるということになる。ただ，パーソンズの構造‐機能主義が，社会発展の法則を先取りしようとするマルクス主義的な意味での「動態論」でないということは確かだとしても，社会システムの均衡というのは，「理論的な仮定であって，経験的な一般化ではない」（Parsons 1951 : 481 = 1974 : 476）という点を見落としてはならない（cf. Parsons and Shils eds. 1951 : 231 = 1960 : 370）。よって，パーソンズからすれば，「『静態性』を強調することと『動態性』を強調することとの間には，何らかの虚偽がある」（Parsons 1951 : 535 = 1974 : 525）。

(21) たとえば，次の記述を見よ。「純粋に『文化的な』分析のタイプは，第一歩として欠くことのできないものであるけれど，それだけではある程度のところまでしか行くことはできない」（Parsons and Shils eds. 1951 : 237–238 = 1960 : 381）。

(22) パーソンズは，「長年にわたって私は，社会構造の体系的な分類のためのカテゴリーの発展に強く関心を寄せてきた」と述べ，パターン変数によって「マックス・ヴェーバーが到達した水準を初めて超えた」としている（Parsons 1953 : 626–627）。このことからも，中期パーソンズがいかに構造分析に傾斜しており，そしてそこに自身の理論の意義を見出していたかを窺い知ることができる。

(23) ここで詳述することはしないが，とりわけ中期パーソンズ理論の概念用具が，どのようなロジックにしたがって後期の図式へと改変されたかに関しては，Parsons and Smelser（1956 : 33–38 = 1958 I : 53–61）に詳しい。

第 3 章　政治文化論の成立と衰退

(1) しかしながら，だからといって「彼〔＝アーモンド〕の政治理論の内部に深化したとしても『諸理論の借用者』である以上生産的ではな」い（藪野 1982 : 35）ということにはならないだろう。ある理論による他の理論の借用や応用や解釈，あるいはそこからの展開過程に介在する論理構成を見極めることが，理論分析の重要な一局面であることは疑いを容れない。そしてそこには，アーモンドなりの政治の見方，つまり，本書で言うところの「政治理論」があるはずである。

(2) アーモンド自身の回顧的な整理によれば，60 年代型政治文化論の学説史的な背景を大別すると，以下のものが挙げられる（Almond 1980 ; see also Almond 1966 : 876–877 = 1982 : 274–277）。①啓蒙主義的・自由主義的な収斂史観の破綻，②ヴェーバーからパーソンズに至る主観的変数に依る社会理論，③第二次世界大戦前後の社会心理学，④フロイトに端を発する心理人類学・心理文化アプローチ（主として子供の政治的社会化過程），⑤あらたな調査技術の発展。

(3) とはいえ，比較政治学にパーソンズの理論を援用するというのは，アーモンドに固有の発想ではなかった。たとえば，F・サットンは，アーモンドが「比較政治システム」を発表した 1955 年の比較政治委員会において，「社会理論と比較政治」というタイトルで報告をおこなっている（Sutton 1963）。同報告においてサットンは，近代的産業社会と農耕社会の構造を「パターン変数」によって類型化しながら，その二つを理念型とする諸社会における政治システム（＝「領域性を持った代表機関（territorial representative agencies）」）が社会統合に対してどのような機能を果たすかという観点からの比較政治研究を提唱している。つまりサットンは，構造‐機能主義による分析アプローチと，パターン変数図式による伝統社会／近代社会の類型化に比較政治学にとってのパーソンズ理

論の有用性を見ていたと言える（Sutton 1963 : 68）。この点から窺われるように，実はアーモンドよりもサットンの方がパーソンズ理論の全体像をよく捉えていた。

（4）実際に，のちの1960年の段階でアーモンドは，「これらの用語〔＝「政治システム」や「政治的役割」など〕に反映されている新たな諸概念の探求は，アド・ホックな問題ではないということも指摘されるべきであろう。それは『行動論アプローチ』といったスローガンによって含意されている，新しい首尾一貫した政治についての思考方法や研究方法に向かう基底的な動向を反映している」（Almond 1960 : 4 = 1982 : 86）としている。ようするに，アーモンドにとっては，パーソンズ理論は行動論プログラムに格納できるものとして見なされていたわけである。

（5）アーモンドもパーソンズも，フロイトの心理学を重視している点では同じである。パーソンズはデュルケームとヴェーバーに加えてフロイトが彼自身に与えた影響の大きさを語っており（Parsons 1979 : 159），アーモンドはH・ラスウェルを通じてフロイト主義の考えを取り入れている（Almond 1970 : 9 = 1982 : 9）。

（6）イーストンは，『政治体系』において，「第一に，重要な政治的変数に対応した一連の諸概念，第二に，それらの諸概念間の関係性に関する言明からなる」（Easton 1953 : 98 = 1976 : 102）ものとして政治システム理論を考えていた。ところで，パーソンズの理論とイーストンの理論は，政治システム論について基本的には同じ線に沿っているものの，その規範的な地位は異なるという指摘もある（Lewis 1974）。そこでは，パーソンズ理論が規範的に古典的リベラリズムに近いのに対して，イーストンには非－リベラル的な側面があると指摘されている。

（7）アーモンドの論文は，実証的な比較政治分析のための理論枠組みであったのだが，そもそもそれが『発展途上地域の政治』においてどの程度必要であったかについては，疑問がもたれている。たとえばモリス＝ジョーンズは，アーモンドの理論枠組みと同書に収められた各論との関係について，次のように述べている。

> 実のところ，巨大な概念枠組みが苦しみの末に生んだものは，どうやら小さな5匹のネズミだったのである。誤解を避けるために明らかにしておかねばならないのは，それらはいいネズミだし，他所からそれ以上のものが生まれるということもない，ということだ。ただ，あのようなイントロダクション〔＝長大なアーモンドの理論枠組み〕の後には，ライオンが生まれるのを期待してしまうものだろう。
>
> （Morris-Jones 1962 : 172）

つまり，各章の記述にとって，アーモンド理論がどの程度意義をもつかが不明確だということである。

（8）1958年の時点において，アーモンドはすでに政治構造が機能を遂行するという表現を用いているのがわかる（Almond 1958 : 281 = 1982 : 82）。

（9）このアーモンドの研究，「富裕層の政治的態度」論文は次のような内容であった。通常，富裕層は政治的には保守的な態度をとると想定されているが，実際には保守というよりも「反動的（reactionary）」な政治的態度をとる人もいれば，反対にリベラル寄りの選好をもつ人もいる。アーモンドは，「裕福で経済的な力をもった人びとの客観的な経済的利益は，政治的態度の決定要因ではない」（Almond 1945 : 254）と述べ，J・ロックフェラーやA・カーネギーなどの富裕層のバイオグラフィーから，幼少期における両親や宗教からの影響が，その人の政治的態度を形成するという説を唱えた。この論文では，市民の政治的社会化という観点は弱いが，見方を変えればこの時点ですでに人びとの政治的

態度の背後にある社会的・文化的な要因が重視されているとも言える。

(10) しかしながら，パーソンズは，（理論的にはともかく）人びとを教育することによって社会全体を変化させ得ると考える教育還元論者ではなかった。たとえばナチス崩壊後のドイツ占領政策として，ある論者がドイツの権威主義的パーソナリティ（これはアーモンドらも指摘している）を変えるために，連合国が子供の社会化と両親の教育に責任をもつべきだと主張したのに対し，パーソンズはそれがあまりに安易な発想であるとして反対している。パーソンズにとって，ドイツ社会の問題はドイツ人のパーソナリティだけでなく，社会構造にも関わるものであったからである。この点は高城（1988 : 67–70）の記述に負っている。

(11) たとえば，市民の行政に対する感情的志向を知るためは，次のような質問項目が用いられている。「役所に行かなければならないような問題を抱えていると仮定してください。たとえば，税金問題とか，住宅規則といった問題です。あなたはその場合，平等な扱いを受けると考えますか，つまり，他の人と同じように扱ってもらえると思いますか？」。これに対して，アンケートの回答は，「平等な措置を期待する」「平等な措置を期待しない」「場合による」「その他」「わからない」に振り分けられる（Almond and Verba 1963 : 108 = 1974 : 102）。

(12) アーモンドらはその際に，M・ローゼンバーグの研究をモデルにしている。ローゼンバーグが 50 年代におこなった研究は，対人感覚が人びとの政治的態度と密接に関連することを論証しようとするもので，いわゆる伝統的政治学がまだ残存していた当時としては，革新的な発想であった（cf. Rosenberg 1956）。事実，ローゼンバーグのような研究が，現代の政治学における信頼論の基礎にある。

(13) 各国の政治文化の特徴は，データ分析にもとづいた体系的な記述というよりも，インタヴューから得られた印象をまとめたものと言ったほうが正確かもしれない。いずれにせよ，各国の政治文化を簡単にまとめれば，次のようになる。イタリアは，政治的な疎外感と社会的不信が蔓延しており，メキシコも，政治的疎外感と「臣民型」の市民的態度が強い。よって，イタリアとメキシコでは，民主主義についても多くの人びとは失望を感じている。ドイツの場合，人びとは政治システム一般を信用してはいるものの，市民としての政治的有効性感覚が低く，政治的には受動的な「臣民型」の政治文化である。アメリカとイギリスにおける政治文化は，ともに民主主義に適した性格をもっているが，それぞれに特徴がある。まず，アメリカは，インフォーマルな集団の政治利用や社会的信頼が高い頻度を示し，政治参加も盛んな「参加型」の政治文化だが，権威にしたがうといった「臣民型」の要素が弱い。他方で，イギリスでは，政治的有効性感覚や「参加型」志向も強いが，その政治文化では「臣民型」の要素が強い（Almond and Verba 1963 : Chap. 14 = 1974 : 第 14 章）。

(14) これと同様の見解は，民主主義理論の立場から M・ウォーレンによっても主張されている（Warren 1996）。ウォーレンは，参加型の結社民主主義が成立するためにこそ，政府の権威に対しても一定の信頼が寄せられなければならないことを論じている。

(15) しかしながら，「潜在的に能動的な」市民であるためには，市民はふだんから政治的コミュニケーションとの接触をもったり，何らかの組織に加入したり，インフォーマルな政治的トークに慣れ親しんだりしていなければならない。こうした政治的環境が，市民がいざというときに政治システムに介入するための足場となるというわけである（Almond and Verba 1963 : 482 = 1974 : 480）。もはや指摘するまでもないかもしれないが，

これらの政治的環境の特徴こそ，のちにソーシャル・キャピタルとして論じられるものである。アーモンドとヴァーバの議論は，日常的な政治へのコミットメント（投資）を通じて個人の政治的能力が潜在的に蓄えられるということを指摘する点において，ソーシャル・キャピタルの「キャピタル（資本）」としての側面をよく捉えていると言える。

(16) ところで，こうした結論は，アーモンドが『市民文化』での研究を着手する前に書いた「現代民主主義における市民性の比較研究」(Almond 1970 = 1982）という研究ノートにおいてすでに述べられていることでもある。そのノートのなかでアーモンドは，民主主義理論における良き市民の条件についてあらかじめまとめている。簡潔に言えばそれは，次の三つに要約される（Almond 1970 : 154 = 1982 : 172)。

1. 高い政治的知識
2. 政治への服従（amenability）と政治への信頼および責任感との結合
3. 政治への参加意志

これらは，『市民文化』においてアーモンドらが，安定した民主主義を支える政治文化の形態として名付けた「市民文化」の要素になっていることがわかる。つまりアーモンドらの手順としては，（分析の結論であるはずの）民主主義を安定的に支える政治文化のタイプを演繹的に先取りした上で，政治文化概念の操作化をそれに合わせておこなっているのである。よって，「未文化型」・「臣民型」・「参加型」という政治文化の理念型は，「市民文化」と他の政治文化の種差性を明らかにするために導入されたものだということがわかる。

(17) しかし皮肉にも，その調査方法もデータ処理も適切ではないとS・ロッカンは指摘している（Rokkan 1964)。また，『市民文化』の日本語訳を担当した石川一雄も，アーモンドらの研究の「もっとも不満足な点は，これだけのデータを集めながら，分析が十分でな」く，「しかも，行われている分析の仕方はありきたりであり，どうしてもざっと済まされているという印象をぬぐえない」（石川 1974 : 511）ことだと述べている。そしてその結果，『市民文化』は，「理論と方法と基本的データを単に提出するだけ」（石川 1974 : 512）に終わっているという。ロッカンや石川が指摘するような問題点は，たとえば，アーモンドらが人びとの政治に対する志向データを集めながら，統計的なコントロールをしているのは個人の教育程度のみ（第 13 章での検討課題）で，その他の属性（宗教・収入・社会階層など）が個人の政治的志向に与える影響についてあまり考慮がなされていないことなどである。こうした点は，現代の計量分析においては考えられない欠陥であるだろう。とはいえこのことは，アーモンドとヴァーバの洞察が的外れであったという意味ではない。むしろ，アーモンドとヴァーバによるデータ解釈や洞察がすぐれていたからこそ，その政治理論や方法論の不適切さが目立っていると言うべきであろう。

(18) その意味で，アーモンドらの政治文化概念は，パーソンズというよりも，政治文化を人びとの「価値・信念・感情（emotional）の態度」から考えたS・ビアと同じたぐいのものである（cf. Beer 1958 : 12)。アーモンドの政治文化概念は用語の使い方も含めてつねに変化しているが，1990 年の時点においてはビアと同様に「価値・感情（feelings）・信念」から定義している（Almond 1990 : 143)。

(19)「評価」的志向について論じている『市民文化』の第 6〜9 章を見てみると，この「評価」的志向とされているものは，「認知」「感情」に比べてもさらに概念定義と操作化が曖昧で，体系的に調査されてもいないという印象を受ける。というのも，なぜ人びとの政治に対する規範的な考え方や政治的有効性感覚が，「評価」志向に含まれるのかについ

て説明がなされていないからである。実際，政治的有効性感覚などは，第 3 部「社会関係と政治文化」（第 10〜12 章）で論じられていることとも実質的に重複している。これらのことが例証しているように，「認知」「感情」「評価」という区分が互いに対して独立性をもっていない以上，そのそれぞれの分布から政治文化のパターンを析出するということにも，あきらかな無理があると言わざるを得ない。

(20) とはいえ，人びとの（直接的には政治に関係しない）社会的な経験から生み出される他者への一般的信頼や権威に対する態度が政治のあり方を大きく規定しているというアーモンドらの洞察は，1990 年代におけるパットナム以降の信頼論が取り組んだ課題を先取りしていることを見落としてはならない。本書も，アーモンドが人びとの社会的態度を扱ったこと自体を批判したいのではない（むしろそのことはもっと評価されるべきであろう）。そうではなくて，社会的態度という「非 - 政治的」要素を「政治」文化概念に組み込まざるを得なかった点に，アーモンドらによる政治文化概念の失敗が如実に表れていると主張したいのである。

(21) これは，パーソンズ自身が警戒していた誤謬であった。「パーソナリティ・システムからあまりにも直接的に社会システムを推論したり，またその逆を推論したりすることは，きわめて危険なことである。確かに，パーソナリティと社会システムの間で共通に保持されている価値パターンは，社会的な動機を安定化させ，社会システムが秩序をもって機能することの基礎になる。しかしながら，どんなパーソナリティであっても，自分が属する集合体のメンバーと共有している価値システムという観点においてのみ，行為するわけではない。各パーソナリティは，動機のなかに占める有機分の割合においても，生活史においても，どういう領域に参与していくのかということにおいても，具体的状況においても，それぞれ異なっているのだから」(Parsons and Smelser 1956 : 177 = 1958 : 264)。

(22) この点は，第 II 部において再び検討することにしたい。ここでひとつだけ挙げておけば，たとえば，『市民文化』が大衆の政治的態度にのみ関心を向けていたのに対して，エリートの政治文化こそ研究する必要があるという指摘などがそれにあたるであろう（cf. Lijphart 1980 ; Kavanagh 1972 = 1977）。パットナムの初期の研究（Putnam 1971）や，のちのレイプハルトの代表作となった『民主主義のパターン（*Patterns of Democracy*）』（Lijphart 1999 = 2005）も，民主主義過程におけるエリートレベルでの政治文化の重要性を認めている。

第 4 章　あらたな理論構築に向けた内在的契機と展望

(1) 60 年代型の政治文化概念における「政治」性と「文化」性の欠如に関しては，M・ソマーズも指摘している（Somers 1995）。しかし，ソマーズはその原因を，知識の歴史的・文化的な負荷性という観点から解明しようとしている。

(2) アーモンドらは，「時計」と「雲」はいずれも政治学が前提とする存在論的世界として不適当であると述べているが，どちらかと言えば彼らの眼目は，過度に「時計」型に傾いた研究を批判するところにあった。「われわれは，十全な科学的地位を得たいと切望することで，一種の『擬似科学（cargo cult)』を創り出した。つまり，われわれの呪文がそれらを本物にすることを願って，ハード・サイエンスの手段や成果を真似た張りぼてを作ったのだ」(Almond and Genco 1977 : 504 = 1978 : 299)。

(3) ライルの「厚い記述」というのは，「薄い」記述よりも詳細に事例をなぞるということ

だけではなく，また単に参与観察をおこなっているということだけでもない。「厚い記述」には，記述される行為に対する“メンバーによる”ローカルな承認を組み込んだものである（Ryle 1949 = 1987）。

（4）ギアツの言うエスノグラフィックな分析というものは，「意味（signification）の構造を選り分けること」（Geertz 1973 : 9 = 1987 : 15）であり，理解社会学的な意味で解釈をおこなうということに向けられている。こうしたギアツの立場を拡張していけば，参与観察をおこないながら，政治文化を「現地人」の感覚を通じて把握するという政治文化論を構想することもできるかもしれない（cf. Nesbitt-Larking 1992）。ただしその場合には，当初政治文化論に内在していた理論的な前提は一切必要なくなる。この論点については エスノメソドロジーとの関係で，本書第 III 部で検討することにしたい。

（5）ギアツによる次の記述を参照せよ。「文化は理念的なものであるが，人間の頭脳の中に存在しているものではない。それは非物質的なものだが，超自然的なものでもない」（Geertz 1973 : 10 = 1987 : 17）。

（6）ただし，ギアツの解釈主義が反－理論的になりやすいというのは，あくまで傾向としてであって，解釈主義が本質的に反－理論的だというわけではない。実証主義から離床して，解釈主義（大きく分類すれば，構成主義）的な理論を構築する場合には，ギアツの以下のような見解を基礎に据えなければならないことに変わりはない。

> 要するに，人類学の著作はそれ自体が解釈であり，さらに二階，三階の解釈なのである。（本来，「現地人」のみが一階の解釈を行う。それは彼の文化にほかならない。）それらは，したがって，フィクションである。だがこのことは，それが「作られるもの」，「形作られるもの」であるという意味——フィクティオー（fictiō）の本来の意味はそこにある——におけるフィクションであるということであって，それは間違っているという意味でも，事実に反するということでも，また単なる「架空の」思考実験という意味でもない。（Geertz 1973 : 15 = 1987 : 26）

これは，現象学的社会学に近い立場であると言えるが，この問題についても本書第 III 部で本格的に検討することにしたい。

（7）ディトマーがここで述べていることは，N・ルーマンの後期におけるシンボル論（とりわけ，形式の濃縮と言われているもの）ともつながってくる（cf. Luhmann 1988a）。この点は，本書第 8 章において詳述する。

（8）ウィルダフスキーの議論に対しては，自身も合理的選択理論の立場に立つレイテンが，ギアツに言及しながら批判しているのが興味深い。「どんな文化理論であっても，文化を構成・再構成するような，シンボル，儀式，相互作用に関するデータが収集されなければ，退屈なものになってしまう」（Laitin and Wildavsky 1988 : 592–593）。このことからも，政治文化論においてギアツ流の解釈主義が合理的選択理論に対して与えたインパクトの大きさを推し量ることができる。

（9）ただし，アーモンドとジェンコが打ち立てようとした存在論的立場は，残念ながらあまり明快なものではない。彼らは，政治的世界を「雲」と「時計」の中間に位置するものだとして，それを（再びポパーを援用して）「柔軟制御（plastic control）」と呼んでいる（Almond and Genco 1977 : 491 = 1978 : 285）。

（10）当然のことながら，アーモンド学派以外にも，60 年代型政治文化論を何らかのかたちで受け継ぎつつ，それを刷新する試みがなされている。たとえば，D・エルキンスと R・シメオンも，アーモンドと同じく「構造－文化－パーソナリティ」というパーソンズの

図式に則っている。しかし彼らは，アーモンドとは反対にこの図式を分断することに関心を寄せている。エルキンスとシメオンはこう述べる。「問いは，『文化的な説明は可能であるか』ではなくて，むしろ『分析のどの段階で文化的説明がもっとも有用であるか』でなければならない」（Elkins and Simeon 1979 : 131）。だから，エルキンスらによれば，政治構造（制度）から説明できる事象に，政治文化を持ちだす必要はない。さらに彼らは，政治文化を「『認識の組み合わせ（mind set）』を簡潔に表現したものであり，それは論理的に可能なオルタナティヴとなる行動，問題，解決策の一部に注意を限定するという効果をもつものである」（Elkins and Simeon 1979 : 128）と定義する。そうだとすれば，政治文化概念は，アクターにどのような選択肢が認識されるのかについて述べることはできるが，しかしその選択肢のうちのどれが実際に選択されるかについては，あまり役に立たない（cf. Elkins and Simeon 1979 : 142）。つまり，エルキンスとシメオンは，60 年代型政治文化論のように政治文化概念を全面に押し出すのではなく，説明において限定的に用いることを提唱していると言えよう。

また，エルキンスらが指摘するような，60 年代型政治文化論におけるアクターの選択的行為という視座の欠如に対して，アクターの行為と因果連関を強調するあらたな文化主義的議論が，「アイデアの政治」として近年注目を集めている（近藤 2007）。ただし，パーソンズの共有価値説への批判から，文化を目的的な価値ではなく行為のレパートリーを収容する「ツール・キット」として考え，行為の戦略的な選択可能性を保証しようとする議論は，「アイデアの政治」よりもかなり以前から存在している（cf. Swidler 1986）。この点については本書第 II 部であらためて検討する。

さらに，比較的近年出版された政治文化論研究で，アーモンドとヴァーバの『市民文化』の後継を自任するものとして，ブロンデル・猪口（2008）がある。とはいえ，ブロンデルらはデータ収集と分析にほとんどの関心を割いており，政治理論として 60 年代型政治文化論を精査したうえで乗り越えようとはしていない（むしろ，反－理論的な立場に立っている）。「大量データが日常的に利用可能になっている今日，国家と社会の関連を実証的に分析しなければならないと考えて自然である。机上の空論とはいわないまでも，概念的な議論だけで済む時代でないことはたしかである」（ブロンデル・猪口 2008 : 195）。経験的な分析が必要であるという点で，本書はブロンデルらの立場には賛同できるが，同時にデータの集積のみによって 60 年代型政治文化論の後を継ぐことができるかどうかについては疑問をもっている。

（11）実際，アーモンドはのちに，1970 年代から 80 年代を通じて，1963 年の『市民文化』においてもっとも民主主義的であるとされたアメリカとイギリスの「市民文化」が低下し，反対に西ドイツに「市民文化」が育まれたことを観察している。それを受けてアーモンドは，政治文化は「歴史的経験に大きく影響されるような」「比較的ソフトな変数」でなければならないと述べている（Almond 1990 : 146）。

（12）ただし，『市民文化』以降のアーモンドの政治システム論のなかにも，引き続きその後の政治学における信頼論へとリンクする発想が随所に出てきている。そのなかでもとりわけ，政治システムのパフォーマンスを支える「予備力（reserve）」という考え方は，「国家（政府）への信頼」という発想にきわめて近いと言えるであろう（cf. Almond 1965 : 205 = 1982 : 231）。

（13）後段で述べるように，こうした「意味」概念の捉え方は，後期パーソンズと同じである。おそらくパイとヴァーバは，Parsons（1961）を参照してこうした理解に至ったと思

われるが，直接的な文献の提示はないため，即断することは避けておく。ただし，そうであってもパイとヴァーバによる政治文化論は，パーソンズ理論の枠組みとは別個に成り立っているという点は変わらない。

(14) こうした傾向は，パイとヴァーバに限られるものではなく，60 年代以降の政治文化概念は，次第に明確な定義の存在しない残余的な変数としての性格を強くしていく。ここにいたって初めて，政治文化論は文化還元論的な色彩を帯びることになる（反対に，60 年代型政治文化論が「脱 - 文化」的であったことはすでに何度も指摘した）。この点に関して，たとえば，1978 年度の日本政治学会編『年報政治学　国民国家形成と政治文化』の「序論」に示された次のような言葉が象徴的である。「結論的にいえば，ここでは政治文化に関する精緻な概念規定は避けて，むしろ各執筆者による柔軟なアプローチにゆだねることが，議論を生産的にする方法であるように思われる」(阿部 1980 : vi)。なぜなら，「一般的にいって，政治文化論が展開されるに至った背景には，マルクス主義や近代化論も含めて西欧で構成された普遍性の高い政治理論を非西欧地域に適用した場合，そこに普遍化されえない個別的要素が残ってくるという事情がある」(阿部 1980 : vi) からだ，となっている。つまり，政治文化概念は一般化に馴染まないものとして認識されているわけである。

(15) とはいえ，社会理論の構築に際して，出発点として何らかの意味で社会秩序の価値統合を扱うというのは，パーソンズ理論だけの発想ではない。たとえば，Aberle (1950) の例も参照。ただし，D・アベールの例は，自身でも認めているように，分析方法の提示までには踏み込めていない。

(16) E・レーマンによる次の記述が，端的にこの事態を示している。「パーソンズの枠組みにおける分析の焦点は，行為者や行為者の相互作用にあるのではなく，社会システムに結びついている共有された抽象的シンボル（つまり，志向や意味など）にある。しかしながら，社会学や政治学においてパーソンズのアプローチに依拠している人びとのあいだにさえ，文化的諸要素を社会システムの性格に（とりわけその構造に）『還元する』傾向や，あるいはそれらを単に社会の諸個人が心理内部で抱いている志向性を統計的に集計したものとして扱う傾向が存在する」(Lehman 1972 : 361–362)。

(17) そもそも，中期パーソンズの構造 - 機能主義分析が，論理的には両立しない複数の命題から成り立っているという指摘もある。この点に関しては，恒松・橋爪・志田 (1982) を参照のこと。

(18) 中期パーソンズ理論がどのようにして後期の AGIL 図式に転換したのかということについては，高城 (1986) のとりわけ第 4 章が詳しい。

(19) J・ハーバーマスは，こうした中期から後期へのパーソンズ理論の移行には，明確な断絶性が見られると主張している。「もしも私の観察が正しいなら，なぜパーソンズや彼の門下生の多くが行為論からシステム論への転換を否定し，業績の歴史が断絶なく連続している，と主張できるかは，全く理解できない」(Habermas 1981 Bd. 2 : 356 = 1987 下 : 193)。

(20) 文化を「不変の客体 (eternal objects)」とする表現は，パーソンズが A・ホワイトヘッドから借用したもので，1937 年の『社会的行為の構造』の段階ですでに用いている。1937 年時点でのパーソンズによれば，文化が「不変」であるのは，「無限に持続するという意味においてではなく，それに対して時間というカテゴリーが適用され得ないという意味において」であり，「文化には『過程』が絡まない」からだとされている（Par-

sons 1937 vol. 2 : 763 = 1989 第五分冊 : 183)。このように，初期パーソンズにおいて文化概念は非常に静態的なものとして捉えられていたと言うことができよう。とはいえ，この時点で文化システムから区別されていたのは，「自然システム」と「行為システム」であったことには注意が必要である。本書第 2 章を振り返っておけば，中期パーソンズにおいて，文化システムは（「社会システム」「パーソナリティ」と並んで）行為システムの構成要素として明確に位置づけられるものであった。

(21) T・バーガーも，パーソンズとの論争のなかで，現実の社会秩序は価値や規範のみによって統合されているわけでもなく，そこにはたとえば自己利益や支配といった秩序化原理も存在するはずだと指摘している。そうである以上，バーガーによれば，社会理論の始点を規範に還元するパーソンズの「分析的要素という見方」は支持できない。これに対してパーソンズは，「経験的事実」と「分析的抽象」は二者択一的ではないと応答した（Burger and Parsons 1977)。

(22) 存在論の問題ということに関して言えば，そもそもパーソンズ理論も含めた機能主義は，実証主義の観点からすると基本的に「説明（explanation)」の論理としては機能しない，と C・ヘンペルは指摘する（Hempel 1959)。それはせいぜい，「ある種のヒューリスティックな格言かあるいは『実用的な仮説』に導かれた研究プログラム」（Hempel 1959 : 301）にとどまるとされる。パーソンズの理論プログラムは，本人が認識するよりも実証主義的な傾向が強いため，ヘンペルの批判はかなりの程度の重みをもつと言えるだろう。

(23) このアナロジーの示唆は，K・ドイチェとの私的な討論のなかで得たものであるとパーソンズは著している（Parsons 1969a : 365 note 17 = 1974 : 134)。

(24) ちなみに，パーソンズの貨幣の定義は，次のような記述から読み取ることができる。「一方で，貨幣は，財を交換しようという意思決定を制御するための購買力の一般化を表象している。他方で，貨幣は，財を交換しようという態度をシンボル化する。前者は，消費者所得の『富（wealth)』という側面であり，後者は，その『威信（prestige)』という側面である。もし財やサーヴィスを意のままにできないならば，貨幣は賃金として受容されない。また，もし威信をシンボル化して下位のシンボルとより一般的なシンボルとを媒介できないならば，貨幣は基盤が異なれば受容され得ないということになってしまう。こうした二重の意義を備えてはじめて，貨幣はその社会的な機能を遂行することができるのである」（Parsons and Smelser 1956 : 71 = 1958 : 109)。

(25) もちろん，権力に直接関係しない政治システムの作動も存在するし，それはまったく珍しいことではない。たとえば，人びとが政治に関する事柄について会話したりすることも政治システムの作動になるし，また，行政組織における日々の業務も，政治システムの作動である。ただし，これらの出来事が政治システムの作動としてカウントされるのは，政治権力が問題なく通用するという構造的条件が存在するかぎりにおいてである。逆に，直接的には権力に関係しないような実践であっても，それが政治権力の構成に貢献しているということもある。

(26) 貨幣に関する次の記述も参照のこと。「貨幣に対する信任の合理的な基礎は，他者もまた貨幣に信任を寄せており，そしてこの信任が一般的に共有されている，というところにある」（Parsons 1967 : 275)。

第5章　信頼論における問題構成の形成とその背景

（1）1990年以前から今日に至るまでのあいだにどの程度信頼論が増大したかについては，明確な指標があるわけではないし，それを数値で表現することにも大した意義はないのかもしれない。ただ，論者によって測定方法や測定対象に差があるとはいえ，「信頼」や「ソーシャル・キャピタル」を主題とした研究は，それから20年のあいだに少なくとも100倍程度は増加したと言われている。この点は，Woolcock（2010）や Ostrom and Ahn（2003）を参照せよ。

（2）くどいようだが，こう述べることによって，さらに別の批判が出てくるかもしれない。つまり，本書が国家／市民社会論とそこから生み出されてきた知見をすべて否定している，という類のものだ。だが，もちろん本書にそのような意図はない。そうではなくて，本書は政治学における信頼論のひとつのオルタナティヴを提唱するにすぎない。その際に本書では，国家／市民社会論とは別の道を選択した，というだけである。

（3）ところで，本書第I部でも，アーモンドとともに1960年代アメリカの比較政治委員会の中心として活躍したJ・コールマン（James Smoot Coleman）という人物が出てくるが，第II部において「J・コールマン」と記す場合は，アメリカの教育社会学者のJ・コールマン（James Samuel Coleman）のことを指す。

（4）ちなみに，パットナムはこれを「国民投票への参加度」「新聞購読」「優先投票」「スポーツ・文化団体の不足」の四つの指標で計測している（Putnam 1993 : 91–99 = 2001 : 110–119)。「優先投票」とは，政党名ではなくて特定の候補者個人に投票することであり，パットナムはこれが恩顧－庇護主義の土壌となるため，市民共同体にとって望ましくないものだと考えている。よって，相関係数としては，前二者と後二者が逆向きの傾きをもつように設定されている。

（5）このソーシャル・キャピタルの定義は，『ひとりでボウリングをする』のパイロット版ともいうべき Putnam（1995 = 2004）でも，ほぼそのまま継承されている。ただし，『ひとりでボウリングをする』になると，若干ではあるが定義のニュアンスが変化して，「ソーシャル・キャピタルということで意味されているのは，個人間のつながりである。つまり，個人のあいだで生じる，社会的ネットワーク，互酬性の規範，および信頼性のことである」(Putnam 2000 : 19 = 2006 : 14）となっている。ここで，「信頼」ではなく「信頼性（trustworthiness)」という概念が使われるようになったのは，パットナムがR・ハーディンの信頼論を取り入れるようになったからである（Putnam 2000 : Chap. 8, note 7 = 2006 : 638, 注7)。だが，このことはむしろ，信頼論の後退というべきであろう。というのも，私の考えでは，ハーディンの信頼論は，むしろ合理主義的に信頼を考えていくことの限界を示しているからである。ハーディンの信頼論については，以下であらためて取り上げることにしたい。

（6）ただし，S・タローも指摘しているように，パットナムは実際のところは，民主主義を語っていないのではないかという疑問もあり得るだろう。「そもそも，パットナムの操作的な従属変数は民主主義的な実践ではなく政策のパフォーマンスなのであり，そして，パフォーマンスということであれば，非－民主主義国家であっても民主主義国家と同様にポジティヴな結果が得られるように思われる」(Tarrow 1996 : 395)。とはいえ，パットナムの『民主主義を機能させる』が影響力をもったのは，民主主義を公的なインプット手続き（たとえば選挙など）に厳密に限定することなく，市民社会への政策アウトプット過程をも民主主義の一局面に含めるような広い定義が採用されていたからである

(cf. Rothstein 2005 : 46-47)。つまり，パットナムが問題にしているのは，公的な政治体制としての民主主義ではなく，慣習や文化や実践も含んだ社会のあり方としての民主主義なのである。

（7）もっとも，アーモンドによれば，現実に大部分の政治学者は，相互に遠く隔たった過激なドグマに固執することはなく，「中央の大きなカフェテリア」（Almond 1988 : 830）に座っているのであるが。ちなみに，『市民文化』のもうひとりの著者であるS・ヴァーバも，アーモンドと同じような感想を抱いている。そして，比較政治学における支配的なパラダイムの欠如を悲観するのではなく，むしろそこに今後の展望を見出していた。「こうした多様性は，この分野を，あたらしくしばしば異端に属する考えやさまざまなアプローチに対してオープンなものにしている」（Verba 1991 : 39 = 1988 : 68）。パットナムは，そうした状況が政治学／比較政治学において出現し，受け入れられたということになる。

（8）ただし，R・A・W・ローズは，アメリカの実証主義的政治学を前提とした「新制度論」に対して，公式制度およびそこに埋め込まれた理念の歴史的展開を研究するヨーロッパ型の「旧制度論」の重要性を主張している（Rhodes 2009）。つまりローズは，旧制度論として括られるこうした制度論本来の発想が，政治学固有の研究の出発点としてもつ価値を見直そうとしているわけである。

（9）量的研究と質的研究のそれぞれをどのように効果的に使うかということは，近年における政治学方法論の大きなトピックであった。そうしたなかで，政治学方法論のスタンダードな教科書である，KKV の『社会科学のリサーチ・デザイン（*Designing Social Inquiry*）』が，パットナムを高く評価していることは注目されていい（King, Keohane and Verba 1994 : 5 = 2004 : 4）。KKV と同様に，久米郁夫も，パットナムを実証的な政治学の手本として賞賛しつつ，「厳密でありながら雄大でもある分析に，多くの政治学者が深く感銘を受けたのも当然であった」（久米 2013 : 24）と述べている。

（10）パットナムに対する批判が，どのように信頼論の問題構成を形成したかについては次節で検討することにし，ここでは取り上げない。だが，さしあたり，パットナムへの批判のうち，純粋に方法論に絞ってみると，パットナムの「経路依存性」概念の使い方とイタリアの歴史叙述の仕方がしばしば問題視されている（cf. Levi 1996 ; Sabetti 1996）。たしかにパットナムの歴史記述はかなりおおざっぱであるし，それをもってイタリア南北の「市民度」が経路依存的な均衡であると主張することも，やや苦しい。とはいえ，もともと「それ自身として明確な存在論的立場を持っているわけではなく」「折衷的」（Lowndes 2002 : 96 ; see also 河野 2002）であるとも評されてきた歴史的制度論の側から，合理的選択理論との協働の可能性を示した点では，やはりパットナムの功績は大きいだろう。ちなみに，歴史的制度論と合理的選択理論を組み合わせていく際の精緻な指針は，パットナムののちにP・ピアソンが定式化している（Pierson 2004 = 2010）。ピアソンは，「経路依存性」を生じさせる歴史的過程の特徴が「正のフィードバック」であるとし，自己強化過程がはたらく政治現象を四つの観点から特徴づけている。①一連の初期条件のもとでの複数均衡の可能性，②相対的に小さな事象がタイミングによっては大きな影響を及ぼすという偶発性，③タイミングと配列の役割の重要性，④変化への耐性をもつ慣性の存在（Pierson 2004 : 44 = 2010 : 56）。パットナムのおこなったことは，こうしたピアソンの指針を実質的に先取りしていた面がある。

（11）実際に，パットナムは『民主主義を機能させる』において，バンフィールドの基本的

な主張自体はまちがっていないのだと，折に触れて擁護している（cf. Putnam 1993 : 91 = 2001 : 109)。

(12) すでに個別に論じてきたことでもあるので，ここでは，バンフィールドとアーモンドとパットナムの方法論的な違いについて，あらためて比較することはしない。ひとまず，パットナムの方法論的な優位性については，河田潤一による次の記述を参照しておこう。

> 既に見た性格を持つバンフィールドやアーモンドとヴァーバの政治文化論に対しては，その「オリエンタリズム」的性格を批判するものが多いのは当然である。パットナムは，国家交差的・地域交差的比較研究に拭い難いこの種の批判を，「移民共同体」指数など重要な指数，指標，尺度等の慎重な設定とデータ分析の統計的手法の洗練化によって克服しようとした。また，標本調査や面接調査に付き物の政治文化の静態的・本質主義的認識は，ゲーム理論と歴史分析の接合によって乗り越えようとした。そこから導き出された概念である「社会資本」は，先行する態度や志向よりもはるかに歴史的・関係的な行動傾性と制度的文脈をより多く含むものとなった。
> （河田 2008 : 216）

また，パットナムの『民主主義を機能させる』でも『ひとりでボウリングをする』でも，アーモンドらの研究に対する言及は驚くほど少ない。

(13) トクヴィルは，アメリカの民主主義の有効性（あるいは危険性）を政府そのものにではなく，市民社会とそこに存在する公共精神において洞察しようとし，次のような結論を得た。「ひとことで言えば，合衆国に祖国の本能はほとんど存在しえない。それなのに誰もが自分のことのようにタウンや地区や州全体の事柄に関心を寄せるのはなぜだろうか。それは誰もがそれぞれの立場で，社会の統治に積極的な役割を果たしているからなのである」(トクヴィル 2005 第一巻［下］: 122)。ただし，トクヴィル自身は，19 世紀アメリカの民主主義をモデルとして一般化することを意図していないと注意を喚起している（cf. トクヴィル 2005 第一巻［上］: 27-28 ; 第一巻［下］: 262-263)。

(14) 三隅一人が指摘しているように，そもそも「キャピタル（資本）」という概念はトートロジー的な性質をもつとしても，パットナムのソーシャル・キャピタル論では，社会的ネットワークの特性が資源として言及されているのか，それともそこから生まれる付加価値として言及されているのかが判然としないことがある（三隅 2013 : 83-84)。同様に，市民参加それ自体とソーシャル・キャピタルとをパットナムが区別しているのかどうかが，しばしばわかりにくい。だが，このことは，パットナム特有の議論の欠点というよりも，ソーシャル・キャピタル論一般の特徴でもあるように思う。ちなみに，パットナムがアメリカの各州におけるソーシャル・キャピタルの測定に使用した 14 の指数は，それぞれ，①コミュニティでの組織生活，②公的な問題への参加，③コミュニティでのボランティア活動への参加，④インフォーマルな社交性，⑤社会的信頼，という 5 つの項目に分類されるものである（Putnam 2000 : 291, Table. 4 = 2006 : 357, 表 4)。

(15) パットナムが編集した『流動化する民主主義（*Democracy in Flux*)』によれば，こうした傾向は，アメリカに限らず先進諸国である程度観察されるようである（Putnam ed. 2002 = 2013)。パットナムらは，一般化することには慎重であるものの，次のような大まかな傾向を確認している。すなわち，政治（投票，政党への参加）や仕事（労働組合への加入）や信仰（教会に通うこと）という，共同体生活における基本的な領域への参加が減少していると同時に，ソーシャル・キャピタルが社会階層の高い人びとに不均衡に集中しているということである。

(16) これに対して，通常の民主主義体制の範疇にある政治参加それ自体が，市民社会における信頼や公共精神を生み出すことはないということもしばしば主張されている。たとえばS・セガールは，パットナムのソーシャル・キャピタル概念にあたる「社会的連帯感（social solidarity）」を検討してみると，市民の政治参加によって市民間に連帯感と信頼をつくり出そうとする「強い共和主義」の主張は「市民の小さな熟議団体のような参加形態に関してのみ有望であるように思われる」（Segall 2005 : 365）と言う。そして「少なくとも投票と選挙活動に関するかぎり」「政治参加と共感や共通善へのコミットメントといった性向とのあいだには，はっきりとした因果性が認められない」（Segall 2005 : 368）としている。

(17) こうした推論からも，パットナムが信頼による“ソフトな”問題解決策と，法や政治といった強制力をともなう“ハードな”解決策を，トレード・オフの関係で捉えていることがわかる。そして，このような想定には，あきらかに“ソフトな”社会的メカニズムの方が，“ハードな”それよりも望ましいという判断が含意されている。本書では後に，信頼と法や政治をトレード・オフの関係で捉えてしまうことの問題性を論じるつもりである。

(18) ところで，パットナムの「ソーシャル・キャピタル」概念の直接的な援用元であるコールマンも，1970年前後に人びとのあいだでの信頼度合いが変化した原因として，世代交代とテレビの普及について検討している（Coleman 1990 : 191-194 = 2004 上 : 294-299)。それは，コールマンがソーシャル・キャピタルの変化を考察する際に，世代がもつ社会構造としての側面を重視するからでもある（cf. Coleman 1990 : chap. 22 = 2006 下 : 第22章)。

(19) パットナムの『ひとりでボウリングをする』が民主主義論として読まれてもいるのは，それがリベラル・デモクラシーへの不信感と，その裏返しとして参加型の草の根民主主義に希望をかける立場とも共鳴するものだからである。たとえばB・バーバーは，こうした立場を「ストロング・デモクラシー」と呼び，それを次のように定義している。「独自の根拠が欠如している場合に，現行の，自己立法に近い参加制のプロセスにより，また依存的で私的な個人を自由な市民に変え，部分的で私的な利益を公共善に変えることのできる政治共同体を創造することにより，対立を解決する参加政治」（Barber 2004 : 132 = 2009 : 225, 原文では全文イタリック)。

(20) 本節の *1* で指摘したように，『民主主義を機能させる』における“科学性”とは，政治学方法論のレパートリーをさまざまに駆使してみるものであった。それに対して，『ひとりでボウリングをする』においては，もっぱら計量分析だけが使われている（cf. 坂本 2003 : 1386-1387)。このことは，パットナムの分析的な視野が狭まったことを示しているのではなく，ソーシャル・キャピタル論の基本的なフォーマットが共有されるようになった結果であると考えるべきであろう。実際に，2002年の『流動化する民主主義』においては，各国のソーシャル・キャピタルをめぐる状況を調査したさまざまな論者が，『ひとりでボウリングをする』にならった操作化と計量分析をおこなっている（Putnam ed. 2002 = 2013)。

(21) 一応言い添えておくと，ここでパットナムがトクヴィル的な伝統を受け継いでいるといっても，両者の思想に完全な一致が存在するという意味ではもちろんない。たとえば，D・シュルツのように，トクヴィルとパットナムには大きく異なる部分があると論じる人もいる。シュルツは，トクヴィルやとりわけ20世紀中盤の多元主義者が，共同体や結

社が民主主義に対してもつ構造的な側面を強調したのに対して，とりわけパットナムの『ひとりでボウリングをする』以降において強調されているのは，共同体や結社への帰属が個人をどう陶冶していくのかという，個人主義的・心理的側面であると論じている(Schultz 2002)。このことは，パットナム自身が 1993 年の『民主主義を機能させる』から，民主主義論として「存在論的シフト」を遂げた結果であるとシュルツは述べる(Schultz 2002 : 76)。

(22) 同様に，鹿毛利枝子は，パットナムの政治学における意義を次の三点に見出していた。すなわち，①制度論に対する部分的な修正，②草の根ネットワークの政治的意義・機能の発見，③市民社会の重要性の発見，である（鹿毛 2002 : 110–111）。

(23) ただし，パットナムにおいても，共同体（コミュニティ）と結社（アソシエーション）が質的に同じものとして捉えられているわけではない。共同体概念を経済的なものから切り離すために，結社と共同体を厳格に区別するべきだという議論もある（cf. Little 2002 = 2010）。

(24) もちろん，このタイプの政治文化論は，パットナム的なソーシャル・キャピタル論が席巻したのちも一定程度おこなわれている。その多くは，世界価値観調査（World Value Survey）にある国ごとの一般的な対人信頼度などをベースにして，その他の指標，たとえばメリーランド大学が提供するデータベース“Polity”や，世界銀行が提供する民主主義指標などを組み合わせている。こうした調査方法が根強くおこなわれているのは，大規模な比較がおこなえるという特長があるためだと言えるだろう。たとえば，Uslaner (1999 ; 2002 = 2004) などを参照のこと。

(25) 具体的にイングルハートが指摘しているのは，先進諸国における左翼リバタリアンの出現である（cf. Inglehart 1977 : 70–71 = 1978 : 68–69)。とはいえ，『静かなる革命』におけるイングルハートの観察は，「新しい政治」の具体的な内容にまで踏み込んだものではなく，有権者がどのような政治的な認知地図（本書の言い方では（日常的な）「政治理論」）をもっているかを示しているだけなので，そうした意味では限定的なものであった。「新しい政治」について，とりわけドイツの政党の変容との関係で論じたものとしては，小野（2000）がある。小野は，「新しい政治」の内実を理解するためには，有権者がどのような価値体系から政治を見ているかということだけでなく，政党がそれに対してどのような反応を示しているかを含めて分析がなされなければならないと主張している。

(26) この点については，イングルハートが「20 世紀後半のマルクスはいまだ現れていない。脱産業社会についての真に一貫していてひろく受け入れられたイデオロギーは，まだだれも提唱していない」(Inglehart 1977 : 372 = 1978 : 367）と述べているのが印象的である。マルクスの不在という問題は，政治学者にとっての分析上の問題であるだけではなく，人びとが政治を営んでいくうえでの問題でもあった。そのことは，先進国の福祉国家メカニズムが機能不全に陥った 1970 年代に顕在化している。ルーマンの『福祉国家における政治理論』は，まさにこうした状況で書かれている（vgl. Luhmann 1981b = 2007)。

(27) M・セリグソンは，イングルハートがミクロとマクロの水準を無媒介に接続しようとしたことが，アーモンドとヴァーバにおける「生態学的誤謬」の再現であるとして批判している（Seligson 2002)。セリグソンの回帰分析によれば，対人信頼度や生活満足度などといったミクロな個人レベルで集められたデータによって，マクロな民主主義体制の安定性を推測することはできない。それゆえ，セリグソンは，①対人信頼度にみられる政治文化と民主主義が結びつくというそもそもの理論がまちがっているか，②政治文化

要因は重要であるが，イングルハートやパットナムの選択した変数がまちがっているか，③変数自体は正しいものの，その操作化の仕方に難があるか，のいずれかであると結論づけている（Seligson 2002 : 287–288）。

(28) だから，イングルハートが述べているように，1977 年の『静かなる革命』から，1990 年の『高度産業社会における文化変動』にいたる発展とは，概念的・理論的なものではなく，基本的に扱うデータの量が増大したことであり，それによってより信憑性の高い推論が可能になったという点に求められることになる（Inglehart 1990 : 5–7 = 1993 : 4–5）。つまり，計量分析にとっては，サンプルの数が増えることが，そのまま研究の進展として捉えられるのである。

(29) こうした推論は，アーモンドが政治的社会化の議論において，人びとが成人した後に政治との接触を通じて政治的態度を獲得することを重視していたことと，鋭い対照をなしている（cf. Almond 1960 : 30–31 = 1982 : 122–123）。

(30) ただし，イングルハートは，政治文化が人びとの実際の歴史経験から生まれるものであるという視角を一貫してもっていた。このことは，『市民文化』以降のアーモンド学派が，政治文化論を歴史的な要素を含んだかたちで再構成しようとしていたことと，方向性としては一致している。イングルハートは，次のように述べている。

> 支配的な世界観はそれぞれの社会で異なっており，それはさまざまな人びとのさまざまな歴史的経験を反映している。その結果，さまざまな人びとの価値観や態度や習慣のあいだに，持続的ではあるが不変ではない差異が見られるのである。このことが示しているのは，さまざまな個人や集団は，同じような状況に対して異なった反応をするということである。すでに見てきたように，長年にわたって繰り返されてきた調査によって，全体的な生活満足度，幸福度，政治的満足度，対人信頼度，既存の社会秩序に対する支持の程度において，国ごとに持続した差異があることが示されている。こうした属性は全体的な徴候の一部であり，ある国民性は一貫してそれらのすべてにおいて相対的に高い（あるいは，相対的に低い）順位にある。こうした徴候の得点における高低は，その国民の政治的・社会的行動に重大な影響を与え，とりわけ有効な民主主義への展望を左右するものである。
>
> （Inglehart 1990 : 422 = 1993 : 355–356）

(31) 物質主義的価値観から脱物質主義的価値観への移行を発見したことのほかにも，イングルハートの功績として，バンフィールド，アーモンドとヴァーバ，パットナムらが主張していることを，計量的に検証・確認していることが挙げられる。たとえば，南イタリアにおける生活満足度の異様なまでの低さ（Inglehart 1977 : 159 = 1978 : 153 ; Inglehart 1990 : 26 = 1993 : 30），1970 年前後からアメリカ人の政治的有効性感覚が急激に低下していること（Inglehart 1990 : 304 = 1993 : 298–299）などがそれである。前者はもはや通説といってよいくらい認知されていることだったが，後者のほうはのちにパットナムの『ひとりでボウリングをする』の主題となったものである。

(32) 80 年代のアメリカ社会を蝕んでいたラディカルな個人主義の顕著な例がマネジメント化と，とりわけセラピー化である。それらはともに一種の自律的な個人を想定している。つまり，「個人を超えた高次の真理にもとづいてではなく，個々人が自ら判断する生活効率の基準にもとづいて，自らが演じる役割と果たすべきコミットメントを選択することができると想定された」（Bellah et al. 1985 : 47 = 1991 : 55）自律的な個人である。アメリカ人は自分を文化的なしがらみから自由であると考えているが，そのように考えること

こそが，まさにアメリカ文化を支配している信仰から強い影響を受けている事実の表明になっているわけである（Bellah et al. 1985 : 65 = 1991 : 76）。もっとも，自律的個人の理想というもの自体は，アメリカの建国当初から支配的であった理念ではある。しかし，現代においては，かつてとは異なり，人生に意味を与えるより大きな規範は人びとの行動指針から抜け落ちてしまっている。人びとは，人生の意味や善き生について尋ねられた場合，それを表現すべき道徳的な言語が欠落しているために，結局のところ——それを語る本人にとっても不本意であろう——個人主義的な言語に頼らざるを得なくなる。「多くのアメリカ人の抱える問題は，自己，社会，自然的世界，そして究極的リアリティのあいだを真に媒介できるような言語を奪われているというところにある」（Bellah et al. 1985 : 237 = 1991 : 287）。

(33) そもそも，民主主義がうまくいくためには，人びとは自分の運命の一部を他者に預けるわけだから，まったく異質な住民のあいだでも市民的アイデンティティの共有が要求されるという発想は，19 世紀後半から 20 世紀初頭のアメリカの経験から生まれたと言われている（Waldron 2012 : 191）。そして，現在の信頼論は，この共有された市民的アイデンティティを信頼として置き換えている（cf. Wuthnow 2002 : 64 = 2013 : 54）。

(34) 山口定によれば，実際に『心の習慣』は，出版直後に 35 万部も売れ，その後も年間 3 万部も売れるという，学術書としては異例の売れ行きをみせたという（山口 2004 : 313）。

(35) このことには理由があるだろう。かつては行動論プログラムが政治学に学際的な基盤を用意していたのと同様に，パットナム以降の社会科学ではソーシャル・キャピタル概念が多様な学問分野の共通基盤になっている。よって，さまざまな概念的・理論的負荷を負わされているソーシャル・キャピタル概念に対する批判も，必然的に多角的なものになる。「こうした意味で，ソーシャル・キャピタルに対する批判は，時として社会科学版のロールシャッハ・テストのように読めるときがある。つまり，どの批判者もソーシャル・キャピタル概念に対して，自分にとってライヴァルとなるアプローチや，あるいは／また，支配的な潮流や新たに流行しつつある潮流に関してもっとも危惧するものを投影しているわけである」（Woolcock 2010 : 482）。

(36) ただし，パットナムにおける“国家の不在”への批判に対して，パットナムを擁護する見解も存在する。たとえば V・ペレス = ディアスは，次のように述べている。「そうした〔パットナムのソーシャル・キャピタル論において国家の役割が軽視されているという〕批判は，市民的関与の伝統を説明するということに関して言えば，パットナムの主たる理論的な関心である，ソーシャル・キャピタルの役割とは無関係であるかもしれない。さらに，そうした批判が，社会構造や文化（感情と同様にネットワークや規範もそこに含まれる）を政治的・経済的要因の単なる副産物に還元し，それによって社会的統合の問題に関する社会学における議論の伝統の大部分を無関係なものへと還元してしまう結果になるのだとすれば，われわれはこの種の批判によって誤導されることになるのだとさえ言えるだろう」（Pérez-Díaz 2002 : 464 = 2013 : 409）。パットナムの問題関心は，たしかにソーシャル・キャピタルの形成における国家の役割を解明するというところにはなかったのかもしれない。けれども，多くの批判者たちは，パットナムの議論が政治に対するひとつのものの見方として成立するためにこそ，国家という「政治の領域」がどのような位置づけをもつかということに関心を払わなければならないと考えたわけである。

(37) たとえば，パットナムのフォーク定理の理解の仕方，歴史記述の方法，パットナムの

分析が正しいのであれば「イタリア北部が近年の政治的な諸問題に直面していてはおかしいことになる」(Levi 1993 : 375) 点などが，挙げられている。

(38) パットナムが次のように述べていることに対応している。「信頼はソーシャル・キャピタルの本質的構成要素である」(Putnam 1993 : 170 = 2001 : 211)。

(39) C・ヘイも，サプライサイド／ディマンドサイドという区別を用いながら，パットナムの議論があまりにも市民の側，つまりディマンドサイドに偏重していることを批判している (Hay 2007 : 43-49 = 2012 : 55-59)。ヘイは，政治分析における思考方法には，つねにサプライサイド（国家などの「政治の領域」）が含まれなければならないと主張している。同様に，J・ジョンソンも，『民主主義を機能させる』においては，結局のところ規範やネットワークがどのようなメカニズムで政府や経済のパフォーマンスに影響を与えるのかが特定されることなく，パットナムは「自身が分析の出発点に据えた問題を書き直した」にすぎないと批判する (Johnson 2003 : 106)。

(40) 少し補足しておくと，この議論は有名な「国家を取り戻す」(Skocpol 1985) という論文において端的に示されている。スコチポルは，国家がもつ社会政治的影響を扱った議論を「トクヴィル主義」と呼び，そのような視座で国家を研究する際には，「国家の構造や活動が，意図せずしていかに集団の形成や政治的権能，観念，そして社会のさまざまなセクターの要求に影響を与えるかということを，よりマクロ的な視座で見極める」(Skocpol 1985 : 21) べきだとしている。スコチポル自身はこうした国家の研究に対して，歴史的なアプローチで臨もうとした。この点は，国家論との関係において次項で再び取り上げる。

(41) このような主張は，スコチポルにとって，アーモンドとヴァーバの『市民文化』がやり残した課題を引き継ぐということを意味してもいた。アーモンドとヴァーバは『市民文化』において，アメリカが過度に市民参加を強調する国であることを論じたが，その際に，どのような自発的結社の性質がそうした市民参加を生み出しているのかを論及することはなかった。『失われた民主主義』とは別の論文においてスコチポルは，そうしたアーモンドとヴァーバの残した課題に次のような回答を与えている。「超地域的ではあるが地域に根差した会員結社こそが，かつての市民的であったアメリカの中核にあったのだ」(Skocpol 2002 : 105 = 2013 : 88)。というのも，そのような会員結社では，どのようなメンバーも地域的なクラブや組織の代表に選出される可能性があり，そうした地元代表がさらには全国的な規模で指導的地位に就く可能性すらあった。人びとは，そうした会員結社に属することによって，市民参加と民主主義的な影響力行使の機会を得ることになったのである。

(42) C・ボッグスも，『ひとりでボウリングをする』において「パットナムは社会的領域と政治的領域のあいだの連結について，どこにおいても何も述べていない」(Boggs 2002 : 187) と批判する。ただし，ボッグス自身は，近年のアメリカ社会の変化は，懐古的な自発的結社が失われるという現象によってではなく，グローバリゼーションや資本主義経済によって，人びとが構造的に「脱－政治化」されているところに由来していると論じている。

(43) こうしたスコチポルの着眼点は，当然，パットナムが『ひとりでボウリングをする』で提起した処方箋への批判となる。「人びとが，ピクニックや歌の集いをもっと頻繁に開催しようとがんばることで，投票参加率や組織を通じた公的な活動が目を見張るほど改善するとは，どうしても思えない」(Skocpol 2003 : 257 = 2007 : 221)。

(44) 国家－社会関係論が，特に比較政治学においてどのような役割を果たしてきたかについては，Migdal（1991 = 1988）および Kohli（2002）も整理をおこなっている。両者とも国家－社会関係論の枠組みをレヴューしたものだが，とりわけ A・コーリの整理は，国家が従属変数として“社会的な”要因（経済発展などがここに入れられている）によって説明されるパターンと，国家が独立変数として社会（主として発展途上国）を説明するパターンとに分類された，比較政治学のリサーチ・デザインに関するものである。

(45) この文章のあとに，「しかしそれにもかかわらず，国家が衰微したというのは経験的に正しくもなければ，政治学の姿勢として認めることもできない」と続けることは，もはや政治学における一種のクリシェである。

(46) たとえば，多元主義・エリート論・マルクス主義は，国家理論の「伝統的な三頭支配」（Hay and Lister 2006 : viii）とも呼ばれているが，このうち，多元主義とエリート論が語の正確な意味での「国家」理論に位置づくとは言えないだろう。政治学史に刻まれた多元主義とエリート論の有名な論争も，論争の前提として両者が保持していた国家という概念そのもの——簡単に言えば，政策決定のためのアリーナというのがそれである——には違いは認められなかったし，そもそも国家という考えに重点は置かれていなかったからだ。この点については，多元主義国家論について書かれた Smith（2006）と，エリート論的国家論の Evans（2006）を比較してみてもあきらかである。

(47) だが，ジェソップの国家理論研究については，大陸ヨーロッパで広く認識されているのに対して，アメリカやイギリスの主流派政治学では実質的に無視されているのが現状である（cf. Rhodes 2009 : 149–150）。また，自己硬直に陥りかけていたマルクス主義政治学を刷新するものとしては，E・ラクラウと C・ムフが果たした貢献も忘れることはできない（cf. Laclau and Mouffe 1985 = 1992）。ラクラウらは，A・グラムシのヘゲモニー論を発展させることで，マルクス主義のアキレス腱であった階級概念を動態的に捉えなおしている。ジェソップは，ラクラウらによって果たされたこうした成果も積極的に接収しているが，その方向性は大きく違っている。

(48) 特に本書との関わりで言えば，90 年代になってからジェソップは，ルーマンによるオートポイエーシス概念を援用するようになっている（cf. Jessop 2002 = 2005）。しかしながら，田口富久治が述べるとおり，「彼のルーマン摂取が方法論理に十分な検討を経ているようには見えない」（田口 1997 : 101）。そのため，ルーマンは政治その他の機能システムが物質的に相互依存している（つまり，経済的なものが優位になる構造的条件が存在している）ことを見落としている，という奇妙な批判が展開されることになる（cf. Jessop 2007 : 26）。

(49) 1990 年の著作『国家理論（*State Theory*）』（Jesoop 1990 = 1994）以来，ジェソップの枠組みは「戦略的－関係的アプローチ」というものに発展的に解消されることになる。そしてそれは，国家のヴェーバー的な定義，すなわち，国家の特質を公的な制度的特徴や，強制力をもった組織としての性質から導こうとする立場に対する批判の意味が込められている。少し後の記述になるが，「戦略的－関係的アプローチ」については，次のように説明されている。

> 国家の構造的権力・権能，構造的・戦略的バイアス，そしてそれらの実現は，法的－政治的装置としての国家の性質のみにかかっているのではない。——〔中略〕——このように国家を適切に位置づけることは，とりわけ国家により生成され，国家によって媒介される諸過程を排除するものではない（というよりも，むしろ前提

とする）。だが，必要なのは，それら諸過程が，より幅広い社会的コンテクストならびに，国家内部および国家をこえた諸アクターによる戦略的選択と作為に関係づけられることだ。（Jessop 2007 : 6）

しかし，この「戦略的－関係的アプローチ」は，さまざまな他のアプローチ（たとえば，ジェソップの問題関心においては構造－行為問題やレギュラシオン理論，言説理論など）と組み合わせられるものの，国家理論へのアプローチとしては手を広げすぎている印象がある。実際，R・マーオンは，ジェソップの『国家理論』における過度の抽象性が，70 年代のマルクス主義国家理論の隘路と同じ轍を踏むのではないかと憂慮している（Mahon 1991）。

（50）政治学の教科書においても，国家論は「大きな反響を呼んだものの，国家というマクロな枠組みから分析できる事例は限られており，研究としては尻すぼみに終わった」（新川・井戸・宮本・眞柄 2004 : 9）と評価されている。というのも，「国家」を政治分析の単位として用いることが，政治現象を解明することに資さなかったことに加えて，そもそも国家を自律したアクターとして説明に組み込むことに限界があったからである。けれども，国家論の遺産は，その後の新制度論における歴史的アプローチとして継承されることになる。

（51）もちろん，本書は，90 年代以降のすべての信頼論がこうした国家イメージを念頭においていたと主張しているわけではない。そもそもそのような論証は不可能だろう。ここでのねらいは，次のようなところにある。つまり，われわれが「政治の領域」と「政治の外側の領域」を，国家と市民社会の区別として想定するとき，それが実質的にどのような理論的選択となっているのかということを示すことであり，そのような選択がそれぞれの論者に明確に意識されているかどうかということは，ここでの主要な問題ではない。

（52）あらためて詳述はしないが，市民社会論の興隆は，1989 年からの東欧革命とそれに続くソヴィエト社会主義体制の崩壊，冷戦構造の終結といった世界史的な出来事に端を発している。

（53）市民社会論の学説史については，篠原（2004）の第 3 章が手短にまとめている。ちなみに，日本における市民社会の概念史については，山口（2004）の第一部がより詳しい。

（54）なお，国家と市民社会のあいだの分離と接続について，近代政治の原理との関係で論じたものとして宇野（2010）を参照せよ。宇野は，近年の政治学が信頼やソーシャル・キャピタルを論じる背景に，「社会的紐帯の政治化」という事態の存在を見ている（宇野 2010 : 282）。

（55）エーレンベルク自身は，「この市民社会概念には，字面に表れている以上の含意があるのであり，その伝統を明確にすることによって，市民社会概念がもつ民主主義的な潜在力に対する現代の想定を評価できるようになる」（Ehrenberg 1999 : x–xi = 2001 : 15）と述べるものの，彼の作業はその手前でとどまってしまったような印象も受ける。たしかに，トクヴィル以外の市民社会論の系譜は存在するだろうが（アリストテレス流の政治的公共善と一致させるモデル，マルクスにつながる経済的モデルなど），そこからエーレンベルクが引き出すことのできている市民社会モデルは，政治および経済という「二つの領域と交わるグレーゾーン」（Ehrenberg 1999 : 235 = 2001 : 318）というものでしかない。この主張自体は，あまり目新しくもない従来型の発想だろう。

（56）ただし，本書の第 I 部で見てきたように，アーモンド学派をはじめアメリカの 60 年代

初頭の多くの政治学者にとっては，アングロサクソン諸国の民主主義のあり方がひとつの歴史的な到達点とされていたのに対して，ハーバーマスはそうした発展的な歴史観自体に批判を投げかけているという違いがある。しかし，『公共性の構造転換』の改訂版序文では，62 年の段階でハーバーマス自身が批判的公共圏の衰退という過程をあまりにも直線的・短絡的に捉えており，アーモンドやイングルハートらが注目していたような政治と文化的なものの複合的な相互作用を媒介する「政治文化」の次元がいっさい欠けてしまっていたと反省している（Habermas 1990 : 29–30 = 1994 : xx–xxi）。

(57) ハーバーマスがひとつの理想とする 18 世紀ヨーロッパのサロンやコーヒー・ハウスにおける公共圏は，次のような特徴をもつものとして描かれている。①そこに集う人びとの社会的地位は度外視される，②既存の権威に対する批判的な態度をもつ，③そのつど集まる公衆が排他的な徒党を組むことがない，というのがそれである（Habermas 1990 : 97–99 = 1994 : 55–58）。これらの指摘は，現在であれば，伝統的な結社におけるソーシャル・キャピタルとして括られるであろう。

(58)「政治的なはたらきをする公共圏に必要なのは，法治国家による制度的保証だけではない。それは文化的な伝統や社会化の範型が公共圏に適合すること，つまり，自由というものに馴染んだ人びとの政治文化をも必要とするのである」（Habermas 1990 : 45 = 1994 : xxxvii）。

(59) このような発想の基盤には，「システム」と「生活世界」を対置するという，1981 年の『コミュニケーション的行為の理論（*Theorie des Kommunikativen Handelns*）』において本格的に導入されていた図式がある。この図式について簡単に説明しておくと，次のようになるだろう。「生活世界（Lebenswelt）」という概念は——本書の後段でも再び触れることだが——後期フッサールの意識哲学に由来し，人びとが相互に同じ世界を経験することが可能になるためのもっとも基底的な地平を表現している。ハーバーマスは，こうした生活世界概念をコミュニケーション的行為（つまり，人びとが相互了解を目指す行為）の地平としてそのまま引き継ぎつつも，それを社会科学的に限定して構想し直すことが必要だと考えた（Harbermas 1981 Bd. 2 : 205–206 = 1987 下 : 41）。ところで歴史的に見ると，人間社会の進化の過程で生活世界における合理化が亢進し，言語を媒介にした合意形成以外の行為調整メカニズムが発達することになる。それが，「システム」であり，そうしたシステムの複雑性（Komplexität）が増大することで「システムと生活世界が分化する」（Harbermas 1981 Bd. 2 : 230 = 1987 下 : 66）。システムは，言語によらないメディア（典型的には権力と貨幣）を介して人びとの行為調整をおこなうため，人びとの相互行為の地平は生活世界から切り離される。ハーバーマスは，パーソンズやルーマンとは異なり，こうした人間社会の歴史過程を，合理化された生活世界がシステムによって侵食される「生活世界の植民地化（Mediatisierung der Lebenswelt）」という病理として捉えた（Harbermas 1981 Bd. 2 : 277 = 1987 下 : 110）。このようにして，ハーバーマスにおいては，「システム」と「生活世界」が対置されるのである。よって，ハーバーマスにおける「生活世界」と「市民社会」は同じものを指しているわけではない（前者は後者よりも，より哲学的な含意がある）。だが，「市民社会」は「システム」から切り離されていることで，支配的な「システム」に対抗して規範的に望ましい行為調整様式ないし公共圏を取り戻すという位置づけが与えられることになる。ハーバーマスの批判理論とは，パーソンズに対抗して「理想主義にも実証主義にも陥ることなく，システム化された社会を問題にすること」（森 1984 : 338）であった。

(60) コーエンらが目指している理論とは,「国家や経済から市民社会が分化していることと,政治社会および経済社会の諸制度を通じて市民社会が国家および経済に再帰的に影響を及ぼすことの両者をテーマ化できるような理論」(Cohen and Arato 1992 : 25) である。ちなみに,「政治的なるもの」「経済的なるもの」「文化的なるもの」のトリアーデから政治の世界を見るという立場は,ハーバーマスにかぎらず,批判理論や(主として A・グラムシに近い) マルクス主義的な政治学の立場では広く共有された発想である。その現代版としては,たとえば Hay (2010 : 8) のようなものがある。

(61) なぜなら,彼女ら自身の言葉によれば,「あらゆる政治を懐疑する市民社会を振りかざして国家に対して向けられる『断固とした拒否』のプログラムも,相互性,互酬性,直接的な協力にもとづくとともに,社会に再－埋め込みされた非市場経済といったことを振りかざして近代経済に対して向けられる『断固とした拒否』のプログラムも,近代性とは両立しないし,そしてまた近代民主主義の諸前提とも両立しない」(Cohen and Arato 1992 : 469) からである。

(62) そのため,コーエンらの市民社会論も,あるディレンマに直面する。それは,市民社会が国家や経済とは区別されつつも,それらとつながっていなければならないというディレンマである。本書の用語で表現すればこうなるであろう。コーエンらにとっての「政治の領域の外側」とは,「生活世界」であった。その生活世界のなかで,「政治の領域」(および「経済の領域」) と接続しているのが,「市民社会」である。しかし,その市民社会も,やはり「政治の領域」とは区別されなければならない。そのため,市民社会と「政治の領域」との接触を担うのは,それらの中間にある「政治社会」という領域だというふうに想定される (cf. Cohen and Arato 1992 : 478)。このように考えていくと,「政治の領域」と「政治の外側の領域」とのあいだに,際限なく中間領域を挿入し続けなければならなくなっていく。こうした理論的なアポリアは,批判的実在論に特有なものであると言えるだろう。この例証としては,たとえば Archer (1995 = 2007) を見よ。本書が,「政治の領域/その外側の領域」という問題構成を考える際に,批判的実在論を理論的基礎として採用できないと考えるのは,以上の理由による。この点は第 7 章一節で詳述する。

(63) ハーバーマスやコーエンとアレイトと基本的に同じ立場の山口は,市民社会概念のベースになる「市民」概念を,「自立した人間同士がお互いに自由・平等・公正な関係に立って公共社会を構成し,自治をその社会の運営の基本とすることを目指す自発的人間型」(山口 2004 : 9) と定義している。

(64) 市民社会概念がわかりにくいものとなるのは,このようにそれが何らかの経験的な現象として取り扱われると同時に,規範的な負荷を帯びたものとして使われてきたからだと言える (cf. ヴァンサン 2013 : 43)。

第 6 章 信頼論の理論的基礎とその展開

(1) 本書では,第 I 部においても第 II 部においても,ある特定の問題構成があってはじめて理論的基礎が選択されるという側面を強調してきた。しかしながらもちろん,問題構成が理論的基礎を選択するという側面があるだけでなく,理論的基礎が問題構成の意味づけをも変化させている側面もある。実際に,本書の第 III 部ではそのような側面を重視している。

(2) ただし,イタリアの州政府制度研究を開始する以前のパットナムは,「エリートの政治

文化研究――イデオロギーの場合」(Putnam 1971) と題する論文において，イギリスとイタリアにおけるエリートの政治文化を研究している。この論文はたしかに「政治文化」という用語が用いてはいるものの，この場合の政治文化は，「政治システムのリーダーの，政治に関連した信念・価値・慣行の集合」(Putnam 1971 : 651) と定義されており，60年代型の政治文化論よりも，政治的リーダーのパーソナリティ論に近いものであった(また別の見方をすれば，アーモンドとヴァーバが『市民文化』でおこなった調査を，政治エリートを対象におこなったのだと言えるかもしれない。パットナムは政治家へのインタヴュー調査をもとに，政治的イデオロギーの傾向を抽出すると同時に，そうした傾向のあいだでの相関関係を分析しているからである)。ちなみにこの論文でのパットナムの結論は，イデオロギーを政治に対する一貫した理解のあり方だと定義した場合，イギリスとイタリアにおいて排外主義や政治的敵対性は減少しているものの，政治的イデオロギー自体は弱まってはいない，というものである。

(3) しかしながら，パットナムによるソーシャル・キャピタル概念の短絡的な援用こそが，むしろパットナムの議論に綻びを作ることになったのだという指摘も存在する (Johnson 2003)。

(4) これは後に「市民度 (civic-ness)」とされるものである。また，その定義からしてアーモンドとヴァーバの『市民文化』とは直接的な関係性は何もないと考えられる。

(5) むしろ，1983年の論文の時点では，徹底的に科学的な観点から研究をデザインすることと，政治に対する日常的な視点を採用することとが，トレード・オフの関係にあるものとされていた。二つの例を挙げておこう。第一に，制度パフォーマンスをどのような基準で評価するかに関して，パットナムは「概念的・哲学的問題」があるとしている。つまり，「市民として，あるいはなにげない観察者としては，われわれは政府のパフォーマンスについて判断しているが，政治学者は職業的に倫理的な相対主義に向かいやすい。われわれは，政治過程によって多様な利益や目的がもたらされていることに敏感であるし，政府が判断されるにしても多元的な基準があることを知っているからだ」(Putnam et al. 1983 : 58)。こうした問題を避け，科学性を担保するために，パットナムは八つの客観的な制度パフォーマンス指標を開発している。第二に，政治文化が州政府制度のパフォーマンスに影響を与えるロジックについてである。パットナムによれば，「大衆の政治文化が制度パフォーマンスに与えるインパクトは，エリートと大衆とがどのようなパターンでつながっているかということと，エリートの政治文化によって媒介されているようである」(Putnam et al. 1983 : 66)。ここには，「政治の領域」と「政治の外側の領域」とを明確に分断する姿勢が見て取れる。この点は，Putnam (1971) 論文から連続する考え方である。

(6) もちろん，ソーシャル・キャピタル概念の起源には諸説があって，L・ハニファンやP・ブルデューなどの名前が挙げられることも多い。ただし，本書ではパットナムのソーシャル・キャピタル論を分析の出発点においているため，ここではコールマンの議論に対象を限定することにしたい。

(7) このあたりの事情は，久慈 (2001) に載せられたコールマンのインタヴュー記録に詳しく書かれている。

(8) パーソンズによれば，この会議の場で「はじめてジェームズ・コールマンと出会った」(Parsons 1975 : 95 = 1982 : 146) とのことである。

(9) さらに，パーソンズの「影響力の概念について」という論文は，1969年に出版された

『政治と社会構造（*Politics and Social Structure*）』に，補遺を付けて再録されている（Parsons 1969b = 1974）。この補遺「15 章に対する補足」では，当初の影響力概念についての難点を認めた上で，再論している。ただしそこでは，コールマンについての言及はなく，コールマンの批判を取り入れたものというわけではないと思われる。

(10) 影響力概念については，コールマンは次のようなオルタナティヴを提示している。「この〔パーソンズの〕パラダイム——もしパラダイムを築きたいと思うのであれば，だが——のもっとも根本的な欠陥は，それが影響力を行使する人の観点に立っていることである。私が思うに，影響力システムに関してより問題の根幹に近いのは，影響力を行使する人が結果を得るための手段として用いる戦略ではなくて，むしろ他者が自分に対して影響力を行使することを容認するような，ある人が他者に対しておこなう投資（investments）である」(Coleman 1963 : 67)。さらに，ここで「投資」と言われているものを，コールマンは「信頼」に置き換えており，この議論が後のコールマンの信頼論の基本的なラインを作ることにもなっている。

(11) コールマンは，パーソンズが社会理論と経済理論を並べて検討することで，両者に共通する基盤を行為理論としてまとめたことを評価している（Coleman 1975 : 93 = 1982 : 140)。けれども，コールマンはパーソンズとはちがって，行為理論を経済学的な合理的選択理論に一元化してしまうことに可能性を見出していた。次の引用文には，パーソンズ理論との違いが示されている。「もし人間が相互に偶発的な環境に向かい合っているならば，合理的行為の定義はもっと複雑なものになるであろうし，そしてそうした複雑性があるからこそ，ゲームの理論というのは発達してきたのである。私がここで述べようと思っていることにとって，こうした二重の偶発性（double contingency）を導入することは不必要であろう。もっとも，よりしっかりと考え抜かれた理論においては，このことは多くの点で必要なのだろうけれども」(Coleman 1975 : 81 = 1982 : 122)。

(12) コールマンがベースにしているのは，R・アクセルロッドなどの囚人のディレンマ・ゲームであり，そこからどのような社会構造が条件となって合理的な行為者のあいだに規範が生成されるかを考察している。ここで社会構造と言われているものは，たとえば，集団の大きさ，行為者間でのコミュニケーションの程度，サンクションの実効性に対する期待などである（Coleman 1986)。

(13) 瀧川裕貴は，このことを含めてコールマンの社会理論に潜む矛盾を指摘している。「それは方法論的個人主義に基づく合理的選択理論を基底とした交換理論と間主観的で集合的な権利の合意理論との間に存在する矛盾である」(瀧川 2012 : 54)。どういうことかと言えば，コールマン自身は合理的選択理論によって社会理論を構築していると考えているが，しかし実際の論理としては，コールマンが本質的なところである種の規範的な「権利の合意理論」に依拠しているということである。

(14) ちなみに，コールマンが本格的にソーシャル・キャピタル概念を導入した 1988 年の論文「人的資本の生成におけるソーシャル・キャピタル」(Coleman 1988）は，ソーシャル・キャピタルと高校生の退学率との相関を調べ，ソーシャル・キャピタルの存在が退学率の低下につながっている（つまり，ソーシャル・キャピタルによって人的資本も増大する）ということを論証しようとしたものである。ここでコールマンは，ソーシャル・キャピタルの三つの形態として，「義務と期待（これは社会環境の信頼性 trustworthiness に依存する)」「社会構造における情報の流通量」「サンクションを伴う規範」を挙げている。

(15)『社会理論の基礎』は，師であるR・マートンに捧げられている。なお，邦訳においては，コールマンが行為理論の数理的な定式化を試みている部分は省かれている。

(16) 行為者の行為を合理的観点から理解することは，本書の後段で扱うヴェーバーの理解社会学やシュッツの現象学的社会学でも言われていることではある。だが，コールマンなどの経済学的な合理的選択理論の特徴は，目的の選択と，その目的に対する手段選択において，行為者の合理性が客観的に認識可能であることを当然視する点にある。それに対して，理解社会学の系譜では，まさにその行為の主観的意味を理解する可能性について考えることこそが最大の問題であった。

(17) なぜならコールマンは，「社会規範は，規範をつくり出し，規範の維持に手を貸そうとしている人びとが，それが遵守されることによって利益を受け，それが違背されることによって損害を受けるという点において，目的的に生み出される」(Coleman 1990 : 242 = 2004 上 : 374) と考えるからである。社会規範が存在するようになるのは，ある規範が遵守されることがみずからの利益になる人びとが，互いに規範の違背に対するサンクションの権利を承認し合うというメカニズムに依存している。

(18) 交換関係において権利が取引されるという発想は，コールマンが法学から示唆を受けたところである。この点についても，コールマンがインタヴューのなかでみずから語っている（久慈 2001 : 96–97)。ただし，コールマンの関心の所在はそうした権利の（法律上の基盤ではなく）「社会的基盤」である（Coleman 1990 : 63 = 2004 上 : 106)。なぜなら，資源を構成する権利関係は社会的に承認されることによって存在するものだからである。資源は，誰かほかの人から獲得されたり，譲渡されたりするものであり，また権利の行使は「権力（勢力 power)」に左右される。

(19) もちろん，そのようなコールマンの実践的処方箋が彼の行為理論から導出可能であるかどうかは，また別の問題である。たとえば盛山和夫は，コールマンの行為理論が規範のない社会にはどのようにして規範が生まれるのか，という問いに取り組んだとまとめつつも，それが根本的なところで失敗していると評価している。「規範のないところから出発して規範がいかにして生成されるかを合理的選択として説明するというプロジェクトは頓挫することになる。——〔中略〕——コールマンは知らず知らずのうちに，個人の合理的選択の枠組みを超えて，社会の合理的な設計の観点に移行している。こうなったのは，結局のところ，個人の行為選択を最終的に規定している内面的な規範意識というものは，個人レベルの合理性の観点からは説明できないからである」（盛山 2011 : 122–123)。この評価にしたがえば，規範の生成について破綻のない論理をもたないまま，ミクロな行為理論から社会工学的な実践を論理的に導くことはできないことになるだろう。

(20) この点はまた，コールマンの 1992 年におけるアメリカ社会学会会長演説「社会の合理的な再構成」(Coleman 1993) においても明確に表れている。同演説は，かつてのゲマインシャフト中心の社会からゲゼルシャフト中心の社会に変化したことを前半で述べつつ，後半ではこうした現代社会においてかつてのゲマインシャフトで担われていた社会メカニズム（主としてソーシャル・キャピタル）を代替するものを，どのようにデザインしていくかが大切だと述べている。

> ……しかし，われわれは社会においても社会学においても間違っている。その間違いは単純で，訂正可能なものだ。われわれは，原始的な社会組織が依存してきたソーシャル・キャピタルが，消滅しつつあることを認識できていない。われわれは，

未来の社会は構成されていくものだということ，そしてそうした社会構造をデザインしていくことにわれわれの注意を向けるべきだということを，認識できていない。われわれは，原始的な社会組織による社会的制御への支持が失われたことを嘆く必要はないのだ。 (Coleman 1993 : 10)

(21) このミクロ／マクロ論を主題としたものとして，パーソンズの衣鉢を継いだ J・アレグザンダーらの著書がある（Alexander et al. eds. 1987 = 1998)。ちなみにアレグザンダーらが編集した同書には，コールマンも「ミクロ基礎とマクロ社会的な行動」(Coleman 1987）という論文を寄稿しているが，邦訳には収められていない。この論文では，社会学の調査対象が個人であるにもかかわらず，社会学が関心をもっているのがマクロな社会現象であるために，ミクロ／マクロ論が生じるのだとされている。コールマンは，ミクロ／マクロ問題に取り組むための出発点が新古典派経済学の取引モデルにあるとしつつも，そこにはたとえば「結婚市場」「集団的パニック」「信頼の投企」「職業流動性」に見られるような逸脱事例からの知見が加味されなければならないと主張している（Coleman 1987)。以上の骨子や途中で検討される素材も含め，この論文は基本的に『社会理論の基礎』の前半部分と共通したところが多い。

(22) ミクロ／マクロ論はそうした意味で，「構造－行為理論」と呼ばれるものに隣接している。この点に関しては，実在論に対する評価も含めて，後段で再び取り上げる。

(23) 実際に，経済発展ということを考えた場合に，ソーシャル・キャピタルという概念はミクロ経済とマクロ経済のあいだの「ミッシング・リンク」であり，これまで経済成長を説明してきたさまざまな「資本」概念にはないアドヴァンテージをもつという見解も存在する（cf. Grootaert 2001)。

(24) この知見は『ひとりでボウリングをする』で導入された，「架橋型」のソーシャル・キャピタル（弱い紐帯）と「拘束型」のソーシャル・キャピタル（強い紐帯）の違いとして，パットナムにも引き継がれている。

(25) この理論化は，個々のネットワークの閉鎖性（サンクションの確実性や情報の共有によって特徴づけられる）をソーシャル・キャピタルの源泉とするコールマンの理論と対比的だが，バート自身は別の論文において，構造的隙間論とネットワーク閉鎖性に関する議論は相補的であると述べている（Burt 2001 = 2006)。

(26) ちなみに，三隅はソーシャル・キャピタル（社会関係資本）概念を次のように定義している。「社会関係資本は，人びとの関係やそのネットワーク，規範，信頼などから成る社会構造が，資本のような働きをする側面をもつ，まさにその側面にスポットライトを当てる比喩概念である」(三隅 2013 : 97)。この定義は，それ自体としてはパットナム以降に一般的なものである。

(27) ただし，三隅のソーシャル・キャピタル論では，本人が述べるように信頼概念の扱いが弱く，信頼が独立したひとつのアジェンダになり得るかどうかについては，判断を保留している。けれども，その際に，次のような推測を立てている。すなわち，信頼は一種の規範でありつつも，ソーシャル・キャピタルとの関係において，他の規範にはない性質をもっている。「その一つとして，信頼は規範というよりは，人間観ないし世界観のようなものとして表れる，ということがある。いわば社会関係資本の文字通りのインフラ的（社会資本的）側面といえるかもしれない」(三隅 2013 : 220)。本書では反対に，ソーシャル・キャピタル論のもつ関係論的・ネットワーク論的な議論にはこれ以上はほとんど踏み込まないものの，三隅が推測したような信頼の性質について突き詰めていく

ことを目的としている。

(28) 同様の整理として井手（2011）も参照のこと。この論文において井手英策は，ソーシャル・キャピタル論を，ミクロ・レベルでの人びとの水平的なつながりを重視するトクヴィル主義的なアプローチと，マクロ・レベルでの政府と人びとの垂直的な関係性を重視する制度中心アプローチに分類している。そして，その両者の水準が相互補完的な関係にあることが信頼論の焦点になっていると論じている。数土直紀はさらにそこから，制度のあり方によって，どのような一般的信頼（権威主義的に導かれるものか，平等感覚・公正感覚によって導かれるものか）がそこから醸成されるかも異なってくることを論証している（数土 2013)。

(29) 数土直紀は，信頼とソーシャル・キャピタルの関係自体を，ミクロ／マクロ媒介図式における循環的なものとして描いている（数土 2008)。

(30) ここでいう「信頼」と「信任」を，それぞれ「認知的な信頼」と「感情的な信頼」と区別したうえで，日本における有権者の政治への信頼ないし信任がどのように変化したのかを実証的に検証するものとして，善教（2013）がある。

(31) ここで，オッフェが（単に「人びと」ではなくて)「市民」と言っていることには理由がある。田村哲樹によれば，そもそもオッフェの政治理論は，システム論を採用しつつ，かつそこに対して同時に批判的距離をとるというところに特徴がある（田村 2002)。そして，その批判的な距離感を担保するのが「市民社会」概念なのである。つまり，「市民社会を『制御』の観点からも位置づけている点に，オッフェの独自性がある」（田村 2002 : 29）のであり，かつ，そのように市民社会の契機を重視する点において，オッフェは自身とルーマン的なシステム理論との相違を見ていた（田村 2002 : 205)。

(32) このような信頼類型を，オッフェは「カテゴリー信頼」と呼んでいる。「カテゴリー信頼」とは，「私はある特定の集団の伝統，文化，価値観について知っているため，私はその集団に属する全員に対して信頼を一般化することができる」（Offe 1999 : 63）というものである。

(33) オッフェも，用語法として「信頼」と「信任」が区別されなければならないと考えている。なぜなら，オッフェによれば，「制度を信頼する」という用語法は端的に言って誤りだからである。制度があてになると思うかどうかは，（他の行為者を信頼するときのように）個人の選択の範囲に属さないから，というのがその理由である。「制度とは，ある制度に関係し，またはある制度のもとで生きる行為者に対して，インセンティヴと選択肢を提供するような，事実的アレンジメントである。そのようなものであるために，制度は行為の事実的拘束要因であって，その耐久性と有効性をわれわれは確信をもってみることができるのである。信頼は反対に，行為者と制度の内部における行為者の振舞いや役割実行に対してのみ，拡げることができるものである」（Offe 1999 : 45)。

(34) ここで「抽象的システム」とされているのは，「シンボル的通標（symbolic tokens)」と「専門家システム」の二つである（Giddens 1990 : 80 = 1993 : 102)。前者の例として挙げられているのは貨幣などであり，これはあきらかにパーソンズやルーマンにおける「シンボル的に一般化されたメディア」と同じものを指している。後者は，専門家の知識をひとつに統合しているメカニズムのことであるとされる。

(35) ギデンズによる信頼概念の定義は，次のようなものである。「信頼（trust）とは，所与の一連の結果や出来事に関して，人やシステムを頼りにすることができるという信任（confidence）と定義することができるであろう。そしてその信任とは，相手の誠実さや

好意，あるいは抽象的原理（専門技術的知識）の正しさにたいする信仰を示しているのである」(Giddens 1990 : 34 = 1993 : 50)。「信頼」を「信任」の一類型として位置づけるこの定義は，他の論者などと比較するとかなり異質なものである。だが，用語法の差異はさておき，実質的にギデンズの信頼論で議論されているのは，人格的な信頼とマクロなシステムに対する信任との関係であることに変わりはない。ちなみに，以上の信頼概念の定義を採用するにあたってギデンズは，ルーマンの信頼論に言及・批判しているものの，その批判の根拠はいっさい示されていない。ギデンズの信頼論が——その理解の妥当性の是非を措くとしても——ルーマンの信頼論の概念体系を下敷きにしていることはあきらかであり，このようなギデンズの態度はいささか不可解である。ルーマンの信頼論については，本書の第 8 章で整理する。

(36) 世界価値観調査における質問票，コード表，集計結果，分析結果等はすべてオンライン（www.worldvaluessurvey.org）にて誰でも入手することができる（2016 年 12 月 23 日アクセス)。2014 年には，調査の第 6 ウェイヴが終了し，約 60 カ国がカヴァーされている。調査は 5 年間隔を目処に実施され，基本的には対面的なインタヴュー手法が採用されている。

(37) ただし，A・ミラーと T・ミタムラは，こうした質問項目において，「たいていの人は信頼できる」という項目と「用心するに越したことはない」という項目が対として使われていることにアンケートとしての問題があると考えている。というのも，人びとが用心するということは，かならずしも不信であることを意味しないからである（Miller and Mitamura 2003)。またほかにも，この質問文の「たいていの人びと」として回答者が誰を想定しているかによって結果は異なるのではないかという批判や（Hardin 2006 : 60–62)，各国語において「信頼する（trust)」という語に相当する語句が概念として何を含意しているかによっても回答が左右されるはずだという批判（Harré 1999 : 251–254）も存在する。

(38) これには，次のような質問項目が含まれる（Rosenberg 1956 : 690)。①たいていの人は信頼できると言う人もいます。他方で，他人とのやりとりにおいては用心するに越したことはないと言う人もいます。このことについて，あなた自身はどのように考えますか？　②あなたは，たいていの人びとは他人を助ける傾向をもっていると考えますか？それとも，たいていの人びとは自分のことしか気にかけていないと考えますか？　③気をつけていないと，人びとはあなたを利用しようとしている。④率直に言えば，誰もあなたの身に降りかかることについて，たいして気にしていない。⑤人間の本性は，根本においては協力的だ。そして，心理学において一般的なロッターの対人的信頼感尺度やそれを改善したものも，こうした質問項目をベースに作られている（cf. 堀井・槌谷 1995)。

(39) たとえば池田謙一は，社会心理学アプローチによって小泉政権期の分析をおこなっている（池田 2007)。

(40) このように，社会的文脈の意味が客観的にわかっているものであれば，対人相互作用ゲームにおける人びとの選択（信頼行動）が，当人にとって合理的なものであったのかどうかも客観的にわかることになる。だから山岸は，信頼概念を「社会的知性」とほぼ同義的に扱うことができるのである（山岸 1998 : 183)。

(41) そもそも政治心理学も，ポリティカル・サイエンスが想定する古典的な意味での合理的な人間像（およびその判断基準）に対する批判という側面を併せ持っている（Mutz

2009)。

(42) また，ここでさらにソーシャル・キャピタルの定義から「信頼」のみならず，「ネットワーク」を省く立場も存在する。たとえば次の引用文を参照せよ。「それゆえ，ソーシャル・キャピタルとは，信頼やネットワークのことではなく，社会的ネットワークに参加することから派生し得る信頼関係や情報から派生し得るような，互酬性の義務のことである。こうした定義から，次のように言うことができる。信頼の分析というのはたしかにソーシャル・キャピタルの研究課題にとって重要なものだが，信頼それ自体がソーシャル・キャピタルなのではない」(Herreros 2004 : 7)。

(43) ついでに言っておけば，リン自身は，このように行為と構造を定義化することが，ミクロ／マクロ媒介を考えるための道筋であるとしている。「〔リンの議論の〕こうした特徴が，マクロとミクロのギャップを埋め，社会学の発展を担う独自の地位にソーシャル・キャピタルを位置づけるものだと言える」(Lin 2001 : 77 = 2008 : 99)。

(44) たとえば，H・エッサーは，ソーシャル・キャピタル論には二つの形態があるとしている。ひとつは，パットナムがそうであるように，ソーシャル・キャピタルを社会や共同体の性質として捉えるもので，もうひとつが，ソーシャル・キャピタルを個人が利用できる資源として捉えるというものである（Esser 2008)。後者には，すでに登場したリンやグラノヴェッターなどが含まれている。ちなみに，エッサーは，もともとのコールマンによるソーシャル・キャピタル概念の定義には，この二つの側面が両方とも存在していたとしている（Esser 2008 : 24)。

(45) W・リーチとP・サバティエは，政治学における信頼論へのアプローチとして，合理的選択理論と心理学主義を挙げ，集合的な政策決定過程を分析する際に，どのような局面においてどちらのアプローチが適しているのかを区別している（Leach and Sabatier 2005)。その結論の概要は，対面的で利害関係が曖昧なような政策決定過程においては社会心理学的アプローチが適しており，当事者が政策に対して直接的に経済的利害関係をもち，またそれが計算できるような局面においては合理的選択理論が適している，というものであった（Leach and Sabatier 2005 : 500)。

(46) 信頼論における合理主義のこうした整理は，Ahn and Ostrom（2008）にもみられる。

(47) パットナムのソーシャル・キャピタル論における信頼は，諸個人間での慣れ親しみや感情的な結びつきを排除しない「社会的信頼」としての性質を含むのであったが，ここでの「道具的信頼」は，信頼は個人の自己利益に即した投資についての判断とする捉え方ができる（Tyler 1998)。

(48) 次の一文も参照のこと。「ひとつの中心的な問題は利益である。信頼のような重要な社会的カテゴリーに対する説明はいずれも，少なくとも一定の人びとの利益に——もちろんそれがすべての人の利益にではなくとも——ある程度きちんと適合するものでなければならない」(Hardin 2006 : 16)。

(49) このことからハーディンは，社会的文脈を無視したような心理学主義（アンケート調査や社会心理学アプローチ）によっては，信頼を推し量ることはできないと主張している（cf. Hardin 2003 : 99)。また，同様にK・クックとR・クーパーも，「大規模な社会における信頼の役割についての知見を提供するためには，実験研究は，社会的文脈の諸要素がもつ効果について，より完全に考慮に入れていかなければならないだろう」(Cook and Cooper 2003 : 235）と述べている。

(50) 信頼概念があいまいなものの顕著な例として，ハーディンはP・シュトンプカを挙げ

ている（cf. Hardin 2006 : 32–35）。シュトンプカの議論は，90 年代以降の信頼論を再び文化論へと構想しなおそうとする点で特異なものであると言えるため，若干詳しく紹介しておこう。シュトンプカは信頼の存在論的な類型として，「関係としての信頼」「人格的特性としての信頼」「文化的規則としての信頼」として三つに分類し，それぞれが互いに相補的であることを論じている（Sztompka 1999 : 60）。ここで「関係としての信頼」とは合理主義的なものであり，また「人格的特性としての信頼」は心理学的なものを指しているのであるが，シュトンプカはこれまでの信頼論研究においては，「関係的」および「心理的」側面に比して，「文化的」側面が正しく評価されてこなかったとしている。「初期の信頼に関する研究や理論においては，文化水準が相対的に無視されてきた。そしてわれわれの議論は，まさに文化的な諸規則こそが，ある特定の歴史的時点における特定の社会において，信頼もしくは不信が広がる程度を複合的に決定するのに，強力な役割を果たしているという結論に至ることになる」（Sztompka 1999 : 101）。そのうえでシュトンプカは，自身が「社会的醸成（social becoming）」（Sztompka 1999 : 119）の過程と名付けているような過程論的モデルから信頼は導出されるのだとしている。その過程を要約すると，

1. まず，社会的進化の過程は，既存の構造によって提供される機会枠組内におけるアクターの行為に依存している。
2. 社会的実践（praxis）は，構造的機会と行為者の行為の複合物である。
3. 構造的文脈や構造が作り出す機会は，継続的な実践によって形成または再形成される。
4. 構造的伝統として結晶化した過去の実践の構造的効果は，将来の実践にとっての初期条件となる。 （Sztompka 1999 : 120）

信頼を最初に演繹的に定義することによって，信頼の性質をあらかじめ限定しようとするハーディンに対して，シュトンプカは構造－行為理論的な循環のなかで生まれる信頼の性質を見ていこうとする点に，両者の違いがある。

(51) 予想されるとおり，ハーディンによる信頼の定義が，結果的には通常「信頼」という概念から理解されるものからかけ離れてしまっているという批判も多い。本書でも後段で取り上げるB・ロススティンは，「定義というものは正確，エレガントかつシンプルなものでなければならない（ハーディンの定義がそうであるように）だけでなく，私たちがその特定の用語を使う際に伝えようとしているものの本質を捉えることができなければならない」（Rothstein 2000 : 485）と批判している。のちにはさらに踏み込んで，次のように述べている。「ハーディンは，がむしゃらに（そしてある程度英雄的に）信頼という概念を合理的選択パラダイムの枠内で厳密なものにしようともがくことで，結果的に言葉遊びをすることになっているようにしかどうしても見えない」（Rothstein 2005 : 60）。また，石川博康も，ハーディンの信頼論が，合理的な個人間での関係性に信頼概念を切り詰めてしまった結果，組織や制度といったものに対する信頼が考慮の対象に入ってこないことを批判している（石川 2005 : 17）。

(52) ラッセル・セージ財団の「信頼」シリーズは，全体としては合理主義と実験的手法による信頼論の再構成を目標として掲げていた。しかし，結果として見ると，そもそもその場合の合理主義は何を指しており，シリーズ全体での共通理解がどこにあるのかが見出されないものになっている。こうした点は，Anthony（2004 : 494）や石川（2005 : 5）においても指摘されている。

(53) 以下の記述を参照のこと。「われわれは多くの状況において，まったく見知らぬ他者とでさえ，相互にリスクを冒すことができる。なぜならば，そこには裏切り行為を抑制し，外部性を低減させるような個人的・集合的インセンティヴを提供するさまざまな制度，組織，ネットワークが存在するからである」(Cook, Hardin and Levi 2005 : 15)。ハーディンらは，だからこそ，社会秩序の維持にとって国家が重要なのだという結論を導いている（ただしこうした主張の最右翼は共著者の一人であるリーヴィだろう)。「応答的で，公正で，有能で，善意の国家とは，信用の置ける，また信頼に値しさえする国家であり，それゆえに市民から服従と同意を引き出すことができる傾向にある。この意味においてこそ，国家の有効性は市民の了解と信任（acquiescence and confidence）に依存しているといえる。政府はこうした結果をもたらす鍵となるプレイヤーであり，政体内部に事前に存在していた信頼の単なる受益者ではない」(Cook, Hardin and Levi 2005 : 165)。

(54) このような道具主義は，独自の規範的・実践的立場に結びつく。たとえばすでに見てきたコールマンの社会理論は，そのまま社会工学的な関心につながっていたのだった。コールマンは，「適切な行為理論があれば，規範理論はそこからきわめて自然に出てくる」(Coleman 1975 : 92 = 1982 : 138) と述べていることがそのことを示している（そしてその際の原理として，コールマンは「パレート最適」を挙げている)。ハーディンも同様に，合理的選択理論やゲーム理論は，規範理論の方法としても有効であると主張している（cf. Hardin 2009)。ハーディンによれば，経験的な理論において有用であるものこそが，規範理論においても有用なのである。

(55) なぜなら合理的選択理論は，2000 年前後あたりから，信頼のような合理性に還元されない要素をますます積極的に理論モデルに組み込むようになってきているからである (Ward 2002)。

(56) ただし，「理論シナリオ」というものも，最終的には複雑な因果の矢印が公共財の創出に合流するという点では，広い意味で因果関係論モデルと言ってよいかもしれない。オストロームは，まずは公共財の提供コストが低く，かつ同心円的に利害を共有する比較的長期的な時間地平をもった少人数の社会における公共財創出という単純な理論シナリオから出発し，徐々に条件を複雑化させてシナリオに位置する変数を増やしていくという手法を採った (Ostrom 2003 : 55–61)。

(57) ちなみに，ソーシャル・キャピタル概念と信頼概念の関係について，オストロームらは，信頼をパットナムのようにソーシャル・キャピタルの直接の要素とするのではなく，集合行為とソーシャル・キャピタルの結節点だと見ている（cf. Ahn and Ostrom 2008 : 73)。よって，オストロームらにとってのソーシャル・キャピタルは，①信頼性，②ネットワーク，③公的および非－公的なルールまたは制度，というかたちをとるものである。その意味で，信頼とはソーシャル・キャピタルの一形態というよりもその結果物であり，「諸個人からなる集団のなかに信頼が存在していることは，多くの場合，多様なソーシャル・キャピタルの何らかの組み合わせが存在していることから説明され得る」(Ostrom and Ahn 2003 : xvi) とされている。

(58) こうした点から，ハーディンの「カプセル化された利益としての信頼」という考え方に対する反論が生まれてくる。「……けれども，信頼という概念を用いる際に，他者が直面している自己中心的なインセンティヴに関する知識だけにもとづいた他者の協調行動に対する期待を意味するものとして扱うことは，きわめて不自然であると思う」(Ahn and Ostrom 2008 : 89)。

(59) もっとも，ソーシャル・キャピタル論に関しては，実際の発現形態としては限られているという指摘もある（Castiglione, van Deth and Wolleb 2008 : 6)。

(60) 政治学における信頼論およびソーシャル・キャピタル論の代表的な先行研究をレヴューしたものとして，坂本（2011a）およびNewton（2008）なども ある。

(61) 哲学的に信頼を考察したものとしては，D・ガンベッタが比較的よく参照されているだろう。ガンベッタは，信頼概念について，次のような定義の収斂が起きているのではないかと語っている。「信頼は（ないしそれとの対となる不信は）主観的な蓋然性の一定のレベルのことであり，それによって行為者は，他の行為者ないし行為者の集団が特定の行為を遂行するであろうことを，彼がそうした行為を監視できるようになる前に（ないし彼がそれをそもそも監視できる能力とは独立に）も，また，その他者の行為が自分自身の行為に影響を与えるような文脈においても，評価することができる」(Gambetta 1988 : 217)。こうした信頼の定義は，合理的選択理論を含め，さまざまなタイプの信頼論に接続可能なものである。

(62) ここでは先行研究を俯瞰的に類型化することを目的としているので，ミシュタルの議論の詳細にはあまり立ち入ることができない。簡単に概要を述べておけば，ミシュタルは「社会において信頼を構成するという問題は，社会秩序と人間の行為が継続することの条件についての問題である」(Misztal 1996 : 25）という立場から，社会学理論の学説史的分析をおこなっている。そこでの考察の対象となっているのは，古典的理論としては，スペンサーの功利主義モデル，デュルケームの規範的アプローチ，それらを折衷したものとして，テンニエス，ジンメル，ヴェーバーがあり，より現代においては，パーソンズ，ルーマン，ギデンズ，コールマンなど，幅広い理論家が対象となっている。そのうえで，ミシュタルは，「秩序と信頼のあいだの関係は，諸個人の順応的で，拘束的で，協同的な振舞いを考察することによってのみ理解される」(Misztal 1996 : 95）と述べている。そして，信頼を機能の点から捉えつつ，ミシュタル自身が区別するところの社会秩序の三様態には，それぞれに応じた信頼の機能があるとしている。すなわち「安定性＝ハビトゥス」「結束性＝感情」「協同性＝政策」である（Misztal 1996 : 96)。このことは，以下の表に整理できる。この表の詳細を説明することが，ミシュタルの著書の後半部を占めている。

秩序	信頼	実践（practice）
安定性 （Stable）	ハビトゥス （Habitus）	慣習 評判 記憶
結束性 （Cohesive）	感情 （Passion）	家族 友達 社会
協同性 （Collaborative）	政策 （Policy）	連帯 寛容 正統性

出典）Misztal（1996 : 101, Table 3.1).

ただし，一言付け加えておくならば，ミシュタルの分析は多くのトピックを多角的に取り扱うという性質のために，著書全体の議論が散漫になってしまっているという印象を受ける（ミシュタル自身のポーランドにおける幼少期の体験談などもそこには含まれる)。

(63) ロスステイン自身は，この「制度－構造的アプローチ」の立場に立っている。ロスステインについは，あらためて次節で集中的に検討する。

(64) だが，ミクロ／マクロ論を重視する信頼論は，コールマンやパットナムがそうであったように，制度への信任自体が対人間での信頼を基礎にしていると考える。そうした論者にとっては，ニュートンの言う「政治的信頼」と「社会的信頼」とのあいだには必然的なつながりがあってもおかしくない，それどころか，そうした信頼と信任が内的に連関する点にこそ信頼論の妙味があるのだ，とされるであろう。とりわけその際には，信任は「他者の信頼への信頼」にもとづいていると主張される。パットナムは，ソーシャル・キャピタルによって，ある社会の成員が互いの信頼を信頼することを可能になると論じていた。すでに引用したところではあるが，「社会的ネットワークの存在によって，信頼が転移可能かつ拡散可能なものになる。つまり，こういうことだ。私はあなたを信頼する。というのも，彼女がまちがいなくあなたのことを信頼していて，そんな彼女を私は信頼しているからだ」(Putnam 1993 : 169 = 2001 : 209)。この表現は，ホッブズが『リヴァイアサン』において，コモンウェルスの生成について述べたことを思い出させるものとなっている。「……その方法は，あたかも各人が各人に向かってつぎのように宣言するようなものである。『私はみずからを統治する権利を，この人間または人間の合議体に完全に譲渡することを，つぎの条件のもとに認める。その条件とは，きみもきみの権利を譲渡し，彼のすべての活動を承認することだ』」(ホッブズ 1979 : 196)。パットナムとホッブズのいずれの場合も，自分が信頼するだれかの信頼を信頼することによって，対人間での信頼が，制度への信任に至る論理が描かれている。

(65) シュトンプカの歴史分析の対象時期は，第二次世界大戦直後から 90 年代後半までである。その概要としては，ポーランドが共産主義圏であった時代の「不信の文化」から，ポーランド出身のローマ教皇ヨハネ・パウロ 2 世の来訪による宗教的熱狂，「連帯」が組織されたことによるナショナリスト的高揚感，公務員の体制に対する反感の蓄積などによって，80 年前後には「……二つの文化の明確な分極化が生じた。つまり，大衆運動に広まる信頼の文化と，体制に対する不信の文化である」(Sztompka 1999 : 158)。その後，共産主義国家体制が転覆したものの，「旧来のパターンは崩壊しているが，新たなパターンはまだ正統化されていない」という「ポスト革命不安（postrevolutionary malaise)」(Sztompka 1999 : 174) 状況のなかで，ポーランドは再び「不信の文化」に覆われることになる。その後，90 年代後半に入ると，民主主義改革や市場改革の成功が一般に認知されるに及んで，制度への信任ならびに対人間での信頼双方への「信頼の文化」が復活の兆しを見せている，と締めくくられている。

(66) 以上の計量分析の補完として，坂本の著書では，仙台市の市民オンブズマンがいかに宮城県の統治パフォーマンスに影響を与えたかについてのプロセス・トレーシングがなされている。しかし，市民オンブズマンの活躍によって，「官官接待」や「カラ出張」の問題が明るみに出され，人びとの関心を引くことで県政改革の発端となるというのは，言ってみれば当たり前の話であって，パットナムへのアンチ・テーゼとして展開される必然性はあまりないように思われる。また，著者自身が認識しているように，統治パフ

ォーマンスの代理指標として，NPM（New Public Management）普及度を用いる点（つまり，市場の論理を取り入れた統治が「良き」統治であるということになる）など（坂本 2010 : 98)，実証分析の際の操作化方法にも再考の余地があるだろう。

(67) しかしながら，さまざまな方法論上の革新を伴っていたパットナムの『民主主義を機能させる』とは異なり，フクヤマの『信頼』は印象論的な記述が多く，社会科学の研究書というよりもむしろ評論・エッセイの類であることには注意しておきたい。

(68) また，人びとによる国家ないし政治制度への信任を扱ったものとしては，J・ナイ他編の『政府はなぜ信頼されないのか（*Why People Don't Trust Government*）』(Nye, Zelikow and King eds. 1997 = 2002）がある。同書における著者らの関心は，アメリカなどにおいて国家・制度への信任（信頼）が低下した原因を，政策，経済，社会文化的変化，メディアなどから分析することである。さらに，R・コールも，政治的信頼（政治的支持）の源泉を分析している（Cole 1973)。コールは，パス解析によって，それまで政治的信頼の源泉だと主張されてきたものを三つのカテゴリー，つまり，社会経済的要因（たとえば，年齢・人種・低い社会的地位・低収入・教育水準など)，パーソナリティ変数，政治的有効性感覚指標に分け，そのインパクトを検討している。そして，その結果として，「この研究をまとめると，当初ある人の政治的信頼度合いに影響を及ぼし得ると考えられていたほとんどの社会経済的変数は，そのような信頼に直接的には影響を及ぼしていないということがあきらかにされた」(Cole 1973 : 816）と述べている。

(69) M・ウォーレンは，そうした事情は政治的決定に市民社会が介入する比率が高くなったとしても変わらないと論じている（Warren 1996)。というのも，個々の市民が政治のために割くことのできる資源は実際上限定されているため，ひとりの市民があらゆる公的決定作成に参与できるわけではないし，またいかなる決定も最終的には集合的に拘束的な正統性が付与されなければならないからである。

(70) ここで，ミシュラとローズが挙げた四つの仮説は次のようなものとして整理できるだろう（Mishler and Rose 2001 : 37)。

仮説 1（マクロ－文化理論）: 政治制度に対する信頼は，対人信頼に埋め込まれた，歴史的な起源をもつナショナルな経験によって国ごとに異なる。

仮説 2（ミクロ－文化理論）: 政治制度に対する信頼は，社会構造における地位によって形成された個人の他者に対する信頼によって国内でも国ごとにでも異なる。

仮説 3（マクロ－制度理論）: 政治制度に対する信頼は，政府の政策や政治制度の性質に応じて国ごとに異なる。

仮説 4（ミクロ－制度理論）: 政治制度に対する信頼は，個人の態度や価値観および個人が占める社会的・経済的地位に応じて国内でも国ごとにでも異なる。

ただし，文化理論が初期の社会化経験を重視するのに対して，制度理論は成人してからの制度接触の経験を重視するという違いがあるものの，生涯学習モデル（a lifetime learning model）においては，それらが両立しないわけではない。その場合，議論の焦点は，文化か制度かということではなく，人生における幼少期の経験がどれほど持続するのか，成人してからの政治経験がどれぐらいの重要性をもつのか，というところにシフトする。

(71) 信頼概念の理解においてハーディンに近いリーヴィも，信頼とは人間関係にのみ向けられる言葉であって，「国家への信頼」という用語法は，制度もしくは国家を運営する人びとの信頼性を簡略化して述べたものだとしている（Levi 1998 : 80)。

(72) この点は，すでに経路（4）で紹介したKnack and Keefer（1997）においても述べられていた。彼らは信頼や市民的な協力の規範が経済パフォーマンスを向上させる場合の条件として，国家による所有権と契約の保護を挙げていたのだった。

(73) このことを言い換えるならば，独裁体制においては，「独裁者個人の時間地平」が問題となるのに対して，民主主義においては，「民主主義的システムに耐久性があるか」が問題となるということである（Clague, Keefer, Knack and Olson 2003 : 140)。だから，現時点において独裁体制による所有権と契約の保護が十分であったとしても，それが近い将来保障されなくなることが「期待」され得るならば，経済社会のインセンティヴ構造は劇的に後退する。「それゆえ，契約と所有権を決定する制度や政策は，金融政策やマクロ経済政策と同様に，現実に対して直接的に作用するのみならず，経済への参加者の期待にインパクトを与えることによっても作用するのである」(Clague, Keefer, Knack and Olson 2003 : 140–141)。

(74) もちろんここでは，そもそも安定した民主主義が成立し得るためには，ある程度の経済水準が達成されていなければならないはずだという，逆の推論も成り立つだろう。たとえば，E・ミュラーとM・セリグソンは，経済成長によって人びとのあいだの収入格差が漸減し，それによって革命的な体制転換ではなく「漸進的改革への支持」（＝現行の政治制度への確信）が増えるために，経済成長は間接的に民主主義の定着に作用すると主張した（Muller and Seligson 1994)。これは，オルソンとは逆方向から同じ経路をたどる論理である。

(75) ここで具体的に念頭に置かれているのは，旧ソ連の14カ国と独立後第一世代にあたるアフリカにおける民族集団間での交流である。フィアロンとレイテンは，こうした状況において蓋然的に生じ得たであろう民族紛争の数と実際に確認されている民族紛争との数を比較検討している。すると，「文化的多様性と弱い国家という条件のもとでは武力紛争が恒常的に生じ得るという一般的な見解とは異なり，潜在的な武力紛争事件のパーセンテージとしての実際の武力紛争事件の期待値は，ほとんどゼロのあたりにとどまる」(Fearon and Laitin 1996 : 717）というのである。

(76) フィアロンらも思考実験の素材とした，ロシア系民族集団間における相互信頼を実際に調査したD・バーリーらによっても，互いに慣れ親しんだ民族集団間での信頼はかなり高いことが示されている（Bahry, Kosolapov, Kozyreva and Wilson 2005)。しかし，フィアロンらとはちがって，バーリーらはそのような民族集団間の信頼を可能にするもののひとつは，「政府への信任」だと主張している。というのも，国家が存在していなければ，「安定したゲームのルールが提供されていること」への確信がもてないであろう，とバーリーらは考えるからである（Bahry, Kosolapov, Kozyreva and Wilson 2005 : 523)。こうした違いは，民族集団がそれ自体としてどこまで国家の代替物であり得るかという論点に関わってくるだろう。

(77) ロスステインの福祉国家論が彼の信頼論にどう関係しているかについては，宮本(2009 : 21–25）にも紹介がある。

(78) こうした理由から，ロスステインは経路（2）のように信頼と信任の相互規定性を論じる「態度論的アプローチ」を拒否し，制度それ自体が対人間での信頼に影響するという「制度－構造的アプローチ」を採用している（Rothstein and Stolle 2008)。

(79) ただし，ロスステインらの結論を否定するような研究もある。M・ヘザリントンは，個々の政治家や政治制度への評価が国家の制度一般への信任に与える影響よりも，国家

の制度一般に対する信任（ヘザリントンの言う「政治的信頼」）が個々の政治家や政治制度に与える影響のほうが大きいと主張している（Hetherington 1998）。ヘザリントンによれば，政治制度一般に対する信任は「システム・レベルでの有意性」（Hetherington 1998 : 799）があるために，それは政治システムを構成しているリーダーや政治制度に対する信頼を規定しているのである。ヘザリントンは，政治制度への信任を規定しているものとして，「経済への評価」「伝統的世界観」「政府の有効性に対する認知」「国内政策への満足度」「新聞の購読」「テレビニュースの視聴」「外交政策への満足度」「大統領への感情温度」「議会への感情温度」などを挙げている（Hetherington 1998 : 793ff）。

(80) ロスステインの議論は，国民の連帯を前提とする福祉国家において，なぜ普遍主義という理念が重要であるのかという哲学的なレベルでの福祉国家論とリンクさせることができる。それは，政治制度のデザインがその社会のあり方そのものに影響を与えるという視座からのものである。とりわけ，福祉国家論との関係で言えば，ロスステインの議論はP・ロザンヴァロンの『連帯の新たなる哲学』とつながるだろう。ロザンヴァロンは次のように言う。「今日において，何らかのかたちで『国民を再創造する』ことなしには，すなわち，相互的な社会的負債の認識が根付く基礎となる公民精神の土壌を再生することなしには，福祉国家を維持するのは不可能である」（ロザンヴァロン 2006 : 69）。

(81) ただし，この三番目の論点についてパットナムを擁護すると，『民主主義を機能させる』におけるパットナムは，民主主義の良好なパフォーマンスにとってソーシャル・キャピタルが必要であると主張したのであって，ソーシャル・キャピタルが民主主義体制の必要十分条件になっていると論じたわけではないだろう。

(82) ロスステインのより最近の議論では，こうした政治制度のアウトプット面の重要性を「政府の質（quality of government）」論として拡大している（Rothstein 2011）。

(83) ここからはさらに，どのような根拠から人びとは普遍主義的な制度を選択するのかということが問題になる。それに対してロスステインが考えた道筋は，基本的にJ・ロールズの「無知のヴェール」と同じである。ロスステインは，普遍主義的な制度が選択されるには，人びとが将来の不確実性に対して，不十分な情報しか持ち得ていないことが，その条件になると考える。ある制度のもとでの将来の自分の地位を見通すことができないとすれば，人びとは全体の一部しか優遇しない制度の設計をあきらめて，セカンド・ベストな選択として普遍主義的制度を設計すると予想される。これをロスステインは，「二階の戦略的ゲームの論理」と呼ぶ（Rothstein 2005 : 207）。

(84) もちろん，ロスステインはパットナムの功績を高く評価している。「文化と合理的行為者モデルをうまく繋ぎ合わせる彼の方法は，少なくとも経験的研究として見た場合，他に類のないものであった」（Rothstein 2005 : 53）。

(85) ところで，序章で述べたとおり，本書は経験的な政治理論を一種の「世界観（Weltanschauung）」として考えている。その場合に本書の言う世界観（ここでは人びとによる日常的な政治理論）は，ロスステインが言う「世界観」ともほぼ同じ意味で用いられている。

(86) このような理論的基礎の修正によって，「社会的トラップ」状況を阻止する信頼概念ないしソーシャル・キャピタル概念というものも，定義し直されることになる。これまで信頼概念は，文化主義においては個人の先験的な道徳に解消され（アスレイナー），合理主義においては個人の自己利益を求める計算に解消されてきた（ハーディン）。しかし，信頼を先験的な道徳にしてしまえば，個人が経験を通じて学習するという側面を見落と

してしまうし，信頼が自己利益を求める計算であれば，最終的に人びとは互いに信頼を裏切るという結末しか用意できないからである（Rothstein 2005 : 56–63)。それに対してロスステインが提唱するのは，主観的な合理性の部分と倫理性の部分の両者を含んだ概念化である。そして，そこからソーシャル・キャピタル概念を考える際には，質的な面と量的な面を両方勘案しなければならない。「個人のレベルでは，ソーシャル・キャピタルとは，社会的なコンタクトの数に，そうした関係性における信頼の質を掛けた合計である」(Rothstein 2005 : 66)。

(87) ロスステインの集合的記憶論は，2000 年の論文においてすでに発表されていたものであるが（Rothstein 2000)，その論文においては，集合的記憶について「『他者』がいかにして構成されるか」(Rothstein 2000 : 488）に関するものだとしても表現されている。

(88) こうした集合的記憶論は，いわゆる「アイデアの政治」とも近い発想である。ロスステイン自身は，アイデアの政治が行為者やその戦略性を取り入れられないのに対して，集合的記憶論はそうではないとしているものの（Rothstein 2005 : 165)，アイデアの政治においても行為者とその戦略性を取り入れようという議論は存在している（cf. 加藤 2009)。また，集合的記憶論は，ロスステインが 2000 年の時点で自覚しているように，すでに紹介したシュトンプカの「社会的醸成」(Sztompka 1999 : 119）にも相似している。

(89) この「公正な制度こそが重要である（Just Institutions Matter)」というのは，1998 年のロスステインの著書のタイトルでもあった。その後，政治と信頼の関係を考える際に，制度の公平性に対する認知が重要であるという発想は研究者のあいだで一般的に共有されるようになったと思われる（cf. Grimes 2017)。

(90) ただし，「集合的記憶」という概念自体は，そもそもロスステインに特有なものではない。K・ガーゲンは記憶が個人の心のなかだけで作られるものではなく，つねに社会的なものとして構成されるという文脈のなかで，集合的記憶について論じている（Gergen 1999 [2009]: 102 = 2004 : 200, 邦訳は初版を参照した)。また，ミシュタルも集合的記憶が慣れ親しみに似た機能を果たすことを論じている。ミシュタルは，「記憶はある主題を思い出すことによって，過去を継続的に再構成する過程である。個人は，ある特定の集団のメンバーとしてのみこの再構成をおこなうことができる。というのも，集団がメンバーに過去を思い出すそれぞれの過程のための枠組みを提供し，そして現在の明晰性を保障するからである」(Misztal 1996 : 140）と述べる。つまり，人びとは集団という単位で共通の過去を構成し，それによってみずからの世界像を安定化させるのである。そのため，「集合的記憶は，慣例・伝統・慣習と同様に，社会の安定性を維持し再構成しようとする持続的な試みであると考えてよいだろう」(Misztal 1996 : 140）としている。ミシュタルは，こうした集合的な記憶が，過去と現在をつなぎあわせることによって，信頼の基礎になっているはずだと考えている。

(91) ロスステインはこうした事柄を経験的に確かめてみるために，たとえばハンガリーで医者と患者のあいだで慣習的におこなわれている医者への贈賄行為を，スウェーデンで実験的におこなってみたらどうかと提案している（cf. Rothstein 2005 : 41)。スウェーデンの市民ないし医者が贈賄行為にどう反応するかによって，医療システムに対する人びとの規範的な期待がどのようなものであるか，および，それとの対照としてハンガリーにおいてはどうかということがあきらかになる，というわけである。こうした発想は，のちに見ていく初期エスノメソドロジーの発想（ここでは違背実験）に非常に近いと言えるだろう。

(92) リプスキーは，ストリート・レベルの官僚が，人びととの職務中の相互行為においてさまざまなルーティン化や単純化を駆使しているということのもつ含意は，市民の福祉を決定する場面に関わる官僚において顕著であるとしている（Lipsky 1980 : 85 = 1986 : 126)。これが，ロスステインの着眼点であった。

(93) こうした事態をリプスキーは，P・バーガーとT・ルックマンの『リアリティの社会的構成（*The Social Construction of Reality*)』(Berger and Luckmann 1966 = 2003) をもじって，「対象者の社会的構成（The Social Construction of Client)」と表現している（Lipsky 1980 : 59 = 1986 : 92)。なぜなら，「ストリート・レベルの官僚制の本質は，それが，人びとが他の人びとについて決定することを求めるものである，というところにある」(Lipsky 1980 : 161 = 1986 : 223) からだ。つまり，「人びとがストリート・レベルの官僚のところにやってくるとき，彼らはさまざまに異なった人生経験やパーソナリティや生活事情をもった独特の個人としてあらわれる。官僚たちとの出会いによって，彼らははじめて対象者へと作りかえられ，わずかなカテゴリーに区分され，あたかも官僚制が用意した特定の仕切りに割り当てられる標準化された単位に適合するかのようにあつかわれ，また自分たちで自分たちをそのようにあつかうようになるのである」(Lipsky 1980 : 59 = 1986 : 92)。この点に関してはまた，I・ハッキングの「人びとをつくり上げる」(Hacking 1986 = 2000) にも同じような記述を見つけることができる。バーガーとルックマンおよびハッキングについても，次章で別途見ていきたい。

(94) ただし，リプスキーによるストリート・レベルの官僚制論は，単に現状記述を試みたものではなく，60年代から70年代のアメリカにおける福祉国家が，ヒューマニズムから逸脱して官僚主義的なサーヴィス供給をおこなっているということに対する批判意識のもとに書かれているとも言われる（高橋 2014)。

小括　第II部の結論と第III部に向けて

(1) この点に関しては，60年代型政治文化論も同じ問題に躓いたことを，第I部ですでに見てきた。

(2) 第6章一節 *3*(c)①で紹介したハーディンが言うように，信頼というものが文脈に依存して構成されており，完全に操作化することはできない，ということには私も賛成である。しかし，ハーディンのように，このことをもって，ただちにその「信頼」というものなど存在しないと結論づけることはできない。それはたとえば，「頭が良い」という規範的な評価が，文脈に依存してなされるということから，「頭の良さ」などというものが存在しないということにならないのと同様である（cf. Coulter 1979 : 147 = 1998 : 228-229)。だから，「信頼がある」ということを，その当該の文脈から離れて一般的に判断する基準が存在しないということは，信頼概念が役に立たないことや，そもそも信頼というものが存在しないということを，意味しているわけではない。

(3) この点については，J・サール的な立場からの反論もあるだろう。サールは，因果的な還元と存在論的な還元を区別し，心的な概念は脳のニューロンの過程に因果的に還元できるとしても，意識の一人称的・主観的側面をニューロンに存在論的に還元することはできないと主張する（Searle 2004 = 2006)。この立場を敷衍すれば，信頼のようなものも，人間の行動に因果的に還元できるが，存在論的に人間の行動にすぎないものではない，ということになり，それによってやっかいな哲学的問題は解決したとするであろう。本書ではサールの哲学的立場について十分な検討をする余裕はないが，次章の第四節にお

いてもサールに再び言及する。

第7章　理論的基礎に関するオルタナティヴ

（1）序章でも述べたように，本書がパーソンズの『社会的行為の構造（*The Structure of Social Action*）』（Parsons 1937 = 1974–1989）や，ジェソップの『資本主義国家（*The Capitalist State*）』（Jessop 1982 = 1983）を手本としているというのは，そうした意味においてである。

（2）たとえば，パットナムが挙げているような，バードウォッチング・クラブや，読書同好会などは，それ自体が政治活動なのではない。よって，アスレイナーらは，そうした活動においてソーシャル・キャピタルが蓄積されるとすれば，ソーシャル・キャピタルとは，「根本的には日常生活における相互行為のパターンである」（Uslaner and Dekker 2001 : 178）はずだと述べている。

（3）この文章で，「第1章のはじめでアーモンドとヴァーバによる1963年の著作から引用した箇所」と言われているのは，『市民文化』における「市民文化の構成要素としての社会的信頼と協調性が果たす役割は，いくら強調しても足りないほどである」（Almond and Verba 1963 : 490 = 1974 : 487）からはじまる部分である。

（4）ガヴァナンス論の第一人者であるR・A・W・ローズは，ガヴァナンスについて，中心なき機能分化した社会において国家の機能が限定的であり，諸ネットワークのオートポイエーシスによって社会秩序が特徴づけられる状態だとしている（Rhodes 1996 : 660）。こうした定義が示しているように，ガヴァナンス論は理論的にはパーソンズやルーマンなどの機能システム分化論に多くの示唆を受けている。

（5）こうしたポスト・モダンなネットワーク社会におけるガヴァナンスというのが，現代の政治現象を記述する際に適切なものかどうかは，留保が必要だという見解も存在する。G・ストーカーは，ガヴァナンス論に立脚してはいるものの，国家に代わるあらたな政治のあり方が台頭してきているという意見には慎重であるべきだとしている（Stoker 2006 = 2013）。こうした見解は，つぎに述べる第二世代のガヴァナンス論にも引き継がれている。

（6）J・トルフィングとソレンセンによれば，第二世代のガヴァナンス論は，次のようなトピックに取り組むようになっている。①ガヴァナンス・ネットワークの発生と機能，②ガヴァナンス・ネットワークが失敗する原因と成功の条件，③自己統治的なガヴァナンスを統治するメタ・ガヴァナンスの問題，④ネットワーク・ガヴァナンスに内在する民主主義の問題，である（Sørensen and Torfing 2007 : 14）。

（7）言うまでもないことだが，第二世代のガヴァナンス論が，すべて政治の日常性について考えるという方向性に向かったわけではない。たとえば，第二世代を謳っているわけではないものの，ガヴァナンス論が向かう先についての整理と展望を与える試みとしては，河野編（2006）などがある。

（8）ただし，国家／市民社会論における国家像も，かならずしも固定された実体としてのみ想定されてきたわけではなく，90年代以降にガヴァナンスと呼ばれるような政策過程が注目されるにおよんで，適宜修正されてきたことも強調されなければならない（cf. Peters and Pierre 2006）。

（9）このように書くと，合理的選択制度論はともかく，社会学的制度論や歴史的制度論などが，なぜ「合理的選択理論」を受容する文脈をつくったと言えるのかと疑問に思われ

るかもしれない。しかしながら，新制度論の三潮流には，合理的選択理論を媒介にして相互に交流するという傾向があった。たとえば，P・ピアソンは，それまで「それ自身として明確な存在論的立場をもっているわけではなく」「折衷的」（Lowndes 2002 : 96）であると評価されてきた歴史的制度論について，合理的選択理論との協同の可能性を提示している（Pierson 2004 = 2010）。また，コールマンがそうであったように，制度の規範的な側面を重視する議論にも，合理的選択理論が一定の有効性を示してきたことは否定できない。

(10) ただし，I・リックバック自身は，構成主義的な制度論を，社会学的制度論の派生形態として捉えている（Lichbach 2009 : 62）。そもそも，政治学における制度論の復活を宣言したJ・マーチとJ・オルセンの著書『制度の再発見（*Redisicovering Institutions*）』（March and Olsen 1989 = 1994）では，制度は行為者にとっての「適切性の論理（the logic of appropriateness）」を用意する規範的なルールとして概念化されていた。マーチらが提案する制度分析は，①アクターの行動を自己利益ではなく義務や役割から理解し，②政治を意味の構築・解釈にかかわるものだと考え，③ルーティンやルールやパターンは歴史的な進化に開かれており，④政治制度は社会的な諸勢力のたんなる反映ではなく，⑤政体はたんなる利害のアリーナではない，というものだ（March and Olsen 1989 : 159 = 1994 : 233-234）。こうした社会学的制度論が，制度と行為者を意味的に相互構成されたものとして捉えることを考えれば，リックバックのように構成主義と社会学的制度論をひとまとめにする立場も理解できる。ただし，後述するように，政治学において構成主義だとされているものには，往々にして合理的選択理論や歴史的・構造論的な要素もまぎれこんでいる。

(11) グローバル化の進展によって，先進福祉国家が被った変容にはさまざまなヴァリエーションが存在している（cf. Sharpf and Schmidt eds. 2000）。アイデア的制度論は，こうした差異が，グローバル化言説をアクターがどのように利用したかという観点から説明できるとする。

(12) このことは，シュミットと同様にアイデア的制度論を提示するM・ブライスが，もし政治分析におけるさまざまな存在論が相互に排他的で，そして認識論や方法論がそうした存在論から派生するのだとしたら，ポリティカル・サイエンスがただの形而上学的で実りのない論争に終始してしまうことを危惧するのと同様であろう（Blyth 2002 : 295）。また，さきほどのリックバックとの対比でいえば，ブライス自身は，歴史的制度論こそがアイデア的制度論と両立可能であると考えている（cf. Blyth : 2002 ; ブライス 2009）。

(13) たとえば，加藤（2009）は，アイデア的制度論を構造－行為理論の枠組みに再定位させようとしている。

(14) シュミット自身はあまり自覚していなかったかもしれないが，彼女の理論においても，認識論的な構成主義の萌芽が見られる。たとえばシュミットの議論には，言説やアイデアをいくつかの階層に分けて考え，そのいちばん深い層が人びとの世界に対する認識それ自体（世界観）にかかわるものだと指摘しているところがある（シュミット 2009 : 82）。このことは，本来であれば，客観的な世界が認識の外部に独立して存在することを否定するものであるはずだ。

(15) もちろん，これはヴェーバーの支配の正統性概念に依拠した概念化である（vgl. Weber 1956 = 1970）。

(16) 盛山自身が述べているように，こうした「一次理論」という概念は，シュッツの「行

為者における主観的意味連関」に近いものである（盛山 1995 : 177–184)。
(17) ただし，アーペライネンも河野も，社会的世界に対する行為者の存在論的な優位性を前提とすることで，合理性・戦略性によって制度が自覚的に構成されることを強調しすぎるきらいがある。けれども，制度が意味や期待の水準で成立しているという事態は，かならずしも行為者による自覚的な制度設計の意思がそこに反映されていることを含意しない。
(18) ただし，そもそも認識論は科学の反省理論（科学的な探究についての科学的な探究）であり，それ自体が理論構築の際に最初に選択されなければならないものではなく，また，実証主義と構成主義が相互に排他的な理論内容を導くというわけでもないことには注意しておきたい。
(19) M・キーティングも，実証主義から構成主義への転換によって，政治学にある種の文化主義的な概念が回復されるとしている（Keating 2009)。ここでの文化概念には，「政治文化」「ソーシャル・キャピタル」「信頼」「市民社会」の四つが含まれている。「〔政治学における多くの〕研究では，個人から全体を推量したりその逆をおこなったりすることで，分析レベルの誤謬（個人主義的であれ生態学的であれ）を犯しやすい。より根本的には，関連する四つの概念は，根本的に人びとの態度や制度に関するものではなく，関係性についてのものなのである。それらは本質的に文脈的なものであり，そして（態度のような）主観的なものでも（アソシエーションのような）客観的なものでもなく，間主観的なものなのである」(Keating 2009 : 304)。
(20) このように，「構造」と「行為」を区別し，それらのあいだでの因果関係論を放棄しないことが，実在論のひとつの特徴となっている。この点において，ギデンズの「構造化理論」の立ち位置は微妙となる（cf. Archer 1995 : chap. 4 = 2007 : 第四章)。ギデンズはたしかに構造－行為論をベースにする点において実在論的であるが，しかし彼の「構造化理論（structuation theory)」は，構造と行為の分離不可能性を主張するものであるからだ。「……『構造』を『拘束』と同一視し，『構造』と『行為』を対置させる見方である。私が構造の二重性と呼んだ考え方を概念的に中心に位置付けること，それは，これらの対立を退け，社会の生産と再生産を結びつけることになる」(Giddens 1977 : 130 = 1986 : 64)。この場合，もはや構造と行為のあいだの因果関係を問題にすることはできなくなる。
(21) ただし，P・バーガーとT・ルックマンは，実在的なもの（物質的なもの＝構造）と主観的なもの（理念的なもの＝行為）との二項対立は，マルクスの『経済・哲学草稿』においてすでに乗り越えられていたはずだと主張している。次の引用を参照せよ。「マルクスが考えていたのは，人間の思考は人間の活動（ことばのもっとも広い意味における『労働』)，およびそうした活動によってもたらされた社会関係に基礎づけられている，ということであった。『下部構造』と『上部構造』は，それぞれを人間の活動と，そうした活動によって創造された世界，として解釈するとき，もっともよく理解できる」(Berger and Luckmann 1966 : 6 = 2003 : 9)。
(22) これは，ジェソップとも同じ発想である。「……それゆえ，マルクス主義的政治経済学は，言説と物質的実践をないまぜにすることや，より一般的には社会理論をここ 20 年ほど蝕んできた『言説解釈主義』を固く拒否する」(Jessop 2007 : 52)。ジェソップがこのような発想をするようになったのは，マルクス主義的政治理論には，E・ラクラウとC・ムフの『ヘゲモニーと社会主義の戦略（*Hegemony and Socialist Strategy*)』(Laclau and Mouffe 1985 = 1992）を画期として，社会構造がもつ力の独自性が言説への注目によって

相対化されているからである。

(23) マーシュやヘイの立場は「実証主義と解釈主義のあいだの道」(Clarke 2009) とも言われるが，その二つが線対象として同一平面にあるわけではない以上，その「あいだ」などというものはない。

(24) たとえばヘイも，中世デンマークのクヌート王の挿話を引きながら，物質的なものと理念的なものとの関係を構造行為論から説明している (Hay 2009)。ヘイの議論の特徴は，物質的な構造／行為と社会的な構造／行為を区別するところにある。ヘイの言うように，たしかに人は物質的なものに作用を加えることはできるし，その逆もまた然りであろう。しかし，打ち寄せる浜辺の波 (＝物質的な構造) を使って，臣下たちの王に対する過度の期待 (＝社会構造) を緩和するというクヌート王のパフォーマンス (＝行為者の戦略) は，物質的なものと人間の行為とが社会的世界で相互作用していることを例証するものとはならない。クヌート王の挿話が展開されているのは理解可能な意味の秩序の内部においてであって，社会的世界をこの意味の秩序の外側 (物質的なもの) との相互作用において理解しようとすること自体，当のクヌート王や臣下達にとっても科学者にとっても，意味的にしかおこなわれないのだから。

(25) なお，ハッキングのループ効果についての解説と，専門的な科学的知識と日常的な知識とのループ効果に着目しつつ概念分析をおこなうものとして，酒井ほか編 (2009) も参照のこと。また，ハッキングは別の論文「生権力と印刷された数字の雪崩」(Hacking 1982 = 2012) において，1820 年代から 1848 年のフランス二月革命まで続いた統計的データ収集の「熱狂時代」において，官庁統計がさまざまな「数字」を集め出したことに注目し，このループ効果について論じている。つまり，統計的データを収集・分類するための便法であったカテゴリー化が，それ以前には存在していなかったそのような類 (kinds) の人びとを構成するという作用に，ハッキングは注目しているのである。「今日では，世界保健機構 (WHO) によって作成された長大な死因リストに載っていない死因で死ぬことは違法である」(Hacking 1982 : 280 = 2012 : 82)。

(26) 次の引用も参照のこと。「驚くべきことに！　すべての構成－主義者たちはプラトンによって設けられ，そしてカントによって明確なかたちを与えられた外観と実在というディコトミーに安住しているのである。社会構成主義者はみずからがポストモダニズムと呼ぶ陽だまりのなかで日光浴しているが，実際のところかれらは至って古臭い人間なのである」(Hacking 1999 : 49 = 2006 : 116)。

(27) ハッキングは，「人びとをつくり上げる」(Hacking 1986 = 2000) においては，自身の立場を「動的唯名論 (dynamic nominalism)」と名づけ，かつての「静的唯名論」と対比している。静的唯名論は，あらゆるカテゴリー (人間も馬も石も正義も藻類も) が人間によって与えられた分類に由来すると考える立場であるが，ハッキングはそもそもそのような唯名論を想定することはできないとしている。これに対して，哲学的に唯一可能な唯名論である動的唯名論は，次のような考え方である。「動的唯名論の主張は，官僚やら人間本性についての研究者やらによって次第に認識されるようになったある類 (a kind) の人間が存在する，というものではない。そうではなくて，ある類の人間は，その類それ自体が発明されているのと同時に存在するようになった，ということである」(Hacking 1986 : 228 = 2000 : 120)。ところで，どうして動的唯名論が個人の人格に影響を及ぼすかと言えば，それは，われわれが行う記述が，われわれの可能性に関連するかである。すなわち，われわれが誰であるかということは，われわれが過去・現在・未来に

何をするのかということだけでなく，かつて何をした可能性があり，何をこれからする可能性があるのか，ということでもあるから。「人びとをつくり上げることは，人格というもの（personhood）の可能性空間を変化させるのである」（Hacking 1986 : 229 = 2000 : 121）。われわれが実際に行うことは，われわれ自身の記述と密接に結びついているのである。再び言っておけば，「ループ効果」とは，こうした事態を表現するものである。

(28) 構成主義についての入門書を書いているK・ガーゲンも，ハッキングとほぼ同じような主張をおこなっている（cf. Gergen 1999 : chap. 2 = 2004 : 第2章）。ただし，ガーゲンの構想する社会構成主義は，経験科学としての志向を否定しつつ，価値的な判断を用いて現実世界をよりよくするために運動するというプログラムを含んでいる。そのかぎりでは，序章で取り上げたB・フライヴァーグなどの「実践知論」と同じものとして位置づけられるだろう。

(29) ルーマンは次のようなことを辛辣に述べている。「かくして，意味と存在とを誰にとっても一致したものにしようとする（目下のところ）最後の試みは，失敗したことがあきらかになった。しかし，その結果として，『実在論的』な理論対『構成主義的』な理論という，理論的には無意味な論争を背負い込むことにしかならなかった。あやまって立てられた問題に対しては，毒にも薬にもならない答え（lauwarme Antwort）があたえられるのが常である。すなわち，構成主義にしたところで少々リアリズムを混入しなければうまくいかないはずだというのがそれである。この論争はそもそも誤っている。というのも，構成主義者のうちで――〔中略〕――，構成は環境に適応したリアルな作動によって行われねばならないという点について異を唱えようとしてきた者など，誰もいないからである」（Luhmann 1992 : 31-32 = 2003 : 18）。

(30) 前章では，時間軸によって社会進化の局面を区分した構造行為論としての信頼論として，シュトンプカの「社会的醸成」の議論をすでに見てきた（cf. Sztompka 1999）。ただし，西原和久は，時間軸を導入するだけで構造（制度）と行為の関係が論理化できるという発想の安易さを批判している。「制度（規範，規則，あるいは地位－役割体系などを含む）が存在し，その制度を内在化した人間が制度を生成，維持，ないし改変するという理路は，時間という論点を無視すれば，一種の循環論法に陥る。そして，時間を無視しないとしても，そこに社会進化論のようなある種の歴史観が密輸入されるか，安易に弁証法的な止揚がみられるなどとする外挿的な論理が絡みつく」（西原 2003 : 259）。

(31) ただし，なぜここで文化という概念が持ちだされたのかについて，アーチャーは十分な説明をしていないように思われる。推察するに，物質的なもの（構造）と観念的なもの（文化）という古典的な二元主義を前提にしているのであろう。こうした態度は，マーシュにも共通している。「ある意味で，われわれが政治学者としておこなうことのほとんどすべては，安定と変化という問いに関係している。同時に，なぜ変化が生じているのか，あるいは生じていないのかということを説明しようと思えば，構造と行為者，物質的なものと理念的なもののあいだの関係について，何らかの立場をとることになる」（Marsh 2010 : 230）。

(32) ただし，アーチャーの形態生成論においては，この「人間の行為」というものも，さらに創発的な階層に区分されていく。それが，「人間存在」「社会エージェント」「社会的行為者」の三層である（Archer 1995 : 249 = 2007 : 354-355）。

(33) 赤川学が理論に偏重した「構成主義」論に対して，経験的な研究がそれに伴わないまま空中戦が展開されているため，構成主義についての論点がずれていると苦言を呈して

いることも，注記しておきたい（赤川 2012）。本書もそうした赤川の意見には完全に賛同するが，政治学における信頼論では，構成主義による経験的研究が可能になるためにも，認識論のレベルでの議論が必要になっている段階ではないかと考える。

(34) アーチャーは次のように述べている。「より強固に階層化された社会的世界の存在を擁護する人であれば，方法論的個人主義における心理学還元論を拒絶することにも，方法論的全体主義の社会学還元論を拒否することにも賛成するであろうが，しかしそのことから『社会心理学』しかないのだと結論するわけにはいかないのである」（Archer 1995 : 104 = 2007 : 147）。アーチャーがこのように述べる理由は，心の領域と社会の領域はそれぞれ創発的なものであるにもかかわらず，（アーチャーの理解する）社会心理学というのはそれらをひとつのものへとまとめてしまい，各階層がもつ独自性を見失ってしまうからである。

(35) たとえばマルクス主義における「虚偽意識」論を想起せよ。

(36) ただし，90 年代以降の信頼論における国家／市民社会論自体は，第 5 章で見てきたようにマルクス主義の伝統を引いた発想であり，実在論と親和的であったと言える。

(37) 20 世紀の社会学理論における意味学派の展開を「文化理論」として追跡したものとしては，佐藤成基（2010）も参照のこと。この論文においては，ヴェーバー以来の意味学派の成立と展開が，意味の主観的解釈を重視する解釈的アプローチ（たとえばシュッツやガーフィンケルなど）と，意味の客観的な連関を重視する構造的アプローチ（フーコーやラクラウなど）に分類して整理されている。この分類方法の当否はともかく，その区別で言えば，本書が着目するのは解釈的アプローチの方だということになる。

(38) フッサールの思索の歩みについて，筆者に詳述する余裕も能力もないが，Husserl（1954 : § 48, Anm. 1 = 1995 : 第 48 節，註 1）では，フッサールの問題構成がどのように展開されてきたかについて概略が述べられている。

(39) ただし，この著作が執筆されたのは 1935 年から 36 年にかけてであり（フッサールの死去は 38 年），これから続いて検討するシュッツの最初の著作『社会的世界の意味構成』（1932 年）よりも後のことである。ここでは，後期フッサールの哲学のエッセンスを知るための手がかりとして同書が適切であると判断したが，同書からシュッツへの時系列的に正確な継承関係を期することはもちろんできない。この点に関して言えば，ルーマンも，シュッツは後期フッサールの著作に十分に目を通すことができなかったのではないか，と観測している（Luhmann 1970a : 131 = 1988 : 169）。というのも，ルーマンの意見では，もしシュッツが後期フッサールの哲学を十分に検討することができていたとしたら，ヴェーバーが「意味」概念を導入したということが，「理念型的な意味構成と理解の方法論へ向けた決定的な理論的転轍点（theoretische Weiche）をなすもの」（Luhmann 1970a : 131 = 1988 : 169）であることがシュッツにおいてもより正確に理解されていたはずであるから，ということである。

(40) こう述べたからといって，フッサールは自然科学を貶めているわけではない。だが，客観的な科学の精緻化と，それによってなにごとかを予測できるようになることは，物事の真の理解には到達しておらず，むしろ解明されるべき問題を提示している段階であると考えている。そもそも，“客観的な”科学が科学の唯一のあり方ではないのだから（vgl. Husserl 1954 : 126–127 = 1995 : 223–224）。

(41) というのも，フッサールは「観念論（Idealismus）と実在論（Realismus）とに関する従来の議論はすべて，あらゆる認識理論の背後にもとめられながらも，発見されないまま

になっている真の問題の意識にまで迫っていない」(Husserl 1954 : 266 = 1995 : 468)と考えるからである。

(42) ヴェーバーは，理解社会学にとって特殊に重要な行為を，次のようにまとめている(Weber 1922 : 405 = 1968 : 16)。

1. その行動が他人の行動と関係する場合には，行為者が主観的に考えている意味に従っておこなわれ，
2. その行動がおこなわれていく途中で，それのもつ意味の関係の仕方によってもまた規定され，
3. この（主観的に）考えられた意味から理解可能な形で説明し得る，そうした行動のこと。

(43) よってシュッツは，この後に見るパーソンズとの論争においてそうであったように，日常的な態度と科学的な態度を厳密に区別している。なぜなら，社会的世界の研究はつねに自然的世界観と同じ仕方で行為を経験しているが，社会科学はそうして「自明のもの」として捉えられた経験連関に対して，素朴であることは許されないからである。このことからすれば，社会学の課題は，まさにこの「自明のもの」を疑うことでなければならないと，シュッツは述べる（Schütz 1932 : 17 = 2006 : 31)。これは，客観主義から超越論主義への転換というフッサールの目論みと重ね合わせることができる（cf. 佐藤 1986)。

(44) 那須壽は，シュッツがパーソンズの著作へどのような書き込みをしたかということや，シュッツがつくったノートに注目している（那須 2003)。これは，社会学理論史における資料としても興味深い試みである。

(45) 以下，シュッツとパーソンズの往復書簡からの引用は，R・グラトフが編集したもの(Grathoff ed. 1978 = 1980）による。

(46) 実際にパーソンズ自身，『社会的行為の構造』においてみずからの「科学的」な社会理論研究にとって，哲学が「残余的なカテゴリー」であると述べている。曰く，「ここでの問題関心は科学における特定の理論体系の性質と発展にあり，そしてそうした理論体系への関心は科学的なものである以上，哲学的な問いが扱われるのは，厳密に定義された意味における科学的な理論体系にとってそれが重要になる場合に限られる」(Parsons 1937 vol. 1 : 21 = 1976 第一分冊 : 45)。ただし，それに続けて次のようにも述べられている。「けれども同様に，ある問題は専ら哲学的あるいは『形而上学的』なものであり，それゆえに科学的な研究にとっては何ら位置づけを持たない，などと口実を弄して哲学的問題を回避しようというつもりはない」(Parsons 1937 vol. 1 : 21–22 = 1976 第一分冊 : 45)。だから，もしもシュッツが提起した哲学上の問題がパーソンズ理論の根幹に関わるものであるならば，パーソンズはそれを喜んで受け止めなければならない，ということになるだろう。

(47) いままさに見てきたように，それこそがシュッツが『社会的世界の意味構成』において取り組んだ問題であった。シュッツに言わせれば，「パーソンズ教授は一方ではなぜ主観的見地に依拠することが行為の理論にとって必須な前提条件であるのかを示していないし，また他方では，客観的な概念図式によって主観的現象を取り扱うことはどのようにして可能であるのかを示していない」(Grathoff ed. 1978 : 43–44 = 1980 : 121)。ちなみに，こうした理由から，シュッツは行動主義（パーソンズが言うところの「ラディカル実証主義」）に対しても鋭く批判を加えている。ここで，シュッツが「行動主義」と呼ん

でいるのは，社会科学を自然科学と同様のやり方を採用しなければならないと考え，他者が知性をもった存在であることを原理的には確認できないという仮定を採用する立場である。「この理論の誤謬は，他の分野では妥当であるとしても，間主観性の領域においてはあきらかにあやまっている方法論的原理を社会科学にとって適切なものとすることによって，社会的リアリティをフィクションの世界に置き換えてしまっていることにある」(Schutz 1970 : 267 = 1980 : 286)。

(48) 1941 年の 1 月 6 日，1 月 23 日，2 月 2 日。

(49) 1 月 23 日の書簡にも，次のように書かれている。「あなたのおっしゃる多くの事柄は，仮に私の著作の批判とは別のものとしてうけたまわるのであれば，それらはきわめて筋の通ったものであります。しかし，私の著作への批判としてであれば，私の見解ですと，それはまったくの誤りであるか無関係であるかのいずれかであります」(Grathoff ed. 1978 : 78 = 1980 : 181)。

(50)「私は，社会理論の領域において行われるどの言明も，よくまとまった哲学的知識の全体的な集成とすくなくとも両立でき，またそれによって説明できなければならないと主張したいと思います」(Grathoff ed. 1978 : 103 = 1980 : 217)。

(51) M・ナタンソンは，二人の論争がどのようにすれ違ったのかについて，次のように論じている。「この二人を分断しているのは，違った問題に関する違った哲学ではなく，社会科学にとっての哲学の意味なのである。シュッツにとって，社会学は自己自身を基礎づけることはできない。社会科学者にとって，認識論はぜいたく品ではなくて，必需品なのである。また，現象学的な見地からしても，科学は，それが真に厳密なものであろうとするならば，自身の概念的な基礎を自身で準備することはできない。パーソンズにとって，科学と哲学を区分し，哲学は必要とされるときにのみ議論に入ることが許されるようにすることが重要である。それはあたかも，哲学は話しかけられたときにのみ語るようにすべきだと言わんばかりである！」(Natanson 1978 : xiv = 1980 : 21)。また，J・ヴァロンによれば，二人の差異は次の行為理論上の選択にある。「彼らはともに，社会的行為の研究は個々の行為者から出発しなければならないと考えていた。〔だが一方で〕パーソンズは行為者の行為を，行為システム内部の状況的な諸要素への言及とあわせて説明する道を選んでいる。〔他方で〕シュッツは，日常生活における有意性の構造の研究を通じて開示される，具体的な行為者と行為のさまざまな利害や動機に関心を置く立場を表明しているのである」(Valone 1980 : 381)。

(52) のちにもシュッツは，初期の頃よりも格段に体系化の進んだ中期パーソンズ理論について，同じ観点から批判を繰り返している。「社会学者が，『システム』『役割』『地位』『役割期待』『状況』『制度化』などの用語で呼んでいるさまざまな現象は，社会的な場にある行為者にとっては，まったく異なった仕方で経験される。——〔中略〕——つまり，常識的レベルにおける類型化は——科学によっておこなわれる，とりわけ社会科学者によっておこなわれる類型化とはまったく異なり——いかなる判断も厳密な論理的命題の形成をもともなわず，自明な事柄として日常的な世界経験のうちに現われるのである」(Schutz 1970 : 119-120 = 1980 : 88-89)。

(53) 現象学は，政治学にとって疎遠な議論であると思われがちであるが，近年では現象学的な知見から政治のあり方を再構想しようとする動きも活発化している。たとえば宇野重規は，メルロ＝ポンティに示唆を受けた現代フランス政治哲学の展開から，現象学が政治についてもつ意味を次のようにまとめている。「一つの社会が成り立つためには，そ

の社会を支える広い意味での諸『制度』――個人と個人，個人と社会の関係がいかに歴史のなかで関連づけられるのか――の働きを通じて，社会全体が意味あるものとして運営されていなければならない。また，このことを，その構成員たちが理解していなければならない。そうだとすれば，社会を変革することは，このような構成員の基本的理解についてまず確認した上で，その諸『制度』を変更すること，そしてそのことによって新たなる意味の全体性を作り出すことに等しい。この一連の営みが自覚的になされ，またそのことの結果が自らにフィードバックされることで，政治は可能となる。その意味で，政治には再帰性が不可欠な要素として含まれている」（宇野 2011 : 261）。ただし本書では，この「再帰性」が政治においてのみならず，どんな社会秩序のあり方においても遍在していることを，これから見ていきたいと思う。

(54) またたとえば，次のようなことが言われたりもしている。「絆やネットワークは『実体的に存在する』のではなく『意味的に存在する』。つまり，人々の意味世界において『存在する』のである」（樽本 2012 : 24）。

(55) この発想自体は，すでに『社会的世界の意味構成』においてその萌芽が見られるものである。たとえば，第 19 章の「自然的見方における他我の一般定立」などがそれであろう（Schütz 1932 : Kap. 19 = 2006 : 第 19 章）。だが，ハーバーマスは，シュッツが間主観的に構成された生活世界を自明の出発点として選択しているように見えるものの，その間主観性を表現する概念（たとえば「コミュニケーション」）を採用しているわけではなく，みずからの企てを諸個人の主観に定位したフッサール的な意識哲学の伝統で構想しているにすぎない，と批判している（vgl. Harbermas 1981 Bd. 2 : 197–198 = 1987 下 : 33）。また，西原和久は，シュッツの選択があらたな研究領域を切り拓いたという功績を最大限に認めつつも，シュッツの議論は人びとの間主観性を基底的なところで支えている「発生論」についての分析が不十分であったと批判している（西原 2003）。西原に言わせれば，「いわば，他の生物と共有するような人間的自然（human nature）のレベルから，言い換えれば，生命，生体，生存，生活，人生の全体を包括するような『生』の深みからもう一度問いを立て直すこと，そうした『生活世界』（もはやそれは『生世界』と呼んだ方がよい）に問い尋ねる思考の矢印を，『意味学派』は共有していたはずである」（西原 2003 : 77–78），ということである。

(56) シュッツはここでの「日常生活」について，次のように考えていた。「『日常生活の世界』とは，われわれが生まれるはるか以前から存在し，他の人びと，つまり，われわれの祖先たちによって秩序ある世界として経験され解釈されてきた間主観的な世界である。いまそれは，われわれの経験と解釈にとって所与のものである」（Schutz 1970 : 72 = 1980 : 28）。

(57)「われわれが自己の位置を見出さねばならないのは，この自明とされたものごとの領域においてである。未知のものに対するわれわれの探求は，すべてこうした既知とされる事柄の世界の内側で生じ，またその存在を前提している」（Schutz 1970 : 111 = 1980 : 78）。

(58) バーガーとルックマンは，著書の副題（A Treatise in the Sociology of Knowledge）にあるように，現象学的社会学を「知識社会学」の一種として考えている。

(59) バーガーは，S・プルバーグとの共著論文「物象化と意識の社会学的批判」（Berger and Pullberg 1965 = 1974）において，物象化論について論じている。バーガーとプルバーグは，人間が社会を作り出し，社会が人間を作り出すのだという関係性を考えれば，マルクス主義における弁証法的な定式化こそ，現象学的分析にとって有用であると考えてい

る。なぜなら，弁証法とは，対立し合う思考形態を超克し得る思考様式だからである。よって，現象学的社会学の課題を弁証法的な用語で言えば，物象化の契機（世界が“モノ”としてあらわれてくること）を探るということになる。世界が物象化されるということ，「それはつまり，モノとしての性格をもたないものは，なんであれリアルなものとは見なされない，ということである。これはつぎのように言うこともできるだろう。物象化とは疎外されたかたちでの客観化である」(Berger and Pullberg 1965 : 200 = 1974 : 102)。

(60) この点もまた，バーガーとプルバーグの論文において，パーソンズ批判を含意させながら論じられている。「ヴェーバーの定式とデュルケームの定式とを対決させるという問題は，高度に抽象的な体系をうちたてることによって解決できるものではない。というのも，そうした体系は，一見双方を包括するかのように見えながら，実際には二つの定式が生まれてきた問題構成を見失うという犠牲を払わなければならないからである」(Berger and Pullberg 1965 : 196–197 = 1974 : 97)。よって，バーガーらは，ヴェーバーとデュルケームの「統合」ではなく「止揚」を目指すのである。

(61) つまり，人びとは他者との日常生活を送るなかで社会的リアリティへの慣れ親しみを獲得するのだということである。彼らはこのことを，「主観的リアリティの維持と変化」と呼んで，次のように示している。「リアリティは通勤電車の匿名的な共同体のなかでのみ，はじめて本当の意味で信用に足るものになり始める。リアリティは列車がグランド・セントラル駅のホームに滑り込んでいくとき，そのどっしりとした重みを獲得する。それゆえに我は存在する，と人はいまや自分に言い聞かせることができるのであり，こうしてすっかり目覚め，自信をもって勤め先へと足を運ぶのである」(Berger and Luckmann 1966 : 150 = 2003 : 227)。このような日常的な相互行為場面での期待構造の維持という発想には，本書でものちに触れるE・ゴフマンの影響が見られる。

(62) ヴァイトクスの認識においては，フッサール的な独我論が完全に葬り去られたいま，間主観性論が直面する最大の問題はその「形式主義化」であり，シュッツの現象学にもそうした傾向が見られるという（Vaitkus 1991 : 142–143 = 1996 : 237)。それに対してヴァイトクスが追究しているのは，自明視された日常的な生活世界における実践的態度から，より超越論的なシンボル的側面にいたるまでのさまざまな次元とその重なりを見ていくというものである（cf. Vaitkus 1991 : 185 = 1996 : 320)。

(63) ここでヴァイトクスの言う「信用態度」を「信頼」として言い換えたが，これは筆者の独断ではなく，実際に原書の裏表紙には，「fiduciary attitude（i.e. trust)」と書かれている。またヴァイトクスは，この「信用態度」という概念が現象学的なものであって，ルーマンの信頼論とは無関係であることを強調している。「信用態度という考えは，主観的現象と人間の行為についての現象学的な分析の文脈の内部で内在的に展開されたものであり，それゆえ，ニクラス・ルーマンがかれのシステム理論のなかで展開した信頼（*Vertrauen*）という概念とはまったく何の関係もない」(Vaitkus 1991 : 4 = 1996 : 22)。ただし，のちに見ていくように，そもそもルーマンの信頼論が現象学の発想を下敷きにしたものである以上，そのあいだに類縁性があることは至極当然である。

(64) ルイスとワイガートは，合理性と感情度（＝信頼の心理的側面）が，どのように信頼に関係しているかに応じて，以下のような表を示している（Lewis and Weigert 1985a : 973)。彼らによって信頼とされているのは，表の網掛け部分のみである。

合理性＼感情度	高い	低い	実質的に存在しない
高い	イデオロギー的信頼	認知的信頼	合理的予測
低い	感情的信頼	義務的・ルーティン的信頼	蓋然性への予期
実質的に存在しない	信念	運命	不確定性，パニック

ただし，こうしたルイスらの概念化については，ミシュタルが，信頼が積極的な行為というかたちだけでなく，ある種の継続的な状態（場合によっては非行為 inaction）でもあり得ることを見落としてしまうこと，また信頼を生み出す社会的メカニズムを理論化できていないことを批判している（Mistzal 1996 : 23）。

(65) ただし，のちに述べるように，エスノメソドロジーの核となる発想自体について，ガーフィンケルはすでに50年代にある程度確立していた。

(66) 少なくとも現時点において，政治学とエスノメソドロジーの関係は疎遠なものであるが，たとえばJ・トルフィングは，エスノメソドロジーの発想が政治学における初期の「言説理論（discourse theory）」に影響を与えたと述べている（Torfing 2005 : 6）。だが，トルフィングの言う言説理論は，ポスト・マルクス主義やポスト構造主義の枠内のものであり，少なくともエスノメソドロジーの趣旨と合致していないことはたしかである。実際に，言説理論の立場からすれば，エスノメソドロジーには構造的な背景や権力作用という視角が欠けている，ということになるのだから（cf. Torfing 2005 : 6）。

また，日本の政治学においても，神島二郎『日常性の政治学』（神島 1982）のように，人びとの日常生活に内在する観念から政治のリアリティを考えようとした系譜が存在する。ただし，大嶽秀夫も指摘するように，「こうした研究は，後のいわゆる日本人論にしばしば見られるように——〔中略〕——文芸作品や伝記あるいは雑多な風俗描写といった資料が，一貫した方法なく引用され，思いつき的な評論に堕する危険をもつことになった」（大嶽 2012 : 74）。興味深いのは，この文章に続けて大嶽がそれを克服する可能性のひとつとしてエスノメソドロジーを挙げていることである（大嶽 2012 : 74–75）。大嶽は以前にも，江原由美子との対談のなかで，エスノメソドロジーが政治学に対してもつ可能性を語っている。大嶽は「社会と政治の中間領域」（江原・大嶽 1991 : 17）の分析に，エスノメソドロジー的なフェミニズムの権力論が応用できるのではないかと考えているようである。さらに最近では，山田（2016 : 第5章）が政治学とエスノメソドロジーの関係について比較的詳しく紹介している。そこにおいて取り上げられているのはLeBlanc（1999 = 2012）の研究であり，それは日本の主婦がどのような政治的世界に生きているかということを，主婦たちのボランティアによって支えられる生活クラブ（生協）への参与観察や，また女性政治家（参議院議員の小野清子）の選挙運動のルポルタージュを通じてあきらかにしようとするものである。以上のことから，日本の政治学においてはまずジェンダー論との関係でエスノメソドロジーが受容されていくのかもしれない。

(67) G・バトンは，エスノメソドロジーが社会学および人文科学一般にとって受け入れ難い理由を，次のように述べている。通常，社会学において新しいテーマや発想が提唱されたとき（たとえば，フェミニズムやポストモダニズムなど），たしかにそれは新しいのだけれど，社会学が“何をするものであるのか”という根幹については問い直されるこ

とはない。「それは社会学のいつものやり方としてなされるのである。つまり，問題を理論化する，ということである」(Button 1991 : 3)。だから，いかに革新的なテーマや考えが提唱されようとも，それが「社会学のいつものやり方」でなされているかぎり，それは理解可能なのである。エスノメソドロジーは，この理解可能性を与える根幹を再特定化（respecification）する。エスノメソドロジーは，なぜ，そしてどのようにして，あるテーマや考えが社会学ないし人文科学にとって理解可能なものであるのかを，そこで実際に行われている理論化，行為や秩序の同定，論理，計測，推論の仕方，認識の仕方等々に注目しながら記述していく。そのかぎりにおいて，エスノメソドロジーは，「社会学のいつものやり方」とは馴染まない。同様に，さまざまに存在する社会学のレパートリーのひとつにも収まらない。エスノメソドロジーは，「理論化」しないし，問題を解決しもしない。これらの特徴が，エスノメソドロジーを受け入れがたいものにしているのである。

(68) ジョージ・サーサスは，エスノメソドロジーの定義について次のように言っている。「エスノメソドロジー的アプローチが研究するのは次のことです。つまり，社会の成員たちは，何であれ，いま自分たちのやっていることを成し遂げる（やる）ために，実際にどのような方法を行使（使用）するか，というのがそれです（この方法は，社会の成員たちが，自分たちのやっていることについて自ら語る時の，その語り方も含みます）」（サーサス 1995 : 12)。

(69) T・コシュマンは，ガーフィンケルの『エスノメソドロジー研究』をもとに，エスノメソドロジーのエッセンスを三つの概念から考えている。第一がインデックス性であり，インデックス性の存在を行為分析の困難の原因と見なすのではなく，そうしたインデックス性こそが分析の中心的なトピックでなければならないといこと。第二が根源的な再帰性／相互反映性（reflexivity）であり，これは，行為が文脈をつくり，そうしてつくられた文脈が行為をつくるということであり，また，われわれが行為をアカウント（記述）するとき，そうしたアカウントがわれわれの行為に対する見方を変化させる，というもの。第三が，行為が説明可能なものであることは，観察者にとってだけではなく，行為者にとっての問題関心でもあるということ。コシュマンの主張は，これらの論点がすでに『他者の知覚』に含まれている，ということである。

(70) 浜によれば，「ガーフィンケルのエスノメソドロジーは，シュッツとおなじ対象，すなわち『見られてはいるけれども気づかれていない』人間の物象化作用を，パーソンズと共通の科学観に立って，観察者の観点から解明しようとするところに成立したものだといえる。この意味で，エスノメソドロジーは現象学と実証主義のアマルガムをなしている」（浜 1992 : 18)。ここでパーソンズと共通の科学観というのは，行為の意味を行為者の主観によってではなく科学者によって決定させるという立場をあらわしている。

(71) コシュマンも述べるように，シュッツや現象学の影響はガーフィンケルの生涯を貫いて見られたものであったが，彼は後年になってシュッツや現象学に対して批判的なスタンスを取るようにもなっているし，逆に，パーソンズのエスノメソドロジーに対する影響力の大きさをガーフィンケルは繰り返し語っている（Koschmann 2012 : 500–502)。

(72)『他者の知覚』とその背景については，Heritage（1984）をはじめとして，浜（1992)，Koschmann（2012）などにも簡単な解説がある。ただし，M・リンチによれば，ヘリテイジはガーフィンケルをある種の“理論家”として読むという誤りを犯してしまっている（Lynch 1993 : 198, note 94 = 2012 : 412–413, 註 94)。たしかにリンチが述べるように，

エスノメソドロジーは理論ではないのだが，だからといってエスノメソドロジーを形成したガーフィンケルの理論的な考察を取り上げることが，それ自体でまちがいだということにはならないだろう。

(73) 実はこうした試みは，初期パーソンズから中期パーソンズへの移行を促した問題関心と同じであり，まさに時期的にも中期パーソンズ理論が完成したころと重なっている（このことは，ガーフィンケル自身も意識している）。この点を考えても，ガーフィンケルがパーソンズの近くにあってその影響を多分に受けていたことがわかる。

(74) このことは，後段においてガーフィンケルのマルクス主義批判につながっている。「日常生活を送る人が構成する世界は，社会学者の世界とは異なっている。しかし，それらはいずれも経験的な世界である。そして，日常的な世界がいかに構成されるかを理解し，それを――日常生活の態度における原則によってではなく――みずからの物象化の原則によって理解することこそが，社会学者の課題なのである」（Garfinkel 1952 : 224）。ガーフィンケルによれば，マルクスの階級論は一種の物象化でありつつも，われわれが日常的に階級的な社会を生きているという事実も見逃してしまっている点で問題を抱えているのである。こうした論点は，実在論と構成主義の違いとして，すでに本章の補遺でも取り上げている。

(75) ガーフィンケル自身は，ここにさらに二つの課題を付け加えている。それは，ホッブズ自身が含まれている世界において，いかにして世界の客観的な事実を把握することだけに専心するような科学的態度を貫徹できるのかを，ホッブズが示せていないことに関係する。それが示せないのであれば，ホッブズが述べていることは個人の内観と変わらないからである。よって，ガーフィンケルは，第三に，観察の対象の一部としての観察者の問題，第四に，行為の対象としての人間に対して主観的に作られた経験的な理念型を用いることの地位および使用についての論理的な帰結，もホッブズ的秩序の問題から導かれる検討課題であるとしている（Garfinkel 1952 : 87）。

(76) 本書の後の議論に関係することとして，この「その背後にはなにも隠されていない」というのは，ルーマンが 1993 年にビーレフェルト大学でおこなった退官記念講演「なにが扱われているのか？　その背後にはなにが隠されているのか」（Luhmann 1993 = 1996）において，結語に用いられている表現でもある。この講演においてルーマンは，自己言及的に閉じたシステムの観察では不可避的に観察の盲点が生み出されるものの，そうした盲点はまた別の観察者によって（さらに別の盲点を伴いながら）観察されるものであると述べたあとで，次のように言っている。「もしこのことに成功するならば，社会学自体の助けを借りて自らを記述する社会というものが現出するのかもしれない。そして，その背後にはなにが隠されているだろうか？　いや，なにも隠されてはいないのだ！（Und was steckte dahinter ? Gar nichts !）」（Luhmann 1993 : 259 = 1996 : 215）。

(77) ただし，ガーフィンケル自身は，ホッブズ的秩序の問題から派生する検討課題を六つのトピックに分けていた。それは，①対象についての理論，②経験的な理念型の論理的地位と使用，③観察対象の一部としての観察者，④社会的行為の普遍の要素，⑤社会的関係性の本質，⑥主観的カテゴリーの論理的地位と使用，である（cf. Garfinkel 1952 : 90–91）。しかし，それぞれを紹介するのは煩雑になるので，ここではメインになると思われる二つのトピックにまとめている。

(78) こうしたパーソンズによる，秩序問題の規範的な解決に対しては，エスノメソドロジーの立場から，さまざまに批判が投げかけられてきた。たとえば小宮友根によれば，「パ

ーソンズ理論の問題点は，『行為者の主観的観点』と『社会秩序』とを因果的に接続しようとすることで生じていたと考えることができるだろう」（小宮 2011 : 65）ということになる。つまり，パーソンズは，ホッブズ問題を行為者の動機づけの問題として解釈したため，そのことは結果的に「ひとたび内面化された規範や価値を，行為の原因として扱う」ことになってしまっている（Heritage 1984 : 18）。そしてそれによって，パーソンズは，行為の「論理」や行為者自身の観点から離れてしまい，行為を完全に外側の視点から分析しようとすることになる。これらは，本質的にガーフィンケルと同様の批判であるだろう。

これとはやや別の角度から，西阪仰も，二つの観点からパーソンズを批判している（西阪 1997b）。第一に，パーソンズ的な社会秩序問題の解決は，規範というものを無化してしまう。規範や規則にしたがうということは，たとえ自覚的ではなくても，何らかのかたちでその規則や規範を知り，それを用いることができなければならない。よって，「もし規範や規則にしたがうことを，無意識の『欲求性向（need-dispotition)』として，つまり，わけのわからないまま一定のことをしたくなる傾向として考えるならば，それはもはや規範や規則に『したがう』ことではない。それはせいぜい規範もしくは規則に『一致した』ふるまいにすぎない」（西阪 1997b : 124)。第二に，パーソンズによる解決は，規範に違反することの余地を残していない。もし人びとによって良い・悪いの判断がまったく行われることなく，何をしても規範や規則から外れないのであれば，それをこそ無秩序と呼ぶべきである。西阪の批判は，ウィトゲンシュタイン的な日常言語学派の知見をより体現したものになっている。

(79) パーソンズ理論において，時間的持続は，システムの変動する環境のなかでの均衡というメタファーにおいて扱われていた。そこでは，システム境界を維持するような行為が，状況に相対的に存在しており，それが作動として境界を自己維持するものだとされている。その意味で，パーソンズにとっては，時間は行為の構造の外部に置かれていることになる。この点は，ルーマンによっても批判されることになった（cf. Luhmann 1979)。

(80) この方針自体は，さきほども述べたように，のちにガーフィンケルが「エスノメソドロジー」と呼んだものと同じであると思われる。ただし，『他者の知覚』においてガーフィンケルがおこなおうとしたのは，パーソンズ理論がそうであったように，そうした記述・分析のために必要になる概念枠組みをあらかじめ用意しておくことであった。のちのエスノメソドロジーでは，こうした概念枠組みがあらかじめ必要だという考え方自体が見直されることになる。たとえばサーサスも，そのような趣旨を述べている。「あらかじめ『操作化』したり『定義』を与えたりするならば，重要な実践が発見できなくなってしまうかもしれません。また，あらかじめ決められた線にそってしか，研究を進めることができなくなるかもしれません。いくべき方向が，いわば『先例の重い手』によって，つまり社会科学における主題の伝統的定義によってあらかじめ決められてしまうことになるかもしれないです」（サーサス 1995 : 19)。

(81) 同じくパーソンズの行為理論を分析することを出発点としていたハーバーマスでさえ，エスノメソドロジーについて「多かれ少なかれトリヴィアルでわかりきった日常的な知識を再定式化することの域を出ない」（Harbermas 1981 Bd. 2 : 223 = 1987 下 : 57）という評価を下している。これは，妥当性要求を目指す行為の合理的な構造の解明という，ハーバーマス自身の問題関心に即してみれば理解できないこともない評価ではある。しか

し，だからといってエスノメソドロジーには，「フッサールの超越論的還元に相当するものを示す」か，「日常的解釈と結びついているとしても，社会科学的分析は，いかにして普遍的なコミュニケーション前提の再構成が可能になるぐらいまで，この日常的解釈が再帰的に浸透し，その時々の文脈を超え出ることができるかを示す」のいずれか（Harbermas 1981 Bd. 1 : 186 = 1985 上 : 189）しか選択肢がないということにはならないだろう。エスノメソドロジーは，そのような妥当性なり真理なりが，ローカルで具体的な実践の場の外側に存在しているという前提をやめることで，いかにしてそうした科学的真理や妥当性が達成されているのかを記述するという利点を得たはずなのだから。この点に関しては，以下であらためて詳述する。

(82) ヘリテイジも，エスノメソドロジーの意義について，同様の評価をしている。「ガーフィンケルの功績は，あまりにも自明で，あまりにも日常的で，あまりにも深くわれわれの生活の背景に根差しているために，その存在に気づいたり，ましてやその重要性を認識したりするためには特別な努力が必要とされるような社会生活の諸々の事実に対して，継続的かつ生産的に注目し続けてきたところにある」（Heritage 1984 : 304）。

(83) たとえば，本書の第 6 章二節ですでに見たように，コールマンが規範をつねに遵守する人間像を前提にするパーソンズ的な社会理論を批判していることも，それにあたるだろう（cf. Coleman 1990 : 197 = 2004 上 : 304）。けれども，そのことから人間像を“定数”として扱うべきだと主張するコールマンに対して，ガーフィンケルは，変数であれ定数であれ，何らかの人間像があらかじめ社会学者によって設定されなければならないという思い込み対して批判を加えているのである。

(84) こうした背後期待については，別のところでは「語られてはいないが理解されている，エトセトラ条項」（Garfinkel 1964 : 247 = 1995 : 83）とも言われている。

(85) 第 8 章で取り上げるルーマンは，ガーフィンケルのこうした洞察を引き合いに出しながら，次のように言っている。「したがって，“間主観性”ないし合意という前提は，あっさりと放棄してしまってよい。この前提は，主体にも社会的ア・プリオリにも“生活世界”にも，あるいは他の何かにも――あらゆるコミュニケーションの前提として常に既に所与であるはずの何かへの還元という意味で――帰せられはしない」（Luhmann 1997 Bd. 2 : 874–875 = 2009 2 : 1172）。そうではなくて，「決定的なことは，コミュニケーションが継続されていくということである」（Luhmann 1997 Bd. 2 : 874 = 2009 2 : 1172）。このルーマンの「コミュニケーション」という概念が，ガーフィンケルの言うところの「実践」にあたる。

(86) しばらくあとで述べるように，これはウィトゲンシュタインの有名な「規則にしたがうこと」という問題と同じである。

(87) その意味で，合理的な行為がどのような性質をもち，どのようにつくり出され，それをどのように認識できるかという問題関心は，哲学者やプロの社会学者にとってだけでなく，社会のメンバーたち自身にとっての問題関心でもある（Garfinkel 1964 : 250 = 1995 : 87）。

(88) ここではガーフィンケルの論理を重視したいため，時系列を入れ替えているが，論文の発表順としては次に検討する信頼論の方が先である。

(89) ただし，これはシュッツの知見を参考にした，日常生活においても秩序ゲームにおいても共通して見られる構成的期待の類型である。ここでは煩雑さを避けて踏み込まないものの，日常生活における構成的期待とゲームの基本的なルールとの違いについて，ガ

ーフィンケルは10項目を挙げて検討している（Garfinkel 1963 : 206-209）。

(90) この違背実験の内容について詳細に紹介することはできないが，簡単に概要を示しておこう。『他者の知覚』以来，この1963年の信頼論文にいたるまで，ガーフィンケルがおこなってきた違背実験は，たとえば次のようなものがある。被験者に三目並べ（○×ゲーム）をおこなってもらい，もし対戦相手が自分の描いた「○」を消してそのうえから「×」を描くという行動に出た場合，被験者がどのような反応をするかを観察する。一部の被験者は困惑し，怒り，ゲームを放棄するが，また別の被験者はあらたなゲームが開始されたと考え，そのままゲームを続ける（自分も相手の描いた「×」を消してそのうえに「○」を描いたりする）。後者の場合，実験が開始された当初のゲームのルールは失効したと言えるが，何らかのルールが存在していて，それが間主観的に妥当していることへの期待への期待（構成的期待）は存続しているということになる。こうして，ゲームの秩序の維持にとって必要なのは，ルールへの事前の合意ではなく，自分も他のメンバーも構成的期待にしたがうことへの信頼なのである。

またほかにも，日常的な場面においては，ガーフィンケルは自分の学生たちに，自宅にいる家族に対して，つねに他人行儀に振舞うように指示し，家族がどのような反応を見せるかを観察するという課題を課したりもしている（この実験については，研究倫理上の問題が指摘されたりもしている）。さらに別の事例においては，医学校への進学希望者に，以前に行われたというニセの面接試験の録音データを聴かせている。ここで進学希望者たちは，あきらかに面接に不適切な受け答えをしているはずの受験者が，面接官にとっては好印象であったという情報をあとから与えられる。すると，進学希望者たちは，当初の自分の評価（「あの受験者は面接官に対して横柄である」）を修正して，ニセ面接の受験者に肯定的な評価を下そうとするようになること（たとえば「あの受験者は自信に満ちている」）が観察されている。ニセ面接実験では，みずからのゲームのルールについての期待が裏切られた場合であっても，人びとはそこに何らかのルールがあるはずだというより基底的な期待を持続させることが示されたとされている。

(91) けれども浜は，ガーフィンケルの信頼概念は区別されるべき二つの内容が区別されないままに含まれており，混乱を招くものであると主張している。それが，個別の基礎的ルールにしたがうことと，構成的期待に支配されていることとの区別である。言い換えれば，相手が何らかのルールにしたがっていることへの期待と，相手が特定のルールにしたがっていることへの期待の区別がなされていないという（浜 1995 : 61-62）。さらに浜は，S・クリプキを引用しながら，ガーフィンケルの信頼論が「日常生活の秩序には根拠なるものは存在しないということは，日常生活の秩序は底が抜けていることを意味している」（浜 1995 : 69）と述べる。つまり浜は，ガーフィンケルの信頼論を，人びとが「ルールにしたがう」ことを確実にするような根拠が存在しないという懐疑主義的な立場に結びつけているわけである。けれども，ルールにしたがった実践が社会的に達成されるものであることを理解するのに，その実践に対して懐疑主義的な立場を取らなければならない必要はないだろう。この点は，エスノメソドロジーにおける再帰性／相互反映性と文脈の関係として，少し後で取り上げたい。

また，以上のような浜のガーフィンケル解釈を敷衍し，そこから「社会性」というものを社会／個人図式から離れて相互行為秩序に内在的に考えようとした論文として，関水（2007）がある。ただし，関水も浜の懐疑主義的な立場をそのまま受け継いでいる。このような解釈においては，相互行為秩序とその秩序におけるルールとが切り離して考

えられてしまうため，そもそもルールとはどこにあるのか，という問題に躓いてしまう。
(92) そうした意味では，ガーフィンケルの信頼論は，心理学的でも経済学的でもない，“社会学的な”信頼論のひとつのあり方を切り拓くものであったと言える（それが典型例であるかどうかは別として)。たとえば社会学的新制度論のはしりとなったマーチとオルセンも，信頼は相互利益の計算ではなく「適切さ」の概念にもとづく規範的なものであることを論じている（March and Olsen 1989 : 38 = 1994 : 55)。なぜなら，マーチらによれば，もし信頼が相互にとっての見返りをもとにしたものだとすれば，信頼はただ単に経済的な交換以上のものではなくなってしまうことになるからである。信頼は行為者の自覚的な選択行為ではなくて，ある種の規則の構造のなかに存在するものなのだと彼らが述べるとき，ガーフィンケルが信頼論において示そうとしていたことがそこに透けて見える。
(93) それ自体が方法論ではないのに，なぜ「エスノ“メソドロジー”」と言うのかが疑問に思われるのは当然であるし，またエスノメソドロジーがミクロ社会学の方法論として誤解されやすいのも，この名称のせいであろう。ガーフィンケルが自分の考えに「エスノメソドロジー」という名称を与えたのは，本人が語るところによれば，彼が陪審員の審議過程を分析しているときに，陪審員たちはみずからの方法論に関心を寄せることによって「陪審員になる」ことができるということに気づいたからだという（Garfinkel 1974 = 1987)。しかし，ガーフィンケル自身は，この名称に特にこだわりがあるわけではなく，自分のおこなっていることは別の名称によっても表現できるとしている。いずれにせよ，M・リンチの言葉を借りるならば，「エスノメソドロジーからの主要でおそらく独特な洞察とは，方法論（単に方法ではなく）それ自体にさまざまに多くの『通俗的な（vulgar)』形態がある，ということである」(Lynch 2001 : 138 = 2000 : 60)。
(94) けれどもたとえば会話分析のように，エスノメソドロジーのなかでも分析方法や手順についてかなりの体系化と蓄積がなされてきている分野があることも注記しておきたい。会話分析の手順について詳細に解説した説明書とも言うべき，サックス・シェグロフ・ジェファソン（2010）が出版されていることはその例証となる。さらに言えば，会話が録音可能で何度も繰り返し分析が可能なものであり，また言葉によるコミュニケーションは比較的分節化が容易だという事実も無視することはできない。ただし，だからといってエスノメソドロジーは会話そのものに関心を向けているわけではなく，したがって会話分析の方法がエスノメソドロジーにとって唯一可能な選択肢であるわけでもない(西阪 1992 : 40)。ちなみに，リンチは，現在エスノメソドロジーのなかでももっとも“成功した”分野であると見なされている会話分析は，(会話分析の創始者であるサックス自身の当初の問題意識すらも裏切って）分析者の特権的な地位を前提とするような分析科学への志向を強めていると批判している（Lynch 1993 : chap. 6 = 2012 : 第 6 章)。リンチがこのように述べる理由は以下であきらかになるはずである。
(95) 本書ではこれまでもエスノメソドロジーの文脈で使われる“reflexivity”概念について，「再帰性／相互反映性」というスラッシュで区切った訳語をあててきた。これはもちろんうまいやり方ではないと思うが，①「再帰性」概念が（以下で述べるように）とりわけ政治理論・思想の分野ですでに別の独特な内容をもって理解されるようになっていること，②“reflexivity”概念の中身としては，他の訳文でも見られるように「相互反映性」というものがわかりやすいものであること，この二点を考慮して並列に表記することとした。ただし，文脈によっては適宜「再帰性」とだけ訳していることもある。
(96) リンチは，エスノメソドロジーと科学社会学を結びつける一方，いわゆるウィトゲン

シュタイン派のエスノメソドロジーを代表する論者のひとりとしても知られている。リンチが提案しているのは，「ポスト分析的なエスノメソドロジー」である。その基本的な発想は，エスノメソドロジーと科学社会学を収斂させて，一種の「認識社会学（epistemic sociology)」を作ることであり，それは，認識論（より一般的には思想史）に由来する既知のテーマに取り組むための方法である。「それは，机上の哲学でも方法論重視の社会学でもない研究方法であり，仮説の証明としてではなく，想像力への刺激として経験的証拠を検討する研究方法であり，観察・表象・測定・論証の実践というものを抽象的な方法論的保証ではなく，探究されるべき社会現象として扱う研究方法である」(Lynch 1993 : 116 = 2012 : 136)。

(97) 再帰的な言明と非－再帰的な言明との差異を明確にできないというのは，次の意味においてである。たとえば，「真水は摂氏 100 度で沸騰する」という科学的な言明に，いったいどのくらいのディテールを追加していけば，それは客観的で文脈超越的に明確なものになるかを考えてみる。「海抜ゼロ・メートルにおいて」だろうか。観察者の情報はいらないのだろうか等々……。おそらく，この作業を続けていってもリストは完成しないだろう。結局，ある言明において正確には何が言われているかということは，その言明が成される文脈にとって再帰的／相互反映的なのであって，その状況を言明のなかでいかに明確かつ詳細に述べるかということとは関係しないのである。よって，再帰性と非－再帰性を区別する画一的で文脈超越的な基準などは存在しないということになる。これは，以下で述べるインデックス的表現の問題を言い換えたものである。

(98) よって，リンチは次のように挑発的に述べている。「再帰的な言説と非－再帰的な言説とのあいだに，単一の一貫した区別が存在しないということを理解すれば，再帰性はその形而上学的なアウラと，解放的な理論や集団的抗議運動に対する（一見したところ）イデオロギー的な力とを失うことになる。ポルナーの示唆を受け入れれば，こう問いたくもなってくるだろう。再帰性には何が残されているのか，と。こう答えよう。理論というものに熱心な私たちの同僚が興味を持つようなものはあまりない，と」(Lynch 2000 : 46)。

(99) M・ポルナーの整理にしたがえば，ここでリンチが言っている再帰性は，社会秩序がその成員によってローカルに達成されているという意味での「内生的再帰性（endogenous reflexivity)」であり，たしかにそれはエスノメソドロジー成立当初からの問題関心であった。ただしポルナーは，もうひとつの再帰性，つまり，エスノメソドロジーが研究の対象とする社会秩序のメンバーだけではなく，そのような研究をおこなう分析者自身が説明可能（accountable）な場を構成しているのだという「ラディカル再帰性（radical reflexivity)」が，エスノメソドロジーの視野から欠落しつつあることに警鐘を鳴らしている（Pollner 1991)。当初エスノメソドロジーは，通常の科学に対して認識論的に揺さぶりをかけていたはずである。分析者が分析する世界は，分析者相関的にしか現われてこない，というように。ポルナーによれば，分析者の側でラディカル再帰性への視線が欠落することによって，エスノメソドロジーは（当初それが批判的な距離を置いていたはずの）通常の経験科学の一部に成り下がってしまうという。この点についてここではこれ以上踏み込まないが，このようなラディカル再帰性をエスノメソドロジー分析に取り戻すためにも，ルーマンの「観察の観察」という発想が必要なのだと私は考えている。次章で再び論じることにしたい。

(100) もちろん，だからといって時折私たちが規則を誤解したり，それについて疑問をもっ

たりすることが排除されるわけではない。ただし，次節で扱うP・ウィンチの見解を先取りすれば，「規則にしたがうという概念は，誤りをおかすという概念から論理的に切り離すことはできない」（Winch 1958 : 32 = 1977 : 39）ということである。つまり，むしろ，規則が誤解し得る可能性があるということが，規則にしたがうことの論理的な前提条件なのである。それはまた，規則が発見可能なものである，ということでもある。「他の誰かが，原則的には私がしたがっている規則を発見し得ると考えることに意味がある場合にのみ，そもそも私が規則にしたがっていると理解可能な仕方で言えるのである」（Winch 1958 : 30 = 1977 : 37）。規則にしたがうことは，問題になっている当人が心のなかでどのように考えていたかという点にかかる問題なのではなくて，社会的文脈（ウィトゲンシュタインの言う「生活様式」）にかかる問題であり，それこそが再帰性／相互反映性という概念が示しているものなのである。

(101) ウィトゲンシュタイン派エスノメソドロジーによる再帰性／相互反映性概念の捉え方には批判も存在する。D・ギネフは，ウィトゲンシュタイン派のエスノメソドロジーが，相互行為のなかで社会秩序と規範が再帰的に相互構成されることに着目するものの，規範の再帰性を解釈することそれ自体の再帰性（ラディカル再帰性）に無頓着になってしまっていると論じている（Ginev 2014）。そうであれば，それはただのありきたりなミクロ社会学になってしまうであろう。ギネフの目的は，こうしたラディカルな再帰性を，「解釈学的現象学（hermeneutic phenomenology）」として再定式化することである。このことを実現するために，ギネフは，「規範性（normativitiy）」に対するエスノメソドロジーのアプローチを，ウィトゲンシュタイン流からハイデガー流へと転換しようとしている。

ギネフによれば，文脈依存的な（＝「インデックス」的な）個別の意味の単位は，可能性の地平と相互依存している。つまり，文脈依存的な意味は可能性の地平のなかから選択されるとともに，可能性の地平もインデックス的な意味が構成される過程から切り離すことはできない（こうした構図は，ルーマンにおける形式／メディアの区別にそのまま重ね合わせることができるであろう）。よって，「規則にしたがう」行為は，「超－主観的な地平（a trans-subjective horizon）」と相互依存していると言うことができる。ハイデガーの区別で言えば，ウィトゲンシュタイン派のエスノメソドロジーは，オンティックな（存在的な）次元に定位するものの，オントロギッシュな（存在論的な）次元を視野に入れていないということになる。オントロギッシュな次元での前－規範的で超－主観的な規範と規則の構成は，実存主義的な分析によってあきらかにされる必要がある。オントロギッシュな次元においては，現存在（Dasein）の世界への被投性が問題になるからである。

> エスノメソドロジストとは対照的に，哲学的な解釈学を提唱する人は，研究の特定の対象としての実践内部における規則にしたがった振舞いから認識的な距離をとる可能性があることを否定しない。もっと言えば，実践に対する解釈学的なアプローチは，超越論的な省察と分析を否定しない。エスノメソドロジストは，超越論的な分析の余地を残すことは実践と実践が作りだすローカルな世界についての本質主義を回復してしまうと信じているようだが。（Ginev 2014 : 700）

このようなギネフの提示するオルタナティヴをどのように評価することができるかは，エスノメソドロジーがフッサール的な超越論を放擲し，あくまで経験的なものの水準で研究を遂行しようとすることの意義についてどう考えるかによって変わってくるだろう。

リンチは，ギネフとは反対に，（ガーフィンケルのものも含めて）エスノメソドロジーが抱えることになった難点の多くは，社会科学者の「科学的」認識を社会的実践の「常識的」理解に比べて特権視するような，超越論的な野望から派生していると考えている（Lynch 1993 : 117–118 = 139–140）。ただし，こう考えているリンチも，エスノメソドロジーが研究対象に向き合う姿勢（われわれの世界への被投性）を，ハイデガーの『存在と時間』から取り出していることには注意が必要である（cf. Lynch 1993 : 285–286 = 2012 : 328–329）。その意味で，ウィトゲンシュタインかハイデガーかというのは，エスノメソドロジーにとって二律背反のものではない。

(102) サックスは，エスノメソドロジーにおける会話分析の創始者として知られている（cf. サックス・シェグロフ・ジェファソン 2010）。彼は若くして急逝しているため，まとまった研究成果がそれほどあるわけではないが，エスノメソドロジーの発想を事例に即してわかりやすく示したものとして Sacks（1979 = 1987）がしばしば参照されている。この論文においてサックスは，当時のアメリカの若者たちがみずからを（大人が用意したカテゴリーである）「ティーンエイジャー」としてではなく，改造車を乗り回すという意味の「ホットロッダー」としてカテゴライズしている様子を記述している。若者たちは，このようにあらたなカテゴリーを作ることによって，自分たち自身によってカテゴリーに含まれるメンバーを識別し，場合によってはサンクションを課す権利を手に入れるのである。

また，ロサンゼルスの自殺予防センターで，ガーフィンケルらとともにおこなった研究をもとにした初期の論文「助けを探して――だれも頼れる人がいない」（Sacks 1967 = 1971）では，自殺志願者がしばしば述べる「自分にはだれも頼れる人がいない」ということが，どのような規則にもとづいているかをあきらかにしている。自殺志願者は，自分が本来悩みを打ち明けるべきは，もっとも身近な者からなるカテゴリーでなければならないと考えている（センターの職員に対して名前を名乗らなかったり，「本来はあなたにこういうことをお話しすべきではないのですが……」と述べたりするのは，その例証である）。この規則によって，「自分にはだれも頼れる人がいない」という説明（アカウント）は，自殺を秩序立った現象にする性質をもつことになる。

(103) ガーフィンケルやサックスやリンチなどが用いている「インデックス性」というのは，G・ライルが「インデックス・ワード」というかたちで議論しているものとおおよそ同じである（cf. Ryle 1949 : 179–180 = 1987 : 270–271）。インデックス表現をどのように考えるかは，心の哲学における重要なテーマのひとつである。

(104) 西阪は次のように言う。「しばしば，社会学および社会科学の伝統のなかでは，文脈に応じて意味の変わるような表現は『悪い』表現であるから，もっと『よい』表現に，つまりいつでもどこでも，また誰によってでも同じ意味で用いることのできる表現に『修復』しなければならないと，考えられてきた。それに対して，ガーフィンケルは，むしろ，その，文脈に依存した表現・行為の『合理的』特徴そのものを研究の対象にしようと主張しているのだ」（西阪 2000 : 39）。

(105) こうした理由によって，エスノメソドロジーは科学社会学に接近することになる。あえて言うならば，エスノメソドロジーの問いは，「人びとがいかにその場その場で社会学を実践しているか」ということと同時に，「そもそも通常の社会学がどのように“通常の社会学”を行うことができているのか」ということにも関わってくるのである。

(106) コシュマンの解説によれば，ここで accountable であるということには，第一にそれが

当然視されるという意味で義務的・規範的なものであるということ，第二に，それが「あれ」や「これ」として説明可能であること，という二重の意味が含まれている。また，account と「理解」は互換的なものではないにせよ，少なくとも密接に関連した事柄である（Koschmann 2012 : 500）。

(107) これは，ガーフィンケルがエスノメソドロジーのポリシーとして語っているものに関係する。「よって，〔エスノメソドロジーの〕主たるポリシーは，さまざまな活動の効率性，有効性，効果性，理解可能性，一貫性，計画性，典型性，斉一性，再生可能性——つまり，実質的な諸活動の合理的な性質——が，そうした性質が現場にいるメンバーたちによって認識され，使われ，つくられ，語られる現実の状況の外部で獲得されるルールや基準を用いて査定され，認識され，カテゴリー化され，記述されるべきであるという支配的な提言を，真面目に受け取らないというところにある」（Garfinkel 1967a : 33）。

(108) 付け足しておけば，その際にエスノメソドロジーは，「エスノメソドロジー的無関心」，つまり，メンバーによる説明の価値や正しさなどは問題にしないというポリシーをもっている（Garfinkel and Sacks 1970 : 345）。別の言い方をすれば，「エスノメソドロジー的無関心」とは，観察する科学者の側での正確性・妥当性・適切性をいちど棚上げすることによって，メンバーがその場で実践している「方法論」を（つまり ethno-methodology を），その方法論と結びつけられている能力の観点から研究するという方針を表現している（cf. 好井 1987 : 304 ; Lynch 1993 : 142–147 = 2012 : 166–173）。

(109) ロールズは，ゴフマンやガーフィンケルなどの議論を，デュルケームとの関連を示唆しながら応用していくという仕事をおもにおこなっている。そのため，ロールズにおいては近代社会論とエスノメソドロジーが融合するのである。ちなみに，著者の一人であるA・ロールズは，正義論で有名なJ・ロールズの娘である。ロールズは一時期，UCLA のガーフィンケルのもとで学んでおり，その後ガーフィンケルにもさまざまな影響を与えるようになる（cf. Garfinkel 1996）。

(110) 以上のことを経験的に示すために，ロールズらは，デトロイトにあるアラブ系のコンビニエンス・ストアにおいて，ヴィデオやオーディオを組み合わせた参与観察から得られた，店主と客との会話分析をおこなっている。彼女らが注目した場面では，アラブ系の店主がレジをおこなっており，そこにアフリカ系アメリカ人の客が両替を求めてやってくることによって相互行為状況が発生する。客の求めに対し，店主はおつり用の小額紙幣をレジに残しておきたいと言ってそれを断わる。すると客が「アラブ人は金に汚く，ケチ」という文句を言い，最終的にはお互いに罵詈雑言を浴びせかけ，客が店から出ていくことでその相互行為が終了する，という流れである。レジにお金を残しておくことは，この週末に必要になるであろうおつり用の小銭を確保するためだと店主が説明したのに対して，客は融通を利かさない店主の態度を「アラブ人独特の金への汚さ」という“物語（narrative）”によって説明しようとした。こうしてこのやりとりのなかでは，「他者性」が構成されているのであるが，それは，店主と客の双方が相手の説明に自分の説明を接続しないことで生じている。つまり，コミュニケーションのすれ違いが察知された場合，相互行為のメンバーたちが共同作業として修復のワーク（「いや，そういうつもりではなかったのだ」など）をおこなわないことによって，メンバーたちは意味を再帰的／相互反映的に生み出す実践の参加者ではなく，「他者」になるのである（Rawls and David 2005 : 488）。この事例においては，両替ができないことについて店主が客に提示した説明も，店が両替をおこなうべきだということについて客が店主に提示した説明も，

それぞれがそれぞれにとって理解可能なものでなかったことが，会話のなかで示されている（しばらくの沈黙，ため息なども含めて）。こうした事例からロールズ達は，いわゆる文化の衝突というものも，実践への信頼が放棄されて，文化や信念にもとづく物語が召喚されることによってつくり出されていると考える。「市民性（civility）は衰退したのではなく，変容したのである。市民的な実践に基礎をおいた道徳性としての市民性は，役割や地位や信念に結びついた伝統的な市民性の形態が衰退するにつれて，増大している」（Rawls and David 2005 : 492）。

(111) ここでもまた，西阪による説明を援用しておこう。「私たちが特定の活動をするとき，私たちがその特定の活動をまさにそのような活動として記述・説明・理由付け・報告（等々）しうるかぎりにおいて，かつそうしうるかぎりでのみ，私たちはその特定の活動を行っている。つまり，活動の可能な記述は，その活動に言及するものでありながら，その活動の構成成分でもある」（西阪 2008 : 5)。たとえば，自転車に乗るためには「自転車の速度の二乗に逆比例する角度でハンドルを切りながらバランスを保つこと」が必要であるが，それは自転車に乗っている本人にとっては（たいてい）可能な記述ではない。それは外的な記述であって，自転車に乗っている本人自身にとって自分が何をしているのかについての可能な記述は，端的に「自転車に乗ること」でしかない。けれどもこのことは，われわれが行為の実際的に可能な記述を目指す際には，最終的にそれをおこなっている本人の意図を確認しなければならない，という意味ではないことに注意しなければならない。のちに見ていくように，行為の可能な記述は，それをおこなっている本人が優先的に近づける類のものではないからだ。西阪の例を応用して言えば，自転車に乗っている人が，「自分はいまエアコンの修理をしているつもりだ」と言ったところで，どのみちそれは合理的な意図の記述としては受け取られないからである。

(112) このことは，エスノメソドロジーにおける会話分析の利点につながってくる。会話分析は，何らかの社会学的前提をあてにすることなく，会話がそれ自体まさに完全なひとつの秩序として進行する様子を経験的事実として記述し，分析することができるからである。つまり，会話分析は，会話の実践の外部に構造というものを物象化することなく，実践のなかで構造的なものが「いま・ここ」的に構成されているのを観察できるということである（Hilbert 1990 : 800)。

(113) 次章において，L・ウェディーンの研究（Wedeen 1999）を参考にしながら，このことを若干敷衍することにしたい。

(114) ただし，ここでの相互行為分析は，かならずしも人びとの対面的な接触がなされる場面のみを対象とするというわけではない。たしかに社会的なやりとりの原基的なかたちというのは，対面的なものだと言えるかもしれない。だが，電話などは言うに及ばず，たとえば文字を媒介にしたコミュニケーションであっても，人びとの行為が意味的に接続していくのであれば，“相互行為”は果たされたと言えるからだ。よって，西阪が述べるように，「『相互行為』という概念は，ことがらの大きさ（サイズ）とは無関係である。相互行為は，観察可能になっている他の（もしくは相手の）志向（orientation）に，観察可能なしかたで志向すること（の連続）にほかならない。原則的には，その志向される志向と志向する志向とのあいだ（つまり『局所』）に，時間的空間的限界はない」（西阪 1997a : 192-193)。

(115) ガーフィンケルがエスノメソドロジーの基本的な発想を紹介した論文においては，日常会話とそこで意味されている内容に対応した解説を並列的に書く作業と並んで，自殺

予防センターにおける死因認定のやり方，手引書に沿ったデータのコード化作業のやり方などが，エスノメソドロジーの研究する対象として紹介されている（cf. Garfinkel 1967a)。現在これらの研究は，概念分析としてもおこなわれるようになってきている。以前にも紹介したが，この点については酒井ほか編（2009）を参照せよ。

(116) ゴフマンは通常エスノメソドロジストに数え入れられてはいないが，ゴフマンの議論がエスノメソドロジーの視座を内包していることはまちがいないだろう。ただし，ゴフマンの議論全体とエスノメソドロジーがどのように関係し，どのように異なるかについてはまた別の機会に検討することにしたい。

(117) これと関連するのが，ゴフマンとともに連想される「儀礼としての相互行為」である。儀礼としての相互行為は，ある場面における相互行為が，自己がいかに敬意に値するものであるかを示し，また他人がいかに敬意に値するかを示すような，行為のシンボル的な構成要素を通じて維持されることを表現している（Goffman 1967 : 19 = 2002 : 18)。ロールズの説明によれば，人びとの社会的な自己（ゴフマンの言うところの「面目(face)」）は神聖で尊重されなければならないものであり，よってそれを維持するのに必要な表現的な行為は儀礼的なものになると言える（Rawls 1987 : 139)。こうして，相互行為における義務を果たすことは，まさに道徳的義務を果たすことになるのである。またそのかぎりで，相互行為秩序はランダムなものではあり得ない。

(118) だからこそ，ゴフマンはガーフィンケルの違背実験と同じ着眼点を採用するのである。ゴフマンは，行為のルールは個人に対して二つのかたちで関わってくると論じている。ひとつが義務であり，もうひとつが期待である。この二つの関係は，「ある人の義務は他人による期待である」（Goffman 1967 : 49 = 2002 : 49）と表現できる。相互行為におけるルール＝社会構造は，人びとの相互的な期待によって成り立っている（ついでに言っておけば，社会構造を期待という概念から表現したパーソンズや，のちに検討するルーマンとも同じである)。「社会的相互行為を取り仕切っているさまざまなルールを記述することは，社会的相互行為の構造を記述することなのである」（Goffman 1967 : 144 = 2002 : 149)。そして，他者に対する期待にもとづいて日常的にあたりまえにやっていたことが突如としてうまくいかなくなることによってはじめて，行為者は自分の“あたりまえ”がその集団の特性にいかに馴染んでいたかを思い知らされることになるのである（Goffman 1967 : 49-50 = 2002 : 49)。よって，ゴフマンが述べるように，たとえば「当惑(embarrassment)」というものも，ある社会秩序からの非合理的な逸脱ではなくて，秩序立った振舞いの一部である（Goffman 1967 : 111 = 2002 : 112)。なぜなら，そのような当惑が示されるということ自体，その社会システムにおいて一定の組織化ルールがあてにされていたことを示すのであり，メンバーたちにも観察者にも社会システムの秩序性を証拠立てているからである。

(119)「身体を使ったすべての表示が上演され，そしてそれらが読み取られる自然の劇場を提供してくれるものこそが，社会的状況である。それゆえにこそ，社会的状況を相互行為秩序研究における基本的な作業単位として採用することが正当化されるのである。そしてついでに言っておけば，それゆえにこそ，私たちの世界の経験が対面的な性質のものであると主張することが正当化されるというわけである」（Goffman 1983 : 4)。

(120) こうした構成主義における問いの転換については，本書の序章第三節 *2*(d) と本章第一節 *2*(c) において論じておいた。ところで，リンチはエスノメソドロジーと構成主義を結びつけることを批判しているのだが（cf. Lynch 1993 : 102 = 2012 : 121 ; 1993 : 286 = 2012 :

329)，その際にリンチが問題にしていた「構成主義」とは，観念が現実世界を構成するといった，因果関係論的な論理を採用するもの（一種の観念論）であり，本書がここで認識論的な構成主義として述べているものとは異なる。リンチが危惧していたのは，観念論的な構成主義者が，社会的リアリティがつくられるローカルな文脈から離れたところにリアリティが還元される何ものかを見つけ出そうとする傾向である。

(121) よって，「『日本人』である，といった，いわゆる社会のマクロ・レベルにかかわることがらも，それが有意味な（レリヴァントな）かたちで現実性（リアリティ）をもったものとなるのは，そのつどの局所的な組織化をとおして，あるいはそのような組織化としてにほかならない」(西阪 1997a : 46)。こうした局所的な（＝ローカルな）組織化によって，いかにして“マクロな”現象が生み出されるかが，相互行為分析によって記述される。のちに西阪は，『分散する身体』（西阪 2008）において，相互行為分析を拡張し，その場の身体やその環境にある道具・モノが実際にどのように使われているかを見ていくことで，相互行為空間がどのように合理的なものとして作られているのかを記述する研究をおこなっている。現象学において身体論はひとつのテーマであり続けたが，西阪によるこうした研究は，それを経験的な相互行為分析として展開する試みだと言えるだろう。ちなみに，ここでの「分散する身体」というのは，次のようなイメージである。「身体は，皮膚界面を超えて，道具へと，さらにその道具の先の対象へと分散し（道具と連接する身体），あるいは他の参加者の身体へと分散し（モデル身体），あるいはここにはない（架空のもしくは過去の，自分のもしくは他人の）身体へと分散する（想像の空間)。身体は，いわば世界全体（想像の世界も含む）へと分散する。いわば，世界は私の身体の拡張として構造化され，私の身体は世界の拡張として構造化される」(西阪 2008 : 347)。西阪の主張は，このような分散が，相互行為空間の合理的な組織化として達成される，ということである。

(122) これから取り上げるコールマンによるガーフィンケルの『エスノメソドロジー研究』への書評（Coleman 1968）は，なぜか総合的な導入にあたる第 1 章について完全に無視して，付随的な位置づけであった「アグネス論」を中心に取り上げるというものになっている。これはコールマンの戦略であった可能性もあるし，ガーフィンケルの例の悪筆のゆえに，第 1 章で何が書かれているかがコールマンにとって理解不能であった可能性もある。

(123) その他，ガーフィンケルのアグネス論について，エスノメソドロジーにはフェミニズム的な観点が欠けているために分析として不適切だと批判したものとして，Rogers (1992) がある。これに対してはジンマーマンが次のように再批判を加えている。「ガーフィンケルはジェンダー化された背後期待を精査すべきだというロジャースの忠告には，エスノメソドロジーのプロジェクトは隠された実質的想定をあきらかにすることだという想定がある。けれども，エスノメソドロジーのプロジェクトというのは，セックスやジェンダーといった現象がどのようにしてリアルなものにされているのか，つまり，成員たちにとって，当然視された文化的でローカルな実践によってまぎれもなく自然で超越的な出来事として作られているのかについて，精査することなのである。ガーフィンケルによる調査のもっとも特筆すべき特徴の一つは，彼がジェンダーというものの社会的リアリティ，そしてその意味において，社会的に『構成された』性質を，示したことであった」(Zimmerman 1992 : 197)。

(124) もちろん，そうしたステレオタイプなゲーム理論は，いまはもはや時代遅れになって

いるという異論を——コールマンとともに（Coleman 1968 : 129）——唱えたくなる人もいるかもしれない。だが，ここで問題になっているのは，行為者（アクター）とゲームの環境を存在論的に異なる位相に据えるという発想であることには注意してほしい。

(125) ただし，ガーフィンケルらの研究が行われた8年後，アグネスは実はもともと生物学的に完全な男性で，両性具有者ではなく，12歳のころから母の目を盗んではエストロゲンを摂取していたことを告白している。これによって，ガーフィンケルはデータを再び調査することを計画する（そのために，原題に Part 1 と付された）（Garfinkel 1967c）。けれどもその後も，この研究の続きはなされていない。コールマンは，こうしてガーフィンケルがアグネスに“だまされた”ことを，嘲笑的に見ていた。

(126) それは，男／女の区別についての両者のスタンスの違いにあらわれている。コールマンが男／女の区別を「自然」から帰結する客観的なものだと捉えた一方で，「ガーフィンケルにとって，『自然』とは社会的な事実であり，興味深いことに，それはまた何らかのレベルで『自然なもの』の境界とされているところと衝突するような社会的行為者によっても維持されるものなのである」（Sassatelli 2007 : 18）。ここにあるのは，なじみ深い実証主義と構成主義の対立である。

(127) エスノメソドロジーの認識論的な前提は，通常の社会学にとってはまったく受け入れる余地のないものではないかという危惧に対して，その両者の両立可能性をポパーを媒介に示そうとした論文として，Tilley（1980）がある。ただし，この論文においてもエスノメソドロジーは，主観主義的で相対主義的な傾向をもつものとして描かれている。同様に，山田真裕も，「質的研究の方法論においても，科学主義的な立場にコミットしているものと，構築主義，エスノメソドロジー，現象学的社会学に見られるように科学主義を拒絶するベクトルを持つ立場との間には容易に埋めがたい相違が見られる」（山田 2007 : 149, 註 7）と述べる。ここでエスノメソドロジーは，仮説の彫琢・検証に向けられたものではい（その意味で「科学主義」ではない）なにものかとして言及されているわけである。ただ，ここで山田が「科学主義」と言っているものの内容は判然としない。

(128) しかしこのことは，エスノメソドロジーはそうした日常的な具体性を秩序として“解釈する”研究プログラムだという意味ではない。というのも，日常的な具体性の上位にあって，その具体性を超える真の表象といったものが存在しているわけではないからである。おそらく，哲学的なレベルで一部の解釈学の伝統とエスノメソドロジーが異なるのは，前者においては真の表象（あるいは「存在（Sein)」）についての問いが解釈実践の最終審級に据えられるのに対して，後者においてはその問い自体の有効性が疑問視されるというところにあるだろう。エスノメソドロジーについては，ガーフィンケルが次のように述べている。

> エスノメソドロジーは，記号を解釈しようとするものではない。そもそも，エスノメソドロジーは解釈をおこなうという類のものではない。上演されるローカルな実践は，「意味」や出来事をシンボル化するテキストなのではない。ローカルな実践は細部にわたってそれ自身と同一のものであり，なにか別のものを表象しているわけではない。ありふれた日常的な実践の細部が目に見えるかたちで繰り返し生じることが，その細部自身のリアリティを構成しているのである。そして，それはその直接的な細部において研究されるのであり，記号化された事業としておこなわれるものではない。（Garfinkel 1996 : 8）

これらのことを経験的研究のレベルで考えると，解釈学であれば，人びとの実践の文

脈依存的な性質を記述するためにこそ，実証科学的な装いにこだわるのではなく，あえて「印象論を抱きしめる」（Boswell and Corbett 2015）という姿勢が重要になるのかもしれない。だがエスノメソドロジーにとっては，社会秩序の記述についてそもそも文脈超越的な体系性・厳密さがあると想定しない以上，そこには抱きしめられるべき印象論もない，ということになる。その意味で，エスノメソドロジーは，（実証科学の目線から言えば）印象論的であることに開き直った解釈学の一種ではない。

(129) こうした問題関心を突き詰めたのが，本節でも再三引用してきたリンチである。リンチは，「実験室のワーク」をはじめ，通常の科学研究のあり方とエスノメソドロジーとの関係に強い関心を払ってきた。長くなるが，次の文章はそのことを明確にあらわしている。

> しばしば言われるように，科学的研究は，「固有の」出来事を理解するのには適していない。というのも，科学的方法が識別することができるのは，個別の事例に含まれる偶発的な細部によって見えにくくなっている根本的な原因や一般的な傾向性といったものだけだからである。〔他方で〕エスノメソドロジーは帰納的な探求法であると自己定義することはないものの，その分析プログラムは，個々の振る舞いの事例が直感的に理解可能で日常的に（vernacularly）記述できる――そうでないのなら，いかにしてそうした事例への参与者が相互に調整された活動を自生的に生み出しているのかという問題は，まったく不可解なものになってしまうであろう――という「社会的事実」の上に成り立っている。この方針は，実在の「データ」が名前の付けられた状態で分析者に「与えられている」と仮定するような分析プログラムとは異なる。むしろ，この方針においては，どの探求も，その探求自体がすでに理解可能な世界へと「投げ込まれている」――たとえその世界の理解可能性は不明瞭で議論の余地があり不確かな特性をもっていたとしても，そうである――ことに気付くという実存的「事実」に依拠している。したがって，エスノメソドロジーでは，前提のない探求の可能性を想像することさえしないのである。
>
> （Lynch 1993 : 285-286 = 2012 : 328-329）

この引用文の後半については，すでに言及したように，ハイデガーによるフッサール現象学の実存主義的な批判から取り出されている。

(130) 繰り返せば，これがハーバーマスによるエスノメソドロジー批判の内容であった（vgl. Harbermas 1981 Bd. 2 : 223 = 1987 下 : 57）。

(131) 本書の序章でも述べたように，こうしたコーザーによる批判と同種のものが，四半世紀後の政治学において，ペレストロイカ運動とB・フライヴァーグの「実験知論」として展開されたことは興味深い（cf. Flyvbjerg 2001）。

(132) たとえば，コーザーが批判しているD・サドナウの研究においては，道路を横断しようとしている歩行者と車のドライバーとのあいだの視線のやりとりが記述されている。サドナウの研究は，コーザーにとっては，「道路を横断するときは注意するように」と5歳児に言い聞かせるようなトリヴィアリティしかもっていないように見えた。しかし，歩行者とドライバーとの視線のやりとりは，すべての読者に広くなじみのあるような事例として選ばれた，サドナウの研究が取り扱う「場」であることに注意しなければならない。サドナウの研究の「問題」は，所与の状況において人びとのあいだでの相互観察がどのような時間構造をもっているか，というものである（Zimmerman 1976 : 6-7）。そして，こうした時間秩序を記述していくことは，社会学にとって取るに足らない些細な

ことではないはずだ，とジンマーマンは言っている。

(133) これは，社会科学においては一般的な発想であったと言える。古い例ではあるが，高島善哉による『社会科学入門』から一節を引いておこう。「常識はいかに健全であっても，科学的知識のように正確であることはできない。とくに現在のような世相の激しく移り変わる時代においては，常識の基準もまた激しく動揺する。社会科学においては常識と科学との混同が行われやすいと私はいまのべた。だからこそ私たちは現代社会の常識というものにたいして大いに疑問をもたざるをえないのである」（高島 1964 : 20)。

(134) このことは，常識も科学的知識と同じように“正しい”のだという意味ではない。ある言明が正しいか誤っているかという区別は，科学にとっての科学的な区別だからである。よってもちろん，常識とされているものが科学的な見地からすれば“誤っている”ということも当然にあり得ることである。だが，日常世界における人びとの関心はたいていの場合，正しいか誤っているか判断する，というものに限られないことを強調しておきたい。

(135) ギデンズは，ガーフィンケルの貢献を，ハイデガーやガーダマーの解釈学的現象学の貢献とパラレルな関係にあるものとして扱っている（Giddens 1977 : chap. 4 = 1986 : 第 3 章)。

(136) ただし，アーチャーにしてみれば，このように述べるギデンズ自身が「社会的実践」論に傾斜しすぎており，構造的なものと人びとの行為能力を同質的な存在論のなかに押し込めてしまっている，ということになる（Archer 1995 : 132 = 2007 : 190)。とはいえ，この文脈において本書は，アーチャーの「分析的二元論」とギデンズの「構造化理論」を特に区別しない。なぜなら，両者ともに，実践と構造を二項対立的なものとして概念化している点では同じだからである。

(137) リンチはこれを「エトセトラ問題」（Lynch 1993 : 29 = 2012 : 45）と呼び，そうした問題がエスノメソドロジーに対して提起される理由を，皮肉をこめて次のように推測している。

> こうした社会学の支配的な理論的・方法論的志向性に対しては，明確でわかりやすい理由がある。つまり，以上のような志向性によって，論理経験主義的な科学哲学から受け継いだ統一科学のイメージを具体的に示すことができるし，そしてそれによって，自然科学的な探求のエッセンスを取り入れた進歩的で権威あるアプローチという感覚が伝わるからである。 (Lynch 1993 : 2–3 = 2012 : 16–17)

構造的なものの欠落というエスノメソドロジー批判を支えているのは，自分たちが自然科学に比肩し得るような特権的科学をおこなっているのだという「イメージ」ないし「感覚」でしかない，とリンチは言っているのである。

(138) 盛山は，社会的リアリティが意味的なものであることを認めつつも，社会学の出発点は「個人を超えた存在を前提にはしない」（盛山 2011 : 44）と述べている。社会や社会的なもの自体，前提にされるべきものではなく，探求のなかで説明されるべきものだからである，というのがその理由であると言う。詳細は後段で述べることにするが，本書では盛山とは別の論理を選択したいと思う。

(139) ヴェーバーやシュッツなどの理解社会学における行為概念も，人びとの行動に主観的な意味が結びついていたかどうかという点から定義されていた。たとえばシュッツは，次のように言っている。「われわれは，まえもって頭のなかで考えられた行動（conduct)，すなわち，まえもって行われた投企にもとづく行動を，外的であると内的であるとにか

かわらず，行為（*action*）と呼ぶことにしよう」（Schutz 1970 : 125=1980 : 95）。ただし，この引用文からわかるように，シュッツの行為概念はかならずしも身体的な動作をともなうとはかぎらない。

(140) 同様の観点は，すでに紹介したフッサールにも見出されるものであった。「……こうしてみると，世界というものはあらかじめ『自然主義的』に，つまり因果法則によって規制された二層からなる実在的事実の世界として，見られていたわけであり，したがって心もまた，精密自然科学によって考えられる物体的身体の実在的付属物として，つまり，なるほど物体とは異なった構造をもっており，物体の延長体とは言わないものの，しかし，やはり物体とおなじ意味で実在的であり，そしてこの結びつきのゆえにまさしく物体とおなじ意味で『因果法則』にしたがって研究されるべきもの，したがって，模範となり同時に基礎ともなっている物理学と原理的におなじ種類の理論によって研究されるべきものとして見られているのである」（Husserl 1954 : 218-219 = 1995 : 386）。こう述べることによってフッサールは，心と身体を区別しつつも，心は身体と論理的に同じあり方をしており，したがって物理学の対象と同じように客観的科学の対象となるという心身二元論を批判しているのである。そして，フッサールの現象学は，こうした心身二元論を克服するためのものとして構想されている。そのかぎりで，つまり，心身二元論への批判という点において，現象学と日常言語学派は軌を一にしていると言ってよいだろう。

(141) このことは，その反対の意味においてもあてはまる。つまり，他人の心は完全に理解不可能でないのと同様に，自分の心は自分にとってはつねに完全に明白であるというわけでもない。「通常の状況においては，何らかの慎重な工夫があれば，たがいにかなり無関心でいることができるということは事実であるが，われわれを永久にたがいに没交渉にさせることを強要するような形而上学的な鉄のカーテンは存在しないのである。同様に，われわれは日常的な社交的生活や非社交的生活から自分自身のことをかなりよく分かるようになるのは事実であるが，自分自身に対して自分自身が完全に開かれていて説明可能なものであることを強要するような形而上学的な姿見は存在しないのである」（Ryle 1949 : 173 = 1987 : 259-260）。以上のことは心理学主義的な信頼論への批判にもなる。というのも，「一般的に言って，たいていの人びとは信頼され得ると思いますか？」（世界価値観調査）といった質問で人びとの信頼度合いを計測するという発想の背後には，人間の心は本人にとって明白なものだという想定が存在するからである。この点は，クルターと絡めて後段で再論する。

(142) ここで出てくるのが，本書の序章でも紹介した，ある行為を行う「方法を知っていること（knowing how）」と「内容を知っていること（knowing that）」についての区別である。つまり，「理解するということは，方法（*how*）を知ることの一部分なのである。そして，特定の理知的な行為を理解するために必要とされる知識とは，その種の行為をみずからある程度行うことができるという能力に他ならない」（Ryle 1949 : 53 = 1987 : 66）。たとえば，他人の冗談を理解できるためには，少なくともユーモアのセンスを持ち合わせているのみならず，彼自身がユーモアのセンスを行使する能力を持ち合わせていなければならない，とライルは言っている。

(143) ギアツの文化人類学に結びつけられている「厚い記述（thick description）」とは，まさにこうした記述のことである。この点は本書の第I部においても触れておいた。ただし，ライルが想定するような行為の記述には，ウィンチによる批判が存在する。ライルは，

行為者の動機の説明とは，「石がガラスに当たったからガラスは割れたのだ」という意味での因果関係論的な命題ではなく，「ガラスはもろかったから石が当たったときに割れたのだ」という傾向性（proposition）を示す擬似法則的な命題に近いと論じていた。しかしウィンチは，行為者の動機についての説明は，ある行為をする際の行為者の理由を述べることに類しているのだと論じる。よって，行為の動機を説明することは，「しかじかの因果的な要素が存在しているからこうなるだろう」（自然科学的）という形式でも，「私はしかじかの気質をもっているから，こうすることになる」（ライル）という形式でもなく，「しかじかのことからすれば，こうすることは理にかなっているはずだ」と述べることに近いのである。「N の理由がその観点において理解されなければならない『擬似法則的な傾向性（law-like proposition）』とは，N の気質（dispositions）にではなく，かれの社会において一般に受け入れられている妥当な行動の基準に関係しているのである」（Winch 1958 : 81 = 1977 : 101）。その意味で，ウィンチはライルよりも行為のなされる社会的文脈に注目していると言うことができる。心的なものの経験的な記述にとっては，こうしたウィンチの着眼点は重要であろう。

(144) サールは，行動主義を「方法論的行動主義」と「論理的行動主義」に区別し，ライルを後者に分類している（Searle 2004 : 51, note 8 = 2006 : 77）。ここで，方法論的行動主義が科学的研究の方法論的要請から行動主義的な前提を採用したのに対して，論理的行動主義は，心的状態はすべて行動に翻訳可能なものだとする立場である。サールによれば，論理的行動主義は，次の二つの点において困難にぶつかるのだと言う。第一に，だれかの何らかの信念（ジョーンズの「雨が降るだろう」という信念）が行動（ジョーンズが傘を持って家を出る）に翻訳されるためには，実際には別の欲求についての仮定（ジョーンズは雨に濡れたくない）がなければ成り立たない。よって，論理行動主義者のおこなっていることは，信念を行動に翻訳するのではなく，欲求の観点から信念を分析するということである。つまり，「ジョーンズは傘を持って家を出たのだから，彼は『雨が降るだろう』という信念をもっていたのだ」という還元の仕方は，実際には，ジョーンズの「雨に濡れたくない」という欲求についての仮定に依拠した循環的なものでしかない，ということである。第二に，論理的行動主義は，内的な心理状態と外的な行動に因果関係があるという，私たちの素朴な直観に反している。私たちが痛がるという行動をとるのは，痛いと感じているからだ，というのがその根拠になっている（Searle 2004 : 53-54 = 2006 : 76-80）。

(145) もしライルが行動主義者であったとしたら，初期 C・テイラーがライルの圧倒的な影響のもとに行動主義批判を展開したということの説明はつかないはずである。この点については，梅川（2014）を参照せよ。

(146) たとえば，次章で扱うルーマンが「コミュニケーション」という概念で意味しているのも，おおよそ以上のようなことであると考えることができる。一般に考えられているような「行為の事後成立説」とは異なり，行為の理解とはそのコミュニケーション実践内部に含まれるものであって，他者の行為がなされたあとに自我による「他者の行為の理解」という別の“行為”が後続するというわけではないのである。また同様の点として，次の引用文にも注目せよ。「それがどのような方法からできているにせよ，日常的で秩序だった実践であるかぎり，それ〔社会の成員が相互行為の相手の心を理解すること〕は，間主観的，文化的，慣習的な形態をもつものであることがわかるであろう。なぜならば，われわれがあつかっているのはわれわれに共通の実践だからである」（Coulter

1979 : 53–54 = 1998 : 107)。だから，相手の意図したことを端的に問いただしたりするのは，成員が相手の主観性について理解する際の，特権的な方法でも，唯一の方法でもなければ，もっともありふれた方法ですらない。

(147) 本書でもすでに述べてきたことだが，常識を研究対象とするというのは，エスノメソドロジーが常識よりもすぐれた知識のあり方・研究方法だからではない。ここでのクルターの主張の要点には，常識を分析する科学実践もある種の常識のもとに組織化されているのだから，科学者は場合によっては科学実践の常識を研究対象とすることもできるはずだ，ということも含まれている（cf. Coulter 1979 : 23 = 1998 : 47 ; Lynch 1993 = 2012)。

(148) 同書の最後を締め括る，次の言葉も参照のこと。「私たちは複数の世界に生きているわけではない。また，二つの異なった世界――心的な世界と物理的な世界，科学的な世界と常識的な世界――にまたがって生きているわけでもない。そうではなく，ただひとつの世界があるだけだ。そこは私たち全員が生きる世界である。そして，私たちには，自分たちが世界の一部としてどのように存在しているかを説明する必要があるのだ」（Searle 2004 : 304 = 2006 : 380)。こうした問題意識は，サールとライルが共有するものである。「観念論と唯物論もある不適切な問いに対する二つの答えである。物質世界を心的状態ないし心的過程に『還元』することは，心的状態ないし心的過程を物理的状態ないし物理的過程に『還元』することと同様，『心が存在するか，さもなければ身体が存在する（ただしそのどちらかでしかない)』という選言が適切であるということを前提している。しかし，それでは，『彼女は右手袋と左手袋とを買ったか，あるいは手袋を一揃え買った（ただしそのどちらかでしかない)』と言っているようなものである」（Ryle 1949 : 23–24 = 1987 : 21)。

(149) では，政治学における信頼論においてはサール的な心の哲学は無関係かというと，そうではない。サールに親和的な信頼論は，やはり信頼を人間の脳のはたらきとして脳科学的にアプローチする研究となる。そして実際，そのような研究を政治学において見つけることもできる。たとえば加藤淳子は，人間の政治行動をあきらかにするために，脳科学実験を用いている。具体的には，囚人のディレンマ・ゲームをプレイヤーにおこなってもらい，その際のプレイヤーの脳のはたらきを計測・解釈するのだが，そこに選挙分析などでもよく用いられるプレイヤーの感情温度計を組み合わせている。加藤は，これによって政治学の方法が脳科学的にも有意であることがあきらかになったとしている（加藤 2015)。こうした研究は，学際的な志向をもった新しい政治学のかたちとして，今後もおこなわれていくだろう。だが，たしかに政治学における実験的アプローチはまだ緒に就いたばかりだとしても，信頼論にかぎってみれば，脳科学や認知科学と社会科学の協働というのは別に珍しいものでもなかった（cf. Ostrom and Walker eds. 2003)。実際，囚人のディレンマ・ゲームは合理主義的な信頼論の基本構図であったのだから，このことは驚くにはあたらないだろう。むしろ，90 年代以降の政治学がこうした（脳科学の対象ともなるような）信頼というものに関心を寄せるようになったことに驚くべきなのだ。

(150) 日常言語学派の心の哲学は，本書において「意味」学派と呼んでいる，現象学的社会学からはじまる一連の系譜からの要請にも適うものでもある。たとえば，すでに見てきたバーガーとルックマンも，次のように述べることで，社会学理論にとって言語論が不可欠であることを明言している。「日常生活において客観化された共通の事物は，なによりもまず言語による意味づけによって維持されている。日常生活とはとりわけ，私が他

の仲間たちと共有している言語をともなった，そしてまた言語という手段を通じての，生活である。それゆえ，言語を理解することは日常生活のリアリティを理解するうえで必要不可欠な条件となっている」（Berger and Luckmann 1966 : 37 = 2003 : 57）。

(151)「社会学の中心問題，つまり，社会現象一般の本質に説明を与えるという問題は，それ自体として哲学に属するものである。実際，あり体に言えば，社会学のこの側面はあまりにも脱線した（misbegotten）認識論である。私がここで『脱線した』と言うのは，その問題が科学的な問題の一種としておおよそあやまって立てられ，そしてそれによってうまく取り扱われてこなかったからである」（Winch 1958 : 43 = 1977 : 53–54）。

(152) 国内国外問わず非常に多くの事例があるので，いちいち列挙することはしないが，入門的なエスノメソドロジーについての紹介では，デュルケームの『自殺論』との比較を通じてエスノメソドロジーの立場を提示するというやり方が，もはやパターンとして定着している。ただ，そのパターンが直接的にウィンチ由来かどうかということは，残念ながらよくわからなかった。

(153) 日常言語学派のエスノメソドロジーによって，『自殺論』が一種のスケープゴートとして批判の対象となるということは，裏を返せば，それだけ『自殺論』がオーソドックスな社会科学研究であると見なされているということでもある（それと同時に，エスノメソドロジーに対してデュルケームが与えた示唆も大きい）。事実，実証的な社会科学においては，デュルケームの『自殺論』は「お手本となるような因果推論」（久米 2013 : 143）の例として挙げられる。

(154) ウィンチは，「ウィトゲンシュタインの意志論」（Winch 1972 = 1987）という論文において，ウィトゲンシュタインの前期から後期への移行の意義を，その意志論に即して検討している。この論文においてもウィンチは，後期ウィトゲンシュタインにおいて人間の行為の理解と「生活様式」とが本質的に結びついたものとして考えられるようになったことを重視している。つまり，後期ウィトゲンシュタインにおいては，前期のように「語」とそれがあらわす「対象」との一致が所与なのではなくて，われわれの「生活形式」という文脈こそが所与なのである。「いまや（『論理哲学論考』が試みて失敗したような）意志というものをより先行する概念として，そこから人間の行為という概念を構成するということはもはや問題とならない。そうではなくて，人間の行為という概念こそが先行するものと見なされ，意志という観念はそれによって説明されるのである」（Winch 1972 : 125 = 1987 : 172）。

(155) 以上のようなウィンチの議論に対して，E・ゲルナーは，現実社会には概念を理解するにとどまらないさまざまな側面が存在することを見落としている，と批判している（Gellner 1960）。政治学者も含む多くの社会科学者は，ゲルナーの批判に共感するかもしれない。たしかに，たとえば人びとの投票行動を研究している人にとって，ウィンチの議論が何を示唆しているのかは理解されにくいことは想像がつく。けれども注意すべきは，ウィンチは，社会科学一般が概念分析という単一の“方法論”によってすべて刷新されるべきだと述べているのではないことである。ある属性を持った人が，特定の候補者にどの程度投票する傾向があるかということは，実際に票数を数えるという作業を必要とすることに変わりはない。ただ，そもそも人びとが「投票」をおこなうことができるのは，人びとにとって「投票」という概念が日常的に理解されているかぎりにおいてだろう。ウィンチは，このような概念の理解が，社会科学者にとっての研究対象たる社会に論理的に結びついていることを指摘しているのである。ここで，「論理的に」という

のは，おおよそ次の意味においてである。「論理的という観念は，人間行動のなにが理解可能でなにが理解不可能かに関する観念であり，この観念は人びとのあらゆる行為に適用され得るものである」(Winch 1972 : 56 = 1987 : 75)。

(156) この点に関係してウィンチは，マッキンタイアと議論の応酬をおこなっている。小田川（2001）は，この両者の論争を，マッキンタイアを擁護するかたちで紹介している。

(157) 原著が 1937 年に刊行されたエヴァンス = プリチャードの研究『アザンデ人の世界』（エヴァンス = プリチャード 2001）はかなりの大部であり，またここでのわれわれの関心事はウィンチがエヴァンス = プリチャードをどう評価したのかということではなく，ウィンチが「リアリティ」というものについてどう考えているかということであるため，エヴァンス = プリチャードの研究自体については掘り下げていかない。ちなみに，エヴァンス = プリチャードによる 1937 年のアザンデ族の研究は文化人類学の古典として有名であるが，エヴァンス = プリチャードが M・フォーテスと編集した 1940 年の『アフリカの政治システム（*African Political Systems*）』は，のちの政治文化論にもつながるような政治学的エスノグラフィーの端緒でもあった（cf. Kubik 2009)。

(158) 盛山も「未開社会の理解」論文は，「すべての視点は相対的だ」という「ウィンチの相対主義」を表現していると述べている（盛山 1995 : 194)。盛山の用語で言えば，ウィンチはすべての研究が「一次理論」に留まらざるを得ないとしている一方で，盛山自身はそれを超越する「二次理論」の次元を仮定している。そのような仮定をする理由として盛山が挙げているのは，社会科学による社会的世界についての認識も一次理論でしかあり得ないとすれば，その認識の真偽を判定する審級が存在しないことになり，したがって社会科学自体が不可能になってしまうからだ，というものである（盛山 1995 : 195)。

(159) ウィンチは，そもそもジャーヴィによる価値相対主義批判については，次のような論理的な問題があることを指摘している。もしある人が，われわれはみずからの道徳的価値に囚われていると論証しようと思うのであれば，われわれがある種の可能性に盲目であることを示さなければならない。けれども，そこでどのような可能性に盲目であるのかを示すためには，その人は何らかの道徳的価値に則った例を提示することになる。ここで，そうした例の提示がわれわれにとって「われわれが盲目であるところの道徳的価値」の例として理解可能である条件を考えるならば，議論は再び振り出しに戻ることになるはずだ，と（Winch 1970 : 252)。

(160) しかしこのように述べると，われわれはわれわれ自身の既存の概念体系における記述のストックに存在しないような新しいことを記述したり行為したりすることができなくなってしまうのではないか，という反論があるだろう。ウィンチは，あらたに記述されること・おこなわれることの理解可能性は，これまで理解されてきたことに対して，ある仕方で依存していると述べる。それが，記述のストックを統御するような「文法」である。「強調すべきは，記述の“ストック”に現に含まれているメンバーではなく，それらが表現している文法（*grammer*）である。こうした文法によって，われわれはストックに含まれるメンバーの構造や意味，相互関係を理解するのであり，あらたな語り方や行為の仕方が導入された場合にもこの文法によってそれを理解するのである。こうしたあらたな語り方や行為の仕方は既存の文法の変容を同時にともなっていても一向にかまわないが，しかしわれわれがこう言えるのも，あたらしい文法が古い文法に対して（その使用者にとって）理解可能なかたちで関係しているときだけである」(Winch 1972 : 30 = 1987 : 39-40)。

(161) 以上の例は，エヴァンス＝プリチャード（2001 : 94）からのもの。

(162) こうした観点から研究がなされている分野の分かりやすい例は，逸脱行動についてのラベリング論であろう（cf. Becker 1963 = 2011 ; Schur 1965 = 1981）。ラベリング理論は，ある社会における逸脱行動というものが，その行動を“逸脱”だとするラベル（概念）それ自体によって構成されるのだということを主張する。H・ベッカーによれば，「社会集団は，これを犯せば逸脱となるような規則をもうけ，それを特定の人びとに適用し，彼らにアウトサイダーのラベルを貼ることによって，逸脱を生み出すのである」（Becker 1963 : 9 = 2011 : 8）。ただし，当初のベッカーの逸脱行動論については，「隠れた逸脱」や「誤って逸脱とされた行動」などといったカテゴリーが設けられていたことからわかるように，あたかもラベリングによって構成された逸脱とは別に，本質的な逸脱行動があるかのように語られていた。この点について批判し，ラベリング論をエスノメソドロジーに引き付けようとしたのも，ポルナーである。「逸脱は，逸脱が逸脱として達成される活動の全体から，そしてそれのみから，成り立っている」（Pollner 1978 : 279）。

(163) 本書の序章でも引用した論文であるが，「構成主義の認識プログラムと未知のままのリアリティ」（Luhmann 1990e）というタイトルを参照のこと。

(164) ちなみに，ポルナーもエヴァンス＝プリチャードの『アザンデ人の世界』を題材にして，どのようにリアルな世界というものが構成されているかを論じている（Pollner 1987 : chap. 3）。ポルナーは，西洋人から見れば毒託宣の結果と矛盾するような事実と経験の存在は，アザンデ人からすればむしろ毒託宣の信憑性を再認する根拠になるという事実を重視する。毒託宣は無謬であるはずだというアザンデ人の「ありふれた推論（mundane reason）」によって，リアルで疑いの余地のない世界，それと矛盾するような事実や経験はあり得ない「リアルな世界が可能になる（worlding）」のである。このことは，毒託宣を信じていないわれわれの社会においても同様であって，われわれは，何らかの「ありふれた推論」を用いながら，そこにリアルな世界を現出させている。

(165) くどいようだがもう一度強調しておけば，このことは「実際には雷雨・雷・命令・服従などといったものは存在しないのだ」と述べることとはまったく異なる。「雷雨」や「命令」といった概念をもたない社会をわれわれが訪れたとしても，おそらくわれわれは雷雨が降ったり命令がなされたりするのを目の当たりにするだろう。だが，その社会の秩序についてわれわれが記述する際に，当該社会に存在しない概念を援用することは，その社会の人びとが生きているリアリティを無視してしまう，ということである。そしてこのことは，社会科学のある種の研究（たとえば「未開社会の理解」を目的とするような研究）にとっては，大きな問題となる。

(166) こうした合理的選択理論の発想が次第に修正されていったことは，第6章一節 *3*(c)②において，オストロームに即してすでに論じておいた。ただしここでは，このような「第二世代」の発想はさしあたり考慮しない。

(167) カレバーグは，D・アプターとは反対に，政治理論における概念が行為者の主観的意味に関係するものである以上，必然的に物理学の理論とは異なった性質のものとなるとしている。しかしカレバーグは，社会科学と物理学の違いは，「知識の対象」にあるのであって，科学としての手続きは異ならない，と述べている（Kalleberg 1969 : 33）。つまり，主観的意味を取り入れることは，経験科学としての行動論政治学のあり方を否定するものではない，というスタンスである。

(168) ジャコビッティによれば，このことはE・ネーゲルやA・カプランらがウィンチを拒

否する理由にもあらわれている。ネーゲルやカプランは，たしかに社会科学において理解社会学的な主観的意味の解釈が必要であることを認めている。ただ，彼らが想定している理解社会学的な観点とは，対象となる人びとの主観的・心理的状態を把握するものであり，それはあくまでも何らかの行動ないし動きを「行為」として理解するための前提であるにすぎない。けれども彼らの最終的な目標は行為の説明であって，結果的に主観的な意味の解釈は科学者にとっての仮説やヒューリスティックであるにとどまる，ということである。ネーゲルらにとって，社会科学の本体は自然科学と同様に予測可能な説明を生み出すことであるため，行為者が行為の際にどのような意図や目的をもっていたかということは，直接的な関心の対象とならないからだ。その意味で，実証科学の枠内に主観的意味の解釈というものが取り入れられたとしても，社会科学に自然科学とは異なる属性が付与されるわけではない。

(169) これは，ゴフマンやウィンチが共通してもっていた認識でもある。たとえばゴフマンは次のように述べていた。「普遍的な人間の本性というものが，そのまま人間というものなのではない。そうではなくて，普遍的な人間の本性を獲得することによって，人はある種の構成物になるのである。そしてそれは，内的な心理的傾向によってではなく，外部からその人に押しつけられたさまざまな道徳的ルールによってつくり上げられている。――〔中略〕――道徳的ルールに結び付けられるべき一般的な能力はたしかに個人のものではあるのだが，その人を人間という存在に変えるある種のルールの集合は，社会的な出会いの儀礼的な組織化において確立されるさまざまな要求から生じるのである」(Goffman 1967 : 45 = 2002 : 44)。ここで言われていることは，ある集団なり社会における独自性といったものは，人間の本性というものを仮定して考えるのではなく，そのような社会における相互行為がどのようなルールによって組織化されているかという観点から考えるべきだ，ということである。同様のことをウィンチは「人間の本性」という論文で主張している（cf. Winch 1972 : 84 = 1987 : 114)。

第 8 章　問題構成の再定式化

(1) ここでの「政治システムの存続問題」という言葉には，政治システムが存続すべきであるとか，存続しなければならない，という含意は込められていない。そうではなくて，政治システムの存続問題とは，われわれがみずからの政治生活をどのように組織化しているか，ということと同義である。政治学が対象とする政治現象は，その科学的認識に先立って，日常的な水準ですでに存続しているはずだからである。

(2) たとえば，富永（2008）を参照。

(3) ルーマン理論には，ルーマンがあらゆる社会システムに共通すると考えた特徴を一般化した「社会システム理論」と，その社会システム理論を使って記述された「社会理論」という二つの水準がある。そして，あえて言うならば本書が関心をもっているのはこのうちの前者の方である。とはいえ，ルーマンの社会システム理論を成立させているバックグラウンドの特殊性が，彼自身の言うところの「一般理論」に与える影響を看過できるわけではない。この点に関しては小山裕が次のように述べている。「社会システム理論がいかに普遍的であることを標榜していたとしても，それが或る具体的な経験の理論化のために準備されたものであるならば，個々の概念自体の内にそうした経験のバイアスが刻み込まれているかもしれない。この可能性を度外視したまま，社会的システム理論の普遍性の標榜をあらゆる対象への適用可能性と解釈し，システム理論上の諸概念をあ

たかも無色透明の技術であるかのように，当初の文脈とはまったく無関係な対象にまで適用するならば，かえって認識を歪ませる結果となるということもありうる」（小山 2015 上 : 83）。

（4）ただし，くどいようだがもう一度念押ししておけば，本書は 60 年代の政治文化論や 90 年代以降のソーシャル・キャピタル論の再興を試みているわけではないし，またルーマン理論による信頼論の体系化を目論んでいるわけでもない。そうではなくて，政治文化論やソーシャル・キャピタル論が提示しようとした“世界観”を，「政治の領域／その外側の領域」の区別と接合という問題構成のレベルで継承しつつ，それを妥当な経験的研究へと橋渡ししようとしているのである。よって，ルーマン理論の全体像を提示することや，ルーマンについてあらたな解釈を打ち出すことを目的としない。ルーマン理論の全体像の描出については，長岡（2006）においてすでに尽くされた感がある。

（5）しかしいずれにせよ，「ルーマンの信頼論をタルコット・パーソンズの理論の影響抜きに考えることは，社会学的に言って正しいことではないだろう」（Jalava 2003 : 188）と言われている。ただし，ルーマン理論の主たるモティーフはパーソンズの批判的な継承であり，信頼論もルーマンの全体的な理論構想の一部を成していたことを考えれば，そのこと自体はむしろ当然の範疇に属するのかもしれない。

（6）本書とはやや異なる角度から，ルーマンが自身の信頼論を彫琢する際に行動科学的研究（とりわけ M・ドイッチ）の発想を盛り込んだことを指摘するものとして，酒井・高（2018）がある。

（7）ルーマン理論の変遷に関して，以下でも便宜的に初期・中期・後期という区分を用いる。初期は 1984 年の『社会システム（*Soziale Systeme*）』以前を，中期はオートポイエーシス概念が前面に打ち出された 1980 年代中盤を，そして後期は『社会の〇〇』シリーズの刊行がはじまる 1980 年代後半以降を，それぞれ指している。ルーマン理論の全体像を描くことを目的としないため，本書ではこの区分間での断絶性や連続性などといった議論については踏み込まない。

（8）このことの理由について，ルーマンは次のように説明している。「意味はけっして否定できないカテゴリーである。なぜなら，ある事柄には意味がないとか，意味をなさないと言う場合，こうした言い方をすることがすでに再び意味を要請しているからである」（Luhmann 2002 : 233 = 2007 : 291）。つまり，「意味がない」という言明自体が「意味的に」しか理解されない以上，「意味に依拠せざるを得ないシステムは，意味とかかわりなく体験したり，行為したりすることができない。そうしたシステムは，システム自体が例外なく巻き込まれざるを得ない意味による意味の指示を粉砕し得ない」（Luhmann 1984 : 96 = 1993 上 : 97）からである。この点については，*1*(c)において再び立ち返る。

（9）この点は Luhmann und Habermas（1971 = 1987）を参照せよ。意味が社会学の基礎概念であるというのはヴェーバーからシュッツのような現象学的社会学にいたるまで言われてきたことだが，これらと異なってルーマンは，意味を主観的なものないし間主観的なものとの関係においてではなく，世界の別様可能性と顕在的なものとの差異関係において捉えようとする。「意味の三つの次元」「複雑性の縮減」「偶発性」「システム理論」といった初期ルーマン理論の主要な発想は，ことごとくこの点から派生している。

（10）よってルーマンが「信頼によって複雑性が縮減される」ということで表現しているのは，山岸が読み取ったように，複雑性が縮減されることでより単純な社会が可能になるという話ではない（cf. 山岸 1998 : 33–34）。システムは環境の複雑性に抗して存続する

ことでより大きな複雑性を獲得し，それによってシステムの環境の側にもより大きな複雑性が備わるということである。この発想は，後期ルーマンの主要テーマのひとつでもあった進化論にもつながっていく。

(11)「社会システムは状況を越えて拡がり，かつ，システム境界を定義するシステム構造を，システムに属する行動に対する期待の一般化で獲得している。その場合，一般化とは本質的には，差異にたいする無害な無関心，単純化，その限りでは複雑性の縮減を意味している」(Luhmann 1970a : 121 = 1988 : 144)。

(12) ルーマンは「意味」を社会学の基礎概念として，それを可能な意味と顕在的な意味という二重の地平の差異から三つの次元に分類している (cf. Luhmann 2002 : 238–239 = 2007 : 296–297)。「意味」の次元の一つ目は，事象次元 (Sachdimension) であり，「これ」と「これ以外のもの」という地平の差異，あるいは「内」と「外」の差異として指示されるものである。そしてこの意味の事象次元が問題になっているのが，社会の分化である。二つ目は社会次元 (Sozialdimension) であり，それは自我と他我という二重の地平の差異として，自我と他我という二つの不合同な観察のパースペクティヴが問題となっている。社会次元は，社会のコミュニケーションの問題となる。三つ目が時間次元 (Zeitdimension) であり，未来と過去という地平の差異として，社会の進化として問題になる。これら三つの次元は，そのどれかの次元の否定が他の次元の否定につながらないために，相互に独立していると言える。ルーマンは，このように意味が三つの次元に区別できることについて，積極的な根拠を提示することができないとしているものの，ルーマンの理論がもともと強い基礎づけを強制するものでないことを考えれば，このことはそれほど不思議ではないだろう。馬場靖雄は，基礎づけを拒否するようなこうした「表層性」をこそ，「われわれがルーマンから学び取るべき」としている (馬場 2001 : 82)。

(13) 本書で詳述することはできないが，ルーマンは終始一貫して「意味」の時間次元というものに大きなウェイトを置き続けており，そのことが信頼論のみならず彼の社会理論の特徴にもなっている。そうであれば，信頼論というのはルーマン理論の全体像を把握しようとする際の王道ではないにしても，信頼が時間論に直接関係している以上，ルーマン理論の本筋からもそれほど離れていないとも言えるだろう。たとえば，本書の序章で扱った認識論上の構成主義に関しても，ルーマンはその本質を「認識とリアリティとの事象的な (*sachlichen*) 一致という問いにではなく，時間 (*Zeit*) の問題に関係している」(Luhmann 1990e : 42) と見ていた。

(14) ただし，ここでの「時間」というものは，システムとは無関係に一定のテンポで客観的に流れているものではない。時間はシステム／環境にとって相関的なものであるというのがルーマンの時間論の重要なテーゼのひとつである。この点については，Luhmann (1979) を参照のこと。この論文においてルーマンは，パーソンズの行為理論においては，構造／過程についてどのような時間理解が必要であるかが十分に示されていないことを批判し，「時点化された現在」と「持続する現在」の二つの現在がシステムにおいて構成されることを述べている (Luhmann 1979 : 45–46)。さらに付言しておけば，この論文はルーマンが自己言及性の問題を明確に取り扱うようになった，かなり初期のものとして注目に値する。

(15) 信頼論が社会学理論としてどのような変遷をたどったかについて概説したものとして，Lewis and Weigert (1985b) のほか，Misztal (1996) や三上 (2008) なども参照のこと。

これらはいずれも，デュルケーム，ジンメル，パーソンズ，ルーマンという学説史の流れに信頼論の変化を見ている。

(16) ただし，パーソンズは『社会的行為の構造』前後に，いくつかのジンメル論に関する未発表原稿を残している。それらは，パーソンズの死後，ハーヴァード大学のアーカイヴスで未発表のまま眠っていたところを発見され，編者によって校正されたうえで出版されている（Parsons 1998a ; 1998b = 2000）。そのうちのひとつはもともと，『社会的行為の構造』の一章として構想されていたものだが，同書に占めるべき位置づけや出版事情等諸般の理由によって同書には収録されなかった（高城 2000 : 35–37）。

(17) ジンメルとほぼ同時代人であったM・ヴェーバーが残したメモにも，ジンメルの天才的な観察眼を称賛すると同時に，彼の理論的な全体像の把握が一般的には容易ではないことが綴られている（ヴェーバー 2000）。これは，ジンメルに対する評価として，現在まで継続する基本線であるように思われる。

(18) パーソンズは，ジンメルが社会学におけるいわゆる「百科全書的な（encyclopedic）」（Parsons 1998b : 32 = 2000 : 8）傾向を批判したことを一定程度評価しつつも，ジンメルの一般的社会理論への貢献は「さほど大きなものではない」(Parsons 1998b : 31 = 2000 : 7）と述べる。その理由は，ジンメルの形式社会学は経験的な現象を動態的に分析するための理論的装置を欠いた，「静態的な」ものに留まることになるからである（Parsons 1998b : 43 = 2000 : 20)。シュッツとの論争からもわかるように，パーソンズにとって科学上の進歩とは，素朴な無知の状態を克服しつつ，それを分析的・抽象的に一般化していく過程にある。そのため，ジンメルの形式社会学の方法は，あくまでも現象の記述レベルに留まるものであって，しかる後の段階である動態的な分析レベルには到達し得ない，本来的に不十分なものである。よって，パーソンズは次のような辛辣な評価を下している。「長い目で見た場合の社会科学にとっての含意という点で，ジンメルの教義ほど方法論的に有害なものを想定することは難しいだろう」(Parsons 1998b : 46=2000 : 23, 原文は全文イタリック)。ジンメル自身も，自身の著作が体系性を欠いたエッセイ集のように見られることを理解していた。けれどもジンメルは，もし体系的に完結した完全性が存在するとすれば，それは個人がうまく見ることのできたすべてのことを伝達するという主観的な意味においての完全性だけであり，それはせいぜい「自己欺瞞（Selbsttäuschung)」にすぎない，と言う（Simmel 1958 : 14 = 1994 : 28)。

(19) もちろん時代的にはジンメルがパーソンズとルーマンに先行するのだが，ジンメルの信頼論が注目されるようになったのは，ルーマンの『信頼』の影響だとも言われている（Möllering 2001 : 408)。つまり，ルーマンの信頼論に含まれる多くの発想が，ジンメルから由来したものだということが再発見されたわけである。

(20) その流れでいえば，ルーマンはジンメルが社会の秩序の記述において外部の観察者が必要でないという思考にはじめて行き着いた人だと評価している。つまり，ジンメルこそが社会学理論の伝統において（本来の意味における）構成主義という思考をおこなったまさにその人である。そしてそれが，パーソンズの学びとらなかった点であった。ただし，ジンメルは超越論アプローチから社会心理学的アプローチへとひそかに移行することによって，社会学の根本問題の形式を歪める結果になってしまった，とルーマンは考えるのだが（cf. Luhmann 1981a : 253–258 = 1985 : 112–119)。佐藤俊樹による次のようなジンメル評価も，ほぼルーマンと同じことを述べている。「彼〔ジンメル〕の決定的な貢献は，答えではなく，この問いそのものにあった。社会とは実体として存在していな

いが，固有の実在性をもつ，そしてその内部で社会学者も社会を観察している。そうした社会のありようの，最も基底的な構図をジンメルは提示し，彼以降，紆余曲折をへながら，その問いの平面はずっと受け継がれてきた」（佐藤 2011 : 135）。

(21) ここでは詳細に踏み込まないが，ジンメルとパーソンズからルーマンに至る流れを，ルーマン自身がいかに認識していたかについては，Luhmann（1981a = 1985）を参照のこと。

(22) ジンメルの信頼論の概要と，それがルーマンやギデンズに対して与えた影響については，菅野（2008）が簡潔にまとめている。また，社会学理論における信頼論の多くが，ジンメルに淵源をもっていることについては，Misztal（1996 : 49–54）が述べている。

(23) とはいえ，ルーマンがシュッツ的なやり方を手放しで認めているかというと，そうではない。ある講演においてルーマンは，シュッツがフッサールの現象学を社会学に結びつけようとしたことに対して一定の評価をしつつも，「けれどもシュッツが行為の概念を手掛かりとしたのは，良い着想ではなかった。というのも，行為概念の合理性は，まさにヴェーバーもろとも疑問になったところであって，行為概念の社会性は，やはり主観的に考えられた意味を手がかりにしてのみ規定され得るものだったからである」（Luhmann 1995d : 54 = 2007 : 43）と批判している。つまり，ルーマンは，行為理論ではなくシステム理論によって現象学が継承されなければならないと考えていたということである。

(24) ただしこのことは世界の現出を当然視するということではない。ルーマンは，コミュニケーションの成立（＝秩序）がそもそも非蓋然的であるということを基本的な前提にしたうえで，いかにしてその非蓋然性が蓋然性に変換されているかを問おうとした。なぜなら，「いかなるシステムも，コミュニケーションの非蓋然性が蓋然的なものに変換されるということをあらわしている」（Luhmann 1990a : 92 = 1996 : 60）からである。さらに言っておけば，この「いかにして」という問いの立て方は，ジンメルによる“カント的な問いの技法”（Simmel 1958 : 22–23 = 1994 : 39–40）をルーマンが受け継いだものである（vgl. Luhmann 1990d : 98–99 = 2009 : 83）。

(25) このことが，フッサールの超越論哲学を支持する論者から批判されてもいる。たとえばL・ラントグレーベは，「ルーマンはシステム理論の基礎概念を展開するにあたって，明確にフッサールの現象学，しかもその展開の最後の局面に言及している」（ラントグレーベ 1981 : 71）ものの，ルーマンのシステム理論における現象学の利用の仕方は，基礎概念を形成するための手助けでしかなく，「社会学の自己主題化と超越論的現象学の反省の関係」（ラントグレーベ 1981 : 72）について踏み込んだ考察がなされていない，と批判する。ルーマンはみずからの社会理論における基礎概念として「意味」を採用し，それをフッサールから受け継いでもいる。しかしながら，「意味形成としての構成という概念は，フッサールの超越論的現象学の基礎概念である。その最高の関係点（「超越論的主観」）は，すでに見たように，彼においては相互主観性という名称をもっている」（ラントグレーベ 1981 : 76）。それにもかかわらず，ルーマンは超越論哲学も「相互主観性」も捨象してしまっている。この結果，ルーマンの社会システム理論には，超越論的主観を問題にすべき係留点を失い，したがって行為の責任を有意味に語り得るような審級をもち得ない，というのがラントグレーベによる批判の骨子である（ラントグレーベ 1981 : 90）。ここではこの批判に対してルーマンの側からどのような応答が可能であったかについて，あらためて掘り下げることはしない。

(26) フッサールは次のように言っている。「この世界がわたしに対してその存在の自明性をもつのは単に，わたし自身の意識生にもとづき，わたしに固有の経験の自明性としてであるにすぎない。この世界，つまり何らかの客観的な世界事実がわたしに対してもっている意味はいずれもその源泉をわたし自身の意識生のなかにもっている」（フッサール 1974 : 79）。

(27) まったく同じ観点は，シュッツにも見られる。たとえばシュッツによる次のような記述も参照せよ。

> ところで自然的人間には，その人のさまざまな経験が（知識ないし予備知識という仕方で，）「秩序立てられて」すでにあたえられている。それは全対象的世界が秩序立てられてその人にすでにあたえられているのと同様である。特殊な問題の解決に迫られない限り，その人はこの秩序立てられた世界の問題を通常問題にしない。経験連関の内部のさまざまな秩序は，この場合には経験された体験の総合的意味連関として意識されている。（Schütz 1932 : 108 = 2006 : 131）

シュッツは，この経験連関が組み入れられる諸秩序を，「われわれの経験の図式（*Schemata unserer Erfahrung*）」と呼んでいるが（Schütz 1932 : 109=2006 : 132），ルーマンが慣れ親しみ概念によって指示しているのは，これと同じものである。また，ルーマンとシュッツの現象学的社会学との異同を比較することを試みたものとして，菅原（1998）を参照のこと。

(28) ルーマンが“近代システム”と生活世界とを二項対立に置くことに反対するのは，生活世界なしに批判がはたらくことはあり得ないのとまったく同様に，いかなる生活世界領域も批判を免れることはないからである。ハーバーマス批判による文脈のなかで，ルーマンは次のように言っていた。「システムと生活世界の差異は，私にはあまりにも粗雑に見える。この差異はシステム理論の可能性を正しく示してはいない。また，その可能性は生活世界概念からも出てこない。システムが生活世界の外側で作動すると述べることはまったく不可能である。システムの作動は日常そのものであり，それはあらゆる官僚制においても，あらゆる証券取引所においても，あらゆる株取引においてもそうである」（Luhmann 1996b : 71 = 2013 : 84）。

(29) ここでいう存在論的形而上学とは，「存在者はその否定を否定する」という立場である。ルーマンが存在論的形而上学を拒否しなければならなかった理由は，長岡克行によれば，「この思考前提の枠の中では，あらゆる意味的な体験と行為の社会的（ゾチアール）次元が過小評価されざるをえず，したがって社会的次元が一部は狭い意味での真理問題と方法問題に，一部は行為の正しい倫理的 - 政治的秩序という問題に解消されてきたから」である（長岡 2006 : 53）。若干ここでの話の筋からは逸れるが，ルーマンの機能主義というのは，まさにこの存在論的形而上学の前提を逆転させた思考方法になっている。というのも，伝統的な因果関係論に立って機能理論を問題にするかぎり，そこには厳密な科学性の欠如という科学哲学者たちの指摘が妥当しつづけるからである。「機能主義的分析で問題になるのは，それゆえ，一定の原因と一定の結果の間の因果法則的連関ではなくて，むしろ問題的な或る結果の観点の下における可能な諸原因の機能的等価の確認である」（長岡 1981 : 7）。

(30) ただしルーマンは，全体社会が機能分化を果たした結果として一般化されたメディアが登場するようになったという，しばしばなされる説明を不十分なものとして退けている（cf. Luhmann 1976 : 518–519）。なぜならば，ルーマンによれば，全体社会における機

能システムの分化という事態は，むしろそうしたメディアの可能性条件が整うことによって生じたからである。

(31) だからこそ，ルーマンにおいて，偶発性が「必然性の排除と不可能性の排除」として言われるのである（Luhmann 1984 : 152 = 1993 上 : 163)。また，なぜ偶発性概念が，システム／環境という差異理論に結びついているかについての理由も，ここから理解されるであろう。

(32) このように書くと論争的であるかもしれない。というのも，一見したところわれわれの社会生活においては，他者との相互行為をある程度確実に遂行するための基盤があるように思われるからである。しかしながら，まさにそのように考えること自体が，いかにして可能であるのかということこそ，信頼論や文化論にとっての出発点であったことを思い出しておきたい。よって当然，ルーマンの信頼論のためにここで二重の偶発性論を敷衍しているのにも十分な理由があるということである。

(33)「……このような方法によって，創発的な秩序が成立するのである。この創発的な秩序は，この秩序を可能にしているシステムたちの複雑性を条件にして作り出されているが，しかしそうした秩序は，この複雑性が算定されたり制御されたりし得るということに依拠しているのではない。われわれは，こうして創発された秩序のことを社会システムと呼んでいる」(Luhmann 1984 : 157 = 1993 上 : 169-170)。

(34) それと同時に，二重の偶発性は，現実化されなかったものの自我と他我に開かれていたさまざまな可能性を消去することなく保存することで，また別の可能性を現実化する用意がある。つまり，現実化されたものは，否定された可能性の否定として捉えられるということである。こうして，社会秩序を二重の偶発性から論じることは，社会の複雑性と秩序が矛盾しないことを表現してもいる。「この二重性は全体の構造を包含している。つまり，そこには否定を含意する選択として事実を把握し，そうした否定を否定し，そして他の可能性を再構築する一般化されたポテンシャルが存在するのである。二重の偶発性とは“double négation virtuelle（二重の否定の現実化)”のことであり，それが意味するのは，否定の可能性は相互に現実化されないが含意されているさまざまな可能性として獲得・安定化され得るということである」(Luhmann 1976 : 509)。

(35) ただし，全体社会におけるコミュニケーションの接続という観点から見た場合に言語が抱える問題は，この動機づけだけに限られない。たとえば対面的な相互行為のみで，しかも口頭によってしかコミュニケーションができないのであれば，それが到達し得る空間的・機会的・時間的範囲には強い制約がかかる。これを補う追加的な補助装置が，文字やさまざまな情報技術（かつての活版印刷や現在の電子メディアに至るまで）であり，ルーマンはこれらを「流布メディア（Verbreitungsmedium)」と呼んで「象徴的に一般化されたコミュニケーション・メディア」と並置している（Luhmann 1997 Bd. 1 : 258 = 2009 1 : 291)。コミュニケーション・メディアが動機づけの問題に対応するのに対して，これらの流布メディアは，社会的冗長性（sozialar Redundanz）の射程を拡大すると言われる。

(36) ただし，「コミュニケーションを受け入れる」「動機づけを用意する」ということが意味するのは，ただ単にあるコミュニケーションが次のコミュニケーションの前提として踏まえられるという事態であり，コミュニケーションに関与する人びとの心のなかでコミュニケーションの中身が吟味され理解されるなどといったことが念頭に置かれているわけではない。人びとがどう思っていようとも，蓋然性の低いコミュニケーションが接

続していけば，それは事実上“受け入れられて”いる。

(37) 本書においては，コミュニケーション・メディアとしての「(政治) 権力」に注目するが，その他の主要なコミュニケーション・メディアについて詳細に論じる余裕はない。それぞれのコミュニケーション・メディアと全体社会のかかわりについて，貨幣は Luhmann (1988b = 1991) および春日 (2003) が，真理については Luhmann (1990d = 2009) が，愛については Luhmann (1982 = 2005) が，それぞれ論じている。

(38) 第4章二節においても引用したが，「シンボルは，文化システムにおけるその位置づけによって正確に区別されるところの，非常に特殊なカテゴリーの客体として扱われるべきである。それは，前提となる意味システムにおいて，ある最低限の一般性の水準の意味を伴った客体である。こうした意味の一般化によって，シンボルは文脈の特殊性に限定されることから解放される」(Parsons 1961 : 975 = 1991 : 53–54)。

(39) しかしながら，選択されなかった区別の一方の側は，あらたな差異によってしか観察できない“慣れ親しまれないもの”を必然的に生み出す。これは，シンボリッシュな (象徴的な) ものの構成がディアボリックな (悪魔的な) ものと表裏一体であることを示している (Luhmann 1997 Bd. 1 : 320 = 2009 1 : 360)。

(40) こうした問題を探究し続けたのがシュッツであったが，ルーマンはこうした意味の濃縮とそれが繰り返し指示されることによる再認 (confirmation) を，シュッツを意識しながら「世界の意味的な構成」(Luhmann 1990e : 45) と呼んだ。

(41) この点に関しても詳論の余裕はないが，たとえば小松 (2003) を参照のこと。とりわけ全体社会のエコロジーの問題に関してリスクと信頼の関係は先鋭化してくる。

(42) しばしば勘違いされることではあるが，近代社会におけるあらゆる機能システムの作動がシンボル的に一般化されたコミュニケーション・メディアによって媒介されているというわけではない。たとえば次の文章も参照のこと。「シンボルによって一般化されたどんなコミュニケーション・メディアであっても，それぞれのメディアに対応する特殊な社会システムを形成するメディアの能力を当然視し得ないことが考慮に入れられなければならない。それぞれのメディアは社会的文化的進化において安定的に必ず作用するわけではなく，選択的に作用している。ほとんど例外なくそれぞれのメディアは，社会に特徴的な圧力に抗してはじめて，つまり支配的な構えや期待のパターンに抗してはじめて，システム構築を実現できる」(Luhmann 1982 : 37–38 = 2005 : 39)。そのような機能システムとしては，教育・医療・法・宗教などを挙げることができる。

(43) ちなみに，英語で書かれている Luhmann (1988a) においては，システム信頼に相当する概念には「confidence (信任)」という単語があてられていたが，たとえば Luhmann (1997 Bd. 1 = 2009 1) などその後のルーマンの著作を見ても，システム信頼という概念は使われ続けている。よって，本書では「システム信頼」という概念と「信任」という概念を互換的に使っていく。この例からも理解されるように，ルーマンは，後期になると初期の信頼論での用語法にあまり拘らなくなっていく。たとえば1990年の時点では，信頼 (Vertrauen) と信用 (Kredit) という概念がそれぞれ互換的に使われている。「すべてのシンボル的に一般化されたコミュニケーション・メディアは，信用 (*Kredit*) にもとづいている。つまり，ありそうにない期待もコミュニケーションのなかで履行できるであろうという期待にもとづいている」(Luhmann 1990d : 237 = 2009 : 217) と述べている。

(44) 本書では扱わないが，ここで「システム信頼」と言われているものは，全体社会レベ

ルにおける機能システムのみを指すわけではないことに注意しておきたい。ルーマンはすでに1964年の著作において，公式組織との関係で「システム信頼」を論じていた。そこでルーマンは，「個人的で個別主義的な信頼に代わって，人びとが成員となっているシステムの機能遂行能力に対する一般化された信頼があらわれる」（Luhmann 1964 : 190 = 1992 上 : 48）と述べ，それを「一般的なシステム信頼」と呼んでいた。この場合のシステムとは当然，組織というシステムであり，組織システムにおけるシステム信頼も，それが十分に機能することに向けられた信頼であるとされる（Luhmann 1964 : 323 = 1996 下 : 241）。

(45) 引用しておくと，次の箇所がそれである。「……しかしそれでは，秩序づけの重要な可能性を放棄してしまうことになる。すなわち，条件づけられた恣意を経由する長い行為連鎖によって組織され得るものが放棄されてしまうのである。というのは真理にしても貨幣にしても，受け手が受け取ったものを用いて何をするかを確定することができないからだ。他ならぬそれこそが，権力の機能なのである」（Luhmann 1997 Bd. 1 : 356-357 = 2009 1 : 400-401）。

(46) ただし，こう述べることは，権力の有効性を担保するものとしての物理的暴力を，ルーマンが軽視していたという意味ではない。むしろまったく逆であって，ルーマンはたびたび権力論が物理的暴力の重要性を忘却しがちであることを批判している。ルーマンは，権力にとっての物理的暴力，貨幣にとっての欲求，愛にとってのセクシュアリティなど，コミュニケーションにおいて顧慮される身体性のことを「共生的シンボル（symbiotische Symbol）」と呼んでいる（初期の段階には「共生的メカニズム（symbiotische Mechanismen）」とも呼ばれていた（Luhmann 1975a : 62 = 1986 : 94））。「権力の場合，共生的シンボルは物理的暴力である。どんな社会においても，それ以外に多くのものが権力の源泉となっている。たとえば，便宜を提供することを考えてみればよい。そうしておけば，供給を中止しろと脅すことができるではないか。しかし物理的強制力が優越していることに勝る権力源泉は存在しないのである。したがって政治システムは，権力をメディアとして用いる以上，物理的暴力の投入に関する決定に専心しなければならなくなる」（Luhmann 1997 Bd. 1 : 380 = 2009 1 : 431）。

(47) このように，政治システムが全体社会のなかで機能的に分化しているにもかかわらず，それでも全体社会の問題を処理しなければならないことに伴って生じるさまざまな障害を，ルーマンはその福祉国家論において展開した（Luhmann 1981b = 2007）。

(48) 実質的にはまだ着手できていないが，著者としてはこのBの研究プログラムとして，日本におけるジェンダー政治の分析を考えている。現時点では，それは本書以降の個人的な課題であると述べるにとどめておく。

(49) ここであえて「社会システム理論に」という限定を入れたのには理由がある。ルーマンは，フッサールの超越論的な現象学を人間中心主義的な想定を引きずりつつ近代社会に適応しようとした限界例だと考えていた。そしてルーマンの自己言及的なシステム理論こそ，フッサールが人間学で果たし得なかった課題を引き受けるための選択肢だと位置づけていた。つまり，ルーマンにとって社会システム理論こそが現象学のアップグレード版になっているのである。長くなるが，その理由としてルーマンが述べている箇所を引用しておこう。「この〔フッサールの〕人間学は，人間学としては，人間中心的な問題定式化に依拠したままである。さらなる適応的向上の試みは，まず超越論的意識の超人間学に行き着き，超越論的意識の主観性を主張することによって，その主観性のなか

で認識論的に（のみ）重要な主観と客観の対立を止揚しようとした。だが認識関係は，近代社会が自己言及構造を産出する唯一の機能領域ではまったくない。だから，自己言及を概念とリアリティの主題として要求したいのであれば，それと同時に，自己言及的認識の合理性を，自己自身と世界を含む合理性連続体へと実体化することはできない。そうだとすれば，概念の適応的向上は人間→意識→主観→意識という経路を辿ってはならず，システム同士が互いの環境であることから帰結する決定不可能な関係がシステム間に存在することを受け入れる，自己言及システムの理論を目指さなければならない。このような構想こそが，機能分化をとおしてまさに自己言及的な機能システム同士の決定不可能性をリアリティとして生み出す社会のなかで，科学システムの特別な作用として適合的であるチャンスをもっている」（Luhmann 1980b : 234 = 2011 : 215）。この点についてはまた，「近代科学と現象学」（Luhmann 1995d = 2007）という論文においても詳論されているところである。

(50) ルーマンがその集大成となった著書『社会の社会（*Die Gesselschaft der Gessellschaft*）』の扉に，「他ノモノニヨッテ考エラレナイモノハ，ソレ自身ニヨッテ考エラレネバナラナイ」というスピノザの『エチカ』の一節を掲げるのは，そうした理由による。

(51) 次の記述を参照のこと。「……このようにシステムと環境が区別され，人間が社会にとっての環境の一部であるとみなされると，人間が社会の一部であるとみなされざるを得ない場合に考えられるよりも，人間がいっそう複雑であり，同時に非拘束的であると把握できるのである。というのも環境は，システムに比べて，より高次の複雑性を有することや，より少なくしか秩序づけられないことがみてとれる点で，システムから区別される領域のことにほかならないからである。こうした考え方では，人間には，人間の環境に比べれば，より高次の自由が容認されており，とりわけ非理性的で非道徳的な行動に対する自由が認められている。人間はもはや社会の尺度ではない。人間が社会の尺度であるとする人間主義の理念は，存続し得ないであろう」（Luhmann 1984 : 289 = 1993 上 : 335）。

(52) これは初期の頃に言われていた，「複雑性の縮減」テーゼを言い換えたものでもある。「意味」というメディアは，顕在化されるもの／顕在化されないもの（＝アクチュアルなもの／アクチュアルでないもの）という差異の形式をもっており，ある「意味」が指示され顕在化されることは，その背後に顕在化されない多くの可能性があったことを同時に意味する。つまり，「意味」はつねに多数のなかからの選択によってしか顕在化しない。「意味」が多数の可能性としての要素を過剰にもちつつ，そのすべてが同時に実現されるものではないために，「意味」は選択を強制する。このことが，心的システムと社会システムにとっての複雑性を作りだし，また複雑性の縮減を継続的に強制する原因になっている。この点についてはルーマンも繰り返し説明しているが，より簡潔な解説としては，長岡（2006）の第 7 章および Baraldi, Corsi und Esposito（1997 = 2013）の「形式／メディア」「意味」および「複雑性」の項目を参照のこと。

(53)「このように意味は，徹頭徹尾歴史的な作動形式なのであり，それが偶発的な成立と未来における適用の未規定とを束ねるのは，意味が使用されることにおいてだけなのである」（Luhmann 1997 Bd. 1 : 47 = 2009 1 : 36）。

(54) ルーマンは当初，同様の事態を表現するのにパーソンズから引き継いだ「相互浸透(Interpenetration)」という概念を中核に据えていた。後に，ルーマンは 80 年代中盤の時点では，まだ構造的カップリング概念が「明確でなかった (nicht so klar)」（Luhmann

2002 : 274 = 2007 : 40）と述べるものの，その後も相互浸透概念と構造的カップリング概念は（若干変更されつつも）どちらも継続的に使用されている。

(55) だから，構造的カップリングは，社会システムと心的システムとに限定されないし，心的システムと脳神経システム，脳神経システムと生体システム，生体システムと……というように，多くのシステム－環境間には構造的カップリングが生じている。また，観察の視点を変えれば，社会の機能システムと機能システムのあいだにも，構造的カップリングは生じていると言い得る。ただし，たとえば脳神経システムが人の意識を規定しないように，また人の意識がコミュニケーションを規定しないように，構造的にカップリングされていることは，環境にシステムが完全に規定されるというわけではない。

(56) こう述べるからといって，人びとの対面状況によって生じる関係と，国家という作動にまつわるさまざまな関係に，一切の差異がないという話をしているのではない（そうであればそもそも相互行為システムと全体社会システムを区別していることすらナンセンスになる）。ただ，相互行為システムと全体社会システムという区別自体も，当のシステムの作動において参照されている構造の区別によって考えられるべきだと述べているにすぎない。

(57) そう考えたのはジンメルである。ジンメルは，諸個人の相互行為水準とそれを超えた社会の水準の二つを，いかにして社会学が分析すべきかということこそが「社会学の根本問題」であるとした。ジンメルの回答は以下の記述からもわかるように，相互行為水準から全体社会水準の秩序を描こうとした。「社会が諸個人のもとでの相互行為（Wechselwirkung）であると言うことができれば，この相互行為の諸形式を記述することが，“社会（Gesellschaft）”の狭く固有の意味での社会科学の課題であろう」（Simmel 1920 : 28 = 2004 : 30）。

(58) さらに言っておくならば，そもそも対面的な状況における相互行為ということ自体も，二人の人間が会話可能なぐらいの近さにいるといったような，客観的な定義によって成り立つものでもない。「したがって，対面している／不在であるという差異は，何ら存在論的な，所与の，客観的な事態ではない。それはシステムの作動によってはじめて生み出されるのであり，観察者はこの差異を生産し再生産するシステムを観察する場合にはじめて，当の差異を認識し得るのである」（Luhmann 1997 Bd. 2 : 815 = 2009 2 : 1109–1110）。

(59) 相互行為システムは，コミュニケーションの理解が達成されなかったり，コミュニケーションが拒否されたりした場合には，それ自体が消滅してしまう可能性がある（相手がその場から立ち去ったりする）。けれども，全体社会のオートポイエーシスは理解不足やあからさまな拒絶があったとしても――むしろそのことを原動力として――継続される（コミュニケーションの文脈が変更されたり，理解の不一致についての再帰的なコミュニケーションにつながったりするし，場合によっては，コンフリクト・システムというかたちでコミュニケーションが再組織化されたりもする）。この意味において，全体社会のオートポイエーシスに明確な終点を想定することはできない（Luhmann 1990a : 14 = 1996 : 28）。

(60) それは，機能分化した全体社会が人格としての個人を浮き彫りにしたという側面のみならず，逆に人格としての個人というものによって，「個人が未来の未知性をシンボル化することができる」（Luhmann 1997 Bd. 2 : 1019 = 2009 下 : 1337）。そして，それを通じて全体社会は時間次元において過去と未来の断絶が先鋭化しているのを知るのである。近

代社会の特徴とは，一般に言われているように，人格的な（パーソナルな）関係性が消失したのではない。階層的な分化から機能的な分化への移行に伴って，社会は圧倒的に非 - 人格的な（インパーソナルな）ものとして立ち現われてくる反面，人格的な関係に誰しもが接近でき，しかもその際に人格的な関係以外の関係を考慮しなくても良いというのが，近代社会なのである（Luhmann 1982 : 13 = 2005 : 11）。

(61)「一般的にわれわれを導く仮説はこうである。すなわち，機能分化によってはじめて社会はきわめて複雑になるので，その複雑性の時間性，つまり要素と関係の時間性，すべての『確実性』の時間性が，社会の意識に否応なしに押しつけられ，時間意識のゼマンティクもそれに適応しなければならなくなる。つまり，機能分化が意味するのは，機能特化した行為のさまざまなシークエンスがより長い時間幅にわたって構築され堅持されなければならず，もはや簡単にはたがいに同期化され得ず，また一日，一週，一年といった個人の生き方のリズムに組み込まれもしない，ということである。そうなると時間は，もはや人びとの生に即して経験されるものではなくなり，朝から晩まで，誕生から死までの流れのなかに配列されるものではなくなる。また時間は，もはや（生，世界の）持続として，あるいは繰り返す循環としては考えられなくなる。時間は秩序化への強制そのものを表す一種の抽象概念になる」（Luhmann 1980b : 257 = 2011 : 240）。

(62) ルーマンは遺稿として 2000 年に発表された『社会の政治（*Die Politik der Gesellschaft*)』の冒頭を，旧来的な（アリストテレス的な）伝統に縛られたままになっている「国家」「市民社会」「権力」という概念に，あらたな位置づけをあたえなければならないという課題の提示ではじめている。「この伝統が妥当していたことにまさに敬意を払うからこそ，この伝統と袂を分かち，あたらしいアプローチで臨むことが必要なのである」（Luhmann 2000 : 13 = 2013 : 8）。

(63) ここの部分において「政治」が定義されなければ，文章が空虚になると批判する人がいる。というのも，この文章は「“政治”システム＝“政治的”コミュニケーションの回帰的な接続」という構図になっているからだ。しかし，何が「政治」であるかということ自体，政治システム内部において構成されるのであり（それがシステムの自己閉鎖性である），この文章はそうしたことも表現している。

(64) こうした部分から，小宮友根はルーマン理論について，次のようなまとめ方をしている。「社会秩序の統一性とは作動／構造の相互構成関係である」（小宮 2011 : 76）。

(65) 固有値と信頼との関係については，春日（2013）も参照のこと。

(66) さらにイーストンとルーマンの政治システム論の類似性と差異については，Fuse（2005）において詳細に検討されている。

(67) 小山裕の研究によれば，とりわけ 60 年代の初期ルーマンにおける機能分化論は，19 世紀ドイツにおける国法学が前提にしてきた国家／社会図式を批判するものとして出てきている（小山 2010）。たとえば C・シュミットも，同様に 19 世紀のドイツ国法学における国家／社会図式を批判しつつ，あらたに「全面国家」という概念において国家を社会の自己組織化と位置づけていた。ルーマンはシュミットと同じ問題関心から，しかし，まったく逆の方向からの国家／社会図式批判として，政治システムの限定性と全体社会の機能分化を主張しているのである（小山 2010 : 42）。

(68) これはいわゆる「二階の観察」という発想であり（Luhmann 1992a = 2003），また初期の頃からのモティーフに即して言えば，「システム合理性」を表現したものである。システム合理性とは，システムが自身の存続をはかるために，自身にとっては高度に複雑で

見通すことができないその環境を，自身にとって取り扱い可能なかたちによって把握することを指している。たとえば次の箇所を参照せよ。「システムにとって世界の最高度の複雑性は，意味によって媒介された問題としてあたえられている。この問題を解決するためには，境界において一定の自律性を打ち立てねばならない。――〔中略〕――複雑性の縮減とはすなわち，環境を完全に見通すことも支配することもできないにもかかわらず，自己を維持しうるということである」(Luhmann 1968 : 177 = 1990 : 124)。

政治システムがその合理性という観点から自身と自身の環境を扱う戦略はいくつか挙げることができる。まずは「世論」であり，政治システムは（本来であれば全体社会の複雑性をほとんど表象していないはずの）世論に反応することを通じて，政治システムの環境を把握可能なかたちにまで縮減している（cf. 松永 1999, 2000）。また，民主主義というのも政治システムの存続にとって合理的な方法である。「政治における民主主義の一般的な問題は，次のような抽象的な形式で表されるであろう。すなわち，政治システムにおける複雑性を対処できる程度に留めなければならないということであり，それが意味しているのはとりわけ，構造を変化させることによって決定可能なものに留めなければならない，ということである」(Luhmann 1971 : 44)。民主主義は機能分化した政治システムの作動にとって大きな価値をもつが，システム合理性という観点でいえば，間接民主主義がどのような人の意見も一票としてカウントすることによって，政治システムの環境の複雑性を縮減しつつその複雑性を保存するのに役立っている。

(69) この点についてはまた，市民社会を形式の形式のなかへの再参入として捉えている Luhmann（2000 : 279 = 2013 : 342）も参照せよ。市民社会を「公共圏」として位置づけることは，再びハーバーマスやコーエンとアレイトのような市民社会概念への逆戻りだと思われるかもしれない。しかし，政治システム－内－環境としての市民社会は，あくまでも政治システムが構成した政治システムの環境であって，マルクス主義および批判理論が想定するような経済的な社会という含意や，“システム”による浸食から防衛される（べき）自由な社会という含意は一切ない。繰り返すが，市民社会自体が政治システムの作動の産物だからだ。

(70) そしてここから一歩進んで，政治に影響を与えるものとして大事なのは信頼それ自体ではなく，信頼をベースにした人びとの行動だと考えれば，ハーディンらのように「信頼概念は研究上不要である」という自己否定的な結論にたどり着くことになるし，そのことはすでに第 II 部の末尾で述べておいた。

(71)「だからここでは，全体社会は抽象的な作動から成り立っており，これに対して，相互行為は具体的な作動（コミュニケーション，行為）から成り立っていると考えるということも誤りになるだろう。全体社会はそのなかから相互行為を排除しているのではなく，包含しているのである。よって，さまざまな行為の場所，すなわち，全体社会的なものか相互行為的なものかが区別されることになるわけではないのである」(Luhmann 1993 : 574 = 1995 下 : 770)。

(72) ルーマンは，機能システムが組織としての形態を備えることで自己言及の脱パラドックス化をはかることを，政治システムに限定していない。たとえば経済システムに関しては，次のように論じられている。「政治システムの場合の国家と一面では全く似ており，他面ではしかし非常に異なっているのだが，この銀行システムは二つの循環運動の分離可能性と媒介能力に対して一種の保障を与える。いずれのばあいも保障を与えるためには組織，すなわち全体社会的分化からいきなりは生まれない独特の型のシステム形成，

が必要である」(Luhmann 1988b : 147 = 1991 : 144)。

(73) こうしたことからすれば，国家という組織が政治システムと法システムの構造的カップリングの担い手だとしたルーマンに対して，「後期ルーマンの国家概念は動揺している」(大森 2007 : 22) という評価をすることは，的外れであるように思われる。

(74) ここでは抗議運動の位置づけについてこれ以上詳しい紹介は控えたいと思う。ルーマンの抗議運動論のエッセンスについては，Luhmann (1996b = 2013) がわかりやすい。箇条書きで簡潔にまとめておくと，次のようになる。

1. 近代の機能的に分化した社会において，それぞれの機能システムは，独自の二項コードと，出来事をコードのいずれかの値へと割り振るプログラムを用いながら，オートポイエティックに作動している。

2. しかしながら，そうした近代社会においては，全体社会を特権的に観察・表象するための特別な立脚点が消失してしまうため，社会を外部から観察することはできなくなる。つまり，いかなる社会の記述も，社会による自己記述でしかあり得ない。

3. そうなると，現状の社会を否定することも，社会自身による自己否定であるということになる。つまり，社会は社会の内部に社会への否定を包含しなければならないというパラドックス（と，社会はそれでも社会であるところのものであるというトートロジー）に陥ることになる。

4. プロテストとしての社会運動の機能は，(「不安」というものを媒介にして) こうしたパラドックス (やトートロジー) に抗して社会を作動させ，オルタナティヴとなる社会の自己記述を提供するというところにある。

5. よってもちろん，社会運動自体も，オートポイエティックなシステムであるが，それは相互行為や組織といったシステム水準からは区別されなければならず，また，自己言及的な閉鎖性を保証するような厳密な二項コードやプログラムを持たない点で，機能システムからも区別されなければならない。社会運動は，プロテストという形式において，さまざまなテーマを選択しながらその作動を回帰的に接続させていくシステムである。

(75) ルーマンは「論拠としての現状」(Luhmann 1992b) という論文において，学生運動が対峙しようとしている「現状」というものが，それを変化させるための運動（学生運動）自体にとっての基盤になっていることを指摘し，現状を全面拒否することでアイデンティティを獲得している学生運動は，いずれ隘路に陥ることを指摘した。

(76) このことは同時に，政治システムが他の機能領域からは分離・自律するということを意味する。よって，旧来のように政治システムが全体社会を代表 = 表象することはできない。それにもかかわらず政治が全体社会のさまざまな問題を背負い込まなければならないという矛盾が，福祉国家において先鋭化しているとルーマンは考えた (Luhmann 1981b = 2007)。また，さらに後期に至ると，ルーマンは社会のさまざまな機能領域はそのネガティヴな側面においてむしろ統合されてしまっているということを，包摂／排除論において重点的に論じるようになる。この点に関して関連する文献は多いが，さしあたり，Luhmann (1995c) および Luhmann (1997 Bd. 2 : Kap. 4 III = 2009 2 : 第四章 III) や，その解説である小松 (2013) などを参照のこと。

(77) かつてパーソンズも，「影響力」を社会システムの交換メディア（貨幣，政治権力，影響力，価値コミットメント）のうちに含めていた (Parsons 1975 = 1982)。そして，(ホッブズ的に使われてきた諸個人間で個別に作用するものとしての) 権力概念を「政治権

力」というかたちで特定化するためには，「政治権力という概念は本来，集合的文脈で使われるべきである」と主張する。なぜなら，「諸個人のあいだの関係性を，集合的なつながりから切り離して論じる個人主義のホッブズ的形態が，特定性の欠如のひとつの源泉になってきた」からである（Parsons 1975 : 99 = 1982 : 152）。ただし，この時期においてパーソンズのシンボル的なメディア論はかなりアドホックな性格を強めていく。

(78) たとえば次のような記述を参照せよ。「ソーシャル・キャピタル概念の意義とは，それまで別々の文脈で論じられてきたネットワーク，一般的信頼，互酬性の規範を組み合わせて，『集合行為のジレンマ』のソフトな解決という観点から，それらを一つの概念にまとめあげたところにある」（坂本 2011b : 126）。

(79) こうした叙述はソーシャル・キャピタル論を参照したとしか思えないものではあるが，この付近においてもルーマンの原註においても，ソーシャル・キャピタルという概念は出てこない。

(80) この点については特に，M・フーコーの規律権力観との異同について興味がもたれるところかもしれない。本書ではこれ以上この点には立ち入れないが，おそらくルーマンとフーコーの権力論の異同は，権力によって社会には何が可能になるのかということを，権力以外のメカニズムとの比較からどのように考えるのか，という点にかかっているように思われる。

(81) とはいえ，ルーマンは抽象的な次元で社会システム理論を展開しただけでなく，システム理論にもとづきつつ彼自身の政治論も随所で展開しているのであり，そのなかにおいて権力の流通による信頼確保のメカニズムを語っている。たとえば，それは権力を合法的な権力／不法な権力というようにコード化することであったり，または政治の「正統性」を確証しようとする制度（選挙など）であったりする。以下でそれぞれについて若干詳しく触れることにしよう。

前者について，本来は偶発的なものでしかない政治権力は，法的に二項図式化され，合法的な権力／不法な権力という形式を身につけることによって，（十全にではないにせよ）その一般的な有効性に対する信頼を生み出す。なぜなら，政治システムはここで「合法的な権力」を独占することを通じて，社会の他の領域に存在する権力要素をある程度吸い取り，吸収しきれずに残存しているものに対しては，「不法な権力」として政治システム内部で処理できるようになるからである。それによって「政治権力」は，「発生の諸条件を繰り返さなくても簡単に再生産することができるようになる」（Luhmann 1975a : 95 = 1986 : 143）。こうして，政治権力がシンボル的に一般化されたものとして成立するような，政治システムの期待構造が形成され得る。

後者は，選挙を通じた正統性の確立である。そもそも，合法的な権力／不法な権力という二項図式自体は，正統性をもった決定によって確立されるはずの区分であるため，政治システムが合法的な権力／不法な権力という図式を用いることができるようになるためには，政治システム自身がみずからを正統化しなければならない。ここでいう「正統化（legitimieren）」とは，見通し難く不確実な決定を受け入れるような「期待の構造転換」（Luhmann : 1975b : 171 = 2003 : 211）のことである。政治的選挙を通じて，政治システムが環境に対して限定された無関心を貫けるからこそ，政治システムは作動の豊富なレパートリーの中から作動を選択することができるのである。ここで問題になっているのは，民主主義的な手続きによって“正しい”結果が保証されるかどうかということではない。そもそも民主主義とは，政府／野党というコードによって政治システムの頂点

を分割し，それによって政治を脱道徳化させるものにすぎないからである（Luhmann 1990c)。また民主主義は，人びとをなるべく政治システムに関与させようというものでもない。民主主義にもとづいた選挙は，個人を政治システムに限定的に包摂しつつ排除するための方法だからである（同様の見解はロザンヴァロン（2002）にも見られる)。その意味で民主主義とは，「無関心と自律性を強めること」と「情報処理能力を高めること」をうまく組み合わせることで，環境に抗する複雑性を政治システムに備え付けるための仕掛けである（Luhmann 1971 : 38)。この仕掛けによって，政治システムは環境からの攪乱に対抗するだけの合理性を獲得することができる。「政治システムは，それ自らが十分に複雑に組織され，それゆえその手続きにおいて十分なオルタナティヴを産出し縮減しうる条件があるときには，その決定の汎通的に拘束的なものとしての受容を可能にしているのである。それは，そのことによって社会的期待を効果的に再構造化し，この意味において自らを正統化しうるのである」(Luhmann 1975b : 252 = 2003 : 318)。

以上の説明については，それをどう経験的に確証するかという問題は残るものの，政治システムの作動に対するものの見方を与えてくれるように思われる。

(82) 同様に，次の文章も挙げておこう。「信頼は，あの循環的性格，つまり信頼はそれ自体をみずからの前提とし，さらにそれ自体をみずからで確証する性格を有している。こうした性格は，二重の偶発性から成立するすべての構造に特徴的なものである。信頼はシステム形成を可能にし，そのシステム形成から再び信頼の強化された，よりリスクをはらむ再生産の力を獲得している。まさしくそれゆえに，信頼はシンボルによる自己防衛策を頼りにしている」(Luhmann 1984 : 181 = 1993 上 : 200)。

(83)「システムは基本的に，システム自体が産出している作動からのみ，成り立っている。それ以外のすべてのものは，作動から作動を再生産するための前提条件である。とりわけ構造は，そういった前提条件のひとつである。構造は，同一の内容をもつ意味の濃縮（Kondensieren）と再認（Konfirmieren）のために考慮される手引として，作動の回帰的なネットワーキングに（したがってその再生産に)，資している。構造に導かれたシステムのそれ自体による再生産は，そこでは考慮されていないが因果関係上は重要であり続けている環境との境界線を，不可避的に成立させる。その結果，システムは，そのシステム自体の統一性を，その環境との差異において維持しなくてはならなくなる。さもなければ，システムは消滅してしまうだろうからである」(Luhmann 2000 : 410 = 2013 : 503)。

(84) システムにとっての時間地平のなかで圧倒的であるのは（未来ではなく）過去の方であるので，記憶は過去のことをきちんと覚えているということではない。記憶が過去と未来の差異を象徴するものであるならば，逆説的ではあるが，「記憶の主要な機能は忘却のうちにある」(Luhmann 1997 Bd. 1 : 579 = 2009 1 : 655）ということになる。

(85)『社会の政治』においては，そのような枠組みとして，価値と利害のほかにも右派／左派というスキーマが挙げられている。Luhmann（2000 : 175–188 = 2013 : 217–233）を参照のこと。

(86) この点からもわかるように，システムにとっての「固有値」（政治システムにおける「国家」など）は，それが形成されている場合には，システムの記憶＝構造と相補的な関係にある。しかし，そうした「固有値」の形成は実際には稀であり，むしろその点にこそ，政治的コミュニケーションの特異性があると考えられるかもしれない。「同一性とは記憶の負担を軽減する特別なはたらきにほかならない。同一性が濃縮されて反復的使用に耐え得るようになるのは，例外的な事例においてのみである。システムの回帰的な作

動のなかで『客体』がシステム特有の『固有値』として成立するのも例外的なことであるが，その固有値に即してシステムは安定性と変化を観察できるようになる」(Luhmann 1997 Bd. 1 : 580 = 2009 1 : 657)

(87) ただし，この場合にも作動の水準で成立するシステム分化の構造と，観察を水路づけるゼマンティク構造が区別される必要がある。システム分化の構造とゼマンティクのあいだには，時間的な不一致が生じるわけである。なぜなら，進化した理念の首肯性は，システム分化の構造の支配的な形式によって与えられるリアリティに媒介されるものだからである（Luhmann 1997 Bd. 1 : 549 = 2009 1 : 624)。けれども他方で，「〔ゼマンティクという〕思想財は，それが十分に豊かであれば，社会構造の根本的変化を準備し，それを実際に引き起こし，かつその変化を人びとにかなりすばやく納得させることができる」(Luhmann 1982 : 9 = 2005 : 4) とも言われている。社会の分化の構造とゼマンティクの関係は，因果的にどちらが先かを論じることはできない。

(88)「以下の考察を支えているのは，つぎのテーゼである。すなわち，愛についての文学的な描写，理想化した描写，神秘化した描写は，それぞれそのテーマや主導的な考え方を偶然に選び出しているのではなく，そのときどきの社会の現状や社会の変化の趨勢に対する反応に他ならない，ということである」(Luhmann 1982 : 24 = 2005 : 22)。そうした文学的な著作を通じて，人びとは何が愛のコードとして作用するかを知っているし，そして他者が愛のコードについて知っているということを知ったうえで振舞う必要が出てくる。よって，「愛のコードは，その行動を調整するだけではなく，そのコードによって調整される行動そのものによってそのコードが再生産されてもいる」(Luhmann 1982 : 37 = 2005 : 39)。ちなみに，「何かある事柄が情報として解されることの基礎となっている差異を明確に規定しているのが，ゼマンティク・コードに他ならない」(Luhmann 1982 : 107 = 2005 : 127)。実は同様の視点は，本書第II部でも取り上げた，ベラーらの『心の習慣』における第4章「愛と結婚」でも採用されている（Bellah et al. 1985 : chap. 4 = 1991 : 第4章)。

(89) 同様に，『情熱としての愛（*Liebe als Passion*)』(Luhmann 1982 = 2005) によれば，近代への移行期になってはじめて愛というものは「情熱としての愛」から女性的な「ロマンティック・ラヴ」に変化した。愛の物語が結婚をゴールにするようになるのは，近代的な愛のゼマンティクにもとづいている（「情熱としての愛」のゼマンティクにおいては，結婚は愛の終幕を意味していた)。

(90)「信頼は，もっとも広い意味では，自分が抱いている諸々の期待をあてにすることを意味するが，この意味での信頼は，社会生活の基本的な事実である」(Luhmann 1973 : 1 = 1990 : 1)。

(91) たとえば長岡による次の説明もわかりやすい。「期待という概念は，意味対象あるいは意味テーマの指示構造は濃縮された形式において用いることができるということを示している。この濃縮がなければ，接続操作のための選択負担は大きすぎるものとなろう。意味指示による過剰な諸可能性のなかから，よりうまく，そしてとりわけより素早く定位できるようなより狭いレパートリーを中間的に選択することでもって，期待は形成される。濃縮と確認およびシンボルによる一般化によってモノの同一性，出来事の同一性，類型，概念といったものは規定されるのであったが，シンボルによる一般化は，上のことに照応して，諸期待の網のなかで保持され，再加工されていく。シンボルによる一般化は，期待することを継続的に再組織化していくのに役立つのであり，そのさい体験と

行為の経過次第で，基礎にある意味連関の指示の諸相から素材を取り入れるし，あまりにもまれにしか使われないものは忘れられていく」（長岡 2006 : 239）。

(92) ルーマンは理論構想の初期の段階から，「行動期待の一般化」をシステム理論が定位すべき問題構成であると考えていた。たとえば1964年の次の文章を見よ。「システムの内的結束も外的存続可能性も，システムの期待がどのように定義され相互に関係づけられているかということに依存している。すべてのシステム問題は，究極的には，期待の安定化という問題に還元される」（Luhmann 1964 : 26–27 = 1992 上 : 30）。ただし，この問題構成は彼の理論発展の途上で別の定式によって置き換えられるようになる。

(93) もしそれが規範概念になじまないと思えるとしたら，それは規範を，本来やりたくないことでもやらなければいけないという心理的な負担として考えているからであろう。しかし，ここで考えられているのは，社会システムの方であって，その環境である心的システムではないことに注意したい。

(94) たとえば，第6章一節において取り上げたハーディンは，「信頼はそれ自体良いものである。なぜなら，それによってわれわれは有益な関係に入ることができるからである」という文章に，次のような註を付けている。「これは，残念ながら，Luhmann（1979）〔『信頼』と『権力』が収められている英訳本のこと〕の自然な読み方である」（Hardin 1999 : 39）。これはハーディンなりの揶揄であったのかもしれないが，徹底的に倫理問題と断絶したところで信頼論を構想し，またそれを明言してもいるルーマンの信頼論の読み方として，それがどう「自然」なのかは理解に苦しむところである。

(95) そのような例としては，すでに挙げたGiddens（1990 = 1993）やSeligman（1998）などがある。この両者に共通しているのは，ルーマンの信頼論を歴史発展論として読むというところである。すなわち，前近代社会においては，明確には意識されない役割期待＝慣れ親しみが人びとの社会生活の主たる前提であったのに対して，近代に至って他者の自由意志を前提としたリスクを伴う能動的な信頼が登場するようになるという。さらに両者ともに，“システム”が人びとの行為実践の外側に存在していると考えることで，人格的な信頼／システム信頼の差異をかなり単純化して捉えてしまっている。ルーマンの信頼論の意義は，信頼類型のカタログを作ったところにではなく，すでに述べたように，信頼を時間概念のもとに捉え，それを「意味」概念に結びつけたところにある。

(96) 三谷武司の言葉を借りれば，「説明を指向しないということは，ルーマン自身はシステム理論の魅力を，経験的現象との関係にはみいだしておらず，むしろ一般的な世界観（すなわち一般システム理論の水準）にみいだしているということである」（三谷 2012 : 79）。

(97) ただし，この点がルーマンの理論において成功しているかどうかについては意見が分かれるだろう。たとえば佐藤俊樹は「より正確にいえば，ルーマンはマートンと出発点を共有した上で，マートンとは別の方向へむかうことで，より一般的な理論に近いものを構築しようとした。その点ではパーソンズと共通する部分があるが，後で述べるように，それには成功していない。ルーマンの一般理論志向は，学説史的にはともかく，社会学の方法としては重要ではない」（佐藤 2011 : 275）と述べている。その理由として佐藤が挙げるのは，全体社会システムの成立についてのロジックの不備（佐藤 2008）や，「複雑性の縮減や脱逆説化のような一般理論っぽい図式は，粗い近似としては便利だが，自己産出系の挙動の厳密な記述モデルとしては，十分な性能をもたない」（佐藤 2011 : 378）ことなどである。また，盛山和夫は，ルーマンの社会理論は徹底的に社会を内的視

点から記述しようとしているものの，社会秩序を内的に担保している意味や規範を“対象”として扱っている以上，究極的に外的な視点を採っているのだと述べている（盛山 2011 : 213-216）。そのうえで，「ルーマンのシステム論は，意味世界を外的視点から記述していこうとする理論戦略を表している」（盛山 2012 : 20）という評価を下している。

(98) ルーマン自身そうした不満にいつも晒されていたようである。たとえば次の記述を参照のこと。「何よりもまず，いつも耳にする不満として，システム理論は恐ろしく抽象的だというものがある。――〔中略〕――しかしながら問われるべきは，ある問題を考えるに際して，一般システム理論のいかなる抽象化が有益なのかという点である。システム理論の抽象性は不満点として処理されやすい。また，システム理論はけっして経験的には確証できないとか，私が提案したようにシステム理論がパラドクスを取り扱うのは論理的に許容されないなどと説明されたりもする。――〔中略〕――しかし，私が考えるに，このような理論がなすべきことは，第一につぎのところにある。すなわち，すでに確立された概念空間へと探査針を挿し入れ，その概念空間が今もなお使えるのか，それとも改変されるべきなのかを見きわめること，である。十分に複雑な理論構築に到達し得たときに，システム理論において何が産出されたのか，そしてその理論によって，特定の研究領域について以前よりも解明されえたのかどうかを確かめることが可能になる」（Luhmann 2002 : 192-193 = 2007 : 226-227）。

(99) 毛利康俊も，ルーマンの理論はプログラム的性質のものであると言っているが，その立場は本書と同じである。「ルーマンは一般論だけを書き逝ったという消極的な意味ばかりでなく，彼の理論は，積極的な意味でプログラムという性格が強い。彼の理論の極度の一般性は，社会のあり方に確定的な一般的記述を与えているのではない。――〔中略〕――多様な対象に，できるだけ理論的暴力を加えることなく，理解を進めることができるように仕組まれている点で，極度に一般的なのである。対象の具体的な姿は，もちろん，その理論を順次適用していくなかで明らかになるはずである」（毛利 2002 : 166-167 頁，一部誤植を修正済み）。

(100) ルーマンの理論は「ポスト構造主義的な言説についての考え方と明確な近縁性がある」（Torfing 2005 : 8）とも言われており，ポストモダン政治学においてその応用が試みられている。そうした研究の例として，たとえばN・A・アナセンは，デンマークにおける政治と行政の関係を考える際に，ルーマンの理論を援用している（Andersen 2005）。そこでおこなわれているのは，（スペンサー = ブラウンの）形式と再 - 参入の議論を政治システムの内部分化の理論と組み合わせ，政治／行政の区別がどのようにして形成されているかの記述である。ただし，実際の経験分析では，ルーマンの理論というよりも歴史記述の方が実質的な重みをもっている。こうした試みの成否はともかく，それがなぜルーマンの理論を用いなければならないかについての論証については不完全であるように思われる。また，すでに論じたように，ジェソップもマルクス主義政治学とルーマン理論との接合を模索しているが（cf. Jessop 2002 = 2005 ; Jessop 2007），マルクス主義の唯物論的な視角を保持したうえで，ルーマンとの接合をはかることには，やはり無理があるだろう。

(101) その点に関して言えば，エスノグラフィーの手法を用いてエスノメソドロジー研究をおこなうことも十分に可能である。たとえば，麻薬中毒の受刑者たちが更生施設においてどのようなリアリティを描いているかを研究した Wieder（1974 = 1987）などは，こうした研究の例として挙げることができるだろう。

(102) それぞれについて簡単に説明しておくと，実証主義的エスノグラフィーは，これまでの研究においては気づかれてこなかった権力作用を，ミクロな視点で再発見するという特徴をもつ。解釈主義的エスノグラフィーは，具体的な状況における権力と意味の関係について考察する。ポストモダン・エスノグラフィーは，相互連関し，グローバル化した世界において，権力とアイデンティティがどのように密接に結びついているかについて考察する（Kubik 2009 : 49–50）。

(103) ウェディーンは，解釈学的政治学に共通する特徴について，四点にまとめている（Wedeen 2009 : 80–81, 2010 : 260–261）。①科学的知識を含めた知識は，歴史的負荷を帯びており，権力関係にからめとられている。よって，たとえば法や行政がある種の人間をカテゴリー化することなどは，一種の権力の作用として捉えることができる。②解釈学は，構成主義的である。③解釈学は，方法論的個人主義という前提を放棄する。④解釈学は，「文化」と呼ばれることもある，言語やその他のシンボル体系にとりわけ関心をもつ。ここで文化とは，一種の「記号的実践」である。この立場が，本書の理論的基礎に近いことはあきらかであろう。

(104) たとえば，C・ティリーとR・グッディンが言うところの「文脈的な政治分析」というものも，こうした道筋を示しているように思われる（Tilly and Goodin 2009）。文脈的な分析とは，「倹約性の切り詰めたヴァージョン（合理的選択理論）」と「ポストモダニズムの行き過ぎたヴァージョン（相対主義的懐疑主義）」の二つの極の中間のこととされており（Tilly and Goodin 2009 : 435–437），一般化された説明に対してもう少し文脈に沿った詳細なディテールを持ち込むことで，議論の豊穣化を図る立場だとされている。

(105) ただし，ウェディーンはカチューを理想化しているわけではなく，カチューにおいては女性が実質的に排除されていること，およびカチューの場の構成が社会における地位関係から自由でないことに繰り返し注意を促している（Wedeen 2006 : 64–66）。

(106) この点は，R・ダルトンとH＝D・クリンゲマンが定式化した政治文化論の基本テーゼにぴったり合致する。「こうした〔大衆の〕信念体系に見られるさまざまな形態が，社会における民主主義の水準や政府のアウトプットに真正面からインパクトを与える」（Dalton and Klingemann 2009 : 338）というのがそれである。

(107) とはいえ，カルトの催しや手続きは，市民の側では実際にはかなりいい加減に行われているらしい（cf. Wedeen 1999 : 39）。

(108) 政治風刺が検閲を免れているのは，まさに検閲官がその風刺を風刺（アイロニー）として理解できていることを公言できないからなのである。もし風刺が理解できるのであれば，検閲官はカルトの教義を信じていないことを告白することになってしまう（Wedeen 1999 : 108）

(109)「規律的－シンボル的」権力という命名の仕方からもわかるように，ウェディーンの発想はかなりフーコーに近いものがあるし，実際に一定程度の影響を認めている（Wedeen 1999 : 18–20）。ただし，フーコーは西洋近代の統治技術を扱っているという点，そしてシリアでは馬鹿げた見世物が現在進行形で繰り広げられている点に，フーコーとの着眼点の違いが挙げられている。

(110) この点についても，ルーマンの次のような記述に関連する。「……だが，以上によって，権力という概念に関してどんな知見が得られただろうか。まず，因果関係に言及したり権力保持者の意図（意志など）に言及したりし，そうすることであたかも目の前のリアリティを指し示すことができるかのように考える権力概念とは，距離を置くことになる。

しばしばこの手の権力概念は,『経験的に』利用可能だという点を自慢の種にしている。けれども,こうした単純なやり方でおこなわれる権力分析が,権力保持者あるいは権力服従者の観察様式にあからさまに接続するものとならざるを得ないことはあきらかである。つまり,一階の観察の水準にとどまり,そもそも実行可能な分析的ポテンシャルをみすみす逃してしまう」(Luhmann 2000 : 26 = 2013 : 25–26)。

(111) こうした権力論の展望については,日本においても宮台真司の『権力の予期理論』が早くから指摘していた。「権力は,原基的な形では,日常的な相互行為においてきわめて頻繁に――権力という『名前』では意識されないにしても――生じている。そしてその普遍的な体験構造を基礎に,権力は,反射化され/連鎖形成され/脱人称化され/社会化され/公式化され/〈政治化〉され……,そしてそれらが翻って日常的な相互行為の基礎になる様々な信頼を形成し,それをもとに行為が生み出され,それを源泉にして権力が設定される」(宮台 1989 : 151)。ただし,これに対しては,橋爪大三郎による次のような問題提起にも注目しておきたい。つまり,権力は,人びとによる個々の了解作用というより,了解作用の集合によって生成されるのではないか,というのがそれである。「どの了解からみてもその外側に,権力が『実在』している。だがもちろん,そうした一連の了解の配置に先立って,権力なるものがどこかに実在しているわけではない」(橋爪 1989 : 163)。橋爪は権力がそのような了解を自己再生産するという側面をもって,権力が社会の成立条件そのものに結びついていると見ている。これは重要な指摘であるし,ウェディーンの研究にもつながっている。

(112) ここには,ヒエラルキー型の身分制社会において,下の身分の者が上の身分の者に逆らう際の典型例が見つけられるだろう。類似の別の事例としては,18 世紀フランスの印刷工たちが,自分たちへの過酷な待遇に対して「猫」という象徴を虐殺することで親方とその妻に上首尾に反抗したことが,ロバート・ダーントンによって分析されている。「……労働者たちは,自分たちの浮かれ騒ぎを象徴の域から現実の瀬戸際までに推し進めた。さらに一歩進めば,猫の殺害が公然たる叛乱に発展しかねないのである。彼らは自己の意図を覆い隠すような象徴を用いるとともに,ブルジョアを愚弄する程度には真意を漏らしてみせ,しかも自分たちを解雇する口実を与えなかった。いわばブルジョアの鼻をぐいとひねり,しかも相手に抗議の余地を残さなかったのであるこうした離れ業を演ずるには,大胆不敵な抜け目なさが要求される。労働者たちが見事にこれに成功したことは,詩人が文字で象徴を操るように,彼らも自分たちの〈言語〉で象徴を巧みに操り得たことを示している」(ダーントン 1986 : 127)。

(113) そもそもそこにリアリティと呼び得るような秩序など存在しているのか,という疑いが差し挟まれるかもしれない。しかし,本書は現象学や日常言語学派哲学,またルーマンの理論に依拠する以上,こうした懐疑主義とは決別しなければならない。序章で引用した文章をもう一度繰り返せば,「以下の考察はシステムがあるというところから出発する。したがって,〔システムの実在に対する〕認識理論的な懐疑をもってはじめるのではない」(Luhmann 1984 : 30 = 1993 上 : 17)。

(114) D・ジンマーマンは,実際に窓口で働く人が公式的な手続き規則と実際のクライアントとのやりとりの中で,どのようなディレンマに直面し,それにどのように対処しているかを観察した (Zimmerman 1970)。このようなディレンマに対して,窓口係がその場その場で対処していくことによって公式規則の意味は変化する以上,政治が人びとにとって何を意味しているかということ自体も,それに応じて変化する。「窓口係が,日常的

に成し遂げなければならないこととして，いかにして組織の公式プログラムとその組織の中で仕事をすることがもつ実際上の特徴とをもっともなかたちで両立させているかを調べるためには，窓口業務において何が『実際の問題構造』と呼ばれるのかということをより詳細に調べることが必要である」(Zimmerman 1970 : 228)。

(115) 畠山弘文はリプスキーの議論を下敷きにしつつ，第一線公務員が対象となる市民を行政が扱い得るある種のカテゴリーへと作り変える作用に注目している（畠山 1989)。このようなカテゴリーが市民に帰属されることによって，「政治的に適切であること」に関する期待は構造化されるし，その構造は同時に権力の源泉ともなるからである。「なぜ現在，第一線公務員が権力論の観点から分析されるべきか。これに対する解答は，第一線職員が（本書の意味における）政策形成者であるというものである。彼らは体面的直接性においてクライアントに対し個々のサーヴィスを提供するばかりか，一定の限界内において公共機関の日常的政策を集合的に形成する存在である。この意味で彼らの政策機能は二重に及び，先進社会の市民生活の成り立ちを考える上で決定的な地位にある。その地位には広い裁量が伴っており，市民との関係において彼らは大きい権力をもつ。そのような権力活動は彼らの権限と不可分の行政活動として行われており，いわば隠れている。そのためこれまで十分な注視を受けてこなかったが，ここで行ったような政策形成者という視角の導入は彼らの権力を重要な政治学的課題とすることになるだろう」(畠山 1989 : 69–70)。

(116)「信頼は普遍的な社会的事実である。そのことは，信頼と機能的に等価な確実性のための戦略やほとんど選択の自由のない状態が，たとえば法や組織の領域に存していることによって，覆い隠されているだけなのである」(Luhmann 1984 : 181 = 1993 上 : 201)。